W0005019

Eric A. Johnson
Der nationalsozialistische Terror

Eric A. Johnson

Der national- sozialistische Terror

Gestapo, Juden und
gewöhnliche Deutsche

*Aus dem Englischen
von Udo Rennert*

Siedler

Für Mary Orr Johnson
und unsere Söhne
Benjamin Eric Johnson
und Jonathan Orr Johnson

Inhalt

Verzeichnis der Tabellen	9

Teil I
Nationalsozialistischer Terror und Gestapo — 11

KAPITEL 1
Verortung des Terrors: Hintergrund, Deutungen, Belege — 13

KAPITEL 2
Im Innern der Gestapostellen: Die Vollstrecker des Terrors — 40

Teil II
Nationalsozialistischer Terror und die Juden 1933–1939 — 93

KAPITEL 3
Die Phasen der Judenverfolgung bis zum Kriegsausbruch — 95

KAPITEL 4
Ein genauerer Blick: Erinnerungen von Überlebenden
und Ermittlungsakten über Juden — 143

Teil III
Nationalsozialistischer Terror und potenzielle Gegner
1933–1939 — 175

KAPITEL 5
Die Vernichtung der Linken — 177

KAPITEL 6
Kreuz und Hakenkreuz:
Die religiöse Opposition wird zum Schweigen gebracht — 213

Teil IV
Nationalsozialistischer Terror und »gewöhnliche« Deutsche   271

KAPITEL 7
Terror und »gewöhnliche« Deutsche 1933–1939   273

KAPITEL 8
Terror und »gewöhnliche« Deutsche 1939–1945   324

KAPITEL 9
Ein zusammenfassender Überblick: Beschuldigte,
Denunzianten und der nationalsozialistische Terror   383

Teil V
Die Gestapo, »gewöhnliche« Deutsche und der
Massenmord an den Juden   405

KAPITEL 10
Verfolgung und Deportation 1939–1942   407

KAPITEL 11
Lauter einzelne Morde   435

KAPITEL 12
So viele Morde, so viel Schweigen   464

Teil VI
Die Reinwaschung der Täter und einige
Schlussbemerkungen   491

KAPITEL 13
Weihnachtsgeschenke für die Gestapo   493

Danksagung   519

Anmerkungen   529

Bibliographie   611

Register   629

Verzeichnis der Tabellen

Tab. 2.1 Krefelder Gestapobeamte 1937–1945   74

Tab. 4.1 Befragung jüdischer Überlebender aus Krefeld 1996   148

Tab. 4.2 Ergebnis der Krefelder Gestapoermittlungen
gegen Juden 1933–1939   158

Tab. 4.3 Fälle gegen Juden aus einer Zufallsstichprobe aus
den Krefelder Gestapoakten 1933–1945   162

Tab. 4.4 Anlass für das Anlegen von Akten über Krefelder
Juden durch die Gestapo (1933–1939)   164

Tab. 4.5 Informanten der Gestapo in den Ermittlungen
gegen Krefelder Juden 1933–1939   165

Tab. 4.6 Beziehung der Denunzianten zu beschuldigten
Juden und ihre Motive in Fällen der Krefelder
Gestapo und des Kölner Sondergerichts
1933–1939   170

Tab. 6.1 Gerichtliche Ermittlungen gegen den Klerus
(Regierungsbezirk Köln) und katholische Priester,
die ins KZ geschickt wurden
(gesamtes Deutsches Reich) 1933–1945   244

Tab. 7.1 Die Ermittlungsakten der Krefelder Gestapo
1933–1939   307

Tab. 8.1 Ermittlungen der Krefelder Gestapo und des
Kölner Sondergerichts 1933–1945   349

Tab. 8.2 Ermittlungsverfahren der Krefelder Gestapo,
aufgeschlüsselt nach Personengruppen   350

Tab. 8.3 Fälle von Vergehen gegen das Heimtückegesetz
in den Akten des Sondergerichts Köln und der
Krefelder Gestapo 1933–1945   371

Tab. 9.1 Ergebnis der von der Krefelder Gestapo eingeleiteten Ermittlungen gegen Angehörige einzelner
Gruppen 387

Tab. 9.2 Ergebnis der Prozesse des Kölner Sondergerichts
gegen nichtjüdische Angeklagte 1933–1945 388

Tab. 9.3 Merkmale der Beschuldigten in den Akten der
Krefelder Gestapo und des Kölner Sondergerichts
1933–1945 391

Tab. 9.4 Informationsquellen, auf Grund deren die
Krefelder Gestapo und das Sondergericht Köln
Ermittlungen aufnahmen bzw. Anklage erhoben 394

Tab. 9.5 Informationsquellen, auf Grund deren die
Krefelder Gestapo Ermittlungen aufnahm,
nach Kategorien der Beschuldigten 394

Tab. 9.6 Merkmale von Denunzianten in den Akten der
Krefelder Gestapo und des Sondergerichts Köln
1933–1945 398

Tab. 9.7 Beziehung der Denunzianten zur denunzierten
Person in den Akten der Krefelder Gestapo und
des Kölner Sondergerichts 1933–1945 402

I
Nationalsozialistischer Terror und Gestapo

*Die Gestapo war in Köln ausgesprochen
schlapp. Die ruhigen, alten Beamten
ließen die Sachen an sich herankommen
und entwickelten keine eigene Aktivität.*
DR. EMANUEL SCHÄFER,
EHEMALIGER LEITER
DER KÖLNER GESTAPO

*Bei der Behandlung von Einzelfällen ...
hatten wir sogar freie Hand.*
RICHARD SCHULENBURG,
EHEMALIGER LEITER
DES JUDENREFERATS
DER KREFELDER GESTAPO

Kapitel 1

Verortung des Terrors:
Hintergrund, Deutungen, Belege

»Die Gestapo war in Köln ausgesprochen schlapp. Die ruhigen, alten Beamten ließen die Sachen an sich herankommen und entwickelten keine eigene Aktivität«, sagte Dr. Emanuel Schäfer am 6. Juli 1954 aus, einem Dienstag. An diesem Tag begann vor einem Kölner Geschworenengericht der Prozess gegen ihn wegen Beihilfe zur Deportation der Kölner Juden in die Todesfabriken im Osten in den Jahren 1941 und 1942.[1] Neben Schäfer standen zwei weitere Leiter der Kölner Gestapo vor Gericht: Franz Sprinz und Kurt Matschke. In den vorangegangenen Jahren hatte die Staatsanwaltschaft gegen über hundert ehemalige Kölner Gestapobeamte wegen ihrer Beteiligung an dem Massenmord ermittelt, doch am Ende wurden lediglich diese drei Männer vor Gericht gestellt, und die Urteile gegen sie fielen milde aus. Ein Szenario, das sich auch im übrigen Deutschland wiederholen sollte.

Im Gerichtssaal war es ruhig. Nur sieben Besucher waren zum Prozessauftakt gekommen. Der prominenteste unter ihnen war Moritz Goldschmidt, Vorsitzender der Synagogen-Gemeinde Kölns sowie Repräsentant des Zentralkomitees der Juden in Deutschland und dessen Delegierter im Jüdischen Weltkongress. Am Ende der Sitzung erklärte Goldschmidt gegenüber den Gerichtsreportern, von den insgesamt 13 500 Kölner deportierten Juden hätten lediglich 600 überlebt.[2] Aber trotz der entsetzlichen Ausmaße dieses Massenmords ließen anscheinend nur ganz wenige Deutsche ein besonderes Interesse erkennen, vielleicht aus Furcht, vielleicht aus Scham. Die Schlagzeilen vom nächsten Tag wirkten fast etwas verdrossen und entschuldigend, weil schon wieder über ein so »alltägliches« Ereignis berichtet wurde. »Wieder ein Gestapo-Fall in Köln«, stand über dem betreffenden Artikel in der *Kölnischen Rundschau*. Im ersten Absatz bemerkte die Zeitung sachlich, aber mit leicht sarkastischem Unterton, hier sei nichts von der emotionalen Atmosphäre und der allgemeinen Faszination zu spüren, die eine Woche zuvor im selben Gerichtssaal geherrscht hatten. Damals war vor gerammelt vollen Zuschauerbänken einer 23-jährigen Mutter aus der Nachbarstadt Brühl der Prozess gemacht worden, die ihre uneheliche zweijährige Tochter an einem Fensterhaken erhängt hatte.[3]

Der Gestapoprozess dauerte vier Tage. Schäfer, der 53 Jahre alte ehemalige Leiter der Kölner Gestapo vom Oktober 1940 bis Januar 1942, also während der Zeit, als die »Evakuierung« der Juden in den Osten organisiert und durchgeführt wurde, machte geltend, er habe sich lediglich an das bestehende Recht gehalten, die Juden seien alle gut behandelt worden, und er trage persönlich keine Verantwortung, da er lediglich Anweisungen von höheren Partei- und SS-Stellen befolgt habe. Wörtlich sagte er:

> »Die Nürnberger Gesetze waren damals allen Richtern und Staatsanwälten bekannt, heute erklären sie sie als verbrecherisch. Die Juden waren durch die Gesetze außerhalb der Volksgemeinschaft gestellt. Es war zwar, wie ich heute weiß, Unrecht, aber trotz allem rechtens. In einer Dienstbesprechung mit dem damaligen Gauleiter Grohé nach einem Bombenangriff hieß es, die Juden müßten ihre Wohnungen für die ausgebombten Volksgenossen räumen. Sie richteten sich daraufhin das Fort in Müngersdorf als Wohnung ein. Bis dann eine von Heydrich unterzeichnete Anordnung herauskam, die Juden zu evakuieren.«[4]

Obwohl unter Schäfers Ägide der geplante und gut organisierte Mord an tausenden Kölner Juden, die widerrechtliche Verhaftung und Einkerkerung von tausenden weiterer Kölner Bürger sowie zahlreiche weitere Untaten abstoßendster Art in Deutschland und im Ausland begangen worden waren – Schäfer hatte Karriere gemacht –, ließ sich das Gericht von seiner Verteidigung bis zu einem gewissen Grad überzeugen. Viele andere Länder, darunter Jugoslawien, Polen und die Sowjetunion, hatten seine Auslieferung beantragt, um ihn wegen seiner führenden Beteiligung am Tod von tausenden ihrer Bürger während des Dritten Reiches anzuklagen. Keinem dieser Anträge wurde entsprochen. Stattdessen verurteilte ihn das Kölner Gericht wegen schwerer Freiheitsberaubung – ein wesentlich geringfügigeres Delikt als Beihilfe zum Massenmord, deren ihn die Staatsanwaltschaft beschuldigt hatte[5] – zu sechs Jahren und neun Monaten Zuchthausstrafe, wobei die Untersuchungshaft angerechnet wurde. Außerdem wurden ihm die bürgerlichen Ehrenrechte auf drei Jahre nach seiner Entlassung aberkannt.[6]

Der fünfzig Jahre alte Sprinz und und der 46-jährige Matschke kamen noch glimpflicher davon. Ihre Verteidigung stützte sich auf ähnliche Argumente wie die Schäfers. Als dieser im Winter 1942 nach Belgrad versetzt wurde, um die Vernichtung der serbischen Juden zu beaufsichtigen, übernahm Sprinz die Leitung der Kölner Gestapo. Ihm unterstanden von da an die restlichen »Evakuierungen« der Kölner Juden bis zum Februar 1944. In dem Bemühen, seine Handlungen zu rechtfertigen, behauptete er, er sei niemals Antisemit gewesen, und: »der ›jüdische Parasitismus‹ war nur eines der zu lösenden Probleme [...] An eine ›biologische Lösung‹ (wie der Angeklagte die Vernichtung der deportierten Juden in Gaskammern nannte) habe ich nie gedacht.« Seiner »persönlichen Ansicht« nach habe er »mit den Judentransporten wirklich nichts zu tun gehabt. Es waren ja schon Transporte voraufgegangen und ich wollte mich nicht störend in das bereits eingespielte Verfahren einschalten. Einmal habe ich mich in den Messehallen von den Vorbereitungen zur Evakuierung von 800 Juden überzeugt. Krankenschwestern waren vorhanden und auch ein Arzt. Natürlich konnte ich keine Begeisterung feststellen.«[7] Ebenso wie Schäfer zog er sich darauf zurück, er sei mit den Deportationen als solchen nicht befasst gewesen, in Köln selbst seien die Juden gut behandelt worden, und er habe unmöglich wissen oder voraussehen können, was mit ihnen nach ihrem Abtransport geschehen würde. Und vor allem habe er lediglich innerhalb der Befehlskette Anweisungen von oben nach unten weitergegeben. Wie bei Schäfer erkannte das Gericht nur auf schwere Freiheitsberaubung und verurteilte ihn zu drei Jahren Zuchthaus unter Anrechnung der Untersuchungshaft.[8]

Matschke wurde wegen desselben Delikts verurteilt, allerdings nur zu einer Haftstrafe von zwei Jahren. Obwohl er zugegeben hatte, bei der Kölner Gestapo die Abteilung geleitet zu haben, die ab 1943 mit »Judenangelegenheiten« befasst war, sei er lediglich für den Transport einer kleinen Zahl von Juden zuständig gewesen, die nach Abschluss der großen Deportationswelle im Spätsommer 1942 noch in Köln wohnten. Er habe allein dienstlich damit zu tun gehabt und trage deshalb auch keine persönliche Verantwortung. »Da ich nie Reklamationen, Beschwerden usw. hörte, war ich der Meinung, daß alles reibungslos vonstatten ginge. Durch meine Abteilung ist alles nur rein dienstmäßig gelaufen.«[9]

In der maschinengeschriebenen Urteilsschrift äußerte das Gericht die Überzeugung, es glaube nicht, dass die Angeklagten mehr als nur eine geringfügige Verantwortung für das trügen, was schließlich mit den Kölner Juden geschehen sei. Verglichen mit der Schuld derjenigen, die ungenannt blieben, vom Gericht jedoch als »Haupttäter« bezeichnet wurden, erschien den Richtern »die Verantwortlichkeit der Angeklagten [...] gering«. Die Schuld der »Haupttäter« dagegen sei durch »keine Strafe eines irdischen Gerichts nur annähernd zu sühnen«.[10] Das Gericht verwies zudem auf einige Faktoren, die den Anteil an Schuld, der den drei Angeklagten zugerechnet werden konnte, noch weiter verringerten. Schäfer, Sprinz und Matschke konnten in den Augen ihrer Richter eine »zuvor einwandfreie Lebensführung« nachweisen, und jeder von ihnen habe sich bis zu einem gewissen Grad bemüht, das Elend der unglücklichen Juden zu lindern. Ihre Schuld lag nach Ansicht der Richter hauptsächlich darin, dass sie in törichter, aber verständlicher Weise einer Ideologie und einer Führung angehangen hatten, von der sie in die Irre geleitet worden waren. Liest man diese Urteilsbegründung (die bezeichnenderweise nie veröffentlicht wurde), muss man den Eindruck gewinnen, dass das Gericht der Einlassung der Angeklagten Glauben schenkte, sie hätten nicht gewusst, dass auf die Juden am Zielort ihrer Deportation der Tod wartete. Das Gericht verfügte, diese Männer seien nicht die eigentlich Schuldigen, weil alle drei lediglich die Befehle ihrer Vorgesetzten befolgt hätten; Schäfer und Sprinz befanden sich so weit oben in der Befehlshierarchie, dass sie mit den Deportationen selbst im Grunde nichts zu tun hatten; und Matschke kam so spät zur Kölner Gestapo, dass er nur noch geringfügig mit den Deportationen befasst war. Diejenigen, die nach Überzeugung des Gerichts die eigentlich Schuldigen waren, blieben ungenannt.

Damit war das Verfahren beendet. Das Urteil aber wurde zum Präzedenzfall für spätere NS-Prozesse. Es machte deutlich, dass der neue deutsche Staat nicht daran dachte, eine große Zahl der Täter der Vergangenheit mit hohen Strafen zu belegen. Die Prozesse gegen ehemalige Gestapo- und SS-Leute und Funktionsträger der NSDAP sollten sich mit ganz wenigen Ausnahmen[11] darauf beschränken, milde Strafen für individuelle Vergehen in relativ unbedeutenden, aber unter ziemlich präzise definierten Tatumständen zu verhängen, im Gegensatz zu harten Strafen für die vielen, die an gewichtigeren, allerdings weniger präzise definierten Akten der

Unmenschlichkeit beteiligt waren.[12] Das Urteil von Köln und die Urteile, die ihm andernorts folgen sollten, mögen, indem sie den Schleier über einige offene Wunden aus der Vergangenheit zogen, dazu beigetragen haben, dass die neue deutsche Nation ihre schwierige Gegenwart und Zukunft besser bewältigte. Viele wichtige Fragen zum Wesen des nationalsozialistischen Terrors und zu dem Mord an den Juden aus Köln und dem übrigen Deutschland ließen sie jedoch unbeantwortet, Fragen, die uns bis heute unter den Nägeln brennen. In welchem Maße hatten sich einfache Gestapobeamte unterhalb der Führungsebene schuldig gemacht? Wie wurden die Deportationen in den einzelnen Städten organisiert, und wer führte speziell die Anordnungen zur Deportation aus? Wie viel bekamen örtliche Parteifunktionäre und gewöhnliche Bürger von den Deportationen mit, und bis zu welchem Grad haben sie sich sogar daran beteiligt? Und, weiter gefasst: Wie vorherrschend war der nationalsozialistische Terror für Durchschnittsbürger, und wie groß war ihr Handlungsspielraum? Wie funktionierte der Terror im Alltag des Dritten Reiches?

Die Staatsanwaltschaft Köln hatte sich entschieden, nur drei hohe Gestapobeamte anzuklagen, alle drei bequeme Ziele. Diese Entscheidung erfolgte nach eingehenden Ermittlungen, die sich auf alle identifizierbaren Kölner Gestapobeamten erstreckt und die Kölner Staatsanwälte und Polizisten jahrelang beschäftigt hatten.[13] Die umfangreichen Beweisakten, die im Lauf dieser Ermittlungen zusammengetragen worden waren, hätten zur Anklage gegen wesentlich mehr Personen ausgereicht. Man kann sich des zynischen Schlusses nicht erwehren, dass diese Männer als Sündenböcke ausgesucht wurden, von denen sich die Bevölkerung Kölns und der übrigen Bundesrepublik leicht abwenden und damit die Angelegenheit als erledigt betrachten konnte. Bei einem solchen Vorgehen brauchten viele weitere Gestapobeamte, Parteifunktionäre und einzelne Bürger, die ebenfalls an der Deportation und Ermordung der Kölner Juden beteiligt waren, ihnen Vorschub leisteten oder davon profitierten, für ihre Handlungen nicht zu büßen. In Köln wie anderswo in Deutschland mussten sich »normale« Gestapobeamte und andere ehemalige Nationalsozialisten und ihre Sympathisanten zu keiner Zeit vor Gericht dafür verantworten, dass sie das ungeheuerlichste Verbrechen des Jahrhunderts in Gang gesetzt hatten.[14] So blieben beispielsweise Karl Löffler, der »Sachbearbeiter für Judenangelegenheiten« der Kölner Gestapo während der Deportationen von 1941 und 1942, und seine Amtskollegen in anderen deutschen Städten wie Richard Schulenburg von der Krefelder Gestapo von einer strafrechtlichen Verfolgung verschont. Während hier und da Gestapochefs einzelner Städte wie Schäfer und Sprinz bestraft wurden, blieben »lokale Eichmanns« wie Löffler und Schulenburg fast durchweg unbehelligt. Gegen Löffler war zwar im Vorfeld ermittelt worden, doch im Prozess selbst war er lediglich als Zeuge geladen. Es wird aufschlussreich sein, der Frage nachzugehen, warum Moritz Goldschmidt, einer der sieben Zuschauer beim Prozess gegen Schäfer und der erste und vermutlich wichtigste Zeuge der gesamten Ermittlung und des Prozesses selbst, nicht Löffler als den wahren Schuldigen benannte. In seiner Aussage hatte er behauptet, Löffler sei im Herbst 1941, bevor die Deportationen stattfanden, wieder zur Gestapo nach Brüssel versetzt worden. Tatsächlich ging Löffler jedoch erst im Herbst 1942 nach Brüssel, nachdem die Gestapo das Gros der Kölner Juden in Eisenbahnwaggons in die Todeslager abtransportiert hatte.[15]

Doch ob gerichtsnotorisch oder nicht: Die Laufbahnen, Handlungen und Mentalitäten von einzelnen Tätern wie Löffler und anderen Gestapobeamten und Polizisten bedürfen einer genaueren Untersuchung, wenn wir verstehen wollen, wie das Verbrechen des Jahrhunderts unter dem Nationalsozialismus begangen wurde und wie man sich in den ersten Jahrzehnten nach dem Krieg in der Bundesrepublik Deutschland damit auseinander gesetzt hat. Bei dem Versuch, insbesondere dieses Verbrechen und den nationalsozialistischen Terror überhaupt zu verstehen, wird es sich als notwendig erweisen, zum Vergleich die zahllosen Verbrechen von Gestapobeamten, der deutschen Justiz, von lokalen Amtsträgern und einfachen Bürgern heranzuziehen, die zur Durchsetzung des diktatorischen Terrors beigetragen und dem Massenmord im Dritten Reich den Weg geebnet haben.

Dieses Buch rückt deshalb sowohl den Anteil von Einzelpersonen wie Gestapobeamten und gewöhnlichen Bürgern als auch den Anteil der Gesellschaft an der Funktionsweise des Terrors ins Blickfeld. Es betont den zentralen Stellenwert der Judenverfolgung im nationalsozialistischen Terror; insgesamt aber werden über eintausend individuelle Fälle von Verfolgung und manchmal auch Protest untersucht, die das gesamte Spektrum all der Menschen betreffen, die unter dem nationalsozialistischen Terror gelitten oder ihn durch ihr Handeln mit ermöglicht haben. Lebendige Schilderungen, die ein unmittelbares Gefühl davon vermitteln können, wie der Terror wirksam wurde, werden ebenso wie Fakten und statistische Daten herangezogen, um die Geschichte zu erzählen und eine Erklärung für den Terror zu liefern, der vielleicht das entscheidende Merkmal der NS-Diktatur war.

Dabei lasse ich mich von folgenden Fragen leiten (einige wurden bereits angesprochen): In welcher Weise beeinflusste der Terror den Alltag deutscher – jüdischer und nichtjüdischer – Bürger in durchschnittlichen deutschen Gemeinden? In welcher Weise entwickelte sich der Terror im Lauf der Zeit? Wer hatte am meisten unter ihm zu leiden und wer am wenigsten?

Wie funktionierte das zentrale Terrorinstrument, die Gestapo? Wie mächtig war sie, und wie weit reichte ihr Arm? Wie arbeiteten andere Justizorgane wie Staatsanwaltschaften und Sondergerichte, die eingerichtet wurden, um politische Vergehen im Dritten Reich abzuurteilen? Welche Parteilichkeiten legten sie an den Tag?

Welche Personen haben den Terror ausgeführt, und inwieweit waren sie persönlich verantwortlich und schuldig? Aus welchen Verhältnissen kamen beispielsweise die Gestapobeamten, und wie lässt sich ihre Mentalität beschreiben? Waren sie, wie sie nach dem Krieg behaupteten, ganz »normale« Polizeibeamte, die lediglich Befehle befolgten und unter Beachtung der bestehenden Gesetze ihre Pflicht taten, ohne dabei in irgendeiner Weise bösartig zu sein?

Wie haben einzelne deutsche Bürger auf den nationalsozialistischen Terror reagiert? Was unterscheidet die Menschen, die dagegen protestierten, von denen, die ihn unterstützten? In welchem Maße waren gewöhnliche Deutsche daran beteiligt, ihre Mitmenschen zu überwachen und zu kontrollieren? Was bewog manche Bürger dazu, ihre Nachbarn, Arbeitskollegen und Verwandten zu denunzieren? Wie häufig kamen solche Denunziationen vor?

In welcher Weise stellten sich die Erniedrigung, Enteignung und der Massenmord an den Juden in einzelnen deutschen Gemeinden dar? Inwieweit waren normale Bürger daran beteiligt? Was haben sie und die maßgeblichen Nationalsozialisten am Ort über das den Juden zugedachte Schicksal gewusst?

Und welches Schicksal widerfuhr den Tätern in der Bundesrepublik Deutschland nach dem Krieg? Auf welche Weise gelang es ihnen, einer Strafverfolgung zu entgehen, ihre berufliche Laufbahn wieder aufzunehmen und Pensionsansprüche geltend zu machen? Wer war ihnen bei diesen Bemühungen behilflich?

Interpretationen des nationalsozialistischen Terrors
im Wandel

Im vergangenen halben Jahrhundert gab es eine wahre Flut von Büchern und Aufsätzen zu fast allen Aspekten der NS-Gesellschaft, und viele Menschen haben zum Verständnis des Terrors, der diese Gesellschaft fast zwölfeinhalb Jahre regierte, hervorragende Beiträge geleistet. Nachdem die deutsche Gesellschaft eine immer größere Bereitschaft gezeigt hat, ihre Archive zu öffnen und sich dem schmerzhaftesten Kapitel ihrer jüngeren Geschichte zu stellen, haben sich deutsche Historiker mit Fachkollegen aus anderen Ländern zusammengeschlossen und ihre Kräfte zu einem mittlerweile internationalen und kooperativen Bemühen gebündelt, mit dem Ergebnis, dass viele der alten Mythen über den nationalsozialistischen Terror zerstört wurden. Die folgende Erörterung soll den Leser mit einem Teil der beispielhaften Arbeit vertraut machen, die auf diesem Gebiet geleistet wurde.

Die wissenschaftliche Forschung zum nationalsozialistischen Terror hat mindestens drei verschiedene Phasen durchlaufen.[16] Die ersten beiden Phasen dauerten jeweils etwa zwei Jahrzehnte; die dritte ist in den neunziger Jahren in Schwung gekommen. Diese Phasen und ihr jeweiliges Verständnis davon, was den nationalsozialistischen Terror letztlich ausmachte, wie er wirksam wurde und wer die Verantwortung dafür trug, unterscheiden sich im Hinblick auf mehrere Variablen: die Zentralität oder Marginalität des Holocaust; die Zentralität oder Marginalität der Rolle Hitlers; die Macht der Gestapo und ihre Reichweite; den Ort, an dem der Terror untersucht wird (auf den oberen Ebenen des deutschen Herrschaftsapparats, wo der Terror zentral von der Berliner Führung befohlen und organisiert wurde, oder in einzelnen Regionen und Gemeinden, wo er ausgeübt wurde); das Wesen des nationalsozialistischen Herrschaftsapparats; die Form und das Ausmaß des Protests und der Regimekritik; die Rolle der einfachen Leute bei der Überwachung und Denunziation von anderen; und schließlich den Personenkreis derjenigen, die die einflussreichsten Forschungen auf diesem Gebiet durchgeführt haben.

Die erste Phase begann unmittelbar nach dem Ende des Zweiten Weltkriegs und zog sich etwa bis in die späten sechziger Jahre hin. Am Anfang dieser Periode erfuhr die Welt entsetzt von den Gräueln der Konzentrationslager und des Holocaust. Angesichts der vielen Augenzeugenberichte, die bald erschienen – veröffentlicht von ehemaligen KZ-Insassen und von Hitlers ehemaligen Henkern[17] –, konzentrierte sich die akademische historische Forschung über den Terror auf die Rolle Hitlers und der zentralen Organe des Terrorapparats in Berlin sowie auf das furchtbare Schicksal der Juden. Viele deutsche Historiker hatten sich diskreditiert, weil sie Hitler unterstützt oder ihm keinen Widerstand entgegengesetzt hatten, so dass der Löwenanteil der wichtigen Arbeiten zu diesem Thema von ausländischen und emigrierten deutschen Wissenschaftlern im Ausland stammte.[18] Die Archive waren für diese Arbeiten zumeist nur von begrenztem Wert. Auch wenn Raul Hilberg und einige andere von den Protokollen der Kriegsverbrecherprozesse in Nürnberg ausgiebig Gebrauch gemacht haben, waren die meisten Forscher doch überzeugt, dass fast alle brauchbaren lokalen Archivalien durch die Bombardierungen oder kurz vor Kriegsende durch die Gestapo und andere Parteifunktionäre vernichtet worden waren.[19]

Diese Veröffentlichungen – zumeist eine Geschichte »von oben« – ließen sich von der Hypothese leiten, dass ein wahnsinniger Hitler die absolute Herrschaft über einen reibungslos funktionierenden monolithischen Staats- und Parteiapparat innehatte, der die deutsche Bevölkerung mit den Mitteln eines schrankenlosen Terrors beherrschte, in dessen Zentrum eine angeblich allmächtige, allwissende und allgegenwärtige Geheimpolizei mit der Gestapo an der Spitze stand. Die Gestapo, die erstmals im April 1933, als Hitler noch keine drei Monate im Amt war, in Erscheinung trat, hatte bald darauf in allen großen deutschen Städten Leitstellen und in den kleineren Außendienststellen eingerichtet. Gestützt auf eine riesige Armee speziell ausgebildeter Agenten und Spione und mit modernsten Geräten zur Überwachung ausgestattet, so der gängige Mythos, verfügte die Gestapo ähnlich der »Gedankenpolizei« in George Orwells nach dem Krieg erschienenem Roman *1984* über mehr als ausreichende Mittel, um sämtliche Bürger ständig und aus nächster Nähe im Auge zu behalten – von den Juden, Kommunisten und anderen »Feinden« des Regimes bis hin zu den unbedeutendsten Mitgliedern der deutschen Gesellschaft.[20]

Hannah Arendt, die in ihrer berühmten Untersuchung *Elemente und Ursprünge totaler Herrschaft*, sechs Jahre nach Kriegsende zuerst in den USA erschienen, die historischen Wurzeln des Antisemitismus und Rassismus hervorhebt, hat als eine der Ersten das Wesen und die Praxis des Terrors in der nationalsozialistischen (und zu einem weniger großen Teil der sowjetischen) Gesellschaft untersucht. Der Totalitarismus bedroht ihr zufolge fast alle Bürger. Totalitäre Gesellschaften wie die des Dritten Reiches arbeiten mit einem System, »in de[m] wissentlich oder unwissentlich jeder jeden bespitzelt, in de[m] jeder sich als Agent herausstellen kann, jeder sich ständig bedroht fühlen muß«. Geheimhaltung und Geheimpolizei in totalitären Gesellschaften haben die Aufgabe, ihre Opfer spurlos verschwinden zu lassen. »Die Bevölkerung muss daran gewöhnt werden, dass der Verhaftete [...] so verschwindet, [...] als hätte es ihn nie gegeben.«[21]

Bald gingen viele Historiker daran, das Orwellsche Argument Arendts näher auszuführen. Der französische Autor eines der frühesten Bücher über die Gestapo erklärte in einem Kapitel mit der Überschrift »Allgegenwärtige Gestapo«:

»Die Gestapo [handelte] für sich allein, als sie in den Wohnungen Verdächtiger Abhörvorrichtungen einbaute. Während der Wohnungsinhaber nicht zu Hause war oder unter dem Vorwand, man müsse die Telefonleitung oder die elektrische Anlage prüfen, wurden Mikrophone eingebaut, die es ermöglichten, den Verdächtigen bis in sein intimes Familienleben zu bespitzeln. Nichts und niemand war vor dieser Art von Praktiken sicher [...] Die Spionage wurde so allumfassend, daß niemand sich sicher fühlen konnte, wo auch immer.«[22]

Die zweite Phase in der Interpretation des nationalsozialistischen Terrors begann um die Mitte der sechziger und währte bis zum Ende der achtziger Jahre. In dieser Zeit begannen deutsche Historiker, sich ernsthaft mit ihrer jüngsten Vergangenheit auseinander zu setzen, ein schmerzhaftes Unterfangen, das ernste Kontroversen auslöste. Das ging so weit, dass Mitte der achtziger Jahre fast das gesamte westdeutsche intellektuelle Establishment in eine erbitterte Debatte verwickelt war – den so genannten Historikerstreit –, bei der es um die Einzigartigkeit des Holocaust und um die Frage ging, wie dieser und die deutsche NS-Vergangenheit angemessen zu erforschen und zu verstehen seien.[23] Die Anfänge der zweiten Phase waren allerdings unaufgeregter. Eingeläutet wurde sie durch das Erscheinen bahnbrechender Arbeiten unter anderem von dem Soziologen Ralf Dahrendorf über die endemische Schwäche der

Demokratie in der deutschen Gesellschaft, dem Historiker Martin Broszat über die innere Verfassung des Hitler-Staats und dem ehemaligen NS-Architekten und NS-Rüstungsminister Albert Speer über Hitlers Charakter und Alltag.[24] Die Wirkung dieser Arbeiten bestand zunächst darin, dass das Bild der deutschen Diktatur und des deutschen Volkes etwas differenzierter und in einem etwas vorteilhafteren Licht erschien.

Nach wie vor wurde der Person Adolf Hitlers ein Großteil der Schuld zugeschoben, doch seine Macht und die seines Regimes über die Gesellschaft wurden jetzt nicht mehr so absolut gesehen wie früher. Hitlers Paladine steuerten jetzt nicht mehr als reibungslos arbeitende Besatzung ein intaktes Staatsschiff auf dem Meer einer willfährigen und einigen Bevölkerung, sondern der Staatsapparat zeichnete sich durch innere Spaltungen, Kompetenzwirrwarr und widerstreitende Ziele aus. Auch die damalige Bevölkerung wurde nunmehr heterogener wahrgenommen. Selbst wenn sie nicht unbedingt kurz davor standen, eine breite Widerstandsbewegung zu bilden und eine regelrechte Revolution zu machen, so gab es doch viele Deutsche, die zutiefst unzufrieden waren und nach Möglichkeiten suchten, ihre fehlende Zustimmung zur Führung zwar nicht unbedingt auffällig, aber doch spürbar zum Ausdruck zu bringen.

In dieser stärker von deutschen Historikern geprägten Historiographie des Dritten Reiches verlagerten sich die Judenverfolgung und der Massenmord an den europäischen Juden vom Zentrum an den Rand der Debatte. Möglicherweise unabsichtlich, aber doch unübersehbar kamen die Juden in den bahnbrechenden Arbeiten Broszats und Dahrendorfs sowie in Speers Enthüllungen kaum vor.[25] In der Nachfolge Broszats und anderer bildete sich Mitte der siebziger bis Mitte der achtziger Jahre ein neuer Konsens heraus, dem zufolge die deutsche Gesellschaft weniger antisemitisch war und die Unterdrückung der Juden für ihre Unterstützung des NS-Regimes von geringerer Bedeutung, als man bisher angenommen hatte. Viele Deutsche, stellte sich heraus, waren über den Novemberpogrom 1938 entsetzt, eine Reaktion, die die NS-Führung zu größerer Geheimhaltung bei den weiteren Maßnahmen gegen die Juden und dem späteren Holocaust zwang. Lediglich einige in der Wolle gefärbte Nationalsozialisten, so das neue Paradigma, fühlten sich durch das Unglück der Juden befriedigt. Die meisten Deutschen schienen sich um die »Judenfrage« kaum zu kümmern. Wie der englische Historiker Ian Kershaw in einem seiner beiden einflussreichen Bücher schrieb, die zu Beginn der achtziger Jahre erschienen und die Stimmung und Moral der deutschen Bevölkerung behandelten: »Die Straße nach Auschwitz wurde vom Hass gebaut, aber war mit Gleichgültigkeit gepflastert.«[26]

Kershaws Einschätzung, wie weit der Antisemitismus in der deutschen Bevölkerung verbreitet war, ist an sich schon von Bedeutung; stärker noch geht seine sorgfältige Studie über die Meinungsbildung im Dritten Reich auf die Fragen der alltäglichen Zustimmung oder Ablehnung der Durchschnittsdeutschen zur NS-Politik ein. Kershaw arbeitete an einem umfangreichen Projekt zu diesem Thema mit, das von Broszat geleitet und zwischen 1977 und 1983 in sechs viel beachteten Bänden unter dem Titel *Bayern in der NS-Zeit* veröffentlicht wurde.[27] Er und andere, die an diesem und ähnlichen Projekten mitarbeiteten, trugen dazu bei, das Hauptaugenmerk bei der Untersuchung des nationalsozialistischen Terrors weniger auf die oberste Führung in Berlin zu richten als auf die schwierige Lage der gewöhnlichen Deutschen.[28] Diese neue Betonung der Alltagsgeschichte fügte zwar den Arbeiten Broszats und anderer die nötige Struktur und Farbe hinzu, bestätigte jedoch im Wesentlichen die eher pauschal vorgetragenen früheren Argumente der älteren Fachkollegen. Die in dieser Zeit durchgeführten Untersuchungen über die Gestapo und die Auswertung der Stimmungs- und Lageberichte der Exil-SPD (Sopade), lokaler Gerichtsakten und anderer lokaler Dokumente stützten die Behauptung Broszats und anderer, dass es auf sämtlichen Ebenen der NS-Gesellschaft eine beträchtliche Heterogenität und Meinungsvielfalt gegeben habe.

Diese neuen Arbeiten trugen auch dazu bei, Broszats Behauptung zu illustrieren, dass Hitler für die nationalsozialistische Bewegung eine entscheidende Rolle gespielt habe. Ohne Hitlers lenkende Hand, so Broszat, wäre das Dritte Reich einfach ins Chaos abgerutscht und in sich befehdende Gruppen zerfallen. Es entstand eine wahre Flut von Veröffentlichungen zu den Themen Widerstand und Verfolgung, die zumindest unausgesprochen den Schluss nahe legten, dass das Dritte Reich Hitlers Tod mit Sicherheit nicht lange überlebt hätte.[29] Während Edelweißpiraten, »Swings« und andere Jugendliche es ablehnten, sich gängeln zu lassen, und mit zunehmender Vehemenz gegen Hitler-Jugend und lokale NS-Größen aufbegehrten, beschwerten sich ihre Eltern fortwährend über

24

weckt wurde, haben auch ein neues Licht auf die Tätigkeit der Gerichte und anderer Justizorgane in der NS-Zeit geworfen. In den letzten Jahren ist eine ganze Reihe von Arbeiten erschienen, in denen die Rolle der Richter, Staatsanwälte und der Gerichte im Hinblick auf ihre Unterstützung der Ziele des Regimes untersucht wurde.[36] Und es wird deutlich, dass die »normalen« Richter und sonstigen Beamten des Justizapparats des Dritten Reiches keineswegs eine »positivistische«, unparteiische Rechtsauslegung betrieben haben, wie viele von ihnen nach dem Krieg behaupteten. Staatsanwälte und Richter haben ebenso wie die Gestapobeamten auf lokaler wie auf nationaler Ebene das Recht willkürlich und einseitig ausgelegt. Während einige von ihren Befugnissen einen fast segensreichen Gebrauch machten, setzten sich andere selbst bei geringfügigen Vergehen für die Höchststrafe ein. Auf der einen Seite konnte ein minderschweres politisches Vergehen wie das Hören von BBC-Sendungen in den Kriegsjahren eine Einstellung des Verfahrens, einen Freispruch vor Gericht oder auch eine geringfügige Strafe nach sich ziehen, je nach der Empfehlung oder dem Urteil der Polizei, des Staatsanwalts und der Richter. Auf der anderen Seite konnte es aber auch zu einer Anklage vor dem berüchtigten Volksgerichtshof in Berlin unter Roland Freisler führen, wo den Angeklagten in der Regel die Todesstrafe erwartete.[37]

Die Neubewertung der Gestapo, des Rechtswesens und der Rolle gewöhnlicher Deutscher als Spitzel und Denunzianten hat viel dazu beigetragen, den nationalsozialistischen Terrorapparat zu entmystifizieren. Ausführliche, in Archiven lagernde Dokumente, in denen die tatsächliche Wirkungsweise des nationalsozialistischen Terrors ganz unten bloßgelegt wurde, sind von findigen Historikern in großer Zahl aufgespürt und analysiert worden. Wir können heute nicht mehr davon ausgehen, dass die Gestapo allgegenwärtig und die Macht des Staates über den Einzelnen total war. Und wir können die damalige deutsche Bevölkerung nicht mehr in zwei entgegengesetzte Lager einteilen, von denen das eine aus blinden Anhängern des Führers und das andere aus unschuldigen Opfern und Widerstandskämpfern bestand. Auch wenn das Leid einer großen Zahl von Deutschen und die Unzufriedenheit vieler Deutscher mit verschiedenen Aspekten der NS-Diktatur gut dokumentiert sind, sprechen die Belege insgesamt doch dafür, dass eine große Mehrheit der deutschen Bevölkerung Möglichkeiten fand, sich mit dem Regime zu arrangieren, auch wenn sie innere Vorbehalte haben mochte. Und sie lassen vermuten, dass eine beträchtliche Zahl gewöhnlicher Bürger von den repressiven politischen Mitteln, die ihnen das Regime an die Hand gab, zu ihrem eigenen Vorteil Gebrauch machte. Das gilt besonders für die politische Denunziation.

Diese beunruhigenden Enthüllungen über die Beteiligung gewöhnlicher deutscher Bürger am nationalsozialistischen Terror fanden ihren Widerhall in zwei Furore machenden Büchern, die Anfang und Mitte der neunziger Jahre von den US-amerikanischen Historikern Christopher R. Browning und Daniel Jonah Goldhagen veröffentlicht wurden und auf bedrückende Weise demonstrierten, dass gewöhnliche Deutsche in wesentlich höherem Maße als bisher angenommen aktiv am Massenmord an den Juden beteiligt waren. Es kam zu einer hitzigen Debatte in der historischen Zunft, die an den Historikerstreit der achtziger Jahre erinnerte, sich diesmal jedoch in den Vereinigten Staaten entzündete und dann erst auf Deutschland und die übrige Welt übergriff.[38] Die Debatte ist vielschichtig, aber im Zentrum steht zweifellos Goldhagens Bestseller *Hitlers willige Vollstrecker* und vor allem seine Behauptung, ganz gewöhnliche Deutsche hätten bereitwillig Juden ermordet, weil sie von einem angeblich historischen und einzigartig deutschen »eliminatorischen Antisemitismus« motiviert gewesen seien. Einer der exponiertesten Kritiker Goldhagens ist Christopher Browning, der in seinem Buch *Ganz normale Männer: das Reserve-Polizeibataillon 101 und die »Endlösung« in Polen* behauptet, die Deutschen hätten nicht anders gehandelt, als es Menschen eines jeden anderen Landes unter vergleichbar extremen Umständen vielleicht getan hätten. Doch obwohl Browning zu anderen Schlüssen gelangt, stützt er sich in seiner nicht minder anschaulichen Darstellung des mörderischen Tuns deutscher Reservepolizisten während des Krieges in Osteuropa im Wesentlichen auf dasselbe Material, das Goldhagen vorlegt und interpretiert. Beide schildern dasselbe Szenario: Eine beträchtliche Zahl gewöhnlicher deutscher Zivilisten, vielfach in mittlerem Alter, ideologisch nur geringfügig oder überhaupt nicht indoktriniert oder geschult, wurde im Laufe des Krieges für jeweils kurze Zeit in Osteuropa eingesetzt, um tausende wehrloser Juden aus kürzester Distanz zu erschießen, und durfte anschließend wieder in ihr bürgerliches Leben und zu ihren Angehörigen in Deutschland zurückkehren.

Auf die Beteiligung gewöhnlicher Deutscher an den nationalsozialistischen Verbrechen hat außerdem eine bedrückende Ausstellung ein neues Licht geworfen, die in den letzten Jahren in großen deutschen Städten auf reges Interesse gestoßen ist. Organisiert vom Hamburger Institut für Sozialforschung, zeigte diese Ausstellung unter dem Titel »Vernichtungskrieg: Verbrechen der Wehrmacht 1941 bis 1944«[39] eine Fülle von Fotografien (einige davon umstritten) und anderen Exponaten, welche die direkte Beteiligung der deutschen Wehrmacht an den verbrecherischen Gräueln dokumentieren, die während des Zweiten Weltkriegs an Juden und der übrigen Zivilbevölkerung der osteuropäischen Länder begangen wurden.[40] Angesichts dieser Ausstellung und der Veröffentlichungen von Browning und Goldhagen lässt sich die Behauptung nicht länger aufrechterhalten, der Holocaust sei ausschließlich oder zumindest überwiegend von nationalsozialistischen Elite-Einheiten verübt worden, denn sowohl in den Reserve-Polizeibataillonen wie in der Wehrmacht dienten ganz normale Deutsche.

Wie Daniel Goldhagens Bestseller und die Besucherzahlen der Wehrmachtsausstellung zeigen, treffen der nationalsozialistische Terror und die NS-Verbrechen auf ein großes Publikumsinteresse. Goldhagen und die Ausstellung haben außerdem international einer Kontroverse unter Historikern in einer Weise neue Nahrung gegeben, die in den ersten Nachkriegsjahren vor gut fünfzig Jahren undenkbar gewesen wäre. In den Jahrzehnten unmittelbar nach dem Krieg wollten die Menschen in allen betroffenen Ländern das Trauma des Krieges und des Massenmords an den Juden ruhen lassen und in die Zukunft blicken, um ihre Gesellschaften und ihr Leben neu aufzubauen, doch heute lässt sich das Bedürfnis der Welt nach neuen Erkenntnissen über das führende Beispiel für Terror und Unmenschlichkeit im zwanzigsten Jahrhundert anscheinend nicht mehr unterdrücken. Wenn man bedenkt, dass zum Teil noch immer ungeklärt ist, wie der nationalsozialistische Terror funktionierte, wer am stärksten von ihm betroffen war und wer die Hauptverantwortung für die begangenen Verbrechen gegen die Menschlichkeit* trug, und vor dem Hintergrund, dass Terror, Massenmord und Verbrechen gegen die Menschlichkeit noch

---

* Bezeichnenderweise hat sich in Deutschland der Begriff »Verbrechen gegen die Menschlichkeit« eingebürgert, obwohl es eigentlich um »Verbrechen gegen die Menschheit« ging (Anm. d. Ü.).

lange nach Hitlers Tod die Bürger vieler Länder bedrohen, spricht vieles dafür, dass es auch im 21. Jahrhundert noch viele Untersuchungen über den nationalsozialistischen Terror geben wird.

Damit die zukünftigen Studien auf einer gesicherten Basis gründen können, verfolgt dieses Buch die Absicht, eine Einschätzung des nationalsozialistischen Terrors zu erarbeiten, die zum einen die sich entwickelnde Literatur zu diesem Thema in eine angemessene und klare Perspektive rückt und zum anderen ein neues Licht auf seine Funktionsweise wirft. Im Verlauf der letzten fünfzig Jahre haben wir viele neue Erkenntnisse über den Terror gewonnen, und die vorherrschende Deutung des Terrors ruht heute auf wesentlich zuverlässigeren und zahlreicheren Belegen als noch vor einigen Jahrzehnten. Es gibt jedoch erste Anzeichen dafür, dass in dem Bemühen der historischen Forschung, immer neue Informationen über den nationalsozialistischen Terror aufzuspüren und immer größere Gruppen als Täter zu entlarven, die Interpretation des Terrors unausgewogen zu werden droht.

Vor fünfzig Jahren noch wurde angenommen, dass das führende Organ des Terrors, die Gestapo, allmächtig und allwissend gewesen sei. Heute sehen die Historiker in der Gestapo eine relativ machtlose Institution. Mit einem geringen Bestand an Personal und Spitzeln sei sie bei der Beschaffung von Informationen fast vollständig von Denunzianten aus der Bevölkerung abhängig gewesen. Vor fünfzig Jahren gingen Historiker und andere davon aus, dass die gesamte deutsche Bevölkerung von der Gestapo und anderen Organisationen des NS-Machtapparats terrorisiert wurde. Heute wird gewöhnlichen Deutschen vorgeworfen, eine maßgebliche Rolle beim Terror selbst gespielt zu haben, indem sie ihre Mitbürger bei der Gestapo denunzierten und sich freiwillig an dem Massenmord an den Juden beteiligten. Vom Nürnberger Militärgerichtshof wurde die Gestapo als verbrecherische Organisation bezeichnet, während heutige Historiker die Gestapobeamten als mehr oder weniger »normale« Polizeibeamte darstellen, die lediglich besonders karriereorientiert und diensteifrig gewesen seien.[41]

Ohne Zweifel waren viele gewöhnliche Deutsche am nationalsozialistischen Terror und am Holocaust aktiv beteiligt. Die Gestapo verfügte eindeutig nur über beschränkte personelle und finanzielle Mittel. Der Terror war zu keiner Zeit total, und gewöhnliche Deutsche verfügten über ein beträchtliches Maß an Narrenfreiheit, um ihrer alltäglichen Unzufriedenheit mit der NS-Politik

Luft zu machen, ohne in übertriebener Furcht vor Verhaftung und Verfolgung zu leben. Das alles sind inzwischen unbestreitbare Tatsachen, für die auch dieses Buch neue Belege beibringen wird. Doch die gegenwärtig vorherrschende Interpretation des Terrors, der immerhin ein Teil des Verdiensts zukommt, dass diese Tatsachen zutage gefördert wurden, bedarf aus mehreren wichtigen Gründen einer Revision.

In der jüngsten Sicht des nationalsozialistischen Terrors wird die Beteiligung von gewöhnlichen Deutschen an Terror und Massenvernichtung zunehmend so stark in den Vordergrund gerückt, dass dabei leicht der Blick auf den Umstand verstellt wird, dass es zum Terror gar nicht erst gekommen wäre, hätte die Führung der Partei ihn nicht unter Einsatz der Gestapo in Gang gesetzt. Diese neue Betrachtungsweise hat tendenziell auch eine Unterschätzung der rücksichtslosen Effektivität der Gestapo zur Folge, was fast so weit geht, sie zu entschuldigen, statt ihre hauptsächliche Verantwortung festzustellen. Und schließlich muss die jüngste Forschungsrichtung revidiert werden, weil sie in ihrem Bestreben, den »Mythos der ›Volksopposition‹ und der ›Resistenz‹«[42] zu entlarven, das tatsächliche Widerstandshandeln unterbewertet. Sicherlich ist Mallmann und Paul zuzustimmen, wenn sie schreiben: »Vor allem transformierte sich der durchaus breit angelegte Teildissens nicht in Opposition und Widerstandsverhalten [...] Der Grundkonsens des Dritten Reiches funktionierte bis zum bitteren Ende.«[43] Doch es trifft auch zu, dass viele Menschen – darunter Kommunisten, Sozialdemokraten, Zeugen Jehovas, Geistliche beider christlicher Kirchen und andere – zu verschiedenen Zeiten während des Dritten Reiches bewusst und mutig gehandelt haben in dem Versuch, das Regime zu Fall zu bringen. Auch wenn sie damit erfolglos waren, dürfen ihre Anstrengungen und ihr Leiden nicht in Vergessenheit geraten.

Wie dieses Buch zeigt, liegt der Schlüssel zum Verständnis des zeitweise brutalen, zeitweise quasi-legalistischen, aber stets wirksamen nationalsozialistischen Terrors in seiner selektiven Natur. Er wurde nicht pauschal oder willkürlich eingesetzt, sondern richtete sich erbarmungslos gegen die rassischen, politischen und sozialen »Feinde« des NS-Regimes. Gleichzeitig ignorierte oder überging er milde Ausdrucksformen eines Nonkonformismus oder Ungehorsams auf Seiten der übrigen deutschen Bürger. Diese unterschiedliche Behandlung der einzelnen gesellschaftlichen Gruppen trug dazu bei, dass das NS-Regime bei Teilen der Bevölkerung als legitim anerkannt wurde und bei ihnen Unterstützung fand. Tatsächlich nahmen viele Deutsche den Terror nicht als persönliche Bedrohung wahr, sondern als etwas, das ihren Interessen diente, indem er Gefahren für ihr materielles Wohlergehen und ihr Gefühl von Gemeinschaft und Anstand beseitigte. Diese Akzeptanz sorgte mit dafür, dass die maßgeblichen Terrororgane wie die Gestapo trotz ihrer beschränkten personellen und finanziellen Ausstattung effektiv arbeiten konnten.

Die Juden waren letztlich das Hauptziel des Terrors. Doch in den Anfangsjahren der NS-Herrschaft wurde der Terror mit gleicher und manchmal größerer Gewalttätigkeit auch gegen kommunistische und andere Funktionäre und Aktivisten der Linken ausgeübt. Nachdem die Bedrohung von Seiten der politischen Linken ausgeschaltet war (ab Mitte der dreißiger Jahre), konzentrierten sich die Terrororgane darauf, potenzielle Oppositionelle in religiösen Kreisen zum Schweigen zu bringen und die Gesellschaft von »Elementen« zu befreien, die vom Regime als soziale Außenseiter angesehen wurden: Homosexuelle, »Gewohnheitsverbrecher« und körperlich und geistig behinderte Menschen. Mit dem Massenmord an den europäischen Juden während des Krieges erreichte der Terror seine grausamste Phase.

Obwohl viele Deutsche einer oder mehreren der genannten Zielgruppen des Terrors angehörten, stellten sie gleichwohl nur eine Minderheit, und folglich hatten die meisten Deutschen unter dem Terror gar nicht zu leiden. Es war nicht nötig, den Terror auch gegen sie zu richten, weil die meisten Deutschen weiterhin loyal zur nationalsozialistischen Führung standen und sie vom Anfang bis zum Ende des Dritten Reiches freiwillig, wenn auch in unterschiedlichem Maße unterstützten. Während manche Deutsche mit der antisemitischen und antihumanitären Politik des Regimes zutiefst übereinstimmten, galt dies für viele andere Deutsche nicht. Desgleichen gab es manche, die freiwillig ihre Nachbarn und Arbeitskollegen bespitzelten und bei den Behörden denunzierten, doch die überwältigende Mehrheit der Bevölkerung tat dies nicht. Außerdem erfolgten zivile Denunziationen in aller Regel aus persönlichen und kleinlichen Gründen gegen im Übrigen gesetzestreue Bürger, die von der Gestapo im Allgemeinen überhaupt nicht oder nur geringfügig bestraft wurden. Dennoch ist es richtig, dass die deutsche Zivilbevölkerung sich zu einem Großteil selbst kontrollierte und dass ihre Bereitschaft, sich mit dem NS-Regime zu arrangieren oder sogar mit ihm zusammenzuarbeiten, überhaupt erst die nationalsozialistischen Verbrechen gegen die Menschlichkeit möglich gemacht hat.

Es ist wichtig, die Mitwirkung der gewöhnlichen Deutschen an diesen Verbrechen nicht aus dem Auge zu verlieren. Ebenso wichtig ist es zu erkennen, dass die meisten Deutschen nicht von dem Vorsatz geleitet wurden, andere zu verletzen, sondern von einer Mischung aus Feigheit, Gleichgültigkeit und einem sklavischen Gehorsam gegenüber der Obrigkeit. Nach dem Krieg versuchten Gestapobeamte und andere höhere Funktionsträger des Regimes ihre Beteiligung an den NS-Verbrechen genau mit dieser Mischung aus mehreren Motiven zu rechtfertigen. Auch wenn man diese Entschuldigungen nicht von vornherein beiseite schieben kann, zumal sie häufig von den Strafverfolgungsbehörden sowie von einflussreichen Mitgliedern aus den Gemeinden dieser Beamten akzeptiert wurden, enthüllt die hier vorgelegte Untersuchung der Herkunft, der Motivationen und Handlungen von Gestapobeamten, die grausam, effizient und vorsätzlich den NS-Terror vollzogen haben, die Haltlosigkeit ihrer Entschuldigungen. Diese gar nicht »normalen« Menschen genossen zwar eine beträchtliche Unterstützung vieler Personen aus der deutschen Bevölkerung während des Dritten Reiches und in den Jahrzehnten danach, müssen jedoch als die Haupttäter angesehen werden, die sie ohne jeden Zweifel auch waren. Wenn sie im historischen Gedächtnis nicht verantwortlich gemacht werden dürfen, dann darf es fast niemand.

Der Rahmen der Untersuchung und die Quellen

In diesem Buch geht es hauptsächlich um drei Städte im Rheinland – Köln, Krefeld und Bergheim – und die Dörfer in ihrer Umgebung. Obwohl sie sich im Hinblick auf ihre Einwohnerzahl und ihren Charakter voneinander unterschieden, hatten alle drei Städte eine starke industrielle Basis, eine überwiegend katholische Bevölkerung mit einer bescheidenen protestantischen Minderheit und jeweils eine kleine, aber für die damaligen deutschen Verhältnisse dem Durchschnitt entsprechende jüdische Gemeinde. Alle drei Städte wurden von der Wirtschaftskrise seit Beginn der dreißiger Jahre hart getroffen, doch in keiner von ihnen hatte die NSDAP einen starken Rückhalt. Bei den letzten demokratischen Wahlen der Weimarer Republik lag der Anteil der NSDAP-Wähler in allen drei Kommunen unter dem Landesdurchschnitt.

Köln liegt an den südwestlichen Ausläufern des Ruhrgebiets. Mit einer Einwohnerzahl von einer knappen Million heute und rund einer Dreiviertelmillion während des Dritten Reiches ist Köln die viertgrößte und zugleich die älteste Großstadt Deutschlands.[44] Der berühmte Dom und zahlreiche andere Kirchen von großer architektonischer und religiöser Bedeutung, eine 600 Jahre alte Universität und eine Vielfalt großer und kleiner Industriezweige geben der Stadt ihr Gepräge. Bei den letzten drei Wahlen vor dem 30. Januar 1933 gab die wahlberechtigte Bevölkerung der Stadt den Parteien der Katholiken, Kommunisten und Sozialdemokraten, die in Opposition zu Hitler standen, knapp zwei Drittel ihrer Stimmen, während die NSDAP hier ihren niedrigsten Stimmenanteil in allen deutschen Großstädten hinnehmen musste.[45] Nachdem Hitler jedoch an die Macht gekommen war, schwenkte die Kölner Bevölkerung mit einigen wichtigen Ausnahmen sehr schnell auf die neue Linie ein, so wie es auch in anderen Teilen Deutschlands der Fall war. In den Kriegsjahren hatte Köln von allen deutschen Großstädten unter den ständigen Bombenangriffen wahrscheinlich am meisten zu leiden.[46] Inmitten der Ruinen und Schutthaufen der fast vollständig zerstörten Stadt wurden verschiedene Widerstandsgruppen aktiv, von denen mindestens eine später Berühmtheit erlangen sollte.[47] Die in Köln lebende jüdische Minderheit von rund 16 000 Einwohnern war mit etwa zweieinhalb Prozent der Stadtbevölkerung etwas größer als im Landesdurchschnitt, aber kleiner als in mehreren anderen deutschen Großstädten.[48]

Krefeld und Bergheim waren weniger bemerkenswerte Gemeinden, wie man sie überall in Deutschland finden konnte. Etwa 65 Kilometer nördlich von Köln, ebenfalls am Rhein und 40 Kilometer östlich der holländischen Grenzstadt Venlo gelegen, war Krefeld mit einer Einwohnerzahl von rund 170 000 wesentlich größer als Bergheim.[49] Die Stadt war bekannt für ihre Seidenfabrikation, doch lebten dort auch viele Bergarbeiter, einige Landwirte und ein starkes Kontingent an kleinen Ladeninhabern, Kaufleuten, Akademikern und Fabrikarbeitern. Die jüdische Gemeinde machte mit 1600 Seelen ein Prozent der Einwohnerzahl aus, was ziemlich genau dem durchschnittlichen Anteil der Juden in den deutschen Groß- und Mittelstädten entsprach.[50] Der Anteil der NSDAP-Wähler in der Stadt während der Weimarer Republik entsprach dem Stimmenanteil in vergleichbaren Städten. Daran änderte sich auch später nichts.[51]

Bergheim, etwa 25 Kilometer westlich des Rheins auf der Höhe von Köln und an einer alten Handelsstraße zwischen Köln und Jülich gelegen, war im Dritten Reich eine Kleinstadt. Heute ist der Ort wesentlich größer, vor allem durch die Eingemeindung umliegender Ortschaften bedingt. Am Vorabend des Krieges bestand der Ort jedoch aus einem kleinen Stadtzentrum und mehreren winzigen Dörfern in der Umgebung und zählte 18 173 Einwohner.[52] Viele seiner Bewohner betrachteten sich als besonders gläubige Katholiken, Bergarbeiter, Bauern und Kaufleute stellten den Löwenanteil der erwerbstätigen Bevölkerung. Auch wenn die NSDAP hier in der Weimarer Republik nur mäßige Erfolge bei den Wahlen erzielte und viele der gläubigen Katholiken am Ort den Nationalsozialisten die Übergriffe auf ihre religiösen Praktiken übel nahmen, wurde Bergheim sicherlich zu keiner Zeit ein Hort des Widerstandes gegen das NS-Regime. In diesem Ort lebten nur einige wenige jüdische Familien.

Obwohl die NSDAP in Köln, Krefeld und Bergheim in der Weimarer Republik weniger Stimmen als im Landesdurchschnitt erhalten hatte[53], trat der Terror hier mehr oder weniger in derselben Weise in Erscheinung wie im übrigen Deutschland. Ausgewählt habe ich diese Städte wegen ihrer Größe und bestimmter typischer Eigenschaften, der Logistik und der Verfügbarkeit von Daten. In Verbindung mit den primär bäuerlichen Dörfern in ihrem Umland repräsentieren die Großstadt Köln, die Mittelstadt Krefeld und die Kleinstadt Bergheim das ganze Spektrum von Gemeinden unterschiedlicher Größe, Urbanisierung und sozioökonomischer Struktur, die es in Deutschland während der NS-Zeit gab.

Als ich mit der Arbeit an diesem Buch anfing, war ich der Meinung, die Ermittlungen und Urteile in den voluminösen Akten der NS-Sondergerichte, die in Köln und anderen Großstädten eingerichtet wurden, um politische Straftäter abzuurteilen, würden als Quellen ausreichen, um zu verstehen, wie der nationalsozialistische Terror damals in der Praxis ausgeübt wurde. Nach einiger Zeit musste ich umdenken. Die Akten des Sondergerichts Köln sind die umfangreichsten in ganz Deutschland. Sie enthalten Fälle von Regimekritik und Widerstand, die vom Frühjahr 1933 bis zum Frühjahr 1945 zur Kenntnis der Kölner Staatsanwaltschaft gelangten. Diese zumeist minderschweren Fälle reichen von Verunglimpfungen Hitlers und anderer NS-Größen und dem Hören von Auslandssendern bis zu so genannter Rassenschande, dem sexuellen Verkehr zwischen Juden und »Deutschblütigen«. Es gibt fast 20 000 solcher Fälle, an denen fast 30 000 angebliche Straftäter beteiligt waren. Sie sind gut katalogisiert, und häufig sind die Akten sehr ausführlich und gelegentlich mehrere hundert Seiten stark. Sie enthalten die ursprünglichen Aufzeichnungen oder zumindest Abschriften der Ermittlungen der Gestapo und anderer Polizeibehörden. (Da kleine Städte in der Umgebung Kölns und im übrigen Deutschland in der NS-Zeit in der Regel keine Gestapoleitstellen oder Außendienststellen hatten, mussten die Vorermittlungen von der regulären Polizei geführt werden.) Die Akten enthalten darüber hinaus die Ermittlungen der Staatsanwaltschaft und – falls die Sache vor Gericht kam (was eher selten war) – auch die Gerichtsprotokolle und Urteilsschriften.

Doch trotz ihres Umfangs und ihrer Ausführlichkeit haben diese Unterlagen dennoch Defizite. Vor allem erfassen sie nicht alle Fälle politischer Vergehen im Dritten Reich. Die Gestapo und andere Polizeibehörden hatten eigene Entscheidungsspielräume, und Bagatellfälle entschieden sie in der Regel selbst. Häufig beschloss die Gestapo, ihre Untersuchung mit einer Einstellung der Ermittlungen oder einer mündlichen Verwarnung abzuschließen, wenn sie den Fall nicht für wichtig genug hielt, um die Gerichte damit zu behelligen. Andererseits schickte die Gestapo, vor allem in Fällen, in denen es um Juden oder Kommunisten ging, die Beschuldigten sofort in ein Konzentrationslager, ohne ein Gericht einzuschalten. Die Akten der Sondergerichte sagen auch nichts über Fälle von ernsthaftem politischem Widerstand aus. Da Beschuldigungen wegen Hochverrats, Verbreitung defätistischen Gedankenguts oder Wehrkraftzersetzung in anderer Form von der Polizei an höhere Gerichte weitergeleitet wurden, sucht man solche Fälle in den Akten der Sondergerichte vergeblich.

Daher müssen auch die ursprünglichen Gestapoakten in die Untersuchung einbezogen werden. Sie enthalten nicht nur Informationen über die Vorermittlungen der Gestapo, sondern in der Regel auch darüber, wie in den Fällen weiter verfahren wurde. Das ergibt sich oft aus Kopien der Gerichtsurteile, Überstellungsbefehlen in Konzentrationslager und manchmal auch Todesanzeigen. Doch auch die Gestapoakten bergen ihre Probleme. Zunächst einmal haben diese Akten in Köln, Bergheim und den meisten übrigen deutschen Städten den Krieg nicht überstanden. Und dort, wo sie wie in Krefeld erhalten geblieben sind – hier lagern noch rund 3000 –, sind sie nicht so gut katalogisiert wie die Akten der Sondergerichte; bestimmte Fragen sind deshalb schwerer zu untersuchen. Noch problematischer ist der Umstand, dass sie häufig nicht vollständig sind. Eine große Zahl von Akten fehlt offenbar selbst in Orten wie Krefeld, wo die Archivare der Meinung sind, die Bestände seien zu über 70 Prozent intakt.[54] Vor allem in Fällen gegen aufrechte Deutsche, die wegen Verunglimpfung der Obrigkeit angeklagt wurden, leitete die Gestapo offenbar einen Großteil der Akten oder gar das gesamte Material an die Staatsanwaltschaft weiter und behielt lediglich ein kurzes Dossier oder eine Karteikarte für ihre eigenen Unterlagen zurück. Die komplette Akte konnte sie nötigenfalls später wieder bei der Staatsanwaltschaft anfordern.

Aus den genannten Gründen habe ich mich entschieden, meiner Untersuchung sowohl die Akten der Sondergerichte, die für Köln und Bergheim verfügbar waren, als auch die der Gestapo, die in Krefeld noch zu einem großen Teil erhalten geblieben waren, zugrunde zu legen. Zwar überschneiden diese Akten sich häufig und enthalten im Wesentlichen dieselben Informationen, aber eben nicht immer. Deshalb müssen beide Aktentypen sorgfältig analysiert werden. Das Problem unvollständiger Aktenbestände und fragmentarischer Einzelakten ist allen Historikern geläufig, auch wenn sie nicht über das Dritte Reich forschen. Doch im Großen und Ganzen gehören die Polizei- und Gerichtsakten von Köln, Krefeld und Bergheim zu den vollständigsten, die es in ganz Deutschland gibt, und liefern daher ein hervorragendes Ausgangsmaterial zur Untersuchung des nationalsozialistischen Terrors im Detail.

Diese Akten bilden den Kern der für dieses Buch herangezogenen Quellen. Alles in allem habe ich über 1100 Akten der Gestapo und der Sondergerichte systematisch durchgelesen und einer quantitativen und qualitativen Analyse unterzogen: sämtliche verfügbaren Sondergerichtsakten über Fälle aus Bergheim (fast 100 Fälle), sämtliche verfügbaren Gestapoakten in Krefeld, in denen Juden politische Vergehen zur Last gelegt wurden (über 100 Fälle), und eine Zufallsauswahl aus über 900 Gestapo- und Sondergerichtsakten aus den Städten Köln und Krefeld, die Personen aus allen

Schichten der deutschen Bevölkerung betreffen. Ich habe für jeden einzelnen Fall sorgfältig alle Informationen erhoben, in maschinenlesbare Form gebracht und statistisch analysiert, bezogen auf folgende Aspekte: Art der Beschuldigung, Herkunft des Beschuldigten, Ursprung der Beschuldigung (zum Beispiel durch das eigene Informationsnetz der Gestapo oder durch die Denunziation eines Dritten), Herkunft und Motive des jeweiligen Denunzianten und seine Beziehung zum Beschuldigten sowie der Ausgang des Falls (bloße Verwarnung durch die Gestapo, Einstellung des Verfahrens durch den Staatsanwalt, Gerichtsurteil bzw. Freispruch oder Überstellung in ein Konzentrationslager).

Die sich daraus ergebenden Analysen ermöglichen eine Reihe wichtiger Feststellungen über die alltägliche Wirkungsweise des NS-Terrors. Unter anderem lässt sich mit ihrer Hilfe die große Zahl geringfügiger Verstöße gegen die NS-Gesetze, denen in keinem Fall die Absicht zugrunde lag, zu einem Sturz der Diktatur beizutragen, von der bescheidenen Zahl echter Widerstandshandlungen unterscheiden, die unmittelbar gegen das Regime gerichtet waren. Aus diesen Akten wird ersichtlich, wie unterschiedlich der Terror zu verschiedenen Zeiten gegen unterschiedliche Gruppen eingesetzt wurde – wie es zum Beispiel möglich war, dass der Terror bestimmten Personengruppen (Juden, Kommunisten, Zeugen Jehovas) allgegenwärtig und konstant erschien und dies häufig auch war, während er für andere (Geistliche, Anhänger anderer Religionen, Unzufriedene) partiell und unregelmäßig zu sein und für einen Großteil der Bevölkerung wiederum überhaupt nicht zu existieren schien. Dem Material lässt sich entnehmen, was für Leute die gewöhnlichen Bürger waren, die bereitwillig für die Gestapo Spitzeldienste leisteten, welche Personen sie bespitzelten und warum. Diese Analysen ermöglichen es ferner, etliche alte Mythen über die Gestapo und das Wesen des nationalsozialistischen Terrors endgültig zu den Akten zu legen – zum Beispiel, dass die Gestapo allwissend und allmächtig war und dass der Terror so allgegenwärtig und so heimtückisch war, dass Kinder häufig ihre Eltern und Ehefrauen ihre Ehemänner denunzierten. Und schließlich können jetzt die Behauptungen bestimmter Revisionisten zurechtgerückt werden, die gegenwärtig den zivilen Denunziationen ein zu großes Gewicht beimessen und die Gestapo als weniger mächtig und fähig darstellen, als sie es tatsächlich war.

Die Gestapo- und Sondergerichtsakten habe ich durch zahlreiche weitere Aufzeichnungen ergänzt. Von besonderer Wichtigkeit sind die schriftlichen Befragungen und die ausführlichen Interviews, die eigens für diese Untersuchung mit älteren deutschen Bürgern und jüdischen Überlebenden des Holocaust durchgeführt wurden. Hinzu kommen detaillierte Unterlagen über die Laufbahn von Gestapo- und anderen Polizeibeamten (Personalakten der Polizei, Akten der NSDAP und der SS, Protokolle von Entnazifizierungsverfahren, Akten des Innenministeriums und die Gerichtsprotokolle aus Prozessen wegen »Verbrechen gegen die Menschlichkeit«, die nach dem Krieg gegen Gestapo- und Polizeibeamte geführt wurden). Um die Denkweisen, die Herkunft und die Tätigkeiten der Polizeibeamten zu beleuchten, die in der Stadt und auf dem Land als exponierteste Vollstrecker des Terrors aufgetreten sind, habe ich den Lebenslauf mehrerer Gestapo- und anderer Polizeibeamter von der Wiege bis zur Bahre verfolgt. Das schließt die Chefs der Gestapoleitstellen (Emanuel Schäfer und Franz Sprinz in Köln und Ludwig Jung in Krefeld) und die Leiter der Gestapo-Judenreferate (Karl Löffler in Köln und Richard Schulenburg in Krefeld) ebenso ein wie die übrigen relativ wenigen einfachen Gestapobeamten in Krefeld und die beiden Polizisten, die in Bergheim für politische Fälle zuständig waren (Gottfried Schleiden und Wilhelm Servos).

Das hat seinen Grund. Die Rolle Einzelner bei der Erzeugung und Aufrechterhaltung des nationalsozialistischen Terrors darf man nicht unterbewerten. Denn auch wenn die Parteiführung in Berlin den Terror in Gang setzte und seine groben Umrisse festlegte, beruhte seine Durchsetzung und Wirksamkeit doch auf den freiwilligen Entscheidungen und Handlungen einzelner deutscher Bürger vor Ort.

Kapitel 2

Im Innern der Gestapostellen:
Die Vollstrecker des Terrors

Gestapobeamte kannten keine Reue. Nach dem Krieg versteckten sich einige unter falschem Namen, doch zumindest in Westdeutschland blieben die meisten an ihrem Wohnort, wo sie in der Regel eine Zeit der Internierung durch die amerikanischen, britischen oder französischen Streitkräfte erwartete. Diejenigen, die wieder in den Staatsdienst zurückkehren wollten (wenn sie jung genug waren) oder ihre Pensionen in voller Höhe beanspruchten (wenn sie alt genug waren), mussten ein Entnazifizierungsverfahren und andere Vernehmungen und Ermittlungen über sich ergehen lassen, in denen ihre Tätigkeit im Dritten Reich bewertet wurde.[1] Die meisten, die sich diesen Verfahren aussetzten, taten dies selbstbewusst, zum Teil sogar entrüstet. Die wenigsten räumten eine Schuld ein, und viele mochten sogar fest davon überzeugt gewesen sein, dass sie sich nichts vorzuwerfen hatten.

Wie war das möglich? Was für Leute waren diese Gestapobeamten? Wie hatten sie sich im Dritten Reich verhalten, und was wurde danach aus ihnen? Wie war die Gestapo organisiert, und wie funktionierte sie unter dem NS-Regime? Die Entnazifizierungsakten von Richard Schulenburg, dem ehemaligen Leiter des »Judenreferats« der Krefelder Gestapo, und die Nachkriegs-Gerichtsakten von Alfred Effenberg, einem der gewöhnlichen Gestapobeamten in Krefeld, sind in dieser Hinsicht aufschlussreich.

Richard Schulenburgs Entnazifizierung

Nach Kriegsende verbrachte Richard Schulenburg vier Monate in einem britischen Internierungslager, bevor er in seine Heimatstadt Krefeld zurückkehrte. Abgezehrt (in seinem ersten Entnazifizierungs-Fragebogen gab er seine Körpergröße mit 1,83 Meter und sein Gewicht mit 70,5 Kilogramm an), bereits in den späten Sech zigern und unter Rheumatismus leidend, war er zu alt, um noch den Versuch zu unternehmen, wieder in den Staatsdienst aufgenommen zu werden oder eine andere sinnvolle Beschäftigung zu finden. Nur als Zusteller für die Sonntagszeitung der protestantischen Kirche am Ort konnte er noch Arbeit finden. Er wollte seine Pension. Hierzu musste er sich einem Entnazifizierungsverfahren unterziehen[2] und einen »Entnazifizierungs-Ausschuss« (eine Spruchkammer aus fünf Krefelder Mitbürgern) davon überzeugen, dass er kein NS-Verbrecher war. Die Spruchkammer stützte ihr Urteil auf Briefe, die er zu seiner Entlastung vorlegte, auf einen ausführlichen, zwölfseitigen Fragebogen über seinen persönlichen Werdegang und seine Beteiligung an nationalsozialistischen Aktivitäten sowie auf sonstige Informationen über seine Person, die Krefelder Gestapo und die Krefelder NSDAP. Ihre Beratungen hielt sie im Hansa-Haus ab, einem großen Bürogebäude in der Innenstadt Krefelds, gegenüber dem Hauptbahnhof gelegen. Hier hatte die Krefelder Kriminalpolizei ihren Sitz; bis 1940 war auch die Gestapo-Außendienststelle Krefeld im Hansa-Haus untergebracht.[3]

Bei der ersten Sitzung zu seinem Fall am 1. Juli 1947 legte Schulenburg dem Ausschuss einen Brief vor, in dem er kurz seinen beruflichen Werdegang darstellte und seine Unschuld beteuerte. Zunächst warb er um die Sympathie der Ausschussmitglieder, indem er erklärte, er könne wegen seines Alters und seines Rheumatismus nicht mehr arbeiten, und führte dann sachlich aus: »48 Jahre im Staats- und Kommunaldienst tätig [...] Am 1. 5. 07 wurde ich bei der Polizeiverwaltung Krefeld als Polizeisergeant eingestellt. Im Nov. 1919 wurde ich bei der Kriminalpolizei abkommandiert und verblieb dort bis zum Jahre 1938. Von 1934 bis 1938 war ich bei der Abt. I Ad (politische) tätig. Diese Abteilung wurde 1938 verstaatlicht und kam ich daher ohne mein Dazutun zur Geheimen Staatspolizei, Außendienststelle Krefeld, bei der ich bis zum 31. 3. 1945 verblieb [...] Ich erkläre hiermit an Eidesstatt, dass ich mich in meiner langjährigen Dienstzeit niemals eines Vergehens oder Verbrechens schuldig gemacht habe. Ich habe jeden, welcher politischen Einstellung und rassischer Zugehörigkeit er auch sein mochte, stets anständig und menschlich behandelt.«[4]

In dem Bemühen, immer neue Dokumente zu seiner Entlastung beizubringen, ein Prozess, der noch vor der Niederschrift seines ersten Briefs an den Entnazifizierungs-Ausschuss begann und sich über mehr als ein Jahrzehnt erstreckte, bekräftigte Schulenburg seine Ansprüche mit mehreren Briefen von prominenten Krefelder Bürgern, darunter die Oberhäupter der evangelischen und der katholischen Kirche, der Bürgermeister der Stadt, der Vorsitzende der örtlichen CDU und selbst einige jüdische Opfer, die noch immer in der Stadt wohnten. Diese Menschen bezeugten seine aufrechte Haltung, seine angesehene Stellung in der Krefelder Gesellschaft und manche gute Taten. Viele berichteten einzelne Episoden, in denen Schulenburg sich für sie persönlich oder für andere potenzielle Opfer des NS-Terrorapparates eingesetzt hatte. Einer dieser Briefe wurde am 27. Februar 1947 auf Deutsch und in englischer Übersetzung vom Oberhaupt der katholischen Kirche in Krefeld, Dr. Schwamborn, dem Prälaten, Domherrn und Dekan der Stadtkirche zum Hl. Dionysius, übergeben:

»Herr Richard Schulenburg war Kriminaloberserketär bei der politischen Abteilung der Polizei. Als diese verstaatlicht wurde, kam er zwangsläufig zur Staatspolizei. Hier hatte er sein Amt überaus menschlich und gerecht geführt. Das habe ich, der ich fast ›ständiger Gast‹ bei der Gestapo war, immer wieder und von den verschiedensten Seiten gehört. Vor allem haben mir das viele verfolgte Juden, die in großer Zahl zu mir kamen – ich habe jüdische Heiligtümer anvertraut bekommen – gesagt. Schulenburg hatte das ›Judenressort‹ und wie die Juden mir sagten, hat er sie immer anständig behandelt und ihnen, soweit er nur irgend konnte, viele Möglichkeiten geboten. Jegliche Ungerechtigkeit, Härte und Mißhandlung lag der Anständigkeit seines Charakters fern. Ich freue mich dieses Zeugnis ausstellen zu können für einen Herrn, der zur evangelischen Gemeinde gehört.«[5]

So eindrucksvoll dieser und viele der übrigen Briefe auch waren, gelang es Schulenburg zumindest anfangs nicht, die Mitglieder der Spruchkammer von seiner Unschuld zu überzeugen. Deren erstinstanzliches Urteil von 1947 wurde am 31. August 1949 von der Berufungskammer in Düsseldorf sogar noch bestätigt. Er wurde in Kategorie III der fünf möglichen Kategorien – Hauptschuldiger (I), Belasteter (II), Minderbelasteter (III), Mitläufer (IV), Entlasteter (V) – eingestuft.[6] Als Minderbelasteter konnte er nicht in den Staatsdienst zurückkehren, und ihm wurden fünfzig Prozent seiner Pension gestrichen; darüber hinaus wurden ihm seine Jahre bei der

Gestapo und seine dortigen Beförderungen nicht auf die Pension angerechnet. Die Spruchkammer begründete ihr Urteil damit, dass Schulenburg 1927 als einer der ersten in Krefeld in die NSDAP eingetreten war und dazu beigetragen hatte, der NS-Diktatur den Weg zu ebnen.[7] Außerdem sei er bis zum Ende der Weimarer Republik Parteimitglied geblieben und habe damit seinen Treueeid auf die Weimarer Verfassung gebrochen, da ab 1930 Staatsbeamte keine NSDAP-Mitglieder sein durften. »Weiterhin ist der Betroffene dadurch schwer belastet, daß er der Gestapo von 1934 bis 1938 als Exekutivbeamter angehört hat. Unter Berücksichtigung der Tatsache, daß die Gestapo das schärfste Terrorinstrument der Diktatur war, das die Aufgabe hatte, unter Anwendung aller Mittel den Fortbestand der Diktatur zu sichern, und daß den Gestapobeamten ihre Aufgabe genau bekannt war, und daß der Betroffene über 10 Jahre seine Tätigkeit – offenbar zur Zufriedenheit seiner Auftraggeber – ausgeübt hat, [obwohl er angab, es seien nur 7 Jahre gewesen] bedeutet es keine durchschlagende Entlastung, wenn nachgewiesen wird, daß er in Einzelfällen bemüht war, human zu handeln [...] Der Betroffene erklärt selbst, einen solchen Widerstand nicht geleistet zu haben, da ihm sonst das K.Z.-Lager gedroht hätte und er geglaubt habe, seine Pflicht als Beamter habe tun zu müssen. Bezeichnend ist, daß er 1930 eine andere Pflichtauffassung hatte.«

Schulenburg war über dieses Urteil nicht glücklich. Zwar können wir unmöglich wissen, was in ihm vorging, doch seine hartnäckigen Bemühungen über mehr als zehn Jahre hinweg, eine niedrigere Entnazifizierungsstufe zu erreichen und die volle Pension zu beziehen, lassen vermuten, dass er sich ungerecht beurteilt fühlte und sich keiner Schuld bewusst war. In einem Brief an die Berufungskammer in Düsseldorf schrieb sein Anwalt am 26. Juli 1949: »Die Besatzungsmächte erblickten also in Herrn Schulenburg keinesfalls den Gestapobeamten, den man sich gemeinhin unter einem solchen vorstellt. Berücksichtigt man weiter, daß aus keinem Kreise der Bevölkerung auch nur die geringsten Klagen gegen Herrn Schulenburg vorgebracht worden sind, so darf man wohl sagen, daß es nicht angängig ist, päpstlicher zu sein als der Papst.«[8]

Aus Schulenburgs Sicht war auch er ein Opfer des NS-Regimes. Man hatte ihn gezwungen, zur Gestapo zu gehen, und ihm 1939 verweigert, mit sechzig Jahren aus dem Dienst auszuscheiden.[9] Ihm blieb also gar nichts anderes übrig, als seine Pflicht in einer

43

seiner Meinung nach korrekten und anständigen Weise zu tun und zu versuchen, achtbaren Leuten nach Möglichkeit behilflich zu sein, einem furchtbaren Schicksal zu entgehen. Dieter Hangebruch zufolge, der das Schicksal Krefelder Juden im Dritten Reich untersucht hat, war »Schulenburg altgedienter Kriminalbeamter [...] Seine Verhör-Protokolle verraten den altgedienten Kripo-Beamten, nüchtern zur Sache und ohne gehässige oder mehrdeutige Formulierungen, wie sie einige seiner Kollegen in der Krefelder Dienststelle liebten [...] Der Sachbearbeiter im Judenreferat der Außenstelle Krefeld war in typischer Weise ein ›Schreibtischtäter‹, ein Mann, der durch korrekte Behandlung der Opfer einen persönlichen Anteil auszuschalten suchte.«[10]

Schulenburg musste finanzielle Einbußen hinnehmen, aber mittellos war er keineswegs. Seine beiden Töchter waren seit langem erwachsen, so dass er nur noch für sich selbst, seine Frau und seinen heranwachsenden Sohn sorgen musste. Sein Einkommen war nicht auf seine reduzierte Pension beschränkt, denn die Spruchkammer hatte ihm sein mittelgroßes Mietshaus an einer ruhigen Straße im Süden der Stadt gelassen, das er 1937 gekauft hatte. Nach den zahlreichen Entlastungsbriefen zu schließen, die er in den folgenden Jahren von angesehenen Krefelder Bürgern erhielt, trug auch sein Ansehen in der Krefelder Gesellschaft keinen Schaden davon. Die einzige empfindliche Strafe für seine Tätigkeit in der Gestapo war, dass sein Stolz vorübergehend angekratzt wurde. Schließlich erhielt er sogar doch noch seine volle Pension zugesprochen. Sein Körpergewicht und sein körperliches Befinden waren bald wieder normal, und er lebte noch etliche Jahre, bevor er 1962 mit 83 Jahren starb.[11]

Der Prozess gegen Alfred Effenberg und die Krefelder Gestapo

Noch während seines eigenen Entnazifizierungsverfahrens wurde Schulenburg am 14. Juni 1949 vor das Krefelder Landgericht geladen, um als Zeuge in einem Prozess wegen »Verbrechen gegen die Menschlichkeit« gegen einen 47-jährigen ehemaligen Gestapokollegen aus Krefeld namens Alfred Effenberg auszusagen.[12] Für Effenberg, der von den Besatzungsmächten fast drei Jahre lang, vom 17. April 1945 bis zum 8. März 1948, interniert worden war, brachen nach seiner Entlassung harte Zeiten an.[13] In seiner Jugend ein kräftiger und athletischer Mann, der für seine sportlichen Leistungen mehrere Auszeichnungen erhalten hatte,[14] war er 1926 in Krefeld in den Polizeidienst eingetreten. Jetzt jedoch musste der ehemalige Polizeibeamte mit einfacher Schulbildung den Unterhalt für sich, seine Frau und sechs Kinder (vier aus einer früheren Ehe mit einer Frau, die 1936 gestorben war) als Färber bei Bayer in Krefeld-Uerdingen verdienen. Er hoffte darauf, in den Polizeidienst zurückgehen zu können, doch seine Einstufung als Minderbelasteter (am 5. Juli 1948) machte dies damals unmöglich.[15] Angesichts seiner beruflichen Pläne und seiner Pflichten gegenüber der Familie wollte er in diesem Verfahren auf jeden Fall einer Verurteilung entgehen und verfolgte, was seine Vergangenheit anging, eine defensive Strategie.

Effenberg wurde von zwei Krefelder Bürgern beschuldigt, er sei verantwortlich dafür, dass deren Ehepartner in ein Konzentrationslager gesteckt wurden – in dem einen Fall 1939, in dem anderen 1944 –, wo beide verstorben waren. Die Namen der beiden Verstorbenen waren Toni M. und Sybilla C. Beide waren von Krefeldern bei der Gestapo denunziert worden, weil sie sich abfällig über das Regime geäußert hatten. Die überlebenden Ehepartner behaupteten, Effenberg habe persönlich die Entscheidung getroffen, die beiden auf Grund der Denunziation in ein Konzentrationslager zu überstellen. Beide Kläger behaupteten, Effenberg sei ihnen und ihren Ehepartnern gegenüber völlig gefühllos gewesen, habe ihnen ein Gespräch mit dem Leiter der Krefelder Gestapo, Kommissar Jung, verweigert und den Klägern ebenfalls mit Konzentrationslager gedroht, wenn sie weiter auf ein solches Gespräch drängten.

Im Fall der Sybilla C., der mit einem Streit darüber angefangen hatte, dass man ihr aus ihrem Keller ein halbes Pfund Butter gestohlen hatte, schickte Effenberg die Frau in das Lager Ravensbrück, nachdem der Staatsanwalt des Düsseldorfer Sondergerichts den Fall bereits eingestellt hatte. Der Ehemann trug in seiner Klage vor, dass

> »Effenberg voll und ganz verantwortlich zu machen ist für den Tod meiner Frau. Effenberg hätte dies alles verhindern können, wenn er gewollt hätte. Trotz aller meiner Bitten blieb er hart und unnachgiebig, er zeigte keinerlei menschliches Mitgefühl

[...] Bei meinen zahlreichen Besuchen bei der Gestapo und Unterredungen, die ich mit Effenberg in der Angelegenheit meiner Frau geführt habe, bin ich zu der Erkenntnis gekommen, dass nur er allein für das Schicksal meiner Frau und ihre Überführung in das Kz. verantwortlich zu machen ist [...] Sein, Effenbergs, Vorgesetzter, Kommissar Ludwig Jung, Leiter der Gestapo Krefeld, hat vor der Spruchkammer Darmstadt-Lager, wo gegen ihn verhandelt wurde, und wo ich auch u.a. als Belastungszeuge auftrat, ausgesagt, dass seine Sachbearbeiter jeder für sich selbständig gearbeitet [hätten ...] Er, Jung, habe wohl als Leiter der Gestapo die Berichte, die ihm von den einzelnen Sachbearbeitern vorgelegt wurden, unterschrieben, habe aber keine Änderung an der Fassung der Berichte vorgenommen, sondern kommentarlos gezeichnet [...] Effenberg voll und ganz verantwortlich zu machen ist für den Tod meiner Frau [...] er seinen Bericht wohl so abgefasst hat, dass das Reichssicherheitshauptamt in Berlin seinen Antrag auf Kz. für meine Frau bestätigte.«[16]

Schulenburg war einer von mehreren ehemaligen Gestapobeamten und Angestellten der Krefelder Gestapo, die als Zeugen zum Charakter und insbesondere zu den Befugnissen Effenbergs sowie über die Arbeitsweise der Krefelder Gestapo allgemein aussagen sollten. Es ging um die Frage, ob und inwieweit einzelne Beamte entscheidungsbefugt waren und ob sie deshalb für das Schicksal Einzelner, die von der Gestapo und dem übrigen NS-Justizapparat verfolgt worden waren, zur Rechenschaft gezogen werden konnten. Effenberg bestritt jegliche Entscheidungsspielräume.

Sein Hauptargument lautete, er habe in der Behandlung der Fälle lediglich ein vorgeschriebenes Routineverfahren befolgt, und nur seine Vorgesetzten hätten die Befugnis gehabt, jemanden in ein Konzentrationslager zu überstellen. Darüber hinaus machte er für sich dasselbe geltend, was viele Gestapobeamte nach dem Krieg vor Gericht und den Entnazifizierungsspruchkammern behauptet hatten: Er sei privat in seinen politischen Ansichten stets »Nazigegner« und lediglich ein normaler Polizeibeamter gewesen, den man gezwungen habe, »gegen [seinen] Willen« zur Gestapo zu gehen und in die Partei einzutreten. (Dass er 1919/1920 den Freikorps angehört hatte und später in den SD [Sicherheitsdienst] und in die SS eingetreten war, erwähnte er nicht.) Seine Ablehnung der Gestapo sei von Anfang an so extrem gewesen, dass er 1933 mehrmals vor die »Säuberungskommission« geladen wurde, die ihre Sitzungen im Hansa-Haus abhielt und ihm (wegen unzuverlässiger Gesinnung) mit Entlassung gedroht habe. Später, während des Krieges, sei seine Opposition so heftig gewesen, dass ihm von seinem Vorgesetzten, Kommissar Ludwig Jung, »wiederholt marxistische Einstellung vorgeworfen [wurde] und mit Einsperren gedroht [...] Wohl kann ich den Beweis erbringen, dass ich gegen Denunzianten vorgegangen bin und monatlich 10 bis 15 Anzeigen, die von Parteidienststellen oder Einzelpersonen eingesandt waren, vernichtet habe.«[17]

Um diese Einlassungen zu untermauern, benannte Effenberg elf Leumundszeugen, darunter zwei, die sich bereits für Schulenburg verwendet hatten – Prälat Dr. Schwamborn und der ehemalige Bürgermeister und Stadtrat Dr. Hürter –, sowie mehrere Personen, die er angeblich während der NS-Diktatur vor einem schlimmen Schicksal bewahrt hatte.

Der Oberbürgermeister von München-Gladbach (heute Mönchengladbach), Wilhelm Elfes, stand auf der Liste der Leumundszeugen an erster Stelle. Elfes habe nach dem Attentat auf Hitler vom 20. Juli 1944 verhaftet werden sollen, doch Effenberg hatte ihn rechtzeitig gewarnt, so dass er sich durch Flucht einer Verhaftung entziehen konnte. Der Zweite auf der Liste war Adolf M. aus Krefeld, der nach Verbüßung einer achtjährigen Haftstrafe erneut verhaftet und in ein Konzentrationslager gesperrt werden sollte. Stattdessen habe Effenberg ihn als »Vertrauensmann« (Gestapospitzel) angeworben und für ihn einen Arbeitsplatz gefunden, auf dem er auch nach dem Krieg noch arbeitete. Den Dritten, Emil M. aus dem nahe gelegenen Süchteln, hatte er angeblich davor bewahrt, nach einer Anklage wegen Hochverrat in eine Anstalt für Geisteskranke eingewiesen zu werden. Den Vierten, Fritz K. aus Krefeld, habe er 1934 vor der drohenden KZ-Haft wegen abfälliger Äußerungen über das Regime gerettet, indem er den Amtsarzt in Krefeld, Medizinalrat Dr. Klaholt, bewogen habe, offiziell festzustellen, dass der Delinquent nicht in der gesundheitlichen Verfassung für Lagerhaft sei. Effenbergs fünfter Leumundszeuge war Dr. Klaholt selbst, von dem Effenberg sich eine Bestätigung erhoffte, dass er mit dieser Methode mehrfach Menschen vor dem Konzentrationslager bewahrt hatte. Der Letzte auf Effenbergs Liste war ein Gestapokollege namens Gustav Burkert, der nach Aussage Effenbergs beweisen konnte, dass beide im Herbst 1944 eine umfangreiche Aushebung von Geiseln, die von der Krefelder NSDAP-Führung befohlen worden war, verhindert hätten.

Schulenburg begann seine Aussage im Fall Effenberg in der für ihn typischen sachlichen Art. Zu Beginn seiner eine Seite umfassenden, maschinenschriftlichen Aussage nannte er Alter, Wohnort und Beruf: 70 Jahre, wohnhaft in Krefeld, Am Königshof 47, und Kriminalobersekretär a. D. Sodann erklärte Schulenburg offen, welche Stellung er innerhalb der Krefelder Gestapo bekleidet hatte: »Seit Bestehen der Außendienststelle der Gestapo in Krefeld war ich dort als Sachbearbeiter für Judenangelegenheiten bis zum Zusammenbruch tätig.« Dann erklärte er genau, wie gewöhnliche Gestapobeamte vorgegangen waren:

»In der Bearbeitung von einzelnen Fällen, welche uns stets durch den Dienststellenleiter zugeschrieben wurden, hatten wir zwar freie Hand. Jedoch die Entscheidung darüber, ob eine Person in Schutzhaft zu nehmen war, lag ausschließlich bei der Leitstelle in Düsseldorf oder sogar beim Reichssicherheitshauptamt in Berlin [...] Vorschläge für die Erledigung einer Sache zu machen [...] überhaupt keine Entscheidungsbefugnis.«

Nachdem er seine Aussage verlesen hatte, setzte Schulenburg seinen langen Namen sorgfältig, langsam und deutlich darunter, so wie er es schon Tausende Male zuvor getan hatte, als er die unzähligen Formulare und Erklärungen im Zusammenhang mit der Auswanderung, den Enteignungen und der schließlichen »Evakuierung« der Krefelder Juden unterschrieben hatte. So wie er mit seiner Aussage anscheinend demonstrierte, dass er nichts zu verbergen hatte, so sah er offenbar auch keinen Grund zur Eile. Schulenburg war ein geduldiger Mensch.

Schulenburg verfolgte mit seiner Aussage offensichtlich die Absicht, Effenberg zu entlasten. Außerdem wollte er möglichen Anschuldigungen vorbeugen, er trage als der Gestapobeamte, der die Deportationen der Krefelder Juden beaufsichtigt hatte, die Verantwortung für den Tod von noch weit mehr Menschen. Indem er auf die höheren Gestapobehörden in Düsseldorf und Berlin verwies, entlastete er gleichzeitig bis zu einem gewissen Grad seinen ehemaligen Vorgesetzten bei der Gestapoaußenstelle Krefeld, Ludwig Jung, von dem möglichen Vorwurf, dieser sei als oberste Instanz für die in Frage stehenden und andere Verbrechen verantwortlich. Das war eine kluge Taktik, denn bislang hatte es in Krefeld noch keinen Prozess gegeben, in dem die Verantwortung der Krefelder Gestapobeamten für die Deportation und Ermordung der Juden zur Sprache gekommen wäre. Und Jung war nicht der Mann, den er sich zum Feind machen wollte.

Jung wurde zweimal aufgefordert, im Fall Effenberg als Zeuge auszusagen, einmal im April und einmal im Oktober. Beide Male erschien er nicht, sondern schickte stattdessen schriftliche eidesstattliche Aussagen von Darmstadt aus, seinem damaligen Wohnsitz. Diese Briefe vermitteln den Eindruck, dass er die ganze Angelegenheit als lästig und ärgerlich empfand. Er war damals noch relativ jung (39 Jahre), hatte aber bereits einen Kahlkopf, war mit 1,68 Metern ziemlich klein für einen ehemaligen SS-Mann, hatte ein Hochschulstudium vorzeitig abgebrochen und schien stets beschäftigt und in Eile zu sein.[18] Als Chef der Gestapodienststelle Krefeld von 1939 bis 1945 hatte er anders als der besonnene Schulenburg seinen kurzen Namen hastig und ungeduldig, manchmal sogar lediglich als »J.« abgekürzt, auf die zahlreichen Formulare gesetzt, die täglich über seinen Schreibtisch gingen. Jetzt teilte er dem Gericht mit, dringende geschäftliche Verpflichtungen ließen ihm nicht die Zeit, nach Krefeld zu kommen. Er sei als Gutachter einer Autoversicherung ständig unterwegs; diese hatte ihren Sitz in seiner Geburtsstadt Darmstadt, in die er nach dem Krieg zurückgekehrt war.

Jung schickte seine erste Aussage am 9. April 1949, als der Prozess sich noch in der Phase der Voruntersuchung befand. Das Dokument ist einzeilig mit der Maschine geschrieben und umfasst zweieinhalb Seiten. Zum Teil unterscheidet sich der Inhalt von dem, was der Ehemann von Sybilla C. über Jungs frühere Einlassung vor der Darmstädter Spruchkammer ausgesagt hatte. Auch Jung bestritt jede persönliche Schuld in der Angelegenheit. Er schrieb, da er normalerweise nur mit besonders schwierigen Fällen persönlich zu tun gehabt habe und der vorliegende kein solcher gewesen sei, sei er ihm auch nicht zur Kenntnis gelangt. Trotzdem achtete er sorgfältig darauf, seine schriftliche Aussage so zu formulieren, dass Effenberg in diesem Fall ebenso wenig eine Schuld traf wie alle anderen Ressortleiter, die ihm bei anderen Fällen in der Krefelder Gestapo unterstanden hatten. Er machte geltend, die Gestapodienststelle Krefeld sei die unterste Instanz in einem genau geregelten Verfahren gewesen, und nur die Leute an der Spitze, in der Stapoleitstelle in Düsseldorf (die der Krefelder Gestapo unmittelbar übergeordnete Stelle) und in der Zentrale, dem Reichssicherheitshauptamt in Berlin, hätten die endgültigen Entscheidungen getroffen.

In seinem Brief hieß es:

»In meiner mündlichen Spruchkammerverhandlung am 12. 6. 1949 [1948?] hat C. dann als Belastungszeuge erklärt, dass seine Frau im Februar 1944 von einem Hausbewohner bei der Staatspolizei-Dienststelle Krefeld angezeigt wurde. Im August 1944 sei seine Frau ins KZ Ravensbrück eingewiesen worden. Von dort sei sie nicht mehr zurückgekehrt. Er kenne mich zwar nicht, nehme aber an, dass ich an allem daran schuld sei. Ich habe darauf in der gleichen Verhandlung erwidert, dass ich den Fall der Sybilla C. s. Zt. persönlich nicht bearbeitet habe und dass mir überhaupt der Tatbestand, der dem Ermittlungsverfahren zu Grunde lag, auch heute nicht geläufig sei. Jedenfalls treffe es aber zu, dass die Dienststelle Krefeld für die Einweisung der Frau C. in ein Konzentrationslager angesichts des durch Erlasse bis ins Einzelne geregelten Verfahrensweges keinesfalls zuständig gewesen und verantwortlich zu machen sei. Ebenso wenig könne man weder die Dienststelle Krefeld noch irgend einen ihrer Beamten für den Tod der Frau C. im Konzentrationslager verantwortlich machen. Meiner Meinung nach müsse die Staatspolizeileitstelle Düsseldorf s. Zt. dem Reichssicherheitshauptamt Berlin entsprechend berichtet haben, nachdem von dem Oberstaatsanwalt als Leiter der Anklagebehörde beim Sondergericht in Düsseldorf die Ehefrau C. der Geheimen Staatspolizei rücküberstellt worden war. Das Verfahren der sog. Rücküberstellung sei übrigens reichseinheitlich auf Grund einer Vereinbarung zwischen dem Reichsjustizministerium und dem RSHA Berlin und einer diesbezgl. Weisung an die nachgeordneten Behörden der Justiz geregelt.«[19]

Ebenso wie Effenberg äußerte Jung sich in der Angelegenheit auffallend zurückhaltend. Er war offenbar der Meinung, er sei in dieser Sache noch immer Beschuldigter, obwohl die jüngste Aussage von Sybilla C.s Ehemann die ganze Schuld an ihrem Tod Effenberg zuschob, wahrscheinlich weil sein Versuch gescheitert war, in der vorangegangenen Spruchkammerverhandlung im Internierungslager Darmstadt eine Verurteilung Jungs zu erreichen. Wäre Jung persönlich zur Verhandlung in Krefeld erschienen, hätte er das gewusst. Aber da er erkannt hatte, dass es für ihn gefährlich werden konnte, wenn er sich in Krefeld zeigte, hatte er wohl beschlossen, der Verhandlung fernzubleiben. Es war schwer herauszufinden, was Jung unternahm oder was mit ihm nach dem Prozess gegen Effenberg passierte, da ein Großteil seiner Akten und die seiner Frau (die ebenfalls bei der Gestapo, in der Staatspolizeileitstelle Düsseldorf, beschäftigt war) anscheinend irgendwann nach Abschluss des Verfahrens gegen Effenberg entfernt wurden.[20] Fest steht jedoch, dass Jung sich auch ein zweites Mal, im Oktober 1949, weigerte, nach Krefeld zu kommen. Obwohl er rechtzeitig eine Vorladung erhalten hatte, am 6. Oktober vor der Berufungskammer im Fall Effenberg auszusagen, ließ er kurz vor seinem Auftritt über seine Frau dem Krefelder Gericht ein Telegramm zukommen, er befinde sich auf Geschäftsreise und könne unmöglich persönlich vor Gericht erscheinen. Nach Hause zurückgekehrt, schickte er einen kurzen Brief hinterher, in dem er schrieb, er habe bereits in seinem Brief vom 9. April alles mitgeteilt, was er in dieser Sache wisse.

Was die übrigen Leumundszeugen im Fall Effenberg angeht, so stammten die aufschlussreichsten Aussagen von einem weiteren Krefelder Gestapobeamten und von drei Frauen, die zwischen 1937 und 1944 als Sekretärinnen für die Krefelder Gestapo gearbeitet hatten. Sie alle sagten im Juni 1949 aus, etwa zur selben Zeit, zu der Schulenburg seine Aussage machte. Zwar zeichneten diese Zeugen ein unterschiedliches Bild von Effenberg, doch schoben sie alle Jung die Hauptverantwortung zu. Das machte die Lage noch verworrener.

Gustav Burkert, Effenbergs früherer Kollege und Freund, den er als einen seiner ursprünglichen Leumundszeugen benannt hatte, leistete den größten Beitrag zu dessen Enlastung. Burkerts Werdegang war mit dem Effenbergs weitgehend identisch. Zum Zeitpunkt der Verhandlung war er 46 Jahre alt, ein ehemaliger Polizeibeamter, der jetzt als kleiner Vertreter arbeitete. Ebenso wie Effenberg, Schulenburg und die meisten einfachen Gestapobeamten in Krefeld hatte er lediglich einen Volksschulabschluss. Wie Effenberg war er Familienvater, athletisch gebaut und hatte sich sportlich mehrfach ausgezeichnet, was er auch in seiner Bewerbung für die SS 1939 vermerkt hatte. Zwar war er erst 1937 – als die im Mai 1933 verhängte Aufnahmesperre der NSDAP vorübergehend aufgehoben wurde – zusammen mit Effenberg und vielen anderen Gestapobeamten in Krefeld und anderswo in Deutschland in die Partei eingetreten, fungierte jedoch bereits als Blockwalter in der NS-Volkswohlfahrt (NSV). Auch er war wie Effenberg irgendwann vor seiner Bewerbung zur SS 1939 dem SD beigetreten. Sein höchster Rang in der SS und der Gestapo war derselbe wie der Effenbergs, SS-Sturmscharführer und Kriminalsekretär, wie aus einem »Geschäftsverteilungsplan« der Krefelder Gestapo vom 23. April 1944 hervorgeht, und er hatte innerhalb der Krefelder Gestapo einen weitgehend identischen Aufgabenbereich. Dem Geschäftsverteilungsplan zufolge waren sie für dieselben Delikte zuständig: Mitgliedschaft in verbotenen linken Organisationen, negative Bemerkungen über das Regime und Widerstandshandlungen. Vor den letzten Kriegsjahren hatten die beiden auch andere Fälle bearbeitet, wie die Lektüre zahlreicher Einzelakten der Krefelder Gestapo nahe legt. Beide waren offenbar auch mit Fällen von Homosexuellen befasst, und Burkert unterstützte Schulenberg oft in »Judenangelegenheiten«. Burkert trat ebenso wie Effenberg 1923 in den Polizeidienst ein, kam aus Ostdeutschland und wurde wiederum wie Effenberg 1926 zur Krefelder Polizei abkommandiert.[21]

In seiner Aussage vom 21. Juni 1949 erklärte Burkert – die eine Woche zurückliegende Aussage Schulenburgs bestätigend –, die einzelnen Ressortleiter hätten bei der Bearbeitung der einzelnen Fälle weitgehend freie Hand gehabt. Anschließend schränkte er diese Aussage jedoch anders als Schulenburg ein und erläuterte, die Ressortleiter hätten sich häufig mit Jung oder dessen Stellvertreter beraten, wie man im Fall einer Ermittlung am besten verfahre und welche Maßnahmen zu treffen seien, nachdem die Ermittlung abgeschlossen war. Besonders bedeutsam war seine Aussage, dass »die ausschließliche Entscheidungsbefugnis über die betreffenden Maßnahmen allein beim Dienststellenleiter [Jung] bzw. beim Vertreter lag [falls Jung abwesend war]«. Daran knüpfte er die Erklärung, erst die endgültigen Entscheidungen Jungs oder seines Vertreters hätten festgelegt, ob der betreffende Fall mit einer »staatspolizeilichen Verwarnung, durch Anordnung von Haft, zu welcher er zuletzt bis zu 21 Tagen befugt war, oder durch Abgabe an das Gericht unter Vorführung des Beschuldigten oder Weitergabe an Düsseldorf zu erledigen [waren]«.[22]

Die Aussagen Burkerts über die Art und Weise, wie innerhalb der Krefelder Gestapo Entscheidungen getroffen wurden, waren für das Gericht umso überzeugender, als sie weitgehend die Aussagen der bereits erwähnten Sekretärinnen bestätigten, die ihrerseits anscheinend mit Effenberg nicht auf gutem Fuß gestanden hatten und nicht besonders viel von ihm hielten. Die erste dieser Zeuginnen, die am 8. Juni gehört wurde, war eine 29 Jahre alte verheiratete Buchhalterin, Frau T., die von 1942 bis 1944 zusammen mit einer zweiten Sekretärin (einer gewissen Frau B., die in dem Fall nicht auftrat) in einem Vorzimmer zu Jungs Büro gearbeitet hatte. Von diesem Platz aus hatte sie zweifellos gute Möglichkeiten, den Arbeitsablauf zu beobachten, und sie schilderte mehrere wichtige Details im Hinblick darauf, wie einzelne Fälle von der Krefelder Gestapo bearbeitet wurden.

Vor der Bearbeitung eines Falls bestimmte Jung zunächst, welcher Beamte die Ermittlungen durchführen sollte. Dieser holte dann Informationen ein, bestellte Zeugen und führte nach eigenem Gutdünken Vernehmungen durch, beriet sich allerdings immer wieder mit Jung über das weitere Vorgehen. Nach Beendigung seiner Ermittlungen legte er einen Bericht über den Fall an, mit einer Empfehlung, wie weiter verfahren werden sollte, und die Zeugin oder Frau B. tippte ihn mit der Maschine. Diesen Bericht bekam dann Jung. Der las ihn, machte gelegentlich ausführliche Anmerkungen dazu und zeichnete ihn ab. War Jung nicht im Hause, übernahm sein Vertreter Karl Schmitz diese Aufgabe. (Schmitz war wie Schulenburg ein älterer Kripobeamter, 1887 in Krefeld geboren, der es bis kurz vor Kriegsende bis zum Kriminalobersekretär gebracht hatte. Ebenso wie Schulenburg und die anderen Gestapobeamten kam er aus dem Polizeidienst. Er war nicht nur der Stellvertreter Jungs, sondern leitete auch das berüchtigte »Ressort Sonderbehandlung« in der Krefelder Gestapodienststelle.)[23] Obwohl Frau T. auf Effenberg nicht gut zu sprechen war und ihn mit wenig schmeichelhaften Worten beschrieb – sie sagte, er sei als »ziemlich scharf« bekannt gewesen – und obwohl sie behauptete, sie selbst sei 1944 verhaftet worden, weil sie einem französischen Kriegsgefangenen einen Apfel gegeben hatte, leistete sie Effenberg einen guten Dienst, als sie ihre Aussage mit der Bemerkung schloss: »In jedem Fall lag die letzte endgültige Entscheidung über die zu treffende Maßnahme bei dem Dienststellenleiter.«[24]

Die beiden anderen Sekretärinnen wurden am 14. Juni kurz vor

Schulenburg angehört. Zunächst sagte Frau L., zum Zeitpunkt des Prozesses 35 Jahre alt und Hausfrau, aus, sie sei fast vier Jahre lang, vom 1. August 1937, als die Dienstelle der Gestapo in Krefeld offiziell eingerichtet wurde, bis Mitte 1941, die einzige dortige Sekretärin gewesen.[25] Zu ihrer Zeit hätten in der Krefelder Dienststelle nur sieben Beamte gearbeitet, die sie namentlich aufzählte: Jung, Schulenburg, Schmitz, Effenberg, Burkert, Herbert Braun und Kurt Joost. (Aus unbekannten Gründen ließ sie mindestens sechs weitere Gestapobeamte, die damals ebenfalls dort tätig waren, unerwähnt: Otto Dihr, Albert Fleischer, Jakob Schmitz, Theodor Schommer, Wilhelm Weber und Kommissar Bolle.)[26] Dennoch verdeutlicht ihre Aussage, dass die Gestapodienststelle Krefeld etwa ab Mitte 1941 personell expandierte: Der Geschäftsverteilungsplan von 1944 verzeichnet vierzehn Beamte im aktiven Dienst. Im Anschluss daran beschrieb sie die Funktionsweise der Außenstelle weitgehend so, wie Frau T. sie bereits geschildert hatte. Mit der Morgenpost kamen Briefe von Denunzianten oder anderen Zuträgern, die zur Aufnahme von Ermittlungen führten. Jung überflog die Post und entschied, in welchen Fällen ermittelt werden sollte und von wem. Dann übergab er den jeweiligen Beamten die Informationen, die er bislang erhalten hatte. Diese führten die Ermittlungen zu Ende und tippten die Berichte in der Regel selbst auf der Maschine. (Man vergleiche dies mit der Aussage der anderen Sekretärin, in den letzten Kriegsjahren sei sie es gewesen, die die Berichte getippt habe.) Anschließend las Jung die Berichte, ergänzte sie bei Bedarf und zeichnete sie ab. Es sei nur selten vorgekommen, dass Fälle an die vorgesetzten Stellen in Düsseldorf überwiesen wurden. Schließlich sagte sie noch aus, Jung habe zwar meistens die Empfehlungen seiner Untergebenen akzeptiert, doch »die Sachbearbeiter hatten überhaupt kein selbständiges Zeichnungsrecht, sondern nur der Kommissar [Jung] und sein Vertreter [Schmitz]«. Über Effenberg sagte sie kein Wort.

Die letzte Sekretärin, die als Zeugin auftrat, war eine dreißigjährige Hausfrau, Frau H. Wie sie erklärte, hatte sie im Oktober 1942 für zwei Wochen in der Gestapodienststelle Krefeld gearbeitet und später noch einmal, von September 1944 bis Kriegsende. Dazwischen war sie in der Gestapoleitstelle Düsseldorf tätig. Unter anderem ging aus ihrer Aussage hervor, dass das Schreibpersonal in Krefeld in den letzten Kriegsjahren stark aufgestockt worden war: In den letzten Kriegsmonaten hatte sie als persönliche Schreibkraft für Effenberg und Burkert gearbeitet. Im Hinblick auf die – für den Fall Effenberg relevante – Frage der Verantwortlichkeiten sagte sie, alle wichtigen Entscheidungen seien vom Leiter der Dienststelle (Jung) getroffen worden, aber selbst er habe nicht die Befugnis gehabt, Beschuldigte in »Schutzhaft« nehmen zu lassen (der erste Schritt auf dem Weg in ein Konzentrationslager); eine solche Maßnahme habe nur von Düsseldorf oder gar Berlin angeordnet werden können. Zum Schluss sagte sie aus, obwohl Jung letztlich die Entscheidung getroffen habe, hätten die vielen Gespräche, die er mit den ihm unterstellten Beamten geführt habe, sein Urteil zweifellos wesentlich beeinflusst.

Im Prozess gegen Effenberg (der sich von Januar bis Oktober 1949 hinzog) wurden noch etliche weitere Zeugen gehört. Die meisten waren reine Leumundszeugen, die Effenberg benannt hatte, um seine Behauptung zu untermauern, er sei ein anständiger Polizeibeamter gewesen, der während seiner langen Dienstjahre viel Gutes getan habe. Einige dieser Zeugen waren ältere Polizisten, die noch vor der Bildung der Gestapo mit ihm zusammen in Krefeld Dienst getan hatten. Andere waren einfache Bürger, denen er in seiner Gestapo-Zeit gefällig gewesen war.

Ihr Urteil aber musste die Kammer schließlich primär auf die widersprüchlichen Aussagen der Kläger, des Angeklagten Effenberg, der Gestapobeamten Schulenburg und Burkert und der drei Sekretärinnen stützen. Das war keine leichte Aufgabe. Die Kläger hatten vorgetragen, Effenberg sei allein für die Inhaftierung und den späteren Tod ihrer Ehepartner verantwortlich zu machen. Effenberg, Burkert und zwei Sekretärinnen hatten erklärt, Jung oder vielleicht sein Vertreter Schmitz (anscheinend konnten sie sich nicht erinnern, ob Jung damals vielleicht abwesend war) sei der wahre Verantwortliche gewesen. Jung, Schulenburg und die dritte Sekretärin wiederum verwiesen auf die übergeordneten Dienststellen in Düsseldorf und Berlin. Da die ursprünglichen Gestapoakten zu den Fällen zu keiner Zeit als Beweismittel hinzugezogen wurden (vermutlich weil man annahm, sie seien ebenso vernichtet worden wie die meisten sonstigen schriftlichen Unterlagen der Gestapo), ließ sich unmöglich feststellen, ob es Jung oder Schmitz gewesen war, der die beiden Maßnahmen abgezeichnet oder ob einer von ihnen Effenbergs Berichte mit einem Zusatz versehen hatte. Es war ja nicht einmal möglich zu erfahren, was eigentlich in den Berichten genau gestanden hatte. Auch wurde keiner der Hausbewohner, die ihre Nachbarn damals bei der Gestapo denunziert und damit den Stein überhaupt erst ins Rollen gebracht hatten, vor Gericht gebracht oder auch nur als Zeuge geladen. Der Fall wurde am 6. Oktober 1949 entschieden. In seinem Urteil sprach das Gericht Effenberg von jeder Schuld am Tod der Ehegatten der beiden Kläger und an Verbrechen gegen die Menschlichkeit allgemein frei. Trotzdem kam Effenberg nicht ganz ungeschoren davon. Das Gericht verurteilte ihn wegen eines minderschweren Delikts – Beihilfe zur schweren Freiheitsberaubung – zu einer dreimonatigen Gefängnisstrafe. Angesichts des Schicksals der beiden Opfer, die ihr Leben verloren hatten, war das eine milde Strafe. In den Augen Effenbergs war sie dagegen unverhältnismäßig hart, vor allem deshalb, weil mit dieser Verurteilung seine Chancen, seine Einstufung durch die Entnazifizierungsspruchkammer erfolgreich anfechten und doch noch in den Polizeidienst zurückkehren zu können, erheblich gesunken waren.

Der Fall Effenberg ist zwar unspektakulär, aber aufschlussreich. Er wirft ein Licht darauf, wie der Terrorapparat und die Männer, die den Terror ausübten, im Alltag des Dritten Reiches vorgingen. Die Tatsache, dass hier mehrere Polizeibeamte vorgestellt werden, die in einer durchschnittlichen Gestapodienststelle tätig waren, ermöglicht eine nähere Beschäftigung mit der Mentalität und dem Werdegang von solchen Beamten. Und schließlich führt der Prozess in das schwierige Problem ein, den individuellen Anteil von Schuld an der Verfolgung zu bemessen, unter der viele Menschen während der NS-Diktatur leiden mussten. Wie wir an Effenberg gesehen haben, hatten Gestapobeamte nach dem Krieg kaum Probleme damit, Entschuldigungen für ihr Verhalten im Dritten Reich sowie Menschen zu finden, die sie bei diesen Entschuldigungen unterstützten: Sie behaupteten, sie seien gegen ihren Willen zur Gestapo versetzt worden, sie hätten innerlich stets in Opposition zum Regime gestanden, sie hätten sich persönlich für viele Menschen eingesetzt, die sonst verfolgt oder noch schlimmer verfolgt worden wären, sie hätten innerhalb einer streng reglementierten Befehlshierarchie gehandelt, in der die Entscheidungsbefugnis stets bei ihren Vorgesetzten gelegen habe, und sie hätten sich stets nur an Vorschriften und Befehle gehalten. Schließlich konnten die Gestapobeamten in vielen Fällen begründet geltend machen, dass sie den Terror der NS-Gesellschaft nicht allein und nicht aus eigenem Antrieb initiiert, ausgeübt und legitimiert hatten.

Während sich der Prozess gegen Effenberg auf die zentrale Rolle von Gestapobeamten in einzelnen Fällen der Verfolgung konzentrierte, legte er gleichzeitig den Schluss nahe, dass viele andere Personen dabei ebenfalls eine wesentliche Rolle spielten. Weder Toni M. noch Sybilla C. wären überhaupt in das Blickfeld der Gestapo geraten, wenn ihre Nachbarn sie nicht angezeigt hätten. Wir werden noch feststellen, dass solche Denunziationen, häufig motiviert durch persönliche Missgunst und kleinliche Ressentiments, in vielen Fällen zur Verfolgung und in einigen zum Tod von Menschen wie Toni M. und Sybilla C. geführt haben. Auch Justizbeamte wie Staatsanwälte und Richter, die im Prozess gegen Effenberg nur am Rande erwähnt wurden, tragen einen nicht unbeträchtlichen Teil der Schuld. Nicht nur hatten ihre Anklagen und Verurteilungen Kummer und Leid zur Folge: Die Fassade der »Legalität« und »Normalität« eines verbrecherischen Regimes, zu deren Errichtung und Aufrechterhaltung sie beigetragen hatten, machten die Verfolgungen noch wirksamer und furchtbarer. Hinzu kamen weitere NS-Funktionäre, Polizisten und Staatsbeamte, die dazu beitrugen, dass der Terror wirksam werden konnte.

Die Rolle all dieser Menschen soll nicht außer Acht bleiben. Doch wie im Prozess gegen Effenberg und im Prozess gegen die Kölner Gestapobeamten deutlich wurde, waren besonders häufig Gestapobeamte die Täter, die eine Verurteilung verdienten. Der Werdegang, die Mentalität und die berufliche Laufbahn der Kölner und Krefelder Gestapobeamten sowie der Polizisten, die in Bergheim, wo die Gestapo keine Dienststelle unterhielt, deren Aufgaben übernommen hatten, lohnen daher einer eingehenderen Untersuchung.

Gestapobeamte

Aus den Aussagen der ehemaligen Sekretärinnen in der Verhandlung gegen Effenberg geht hervor, dass die Gestapodienststelle Krefeld nur über wenige Beamte und Angestellte verfügte. Nach den Angaben von Frau L. und laut anderen schriftlichen Unterlagen über die Krefelder Gestapo arbeiteten dort zwischen 1937 und 1941 höchstens zwölf bis dreizehn Beamte, und sie war die einzige Sekretärin. Aus einem Geschäftsverteilungsplan vom April 1944 und den Aussagen der beiden anderen ehemaligen Sekretärinnen im Prozess gegen Effenberg ergibt sich, dass das Personal irgendwann nach 1941 auf vierzehn Beamte und mindestens zwei Sekretärinnen aufgestockt wurde und sich anschließend nicht mehr veränderte.[27]

Bei einer Einwohnerzahl von 170 000 am Vorabend des Zweiten Weltkrieges kam demnach auf rund 12 000 Krefelder Bürger ein Gestapobeamter, ein Verhältnis, das anscheinend auch für andere Städte galt. 1939 verfügte etwa Köln mit 750 000 Einwohnern über 99 Gestapobeamte; 1942 waren es nur noch 69.[28] Historiker gelangen in ihren Untersuchungen anderer deutscher Städte (Saarbrücken, Würzburg, Potsdam, Hannover und Leipzig) zu ähnlichen Zahlen.[29] Man würde ein noch größeres Verhältnis erhalten, wenn man die Tausenden von Fremdarbeitern einrechnete, die bei den Volkszählungen nicht mit erfasst wurden, aber in Krefeld, Köln und anderen Städten von der Gestapo mit überwacht wurden. Und diese Zahlen gelten nur für mittel- bis großstädtische Gemeinden. Aus meiner Untersuchung der Kleinstadt Bergheim und aus Interviews mit früheren Bewohnern von Kleinstädten aus verschiedenen Teilen Deutschlands (zum Beispiel mit einem ehemaligen Polizisten aus Eberswalde nordöstlich von Berlin und einem ehemaligen Eisenbahnbeamten und NSDAP-Funktionär aus einem kleinen Dorf in der Umgebung von Saarbrücken)[30] erfuhr ich, dass in der Regel auf dem Land überhaupt keine Gestapobeamten tätig waren. In ländlichen Gemeinden übernahm die Schutzpolizei unter der Aufsicht des jeweiligen Bürgermeisters die polizeilichen Aufgaben, die die Gestapo in den Städten wahrnahm. Nur in ganz schweren Fällen sah sich die Schutzpolizei veranlasst, die Gestapobeamten der nächstgelegenen Dienststelle um fachlichen Rat und Unterstützung zu bitten.

Wenn die Zahl der Gestapobeamten in den Städten tatsächlich so niedrig war und wenn die politische Kontrolle auf dem Land größtenteils von der Schutzpolizei übernommen wurde, war es dann möglich, dass die Gestapobeamten ganz normale Polizeibeamte waren, wenn auch unter einer ominösen Bezeichnung (»Geheime Staatspolizei«) und mit einer besonders widerwärtigen Aufgabe? So jedenfalls haben sich die meisten ehemaligen Gestapobeamten in den Vernehmungen und Prozessen nach dem Krieg selbst beschrieben. Ältere Beamte wie Richard Schulenburg aus Krefeld und Karl Löffler aus Köln, Männer, die bei Kriegsende bereits in vorgerücktem Alter waren, verwiesen häufig auf ihre lange polizeiliche Laufbahn, die bereits vor dem Ersten Weltkrieg begonnen hatte, um ihre Behauptung zu belegen, sie seien lediglich Polizeibeamte »der alten Schule« gewesen, die auch in den Augen der alliierten Besatzungsmächte nicht der landläufigen Vorstellung von Geheimpolizisten entsprachen. Auf diese Männer schien eher das Bild von den »ruhigen, alten Beamten« zu passen, die »die Sachen an sich herankommen [ließen] und keine eigene Aktivität [entwickelten]«.[31] Und wie wir in der Verhandlung gegen Effenberg gesehen haben, nahmen selbst vergleichsweise junge Beamte wie Alfred Effenberg und Gustav Burkert eine ähnliche Argumentation für sich in Anspruch.

Tatsächlich nehmen einige der neueren und gut belegten Untersuchungen über die Gestapo eine ähnliche Position ein: Gestapobeamte waren einfach »gewöhnliche Männer« und in ihrem Werdegang und ihrem Wesen nicht von anderen deutschen Polizeibeamten zu unterscheiden.[32] Auch wenn eine gewisse Gefahr besteht, dass diese Argumentation als Entlastung missverstanden werden könnte, verfolgt sie nicht die Absicht, die Untaten der Gestapobeamten zu entschuldigen, noch bestreitet sie, dass diese Untaten begangen worden sind. Hier geht es vielmehr darum, die Verantwortung auf ein breiteres Spektrum gewöhnlicher deutscher Bürger zu verteilen, die für die Gestapo und die übrigen Polizeiorgane die wichtigsten Informationsquellen über politisch verdächtige Personen waren. Da ganz gewöhnliche Bürger so häufig bereit waren, ihre Mitbürger zu überwachen und zu denunzieren, wenn diese sich nicht an die Regeln hielten, oftmals aber auch, obwohl sie gar nichts Schlimmes getan hatten, waren nur relativ wenige Gestapobeamte erforderlich, um die deutsche Bevölkerung zu kontrollieren, die durchaus willens und in der Lage war, sich selbst zu kontrollieren.[33]

In den folgenden Kapiteln, in denen es um Widerstandsakte, Nonkonformismus und Verfolgung in Köln, Krefeld und Bergheim geht, werden wir zahlreiche Beispiele sehen, die diese Hypothese stützen. Sie enthalten aber auch viele Gegenbeispiele, vor allem in Fällen, in denen Juden, Kommunisten, Zeugen Jehovas, aufsässige Geistliche und andere Personengruppen betroffen sind, die die Gestapo aus dem Weg räumen wollte. Die Gestapo mochte bis zu einem gewissen Grad nachsichtig mit gewöhnlichen deutschen Bürgern umgehen, die gelegentlich das Programm der BBC hörten, einen Witz über Hitler machten oder in anderer Weise geringfügig das Gesetz übertraten. Es gab genug Denunziationen, um diese Leute bei der Stange zu halten. Doch in wirklich wichtigen Fällen – und die Gestapo konnte hervorragend zwischen wichtig und unwichtig unterscheiden – handelte die Gestapo entschlossen und energisch.

Die Gestapo war vielleicht nicht »allwissend, allmächtig und allgegenwärtig«, wie viele bislang angenommen haben, aber sie war auch nicht unfähig. Denunziationen waren für die Gestapo wichtige Informationsquellen. Einzelne Bürger hatten einen großen Anteil am Erfolg der »sozialen Kontrolle« durch das Regime, so wie einzelne Bürger auch in anderen Gesellschaftsformen bei der sozialen Kontrolle eine wichtige Rolle spielen. Trotzdem war die Gestapo das maßgebliche Instrument der Kontrolle, und die Schuldhaftigkeit der Gestapobeamten war nicht dieselbe wie die der gewöhnlichen Bürger.

Alle Menschen sind in dieser oder jener Weise gewöhnlich, und die Gestapobeamten waren in vielerlei Hinsicht ganz durchschnittliche Menschen. Aber sie waren keine »gewöhnlichen Männer« in dem Sinne, in dem Christopher Browning und Daniel Goldhagen den Begriff gebrauchen, um Reservepolizisten in mittleren Jahren aus Hamburg und anderen Städten zu beschreiben, die für kurze Zeiträume zum aktiven Dienst einberufen und bei Massenerschießungen von Juden in Polen und der Sowjetunion eingesetzt wurden und die anschließend wieder nach Hause in ihr normales Leben als Arbeiter, Vertreter und Akademiker zurückkehrten, als wäre nichts geschehen.[34] Gewiss waren nicht alle Gestapobeamten hochqualifizierte, wissenschaftlich geschulte Fachleute, von der SS einzeln ausgesucht, um die deutschen Bürger zu terrorisieren, weil sie ihnen angeblich rassisch, intellektuell und physisch überlegen waren, wie manche vielleicht erwartet haben. Aber einige waren es eben doch, das gilt vor allem für die Leiter der Gestapoleitstellen und -dienststellen. Die meisten der einfachen Beamten verfügten nur über eine begrenzte Schulbildung und eine polizeiliche Grundausbildung, waren vor ihrem Eintritt in die Gestapo in anderen Polizeidienststellen tätig gewesen, unterschieden sich physisch nicht von anderen Polizisten und waren zuvor nicht einmal Mitglied der NSDAP oder der SS gewesen. Aber sie alle waren deutsche Polizisten, und die deutschen Polizeikräfte des Kaiserreiches und der Weimarer Republik standen zweifellos nicht in dem Ruf, demokratisch oder gemäßigt zu sein.[35] Auch hatten die meisten der älteren

Gestapobeamten in der Weimarer Republik der preußischen Politischen Polizei angehört und eine ideologische Säuberung kurz nach Hitlers Machtübernahme überstanden, der zwei Drittel der ehemaligen politischen Polizei zum Opfer gefallen waren.[36] Gelungen war ihnen das, weil die meisten sich auf eine frühere Zugehörigkeit zu den Freikorps, der SA oder anderen NS-Organisationen oder deren Vorläufern berufen konnten. Einige wie Richard Schulenburg waren langjährige Parteimitglieder, obwohl sie damit gegen ihren Beamteneid verstoßen hatten. Kurzum, die meisten der Männer, die in die Gestapo kamen, konnten beweisen, dass sie zuverlässige und im Extremfall auch fanatische Verteidiger der NS-Ideologie waren.[37] Die meisten gewöhnlichen Deutschen hätten diesen Nachweis nicht so leicht erbringen können.

Untersucht man die vorhandenen Akten aller Krefelder und mehrerer repräsentativer Kölner Gestapobeamten, lassen sich mindestens drei Kategorien von Beamten unterscheiden, die in den Gestapoleitstellen und -dienststellen in Deutschland tätig waren – leitende Beamte, einfache Beamte und die Leiter der »Judenreferate«.

Leitende Beamte der Gestapoleitstellen und -dienststellen

Die leitenden Beamten der Leitstellen und Dienststellen der Gestapo entsprachen vermutlich am ehesten dem Stereotyp des Gestapobeamten. Wie ihr Chef in Berlin, Reinhard Heydrich, waren sie jung, bürgerlicher Herkunft, akademisch gebildet – in der Regel Juristen (häufig mit einem Doktorexamen) – und hatten sich früh zur nationalsozialistischen Bewegung bekannt.[38] Und ebenso wie Heydrich waren viele von ihnen unsichere Persönlichkeiten. Heydrich war dafür bekannt, dass er wegen seiner möglicherweise jüdischen Herkunft unter Selbstzweifeln und Selbsthass litt.[39] Der Nationalsozialismus gab diesen Männern eine berufliche Perspektive und eine Identität, mochte sie auch unecht und brüchig sein. Sie stürzten sich begierig in die Bewegung, traten, sobald sie konnten, in die NSDAP, die SA und die SS ein und gelangten schnell nach oben. Sie wurden für eine Spezialausbildung und besondere Aufgaben ausgewählt oder meldeten sich freiwillig dazu. Viele besuchten eine Führungsakademie für die Sicherheitspolizei in Berlin-Charlottenburg, bevor sie den Auftrag erhielten, eine bestimmte Leitstelle oder Dienststelle der Gestapo zu übernehmen – meist nicht in der Stadt, in der sie geboren waren –, und selten blieben sie länger als zwei bis drei Jahre auf diesem Posten.[40]

Die Chefs der städtischen Gestapoleitstellen vermittelten zwischen den einfachen Gestapobeamten, die ihnen unterstanden, und den Beamten im Geheimen Staatspolizeiamt (Gestapa) in Berlin. Sie hatten beträchtliche Kontrollbefugnisse über die gesamte Tätigkeit der Dienststelle und konnten in dieser oder jener Weise auf jede Ermittlung Einfluss nehmen. Sie bestimmten, welcher Fall untersucht werden und welcher Beamte die Ermittlungen leiten sollte. Und auch wenn sie sich nur selten persönlich an Großfahndungen, Razzien und einzelnen Vernehmungen beteiligten, griffen sie doch in den Gang der Ermittlungen ein, wenn sie es für nötig hielten. Manchmal waren sie mit der Empfehlung eines Untergebenen über das weitere Vorgehen in einem Fall nicht einverstanden und schrieben selbst eine Stellungnahme mit einem abweichenden Vorschlag. In den meisten Fällen übernahmen sie allerdings einfach die Empfehlung des Ermittlungsbeamten, überprüften den Abschlussbericht auf inhaltliche und grammatische Fehler und leiteten ihn anschließend an das RSHA in Berlin weiter, wo endgültig entschieden wurde, wie weiter zu verfahren sei. Die Gestapochefs in Berlin (Heydrich und später Ernst Kaltenbrunner oder einer ihrer Vertreter) segneten die Empfehlungen bis auf ganz wenige Ausnahmen ab und telegrafierten nach wenigen Tagen ihre Antwort.

Auch wenn das Verfahren sehr streng geregelt war und der Instanzenweg eingehalten werden musste, hatten die Leiter der Gestapostellen und Leitstellen vor Ort beachtliche Entscheidungsbefugnisse. Sie bestimmten zum einen über den Gang der Ermittlungen und entschieden über die Empfehlung des weiteren Vorgehens in den einzelnen Fällen (ob der Betreffende mit oder ohne Verwarnung davonkam, der Staatsanwaltschaft oder dem Gericht übergeben oder in Vorbeugehaft genommen und anschließend in ein Konzentrationslager überstellt werden sollte). Zum anderen konnten sie den Gefangenen so lange festhalten, wie sie es für nötig hielten, um ihre Ermittlungen zu beenden (meistens eine Sache von Stunden oder Tagen, manchmal aber auch von Jahren)[41], und sie konnten die Anweisung geben, den Beschuldigten ohne Zustimmung einer übergeordneten Behörde drei Wochen lang in »Schutzhaft« zu nehmen. Schließlich waren sie auch dafür zuständig, die Berichte über die Führung von KZ-Häftlingen zu prüfen, und konnten eine Verlängerung der Haftzeit anordnen, selbst wenn die Lagerbehörden vor Ort sich für eine Entlassung aussprachen. Das waren mit Sicherheit keine »gewöhnlichen Männer«. Und sie waren auch nicht einfach Schreibtischtäter, die lediglich Briefe und Akten hin und her schoben. Sie waren begeisterte Nationalsozialisten, die bei der Verfolgung und Ermordung Unschuldiger eine aktive Rolle spielten. Viele, wie die Leiter der Kölner Gestapoleitstelle im Krieg, Dr. Erich Isselhorst, Dr. Emanuel Schäfer und Franz Sprinz, ließen sich von ihrem normalen Dienst befreien, um einige der berüchtigtsten und entsetzlichsten Operationen des Regimes anzuführen, unter anderem Einheiten der SS-Einsatzkommandos, die hunderttausende wehrloser Juden in Polen und der Sowjetunion erschossen. Andere, wie der Chef der Krefelder Gestapo, waren dem nationalsozialistischen Mordapparat in weniger monströsem Maßstab zu Diensten.

Im Unterschied zu Köln, wo die Gestapoleitstelle nacheinander von sieben verschiedenen Chefs geleitet wurde, hatte die Dienststelle in Krefeld fast während ihres gesamten Bestehens ein und denselben Leiter.[42] Ludwig Jung übernahm den Posten in Krefeld Anfang 1939, nachdem er in Berlin-Charlottenburg eine spezielle Ausbildung für künftige Gestapoführer absolviert hatte. Als Sohn eines Metzgermeisters 1910 in Darmstadt geboren, konnte Jung es mit den Leitern der Gestapoleitstellen in größeren Städten nie ganz aufnehmen. Von relativ kleiner Statur und bereits in seinen Zwanzigern mit schütterem Haar, hatte er sein Jurastudium an der Universität Gießen 1932 nach vier Jahren abgebrochen, und das war vermutlich ein besonders wunder Punkt für ihn und wohl auch der Grund, warum er innerhalb der Gestapo nicht mehr weiter befördert wurde. Trotzdem war er in der kleinen Außendienststelle Krefeld der einzige Gestapobeamte mit Hochschulerfahrung und der Einzige in einem Polizeirang (Kriminalkommissar), der dem eines Wehrmachtsoffiziers vergleichbar war.

Aus Jungs handgeschriebenem Lebenslauf, den er zusammen mit einem Standardfragebogen am 1. Dezember 1939 bei der SS einreichte, geht hervor, dass er während seiner Studienzeit aktives Mitglied des Nationalsozialistischen Deutschen Studentenbundes (NSDStB) war und im Oktober 1930 im Alter von zwanzig Jahren der NSDAP beitrat. Nachdem er die Universität ohne Abschluss verlassen hatte, angeblich wegen der wirtschaftlichen Notlage seiner Eltern, ging er wenig später zur Polizei. Im März 1933, kurz nach Hitlers Ernennung zum Reichskanzler, wurde er ehrenamtlicher Mitarbeiter in der hessischen Landespolizei. Dort machte er schnell Karriere, trat im März 1934 in die SA ein und im Mai 1935 wieder aus; daneben nahm er an mehreren Polizeischulungen von bis zu zehn Monaten Dauer teil. Nachdem er Ende Dezember 1936 den längsten dieser Kurse abgeschlossen hatte, wurde er in den Rang eines Kriminalkommissars befördert und Anfang 1937 von seiner Geburtsstadt Darmstadt in das SD-Amt der Düsseldorfer Gestapo versetzt. Einige Monate später verlobte er sich mit seiner späteren Frau Elisabeth S., die in der Düsseldorfer Gestapoleitstelle als Sekretärin arbeitete. Im März 1938 wurde er in die SS aufgenommen und erhielt im November desselben Jahres die Aufforderung, an einem dreimonatigen Führungslehrgang in Berlin-Charlottenburg teilzunehmen.[43] Im Anschluss an diesen Lehrgang wurde er zum Leiter der Krefelder Dienststelle gemacht, wo er bis Kriegsende blieb. In späteren Kapiteln werden wir feststellen, dass er auf diesem Posten zuverlässig arbeitete und mit Recht wegen seines »politischen Fanatismus« und »Judenhasses« verrufen war.[44] Trotz seiner ideologischen Begeisterung gab es für ihn jedoch keine weitere Beförderung. Nach dem Krieg kehrte er als angeblich relativ unbedeutender ehemaliger NS-Polizist auf der Suche nach Arbeit nach Darmstadt zurück.

Männer, die ihr Universitätsstudium erfolgreich abgeschlossen hatten, wie die leitenden Beamten in der wesentlich größeren Gestapoleitstelle Köln, konnten innerhalb der Gestapo weiter nach oben kommen. Der Aufstieg in der Hierarchie erforderte allerdings häufig einen Abstieg in die Tiefen der Unmenschlichkeit, wie die bizarre Karriere eines der leitenden Gestapobeamten in Köln während des Krieges, Dr. Emanuel Schäfer, zeigt.

Geboren an Adolf Hitlers elftem Geburtstag, dem 20. April 1900, war Emanuel Schäfer ein stämmiger, ehrgeiziger, rücksichtsloser und etwas wurzelloser Mann mit einem unersättlichen Bedürfnis nach Gewalt und Abenteuer. Gleich vielen anderen entwurzelten jungen Männern seiner Generation – vielleicht vor allem solchen, die aus Gebieten stammten, die den Deutschen nach dem Ersten Weltkrieg weggenommen wurden – fand Schäfer in der nationalsozialistischen Bewegung eine ideologische Heimat und eine Chance, sein Deutschtum unter Beweis zu stellen. Sie bot ihm außerdem die Möglichkeit, seine gewalttätigen Impulse auszuleben. Als Sohn eines Hotelbesitzers war Schäfer als kleiner Junge mit seinen Eltern nach Rybnik in Oberschlesien gezogen. Damals gehörte Rybnik noch zum Deutschen Reich. Doch nach der Teilung Oberschlesiens fiel die Stadt an Polen, und Schäfer wurde polnischer Staatsbürger, bis er im Februar 1925 als Deutscher naturalisiert wurde.[45] Er besuchte die Volksschule in Rybnik und später ein humanistisches Gymnasium. Im Juni 1918, noch vor seinem Abitur, wurde er zum Militärdienst eingezogen. Obwohl er 1937 in einem SS-Fragebogen angegeben hatte, er sei »Kriegsteilnehmer« gewesen, hatte er tatsächlich nie an der Front gedient.[46] Vielleicht war dies für ihn eine Enttäuschung: Sehr bald stürzte er sich in eine lange Karriere rechtsextremistischer, vor allem gewalttätiger Aktivitäten.

Im Laufe der Zeit wurde Schäfer Mitglied in fast allen nationalsozialistischen Schlägerorganisationen oder ihren Vorläufern. Nach dem Ersten Weltkrieg kehrte er für einige Monate nach Rybnik zurück und schloss sich dann im Januar 1919 dem deutschen Grenzschutz an der deutschen Ostgrenze in Oberschlesien an. Dort blieb er bis auf kurze Unterbrechungen in den folgenden zweieinhalb Jahren und war mehrmals bei den Freikorps im Gefechtseinsatz.[47] Auf Grund seines Dienstes beim Grenzschutz stellte seine Schule ihm Ende 1919 ein Abiturzeugnis aus, ohne dass er die Prüfungen ablegen musste, und im Herbst 1920 schrieb er sich an der juristischen Fakultät der Universität Breslau ein. Mit Ausnahme einer zweimonatigen Abwesenheit, als er sich Mitte 1921 einer Studentenkompanie anschloss, um im dritten polnischen Aufstand zu kämpfen, studierte er in den folgenden fünf Jahren. Im August 1925 promovierte er mit einer Arbeit über ein zivilrechtliches Thema.

Kurz vor seinem Examen, im März 1925, trat Schäfer in den nationalistischen Stahlhelm ein, in dem er bis März 1928 blieb.[48] Nach dem Examen begann er seine Laufbahn in der deutschen Polizei, die erst durch den Zusammenbruch des Dritten Reiches beendet wurde. Seine erste Bestallung erfolgte im April 1926 bei der Kriminalpolizei Potsdam. Ein Jahr später machte er einen mehrmonatigen Schulungskurs in Berlin-Charlottenburg für höhere Beamte der Politischen Polizei mit und fand anschließend im März 1928 eine Stelle im Polizeipräsidium Breslau, wo er bald in den Rang eines höheren Polizeibeamten auf Lebenszeit befördert wurde. Kurz darauf, im Jahr 1928 und vermutlich aus Gründen des beruflichen Fortkommens, konvertierte Schäfer vom katholischen Glauben seiner Eltern zum Protestantismus, der Mehrheitsreligion in Deutschland. (1936 trat er aus der protestantischen Kirche aus und bezeichnete sich hinfort als »gottgläubig«, wie es in NS-Kreisen Mode war; nach 1945 bekannte er sich dann wieder zum Protestantismus.) Ende 1928 wurde er zum Leiter der Mordkommission der Breslauer Kriminalpolizei ernannt und blieb auf diesem Posten bis zum Februar 1933, kurz nach Hitlers Machtübernahme.

Schäfer zögerte nicht, sich mit der NS-Bewegung zu identifizieren, und mit den Erfolgen der Nationalsozialisten stieg auch sein Stern. Zwar durften in der Weimarer Republik Polizeibeamte laut Gesetz nicht der NSDAP angehören, doch Schäfer gab sich frühzeitig zu erkennen, indem er 1930 oder 1931 der SS als förderndes Mitglied beitrat. Wenige Monate nach der Ernennung Hitlers zum Reichskanzler, an seinem und seines Führers Geburtstag, dem 20. April 1933, trat Schäfer in die SA ein und bewarb sich am 1. Mai 1933 um Aufnahme in die NSDAP.[49] Bald gehörte er weiteren NS-Organisationen an, unter anderem Heydrichs Agentennetz, dem SD, und dem Reichsbund der Deutschen Beamten (RDB) – wo er, wie er in seinen SS-Akten 1937 unverblümt angab, die Rolle eines »Vertrauensmanns« spielte und die Mitglieder bespitzelte.

Schäfers Bereitschaft, sich die Hände schmutzig zu machen, vor allem wenn es um Spitzeldienste und verdeckte Operationen ging, war seiner Polizeikarriere sehr förderlich. Auch in der SA und der SS wurden die ihm übertragenen Aufgaben immer anspruchsvoller. Am 26. Februar 1933 gab er seine »gewöhnliche« Polizeilaufbahn für immer auf, als er zum Leiter der Politischen Polizei in Breslau ernannt wurde. Im Mai 1934 wurde er Chef der Gestapo in Oppeln, wo er blieb, bis Hitler im September 1939 in Polen einfiel.

Seine Vorgesetzten in der SS attestierten ihm einen »einwandfreien Charakter«, einen »ausgeprägten und energischen Willen«, bei ihm sei »durchaus gesunder Menschenverstand vorhanden«, ebenso eine »sehr gute Allgemeinbildung«; seine »nationalsozialistische Weltanschauung« sei »gefestigt«, und sein »Auftreten und Benehmen im und außer Dienst« sei »ohne Tadel«.[50] Dank solcher Eigenschaften und seiner bisherigen Erfahrungen war Schäfer ein Mann, auf den man zählen konnte, als Hitler einen wirklich speziellen Auftrag zu vergeben hatte: die Auslösung des Zweiten Weltkrieges. Als der Krieg vorbei war und Schäfer sich in der Wohnung von Marianne und Friedrich K., einer seiner früheren Sekretärin-

nen und ihrem Mann, versteckt hielt, prahlte er gegenüber dem
Ehemann, er habe persönlich den Krieg ausgelöst, indem er den in-
famen »Überfall« auf den deutschen Radiosender in Gleiwitz an
der polnischen Grenze angeführt habe. Im Prozess gegen Schäfer
wegen seiner Tätigkeit als Chef der Kölner Gestapo kamen während der Zeugenaussage von Friedrich K. am 23. Januar 1951 die
folgenden Einzelheiten ans Licht.[51]

Ende August 1939, wenige Tage vor Beginn des Krieges, erhielt
Schäfer von den Chefs der Gestapo und der deutschen Polizei,
Heydrich und Himmler, den Befehl, sie allein auf dem Flugplatz
Oppeln zu treffen, wo sie mit ihrem Flugzeug aus Berlin landen
würden. Erst dort weihten sie ihn in seinen von Hitler persönlich
erteilten Sonderauftrag ein. Hitler befahl Schäfer, mit einer Kom-
panie SA-Männer, die zur Tarnung polnische Uniformen tragen
sollten, den deutschen Radiosender in Gleiwitz zu überfallen und
dadurch den Eindruck zu erwecken, dass Polen einen Krieg gegen
Deutschland begonnen habe. Der Zeuge erklärte wörtlich: »Es
wurden alle Einzelheiten des Unternehmens ihm genau bekanntge-
geben u. a. wurden ihm sogar die Leichen bestimmter Persönlichkeiten zur Verfügung gestellt, von denen Hitler wollte, dass es
nachher so aussähe, als ob diese Personen in dem Gefecht im Son-
dergebäude zu Gleiwitz auf polnischer Seite gefallen wären [...]
Jedenfalls hat es sich um Personen gehandelt, die im nahen Ver-
wandtschaftsverhältnis zu führenden Offizieren des damaligen
OKW standen, die bei Hitler unbeliebt waren [...] Schäfer schilderte mit ironischen Worten, dass natürlich von der SA-Kom-
pagnie, welche praktisch den Krieg ausgelöst habe, niemand mehr
am Leben sei außer ihm selber und noch einem SS-Führer, dessen
Namen mir entfallen ist.«

Nach Beginn des Krieges führte Schäfer einige Wochen eine Einsatzgruppe des SD in Polen an, bevor er die neu eingerichtete Gestapoleitstelle Kattowitz (Katowice) übernahm, in dessen Nähe
später das Vernichtungslager Auschwitz errichtet wurde.[52] Im Oktober 1940 wurde er zum Leiter der Gestapoleitstelle in Köln ernannt, wo er blieb, bis er im Frühjahr 1942 zu einem weiteren mörderischen Einsatz als Leiter der Sicherheitspolizei und des SD in
Serbien abkommandiert wurde. In seiner Zeit in Köln beaufsich-
tigte Schäfer die ersten Deportationen der Kölner Juden ab Oktober 1941; unter seiner Ägide wurden mindestens 3000 Juden in den
sicheren Tod abtransportiert. Obwohl er verheiratet war und drei

Kinder hatte, begann er ein Verhältnis mit einer ebenfalls verheirateten 24-jährigen Schreibkraft in seiner Leitstelle namens Marianne K., die später seine persönliche Sekretärin in Belgrad werden sollte und ihn nach dem Krieg jahrelang bei sich versteckte. Ihr Ehemann, der 1951 dem Kölner Gericht die Details von dem Überfall auf den Sender Gleiwitz 1939 erzählt hatte, sagte außerdem aus, bereits im Dezember 1941, als er für kurze Zeit auf Fronturlaub in seine Heimatstadt Köln zurückgekehrt war, habe seine Frau ihm erzählt, Schäfer habe sie zu einer sexuellen Beziehung mit ihm gezwungen. Er habe zwar versucht, seine Frau von einer Fortsetzung dieses Verhältnisses abzubringen, sei jedoch Schäfer nicht persönlich entgegengetreten, aus Angst, dieser werde ihn in ein Konzentrationslager schicken.[53]

Diese Furcht war keineswegs unbegründet. Schäfer war als Menschenverächter bekannt, der nicht zögerte, seine Untergebenen zu bestrafen. Einer der Männer, die ihm in Belgrad unterstanden hatten, sagte in dem Prozess gegen Schäfer 1952 aus: »Bei uns tauchte das Gerücht auf, Schäfer habe einmal geäußert, der Mensch finge bei ihm erst mit dem Hauptsturmführer an. Schäfer war sehr streng. Wenn einer von den Dienststellenangehörigen die kleinste Verfehlung beging, z. B. Überschreitung der Sperrstunde, dann bestrafte er sofort und auch ziemlich hart [...] Wir Untergebenen machten um Dr. Schäfer einen großen Bogen, wenn er auftauchte. Er war sehr zackig und verlangte eiserne Disziplin.«[54]

Schäfer verbrachte die letzten Kriegsjahre überwiegend in Belgrad. Er war dafür verantwortlich, dass mehrere tausend jugoslawische Juden in das Vernichtungslager Auschwitz deportiert oder in einem serbischen Lager wie Semlin vergast wurden. Im Januar 1945 wurde er ein letztes Mal versetzt und zum Leiter der Sicherheitspolizei und des SD in Triest ernannt. Bei Kriegsende reiste er über die österreichische Grenze nach Klagenfurt und schloss sich einer regulären Wehrmachtseinheit an. Hier gelang es ihm, sich falsche Ausweispapiere auf den Namen »Dr. Schneider« zu beschaffen. Später besorgte er sich erneut falsche Papiere, diesmal unter dem Namen »Dr. Schleiffer«. Nach einem kurzen Aufenthalt in einem US-amerikanischen Kriegsgefangenenlager wurde er im Sommer 1945 entlassen. Da er von der jugoslawischen, der sowjetischen und der polnischen Regierung gesucht wurde, tauchte er, noch immer als Dr. Schleiffer, unter und verbrachte die folgenden Jahre größtenteils in der Kölner Wohnung seiner früheren

Sekretärin und ihres Mannes, bevor er im April 1951 verhaftet wurde.[55]

Die übrigen leitenden Beamten der Kölner Gestapo, Dr. Erich Isselhorst und Franz Sprinz, hatten keine so stürmische Karriere hinter sich wie Emanuel Schäfer, aber gewöhnliche Männer waren sie auch nicht. Isselhorst leitete die Kölner Gestapo von Februar 1936 bis Mitte 1940, Sprinz, der im Februar 1942 Schäfer ablöste, blieb bis Februar 1944 in diesem Amt.[56] Ein Vergleich ihres Werdegangs mit den Laufbahnen von Schäfer und Ludwig Jung zeigt, dass alle vier vieles miteinander gemein hatten.

Ebenso wie Schäfer, Jung und die Leiter der Gestapoleitstellen in anderen deutschen Städten waren Isselhorst und Sprinz junge, begeisterte Nationalsozialisten mit Hochschulabschluss aus Familien der unteren und mittleren Mittelschicht.[57] Isselhorst, geboren am 5. Februar 1906 in St. Avold in Lothringen, war der Sohn eines Feldwebels und späteren Justizinspektors. Sprinz wurde am 9. Februar 1904 als Sohn eines Drogisten in Friedrichshafen am Bodensee geboren. Beide hatten ein juristisches Examen abgelegt, beide traten 1932, noch vor Hitlers Machtergreifung, in die NSDAP ein, und beide gehörten der SA, der SS und dem SD an, bevor sie zur Gestapo kamen.

Nachdem Isselhorst 1931 sein Jurastudium in Köln mit der Promotion abgeschlossen hatte, praktizierte er als Anwalt und spezialisierte sich auf die Verteidigung von NSDAP-Mitgliedern. Im Februar 1935 trat er seine erste Stelle bei der Gestapo in Berlin an. Zwei Monate später zog er nach Erfurt als Leiter der dortigen Gestapo, und weniger als ein Jahr später, kurz vor seinem dreißigsten Geburtstag, ernannte man ihn zum Leiter der Kölner Gestapoleitstelle. Nach vier Jahren in Köln übernahm er die Gestapo in Klagenfurt, später die in München. Von Herbst 1942 bis Sommer 1943 führte er Trupps der Einsatzkommandos, die Juden und andere Zivilisten hinter den Linien der deutschen Wehrmacht an der Ostfront niedermähten. Am 30. Juni 1943 wurde er zum Leiter der Sicherheitspolizei und des SD für den Distrikt Weißruthenien in Minsk ernannt. Im Dezember 1943 schließlich wurde er Leiter der Sicherheitspolizei und des SD in Straßburg. Nach dem Krieg wurde er von den Briten angeklagt, er habe im August 1944 den Befehl gegeben, im Elsass gefangen genommene englische Fallschirmjäger zu erschießen. Er bestritt diesen Vorwurf und behauptete, »dass trotz des Führerbefehls, alle Fallschirmjäger der Alliierten zu töten, er diesen Befehl nur auf Mitglieder der Untergrundbewegung, aber nicht auf reguläre Soldaten bezogen habe«.[58]

Verglichen mit Isselhorst und vielen anderen Gestapoleitern, kam Sprinz spät zur Gestapo – zum Teil, weil er sein Jurastudium erst 1935 beendete. Bevor er 1939 seine erste Stelle bei der Gestapo in Koblenz antrat, hatte er vier Jahre beim SD in Stuttgart, Allenstein und Koblenz gearbeitet. 1941 wurde er stellvertretender Leiter der Dortmunder Gestapo, und kurz vor seinem 38. Geburtstag 1942 übernahm er die Kölner Gestapoleitstelle. Nach zwei Jahren in diesem Amt – während dieser Zeit wurde die Mehrzahl der Juden aus dem Regierungsbezirk Köln deportiert – führte er eine Einsatzgruppe, die in Ungarn und Kroatien operierte. Bei Kriegsende schlug er sich ebenso wie Schäfer nach Klagenfurt durch. Mit Hilfe falscher Personalpapiere, die auf »SS-Unterscharführer Prinz, Zivilberuf: kaufmännischer Angestellter« lauteten, gelang es ihm, aus einem russischen Kriegsgefangenenlager zu entkommen und im Juni 1946 aus einem amerikanischen Kriegsgefangenenlager entlassen zu werden. Da er befürchtete, an Ungarn oder Jugoslawien ausgeliefert zu werden, hielt er sich die nächsten sechs Jahre versteckt, überwiegend in Dortmund. Am 22. November 1952 erließ das Kölner Amtsgericht eine Fahndung nach ihm. Sechs Tage später wurde er festgenommen und kam in Untersuchungshaft, um wegen der Deportation der Kölner Juden vor Gericht gestellt zu werden.

Einfache Gestapobeamte und politische Polizisten auf dem Land

Unter den Leitern der Gestapoleitstellen und -dienststellen arbeitete ein Korps von abgestumpften Gestapobeamten mit weniger eindrucksvollem Werdegang. Zwar verhinderte ihr Mangel an höherer Bildung einen Aufstieg in die oberen Ränge der Gestapo – diese blieben den Männern mit einem Hochschulabschluss vorbehalten –, doch hinderte sie das nicht daran, eine aktive und gelegentlich maßgebliche Rolle bei einigen der unmenschlichsten Operationen des Dritten Reiches zu spielen. Viele folgten dem während des Krieges ergangenen Aufruf, sich für einige Monate von ihrer täglichen Routine befreien zu lassen, bei der sie durch Drohungen, Misshandlungen und andere Formen der Einschüchterung Geständnisse erpressten. Jetzt hatten sie die Möglichkeit, sich direkt am Mordgeschäft zu beteiligen, indem sie Menschen einer »Sonderbehandlung« unterzogen oder Dienst in einer Einsatzgruppe leisteten. Über die so genannte Sonderbehandlung, die häufig in Fällen angewandt wurde, bei denen es um verbotene sexuelle Beziehungen zwischen ausländischen Zwangsarbeitern oder Kriegsgefangenen und deutschen Frauen ging, sagte 1959 ein früherer Düsseldorfer Gestapobeamter namens Erich Preckel in einem Prozess gegen einen ehemaligen Wuppertaler Gestapobeamten: »Der Begriff der Sonderbehandlung stand bereits damals fest. Man hat hierunter immer die Hinrichtung durch den Strang ohne Durchführung eines gerichtlichen Verfahrens verstanden. Ich glaube mit einiger Sicherheit sagen zu können, daß bereits in den Jahren 1940/41 ein Erlaß bestand, der für den Fall des Geschlechtsverkehrs eines polnischen Kriegsgefangenen mit einer Deutschen absolut die Sonderbehandlung vorsah.«[60] Ein berüchtigtes Beispiel für eine solche »Sonderbehandlung« in Köln ereignete sich am 25. Oktober 1944, als elf »Fremdarbeiter« öffentlich vor dem Bahnhof im Arbeiterviertel Köln-Ehrenfeld gehängt wurden. Dem folgte am 10. November ein noch umstrittenerer Fall einer »Sonderbehandlung«: Dreizehn Deutsche, darunter fünf im heranwachsenden Alter, wurden an derselben Stelle gehängt, weil sie mit der Bewegung der »Edelweißpiraten« in Verbindung gestanden hatten. In beiden Fällen wurden die Hinrichtungen von der Kölner Gestapo vorgenommen, ohne dass zuvor ein Gericht eingeschaltet worden wäre.[61]

Solche öffentlichen Demonstrationen der Unmenschlichkeit seitens der Gestapo waren allerdings die Ausnahme; die meisten Fälle einer »Sonderbehandlung« wurden den Blicken der Öffentlichkeit entzogen. Da keine schriftlichen Quellen vorliegen, ist es leider schwierig, genau festzustellen, in welcher Zahl solche »Sonderbehandlungen« vorkamen und welche Beamten mit der Ausführung betraut wurden.[62] Häufig führte die Gestapo keine Akten über »Fremdarbeiter«; sofern sie es dennoch tat, handelte es sich in der Regel um bloße Karteikarten, auf denen manchmal der Buchstabe »L« (für »Liquidierung«) oder »S« (für »Sonderbehandlung«) vermerkt war, wenn man die Betreffenden ermordet hatte. Diese Karteikarten wurden in Köln, Krefeld und anderen Städten offenbar bei Kriegsende oder bald danach vernichtet.[63] Dennoch geht aus einer Ermittlung nach dem Krieg wegen Verbrechen gegen die

Menschlichkeit hervor, dass beispielsweise in Köln allein in den letzten Kriegswochen eine große Zahl von »Fremdarbeitern«, möglicherweise mehrere tausend, einer »Sonderbehandlung« unterzogen wurde. Die Beweismittel deuten auf zwei ehemalige Kölner Gestapobeamte, Kriminalsekretär Josef Dahmen (geboren 1895) und Kriminalsekretär Winand Weitz (geboren 1906), von denen die Operationen organisiert wurden, aber sie wurden nie verurteilt, und das Verfahren gegen sie und mehrere andere wurde schließlich »aus Mangel an Beweisen« eingestellt.[64]

Etwas mehr wissen wir über Gestapobeamte, die in den Einsatzgruppen im Ausland mitgewirkt haben. Wie Gerhard Paul gezeigt hat, ließ sich mindestens ein Viertel der Gestapobeamten in Würzburg während des Krieges eine Zeit lang vom Dienst befreien, um sich an Massenhinrichtungen (der so genannten Partisanenbekämpfung) in Polen und der Sowjetunion zu beteiligen.[65] In Köln und Krefeld war das Bild nicht anders. Zwei Beispiele für gewöhnliche Gestapobeamte, die in regelmäßigen Abständen in den Einsatzgruppen ihren Dienst verrichteten, sind Wilhelm Weber von der Krefelder und Kurt Matschke von der Kölner Gestapo. Weber, der bis 1941 in der Krefelder Gestapo tätig war (in der Hauptsache mit linken Regimegegnern und Juden befasst), führte ein Sonderkommando und erschoss anscheinend persönlich am 10. April 1945 im niederländischen Assen, kurz bevor die Alliierten die Stadt einnahmen, mindestens vierzehn holländische Gefangene.[66] Kurt Matschke, der im vorigen Kapitel bereits im Zusammenhang mit dem Prozess wegen der Deportation der Kölner Juden erwähnt wurde, erhielt 1943 eine Beförderung, weil er von Dezember 1941 bis Februar 1942 eine besonders blutrünstige Einheit der Einsatzgruppen in der Sowjetunion befehligt hatte. Ende 1942 kehrte er nach Deutschland zurück und wurde zur Kölner Gestapo versetzt, wo er die Leitung der Abteilung IIb übernahm, die für die christlichen Kirchen, religiösen Sekten, Freimaurer und »Judenangelegenheiten« zuständig war.[67]

Wenn sich die einfachen Beamten in der Bereitschaft, sich freiwillig an Mordkommandos zu beteiligen, von den höheren Beamten nicht erkennbar unterschieden, was trennte sie dann außer dem niedrigeren Bildungsstand? Einer der offensichtlichsten Faktoren, der sich aus Tab. 2.1 ergibt, war das Eintrittsdatum in die NSDAP, das möglicherweise etwas über die Nähe zu dieser Partei aussagt. Wie aus der Tabelle hervorgeht,[68] in der Informationen über die Herkunft der 19 Männer zusammengestellt sind, die von 1937 bis 1945 in der Krefelder Gestapo tätig waren (in absteigender Folge des Polizeirangs), war der einzige außer Kommissar Jung, der bereits vor Hitlers Machtübernahme NSDAP-Mitglied war, der Leiter des Judenreferats, Richard Schulenburg. Die meisten einfachen Gestapobeamten traten irgendwann nach der Machtübernahme in die Partei ein; für die Mehrzahl der niederen Gestapobeamten in Krefeld war dies das Jahr 1937. Der Grund für diesen relativ späten Eintritt in die NSDAP war jedoch nicht eine mangelnde Sympathie für die Partei: Viele von ihnen waren bereits in der Weimarer Republik Polizeibeamte, und die Zugehörigkeit zur NSDAP war ihnen seit 1930 gesetzlich untersagt. Trotzdem gehörten viele einfache Polizeibeamte rechtsextremen Organisationen wie den Freikorps oder später der SA an.[69] Und auch wenn viele erst 1937 der NSDAP beitraten – als die Aufnahmesperre der Partei gelockert wurde –, signalisierten die meisten doch schon früher ihre Sympathie, indem sie bald nach Hitlers Machtergreifung in eine der zahlreichen NS-Organisationen eintraten.[70]

Kurz nach der Gründung der Gestapo in Preußen durch Gesetz vom 26. April 1933 wurde in Krefeld eine Stapoaußenstelle eingerichtet. Die meisten der dort eingesetzten Beamten hatten früher der Politischen Polizei in der Krefelder Kripo angehört. Etliche dieser Männer hatten bereits die vierzig überschritten wie Richard Schulenburg, Karl Schmitz und Theodor Schommer und blieben bis 1945 in dieser Dienststelle. Vier oder fünf weitere wie Johann Krülls, der einen maßgeblichen Anteil an der Zerschlagung der Organisationen der Krefelder Kommunisten und Sozialisten 1933 und im Frühjahr 1934 hatte, wurden im März 1934 zur Düsseldorfer Gestapoleitstelle versetzt, der die Krefelder Dienststelle unterstand.[71] Noch im selben Jahr wurde die Gestapo Krefeld durch einige jüngere Beamte von der Kripo wie Alfred Effenberg, Gustav Burkert und wahrscheinlich Otto Dihr verstärkt.[72]

Aus ungeklärten Gründen wurde die Gestapodienststelle Krefeld am 1. Dezember 1934 wieder unter ihrer alten Bezeichnung »Politische Polizei« der Kripo Krefeld unterstellt. Die Veränderung war jedoch hauptsächlich kosmetischer Natur, denn als die Gestapodienststelle Krefeld am 1. August 1937 erneut offiziell eingerichtet wurde, ließ sich in den Methoden der Verfolgung politisch Andersdenkender kein Unterschied feststellen. Im August oder kurz darauf stießen auch Herbert Braun, Kurt Joost und Alfred Flei-

Tab. 2.1 Krefelder Gestapobeamte 1937–1945

Name[a]	Position/ Zuständigkeit	Polizei- rang[b]	SS- Rang[c]	Geburts- jahr
Ludwig Jung	Leiter	KK	HSF	1910
Karl Schmitz	Stellv. Leiter/ Sonderbehandl.	KOS	—	1887
Richard Schulenburg	Judenangeleg./ Kirchen, Auswand.	KOS	—	1879
Otto Dihr	Religiöse Sekten SPD/KPD	KOS	?	1902
Herbert Braun	Kirchen/Religiöse Sekten	KS	—	1900
Gustav Burkert	SPD/KPD / Oppositionelle	KS	SSF	1903
Alfred Effenberg	SPD/KPD/ Homosexuelle	KS	SSF	1901
Kurt Joost	Spurensicherung	KS	SSF	1902
Theodor Schommer	Statistik/Schutzhaft	KS	—	1893
Wilhelm Weber[d]	SPD/KPD Judenangelegenheiten	KS	—	1900
Jakob Schmitz[e]	?	KS	?	1891
Alfred Fleischer[f]	?	KOA	Eintritt 1943	1906

Nach 1941 dazugekommen

Name	Position/ Zuständigkeit	Polizei- rang	SS- Rang	Geburts- jahr
Friedrich Fürschbach	Fremdarbeiter	KS	SSF	1899
Karl Homberg	Spionageabwehr/ Nachrichtendienst	KS	SSF	1906
W. Homberg	Fremdarbeiter	KS	—	?
Heinrich Humburg	?	KS	?	1913
Fritz Steglich	Fremdarbeiter	—	OSF	1908
Hubertus Terpoorten	Fremdarbeiter	—	SF	1915
? Nelles	Organisatorische Angelegenheiten	PS	SSF	?

Quelle: In der Hauptsache Akten aus dem Berlin Document Center, SS und NSDAP-Akten, sowie – vor allem in Bezug auf die Gestapobeamten, die nicht in der SS waren – aus den Entnazifizierungs- und Innenministeriums-Akten.
a Nicht in der Tabelle erfasst ist Kommissar Bolle, der die Krefelder Gestapo nur kurz 1937 und 1938 leitete, bis Ludwig Jung ihn ablöste; sonst waren über ihn keine Informationen zu finden. Die aufgeführten Beamten wurden anhand der Geschäftsverteilungspläne der Krefelder Gestapo für 1940 und 1944 sowie eines Studiums der Krefelder Gestapoakten ermittelt.

Geburts-ort	Beruf des Vaters	Parteimit-glied seit	Bildungs-grad	Religion
Darmstadt	Metzgermeister	1930	Universität	gottgläubig
Krefeld	?	1937	Volksschule	gottgläubig
Wiepke/ Gardelegen	?	1927	Volksschule	protestantisch
Kalzig/ Brandenburg	Landwirt	1937	Volksschule	?
Königsberg	?	1933	?	gottgläubig
Neustadt/ O.-Schlesien	Fabrikarbeiter	1937	Volksschule	gottgläubig
Hernsdorf/ Schlesien	Landwirt	1937	Volksschule	protestantisch
Elbing	Metzgermeister	1933	Volksschule	katholisch
Hinsbeck	?	?	?	?
Luisenhof	?	?	?	?
?	?	?	?	?
Remscheid	Filtermeister	1937	Handelsschule	gottgläubig

Mettmann	Bäckermeister	1937	Volksschule	gottgläubig
Gelsen-kirchen	Bergarbeiter	1937	Volksschule	gottgläubig
?	?	?	?	?
Kassel	Lokomotivführer	1933	Abitur	gottgläubig
?	?	?	?	?
?	?	?	?	?

b Vermerkt ist der jeweils höchste erreichte Rang: KK = Kriminalkommissar, KOS = Kriminalobersekretär, KS = Kriminalsekretär, KOA = Kriminaloberassistent, PS = Polizeisekretär.

c Vermerkt ist der jeweils höchste erreichte SS-Rang: HSF = Hauptsturmführer (Hauptmann), SSF = Sturmscharführer (Stabsoberfeldwebel), OSF = Oberscharführer (Feldwebel), SF = Scharführer (Unterfeldwebel).

d Weber verließ die Krefelder Gestapo nach 1941.

e Schmitz verließ die Krefelder Gestapo 1942.

f Fleischer verließ die Krefelder Gestapo irgendwann vor 1944.

scher (ebenfalls frühere Schupo-Beamte zwischen dreißig und vierzig) zur Dienststelle Krefeld.[73] Nachdem Ludwig Jung Anfang 1939 von der Düsseldorfer Gestapoleitstelle hierher versetzt wurde, um den bisherigen Leiter Kommissar Bolle abzulösen, gab es kaum noch personelle Veränderungen. Erst mitten im Krieg wurden drei Beamte – Weber, Jakob Schmitz und Fleischer – abkommandiert und durch sieben neue ersetzt. Wie Tabelle 2.1 zeigt, waren dies zumeist jüngere Männer aus Polizeibehörden anderer Städte, die in Krefeld benötigt wurden, um die Probleme zu lösen, die durch den Einsatz ausländischer Zwangsarbeiter entstanden.[74]

Nach dem Krieg machten viele Gestapobeamte in leitenden ebenso wie in untergeordneten Positionen in Krefeld und Köln vor den Entnazifizierungs-Spruchkammern geltend, sie seien nicht freiwillig zur Gestapo gegangen; sie hätten der Gestapo erst seit der Zeit angehört, als in ihrer Stadt eine offizielle Gestapostelle eingerichtet wurde, und das sei, so behaupteten einige, in Köln erst im April 1937 und in Krefeld erst im August 1937 der Fall gewesen.[75] Die Entnazifizierungs-Spruchkammern stellten schon damals fest, dass diese Behauptungen falsch waren.[76] Die Beamten hatten aus freien Stücken und in der Hoffnung auf eine schnellere Beförderung bei der Gestapo gearbeitet.[77] Ob sich die Polizei als politische Abteilung der Kripo, der Reichspolizei oder der Geheimen Staatspolizei bezeichnete, war unerheblich. Der Name war nur eine bürokratische Frage: Jede dieser Polizeidienststellen erfüllte dieselben Aufgaben und erstattete der Gestapozentrale in Berlin Bericht. Inge Marßolek und René Ott erläutern am Beispiel Bremen, aber mit Blick auf die Verhältnisse in Deutschland insgesamt:

»Die Gestapo als politische Polizei des ›Dritten Reichs‹ und damit als wichtigste Institution zur Verfolgung politischer Gegner wird vielfach fälschlicherweise als eine völlig neugeschaffene, ganz spezifische Institution des NS-Regimes gesehen [...] [Vielfach] handelte es sich [...] jedoch [im konkreten Fall] im wesentlichen um eine Umbenennung einer seit langem bestehenden und in den Monaten seit der ›Machtergreifung‹ bereits weitgehend gleichgeschalteten Polizeidienststelle.«[78]

In der Kleinstadt Bergheim an der Erft wurden wie in den übrigen Städten und Dörfern auf dem Land die Aufgaben der Politischen Polizei von der Ortspolizei, die ihrerseits dem Bürgermeisteramt unterstand, wahrgenommen. Auch ohne offizielle Gestapostelle wurden hier mit derselben Rücksichtslosigkeit Kommunisten gejagt, Geistliche und Mitglieder religiöser Sekten schikaniert, Juden deportiert und Nonkonformisten bestraft. Nur in außergewöhnlichen Fällen wurden Gestapobeamte aus dem nahe gelegenen Köln um Hilfe gebeten. In Bergheim waren zwei Polizeibeamte, Gottfried Schleiden und Wilhelm Servos, während des gesamten Dritten Reichs für die Aufgaben der Politischen Polizei zuständig. Der ranghöhere Schleiden wurde schließlich während des Krieges zum Kriminalobersekretär befördert (höher konnte ein Mann von seinem Bildungsstand in der Polizei nicht aufsteigen) und war der verantwortliche Beamte. Der 1890 in dem Dorf Waat nahe der holländischen Grenze geborene Schleiden war mittelgroß und von kräftigem Körperbau. Er hatte die Volksschule besucht und 1921 einen dreimonatigen Polizeilehrgang in Düsseldorf absolviert. Wie die meisten deutschen Polizeibeamten hatte er mit seiner Entnazifizierung keinerlei Schwierigkeiten. Obwohl seine Personalakte nicht aufzufinden war und er auf dem vorgeschriebenen Fragebogen am 29. Juni 1946 selbst angegeben hatte, er sei seit dem 1. Mai 1933 NSDAP-Mitglied und außerdem Blockwart gewesen, stufte die Spruchkammer ihn schon wenige Wochen später (am 6. August 1946) als »Unbelasteten« ein, so dass er wieder in den aktiven Polizeidienst zurückkehren konnte. Die Spruchkammer folgte seiner Argumentation, sein Eintritt in die NSDAP sei unter Zwang erfolgt, er habe nie der SS oder Gestapo angehört und sei kein »Aktivist« der nationalsozialistischen Bewegung gewesen. Darüber hinaus stellte die Kammer fest, er sei in Bergheim »sehr beliebt«; man sollte allerdings hinzufügen, dass diese Einschätzung nicht von allen Einwohnern geteilt wurde.[79]

Servos hatte in seinem Entnazifizierungsverfahren mehr Probleme. Grauhaarig, glatzköpfig und äußerst schmächtig (1,65 Meter groß, 58 Kilo schwer), trat er am 21. August 1946 vor die Spruchkammer. Der 1892 in Kirchtroisdorf geborene Servos war Polizeimeister. Auch er hatte lediglich die Volksschule besucht und denselben Lehrgang in Düsseldorf besucht wie Schleiden, allerdings 1922, ein Jahr später. Zunächst stufte ihn die Kammer als »Mitläufer« ein, was ihm den Weg zurück in den Polizeidienst versperrte und mit einer Kürzung seiner Pensionsansprüche verbunden war. Die Mitglieder der Spruchkammer sahen in ihm einen »brutalen Nazi«, der bekanntermaßen die Jugendlichen in der Stadt unter

77

Druck gesetzt habe, in die SS einzutreten, und gegen Kriegsende abgeschossene kanadische Piloten gefoltert habe. Doch durch die Fürsprache mehrerer angesehener Bergheimer Bürger, darunter der maßgebliche Geistliche der Stadt, erreichte er, dass die Einstufung wenige Monate später revidiert wurde und er wieder zum Polizeidienst zugelassen wurde.[80]

Die Gemeindepolizisten Schleiden und Servos unterschieden sich demnach in ihrem Werdegang nicht wesentlich von den älteren Gestapobeamten in Krefeld. Sie waren verbeamtete Polizisten mit einfacher Schulbildung und begrenzter polizeilicher Ausbildung. In der Gemeinde, in der sie während des Dritten Reiches Dienst taten, waren sie weder geboren noch aufgewachsen. (Ähnliches galt für Krefeld: Anscheinend war nur Schmitz in Krefeld geboren.) Sie waren nie in die SS eingetreten, und nur die wenigsten, wie Schleiden oder Schulenburg, waren zum frühest möglichen Zeitpunkt Mitglied der NSDAP geworden. Die meisten allerdings blieben dennoch bis zum Schluss überzeugte Nationalsozialisten.

Auch die Biografien der jüngeren Krefelder Gestapobeamten unterscheiden sich nicht allzu sehr von denen ihrer älteren Kollegen, wenn man davon absieht, dass die meisten schließlich in die SS eintraten (auch wenn die Mehrzahl von ihnen damit bis zur zweiten Hälfte der dreißiger Jahre wartete). Ebenso wie ihre älteren Kollegen waren sie zumeist Berufspolizisten (mit Ausnahme von Heinrich Humburg und Hubertus Terpoorten), hatten nur eine begrenzte Polizeiausbildung erhalten und waren zur Krefelder Gestapo versetzt worden, nachdem sie einige Jahre in der Schutzpolizei Dienst getan hatten.[81] Wie aus Tabelle 2.1 hervorgeht, wurde der durchschnittliche Gestapobeamte in Krefeld um die Jahrhundertwende geboren, hatte einen Volksschulabschluss, kam aus einfachen Familienverhältnissen, beantragte etwa Mitte der dreißiger Jahre die Mitgliedschaft in der NSDAP und trat während des Dritten Reiches aus einer der beiden christlichen Kirchen aus, um sich hinfort als »gottgläubig« zu bezeichnen. Neuere Untersuchungen zu den Verhältnissen in anderen Städten zeichnen von den einfachen Gestapobeamten ein ähnliches Bild.[82]

Wenn man sich ihre SS- und NSDAP-Akten ansieht, die Fotografien enthalten, für die sie sich in Pose gesetzt haben, liest man ihre ausführlichen handschriftlichen Lebensläufe, die sie Ende der dreißiger Jahre verfassten, ihre Berichte und Stellungnahmen zu den von ihnen ermittelten Fällen während der NS-Zeit sowie ihre Entnazifizierungs-, Innenministeriums- und Prozessakten aus der Zeit nach 1945, gewinnt man eine gewisse Vorstellung von diesen Männern, auch wenn vieles natürlich der Spekulation überlassen bleibt. Die meisten hatten eine sportliche Figur (fast alle hatten mindestens ein Sportabzeichen erworben oder sonstige sportliche Auszeichnungen erhalten), waren durchschnittlich groß und hatten regelmäßige Gesichtszüge. Obwohl sie wie die überwiegende Mehrheit der damaligen Deutschen nur Volksschulbildung hatten, dürfte ihre Intelligenz leicht über dem Durchschnitt gelegen haben. (Sie mussten einigermaßen sicher in der deutschen Grammatik und Rechtschreibung sein; ihre handgeschriebenen Lebensläufe und ihre Stellungnahmen enthielten nur wenige Fehler.) Da die meisten von ihnen bereits in der Weimarer Republik lange Jahre im Polizeidienst tätig waren, handelte es sich um Männer, die zwar einen Hang zur Gewalttätigkeit haben mochten, aber von der Notwendigkeit von Recht und Gesetz überzeugt waren. Das Problem war nur, dass sie bereit waren, jegliche Vorschrift und jegliches Gesetz, und seien sie noch so verbrecherisch, in die Tat umzusetzen.

Daneben waren sie Karrieristen, die von sich aus zur Gestapo wollten und bereit waren, alles zu tun, was notwendig war, um auf der Karriereleiter nach oben zu kommen: in die Partei und andere NS-Organisationen einzutreten, aus der Kirche auszutreten (die meisten traten nach 1945 wieder ein) und sich an »Sonderbehandlungen« und Operationen der Einsatzgruppen zu beteiligen, wenn sie dazu abkommandiert wurden. Sie genossen offenbar die Macht, die sie über andere Menschen hatten (denen sie je nach Lust und Laune Tritte versetzen oder eine Gunst erweisen konnten), und profitierten von den Beförderungen und dem Prestige, die mit dem Dienst in der Gestapo verbunden waren. Viele schienen sich ihrer Bildung, ihrer Herkunft oder ihrer Angehörigen zu schämen,[83] und viele litten unter dem frühzeitigen Verlust einer wichtigen Frauenfigur – der Ehefrau, der Mutter oder der Großmutter.[84] Alles in allem waren sie harte und manchmal brutale deutsche Polizisten, die wahrscheinlich jedem Regime, unabhängig von dessen Ideologie, gedient hätten, auch wenn ihre politischen Sympathien mit Sicherheit der Rechten gehörten.

Die Leiter der Judenreferate in der Gestapo

Wenn man sich den Männern zuwendet, die in Köln und Krefeld das Judenreferat unter sich hatten, fühlt man sich an das Porträt erinnert, das Hannah Arendt von Adolf Eichmann während seines Prozesses 1961 in Jerusalem gezeichnet hat. Es erschien damals in fünf Fortsetzungen in der Zeitschrift *The New Yorker* und später als ebenso berühmtes wie umstrittenes Buch: *Eichmann in Jerusalem. Ein Bericht von der Banalität des Bösen*.[85] Am 11. Mai 1960 in Buenos Aires gekidnappt, neun Tage später nach Israel ausgeflogen und am 11. April 1961 vor Gericht gestellt, erwies sich dieser Mann, der von seinem Büro im Berliner Reichssicherheitshauptamt aus die Vernichtung der europäischen Juden geplant und organisiert hatte, für viele als eine große Enttäuschung. Man hatte erwartet, auf der Anklagebank dem personifizierten Bösen zu begegnen; stattdessen hatte man einen fast Mitleid erregenden, Ausflüchte suchenden Mann von Mitte fünfzig vor sich.

Eichmann, den ein halbes Dutzend Psychiater für »normal« befunden hatte – »normaler jedenfalls, als ich es bin, nachdem ich ihn untersucht habe«, soll einer von ihnen gesagt haben[86] –, hatte nicht einmal ein Gefühl für seine unermessliche Schuld. Während des gesamten Prozesses beteuerte er seine Unschuld: »Ich hatte mit der Tötung der Juden nichts zu tun. Ich habe niemals einen Juden getötet, aber ich habe auch keinen Nichtjuden getötet – ich habe überhaupt keinen Menschen getötet.« Er sei nicht nur unschuldig, er empfinde auch keinen Hass gegen Juden, behauptete er; er habe einmal eine jüdische Geliebte gehabt, obwohl er damit eine schwere Bestrafung wegen »Rassenschande« in Kauf genommen habe, und er sei sogar vielen einzelnen Juden behilflich gewesen, dem Tod zu entrinnen. »Von Haus aus kannte ich keinen Hass gegen Juden, denn die ganze Erziehung durch meine Mutter und meinen Vater war streng christlich, und meine Mutter hatte durch ihre z.T. jüdische Verwandtschaft eben hier andere Vorstellungen, wie sie an sich landläufig in SS-Kreisen üblich gewesen waren [...] Ich sagte es Dr. Löwenherz [Leiter der jüdischen Gemeinde Wien] genau wie Dr. Kastner [Vizepräsident der zionistischen Organisation in Budapest], ich sagte es, glaub' ich, jedem, jeder hat's einmal gehört, meine Männer wußten es.«[87] Der Führerbefehl der »physischen Ausrottung der Juden« und die ihm dabei zugedachte Rolle seien für ihn völlig überraschend gekommen. Wörtlich sagte er: »An so eine Gewaltlösung hatte ich selbst nie gedacht gehabt [...] Damit schwand auch bei mir alles, alle Arbeit, alle Bemühungen, alles Interesse; da war ich gewissermaßen ausgeblasen.«[88]

Vielleicht hat Eichmann damals tatsächlich so empfunden, vielleicht auch nicht; jedenfalls führte er gewissenhaft alles aus, was er als seine Pflicht ansah. »Was die niedrigen Motive betraf«, schrieb Hannah Arendt, »so war er sich ganz sicher, daß er nicht seinem ›inneren Schweinehunde‹ gefolgt war; und er besann sich ganz genau darauf, daß ihm nur eins ein schlechtes Gewissen bereitet hätte: wenn er den Befehlen nicht nachgekommen wäre und Millionen von Männern, Frauen und Kindern nicht mit unermüdlichem Eifer und peinlichster Sorgfalt in den Tod transportiert hätte.« Am Ende ihres Buches gelangt Arendt zu dem Schluss:

»Das Beunruhigende an der Person Eichmann war doch gerade, daß er war wie viele und daß diese vielen weder pervers noch sadistisch, sondern schrecklich und erschreckend normal waren und sind. Vom Standpunkt unserer Rechtsinstitutionen und an unseren moralischen Urteilsmaßstäben gemessen, war diese Normalität viel erschreckender als all die Greuel zusammengenommen, denn sie implizierte, [...] daß dieser neue Verbrechertypus, der nun wirklich *hostis generis humani* [der Feind des Menschengeschlechts; Anm. d. Ü.] ist, unter Bedingungen handelt, die es ihm beinahe unmöglich machen, sich seiner Untaten bewußt zu werden.«[89]

Zwei Tage, bevor das Todesurteil am Freitag, dem 15. Dezember 1961, um neun Uhr morgens verkündet wurde, gab Eichmann seine letzte Erklärung ab. Er sagte dem Gericht noch einmal, »er habe nie ›zu den Fanatikern der Judenverfolgung gehört‹ [...] sein ›Wille war nicht, Menschen umzubringen‹. Seine Schuld war sein Gehorsam, und Gehorsam werde doch als Tugend gepriesen. Seine Tugend sei von den Regierenden mißbraucht worden. Aber er hätte nicht zu der ›Führungsschicht‹ gehört, er sei vielmehr ihr Opfer, und Bestrafung verdienten nur die Führer.«[90] Das israelische Gericht akzeptierte diese Argumentation nicht, auch nicht seine Einsprüche, die er in den Monaten danach einlegte. Am Donnerstag, dem 31. Mai 1962, wurde Eichmann kurz vor Mitternacht gehängt.

Richard Schulenburg von der Krefelder und Karl Löffler von

der Kölner Gestapo, die jeweils in ihren Ämtern für »Judenangelegenheiten« zuständig waren, erwartete ein ganz anderes Schicksal. Man könnte behaupten, ihre Schuld sei größer gewesen als die Eichmanns, selbst wenn die Zahl der Opfer, für die sie verantwortlich waren, kleiner war. Eichmann hatte seine Befehle aus großer Entfernung zum Vernichtungsprozess ausgeführt. Als echter »Schreibtischtäter« kam er nur selten mit seinen Opfern in Berührung. Doch Schulenburg, Löffler und die übrigen Leiter der Gestapo-Judenreferate in ganz Deutschland hatten täglich Kontakt zu den Menschen, die sie schließlich in den Tod schickten. So schreibt Dieter Hangebruch etwa über Schulenburg, dieser sei »für die Krefelder Juden der Repräsentant des NS-Staates gewesen. Alle organisatorischen Dinge, Verfügungen, Bekanntmachungen teilte Schulenburg der jüdischen Gemeinde oder den betreffenden Personen durch Vorladung in die Dienststelle oder telefonisch mit.«[91]

In den Vorkriegsjahren hatten Schulenburg und Löffler täglich mit einzelnen Juden zu tun, um die Formalitäten für eine Emigration abzuwickeln oder Beschwerden über sie nachzugehen. Während des Krieges befanden sie sich in ständigem Kontakt mit den jüdischen Gemeindevorstehern, um die Selektionen vorzunehmen und die Einzelheiten der »Evakuierungen« festzulegen. Wie mir der Sohn des früheren Vorstehers der jüdischen Gemeinde in Nürnberg in einem Interview erzählte, durften die Gemeindevorsteher sogar im Unterschied zu allen übrigen Juden ihre privaten Telefonanschlüsse behalten, weil sie sich oft mehrmals am Tag mit dem Leiter des Judenreferats in der Gestapostelle verständigen mussten.[92] Aber Schulenburgs und Löfflers Kontakte zu Juden beschränkten sich auch damals nicht auf die Gemeindevorsteher. Vor allem zwischen Oktober 1941 und Juli 1942, als der größte Teil der Juden aus dem Rheinland deportiert wurde, sprachen sie mit den Oberhäuptern der Familien kurz vor deren »Evakuierung«, um sicherzustellen, dass sie kein Eigentum zurückbehalten hatten, ließen diese eine entsprechende Erklärung unterschreiben und warnten sie, sie müssten »mit schärfsten staatspolizeilichen Maßnahmen rechnen«, wenn die Erklärung falsch sei.[93] Und sie machten sich die Hände noch schmutziger. Stets waren sie an den Sammelstellen und den Bahnhöfen zur Stelle, wenn Juden abtransportiert wurden.[94] Manchmal holten sie diese auch direkt aus den Wohnungen und brachten sie persönlich zum Zug. Die überlebende Tochter einer Krefelder Jüdin schilderte mir, wie Schulenburg im September 1944 ihre damals 64-jährige Mutter auf der Längsstange seines Fahrrads von Anrath zum Sammelpunkt nach Krefeld fuhr, von wo aus sie und ihre Mutter in das Konzentrationslager Theresienstadt deportiert wurden.[95] Ein andermal sprang der sportliche Schulenburg von einer fahrenden Straßenbahn ab, um einen 41-jährigen Juden quer durch die Stadt zu verfolgen. Der Mann, der ironischerweise in Auschwitz geboren war, hatte erfahren, dass er von seinem Wohnsitz Berlin deportiert werden sollte (wahrscheinlich nach Auschwitz), und wollte über Krefeld nach Holland fliehen. Schulenburg war ihm »behilflich«, an seinen Geburtsort zurückzukehren.[96]

Trotz ihrer größeren räumlichen Nähe zu den jüdischen Opfern hatten Schulenburg und Löffler mit Eichmann, wie wir auch später noch sehen werden, vieles gemeinsam. Aber waren sie so »normale« Männer, wie Eichmann es für Hannah Arendt war? War Eichmann überhaupt »normal«?

Zweifellos war Adolf Eichmann in vieler Hinsicht ganz gewöhnlich. Er wurde am 19. März 1906 in Solingen als ältestes von fünf Kindern einer bürgerlichen Familie geboren. Zum Zeitpunkt seiner Geburt war sein Vater Buchhalter bei der Straßenbahn- und Elektrizitätsgesellschaft in Solingen. 1913, als Adolf sieben Jahre alt war, wurde sein Vater nach Linz in Österreich versetzt und zum Direktor der neu errichteten Filiale seiner Gesellschaft befördert. Drei Jahre später starb Adolfs Mutter. In der Schule zeigte er mäßige Leistungen und verließ sowohl die Realschule als auch das Polytechnikum ohne Abschluss. Schließlich kündigte der Vater bei der Straßenbahn- und Elektrizitätsgesellschaft und machte sich selbstständig: Er erwarb ein kleines Bergwerksunternehmen und verschaffte dort seinem ältesten Sohn die erste Arbeitsstelle. Bald darauf war der Vater ihm behilflich, eine bessere Stellung in der Verkaufsabteilung eines Elektrizitätsunternehmens zu finden. Eichmann blieb dort zwei Jahre, bis er 1927 zur Vacuum Oil Company AG in Wien wechselte. Hier arbeitete er fünfeinhalb Jahre als Handelsvertreter, bis er Pfingsten 1933 entlassen wurde. Ein Jahr zuvor war er in die NSDAP Österreichs eingetreten und mit Ermutigung eines Freundes der Familie namens Ernst Kaltenbrunner aus Linz (des späteren Chefs des RSHA und Nachfolgers Heydrichs) bald auch in die SS. Nach dem Verlust seines Arbeitsplatzes 1933 ging er zurück nach Deutschland und diente 14 Monate in zwei bayerischen SS-Lagern. Zu dieser Zeit war er lediglich SS-Scharführer. Im Herbst 1934 kam er zum SD und ins RSHA in Berlin, und von da an ging es mit seiner Karriere steil bergauf. Nach vier bis fünf Monaten Tätigkeit in einer Abteilung, die für das Freimaurerwesen zuständig war, wechselte er in eine neu eingerichtete Abteilung für »Judenfragen«, deren Leitung er schließlich übernahm. Er wurde mehrfach in der SS befördert, bis zum Rang eines SS-Obersturmbannführers.[97]

Arendt schildert Eichmann als eine Art Vereinsmeier. Als Jugendlicher war er Mitglied im Christlichen Verein Junger Männer (CVJM) und anschließend der Wandervögel, als Realschüler war er in den »Jungfrontkämpferverband« eingetreten, die Jugendgruppe der »Deutsch-Österreichischen Frontkämpfervereinigung« (»leidenschaftlich prodeutsch und antirepublikanisch«). Als Kaltenbrunner ihn bei der SS einführte, stand Eichmann kurz davor, sich den Freimaurern anzuschließen. Als der Krieg zu Ende und Deutschland besiegt war, hieß das für Eichmann, wie er selbst sagte, dass er »nunmehr ein führerloses und schweres Eigenleben zu führen habe, daß ich mir an keiner Stelle irgendwelche Richtlinien geben lassen konnte, daß von keiner Seite Befehle und Weisungen kamen, keinerlei einschlägige Verordnungen heranzuziehen waren – kurz, ein bisher nicht gekanntes Leben sich auftat«.[98]

In vielerlei Hinsicht waren Schulenburg, Löffler und andere Gestapobeamte in vergleichbaren Positionen »normaler« als Eichmann. Doch auch hier müssen wir uns fragen: Was bedeutet eigentlich »normal«? Wenn Normalsein bedeutet, nicht psychotisch und fähig zu sein, eine Arbeitsstelle zu finden und zu behalten und sich mit anderen Menschen auszutauschen, dann waren sie tatsächlich sehr normal. Soziale Fähigkeiten waren für diese Männer überaus wichtig. Hätten sie sich nicht für die Polizei entschieden, dann wären sie vielleicht erfolgreichere Handelsreisende gewesen als Eichmann, und tatsächlich verbrachte Löffler die letzten Jahre seines Berufslebens als Vertreter für eine Kölner Brauerei.[99] Sie mussten den deutschen und in gewissem Sinn auch den jüdischen Gemeinden das nationalsozialistische Programm zur Enteignung und Vernichtung der Juden »verkaufen« und beide Seiten ruhig halten, während die Mordmaschinerie immer schneller lief. Eine Jüdin, die im Januar 1940 von Schulenberg persönlich vernommen wurde, nachdem eine frühere Klassenkameradin sie wegen eines intimen Verhältnisses mit einem Soldaten denunziert hatte, und die Schulenburg später wieder begegnete, als er im September 1944 ihre Mutter auf dem Fahrrad zum Deportationszug brachte, schilderte ihn als einen »jovialen« Menschen: »Man konnte ihn sich leicht am Stammtisch vorstellen.«[100] Der Sohn eines früheren jüdischen Gemeindevorstehers in Nürnberg während der NS-Zeit bezeichnete Schulenburgs dortigen Amtskollegen als herzlich und freundlich.[101]

Doch diese Männer waren nicht »normal«, wenn damit für die deutsche Bevölkerung typische Menschen gemeint sind. In mancher Hinsicht waren sie nicht einmal normale Gestapobeamte. Sie waren ein bestimmter Menschenschlag – jenseits der vierzig, ruhig und nach außen hin freundlich, aber loyale Nationalsozialisten und fanatische Antisemiten –, die von den Machthabern zynisch für ihr wichtigstes Projekt ausgesucht wurden.

Schulenburg und Löffler spielten bei der Verfolgung der Juden die Rolle des »Freundes und Helfers«. Die Gestapo brauchte zuverlässige, geduldige Beamte mit starken Bindungen an die Gemeinden, in denen sie Dienst taten, um das Programm der Enteignung und Vernichtung der Juden zu koordinieren. Unzählige Formulare waren auszufüllen. Verschwiegenheit war oberstes Gebot. Den Juden wie den Nichtjuden in Deutschland musste versichert werden, dass unter den obwaltenden Umständen das Beste für alle Beteiligten getan werde, dass die Gesetze peinlich genau befolgt würden, während den Juden nach und nach ihre Rechte, ihr Eigentum und schließlich das Leben genommen wurde. Das war kein Auftrag für junge Hitzköpfe, auch wenn solche Männer gelegentlich gebraucht wurden, um die Rolle des »bösen Polizisten« zu spielen.[102] In der Regel zog die Gestapo es jedoch vor, die Verfolgungsmaßnahmen ohne Aufsehen durchzusetzen. Wie ein Kölner Jude es ausdrückte – der im Herbst 1938 nach Polen deportiert wurde und fast seine gesamte Familie durch den Holocaust verlor –, kam die Gestapo, als sie ihn und seinen Vater abholte, »auf leisen Sohlen«.[103]

Schulenburg, geboren am 3. April 1879, und Löffler, geboren am 8. Januar 1888, waren wesentlich älter als die meisten Gestapobeamten. Schulenburg stammte aus einer Kleinstadt in der Nähe von Magdeburg, Löffler aus Erfurt, und beide hatten lediglich die Volksschule besucht. Schulenburg wuchs protestantisch, Löffler katholisch auf. Keiner trat in den dreißiger Jahren aus seiner Kirche aus, wie viele andere Gestapobeamte es getan haben. Löffler verließ dann allerdings 1941 die Kirche, und Schulenburgs religiöse

Überzeugungen waren ebenfalls fragwürdig, wie sich an seiner Mitgliedschaft in der NS-freundlichen Bewegung Deutscher Christen zeigte. Beide hielten ihre Kirchenzugehörigkeit vermutlich deshalb so lange aufrecht, weil sie den Schein wahren wollten. Schließlich waren sie bis 1941 auch für die Kirchen zuständig.[104]

Außer den Angaben zu seinem Geburtsdatum, seiner Religionszugehörigkeit und Schulbildung ist über Schulenburgs Lebenslauf vor 1907, als er im Rang eines Polizeisergeanten in die Krefelder Schutzpolizei eintrat, nichts bekannt. (Allerdings musste er nach den polizeilichen Dienstvorschriften im Kaiserreich mindestens fünf Jahre im Heer gedient und den Rang eines Feldwebels erreicht haben, bevor er zur Polizei gehen konnte).[105] Möglicherweise war er aber nicht besonders stolz darauf, wie er aufgewachsen war, denn im Unterschied zu den meisten übrigen Polizeibeamten erwähnte er in den erhalten gebliebenen ausführlichen Angaben zu seiner Person an keiner Stelle seine Eltern. Löffler hingegen hatte ganz offensichtlich eine schwierige Jugend. Als er zehn Jahre alt war, starb seine Mutter. Drei Jahre später starb auch sein Vater, der Möbeltischler von Beruf war. Danach kam er in ein katholisches Waisenhaus, beendete im Jahr darauf, 1902, die katholische Volksschule und ging in den folgenden Jahren bei einem Möbelschreiner in die Lehre. Ab 1908 absolvierte er eine fünfjährige Dienstzeit beim Militär, das er im Rang eines Feldwebels verließ. Unmittelbar darauf trat der in den Kölner Polizeidienst ein. 1918 wurde er zur Kölner Kripo befördert, wo er bis 1933 blieb. Aus Schulenburgs Akten geht hervor, dass auch er zu Beginn der Weimarer Republik 1919 zur Kripo befördert wurde. Bis 1933 waren beide bei der Politischen Polizei tätig, die damals noch zur Kriminalpolizei gehörte. Sobald in ihren jeweiligen Städten die Gestapoleitstellen die Funktionen der politischen Polizei übernahmen, wurden sie Gestapobeamte.

Ebenso wie Eichmann hatten auch Schulenburg und Löffler eine Vorliebe für Vereine, und beide bekundeten frühzeitig ihre Sympathie für den Nationalsozialismus. In seinem Entnazifizierungs-Fragebogen nannte Schulenburg stolz den 1. Juni 1922 als das Datum, an dem er dem angesehenen Krefelder Gardeverein 1861 beigetreten war, einer Organisation von Kriegsveteranen, die viele der maßgeblichen Bürger der Stadt zu ihren Mitgliedern zählte. Außerdem war er während der Weimarer Republik Mitglied der Antisemitischen Partei, obwohl er in seinem Entnazifizierungs-Fragebogen nur seine Mitgliedschaft in der DDP von 1919 bis 1923 erwähnte, bevor er 1927 – als zwanzigstes Mitglied – in die Krefelder NSDAP eintrat.[106] 1912 war Schulenburg außerdem in den Verein Sachsen-Thüringen eingetreten (und 1926 zum Kassenwart gewählt worden), wurde 1934 Beisitzer am Kreisparteigericht[107] und gehörte dem Reichskolonialbund, dem Reichsbund der Deutschen Beamten (RDB), der NS-Volkswohlfahrt (NSV) und der Bewegung Deutscher Christen an.

Den erhalten gebliebenen Unterlagen über Löffler lässt sich entnehmen, dass er ebenfalls mehreren NS-Organisationen angehörte, darunter dem RDB, der NSV und dem Reichslehrerbund (RLB). In die NSDAP trat er erst 1937 ein, als es verhältnismäßig einfach war, in die Partei aufgenommen zu werden, und zahlreiche Gestapobeamte die Mitgliedschaft beantragten,[108] doch seine ausgeprägten Sympathien für die NS-Bewegung zeigten sich schon 1935, als er »förderndes Mitglied« der SS wurde. Allerdings wurden weder er noch Schulenburg in einen SS-Rang erhoben, und Löffler ließ seine fördernde Mitgliedschaft in der SS 1938 erlöschen. Auch wenn mehrere ältere Gestapobeamte in Köln, Krefeld und anderswo nie der SS angehörten,[109] achtete die Gestapo möglicherweise bewusst darauf, dass die Leiter ihrer Judenreferate keine SS-Uniform trugen. Zwar gibt es keine offiziellen Dokumente dazu, aber auch in anderen Städten wie Nürnberg, München-Gladbach und Dresden wurden die Judenreferate von älteren Beamten vom Schlage eines Schulenburg oder Löffler geleitet, die nicht zur SS gehörten.[110] Überlebende Juden aus Krefeld haben bestätigt, dass Schulenburg im Gegensatz zu den meisten übrigen Gestapobeamten, die in schwarzer SS-Uniform zum Dienst erschienen, seine Vernehmungen stets in Zivilkleidung durchführte.[111] Anders als Schulenburg, der das Judenreferat in Krefeld ohne Unterbrechung bis Kriegsende leitete, hat Löfflers Gewissen möglicherweise doch geschlagen. Ein Brief seines Arztes vom Juni 1948 in seiner Entnazifizierungsakte bestätigt, dass Löffler auf Grund einer Herzerkrankung vor Ende September, als Löffler nach Brüssel versetzt wurde, acht Wochen in ärztlicher Behandlung war. Obwohl seine gesundheitlichen Probleme aufgetreten waren, kurz nachdem das Gros der Kölner Juden deportiert worden war, brachte Löffler sie nicht mit Besorgnis über das Schicksal der Deportierten in Verbindung:

»Das Arbeiten auf politischem Gebiet war mir stets verhaßt. Ich versuchte daher auch von vornherein da ausgleichend zu wirken, wenn die Gemüter oftmals zu stark aufeinanderprallten. Angeordnete Maßnahmen gegen Andersdenkende habe ich in den meisten Fällen nicht ausgeführt oder meine Berichte derart abgeschwächt, so, daß Menschen ungeschoren blieben. Wiederholt war ich im Laufe der Zeit leider vergeblich bemüht, meine Rückkommandierung zur Kriminalpolizei zu erreichen [...] Wenn mir das nicht gelungen ist, so habe ich trotzdem heute die Genugtuung, daß ich durch mein passives Wirken vielen Menschen das Los erleichtern, in manchen Fällen sogar das Leben retten konnte [...] So habe ich auch durch wiederholtes Krankmelden, zuletzt noch im Jahre 1942, als ich fast 8 Wochen in ärztlicher Behandlung war, versucht, auf diesem Wege von der Dienststelle loszukommen. Stattdessen kommandierte man mich nach Brüssel ab.«[112]

Löffler nahm seine gewohnte Tätigkeit wieder auf, als er im Juli 1944 nach Köln zurückkehrte, und diente dem NS-Regime ebenso wie Schulenburg loyal bis zum Kriegsende. Nach dem Krieg klammerten sich Löffler, Schulenburg und andere Gestapobeamte an die Fiktion, sie hätten keine Kenntnis davon gehabt, was mit den Juden, für deren Deportation sie gesorgt hatten, passieren würde. Löfflers Aussage während einer Vernehmung am 18. August 1948 in Bielefeld ist hierfür beispielhaft:

»Die Juden wurden im Laufe der Jahre nach der Machtübernahme durch den Nationalsozialismus immer mehr in ihren Rechten und in ihrer Bewegungsfreiheit gehemmt [...] Letzten Endes wurden die Juden zwangsweise alle durch die Gestapo nach dem Osten angesiedelt. Aus dem Kölner Bezirk kamen sie nach Litzmannstadt, wie ich hörte. Was danach weiter mit den Juden geschehen ist, entzieht sich meiner Kenntnis. Das habe ich erst nach dem Krieg erfahren.«[113]

In seinem Entnazifizierungsverfahren im Dezember 1948 stellte Schulenburg ähnliche Behauptungen auf. Obwohl die Krefelder Spruchkammer sie für »unglaubwürdig« hielt,[114] wurden weder Schulenburg noch Löffer jemals wegen ihrer Beteiligung am Massenmord an den deutschen Juden zur Rechenschaft gezogen. Erst

1965, als Schulenburg bereits drei Jahre tot war, kam ans Licht, dass er tatsächlich gewusst hatte, welches Schicksal die Juden erwartete. Nach der Aussage eines jüdischen Überlebenden, den Schulenburg am 13. Januar 1944 persönlich zu den Deportationszügen begleitet hatte, knöpfte Schulenburg dem Mann das Geld, das dieser für die Fahrt bei sich hatte, ab und bemerkte achselzuckend:»In diesem Leben brauchst du kein Geld mehr.«[115]

Trotz ihrer Zivilkleidung und ihres gemäßigteren Auftretens waren die Leiter der Judenreferate in den Gestapoleitstellen wie Richard Schulenburg in Krefeld und Karl Löffler in Köln kaum freundlicher als die jüngeren, offensichtlich brutalen Beamten, die ihnen unterstellt waren, oder die studierten NS-Fanatiker, die ihre Vorgesetzten waren. Es mag sein, dass ihnen ihre Tätigkeit nicht gerade Spaß gemacht hat, aber sie führten sie getreulich bis zum bitteren Ende aus. Eichmann hatte dasselbe getan. Aber er wurde dafür zur Rechenschaft gezogen.

Zusammenfassung

Die neuere Forschung hat viel dazu beigetragen, die Gestapo zu entmythologisieren[116], indem sie vor allem deren geringe personelle und finanzielle Ausstattung hervorhob sowie die Tatsache, dass die Gestapo sich bei der Informationsbeschaffung auf die Mitarbeit der Bevölkerung verlassen musste. Über die einzelnen Gestapobeamten ist allerdings vergleichsweise wenig bekannt. Die wenigen Studien, die sich diesem Thema zugewandt haben, konzentrieren sich entweder auf die Gestapoführung in Berlin oder bieten nur beschränkte, in der Hauptsache statistische Informationen über den Werdegang einzelner Beamter in anderen Städten.[117]

Ich habe in diesem Kapitel behauptet, dass es in den städtischen Gestapostellen mindestens drei verschiedene Typen von Gestapobeamten gab: leitende Beamte, einfache Beamte (der Begriff»Gestapoagenten« wurde weitgehend vermieden, weil mit ihm mehr verdeckte Aktivitäten assoziiert werden, als tatsächlich stattgefunden haben) und die Leiter der jeweiligen Jugenreferate. Die leitenden Beamten waren jung und hatten alle einen Hochschulabschluss. Unter ihnen befand sich ein hoher Anteil promovierter Juristen. Die meisten waren in erster Linie überzeugte Nationalsozialisten (sie hatten sich frühzeitig der NSDAP und ihren verschiedenen Schlägerorganisationen angeschlossen) und erst in zweiter Linie Polizisten, und die meisten hatten eine spezielle Schulung in Partei- oder SS-Einrichtungen durchlaufen, bevor sie die Leitung einer Gestapostelle übernahmen. In der Regel wurden sie nach wenigen Dienstjahren in eine andere Stadt versetzt (Ludwig Jung in Krefeld bildete in dieser Hinsicht eine Ausnahme). Während des Krieges nahmen viele von ihnen für einige Monate an den Mordaktionen der Einsatzgruppen an der Ostfront teil.

Ebenso wie die leitenden Beamten waren die meisten der einfachen Gestapobeamten relativ junge Männer, die irgendwann nach 1900 geboren wurden, auch wenn es in jeder Gestapostelle auch einige ältere Beamte gab. Mit einigen wenigen Ausnahmen waren diese Männer bereits im Polizeidienst, bevor sie in die NSDAP oder in die SS eintraten, und einige waren zu keiner Zeit Mitglied in der SS. Nach dem Abschluss der Volksschule und gewissen militärischen oder paramilitärischen Erfahrungen schlugen die meisten von ihnen noch im Kaiserreich oder in der Weimarer Republik eine Laufbahn bei der Schutzpolizei oder der Kriminalpolizei ein, bevor sie im Dritten Reich zur Gestapo versetzt wurden (worin die meisten eine Beförderung sahen). Nur wenige von ihnen hatten so etwas wie eine geheimpolizeiliche Ausbildung.

Über die Leiter der Judenreferate dürfte bislang am wenigsten bekannt sein, da diese Männer noch nie näher untersucht worden sind.[118] Da man über ihr Profil vermutlich am ehesten debattieren wird, habe ich versucht zu zeigen, dass die Leiter der Gestapo-Judenreferate in Köln und Krefeld, Karl Löffler und Richard Schulenburg, keineswegs untypisch für die Leiter der Judenreferate in anderen Städten waren. In den drei anderen Städten, die ich zu Vergleichszwecken untersucht habe, München-Gladbach (heute Mönchengladbach), Nürnberg und Dresden, unterschieden sich die Leiter der Judenreferate nicht wesentlich von ihren Amtskollegen in Köln und Krefeld. Es entsprach möglicherweise einer bewussten Strategie der Gestapo, zumindest in diesen Städten, für diese besondere Aufgabe Männer auszuwählen, die einen besonders respektablen und friedfertigen Eindruck machten, weil die jüdische wie die nichtjüdische Bevölkerung trotz der Enteignungen und Deportationen nicht ihr Vertrauen in die Polizei verlieren und unruhig werden durfte. Die Leiter der Judenreferate waren ältere Männer, die seit langem im Polizeidienst standen und weitaus stärker in der Gemeinde ihrer Arbeitsstelle verwurzelt waren als ihre unmittelbaren Vorgesetzten oder ihre jüngeren Dienstkollegen. In den örtlichen Reservisten- und anderen geselligen Vereinen aktiv, unterhielten sie enge Kontakte zu den maßgeblichen politischen und religiösen Kreisen der Stadt. Sie führten ihre Vernehmungen in Zivil durch, waren nie in der SS und machten auf einige der Juden, mit denen sie zu tun hatten, sogar einen »jovialen« Eindruck. Doch dieser äußere Anschein war eine zynische Masche der Gestapo: Diese Männer waren durch und durch Antisemiten und der nationalsozialistischen Sache ebenso verpflichtet wie die leitenden und die einfachen Beamten. Schulenburg, in Krefeld einer der ersten, der 1927 der zu diesem Zeitpunkt erklärtermaßen antisemitischen NSDAP beitrat, hatte zuvor die Antisemitische Partei unterstützt. Über Löffler sagte einer seiner Kölner Kollegen im Kölner Deportations-Prozess nach dem Krieg, dieser sei »allgemein als ein großer Judenhasser bekannt« gewesen.[119]

Eine Verurteilung der Gestapobeamten ist in den letzten Jahren aus der Mode gekommen. Fast auf einer Linie mit Hannah Arendts Sicht auf Adolf Eichmann und ihrem geflügelten Wort von der »Banalität des Bösen« behaupten manche Historiker heute, die Gestapobeamten seien lediglich »gewöhnliche« Männer gewesen, die man in eine abnorme Zwangslage versetzt habe, in der sie nur noch das hätten tun können, was andere normale Individuen unter vergleichbaren Umständen ebenfalls getan hätten. Die einfachen Gestapobeamten werden in diesem Verständnis zu einfachen deutschen Polizisten mit einem Hang zur politischen Rechten (für diesen Berufsstand in Deutschland nichts Ungewöhnliches), die in ihrem Dienst in der Gestapo eine berufliche Aufstiegsmöglichkeit sahen und deshalb einfach die Befehle befolgten, die ihnen erteilt wurden. Die leitenden Beamten werden als »eine neue Variante des autoritären Persönlichkeitstypus« beschrieben, »der [...] durch seine kalte Sachlichkeit und emotionale Distanz bestach, zweckrational und weitgehend bedenkenlos, an Effizienzkriterien orientiert sicherheitspolitische Maßnahmen organisierte und undoktrinär lediglich auf den Staatszweck fixiert war«.[120]

Daran stimmt etwas nicht. So wie wir eine Typologie der »autoritären Persönlichkeit« erstellen können, so können wir auch den Typus einer schizoiden oder einer asozialen Persönlichkeit bestimmen. Doch das macht eine Person, die einem dieser Typen entspricht, noch nicht »normal«. Die Tatsache, dass die psychologische Theorie uns zu einem Verständnis verhelfen kann, warum ein

Mensch einen Mord begangen hat, macht diese Person nicht zu einem normalen Menschen. Eine solche Argumentation wäre Musik in den Ohren der Gestapobeamten in Köln und Krefeld gewesen, die nach dem Krieg fast einhellig geltend machten, sie seien ganz gewöhnliche Polizisten gewesen, die man »gegen ihren Willen« zur Gestapo versetzt habe, wo sie geblieben seien, da sie andernfalls hätten befürchten müssen, in ein Konzentrationslager geschickt zu werden. Außerdem seien sie »innere Gegner« des NS-Regimes gewesen, die in einer fast unmöglichen Situation alles versucht hätten, den Opfern des Regimes zu helfen. Diese Männer mögen nach dem Krieg banal gewirkt haben, als sie mit gesenkten Augen vor dem Richter saßen und alle Mühe hatten zu verhindern, dass sie für ihre Verbrechen ins Gefängnis geschickt wurden. Die Sozialpsychologie kann vielleicht dazu benutzt werden zu erklären, warum sie so gehandelt haben, wie sie gehandelt haben, und vielleicht auch, warum so viele von ihnen möglicherweise nicht einmal die Schwere ihrer Untaten verstanden. Doch auch das macht sie nicht zu gewöhnlichen Männern.

II

Nationalsozialistischer Terror und die Juden 1933–1939

Wir hatten Angst, Angst, Angst!

LORE M.
EINE ÜBERLEBENDE AUS KREFELD

Niemand ahnte das kommende Verhängnis [...] Die Juden hatten nichts zu befürchten, solange sie nicht gegen das Gesetz verstießen. Sie waren exterritorial.

KARL MUSCHKATTBLATT
EIN ÜBERLEBENDER AUS KÖLN

Kapitel 3

Die Phasen der Judenverfolgung bis zum Kriegsausbruch

»Wir hatten Angst, Angst, Angst«, flüsterte Lore M., als wir uns am 31. Januar 1995 in einem Café in der Krefelder Innenstadt über die furchtbare Lage der Krefelder Juden im nationalsozialistischen Deutschland unterhielten.[1] Karl Muschkattblatt, der aus Köln stammt und jetzt unter anderem Namen in Chicago lebt, äußerte sich in einem Telefoninterview am 16. April 1996 nahezu gegensätzlich:

»Das Klima in Köln war anders als in anderen Teilen Deutschlands ... In Köln hat es nie diesen Antisemitismus gegeben, weil es eine katholische Stadt war. Der Erzbischof war kein Freund der Nazis. In Köln waren sie liberaler ... Ich kann mich noch erinnern, wie mich ein Mann gefragt hat, warum ich die Fahne nicht gegrüßt habe, als die Nazis auf der Straße vorbeimarschiert sind [irgendwann 1934 oder 1935]. Ich habe gesagt: ›Ich bin Jude.‹ Er sagte: ›Entschuldigen Sie bitte!‹ und ging weg ... Nein, ich hatte keine Angst, bis ich verhaftet wurde. Ich konnte frei herumgehen. Niemand ahnte das kommende Verhängnis. Einige meiner Freunde waren verhaftet. Einige befanden sich in Konzentrationslagern. Einige schafften es, auszuwandern ... Wenn Sie jung sind, meinen Sie, Ihnen kann nichts passieren.«[2]

Lore M. und Karl Muschkattblatt waren im Dritten Reich noch junge Menschen; sie war 1921 geboren, er 1915. Beide verloren durch den Holocaust ihre nächsten Angehörigen: Ihre Mutter starb im KZ Theresienstadt, seine Mutter kam in Auschwitz um. Beide hatten Zusammenstöße mit der Gestapo wegen angeblicher krimineller Handlungen. Im November 1939 denunzierte eine ehemalige Klassenkameradin Lore M. wegen »Rassenschande«, weil sie eine verbotene Beziehung zu einem deutschen Soldaten unterhielt. Zwar zog ihre Vernehmung, die am 14. Januar 1940 durch Richard Schulenburg in der Krefelder Gestapozentrale erfolgte, damals lediglich eine schwere Verwarnung nach sich, doch Schulenburg gab Anweisung, sie anschließend unausgesetzt zu »observieren«.[3]

Muschkattblatt wurde im August 1938 von einem Beamten der Gestapo Köln namens Büthe unter der Beschuldigung des Hochverrats verhaftet. Ein Bekannter, der zuvor einige Zeit in Muschkattblatts Wohnung gewohnt hatte und wie er ein Sympathisant der Kommunisten war, hatte ihn bei der Gestapo denunziert. (Muschkattblatt und der Denunziant gehörten beide der »Roten Hilfe« an, einer linksgerichteten Organisation zur Unterstützung von Kommunisten und Sozialdemokraten, die sich dem Zugriff der Nationalsozialisten zu entziehen suchten.) Nachdem er mehrere Verhöre und drei Monate Haft im berüchtigten Kölner Klingelpütz-Gefängnis durchgestanden hatte, davon »sechs bis acht Wochen Einzelhaft«, wurde das Verfahren gegen ihn rätselhafterweise am 26. Oktober von der Kölner Staatsanwaltschaft eingestellt. Die Gestapo entließ ihn unter der Auflage, dass er innerhalb kürzester Zeit auswanderte.[4] Anfang November, nur wenige Tage vor den Pogromen in der Nacht zum 10. November 1938, verließ er Deutschland Richtung Genua, wo er sich nach Shanghai einschiffte.

Karl Muschkattblatt bezeichnet sich als einen Menschen, der immer Glück gehabt hat. Seine Flucht habe er damals »als ein Abenteuer« empfunden. In seinem jugendlichen Optimismus, seiner Liebe zu Köln und seinem Vertrauen zu seinen deutschen Landsleuten hatte er sich kaum Gedanken darüber gemacht, was ihm hätte passieren können. Trotz seiner schmerzlichen Erfahrungen und trotz des Verlusts seiner Mutter (sein Vater war schon vor 1933 gestorben) und des gesamten Familienbesitzes durch die Verfolgung hat er sich seinen Optimismus bis heute größtenteils bewahrt. Seinem Empfinden nach sind ihm viele gewöhnliche Deutsche voller Mitgefühl begegnet, und er vergilt dieses Mitgefühl im Gespräch über Deutschland und die Deutschen. Vor dem Hintergrund seiner fünf Jahre unter der NS-Herrschaft ist er der Meinung, dass es die Deutschen und nicht unbedingt die Juden waren, die »eine Angst [hatten], die schon erstaunlich war«. »Sehr viele normale Deutschen hatten Angst«, sagte er, »Kommunisten, Gewerkschafter, Sozialdemokraten ... Die Juden [dagegen] hatten nichts zu befürchten, solange sie nicht gegen das Gesetz verstießen. Sie waren exterritorial.«

Lore M. hatte für ihre Angst gute Gründe. Als Tochter eines katholischen Vaters und einer jüdischen Mutter galt sie nach den im Herbst 1935 erlassenen Nürnberger Gesetzen als »Mischling«. Das gesamte Dritte Reich hindurch wurden sie und ihre Angehörigen unter Druck gesetzt und schikaniert. In der Schule wurde sie von ihren Lehrern und Mitschülerinnen aufs Korn genommen und ausgeschlossen; schließlich zwang man sie, sich auf eine Schulbank in der ersten Reihe inmitten lauter leerer Bänke zu setzen, so dass sie von den übrigen Schülerinnen völlig isoliert war.[5] Im September 1935 wurde ihr Vater, ein Elektriker, ein Woche lang in »Schutzhaft« genommen, weil er sich Juden gegenüber freundlich verhalten hatte. Danach brach sein Hauptkunde, die Stadt Krefeld, alle Geschäftsbeziehungen zu ihm ab; Aufträge bekam er seitdem nur noch von Juden.[6]

Im Unterschied zu Karl Muschkattblatt wanderte Lore M. nicht aus Deutschland aus. Sie erlebte die Schrecken der so genannten Reichskristallnacht 1938, die Bombenangriffe der Alliierten während des Krieges und musste tagtäglich mit der Angst fertig werden, einem der Transporte nach Osten zugeteilt zu werden. Am Ende sollte sich die »Mischehe« ihrer Eltern für sie als lebensrettend erweisen, doch das konnte sie nicht wissen, als sie am 17. September 1944 zusammen mit ihrer Schwester und ihrer Mutter mit dem letzten Transport aus Krefeld ins KZ Theresienstadt deportiert wurde.

Wie alle Juden unter der NS-Herrschaft hatten auch Lore M. und Karl Muschkattblatt unter dem Terror, den die Nationalsozialisten ausübten, gelitten. Beide verloren ihre nächsten Angehörigen, beide litten wirtschaftliche Not, beide wurden von Menschen aus ihrer Umgebung bei der Gestapo wegen angeblicher Straftaten denunziert, und beide mussten ihre Wohnung verlassen und wurden aus ihrer Heimat vertrieben. Aber es ist bemerkenswert, wie unterschiedlich diese beiden Menschen ihre Angst und das Ausmaß des Antisemitismus in der Bevölkerung beschreiben. Wie sollen wir diese unterschiedlichen Erinnerungen einschätzen? Wie typisch waren diese Erfahrungen? Wie alltäglich und wie allgegenwärtig waren damals Terror und Antisemitismus für Juden? Standen sie fortwährend unter Beobachtung? Wie verbreitet war die Bereitschaft in der deutschen Zivilbevölkerung, Juden bei der Gestapo zu denunzieren? Was waren die Denunzianten für Menschen? In welcher Weise unterschied sich der Terror, unter dem die Juden in den dreißiger Jahren zu leiden hatten, vom Terror während des Krieges? Und inwieweit lässt sich schließlich der Terror, den die Juden im Dritten Reich erlebten, mit dem Terror vergleichen, dem andere Gruppen der deutschen Bevölkerung ausgesetzt waren?

Die Verfolgung beginnt: 1933–1935

Der Terror setzte bereits ein, als das Hitler-Regime kaum einen Monat im Amt war. Am winterkalten Abend des 27. Februar 1933, nur eine Woche, bevor am 5. März die nächsten Reichstagswahlen abgehalten werden sollten, brannte das Reichstagsgebäude in Berlin bis auf die Grundmauern nieder. Als die Polizei am Brandort eintraf, fiel ihr der schwachsinnige 24-jährige holländische Kommunist Marinus van der Lubbe in die Hände, der anschließend wegen Brandstiftung vor Gericht gestellt wurde. Bis heute ist die Frage, ob van der Lubbe den Brand von sich aus gelegt hat oder als Handlanger der Nationalsozialisten, ungeklärt.[7] In einem Prozess, der vom 21. September bis 23. Dezember 1933 in Leipzig verhandelt wurde, befand der 4. Strafsenat des Reichsgerichts lediglich van der Lubbe des angeklagten Verbrechens für schuldig und sprach vier weitere Kommunisten, die sich mit ihm zusammen verantworten mussten, frei. Am 10. Januar 1934 wurde van der Lubbe mit der Guillotine hingerichtet.

Für Hitler jedoch war der Brand Bestandteil einer umfassenderen kommunistischen Verschwörung und das Fanal für eine kommunistische Revolution in Deutschland. Außerdem bot diese vermeintliche Herausforderung ihm eine einmalige Chance, und er beschloss, diese unverzüglich zu nutzen: Schon am folgenden Tag, dem 28. Februar 1933, rief Reichspräsident Hindenburg, gestützt auf Artikel 48 der Weimarer Verfassung, den Notstand aus und unterzeichnete eine »Verordnung zum Schutz von Volk und Staat«, die Hitler ihm vorgelegt hatte. Auf deren Grundlage wurden in den nächsten Monaten Kommunisten, Sozialdemokraten und Gewerkschafter zu tausenden verhaftet. Zugleich bildete sie die pseudolegale Basis für den Terror, unter dem deutsche Bürger das ganze Dritte Reich hindurch zu leiden hatten.

Die »Reichstagsbrandverordnung«, wie sie sehr bald genannt wurde, setzte in ihrem ersten Abschnitt wesentliche Grundrechte der Weimarer Verfassung »bis auf weiteres« außer Kraft. Mit ihr erhielt die Regierung umfassende Vollmachten »zur Wiederherstellung der öffentlichen Sicherheit und Ordnung«: »Es sind daher Beschränkungen der persönlichen Freiheit, des Rechts der freien Meinungsäußerung einschließlich der Pressefreiheit, des Vereins- und Versammlungsrechts, Eingriffe in das Brief-, Post-, Telegraphen- und Fernsprechgeheimnis, Anordnungen von Hausdurchsuchungen und von Beschlagnahmen sowie Beschränkungen des Eigentums, auch außerhalb der sonst hierfür bestimmten gesetzlichen Grenzen zulässig.« Die Polizei erhielt die Befugnis, Personen zu verhaften und in »Schutzhaft« zu nehmen, auch wenn gegen sie gar nichts Konkretes vorlag.[8] Somit genossen die Polizeibehörden des NS-Regimes von diesem Tag an fast unbegrenzte Befugnisse. Im Laufe der Zeit entwickelte sich die Gestapo zum wichtigsten Instrument des nationalsozialistischen Terrors mit immer neuen Vollmachten. In einem Rundschreiben des Reichssicherheitshauptamtes von 1940 hieß es beispielsweise: »Die Rechtsgültigkeit staatspolizeilicher Anordnungen ist nicht davon abhängig, daß die Verordnung des Reichspräsidenten zum Schutz von Volk und Staat vom 28. Februar 1933 als Rechtsgrundlage für diese Anordnung herangezogen wird, da sich die Befugnis der Geheimen Staatspolizei zur Durchführung aller Maßnahmen, die zur Erfüllung ihrer Aufgaben erforderlich sind, nicht aus einzelnen Gesetzen und Verordnungen, sondern aus dem Gesamtauftrag herleitet, der der Deutschen Polizei im allgemeinen und der Geheimen Staatspolizei im besonderen im Zuge des Neuaufbaues des nationalsozialistischen Staates erteilt worden ist.«[9]

Obgleich die Reichstagsbrandverordnung sich nicht ausdrücklich gegen Juden richtete, sollten sie unter dem Polizeistaat, der dadurch ermöglicht wurde, mehr als jede andere Gruppe in der deutschen Gesellschaft zu leiden haben. Noch bevor die NSDAP die Macht übernahm, war bereits abzusehen, dass sie hart gegen die Juden vorgehen würde, wenn sie erst einmal die Möglichkeit dazu hatte. Im ursprünglichen Parteiprogramm von 1920 beispielsweise bildete der Antisemitismus einen der Eckpfeiler der aufgestellten 25 Punkte. In Punkt 4 hieß es, Staatsbürger könne nur nur sein, wer »Volksgenosse« sei, und »Volksgenosse« könne nur sein, wer »deutschen Blutes« sei: »Kein Jude kann daher Volksgenosse sein.« In Punkt 6 wurde gefordert, alle öffentlichen Ämter »in Reich, Land oder Gemeinde« ausschließlich mit Staatsbürgern zu besetzen, in Punkt 7, bei fehlender Lebensgrundlage für die deutschen

99

Staatsbürger »die Angehörigen fremder Nationen (Nicht-Staatsbürger) aus dem Reiche auszuweisen«. Und in Punkt 23 wurde dazu aufgerufen, Juden aus dem Journalismus auszuschließen.[10] Mit diesen und anderen antisemitischen Zielen im Kopf übernahmen die Extremisten in der Partei die Kontrolle über die offiziellen Organe des staatlich gelenkten Terrors wie die Gestapo, um in den ersten Monaten des neuen Regimes mit den Juden »abzurechnen«. In dieser Zeit ging es jedoch eher darum, die wirtschaftliche Lebensgrundlage der Juden zu zerstören, als den Blutdurst der SA- und SS-Schläger zu stillen. Avraham Barkai schreibt im Vorwort zu seiner Untersuchung über die Vernichtung der ökonomischen Grundlage der Juden im Dritten Reich:

»Die sofort nach der Machtübernahme am 30. Januar 1933 einsetzenden Diskriminierungsmaßnahmen gegen die in Deutschland lebenden Juden zielten insbesondere auf deren wirtschaftliche Tätigkeit. Bereits in den vorangegangenen Jahren hatten wirtschaftliche Motive im Mittelpunkt der antisemitischen Propaganda der NSDAP gestanden [...] Nachdem nun die Nazis zu Macht und Würden aufgestiegen waren, erwarteten sie von der neuen Regierung mit Ungeduld die Erfüllung der entsprechenden Punkte ihres Parteiprogramms, von der sie sich im übrigen auch unmittelbaren und persönlichen Nutzen versprachen. Solange drastischere Mittel noch nicht durchsetzbar waren, sah die nationalsozialistische Führung im wirtschaftlichen Boykott, der die materielle Lebensgrundlage der Juden untergraben sollte, das wirksamste Mittel, sie zum Verlassen ihrer Heimat zu bewegen.«[11]

SA- und SS-Leute warteten nicht lange, um ihren Anteil einzufordern. Im März 1933 kam es zu einer Welle antisemitischer Gewalttaten. Es gab Demonstrationen gegen jüdische Geschäfte, bei denen Schaufensterscheiben eingeworfen wurden, jüdische Ärzte und Rechtsanwälte wurden drangsaliert und einzelne Juden auf der Straße zusammengeschlagen. Nur wenige Tage nach den Reichstagswahlen vom 5. März kam es in Berlin zur ersten Verhaftungswelle gegen Juden, als Braunhemden in eines der größten jüdischen Wohnviertel der Stadt, das Scheunenviertel, marschierten und Dutzende osteuropäischer Juden festnahmen.[12] In Köln stürmten in den späten Morgenstunden des 31. März bewaffnete SA- und SS-

Männer das große Gerichtsgebäude am Reichenspergerplatz. Lärmend unterbrachen sie die Gerichtsverhandlungen und durchsuchten die Sitzungsräume und Richterzimmer nach jüdischen Richtern und Anwälten. »Die jüdischen oder auch nur ›jüdisch aussehenden‹ Juristen wurden – teilweise unter Mißhandlungen – auf einen der damals noch gebräuchlichen Müllwagen mit offener Ladefläche getrieben. Durch das Spalier der gaffenden und johlenden Menge ging dann die Fahrt durch die Stadt zum Polizeipräsidium.«[13]

Einen Tag später begann in ganz Deutschland, vor allem in den Großstädten, ein »Judenboykott«, der den ersten zentral organisierten landesweiten Angriff auf die Juden darstellte. Vier Tage zuvor, am 28. März, hatte die NS-Führung in Berlin den Boykott angeordnet, um die spontanen Übergriffe gegen Juden zu kanalisieren und zu koordinieren. Offiziell wurde er als »reine Abwehrmaßnahme« gegen die angeblich von jüdischen Organisationen im Ausland verbreitete »Greuelpropaganda« proklamiert, die dem deutschen Handel schadete und deutsche Arbeitsplätze bedrohte. In Wirklichkeit war dies »ein fadenscheiniger Vorwand«.[14] Da ihnen durchaus bewusst war, dass die deutschen Juden unter Agitationen von ihrer Seite zu leiden haben würden, waren ausländische jüdische Organisationen und Presseorgane vorsichtig und hatten über die Ereignisse in Deutschland sehr maßvoll und zurückhaltend berichtet. Der eigentliche Zweck des Boykotts lag darin, die Juden zu schikanieren und ihre Geschäfte und ihre wirtschaftliche Lebensgrundlage zu vernichten.

Der Boykott begann in Köln und anderen deutschen Großstädten am Samstagvormittag, dem 1. April, um zehn Uhr. SA-Trupps beschmierten die Schaufenster jüdischer Geschäfte mit Schmutz und NS-Symbolen und beklebten sie mit antisemitischen Plakaten wie »Deutsche, wehrt euch, kauft nicht bei Juden!«, »Der Jude ist unser Unglück!«, »Wer vom Juden ißt, kommt daran um!« oder »Als Antwort auf die Greuelpropaganda kauft kein Deutscher mehr beim Juden!« Während sich in der Regel zwei SA-Männer drohend am Eingang zu jedem jüdischen Geschäft aufbauten und die Passanten warnten, nicht einzutreten – und darauf achteten, wer das Geschäft dennoch betrat –, waren die Straßen voll von Lautsprecherwagen, Gruppen von brüllenden Nationalsozialisten, Hitlerjungen und anderen NSDAP-Anhängern, die Flugblätter und Zeitungen verteilten, um die Kölner Bevölkerung zu ermahnen, gemeinsam die staatliche Kampagne gegen die Juden zu unterstützen.[15] Trotz der Drohungen durch die SA und obwohl es als sträfliches Vergehen für Parteigenossen galt, in jüdischen Geschäften einzukaufen, und auch Beamte um ihre Stelle fürchten mussten, wenn sie oder ihre Familien dies taten, gingen viele Bürger an diesem Tag in Köln, Krefeld und anderen Städten mutig an den SA-Posten vorbei in die Läden, um wie gewohnt ihre Samstagseinkäufe zu erledigen. Manche jüdischen Geschäfte konnten sogar Umsatzsteigerungen verzeichnen. Der Krefelder Überlebende Otto B. erinnerte sich beispielsweise, dass »die Nazis versuchten, die Kunden am Betreten unseres Geschäfts zu hindern, doch 80 Prozent kamen trotzdem und kauften an einem einzigen Samstag [Waren im Wert von 2000 Mark].«[16] Doch in dem meisten Städten »blieb die große Masse stumpf oder gab, soweit sie schon genügend nazistisch bearbeitet worden war, sogar ihrer Freude Ausdruck«.[17] Im Gegensatz zu den Erfahrungen Otto B.s erlebte der Sohn des Kölner Kaufhausbesitzers Julius Bluhm, wie in der Venloer Straße die Fenster von mehreren jüdischen Nachbarn eingeworfen und aus dem Kaufhaus seines Vaters Waren gestohlen wurden, nachdem die SA die Schaufensterscheiben eingeschlagen hatte. »Viele schüttelten den Kopf [vor Abscheu]; und viele fluchten auf die Juden«, erläuterte er.[18]

Am 4. April wurde der Boykott mit der hämischen Begründung wieder abgeblasen, er habe seinen Zweck als »Waffe zur systematischen Demütigung des Judentums« erfüllt.[19] Selbst wenn der »Erfolg« des Boykotts in einzelnen Städten wie Krefeld und Köln unterschiedlich ausfiel, war er insgesamt gesehen doch fast so wirkungsvoll, wie die Nazis verkündet hatten. Vielleicht kam in ihm nicht unbedingt »eine damals weitverbreitete aggressive Abneigung gegen die Juden« zum Ausdruck, wie manche Autoren behauptet haben.[20] Aber er vermittelte eine böse Vorahnung dessen, was noch kommen sollte: Er zeigte, dass zentral geplante Angriffe gegen die Juden in jeder größeren oder kleineren deutschen Stadt systematisch durchgeführt werden konnten, ohne dass die Bevölkerung dagegen protestierte. Plakate in pseudo-hebräischer Schrift mit dem Text »Juden nicht erwünscht!« und anderen antisemitischen Parolen gehörten bald in ganz Deutschland zum Straßenbild der Innenstädte. Rundfunk und Presse verbreiteten ununterbrochen judenfeindliche Hetzpropaganda. Und die nichtjüdische Bevölkerung gewöhnte sich immer mehr an die konsequent betriebene Dehumanisierung der Juden.

Zwischen dem Judenboykott im April 1933 und den berüchtigten Nürnberger Gesetzen vom September 1935 wurden zahlreiche gegen die Juden gerichtete Gesetze erlassen, die alle den Zweck verfolgten, den Juden die wirtschaftliche Existenzgrundlage zu entziehen, sie aus der deutschen »Volksgemeinschaft« auszuschließen und dazu zu bringen, das Land zu verlassen. Die vielleicht bedeutsamste legislative Maßnahme dieser Art war das Gesetz zur Wiederherstellung des Berufsbeamtentums vom 7. April 1933. Es verfolgte den Zweck, tatsächliche und mutmaßliche Gegner des Regimes sowie alle jüdischen Beamten, die nicht im Ersten Weltkrieg gekämpft hatten, aus dem Staatsdienst zu entlassen. Der »Arierparagraph« des Gesetzes forderte, alle Beamten »nichtarischer Abstammung« in den sofortigen Ruhestand zu versetzen, und lieferte »eine pseudolegale Rechtfertigung für den Ausschluss der Juden aus anderen Berufen«; so konnten etwa jüdische Ärzte daran gehindert werden, zu praktizieren, da ihnen untersagt wurde, Kassenpatienten zu behandeln. Weitere Gesetze, die im Spätfrühling und Sommer 1933 erlassen wurden, senkten den Anteil der Juden, die an deutschen Hochschulen studieren durften, auf maximal 1,5 Prozent aller eingeschriebenen Studenten, machten es Juden unmöglich, als Dozenten an Universitäten zu arbeiten, und hatten auch die Entlassung aller »nichtarischen« Angestellten im öffentlichen Dienst, die keinen Beamtenstatus hatten, zur Folge.[21]

Die »gesetzlichen« und außergesetzlichen antisemitischen Maßnahmen in den ersten Monaten von Hitlers Amtszeit ließen viele Juden zu der Überzeugung gelangen, dass sie das Land verlassen mussten, doch den meisten erschienen die mit einer solchen Entscheidung verbundenen Risiken zu hoch. Fast 40 000 der insgesamt 537 000 Juden, die damals in Deutschland lebten, verließen das Land 1933 in der größten Auswanderungswelle vor dem Novemberpogrom 1938.[22] Die meisten dieser Auswanderer waren jung und unverheiratet; aber es waren auch viele wohlhabende, gutsituierte Juden darunter, denen es gelang, ihr Eigentum schnell zu verkaufen, oder politisch aktive Juden, die befürchten mussten, in ein Konzentrationslager gesperrt zu werden. Tausende weitere verließen zwischen 1934 und 1938 ihre deutsche Heimat, doch die meisten entschlossen sich zu bleiben. Avraham Barkai hat dazu bemerkt: »Wer eine Familie hatte und Kinder, die in die Schule gingen, wer einen Laden oder anderen Betrieb, ein Haus oder Grundbesitz besaß, der konnte sich – wenn er nicht unmittelbar bedroht war – nicht so leicht zum Verlassen seiner Heimat entschließen. Nachdem der erste Schock angesichts der Machtübernahme durch die Nazis und auch der April-Boykott vorüber waren, begann man sich an die Lage zu gewöhnen.«[23]

Diejenigen, die es ablehnten, sich den Gegebenheiten zu fügen, mussten in der Regel damit rechnen, dass sie das Land nur mit etwas Reisegepäck und ohne jede Barschaft verlassen konnten. In Interviews mit Juden aus Krefeld und anderen Städten hörte ich immer wieder, dass ihnen keine andere Wahl geblieben war, als »ohne einen Pfennig in der Tasche« auszuwandern.[24] Erzwungene Armut der Juden wurde zur offiziellen NS-Politik. Der Inhalt eines Rundschreibens des Auswärtigen Amtes vom Januar 1939 wird von Hannah Arendt mit folgenden Worten zitiert:»Deutschland sei an der Zerstreuung der Juden interessiert, da diese die beste Propaganda für die gegenwärtige deutsche Judenpolitik bilde. Dabei wird ausdrücklich darauf hingewiesen, dass es im deutschen Interesse liege, die Juden als Bettler über die Grenzen zu jagen, denn je ärmer der Einwanderer sei, desto größer die Last für das Gastland.«[25]

Etwa 700 der insgesamt 1500 Krefelder Juden entschlossen sich zwischen 1933 und Herbst 1941, als die Auswanderung verboten wurde, zur Emigration. Wie aus der sorgfältigen Untersuchung von Dieter Hangebruch über die Krefelder Juden im Dritten Reich hervorgeht, verließen 1934 nur 18 Juden die Stadt, und von 1935 bis November 1938 waren es noch einmal 177. Die große Mehrheit der Krefelder Juden, denen es gelang, außer Landes zu gehen, tat dies in den Monaten nach dem Novemberpogrom von 1938. Während der Kriegsjahre 1940/41 war eine Ausreise extrem schwierig; in diesen beiden Jahren konnten lediglich 36 weitere Krefelder Juden auswandern.[26] In anderen deutschen Städten waren die Auswanderungsmuster ähnlich.[27]

Dabei war der Druck zur Auswanderung enorm. Eigenartigerweise hielten sich jedoch die Polizeibehörden und Justizbeamten in dieser Hinsicht zunächst etwas zurück. Zwar verstärkten sie im Laufe der Zeit den Druck, dennoch gab es viele Fälle, in denen ihre Behandlung der Juden, verglichen mit dem extrem judenfeindlichen Verhalten der SA und SS, der Repräsentanten der NSDAP und vieler Normalbürger, geradezu milde war. Die Polizei- und Justizbeamten haben im Dritten Reich eine traurige Rolle gespielt, vor allem im Hinblick auf die Judenverfolgung.[28] Doch bei aller Rücksichtslosigkeit, Willkür und Perversität dieser Beamten waren sie zugleich auch bemüht, eine Fassade der Legalität aufrechtzuerhalten. Indem sie einen Mittelweg zwischen den Zielen und Bestrebungen der fanatischen Nationalsozialisten und Antisemiten auf der einen und den Anhängern rechtsstaatlicher Prinzipien auf der anderen Seite einschlugen, kanalisierten sie den Terror auf eine Weise, die ihn für beide Seiten akzeptabel machte, und stützten dadurch die Maßnahmen eines verbrecherischen Regimes.

Bevor die Verabschiedung der Nürnberger Rassengesetze im September 1935 die Verfolgung der Juden mit gesetzlichen Mitteln bedeutend verschärfte, kamen relativ wenige Juden in Strafprozessen unmittelbar mit der Polizei und den Gerichten in Berührung. Selbst nach 1935 wurde die Mehrzahl der deutschen Juden niemals wegen ungesetzlicher Handlungen angeklagt. In Krefeld, wo mehr Ermittlungsakten der Gestapo erhalten geblieben sind als in Köln, Bergheim oder den meisten übrigen deutschen Städten, war für mindestens ein Mitglied jeder jüdischen Familie eine Polizeiakte angelegt worden, und fast alle existieren noch.[29] In etwas mehr als 100 der annähernd 750 Akten geht es um behauptete Gesetzesverstöße; der Rest bezieht sich auf Formalitäten der Auswanderung oder der Deportation. Das legt die Vermutung nahe, dass – bei einer jüdischen Gesamtbevölkerung von 1500 in Krefeld 1933 – »nur« jeder Fünfzehnte zu Beschuldigungen wegen irgendwelcher Gesetzesverstöße vernommen wurde. Doch eine solche Schätzung erfasst, auch wenn sie die entsprechende Rate für Nichtjuden um ein Mehrfaches überschreitet, noch nicht das tatsächliche Ausmaß an Verfolgung und Terror, dem die Juden seitens der Justizbehörden ausgesetzt waren, und erst recht nicht das Ausmaß an Verfolgung und Terror, das die Juden ganz allgemein erdulden mussten. Einige Ermittlungsakten fehlen, und viele Juden wurden von anderen Polizeibehörden als der Gestapo verfolgt, ohne dass davon etwas in diesen Akten auftaucht. Dennoch: Die meisten Krefelder Juden, die früher oder später in ein Konzentrations- oder Vernichtungslager kamen – nach dem Novemberpogrom, als die meisten jüdischen Männer der Stadt zumindest für einige Wochen nach Dachau geschickt, oder in den Kriegsjahren, als fast alle noch verbliebenen Juden »evakuiert« wurden –, wurden nie von der Gestapo zur Vernehmung bestellt oder eines Gesetzesverstoßes be-

105

schuldigt und werden deshalb von dieser Schätzung nicht mit erfasst.

Wie immer man es rechnet, die Wahrscheinlichkeit, wegen eines strafwürdigen Vergehens angeklagt zu werden, war im Dritten Reich für Juden wesentlich höher als für Nichtjuden; in Krefeld kam auf 60 nichtjüdische Einwohner nur eine Ermittlungsakte.[30] Das ist ein Hinweis darauf, dass gegen Juden durchschnittlich viermal häufiger wegen eines Strafvergehens ermittelt wurde als gegen Nichtjuden. Allerdings kommt in dieser Differenz die unterschiedliche »legale« Unterdrückung von Juden und Nichtjuden im Dritten Reich nur ansatzweise zum Ausdruck. Die Differenz wird wesentlich größer, wenn wir die Ergebnisse der Ermittlungsverfahren miteinander vergleichen. Bei einem Juden konnte eine Anklage wegen eines an sich geringfügigen Vergehens auf der Grundlage einer zweifelhaften oder gar haltlosen Denunziation zu einer schweren Gefängnisstrafe oder zur Überstellung in ein Konzentrationslager führen. Bei einem deutschen »Volksgenossen« wäre eine solche Strafe nahezu undenkbar gewesen.

Alles in allem hatte die Gestapo in den ersten Jahren des Dritten Reiches ein relativ geringes Interesse daran, Juden zu verfolgen. Zu dieser Zeit konzentrierte sie ihre Bemühungen fast ausschließlich darauf, reale und potenzielle linke Gegner des NS-Regimes, vor allem Kommunisten, auszuschalten. Die jüdische Bevölkerung blieb von dieser Kampagne weitgehend unberührt – die meisten deutschen Juden waren bürgerliche Demokraten –, jüdische KP-Mitglieder aber wurden in Krefeld und anderen deutschen Städten ebenso wie ihre nichtjüdischen Parteigenossen aufgespürt und verhaftet.

Kurt E. war der erste Jude, der in Krefeld verhaftet und in »Schutzhaft« genommen wurde.[31] Der damals 23-jährige Geschäftsmann mit Hochschulbildung galt bei der Krefelder Polizei als »fanatischer Kommunist und Revolutionär«. Am 28. Februar 1933, einen Tag nach dem Reichstagsbrand, verhaftete sie ihn zusammen mit mehreren anderen führenden KP-Funktionären. Vier Monate blieb er in Haft, die ersten zwei Wochen im Krefelder Polizeigefängnis Weststraße und die restlichen dreieinhalb Monate in einem größeren Gefängnis im nahe gelegenen Anrath. Einem der vielen Briefe zufolge, die er aus der Haft an die Polizeibehörden schrieb, vergingen zwei Wochen, bevor man ihm überhaupt mitteilte, auf welcher rechtlichen Grundlage (es war die Reichstagsbrandverordnung vom 28. Februar 1933) man ihn überhaupt verhaftet hatte.

Die Briefe vermitteln den Eindruck eines mutigen und forschen jungen Mannes, der zunächst keine Vorstellung vom Ernst der Lage hatte, in der er sich befand. Im Laufe der Zeit änderte sich der Ton in seinen Briefen spürbar. Den ersten schrieb er am 7. März, als er gerade eine Woche Schutzhaft hinter sich hatte. Adressiert »An den Herrn Polizeipräsidenten Herr Elfes oder seinen Vertreter«, war dieser Brief im Grunde ein Forderungskatalog. Unterschrieben »im Auftrage von 18 Insassen, Kurt E.«, enthielt das Schreiben eine durchnummerierte Liste von Fordrungen, angefangen mit: »Wir unterzeichnete Insassen des Polizeigewahrsam Weststr. fordern unsere sofortige Freilassung.« Die Gefangenen wollten auch, dass man ihnen mitteilte, warum man sie verhaftet hatte, warum man ihren Frauen und Müttern nicht erlaubte, sie zu besuchen, warum sie diesen keine Briefe schreiben durften, obwohl sie sich lediglich in »Schutzhaft« befanden, und warum man ihnen nicht gestattete, »Rauchwaren, Lebensmittel, ja sogar Wäsche« zu erhalten.

Seinen nächsten Brief schrieb Kurt E. einen Monat später, am 10. April, diesmal wesentlich höflicher und in besonders sauberer Schrift. Er hatte mit »Hochachtungsvoll, Kurt E.« unterzeichnet und sprach nicht mehr im Namen der übrigen Mithäftlinge. Er gab seiner Hoffnung Ausdruck, der Brief sei nicht umsonst, denn er sei schon seit sechs Wochen inhaftiert, und wenn er nicht bald entlassen werde, könne er sich nicht um seine Frau kümmern, die inzwischen erkrankt sei. Trotz seiner Bitte war der Brief vergeblich. Die Antwort kam einen Monat später, am 8. Mai, als Kriminalsekretär Hoener ihm mitteilte, er glaube nicht, dass Kurt E. sich geändert habe, da Hoener in ihm den »geistigen Führer der KPD« sehe. E. würde weiterhin in »Schutzhaft« bleiben.

Danach schalteten sich Kurt E.s nächste Angehörige ein. Bereits einige Tage vor Hoeners Brief hatte E.s Frau Marianne Kriminalkommissar Adams schriftlich um die Freilassung ihres Mannes gebeten. In dem Brief hieß es zunächst, er sitze »9 Wochen bereits unschuldig im Gefängnis in Anrath, da nichts gegen ihn vorliegt«. Dann erklärte die Unterzeichnete, ihr Mann habe stets schwer gearbeitet und werde jetzt wegen seiner langen Abwesenheit möglicherweise seine Stelle verlieren. Auch seinen Eltern bereite die Situation großen Kummer. Schließlich folgt ein besonders aufschlussreicher Satz: »Mein Mann wird sich verpflichten, sich nach seiner Entlassung aus der Schutzhaft jeder politischen Betätigung zu entziehen.« Sie erhielt wenigstens eine vergleichsweise prompte Antwort auf ihren Brief, allerdings nicht den Bescheid, den sie sich gewünscht hatte. Zehn Tage später, am 12. Mai, schrieb ihr der Polizeipräsident von Krefeld: »Ihrem Antrag [kann] z. Zt. nicht entsprochen werden.«

Im Zuge ihrer Ermittlungen überprüfte die Polizei Kurt E.s familiäre Herkunft und stellte fest, dass sein Vater, Dr. Hans E., ein Arzt in Berlin war, der im Ersten Weltkrieg an der Front gekämpft hatte und Träger des Eisernen Kreuzes war. Nach einem weiteren höflichen Brief von Kurt E. selbst mit Datum vom 7. Juni (der wiederum wenig bewirkte) schrieb sein Vater drei Tage später, am 10. Juni, einen langen Brief an den Innenminister. Auch er bat um die Freilassung von Kurt E. und erklärte, er habe seinen Sohn gut erzogen, und er selbst sei ein patriotischer Deutscher, der vier Jahre lang an der Front für sein Vaterland gekämpft habe. Leider sei sein Sohn 1929 nach Krefeld gezogen, wo er in die falschen Kreise geraten und Kommunist geworden sei. Dr. E. schrieb, er wolle sich persönlich dafür einsetzen, dass sein Sohn sich nach der Entlassung aus der »Schutzhaft« jeder politischen Aktivität enthalten werde.

Dieser Brief hatte schließlich den erwünschten Effekt. Am 30. Juni wurde Kurt E. in die Freiheit entlassen. Die Politische Polizei in Krefeld verband die Entlassung allerdings mit massiven Auflagen. Ein Bericht, der zwei Tage vor seiner Entlassung geschrieben wurde, machte deutlich, dass die Polizei Kurt E. noch immer für einen »fanatischen Kommunisten und Revolutionär« hielt, der sich nicht ändern und seine kommunistischen Aktivitäten wahrscheinlich auch nach der Rückkehr zu seinem Vater nach Berlin fortsetzen werde. Was die Sache noch schlimmer mache, hieß es weiter in dem Bericht, sei der Umstand, dass er durch seine Tätigkeit als Redner bei kommunistischen Versammlungen und Funktionär der Krefelder KP »mit den ganzen Spitzenfunktionären bis ins Z.K. hinein bekannt geworden sei«, Berlin sei daher ein Ort, »wo er besonders für die K.P.D. arbeiten kann und auch wird«.

Die Tatsache, dass Kurt E. Jude war, wird in der Ermittlungsakte nur nebenbei erwähnt. Der Polizist, der diesen Bericht verfasste, vermerkte, dass seine Vorbehalte gegenüber einer Freilassung von Kurt E. auch damit zusammenhingen, dass Kurt E. in Krefeld der Vorsitzende des Bundes der Freunde der Sowjetunion sei, einer Gruppe, die bekanntermaßen überwiegend aus »gebildeten Leuten« bestehe. Hinter »gebildeten Leuten« hatte er in Klammern *Juden* notiert. Man könnte es fast als ein Kompliment auffassen, doch das lag zweifellos nicht in der Absicht des Schreibers. Im Fall von Kurt E. war die Mitgliedschaft in der KPD der Gestapo wichtiger als seine jüdische Herkunft, und das bestätigt sich auch in anderen Fällen, die 1933 angestrengt wurden. Sechs der sieben übrigen Ermittlungsakten in Krefeld aus demselben Jahr, die sich auf Juden bezogen, betrafen ebenfalls Personen, die Kommunisten waren oder bei denen man kommunistische Sympathien vermutete.

Soweit man dies anhand der Akten sagen kann, war der erste Jude aus Krefeld, der in ein Konzentrationslager geschickt wurde, ein 21-jähriger Student namens Erich L.[32] Dieser Fall weist in mancher Hinsicht Ähnlichkeiten mit dem von Kurt E. auf, ereignete sich jedoch einige Monate später. Anders als Kurt E. war Erich L. bei der ersten Razzia unter den kommunistischen Funktionären der Stadt nicht verhaftet worden. Erst durch eine anonyme Anzeige bei der Krefelder Polizei erfuhr diese, dass er einer kommunistischen Studentengruppe an der TH Aachen angehörte, die neben anderen illegalen Aktivitäten regimefeindliche Flugblätter und andere Propagandaschriften verteilte. Auf Grund der Anzeige wurde Erich L. sofort verhaftet und am 30. September in »Schutzhaft« genommen.

Am 4. Oktober schrieb sein Vater, ein Krefelder Geschäftsmann, an die Polizei und bat um die Freilassung seines Sohnes. In seinem Brief wies er darauf hin, dass zwei seiner Söhne im Ersten Weltkrieg Frontsoldaten waren und dass er seine Kinder stets in einer patriotischen Atmosphäre erzogen habe, die von einer »einwandfreie[n] vaterlandstreue[n] Gesinnung« getragen war. In Zukunft, versprach er, werde er seinen Sohn »vor allen Einflüssen bewahren, die diese Gesinnung irgendwie beeinträchtigen könnten«.

Das Schreiben erzielte nicht sogleich das erhoffte Ergebnis, blieb jedoch auf den weiteren Gang des Verfahrens vermutlich nicht ohne Wirkung. Am 23. Oktober wurde Erich L. zusammen mit acht Gesinnungsgenossen aus Oberhausen, Duisburg, Düsseldorf und Krefeld ins Konzentrationslager geschickt. Angeordnet wurde diese Überstellung vom Regierungspräsidenten in Düsseldorf, der am 18. Oktober der Krefelder Polizei geschrieben hatte,

»nach Funkspruch des Innenministers sind sofort alle prominenten und jüdischen Schutzhäftlinge aus der Rheinprovinz nach Lager Lichtenburg Bezirk Merseburg zu überführen«. Immerhin musste Erich L. dort nicht lange bleiben: Fünf Tage später, am 28. Oktober, wurde er aus dem Lager entlassen, nachdem er ein Formular unterschrieben hatte, in dem er sich verpflichtete, sich in Zukunft aller illegalen Aktivitäten zu enthalten und sich »gegebenenfalls erneut freiwillig wieder in Schutzhaft [zu] begeben«.

Erich L. blieb nicht viel Zeit, um von dieser Möglichkeit Gebrauch zu machen: Am 8. Dezember verhaftete ihn die Polizei in der Wohnung seiner Eltern in der Neusser Straße in Krefeld erneut. Nach einem Monat »Schutzhaft« wurde er am 2. Januar 1934 nach Aachen gebracht, wo gegen ihn ein Verfahren wegen Vorbereitung zum Hochverrat eröffnet wurde. Schließlich kam die Sache vor das Oberlandesgericht in Hamm; dieses Gericht, vor dem schwere Fälle von politischem Ungehorsam im Gebiet Rhein-Ruhr verhandelt wurden, verurteilte ihn zu mehreren Monaten Zuchthaus in Siegburg. Nach Verbüßung seiner Strafe wanderte Erich L. am 24. Oktober 1934 nach Mexiko aus.

Die verbleibenden sechs Fälle, die Krefelder Juden betrafen, waren zwar weniger dramatisch als die beiden hier geschilderten, doch letztlich nicht weniger tragisch. Im ersten ging es um einen jungen jüdischen Arzt mit kommunistischen Neigungen, der angeklagt wurde, ungesetzliche Abtreibungen vorgenommen zu haben. Im Verlauf einer großen Straßendemonstration gegen ihn wurde er am 4. April in seiner Wohnung von mehreren SA-Männern verhaftet und in »Schutzhaft« genommen, angeblich um ihn »vor Weiterungen zu schützen«. Unmittelbar nach seiner Entlassung emigrierte er nach Holland.[33] Ein anderer Fall betraf einen jungen jüdischen Lehrer, der bereits am 11. April nach Paris geflohen war, als der Schulrat die Krefelder Polizei informierte, dieser Mann müsse als potenzieller Kommunist überprüft werden.[34] Im Juni wurde die Frau eines wohlhabenden jüdischen Firmeninhabers verhaftet, nachdem sie und ihr Mann von ihrem Chauffeur denunziert worden waren, sie hätten von einer Geschäftsreise nach Holland illegale Druckerzeugnisse nach Deutschland mitgebracht. Ihr Mann war bereits geflohen, bevor die Polizei die Frau verhaftete, und sobald sie aus der Haft entlassen wurde, emigrierte auch sie nach Holland.[35] Mitte Oktober wurde ein 29-jähriger jüdischer Malermeister von einer Nachbarin denunziert, er habe abfällige Bemerkungen über Hitler gemacht und Kommunisten in seiner Wohnung versteckt gehalten. Die Staatsanwaltschaft stellte das Verfahren ein, weil sie zu der Überzeugung gelangt war, die Denunziation sei aus einem Streit zwischen Nachbarn entstanden, und der Maler genieße bei seinen Nachbarn einen besseren Ruf als die Denunziantin. Aber dieser zunächst positive Ausgang des Falls schützte ihn am Ende nicht. Mitte Dezember 1941 schrieb Kriminalobersekretär Richard Schulenburg im Abschlussbericht zu der Akte, man habe den Mann zusammen mit seinen Angehörigen am 11. Dezember 1941 »nach Riga evakuiert«. Nur im letzten jüdischen Fall in den Krefelder Ermittlungsakten aus dem Jahr 1933 war an keiner Stelle von Kommunismus die Rede. Hier wurde eine wohlhabende jüdische Hausfrau, die mit einem Nichtjuden verheiratet war, von ihrem Schwager denunziert, sie habe die nationale Regierung verunglimpft. Obwohl auch in diesem Fall die Ermittlungen bald wieder eingestellt wurden, wurde die Akte ebenfalls mit einer düsteren Notiz geschlossen. Wie Kriminalsekretär Braun vermerkte, war die Frau am 25. Juli 1942 »nach dem Osten evakuiert« worden.[36]

Nachdem die meisten bekannten oder mutmaßlichen jüdischen Kommunisten 1933 verhaftet worden waren oder das Land verlassen hatten, waren die beiden folgenden Jahre im Hinblick auf die Verfolgung von Juden durch die Gestapo verhältnismäßig ruhig. 1934 wurden in Krefeld nur gegen vier Juden Ermittlungen eingeleitet; das ist die niedrigste Zahl jüdischer Fälle im gesamten Untersuchungszeitraum. 1935 gab es bis zur Verabschiedung der Nürnberger Gesetze im September fünf Ermittlungsverfahren gegen Krefelder Juden. Die meisten Vergehen waren geringfügig und wurden lediglich mit kurzen Haftstrafen geahndet. Nur in einem Fall war von Kommunismus die Rede. Im Großen und Ganzen unterschieden sich die Verfahren in den Jahren 1934 und 1935 nicht wesentlich von der großen Menge der Verfahren, die während dieser Zeit gegen Krefelder Nichtjuden eingeleitet wurden, obwohl Antisemitismus dabei eine spürbare Rolle spielte.

Wie in den Verfahren gegen Nichtjuden wurden die meisten dieser Verfahren durch die Anzeige eines Nachbarn oder eines Arbeitskollegen in Gang gesetzt, der den Betroffenen beschuldigte, dieser habe abfällige Bemerkungen über Hitler oder andere Parteigrößen gemacht oder auf andere Weise gegen die Gesetze verstoßen, die das Recht auf freie Meinungsäußerung einschränkten.[37] Ein Beispiel hierfür ist der Fall eines jüdischen Geschäftsmannes und Frontkämpfers, der im Ersten Weltkrieg schwer verwundet worden war. Im Februar 1934 denunzierte ihn ein Bekannter wegen Äußerungen wie »Heilt Hitler!«, »Scheiße ist auch braun« oder dass »man demnächst den Nachweis der arischen Abstammung bis zum Affen zurück verlangen werde«. Erst im November 1935 wurde er wegen dieser Äußerungen belangt – er musste ein Bußgeld von 50 Reichsmark zahlen –, doch das war noch nicht das Ende der Geschichte. Jahrelang setzte ihn die Gestapo mal mehr, mal weniger unter Druck, damit er das Land verließ, bis er schließlich plante, mit seiner Familie nach Chile auszuwandern. Doch es kam nie dazu. Im Juni 1942 wurde er mit Frau und Sohn in den Osten deportiert.[38]

In Fällen wie diesem, in dem die Mitgliedschaft in der Kommunistischen Partei oder andere Formen einer oppositionellen politischen Betätigung keine Rolle spielten, setzte die Gestapo nur selten Spionage ein, um Menschen vor Gericht zu bringen. Ins Ausland emigrierte Juden indes wurden gelegentlich von eigens beauftragten Agenten beschattet, die der Gestapo in Deutschland Bericht erstatteten. Im April 1934 emigrierte beispielsweise ein 27 Jahre alter Krefelder Jude nach New York und wurde freier Mitarbeiter für die *New York Post* und andere US-amerikanische Zeitungen. Sehr bald zog er den Zorn des RSHA in Berlin auf sich, weil er unter dem Pseudonym Johannes Steel ein Buch mit dem Titel *Hitler aus Frankenstein* veröffentlicht hatte. Da die Gestapo ihn im Ausland nicht verhaften konnte, setzte sie seine Angehörigen in Krefeld unter Druck. In den folgenden Jahren wurde die Post an seine Eltern heimlich abgefangen und gelesen. Doch in kluger Voraussicht schrieb Steel seinen Eltern nichts, was politisch verfänglich gewesen wäre. Schließlich stellte die Gestapo die Postüberwachung ergebnislos wieder ein.[39] In einem weiteren Fall ging es um einen jüdischen Handelsvertreter, der Ende August 1935 über die nahe gelegene holländische Grenze bei Kaldenkirchen geflohen war, nachdem eine Anwohnerin ihn angezeigt hatte, weil er ein Mitgliedsabzeichen der NSDAP am Jackett getragen und sich so als Parteimitglied ausgegeben hatte. Aus seiner Ermittlungsakte ergibt sich, dass er und andere deutsche Juden, die ebenfalls nach Holland geflohen waren, dort weiterhin überwacht wurden.[40] Nur bei einem einzigen Fall aus dieser Zeit ist es eindeutig, dass die Gestapo einen Verdächtigen auf deutschem Boden beschatten ließ. Er betraf einen jüdischen Handelsreisenden, dem nachgesagt wurde, mit Kommunisten in Saarbrücken in Verbindung zu stehen. Allerdings wurden keine belastenden Indizien gefunden, obwohl der Mann jahrelang bespitzelt wurde, und es kam zu keiner Verhaftung.[41]

Antisemitismus seitens der Bevölkerung spielte bei mindestens zwei Vorkommnissen eine Rolle, die sich im Sommer 1935 in Krefeld ereigneten. In beiden Fällen ging es um angebliche Verstöße gegen das »Heimtückegesetz« vom 20. Dezember 1934, das politisch abfällige und verleumderische Bemerkungen unter Strafe stellte,[42] und in beiden Fällen war der Ermittler Theo Schommer, damals noch Kriminalassistent. Erst während des Krieges wurde er zum Kriminalsekretär befördert. Beiden Fällen lag offensichtlich eine persönliche Fehde zugrunde, und obwohl die Beschuldigten Juden waren, stellte Schommer die Ermittlungen von sich aus ein.

Im ersten Fall wurde eine ledige 55-jährige Jüdin Ende Juni 1935 von einem Zahnarzt, der von ihr Räumlichkeiten gemietet hatte, beschuldigt, abfällige Bemerkungen über Hitler und andere NS-Größen gemacht zu haben.[43] Um seinen Beschuldigungen besonderen Nachdruck zu verleihen, beauftragte der Zahnarzt seinen Anwalt, die Anzeige aufzusetzen und bei der Polizei einzureichen. Beide behaupteten in dem Schreiben, die Frau habe staatsfeindliche Äußerungen von sich gegeben. Wörtlich hieß es weiter: »Fräulein D. ist Jüdin und erscheint es uns angebracht, sie einmal entsprechend ihren Gastpflichten in Deutschland zu belehren.« Schommer stellte das Ermittlungsverfahren jedoch fast augenblicklich mit der Begründung ein, die Anschuldigung sei aus Bösartigkeit erfolgt. Außerdem lägen die inkriminierten Äußerungen der Frau über ein Jahr zurück und fielen deshalb noch nicht unter das Heimtückegesetz.

Einen Monat später, am 29. Juli, denunzierte ein 47-jähriger SA-Mann einen 65-jährigen jüdischen Eierhändler und erklärte, er halte es für angebracht, dass »der Jude eine Weile kalt gestellt [werde]«.[44] Der SA-Mann hatte die Anzeige in Form eines Briefs seinem Scharführer übergeben, der sie an die Krefelder Polizei weiterleitete. Eine Woche später, am 6. August, wurden der Denunziant, der Beschuldigte und ein Zeuge (ebenfalls ein SA-Mann) ins Krefelder Polizeipräsidium bestellt, um ihre Version des Vorfalls wiederzugeben.

Am Sonntag, dem 28. Juli, hatte der Jude abends gegen halb sechs einen großen Biergarten im Krefelder Stadtgarten betreten. Als er an einem Tisch vorbeiging, an dem die beiden SA-Männer saßen, rief einer der beiden ihm zu:»Was wollen Sie? Sie scheinen ja ein netter Deutscher zu sein!« Darauf erwiderte er:»Was sind Sie denn, Sie 8-Mark-Wohlfahrts-Empfänger!«

Schommer nahm die Aussagen auf und gelangte zu dem Schluss, dass hier kein strafwürdiges Vergehen vorlag. Trotzdem warnte er den Juden nachdrücklich, sich nicht noch einmal in Schwierigkeiten zu bringen, denn beim nächsten Mal müsse er damit rechnen, bestraft zu werden. Der Jude versprach, nie wieder den Stadtgarten zu betreten, und Schommer schloss den Fall ab.

Die Juden in Köln, Bergheim und anderen Städten hatten regelmäßig mit antisemitischen Demütigungen und Angriffen von fanatischen Nationalsozialisten, aber auch von gewöhnlichen Bürgern zu kämpfen, vielfach sogar von Kindern. Doch zumindest in den ersten Jahren des Dritten Reiches schenkten die Behörden solchen Anschuldigungen noch wenig Beachtung, wie ein Beispiel aus den Akten des Kölner Sondergerichts zeigt.[45] Am Nachmittag des 17. August 1934 machte eine wohlhabende Jüdin von 55 Jahren Einkäufe in der Kölner Hohestraße und stieß auf zwei Jugendliche der HJ, die dort ihre Zeitung *Fanfare* verkauften. Als sie die Schlagzeile las:»Wer sich mit Juden einläßt, beschmutzt die Nation«, sagte sie empört zu den Jugendlichen:»Es ist gemein, dass ihr die Zeitung verkauft, es wäre besser, wenn wieder Rot gewählt würde.« Die beiden Jungen, zwölf und dreizehn Jahre alt, rannten sofort zu einem SS-Mann in der Straße und erzählten ihm, was die Frau gesagt hatte. Dieser informierte wiederum einen Schupo in der Nähe, der die Frau schließlich festnahm.

Sie verbrachte eine ganze Nacht im Gefängnis, während ihr sechzehnjähriger Sohn im Domhotel auf sie wartete (die Frau und ihr Sohn wohnten in Leipzig und hatten gerade eine Schiffsreise auf dem Rhein beendet), bis sie die Möglichkeit erhielt, zu den Vorwürfen Stellung zu nehmen. (Zuvor hatte die Polizei den älteren der beiden Hitlerjungen vernommen.) Sie gab die ihr vorgeworfene Äußerung ohne zu zögern zu, bat jedoch dafür um Entschuldigung. Sie sei außerordentlich erregt gewesen, habe jedoch »nicht die Absicht [gehabt], mich gegen die Regierung oder die heutige Staatsform im staatsfeindlichen Sinne zu wenden«. Ihr Motiv erklärte sie gegenüber der Polizei mit den Worten:»Ich hatte plötzlich das Gefühl, meine bisherige Lebensführung bezw. meine Religion zu verteidigen.« Als Beweis für ihre Unterstützung der gegenwärtigen Regierung setzte sie hinzu, dass ihr Sohn drei Monate bei der HJ gewesen sei, bis er wegen seiner jüdischen Herkunft ausgeschlossen worden sei.

Der für den Fall zuständige Beamte leitete die Sache an die Staatsanwaltschaft weiter, entließ die Frau jedoch vorläufig und machte einen Vermerk in der Akte, dass sie nicht vorbestraft sei und ihren festen Wohnsitz in Leipzig habe, wo sie zu erreichen sei. Vier Tage später, am 22. August 1934, stellte der Staatsanwalt die Ermittlungen mit der Begründung ein, der Redaktionsleiter der *Fanfare* habe keine Anzeige wegen verleumderischer Äußerungen erstattet, und mit einer solchen Anzeige sei auch nicht mehr zu rechnen.

Fälle wie dieser, in dem übereifrige Hitlerjungen Juden bei der Polizei anzeigten, waren auch in anderen deutschen Städten keineswegs ungewöhnlich. Doch in den Vorkriegsjahren wurden Jugendliche zu diesem Verhalten von Polizei- und Justizbeamten offenbar nicht besonders ermuntert. (Während des Krieges sollte sich die Lage allerdings ändern: Jetzt wurden Heranwachsende immer wieder angehalten, jüdische Nachbarn zu bespitzeln.) In Krefeld beispielsweise wurden zwei geistig behinderte, arbeitslose jüdische Brüder mittleren Alters, Arthur und Moritz S., in den dreißiger Jahren immer wieder auf den Straßen der Stadt verspottet. Die Kinder riefen ihnen hänselnd »Lullo« hinterher (in einer der Polizeiakten zu dem Fall auch »Lullu« geschrieben) und zeigten sie mehrmals bei der Polizei an, weil die Brüder zurückgeschimpft hatten. Im März 1936 wurde Arthur von einem dreizehnjährigen Schulmädchen angezeigt, weil er sie und andere, noch jüngere Mädchen angebrüllt habe: »Heil Moskau, ihr Säue!« Im September 1937 tauchten zwei elf und zwölf Jahre alte Hitlerjungen, die für das Winterhilfswerk (WHW) Anstecknadeln verkauften und Moritz »Lullo« genannt hatten, bei der Polizei auf, weil Moritz ihnen entgegnet hatte, »steckt euch die WHW-Abzeichen in die Furt«. Und im September 1938 wurde Arthur erneut zur Gestapo vorgeladen, weil ein Hitlerjunge ihn beschuldigte, »Nazi-Kinder, verrecke!« gerufen zu haben. In keinem dieser Fälle wurde gegen die Brüder Anklage erhoben, doch jedes Mal wurden sie zu einer Vernehmung einbestellt. Beim letzten Mal erteilte man ihnen die deutliche Warnung, wenn noch einmal eine Anzeige eingehen sollte, hätten sie »mit schärfsten staatspolizeilichen Maßnahmen zu rechnen«.[46]

Im ersten Fall in den Kölner Sondergerichtsakten, der Mitglieder der winzigen jüdischen Gemeinde in Bergheim betraf, ging es ebenfalls um angeblich staatsfeindliche Äußerungen als Reaktion auf antisemitische Angriffe. (Für den kleinen Ort war das Sondergericht Köln zuständig.)[47] Zwei unverheiratete jüdische Schwestern, Selma und Berta S., 31 und zwanzig Jahre alt, wurden im Dezember 1935 bei der NSDAP-Kreisleitung von einer Nachbarin denunziert, weil die ältere der beiden Schwestern zu ihr und einigen weiteren Nachbarn angeblich gesagt hatte: »Ihr könnt mich mit der Kreisleitung am Arsch lecken.«

Der stellvertretende Kreisleiter legte daraufhin eine Beschwerde bei der Bergheimer Polizeistelle ein, die den Fall Kriminalbezirkssekretär Gottfried Schleiden zur Bearbeitung übergab. Die meisten der politischen Fälle, in denen Juden und Nichtjuden in Bergheim während des Dritten Reiches betroffen waren, gingen über Schleidens Schreibtisch. Der Kriminalbezirkssekretär bestellte die beschuldigten Frauen, die Erstatterin der Anzeige sowie etliche Nachbarn ein, um ihre Aussagen zu protokollieren. Während einige der Zeuginnen und Zeugen gegen die Schwestern und andere zu deren Gunsten aussagten, förderte die Ermittlung folgende Vorgeschichte zutage: Die beiden Schwestern waren in den vorangegangenen Wochen und Monaten fortwährend von SA-Schlägern sowie von der Denunziantin und ihrem Ehemann verhöhnt und bedroht worden. Nach Angaben der Schwestern hatte der Ehemann überhaupt erst die SA-Leute dazu angestiftet. Immer und immer wieder hatten die Männer sie als »Säue« beschimpft. Mehrmals wurden sie auch körperlich bedroht. Einmal sagte man ihnen, man werde ihnen das Haus über dem Kopf anzünden. Ein anderes Mal drohten ihre Peiniger ihnen, sie in Stücke zu schneiden.

Schleiden gelangte zu dem Schluss, der Fall sei so schwerwiegend, dass er der Staatsanwaltschaft in Köln übergeben werden müsse, die wiederum eine offizielle Anklageschrift aufsetzte und die Sache vor Gericht brachte. M. Weinberg, ein renommierter jüdischer Anwalt in Köln, stand den beiden Schwestern als Verteidiger zur Seite und verfasste einen fünfzehnseitigen Schriftsatz, der das Kölner Gericht, vor dem die Sache verhandelt wurde, überzeugte. Am 1. April 1936 wurden die Schwestern »aus Mangel an Beweisen« freigesprochen. Dennoch: Die beiden Schwestern mussten einen langen Leidensweg hinter sich bringen, bis das Gericht zu dieser humanen Entscheidung kam. Und gegen ihre Peiniger wurde nichts unternommen.

Die Nürnberger Gesetze und die Verfolgung der Juden – September 1935 bis November 1938

Die Parteiführung in Berlin war beunruhigt über Fälle, in denen die Polizei- und Justizbehörden genötigt waren, die antisemitisch motivierten Forderungen von fanatischen Nationalsozialisten und Parteiaktivisten zurückzuweisen. 1935 unternahm sie wichtige Schritte, um die Parteibasis ruhig zu stellen und die Lage unter Kontrolle zu bekommen. Zunächst erließ Rudolf Heß am 11. April 1935 folgende Warnung an alle NSDAP-Mitglieder:

»Wenn ich auch verstehen kann, daß sich alle anständigen Nationalsozialisten voller Empörung gegen diese neuen Versuche des Judentums auflehnen, so muß ich doch dringlichst davor warnen, dieser Empörung etwa durch Terroraktionen gegen einzelne Juden Luft zu machen, da diese praktisch nur das Ergebnis zeitigen können, die Parteigenossenschaft in einen vom Judentum begrüßten Gegensatz zur politischen, zum größten Teil aus Parteigenossen bestehenden Polizei unseres Staates zu bringen.
Die politische Polizei aber kann in solchen Fällen gar nicht anders, als nach der strengen Weisung des Führers alle Maßnahmen zur Aufrechterhaltung von Ruhe und Ordnung zu treffen, um damit dem Führer die Möglichkeit zu geben, die jüdische Greuel- und Boykottpropaganda im Ausland jederzeit Lügen strafen zu können.«[48]

Darüber hinaus bemühte sich die Parteiführung, durch gesetzgeberische Mittel den Druck auf die Juden zu erhöhen und deren rechtlichen Status zu klären. Am bedeutsamsten war hier das am 15. September 1935 auf dem Reichsparteitag in Nürnberg verkündete »Gesetz zum Schutze des deutschen Blutes und der deutschen Ehre« (»Blutschutzgesetz«), das einen Wendepunkt bei der »legalen« Verfolgung der Juden darstellte und der Polizei eine wesentlich stärkere Rolle bei der Verfolgung zuwies.[49] Die Nürnberger

Gesetze – das »Blutschutzgesetz«, das »Reichsbürgergesetz« und das so genannte Reichsflaggengesetz –, denen eine neue Welle von Übergriffen der Bevölkerung gegenüber Juden und antisemitischen Boykotten in den Frühjahrs- und Sommermonaten vorausgegangen war (die in der Erinnerung einiger Krefelder Juden verhängnisvoller waren als die Boykotte von 1933)[50], gaben den Polizei- und Justizbehörden wirkungsvolle neue Waffen an die Hand. Die neuen Gesetze entzogen den Juden ihre staatsbürgerlichen Rechte, lieferten eine Definition, wer als Jude zu gelten hatte, und schrieben vor, welche körperlichen Beziehungen zwischen Juden und Nichtjuden erlaubt waren und welche nicht. Mit dieser Hilfestellung bei einer »Normalisierung« der staatlich sanktionierten Ausgrenzung der Juden dauerte es nicht lange, bis die Gestapo durch die Errichtung spezieller »Judenreferate« im Zentrum des Terrorapparats in Berlin und von Gestapostellen im ganzen Land ihren eigenen Umgang mit »Judenangelegenheiten« institutionalisierte.

Die Nürnberger Rassengesetze verboten Juden nicht nur Eheschließungen und sexuelle Kontakte mit »Staatsangehörigen deutschen oder artverwandten Blutes«, sondern auch die Anstellung nichtjüdischer Dienstmädchen unter 45 Jahren sowie das Zeigen der deutschen Reichsfarben Schwarz-Weiß-Rot und das Hissen der Nationalflagge (Hakenkreuzfahne). Die rechtliche Schutzlosigkeit und die gesellschaftliche Isolation der Juden bekamen damit eine neue Dimension. Da Hitler – der auf die Formulierung dieser Gesetze persönlich Einfluss nahm – der Überzeugung war, dass bei sexuellen Kontakten die Initiative stets von Männern ergriffen würde, konnte bei einem Verstoß gegen das »Blutschutzgesetz« nur der männliche Partner strafrechtlich zur Verantwortung gezogen werden.[51] Theoretisch sollten sowohl jüdische als auch »deutschblütige« Männer – mit Freiheitsstrafen bis zu 15 Jahren – bestraft werden, wenn sie sich der »Rassenschande« schuldig gemacht hatten, ein strafrechtlicher Tatbestand, den das »Blutschutzgesetz« neu geschaffen hatte. In der Praxis wurden weitaus häufiger Juden als Nichtjuden und manchmal auch Jüdinnen bestraft; allerdings übten im letzteren Fall die Gestapobeamten selbst und nicht die Gerichte die Strafjustiz aus.

Wenn »Mischehen« zwischen Juden und »Deutschblütigen« verboten und die Juden immer neuen rechtlichen Schikanen unterworfen werden sollten, musste auch definiert werden, wer »Jude« war und wer nicht. Das war eine keineswegs einfache Aufgabe: Bis

118

zur Verabschiedung der Nürnberger Gesetze gab es keine allgemein verbindliche Definition des »Juden«. Nicht nur die Vertreter von Partei und Staat, auch die Juden selbst waren in dieser Frage uneins. Viele Juden waren lange vor der nationalsozialistischen Machtergreifung zum Christentum übergetreten, und viele hingen überhaupt keiner Religion an. Außerdem war eine große Zahl von Juden mit einem nichtjüdischen Partner verheiratet oder entstammte selbst einer »Mischehe«. In den Jahren 1931 und 1932 waren rund 36 Prozent aller neu geschlossenen Ehen von Juden so genannte Mischehen; 1933 stieg dieser Anteil auf 44 Prozent. Nur ein Viertel der Kinder aus diesen »Mischehen« wurde im jüdischen Glauben erzogen.[52]

In der Regel zogen die Funktionäre der Partei eine umfassendere Definition dessen vor, was »den Juden« kennzeichnete, als die Verwaltungsbeamten. Für die meisten Mitglieder und Funktionsträger der NSDAP war jeder mit einem Tropfen jüdischen Bluts in den Adern Jude und hatte es verdient, gnadenlos verfolgt zu werden. Demgegenüber hielten es viele Regierungs- und Justizbeamte für notwendig, zwischen so genannten Volljuden und Mischlingen zu unterscheiden: »Die Partei ›bekämpfte‹ die Teiljuden als Träger des ›jüdischen Einflusses‹; die Verwaltungsbehörden wollten beim Teiljuden ›den Teil, der deutsch ist‹, schützen.«[53] Am Ende wurde die Begriffsbestimmung im Innenministerium ausgearbeitet, und die Partei hatte mit ihrer Auffassung das Nachsehen.

Die Erste Durchführungsverordnung zum Reichsbürgergesetz vom 14. November 1935 lieferte die Definition. Als Jude war anzusehen, wer mindestens drei jüdische Großeltern hatte. Unter einer Vielfalt besonderer Voraussetzungen konnte aber auch jemand als Jude definiert werden, der nur zwei jüdische Großeltern hatte: wenn er vor dem 15. September 1935 einen jüdischen Partner geheiratet hatte oder selbst der jüdischen Glaubensgemeinschaft angehörte, wenn er einer illegitimen Verbindung zwischen einem jüdischen und einem nichtjüdischen Partner entstammte und nach dem 31. Juli 1936 geboren war oder wenn er der legitimen Verbindung zwischen einem jüdischen und einem nichtjüdischen Partner entstammte, die nach dem 15. September 1935 geheiratet hatten. Ein Großelternteil war dann als jüdisch anzusehen, wenn er oder sie der jüdischen Religionsgemeinschaft angehörte. Personen, die nach dieser Maßgabe keine Juden waren, aber wenigstens einen jüdischen Großelternteil hatten, wurden als »Mischlinge« definiert.

In späteren Durchführungsverordnungen wurden sie wiederum aufgeteilt in »Mischlinge ersten Grades« (mit zwei jüdischen Großeltern) und »Mischlinge zweiten Grades« (mit nur einem jüdischen Großelternteil). Wie in einem späteren Kapitel noch eingehender dargelegt wird, galten »Mischlinge« nicht als Arier, und sie befanden sich bis zum Ende des Krieges in einer prekären Lage. Dennoch waren die meisten »Mischlinge« trotz ihrer Schwierigkeiten wesentlich besser dran als die »Volljuden«, und die meisten überlebten den Holocaust.[54]

Nachdem nun festgelegt war, wer zur Ausgrenzung bestimmt war, konnte die Verfolgung in einem formaleren Rahmen fortgesetzt werden. Zu diesem Zweck schuf das Zentrum des Terrorapparats in Berlin sehr bald eine eigene Abteilung mit Fachleuten in »Judenangelegenheiten«, die über das weitere Vorgehen gegen die Juden entschied. Im Herbst 1936 wurde eine neue Unterabteilung des SD für so genannte Judenangelegenheiten mit Adolf Eichmann als stellvertretendem Leiter gebildet. In der Absicht, »die gesamte Tätigkeit in der Judenfrage in den Händen von SD und Gestapo« zu zentralisieren, hieß es im Tätigkeitsbericht der Abteilung II 122 vom 18. Dezember 1936: »Vorläufige Zielsetzung der nationalsozialistischen Judenpolitik muß sein: 1. Zurückdrängung des jüdischen Einflusses auf allen Gebieten des öffentlichen Lebens (einschließlich der Wirtschaft). 2. Förderung der jüdischen Auswanderung.«[55]

Um dieselbe Zeit rationalisierten die lokalen Gestapostellen in Städten wie Krefeld und Köln ebenfalls die Behandlung von »Judenangelegenheiten« und schufen eigene Judenreferate unter der Leitung von »Sachbearbeitern für Judenangelegenheiten« wie Richard Schulenburg von der Krefelder Gestapo. Obwohl Schulenburg 1949 in dem Prozess gegen seinen ehemaligen Kollegen Alfred Effenberg aussagte, er sei »seit Bestehen der Außendienststelle der Gestapo in Krefeld« (womit er den August 1937 meinte) der Leiter des dortigen Judenreferats gewesen, ergibt sich aus den Ermittlungsakten der Krefelder Gestapo, dass er bereits 1936 in Fällen gegen Juden eine maßgebliche Rolle zu spielen begann.[56] Bis 1936 wurden Ermittlungen gegen Juden in Krefeld in der Regel von anderen Beamten wie Theodor Schommer und Karl Schmitz durchgeführt. Danach leitete Schulenburg die meisten Ermittlungen gegen Juden, auch wenn Schommer, Schmitz, Gustav Burkert,

Herbert Braun und andere Beamte noch immer einen Teil dieser Ermittlungen übernahmen oder Schulenburg bei anderen Fällen assistierten, vor allem wenn diese sich mit ihrem eigenen Geschäftsbereich überschnitten.[57]

Die zunehmende Bürokratisierung der »Judenangelegenheiten« ermöglichte es dem NS-Regime, diskreter, präziser und damit effizienter gegen die Juden vorzugehen als bisher. Da er einen Boykott durch das Ausland befürchtete, der seine Aufrüstungspläne zunichte machen könnte, war Hitler daran gelegen, der Außenwelt vor allem während der Olympischen Spiele 1936 in Berlin, aber auch in den folgenden Jahren ein positives Bild von Deutschland zu vermitteln. Zu diesem Zweck mussten antisemitische Ausschreitungen auf ein Minimum beschränkt bleiben, eine Taktik, die bei den meisten Beobachtern die erwünschte Wirkung zeigte: Die Jahre 1936 und 1937 wurden als »ruhig« wahrgenommen und weckten »die Illusion einer ›Schonzeit‹«.[58]

Viele US-Amerikaner und andere Ausländer, die im Sommer 1936 zu den Olympischen Spielen kamen, waren auf das Schlimmste gefasst. Zu ihrem Erstaunen trafen sie auf eine geschäftige und optimistische Gesellschaft ohne jede Spur von antisemitischen Umtrieben. Julius Streichers obszöner *Stürmer* wurde nicht mehr in öffentlichen Schaukästen an großen Gebäuden in Berlin und anderen Städten ausgehängt, die Boykottkampagnen gegen jüdische Geschäfte waren unterbrochen worden, und in der deutschen Mannschaft gab es sogar einige jüdische Sportler. »Touristen und Reporter aus dem Ausland – 1500 waren angereist, um über die Spiele zu berichten – waren so beeindruckt von dem, was sie sahen, dass viele die Geschichten von brutalen Übergriffen als übertrieben abtaten.«[59] Das Verwirrspiel war so erfolgreich, dass ein US-amerikanischer Reporter befürchtete, die Besucher könnten »geneigt [sein], alles antideutsche Denken und Handeln im Ausland als geschmacklos und ungerecht abzuqualifizieren. [Der Besucher] sieht nirgendwo, dass den Juden die Köpfe abgerissen werden [...] Die Menschen lächeln, sind höflich und singen mit Begeisterung in den Biergärten [...] Alles ist furchtbar sauber, und dem Besucher gefällt das alles.«[60]

Selbst viele Juden fielen darauf herein. Als die Gestapo am 24. August 1938 die Wohnung des damaligen jüdischen Kommunisten Karl Muschkattblatt in Köln-Bayenthal »gründlich durchsuchte«, fand Kriminalassistent Büthe zwei dicke Aktenordner mit

121

einem Briefwechsel zwischen Muschkattblatt und emigrierten Juden. Der Durchschlag eines Briefes vom 28. Februar 1938 an einen deutschen Juden in Belgien erwies sich als besonders belastend: Aus ihm ging hervor, dass Muschkattblatt an illegalen Aktivitäten im Inland beteiligt war und im Ausland regimefeindliche Informationen verbreitet hatte. In dem Brief hatte Muschkattblatt geschrieben, er höre weiterhin Radio Moskau und verabscheue die Unterdrückung der Rede- und Meinungsfreiheit in Hitler-Deutschland. Aber er hatte auch berichtet, dass der Antisemitismus im Kreis Köln nicht besonders um sich greife und ein Großteil der dortigen Einwohnerschaft gegen die Nationalsozialisten eingestellt sei.

Um die Behauptungen zu belegen, schilderte Muschkattblatt ausführlich den Kölner Karnevalszug von 1936. Der Ortsverband der NSDAP hatte drei Festwagen für den Umzug beantragt, jedoch nur einen zugebilligt bekommen. Ausführlich beschrieb Muschkattblatt, wie sich einer der traditionellen Büttenredner vor einer großen Menschenmenge über die Nationalsozialisten lustig gemacht hatte. Der Mann hatte sich zu Beginn seines Auftritts langsam aus der »Bütt« mit ausgestrecktem rechtem Arm erhoben, als wollte er die Anwesenden mit dem Hitlergruß grüßen. Der Menge verschlug es zunächst die Sprache, war doch der Kölner Karneval gewöhnlich nicht der geeignete Anlass, um Loyalität gegenüber dem Regime zu demonstrieren. Da sich im Saal jedoch auch zahlreiche SA- und SS-Männer befanden, mussten die Anwesenden den Gruß erwidern:»Das Publikum schaut ihn zunächst verblüfft an, dann erhebt es sich langsam und tut desgleichen. Da dreht jener bloß die Hand um und sagt: ›Rähnt et?!!!‹ [Regnet es?]« Dann folgte eine Reihe von Witzen auf Kosten des Regimes, in denen es unter anderem um die unterdrückte Meinungsfreiheit ging:»Ich moht mer jestern drie Zäng trecke loße, och dat hät esu wieh jedonn! Dä Zahnarzt moht mer die us der Nas erustrecke!« – »Wiesu dat dann?« –»Jo, mer darf doch die Mul nit mieh opdonn!« [Für Unkundige: Gestern musste ich mir drei Zähne ziehen lassen, das hat vielleicht weh getan! Der Zahnarzt musste mir die aus der Nase rausziehen … Warum das denn? … Man darf doch den Mund nicht mehr aufmachen!][61]

Aber auch wenn nach den Nürnberger Gesetzen vom Herbst 1935 antisemitische Ausschreitungen nachließen, bedeutete das nicht, dass Deutschland wieder zur Besinnung gekommen wäre, wie Muschkattblatt gehofft hatte. Die Judenverfolgung wurde in den nächsten Jahren lediglich weniger öffentlich als bisher fortgesetzt. Den Krefelder Gestapoakten lässt sich entnehmen, dass das Tempo der Verfolgung sogar beschleunigt wurde. 1936 ermittelte die Krefelder Gestapo in mehr Fällen gegen Juden als in jedem anderen Jahr im Dritten Reich, wobei Ermittlungen wegen »Rassenschande« – in aller Regel ausgelöst durch Denunziationen aus der Bevölkerung[62] – den Löwenanteil ausmachten. Aber auch in den drei verbleibenden Friedensjahren war die Gestapo keineswegs untätig.

Die Fälle aus diesem Zeitraum unterscheiden sich in mehrfacher Hinsicht von den Anklagen, die in den ersten Jahren des NS-Regimes gegen Juden erhoben wurden. Die Zahl der Denunziationen aus der Bevölkerung war jetzt höher, was darauf hindeutet, dass deren antisemitische Gesinnung womöglich doch nicht nachgelassen hatte, wie manche behauptet haben. Die Zahl der Anzeigen wegen kommunistischer oder anderer linkspolitischer Aktivitäten ging zurück (nach 1934 findet sich in den Krefelder Gestapoakten kein einziger derartiger Fall mehr), ein Zeichen dafür, dass das Regime inzwischen den Widerstand von links erfolgreich erstickt hatte. Zurückgegangen war auch der Anteil der Anzeigen wegen abfälliger oder verleumderischer Bemerkungen, was vermuten lässt, dass die Juden in ihren Äußerungen und ihrem Auftreten in der Öffentlichkeit vorsichtiger geworden waren, weil sie erkannt hatten, was mit ihnen andernfalls passieren konnte. Tatsächlich waren die meisten Fälle unpolitischer Natur und hatten nichts mit regimefeindlichen Äußerungen oder Aktivitäten zu tun. Zumeist ging es um Verstöße, die erst seit kurzem unter Strafe gestellt waren, zum Beispiel gegen das »Blutschutzgesetz« oder gegen die Devisengesetze oder um Handlungen, von denen die Juden nicht einmal wussten, dass sie verboten waren. Manche davon waren es auch gar nicht, wie etwa das Heben des rechten Arms zum Hitlergruß. Andere Akten kamen dadurch zustande, dass Juden, die aus dem Ausland zurückkehrten, in so genannte Schulungslager (die auch als Konzentrationslager bezeichnet wurden) geschickt wurden.[63]

So geringfügig diese Verstöße waren, so hart fiel häufig die Strafe aus im Vergleich zu der milden Behandlung nichtjüdischer Delinquenten. Die willkürliche Handhabung von »Rassenschandefällen« durch die Justiz ist hier das beste Beispiel. Zunächst waren

123

die deutschen Gerichte bei der Bestrafung solcher Fälle sehr zurückhaltend. Bis Oktober 1936 wurden im Reichsjustizministerium nur 266 Fälle von »Rassenschande« registriert, die mit einer Verurteilung endeten, 223 Mal mit einer Haftstrafe von maximal einem Jahr, 43 Mal mit einer höheren Haftstrafe. Obgleich theoretisch Juden wie Nichtjuden dieselbe Strafe zu erwarten hatten, sah die Praxis anders aus. Es wurden nicht nur mehr Juden (206) als Nichtjuden (60) verurteilt, von den längeren Haftstrafen waren zudem fast ausschließlich Juden betroffen (39 von 43).

So willkürlich die Justiz auch verfuhr, sie konnte weder die lokalen Parteigrößen noch das Gestapa (Geheimes Staatspolizeiamt) in Berlin zufrieden stellen, das am 21. März 1936 gegen die milden Urteile der Gerichte Beschwerde einlegte.[64] Danach stieg die Zahl der Verurteilungen, und die Urteile wurden schärfer. Ein Urteil des Obersten Reichsgerichts verfügte, zu den verbotenen sexuellen Beziehungen zählten »alle geschlechtlichen Betätigungen, [...] die nach ihrer Vornahme geeignet sind, anstelle des Beischlafes der Befriedigung des Geschlechtstriebes mindestens des einen Teils zu dienen«.[65] Mit dieser weit gesteckten Definition erreichte die Zahl der Strafverfolgungen wegen »Rassenschande« 1937 einen Höhepunkt. In den Folgejahren ging die Zahl immer weiter zurück, da die jüdische Bevölkerung in Deutschland stetig abnahm.[66]

Die relative Härte der von deutschen Gerichten gegen Juden verhängten Urteile verdeckte die noch härtere Behandlung von Juden durch die Gestapo. Ein Geheimerlass Reinhard Heydrichs vom 12. Juni 1937 verfügte, dass wegen »Rassenschande« verurteilte Personen nach Verbüßung ihrer Haftstrafe in ein Konzentrationslager zu überstellen waren. Wie Michael Burleigh und Wolfgang Wippermann schreiben, »bedeutete dies in der Praxis, dass Personen, die sich der ›Rassenmischung‹ schuldig gemacht hatten, [...] zum Tode verurteilt wurden«.[67] Die Untersuchung der Gestapoakten in Krefeld ergab allerdings, dass dieser Erlass in der großen Mehrzahl der Fälle gegen Juden und nur selten gegen Nichtjuden angewendet wurde.[68]

Noch aufschlussreicher als Hinweis auf das willkürliche Vorgehen der Justiz gegenüber Juden war die Art und Weise, wie in Fällen von »Rassenschande« mit den Frauen umgegangen wurde. Handelte es sich um eine »deutschblütige« Frau, führten die Gestapobeamten die Vernehmung in der Regel in höflichem Ton, warnten die Frau, sich künftig nicht mehr auf eine solche Bezie-

hung einzulassen, und schickten sie nach Hause.[69] Jüdische Frauen
machten dagegen andere Erfahrungen. Zwar wurden sie nicht dem
Staatsanwalt und den Gerichten übergeben, da das Gesetz vorsah,
in diesen Fällen nur die Männer zu bestrafen. Aber nach Hause geschickt wurden sie meistens auch nicht; die Gestapo umging das
Gesetz, indem sie diese Frauen ohne jede gesetzliche Grundlage direkt in ein Konzentrationslager schickte.

In mancher Hinsicht schlimmer als die Überstellung in ein Konzentrationslager war die demütigende Tortur, denen jüdische
Frauen in den Gestapostellen unterworfen waren. Aus etlichen
Krefelder Gestapoakten geht hervor, dass Jüdinnen dazu benutzt
wurden, die perversen voyeuristischen Neigungen von einigen Gestapobeamten zu befriedigen, die ihre Vernehmungen in Rassenschandefällen weitaus detaillierter führten, als es für eine Überführung notwendig gewesen wäre. Häufig dehnten sie die Verhöre
über mehrere Tage aus – eine Praxis, die auch bei der Vernehmung
homosexueller Männer gang und gäbe war. Der Fall von Ruth W.
ist ein besonders auffallendes Beispiel.[70]

Das Dienstmädchen Ruth W., die Tochter eines Gemüsehänd-
lers, war sechzehn, als die Krefelder Gestapo Ende 1938 einen anonymen Hinweis erhielt, zwischen Ruth W. und einem 21-jährigen
nichtjüdischen Arbeiter bestehe eine verbotene sexuelle Beziehung.
Die beiden wurden Anfang Januar 1939 verhaftet und zum Verhör
in die Gestapostelle gebracht. Der Vernehmungsbeamte, ein Düsseldorfer Gestapobeamter namens Schneider, zwang die beiden,
ihre Geschichten so anschaulich wie möglich zu schildern.

Josef S. eröffnete seine Aussage mit folgenden Worten:

»Sittlich und moralisch wurde ich schon mit meinem 14. Lebens-
jahre verführt und zwar von der 17 jährigen Tochter meines der-
zeitigen Lehrherrn H. Sie führte mich, als wir gelegentlich allein
waren, auf ihr Schlafzimmer und hat mir dort eingehend den
Geschlechtsverkehr erklärt. Sie bat mich zunächst an ihrem Geschlechtsteil mit dem Finger zu spielen, dann führte sie mein
Geschlechtsteil ein. Im Verlauf der 4 Monate hat sie auf diese
Art und Weise des öfteren geschlechtlich mit mir verkehrt. Bei
jeder sich bietenden Gelegenheit hat sie meine Hose geöffnet
und an meinem Geschlechtsteil sich befriedigt. Verschiedentlich
geschah dieses etwa 6 Mal am Tage.«

Nach diesem Bericht über seine ersten sexuellen Erfahrungen kam er auf seine Beziehung mit Ruth W. zu sprechen. Wie er sagte, kam es zu ihren ersten sexuellen Kontakten im Frühjahr 1937. Zunächst sei sie zurückhaltend gewesen, doch schließlich sei sie bei der ganzen Sache zur treibenden Kraft geworden:»An einem Sonntag im Sommer des Jahres 1937 hat sie mich in ihre Wohnung eingeladen, weil ihre Eltern und auch sonst irgendwelche Personen nicht anwesend waren. Nach kurzer Zeit hat sie sich dann bis auf das Hemd und den Unterrock entkleidet und wir haben dann auf dem Liegesofa etwa 3–4 mal den Geschlechtsverkehr ausgeübt. Von diesem Zeitpunkt an haben wir fast regelmäßig, wenn ich des Sonntags von Düsseldorf nach Krefeld zu Besuch kam, im Freien geschlechtlich verkehrt.« Danach schilderte er mehrere Begegnungen in kleinen Hotels. Einmal seien sie um 9 Uhr abends aufs Zimmer gegangen und hätten einmal Geschlechtsverkehr gehabt, ohne sich auszuziehen;»dann hat sie sich völlig entkleidet und wir haben insgesamt dann 7 mal verkehrt. Am folgenden Morgen faßte sie an mein Geschlechtsteil und wollte erneut den Geschlechtsakt ausüben. Ich war hierzu nicht mehr in der Lage.«»Hiernach haben wir auch gelegentlich am Rhein in Kaiserswerth geschlechtlich verkehrt. Sie hat mich auch mehrmals hierbei mit der Hand befriedigt und auch meinen Geschlechtsteil in ihren Mund geführt ...« Schließlich lieferte er noch weitere Einzelheiten über sexuelle Kontakte zweimal auf einem Kriegerdenkmal, einmal an Weihnachten und zu anderen Gelegenheiten, bei denen er seine Uniform anbehalten hatte. (Das war während seiner Zeit im Reichsarbeitsdienst.) Am Ende seiner Aussage gab er allein der jungen Frau die Schuld; er habe mehrmals versucht, die Beziehung zu ihr abzubrechen, doch jedesmal habe sie ihm in einem Brief oder einer Unterredung versprochen, dass sie»alle Folgen auf sich nähme«.

Bevor Ruth W. einige Tage später vernommen wurde, schrieb der Gestapobeamte Schneider in einem Bericht:»Die W. scheint sittlich und moralisch auf einer sehr niedrigen Stufe zu stehen. Sie bildet eine große Gefahr für die Volksgemeinschaft, weshalb die Anwendung von Erziehungsmaßnahmen für unbedingt notwendig erscheinen.« Über das sittliche und moralische Niveau des jungen Mannes, der seit seinem vierzehnten Lebensjahr Geschlechtsverkehr mit Frauen hatte und höchstwahrscheinlich an einer Fortsetzung der Beziehung mit Ruth W. ebenso brennend interessiert war wie sie, sagte er nichts.

Bei ihrer ersten Vernehmung gab Ruth W. die Beziehung zu Josef
S. noch nicht zu, schilderte dafür jedoch Einzelheiten einer sexuellen
Beziehung mit einem nichtarischen Fotografen nach einer Foto-
sitzung. Nach einer weiteren Nacht im Gefängnis (in der sie möglicherweise gefoltert wurde) holte man sie am nächsten Morgen erneut zum Verhör. Diesmal begann sie ihre Aussage mit den schick-
salsschweren Worten: »Ich will jetzt in allen Teilen die Wahrheit
sagen.« Sie gestand, seit dem Frühjahr 1937 eine Beziehung mit
Josef S. unterhalten zu haben, und erzählte davon in allen Einzelheiten.

Nach ihrer Vernehmung nahm die Gestapo sie in »Schutzhaft«.
Bald darauf schickte man sie für mehrere Wochen ins KZ Lichtenburg. Ende März gelang es ihr, nach Holland auszuwandern.[71] Josef S. wurde von der Gestapo anscheinend vorläufig entlassen, kam
jedoch am 12. Mai 1939 vor das Amtsgericht Kleve und wurde zu
einer einjährigen Haftstrafe verurteilt. Die Richter begründeten ihr
mildes Urteil damit, dass der Angeklagte noch jung und unerfah-
ren und von der »Jüdin« verführt worden sei.

Dass dieser Fall, der von der Gestapo in Düsseldorf bearbeitet
wurde, keineswegs untypisch war, zeigen verschiedene Krefelder Ermittlungsakten aus demselben Zeitraum. Einige Details aus
einem dieser Verfahren mögen genügen.[72] Der Fall begann mit einer Denunziation nach einer geschäftlichen Auseinandersetzung:
Zwei »arische« Geschäftsleute wurden zusammen mit zwei jüdischen Schwestern angeklagt, zwischen Oktober 1938 und April
1939 sexuelle Beziehungen unterhalten zu haben. Nur eine der beiden Schwestern konnte zur Vernehmung geladen werden, die andere war bereits nach England emigriert.

Die jüngere Schwester wurde am 20. Juni 1939 verhaftet und
zur Vernehmung durch Kriminaloberassistent Weber gebracht. Die
Tochter eines jüdischen Geschäftsmanns aus Krefeld war damals
21 Jahre alt und arbeitete als Dienstmädchen. Ihre maschinengeschriebene Aussage füllt sechs lange Seiten (anderthalbzeilig mit
schmalem Rand). Die Vernehmung muss sich über mehrere Stunden erstreckt haben, da sie mehrmals unterbrochen wurde und
Weber die junge Frau mahnte, die Wahrheit zu sagen. Sie gab zu,
sie habe häufig sexuelle Kontakte mit zwei Männern gehabt, einem
21-jährigen Dachdeckerlehrling und einem 29-jährigen Tischler-
meister, der eine Frau und zwei Kinder hatte. Sie schilderte zahlreiche Details, wann und wo die Begegnungen stattgefunden hatten

127

(in ihrer Wohnung, während ihre Eltern schliefen, auf dem Vorder-
sitz eines Autos, während ihre Schwester sich auf dem Rücksitz
mit dem anderen Mann amüsierte), und dass sie stets ein Kondom
bei sich trug, um sich vor Geschlechtskrankheiten zu schützen. Sie
blieb bei ihrer Behauptung, dass die Initiative stets von den Männern ausgegangen sei und dass sie diese mehrfach auf das Verbotene ihres Tuns hingewiesen habe.

Gustav Burkert nahm die Vernehmungen der Männer vor, die
am 23. und 24. Juni stattfanden. Deren maschinengeschriebene Aussagen sind kürzer als die der Frau (drei Seiten für jeden von beiden), und auch wenn sie weniger pornografisch waren, so enthielten sie doch zahlreiche anschauliche Details. Die Männer behaupteten, die Initiative sei von den Frauen ausgegangen, und sagten
übereinstimmend aus, dass die Frauen ebenso oralen wie normalen
Geschlechtsverkehr geschätzt hätten. Am Ende wurden die beiden Männer vom Gericht zu kurzen Haftstrafen verurteilt, während die Frau fast zwei Monate im Krefelder Polizeigefängnis in
»Schutzhaft« verbringen musste, bevor sie am 12. August 1939 ihrer Schwester nach England folgen konnte.

Während »deutschblütige« Frauen trotz etlicher wichtiger Ausnahmen wesentlich seltener als nichtjüdische Männer mit der Gestapo zu tun bekamen und wesentlich seltener in ein Konzentrationslager geschickt oder hart bestraft wurden, wenn die Gestapo
ihnen einen Gesetzesverstoß nachwies,[73] war für jüdische Frauen
ihr Geschlecht nur von begrenztem Vorteil. In diesem Zusammenhang sind die Fälle junger Juden von Bedeutung, die, zurückgekehrt von einem Auslandsaufenthalt, in ein »Schulungslager« geschickt wurden, eine Praxis, die nach 1935 die Norm wurde. Diese
Fälle zeigen, dass junge jüdische Frauen im Durchschnitt fast
ebenso häufig wie jüdische Männer ins Lager kamen, dass jedoch
einige Gestapobeamte, wie etwa Richard Schulenburg in Krefeld,
diese Frauen mit einem gewissen Verständnis und sogar Mitgefühl
behandelten, vor allem, wenn sie attraktiv waren.

Eines der besten Beispiele für Schulenburgs gelegentlich »ritter-
liche« Behandlung junger jüdischer Frauen ist der Fall einer 23-
jährigen Jüdin namens Rosemarie G., die am 18. Januar 1936 nach
einem fast dreijährigen Studienaufenthalt in England und Frankreich nach Krefeld zurückgekehrt war.[74] Dort wohnte sie bei ihrer
älteren Schwester Cäcilie H. und deren Ehemann. Drei Wochen
später, am 10. Februar, wurde sie verhaftet und zur Vernehmung

ins Hansa-Haus gebracht. Schulenburg übernahm den Fall und beschloss, die Frau müsse in »Schutzhaft« genommen und so bald wie möglich in ein »Schulungslager« überstellt werden. Einen Tag nach dieser Verhaftung schrieb Cäcilie H. einen langen Brief an die Gestapoleitstelle in Düsseldorf, in dem sie darum bat, ihre Schwester freizulassen und nicht in ein Lager zu schicken. Sie wies darauf hin, dass ihre beiden Brüder im Ersten Weltkrieg an der Front gekämpft hatten (einer war verwundet und mit dem Eisernen Kreuz ausgezeichnet worden) und dass sie selbst im Krieg als Lazarettschwester gedient hatte und hierfür mit einer Medaille ausgezeichnet worden war.

Der Brief bewahrte Rosemarie G. nicht vor dem Lager, hatte aber dennoch eine Wirkung auf Schulenburg. Als Rosemarie G. eine Woche nach ihrer Verhaftung in das Lager Moringen überstellt werden sollte, verfügte Schulenburg, dass sie nicht wie üblich im Rahmen eines »Sammeltransports« gemeinsam mit mehreren anderen Häftlingen dorthin gebracht wurde, sondern als »Einzeltransport« in einem Privatwagen, chauffiert von einem jungen Polizisten namens Josef Peters und in Begleitung von Familienangehörigen. Das erboste die drei SA-Männer, die die junge Frau in Empfang nahmen, so sehr, dass sie sich bei der Gestapo in Düsseldorf und Krefeld über Peters beschwerten, der später wegen dieser Vorzugsbehandlung sogar bestraft wurde. Dieser verteidigte sich damit, dass er lediglich die Anordnung seines Vorgesetzten Schulenburg befolgt habe.

Rosemarie G. verbrachte fast vier Monate im Lager Moringen, bis sie am 10. Juni entlassen wurde. Zuvor hatte der Lagerleiter an die Gestapoleitstelle Düsseldorf geschrieben, er glaube, ihre »Schulung« sei erfolgreich verlaufen. Außerdem hatte ihre Schwester das Geld für die Rückreise nach Krefeld bezahlt. Eine weitere Bedingung für ihre Entlassung war die Unterzeichnung eines Formulars, mit dem sie sich verpflichtete, sich nie mit Kommunisten oder Sozialisten einzulassen oder sich in irgendeiner Weise an staatsfeindlichen Aktivitäten zu beteiligen (was sie überhaupt noch nie getan hatte). Außerdem musste sie erklären, dass sie bei den Behörden keine Beschwerde wegen der gegen sie ergriffenen polizeilichen Maßnahmen einlegen werde. Kurz nach ihrer Freilassung heiratete sie und wanderte anderthalb Jahre später mit ihrem Mann nach England aus.

Die »Reichskristallnacht« und die Zeit danach

Die »Illusion der ›Schonzeit‹« schwand spätestens mit dem Novemberpogrom 1938. Die Quellen machen allerdings deutlich, dass die vorübergehende Lockerung der judenfeindlichen Politik schon mindestens ein Jahr früher ein Ende fand und durch eine neue radikale Phase antisemitischer Maßnahmen abgelöst wurde.[75]

Am 27. November 1937 wurde Reichswirtschaftsminister Hjalmar Schacht, der radikalen wirtschaftlichen Maßnahmen gegen die Juden entgegengetreten war, seines Amtes enthoben.[76] Sein Ministerium wurde der Vierjahresplan-Behörde Hermann Görings unterstellt, und nun wuchs der Druck auf jüdische Geschäftsinhaber, ihre Unternehmen an »arische« Gesellschaften weit unter Wert zu verkaufen, und immer mehr Juden wurden wirtschaftlichen Beschränkungen unterworfen, die ihre Existenz immer unerträglicher machten. Zwei Verordnungen Görings vom 15. Dezember 1937 und vom 1. März 1938 reduzierten die Quoten an Devisen und Rohstoffen für jüdische Unternehmen und untersagten die Vergabe öffentlicher Aufträge an jüdische Firmen. Um die »Arisierung« der deutschen Wirtschaft zu erleichtern und Juden nach Möglichkeit daran zu hindern, ihren Besitz in Sicherheit zu bringen, bestimmte Göring am 26. April 1938, dass alles jüdische Vermögen im Wert von über 5000 Reichsmark bei den Behörden angegeben und dort registriert werden musste. Zwischen Juni und Juli wurden weitere Maßnahmen ergriffen: Jüdische Ärzte, Zahnärzte und Tierärzte durften keine »arischen« Patienten oder Tiere von »Ariern« mehr behandeln; jüdische Rechtsanwälte durften vor Gericht keine Nichtjuden mehr vertreten, und schätzungsweise 30 000 jüdische Handlungsreisende wurden entlassen.[77]

Zugleich intensivierte das Regime auch auf anderen Ebenen seine Bemühungen, die Juden zur Auswanderung zu zwingen. Die antisemitische Propaganda wurde gehässiger, viele Gemeinden erließen Zuzugsbeschränkungen für Juden, und überall wurden an den Parkbänken Schilder mit der Aufschrift »Für Juden verboten« angebracht. Im Juni 1938 wurden jüdische »Gewohnheitsverbrecher« (das waren alle, die mindestens schon einmal im Gefängnis gesessen hatten) zusammen mit anderen »Asozialen« wie Bettlern, »Zigeunern« und »Landstreichern« in Konzentrationslager geschickt und erst dann entlassen, wenn ihre Auswanderung aus Deutschland feststand.[78] Am 17. August 1938 regelten neue Richtlinien die Vornamen deutscher Juden, der erste Schritt zur öffentlichen Kennzeichnung von Juden. (Dieser Prozess war im September 1941 abgeschlossen, als alle über sechs Jahre alten Juden in der Öffentlichkeit einen großen gelben Davidstern mit der Aufschrift »Jude« tragen mussten.) Ab dem 1. Januar 1939 mussten Juden ihren neugeborenen Kindern Namen aus einer vorgeschriebenen Liste mit »jüdischen Namen« geben – wie Abimelech, Hennoch oder Zedek für Jungen oder Breine, Cheiche oder Jezebel für Mädchen. Wenn ihre eigenen Vornamen nicht auf der Liste standen, erhielten sie Zwangsvornamen, die ihrem eigentlichen Vornamen hinzugefügt wurden: Israel für die Männer und Sara für die Frauen.[79] Wer es unterließ, diesen Zwangsvornamen etwa bei der Unterschrift von Formularen oder bei der Vorstellung in Behörden anzuführen, konnte schwer bestraft werden, selbst wenn ihm dies nur aus Gedankenlosigkeit oder Vergesslichkeit unterlaufen war.[80] Für die meisten deutschen Juden jener Zeit – die gängige deutsche Vornamen wie Karl, Hans oder Fritz, Anna, Ilse oder Gertrud trugen – bedeutete das eine schmerzliche Erniedrigung.

Trotz der sich verschärfenden judenfeindlichen Maßnahmen klammerten sich viele Juden an die Hoffnung, ihre Lage werde sich wieder zum Besseren wenden oder sich zumindest nicht verschlimmern. In den ersten zehn Monaten des Jahres 1938 lagen die Zahlen der jüdischen Auswanderer nur geringfügig über denen der vorangegangenen Jahre.[81] Doch buchstäblich über Nacht kamen die Juden zur Besinnung. »Im November 1938 kam dann die ›Kristallnacht‹, und alles war verändert«, schrieb Max Rein in einem Brief vom 1. April 1988 an die Organisatoren eines Gedankenaustauschs zwischen ehemaligen Krefelder Juden und Schulkindern der Stadt am Vorabend des 50. Jahrestags des Novemberpogroms.[82] Seine Empfindungen gleichen denen vieler anderer Überlebender. In einem auf Tonband mitgeschnittenen Gespräch hatte Kurt Gimson, ebenfalls ein aus Krefeld stammender Jude, ein Jahr zuvor Schülern an der Berufsschule I in Krefeld erzählt:»Ich habe oftmals das Statement gemacht (Stellungnahme abgegeben), daß die Krefelder gewissermaßen über dem Niveau vom Rest von Deutschland gestanden haben und wahrscheinlich auch wirklich waren, denn soviel ich weiß, haben wir Krefelder wenig Fanatiker des Nationalsozialismus gehabt. Das ist aber alles zu Ende gekommen mit der ›Kristallnacht‹.«[83]

In der Nacht auf den 10. November 1938 und den folgenden Tagen erlebten die Juden in Deutschland einen Feuersturm antisemitischer Gewalt, wie es ihn in diesem Ausmaß im Dritten Reich bisher nicht gegeben hatte. Innerhalb weniger Tage waren fast alle jüdischen Synagogen und andere rituelle Gebäude gewaltsam aufgebrochen, geschändet und niedergebrannt worden, tausende jüdischer Geschäfte und Privatwohnungen waren geplündert und verwüstet, 91 Menschen ermordet, rund 26 000 Juden in Konzentrationslager verschleppt und tausende weiterer von der Polizei in »Schutzhaft« oder anderweitig in Haft genommen worden. Diese Ausschreitungen erfolgten in aller Öffentlichkeit. Robert Gellately, der die Verhältnisse in Unterfranken untersucht hat, schreibt:»In [Unterfranken] war es praktisch unmöglich, nicht Zeuge zu sein [...] Fast über Nacht fand manche kleine jüdische Gemeinde ihr Ende ...«[84]

Nicht nur die deutsche Öffentlichkeit wurde Zeuge des Pogroms. Hunderte von Auslandskorrespondenten waren zugegen und schrieben wahrheitsgetreue Berichte, die in den folgenden Tagen um die Welt gingen.[85] In den über sechzig Jahren, die seitdem vergangen sind, haben Historiker, Journalisten und jüdische Opfer die Ereignisse jener Tage aufgezeichnet – ob für Deutschland insgesamt oder einzelne Gemeinden wie Krefeld.[86] Angesichts ihrer Schreckenswirkung und ihrer Bedeutung sind jedoch noch einige Erläuterungen angebracht.

Am 7. November 1938 schoss Herschel Grynszpan, ein siebzehnjähriger, in Hannover aufgewachsener Jude, in der deutschen Botschaft in Paris den deutschen Legationssekretär Ernst vom Rath nieder. Grynszpan verstand seine Tat als Vergeltung für die Nachricht, die er unlängst von seiner Schwester erhalten hatte: Ende Oktober hatte man seine Eltern zusammen mit 17 000 weiteren polnischen Juden, die zum Teil seit Jahrzehnten in Deutschland lebten, nach Polen abgeschoben. Polen verweigerte ihnen die Einreise, und so vegetierten die verzweifelten Menschen im Niemandsland dahin oder wurden unter unzumutbaren Zuständen in polnischen Grenzorten interniert. Am 9. November erlag vom Rath seinen Verletzungen. Am selben Abend saßen Hitler, Goebbels und andere NS-Größen beim traditionellen Treffen der »alten Kämpfer« im Münchner Bürgerbräukeller zusammen, in Erinnerung an Hitlers missglückten Putschversuch fünfzehn Jahre zuvor. Als gegen halb neun Uhr die Nachricht von vom Raths Tod eintraf, ergriff Goebbels die Gelegenheit, in der Judenpolitik die Führung zu übernehmen. Nachdem er eine »zündende« antisemitische Rede gehalten hatte, in der er forderte, die Juden müssten kollektiv für die Ermordung vom Raths bezahlen, erhielten Parteiführer, SA-Leute und Gestapobeamte in ganz Deutschland das Signal, gegen die Juden vorzugehen.

Die Aufgabe, den Pogrom in Gang zu setzen, wurde durch den Umstand erleichtert, dass an diesem Abend ähnliche Gedenkfeiern wie in München auch in zahlreichen anderen deutschen Städten abgehalten wurden. In Krefeld trafen sich unter dem Vorsitz von Kreisleiter Diestelkamp zahlreiche lokale Parteigrößen und »alte Kämpfer« in der Stadtschenke. Gegen halb elf Uhr nahm die Krefelder Kreisleitung der Partei einen Anruf aus München und die von Goebbels erteilte Weisung entgegen, mit den Ausschreitungen zu beginnen. Diese Weisung wurde an Diestelkamp weitergegeben, der daraufhin überwiegend junge SA- und SS-Männer beauftragte, den Befehl in Zivilkleidung auszuführen.

Die Beteiligung der Gestapo an dem Geschehen erfolgte etwas später. Um zwei Uhr morgens erhielt die Außenstelle Krefeld einen Anruf der Düsseldorfer Stapoleitstelle mit der Anweisung, alle Beamten zusammenzutrommeln und auf weitere Befehle zu warten. Diese kamen gegen vier Uhr früh, als die Krefelder Synagoge bereits in Flammen stand. Den Befehlen zufolge – die offenbar an alle Stapoleitstellen und Außenstellen ergingen, da sie vom Reichsführer SS und Chef der Polizei Heinrich Himmler kamen, als »Maßnahmen gegen Juden« bezeichnet wurden und »An alle!« adressiert waren – sollte die Gestapo nicht eingreifen, sondern lediglich dafür sorgen, dass bestimmte »Richtlinien« für die »Demonstrationen« eingehalten würden. Dazu gehörte, dass keine Synagogen in Brand gesetzt werden durften, falls dadurch benachbarte Gebäude gefährdet würden, dass jüdische Geschäfte und Wohnungen verwüstet, aber keinesfalls geplündert werden sollten, dass keine nichtjüdischen Geschäfte in Mitleidenschaft gezogen und keine Ausländer belästigt werden sollten, auch wenn sie Juden waren. Sobald einzelne Gestapobeamte von ihren Aufsichtsverpflichtungen entbunden werden konnten, sollten sie so viele Juden verhaften, wie in den örtlichen Gefängnissen untergebracht werden konnten, vor allem jüdische Männer, die noch nicht im Greisenalter und möglichst vermögend waren.[87] Vom Morgen des 10. November an bis zum Spätnachmittag des folgenden Tages verhaftete die Krefelder Gestapo 63 Juden im

Alter von neunzehn bis 68 Jahren.[88] Nachdem sie mehrere Tage im Stadtgefängnis verbracht hatten, wurden diese Männer zusammen mit einigen hundert Juden aus der Region Rhein-Ruhr mit einem Sonderzug vom Hauptbahnhof Duisburg ins Konzentrationslager Dachau gebracht. In Dachau erhielten sie einen Vorgeschmack von dem, was Juden, die in Deutschland blieben, bevorstand. Dieter Hangebruch schreibt: »Für die meisten Krefelder Juden bedeutete Dachau einen Wendepunkt ihres Lebens [...] Auch jene, die zuvor nichts von Emigration wissen wollten, erkannten, daß nach der rechtlichen und wirtschaftlichen Ausschaltung auch die physische Vernichtung drohte.«[89]

Die meisten jüdischen Männer wurden drei bis vier Wochen später entlassen, nachdem ihre Angehörigen für die Rückfahrt bezahlt und nachgewiesen hatten, dass sie Schritte zur Auswanderung unternommen hatten oder dass ihr Geschäft »arisiert« worden war.[90] In den folgenden Monaten emigrierten über drei Viertel der Krefelder Juden, die man in Dachau inhaftiert hatte, aus Deutschland; 1939 kam es zur größten Auswanderungswelle von Juden aus Deutschland während der NS-Zeit.[91] Nachdem Deutschland im September 1939 Polen überfallen und damit den Zweiten Weltkrieg ausgelöst hatte, ging die Zahl der jüdischen Auswanderer drastisch zurück. Nach dem Angriff auf die Sowjetunion im Sommer 1941 wurde jede weitere Auswanderung unterbunden.

Die meisten Deutschen erlebten den Pogrom nur als Zuschauer, ohne sich daran zu beteiligen, viele waren darüber sogar verstört, und einige kamen Juden in diesen Stunden auch zu Hilfe.[92] Für Juden sah die Situation ganz anders aus: Kein Jude in Deutschland blieb von der Gewalt und dem Terror, die mit dem Pogrom entfesselt wurden, verschont. Die Erlebnisse von Kurt Frank und seinen Angehörigen sind vermutlich typisch für die beängstigenden Erfahrungen, die auch diejenigen Juden machten, die nicht in ein Konzentrationslager verschleppt wurden:

»Wir wohnten damals im Haus Malmedystr. 21 (heute Leverentzstr.), Ecke Gerberstr. Es war ein altes Krefelder Haus, das ein paar Generationen lang im Besitz meiner Familie war. Es wurde aber bei einem der letzten Luftangriffe zerstört, nach dem Kriege verändert wieder aufgebaut, aber es gehört uns nicht länger. Im Erdgeschoß dieses Hauses waren unsere Geschäftsräume, unsere Wohnung war in der oberen Etage, und darüber war nur noch der Speicher.

In der Nacht des 9. November waren wir alle in der Wohnung: Mein Vater, damals 59 Jahre alt, meine Mutter, 50, Bruder Herbert, 24, Schwester Edith, 26, Schwester Ruth, damals 5 Jahre alt, ich (Kurt), 29 Jahre, und außerdem der Verlobte von Edith, Hans Ruthmann aus Bochum, der zufällig bei uns zu Besuch war. Zu diesem Zeitpunkt waren wir, d.h. meine Geschwister, Hans und ich, dabei, unsere Auswanderung zu betreiben. Wir wollten nach Kenia, denn das war eines der wenigen Länder, die noch Einwanderer aufnahmen. Vom englischen Konsulat in Köln hatten wir Visastempel in unsere Pässe bekommen, die an sich ganz wertlos waren, aber die erstmal genügten, um überhaupt aus Deutschland herauszukommen, aber eine Einreiseerlaubnis war damit noch nicht gegeben. Wie wir dann doch nach Kenia einreisen konnten, ist ein anderes Kapitel.

So gegen 11 Uhr herum muß es wohl gewesen sein, als es an der Haustür klingelte und heftig gebollert wurde. Mein Bruder ging hinunter, um zu öffnen, und wurde mit Ohrfeigen die Treppe hochgejagt, von 5–6 SS-Leuten verfolgt. Wir mußten uns dann in der Küche in einer Reihe aufstellen und wurden dort von 2 SS-Leuten, die mit gezogener Pistole vor uns standen, bewacht. Meine Mutter mit der kleinen Ruth waren allerdings schon im Bett und wurden auch, soviel ich weiß, nicht weiter belästigt. Während wir in der Küche festgehalten wurden, haben die übrigen SS-Leute die Wohnung durchsucht. Was sie eigentlich wollten, weiß ich nicht. Denn bei uns gab es wenig zu holen, es gab keinen Schmuck und kein Bargeld. Mitgenommen haben sie nur ein paar Kleinigkeiten wie Füllfederhalter u.d.gl. Aber das eiserne Kreuz aus dem Ersten Weltkrieg und eine von Hitler verliehene Verdienstmedaille für 4-jährigen Verdienst an der Kriegsfront waren auch verschwunden.

Wir mußten dann unsere Mäntel anziehen und unter bewaffneter Begleitung zum nächsten Polizeirevier gehen, das damals in der Kanalstr., also nur wenige 100 m von unserer Wohnung, war.

Die SS-Begleitung übergab uns den Revierpolizisten und ging dann weg. Die Polizisten wußten anfangs auch nicht, was sie mit uns anfangen sollten, denn wir hatten ja kein Verbrechen begangen oder sonst etwas getan, was unseren Aufenthalt auf dem Polizeirevier rechtfertigen sollte. Also wurden erstmal unsere Personalien aufgenommen, und dann standen wir herum, bis scheinbar gegen 2 Uhr morgens neue Anordnungen eingetroffen waren. Meinen Vater schickten sie nach Hause. Wir anderen mußten in einen Mannschaftswagen einsteigen und fuhren los über die Malmedystr. zunächst in östlicher Richtung. Als wir an unserem Haus vorbeikamen, konnten wir sehen, daß das Erdgeschoß demoliert war, und ein SA Mann war noch dabei, die Haustür einzutreten. Die Fahrt ging dann weiter über die Hubertusstr. zum Amtsgericht. Wir wurden ins Polizeigefängnis eingeliefert, und nach den üblichen Formalitäten, Entleeren sämtlicher Taschen, Abgabe von Ausweisen und sämtlicher Papiere, wurden wir in eine große Zelle gesperrt, in der schon einige 20 andere Gefangene waren. Edith kam in eine Frauenzelle.

Unseren Gemütszustand zu dieser Zeit kann ich kaum beschreiben. Wir waren vollkommen recht- und wehrlos, und uns blieb nichts anderes übrig, als uns in unser Schicksal zu ergeben. Was uns bevorstehen konnte, ahnten wir schon, denn wir hatten schon genug gehört von Konzentrationslagern und Mißhandlungen. Uns war Gott sei Dank bis jetzt noch nichts geschehen außer den Ohrfeigen, die Herbert am Anfang des Abends bezogen hatte. Ob ich in dieser Nacht überhaupt geschlafen habe, weiß ich nicht mehr, und allen anderen in der Zelle wird es ähnlich ergangen sein. Alles war dumpfe Verzweiflung. In der Zelle gab es keine Pritschen, nur ein hölzernes Podest, etwa 10 qm groß, auf das man sich setzen konnte. So erwarteten wir dann rat- und tatlos, was weiter mit uns geschehen würde.

Um 14 Uhr am nächsten Tag wurden Herbert und ich aus der Zelle geholt, unsere Habseligkeiten wurden uns gegen Unterschrift wiedergegeben und unsere kostbaren Reisepässe mit dem großen roten ›J‹ und dem Stempel vom englischen Konsulat in Köln. Wahrscheinlich sind wir deswegen so schnell entlassen worden, weil wir augenscheinlich auf dem Wege waren, Deutschland zu verlassen. Meine Schwester war etwas früher schon entlassen worden, aber Hans wurde, aus welchem Grunde auch immer, nach Bochum ins Polizeigefängnis gebracht, und es hat 14 Tage gedauert und viele Ängste und Scherereien verursacht, bis auch er freigelassen wurde.

Als wir drei zu Hause ankamen, war das für uns und unsere

Eltern natürlich eine große Erleichterung, aber es blieb immer noch die Ungewißheit, daß jeden Augenblick durch irgendeinen Willkürakt sich alles wieder zum Schlechten wenden würde. Wie wir schon auf der Fahrt zum Amtsgericht gesehen hatten, war das Erdgeschoß unseres Hauses total verwüstet. Alle Scheiben waren zertrümmert, Möbel zerhackt, Lagerschränke umgestürzt, Schreibmaschinen gegen die Wand geschmettert und der Inhalt der Schränke und Schubladen in einem heillosen Durcheinander in den Räumen zerstreut. Aber Glück im Unglück: auf unser Auswanderungsgepäck, das dort gestanden hatte, war ein großer Lagerschrank gefallen, und es war noch alles intakt.«[93]

Diese Ereignisse schockierten die Welt und auch einen Großteil der deutschen Gesellschaft. Selbst viele hohe Nationalsozialisten verurteilten das hemmungslose Rowdytum sowie den Schaden für die auswärtigen Beziehungen Deutschlands, den Goebbels mit dem Pogrom angerichtet hatte. Göring, der gerade im Zug saß, als die Ausschreitungen anfingen, war erbost, als er bei seiner Ankunft in Berlin erfuhr, was passiert war. Ohne Zeit zu verlieren, beschwerte er sich am 10. November bei Hitler und unternahm Schritte, um die Lage unter Kontrolle zu bringen.[94] Am nächsten Tag wurde die Order erlassen, den Pogrom einzustellen. In einer offiziellen Bekanntmachung vom 11. November, die einen Tag später in der *Niederrheinischen Volkszeitung* veröffentlicht wurde, verkündete Erich Diestelkamp, »die Aktionen seien abgeschlossen. Er warne jeden, der sich zu weiteren Maßnahmen hinreißen lasse. Die ganze Schärfe, die die Juden getroffen hätte, würde ihn treffen.«[95]

Am 12. November berief Göring in Berlin eine Besprechung ein, um Maßnahmen zur Behebung des angerichteten Schadens zu erörtern, an der hochrangige Funktionsträger von Partei und Staat sowie Vertreter der deutschen Versicherungsgesellschaften teilnahmen. Er eröffnete die Sitzung mit folgenden Worten:

»Meine Herren, die heutige Sitzung ist von entscheidender Bedeutung. Ich habe einen Brief [im Auftrag des Führers] bekommen, [...] wonach die Judenfrage jetzt einheitlich zusammengefaßt werden soll und so oder so zur Erledigung zu bringen ist [...] jetzt muß etwas geschehen! Denn, meine Herren, diese Demonstrationen habe ich satt. Sie schädigen nicht den Juden, sondern schließlich mich, der ich die Wirtschaft als letzte Instanz zusammenzufassen habe. Wenn heute ein jüdisches Geschäft zertrümmert wird, wenn Waren auf die Straße geschmissen werden, dann ersetzt die Versicherung den Juden den Schaden – er hat ihn gar nicht [...] Es ist irrsinnig, ein jüdisches Warenhaus auszuräumen und anzuzünden, und dann trägt eine deutsche Versicherungsgesellschaft den Schaden, und die Waren, die ich dringend brauche – ganze Abteilungen Kleider und was weiß ich –, werden verbrannt und fehlen mir hinten und vorn. Da kann ich gleich die Rohstoffe anzünden, wenn sie hereinkommen [...] Darüber möchte ich keinen Zweifel lassen, meine Herren: die heutige Sitzung ist nicht dazu da, sich erneut darüber zu unterhalten, was getan werden sollte, sondern es fallen jetzt Entscheidungen, und ich bitte die Ressorts inständig, nun aber Schlag auf Schlag die notwendigen Maßnahmen zur Arisierung der Wirtschaft zu treffen [...] Der Jude wird aus der Wirtschaft ausgeschieden und tritt seine Wirtschaftsgüter an den Staat ab.«[96]

Zum Abschluss der Konferenz erklärte Göring:»Ich will ein für allemal jede Sonderaktion [gegen Juden] endgültig beseitigen.« Von nun an sollte die Judenverfolgung auf ordentliche deutsche Weise erfolgen und nicht mehr in Form unkontrollierter Ausbrüche und Ausschreitungen des Pöbels. Raul Hilberg hat es so formuliert:»[Der] November-Pogrom war die letzte Gelegenheit, auf deutschen Straßen Gewalttaten gegen Juden zu verüben [...] Von nun an würde man mit den Juden nur noch auf ›gesetzlichem‹ Wege verfahren – d. h. auf eine geordnete Weise, die eine sorgfältige und lückenlose Planung jeder einzelnen Maßnahme mit Hilfe von Memoranden, Briefwechseln und Konferenzen erlauben würde.«[97]

Am 11. November waren die Ausschreitungen in den meisten Städten und Gemeinden abgeklungen, doch es gab noch wochenlang Nachbeben. Das Verwaltungsgebäude neben der Krefelder Hauptsynagoge geriet in den frühen Morgenstunden des 12. November in Brand, und am 17. November kam es zu Einbrüchen in weitere jüdische Wohnungen samt anschließenden Zerstörungen des Mobiliars.[98] In einem Brief vom 1. April 1988 an Krefelder Schüler schildert der ehemalige Krefelder Ernst Hirsch (der im Winter 1938 achtzehn Jahre alt war), wie seine Familie Anfang Dezember von zwei betrunkenen SA-Leuten drangsaliert wurde:

»Das am 9. November Versäumte wurde in einer der ersten Dezemberwochen [...] im Rahmen einer privaten Judenaktion nachgeholt. Das genaue Datum ist mir entfallen, aber es war früh an einem Montag Morgen. Wir wohnten damals im ersten Stock der Malmedystraße 34. Im Erdgeschoß wohnte ein älteres jüdisches Ehepaar, Simons. Als ich am besagten Montag Morgen die Treppe herunter kam auf dem Wege zur Bahn, erschien aus der Simons'schen Wohnung ein S.A.-Mann, der mich mit einer Pistole bedrohte und mir befahl, wieder nach oben zu gehen.

Ich ging zurück und erinnere mich noch genau an die Worte, mit denen ich meinen Eltern über die Situation berichtete. Ich sagte einfach ›Sie sind da‹, und meine Eltern verstanden sofort. Nach einigen Minuten erschienen sie dann auch bei uns, der S.A.-Mann, dessen Bekanntschaft ich schon gemacht hatte, und ein Kollege in Zivil. Beide rochen sehr nach Alkohol, was den amtlichen Anstrich, den sie sich zu geben versuchten, etwas beeinträchtigte.

Die Amtshandlungen begannen damit, daß ich gezwungen wurde, mit dem Rücken gegen eine Wand zu stehen, worauf sie mich mit den Frühstücksbutterbroten aus meiner Aktentasche bewarfen. Sie gaben dann vor, nach Devisen zu fahnden, schienen aber ein ebenso reges Interesse an anderen Wertsachen zu haben. Nach einigem Hin und Her, als ihre Aufmerksamkeit momentan von mir abgelenkt war, konnte ich entkommen und versuchte Hilfe zu finden.

Ich lief zum Polizeipräsidium im Hansahaus, wo ich im Erdgeschoß einen älteren Wachtmeister in seiner Amtsstube fand. Der Mann war sichtlich ein Beamter aus der guten alten Weimarer Zeit, kein Nazi, aber auch kein Held, der sich etwa in Judenangelegenheiten hätte einmischen wollen. Er erklärte mir, daß er unabkömmlich sei, und schlug mir vor, ich solle auf die Straße gehen, und wenn die Leute in Sicht kämen, solle ich rufen – er würde dann kommen und sie verhaften.

Ich wandte mich zu gehen, aber im Türrahmen stieß ich mit meinem Vater zusammen, der mir berichtete, daß nach meinem Entkommen unsere beiden Besucher nervös geworden seien und den Rückzug angetreten hätten. Der S.A.-Mann hatte im Küchenschrank ein Dutzend Eier gefunden und den Rückzug mit einem Eierbombardement auf meine Eltern gedeckt. Das Ehe-

paar Simons hatten sie die halbe Nacht hindurch tyrannisiert und auch einiges gestohlen. Als er von Stehlen hörte, lehnte der Wachtmeister jede weitere Zuständigkeit ab und verwies uns an die Kriminalpolizei im ersten Stock. Der Kriminalbeamte war sich sichtlich nicht im klaren, ob es sich um eine legale oder eine illegale Judenaktion handelte. Er löste die Zuständigkeitsfrage, indem er die Gestapo anrief, und seine einführenden Worte sind mir noch im Gedächtnis: ›Ich habe hier zwei Juden, die sagen folgendes aus . . .‹ – Das gab der Sache die richtige Perspektive. Nach einigen Stunden erschien bei uns die Gestapo. Wider Erwarten waren sie ganz sachlich. Wir gaben ihnen Einzelheiten, unter anderem auch die Formationsnummer, die ich mir vom Uniformkragen des S.A.-Mannes gemerkt hatte. Er erwies sich als ein Herr Willi, seines Zeichens Angestellter der Stadt Krefeld und Oberscharführer in de[r] S.A. Herrn Willi, seinem Zivilkollegen und einem dritten Herrn, von dem wir nichts wußten, der aber draußen Schmiere gestanden hatte, wurde der Prozeß gemacht.
Ich glaube, es war im Mai 1939, als mein Vater mir nach London einen Ausschnitt aus der Westdeutschen Zeitung mit dem Prozeßbericht schickte.[99]
Die Männer wurden zu längeren Haftstrafen verurteilt. Verbrechen von inoffizieller Seite waren im Dritten Reich verboten.«[100]

Das Einschreiten der Gestapo zeigt nur, dass – entsprechend der Bekanntmachung vom 11. November – eigenmächtiges gewalttätiges Vorgehen gegen Juden bestraft wurde. Es bedeutet nicht, dass der Druck des Regimes auf die Juden nach der »Reichskristallnacht« in irgendeiner Weise nachgelassen hätte. Der wurde im Gegenteil drastisch verstärkt.
Bereits am 12. November hatte Göring Verordnungen erlassen, dass die Juden für den Mord an vom Rath kollektiv haftbar zu machen seien – sie mussten eine »Sühneleistung« in Höhe von einer Milliarde Reichsmark aufbringen und die Kosten für die angerichteten Schäden selber übernehmen (»Verordnung zur Wiederherstellung des Straßenbildes bei jüdischen Gewerbebetrieben«) – und dass sie gänzlich aus dem deutschen Wirtschaftsleben ausgeschaltet werden sollten. So war ihnen mit Wirkung vom 1. Januar 1939 der »Betrieb von Einzelhandelsverkaufsstellen, Versandgeschäften

oder Bestellkontoren sowie der selbständige Betrieb eines Handwerks« verboten, und sie durften auch auf Märkten, Messen oder Ausstellungen keine Waren mehr anbieten. Außerdem konnten Juden, die in der freien Wirtschaft angestellt waren, von jetzt an mit einer Kündigungsfrist von lediglich sechs Wochen entlassen werden, und sie hatten auch keinen Anspruch mehr auf Renten oder Arbeitslosengeld.[101] In den folgenden Monaten beschleunigten weitere Verordnungen die »Arisierung« der Wirtschaft und entzogen dem jüdischen Leben in Deutschland mehr und mehr den Boden. Zu den schlimmsten Verordnungen zählte die, die ihnen die Rechte als Mieter nahm. Sie markiert den Beginn der Ghettoisierung. Seit April 1939 hatten Hauseigentümer die Möglichkeit, Juden die Wohnung zu kündigen, wenn sie den Nachweis erbrachten, dass diese auch anderswo – selbst in schlechteren Wohnungen – unterkommen konnten. Jüdische Hauseigentümer mussten es ihrerseits hinnehmen, wenn der Staat ihnen jüdische Untermieter zuwies.[102]

Die Ermittlungsakten der Gestapo und der Sondergerichte in Krefeld, Köln und Bergheim gegen Juden unterstreichen die gefährliche Lage, in der sich die deutschen Juden zwischen dem Novemberpogrom 1938 und dem Kriegsbeginn im September 1939 befanden. Gegen wen jetzt wegen irgendwelcher Gesetzesverstöße ermittelt wurde, der hatte von den Behörden keine Milde mehr zu erwarten. Die meisten wurden entweder direkt in ein Konzentrationslager geschickt oder von den Gerichten zu einer Haftstrafe verurteilt und nach deren Verbüßung von der Gestapo direkt in ein Konzentrationslager überstellt. Viele kamen nie wieder raus; nur wer konkrete Schritte zu seiner Auswanderung vorweisen konnte, wurde in der Regel freigelassen.[103] Den Akten lässt sich zudem entnehmen, dass die Gestapo und die Gerichte nach dem Novemberpogrom die Juden nicht nur härter bestraften, sondern dass die Gestapo auch größere Anstrengungen als bisher unternahm, Juden vor Gericht zu bringen. Bis zum Pogrom 1938 hatte die Gestapo im Allgemeinen lediglich auf Anzeigen aus der Bevölkerung reagiert und war von sich aus gegen Juden nur dann tätig geworden, wenn sie kommunistische Umtriebe oder andere regimefeindliche Aktivitäten vermutete. Jetzt verließ sich die Gestapo weit weniger auf Hinweise aus der Bevölkerung und setzte stattdessen ihr eigenes Netz von Spitzeln ein.[104] 1939 war die kommunistische, sozialdemokratische, religiöse und jede sonstige potenzielle Opposition längst unterdrückt; oberste Priorität für das Regime und die Gestapo hatte nun das Ziel, die Juden aus dem Land zu treiben. Nicht nur der Staat, auch viele Einzelpersonen, vor allem NSDAP-Mitglieder, profitierten von der jüdischen Auswanderung. Dr. Karl D. beispielsweise, der für die Krefelder Filiale der Deutschen Bank arbeitete, wurde am 21. Dezember 1938 von den Düsseldorfer Finanzbehörden eines Devisenvergehens beschuldigt. Noch als er zusammen mit anderen während des Novemberpogroms verhafteten Juden im Konzentrationslager Dachau saß, wurde er gezwungen, eine Geldbuße von 3000 Reichsmark zu bezahlen. Als er bald nach seiner Entlassung nach Holland auswanderte, wurden sein Haus und sein Bankguthaben im Wert von über 100 000 Mark (nach heutigem Wert über 2 Millionen DM) von der Gestapo beschlagnahmt.[105] Ein weiterer jüdischer Geschäftsmann aus Krefeld, Jakob D., den man ebenfalls nach Dachau verschleppt hatte, musste sein großes Haus an der Krefelder Lindenstraße zu einem Bruchteil seines Werts an einen Malermeister verkaufen, der seit langem Mitglied in der Partei war. Am 26. November 1938 bat der Malermeister die Krefelder Gestapo in einem Brief, Jakob D. die Erlaubnis zu erteilen, nach Krefeld zurückzukehren. Er erläuterte in seinem Brief, er müsse mit »dem Juden« verhandeln, weil er dessen Haus kaufen wolle: »Durch diesen Kauf ist mir Gelegenheit gegeben, mein Geschäft entsprechend vergrößern zu können.« Jakob D. willigte in den Verkauf seines Hauses ein, da er hoffte, mit dem Erlös seine Auswanderung nach Argentinien finanzieren zu können. Aber daraus wurde nichts. Die Akte schließt mit einer von Richard Schulenburg abgezeichneten Notiz: »D. wurde am 11. 12. 1941 mit seiner Familie, Frau und 1 Sohn nach Riga evakuiert.« Das Haus hatte die Familie noch verkaufen können. Lange vor ihrer »Evakuierung« waren sie in die Krefelder Stefanstraße umgezogen.[106]

Kapitel 4

Ein genauerer Blick:
Erinnerungen von Überlebenden und
Ermittlungsakten über Juden

Die Lebensbedingungen für Juden in Deutschland verschlechterten
sich permanent. Dennoch verfolgten die Nationalsozialisten vor
dem Krieg noch nicht das Ziel, die Juden physisch zu vernichten.
Sie wollten ihnen vielmehr das Leben so unerträglich machen, dass
sie schließlich emigrierten. Zu einem großen Teil erreichte diese
Politik ihren Zweck: Tatsächlich wanderten in den dreißiger Jahren viele Juden aus Deutschland aus. Doch trotz wirtschaftlicher,
sozialer und rechtlicher Diskriminierung entschieden sich viele andere dafür, in Deutschland zu bleiben, getragen von der Hoffnung,
dass hier über kurz oder lang wieder normale Verhältnisse einkeh-
ren würden.

Letztlich sollten sich diese Hoffnungen als Illusion erweisen; irrational aber waren sie nicht. Im Gegenteil: Sie beruhten häufig auf
vernünftigen Einschätzungen der Absichten und Handlungen der
deutschen Nachbarn, Klassenkameraden und Arbeitskollegen sowie darauf, wie das NS-Regime und Parteifunktionäre Juden behandelten. Anders ausgedrückt, hätten die Juden erlebt, dass alle
oder die meisten Deutschen in ihrer Umgebung extreme antisemitische Vorurteile hegten, und hätten sie in der ständigen Furcht gelebt, von Nachbarn denunziert, von der Gestapo überwacht und
von Polizei und Justiz unbarmherzig verfolgt zu werden, wären
vermutlich weitaus mehr zu einem Zeitpunkt ausgewandert, als
dies noch möglich war. Doch wie wir in Kapitel 3 gesehen haben,
machten nicht alle Juden in den Vorkriegsjahren des Dritten Reiches dieselben Erfahrungen mit Antisemitismus seitens der Bevölkerung, und sie waren auch nicht alle in derselben Weise Demütigungen und Verfolgungen durch Polizei und Justiz ausgesetzt.

Wir müssen uns also fragen, in welchem Maße Juden in den
dreißiger Jahren überhaupt den Antisemitismus der Bevölkerung
zu spüren bekommen haben und wie groß ihre Angst war, Schikanen und Verfolgungen zum Opfer zu fallen. Wie typisch war ein

Mann wie Karl Muschkattblatt aus Köln, der sich erinnerte, er habe während der sechs Jahre unter dem NS-Regime bis zu seiner Auswanderung im Herbst 1938 wenig Antisemitismus zu spüren bekommen und keine besondere Angst gehabt, verfolgt zu werden? Wie häufig kam es in den dreißiger Jahren vor, dass Juden bespitzelt oder bei der Gestapo denunziert wurden? Wer waren die Menschen, die Juden denunzierten, und von welchen Motiven wurden sie getrieben?

Um uns einer Antwort auf diese Frage zu nähern, empfiehlt es sich, einen Blick darauf zu werfen, was jüdische Überlebende über ihr Leben und ihre Befürchtungen im NS-Deutschland zu sagen haben, und daran eine eingehende Analyse der Akten anzuschließen, die von der Krefelder Gestapo und dem Kölner Sondergericht über Juden angelegt wurden.

Erinnerungen von Überlebenden

Je länger sie in Deutschland blieben, desto mehr hatten die meisten Juden unter dem nationalsozialistischen Terror zu leiden und desto intensiver sind ihre Erinnerungen daran. Im Gedächtnis derer, die das Land noch vor dem Krieg und dem Beginn der Deportationen verließen, wie Karl Muschkattblatt, war deshalb der Terror weniger bedrohlich und beängstigend als in der Erinnerung derjenigen, die wie Lore M. nicht auswanderten und schließlich von der Vernichtungsmaschinerie erfasst wurden. Es gibt aber auch Ausnahmen. In den Antworten auf meine Fragebögen und den Interviews, die ich mit Juden aus Krefeld, Köln und anderen deutschen Städten geführt habe, sind mir immer wieder Menschen begegnet, deren Erinnerungen an Deutschland und Deutsche von Grauen erfüllt sind und die bis heute einen glühenden Hass auf diese Gesellschaft und diese Menschen empfinden, obwohl sie Deutschland bereits in den dreißiger Jahren verließen. Viele jüdische Überlebende, die ich getroffen habe, selbst solche, die während des Krieges in ein Konzentrationslager deportiert wurden, unterschieden deutlich zwischen den Vorkriegs- und den Kriegsjahren sowie zwischen antisemitischen Deutschen und anderen, die keine Vorurteile gegen Juden hatten.

Obwohl die NSDAP während der Weimarer Republik in Köln weniger Stimmen erhielt als im Landesdurchschnitt und die Stadt im Ruf einer besonderen Liberalität stand, ist es unwahrscheinlich, dass die Kölner, wie Karl Muschkattblatt behauptet, weniger antisemitisch waren als die übrige deutsche Bevölkerung. Wenn man heute jüdische Überlebende befragt, bekommt man häufig zu hören, dass die Stadt, in der sie während der NS-Zeit gelebt haben, anders gewesen sei als die übrigen deutschen Städte. So schreibt beispielsweise Max R., dessen Familie 1934 von Hamburg nach Krefeld gezogen und 1939 – damals war er achtzehn Jahre alt – in die Vereinigten Staaten ausgewandert war, in einem Brief vom April 1996, vor der nationalsozialistischen Machtergreifung seien er und seine Angehörigen von Nichtjuden freundlich behandelt worden, und selbst danach »wurden manche Leute feindselig und beleidigend, die meisten [jedoch] nicht«. Bei der einzigen Gelegenheit, bei der er persönlich mit der Gestapo in Berührung kam – als ein Gestapobeamter seinen Vater nach dem Novemberpogrom verhaftete –, habe der Beamte ihn »anständig« behandelt. Dann erläuterte er ausführlich, dass der Antisemitismus bei den meisten Deutschen vor allem in Hamburg keine Rolle gespielt habe:

»Während die meisten Deutschen Hitler unterstützten, gab es auch Leute in der Opposition und nicht wenige, die einfach ›Mitläufer‹ waren, um in ihrem Leben zurechtzukommen, ohne echte Begeisterung für das Naziprogramm. Vor allem in Hamburg war der Antisemitismus weniger stark ausgeprägt. Die Menschen in Hamburg waren seit jeher konservativer und erstaunlicherweise anglophil. Hamburgs bedeutende Rolle im Außenhandel und in der Schifffahrt hat dazu zweifellos beigetragen.«[1]

Auch wenn viele jüdische Überlebende ihre deutschen Nachbarn feindseliger in Erinnerung haben, stehen Max R. und Karl Muschkattblatt mit ihren Eindrücken mit Sicherheit nicht allein.[2]

Dafür sprechen auch die Ergebnisse einer Befragung unter überlebenden Krefelder Juden, die zwischen April und Juni 1996 durchgeführt wurde.[3] Alle bekannten ehemaligen Krefelder Juden, die zu diesem Zeitpunkt vermutlich noch lebten (insgesamt 94), bekamen einen Fragebogen mit über fünfzig Fragen über ihre Erfahrungen mit Antisemitismus und Verfolgung zugeschickt. Zum Zeitpunkt der Befragung lebten mehr als die Hälfte der Angeschriebenen in den USA, die anderen waren über die ganze Welt verstreut. Manche wohnten noch in Deutschland (einige sogar in Krefeld), andere in Israel, Großbritannien, Holland, Australien, Argentinien, Chile und anderswo. Die Rücklaufquote war sehr hoch. 45 der Befragten schickten einen vollständig ausgefüllten Fragebogen zurück. Weitere neun schickten anstelle eines ausgefüllten Fragebogens einen Brief, und viele ergänzten ihre Angaben auf dem Fragebogen durch ausführliche Kommentare zu einigen ihrer unvergesslichsten Erlebnisse und Beobachtungen während der NS-Zeit.[4]

Fast alle hatten Schweres durchlitten; einige sind bis heute so stark traumatisiert, dass sie sich entschuldigten, sie könnten den Fragebogen nicht ausfüllen, weil der Blick in die Vergangenheit zu schmerzhaft sei. So schrieb eine ältere Frau:»Ich bestätige den Empfang Ihres Schreibens vom 12. April d. J. und tut es mir sehr leid, daß ich den Fragebogen nicht beantworten möchte. Ich habe sehr gelitten, war 3 ½ Jahre eingesperrt und mißhandelt in Riga Ghetto und Stutthof, versuch seit 50 Jahren diese Zeit zu vergessen, was mir bis heute noch nicht gelungen ist. Nach dem Verhör durch Herrn Spielberg hatte ich wieder diese schrecklichen Träume und versuche das zu verhindern.«[5]

Die meisten, die den Fragebogen ausgefüllt zurückschickten, hatten Deutschland Ende der dreißiger Jahre verlassen und waren damals Heranwachsende. (Im Schnitt waren sie 1920 geboren; 1938 und 1939 erreichte die Auswanderung der Krefelder Juden wie der deutschen Juden insgesamt ihren Höhepunkt.)[6] Einigen gelang es, zusammen mit ihren Angehörigen auszuwandern oder sich später wieder mit ihnen zu vereinigen, doch viele sollten ihre Eltern, Geschwister oder andere nahe Verwandte nie wiedersehen. Die wenigsten konnten einen nennenswerten Teil des Familienbesitzes retten; überwiegend wurde er bei der Emigration vom Staat beschlagnahmt, oder sie hatten ihn für einen Bruchteil des Marktwerts an Dritte veräußert. Manche konnten sich nicht erinnern, unmittelbar mit Antisemitismus von Seiten der Bevölkerung konfrontiert worden zu sein, doch viele hatten körperliche Misshandlungen, Beleidigungen und Drohungen durch deutsche Zivilpersonen oder Behördenvertreter hinnehmen müssen. Julius Streichers obszönes antisemitisches Hetzblatt *Der Stürmer*, das in Krefeld wie in anderen deutschen Städten an belebten Straßen und Plätzen in so genannten Stürmer-Kästen aushing, hat sich den meisten Überlebenden unauslöschlich eingeprägt. Einer der Krefelder Überlebenden, Otto B., war sogar zu einer Zielscheibe der Hetzartikel

des *Stürmers* geworden, nachdem man ihn 1934 zu Unrecht angeklagt hatte, er habe ein sechzehnjähriges »arisches« Mädchen ver-
gewaltigt.[7] Selbst die wenigen Juden, die vergleichsweise unbehelligt aus Deutschland herauskamen, hatten darunter zu leiden, dass
ihr Bildungsgang auf einer frühen Stufe unterbrochen worden war.
Viele der Jüngeren unter ihnen mussten eine Laufbahn einschlagen, die sie freiwillig nicht gewählt hätten, und ihr Berufsleben
wurde zusätzlich dadurch erschwert, dass sie eine neue Sprache er-
lernen, eine neue Identität aufbauen und sich einer fremden Kultur
in einem fremden Land anpassen mussten.

Trotz ihres Kummers, ihrer Bitterkeit und ihrer Erinnerungen
an Verlust und Erniedrigung legen erstaunlich viele überlebende
Krefelder Juden eine beträchtliche Nachsicht an den Tag, wenn es
darum geht, die Behandlung ihrer Familien durch nichtjüdische
Krefelder vor und während des Dritten Reiches zu beurteilen. Das
kommt in den Antworten auf die Fragen des Fragebogens, die in
Tab. 4.1 zusammengestellt sind, zum Ausdruck.

Ihre Antworten zeigen, dass die Krefelder Juden vor 1933 sehr
gut in die deutsche Gesellschaft integriert waren und nach ihrem
Empfinden mit ihren nichtjüdischen Nachbarn und Mitschülern
auf freundschaftlichem Fuß standen. Fast drei Viertel derjenigen,
die den Fragebogen ausgefüllt zurückgeschickt hatten, gaben an,
sie und ihre Angehörigen seien von den nichtjüdischen Krefelder
Bürgern »freundlich« oder »überwiegend freundlich« behandelt
worden, bevor Hitler 1933 an die Macht kam. Nur einer der Befragten – ein Mann namens Heinz L., der nach Abschluss seines
Medizinstudiums in Bonn 1933 Krefeld verließ, zuerst nach Mai-
land ging und später nach England auswanderte – meinte, er sei
»überwiegend unfreundlich« behandelt worden.[8] Keiner erinnerte
sich an eine grundsätzlich »unfreundliche« Behandlung. Im
Hinblick auf ihre Mitschüler fällt die Beurteilung nicht ganz so po-
sitiv aus, doch das ist möglicherweise zum Teil der Formulierung
der Frage zuzuschreiben, in der nicht zwischen der Zeit vor 1933
und danach differenziert wurde. Dessen ungeachtet antwortete eine
große Mehrheit, sie seien in der Schule von ihren nichtjüdischen
Klassenkameraden »freundlich«, »überwiegend freundlich« oder
»teils freundlich, teils unfreundlich« behandelt worden; nicht einmal zehn Prozent empfanden ihre Mitschüler als »überwiegend
unfreundlich« oder generell »unfreundlich«.

Nach dem 30. Januar 1933 verschlechterte sich die politische,

Tab. 4.1 Befragung jüdischer Überlebender aus Krefeld 1996

in Prozent (gerundet)

1. Wie wurden Sie von nichtjüdischen Schülern behandelt?

Freundlich	22
Überwiegend freundlich	18
Teils freundlich, teils unfreundlich	22
Überwiegend unfreundlich	2
Unfreundlich	7
Kein Umgang mit nichtjüdischen Schülern	16
Kann mich nicht erinnern	0
Sonstiges	2
Keine Antwort	11

2. Wie wurde Ihre Familie *vor 1933* von nichtjüdischen Bürgern behandelt?

Freundlich	47
Überwiegend freundlich	27
Teils freundlich, teils unfreundlich	11
Überwiegend unfreundlich	2
Unfreundlich	0
Kein Umgang mit Nichtjuden	2
Kann mich nicht erinnern	7
Sonstiges	0
Keine Antwort	4

3. Gab es *nach 1933* eine Veränderung in der Behandlung Ihrer Familie durch nichtjüdische Bürger? Wie würden Sie diese Veränderung kennzeichnen?

Keine besondere Veränderung; freundlich oder überwiegend freundlich	20
Allmähliche Verschlechterung; Mischung	26
Deutlich schlechter; überwiegend unfreundlich	33
Keine Antwort	22

4. Haben Sie während des Dritten Reiches nennenswerte Hilfe oder Unterstützung durch nichtjüdische Deutsche erfahren?

Nein	89
Ja	9
Keine Antwort	2

in Prozent (gerundet)

5. Wurden Sie jemals von der Gestapo oder Polizei verhört?	
Nein	89
Ja	9
Keine Antwort	2

6. Hatten Sie im Dritten Reich persönlich Angst davor, verhaftet zu werden?	
Hatte ständig Angst	20
Hatte gelegentlich Angst	42
Hatte keine Angst, dass das passiert	27
Keine Antwort	11

7. Hatten Sie Angst, dass einer Ihrer Angehörigen verhaftet werden könnte?	
Hatte ständig Angst	47
Hatte gelegentlich Angst	24
Hatte keine Angst, dass das passiert	16
Keine Antwort	13

8. In welchem Jahr haben Sie Deutschland verlassen?	
1933	11
1934	2
1935	2
1936	7
1937	7
1938	20
1939	29
1940	4
1941	4
1942	2
1943	0
1944	2
Keine Antwort	9

Erläuterung: Diese Zahlen beruhen auf den Angaben von 45 Personen (27 Frauen und 18 Männern), die vorgegebene Fragebögen ausgefüllt hatten; 9 weitere Personen antworteten in Form von Briefen anstelle ausgefüllter Fragebögen. Die Fragebögen wurden an 94 Personen mit anscheinend gültigen Adressen verschickt. Das Durchschnittsalter derjenigen, die einen ausgefüllten Fragebogen zurückgeschickt hatten, betrug zum Zeitpunkt der Umfrage (April bis Juni 1996) 76 Jahre. (Etwas mehr als die Hälfte war vor 1922 geboren.)

rechtliche und wirtschaftliche Lage der Krefelder Juden fast über Nacht; aber das Verhalten ihrer nichtjüdischen Umwelt ihnen gegenüber änderte sich in der Wahrnehmung der Beantworter des Fragebogens vielfach weniger drastisch und allmählicher, als man erwarten könnte. So lautete eine der Fragen des Fragebogens: »Nachdem die Nationalsozialisten 1933 an die Macht gekommen waren, gab es da eine Veränderung in der Behandlung Ihrer Familie durch die Mehrzahl der nichtjüdischen Bürger in Ihrer Stadt? Wie würden Sie diese Veränderung kennzeichnen?« Ein Drittel gab an, es habe eine klare Veränderung zum Schlechten gegeben, und charakterisierte diese mit Beschreibungen wie »entsetzlich«, »entschieden schlechter«, »zerbrochene Freundschaften und auseinander gerissene Liebesverhältnisse« und »die meisten nichtjüdischen Freunde wollten mit uns nicht mehr verkehren«. Doch 46 Prozent von allen Beantwortern des Fragebogens und über 50 Prozent derjenigen, die diese Einzelfrage beantworteten (22 Prozent ließen sie unbeantwortet), gaben entweder an, es habe keine einschneidende Veränderung gegeben, und ihre Familie sei weiterhin freundlich oder überwiegend freundlich behandelt worden, oder die Veränderung habe in einer allmählichen Verschlechterung mit dem Ergebnis einer Mischung aus freundlicher und unfreundlicher Behandlung bestanden. Eine Frau, die einer »Mischehe« entstammte (geboren 1917) und bis 1944 in Krefeld geblieben war, schrieb: »Da gab es auch noch gute Menschen.« Eine andere Frau, die 1914 geboren und 1939 von Krefeld nach England ausgewandert war, teilte mir mit, ihre Familie sei auch weiterhin »überwiegend ziemlich freundlich« behandelt worden; ihrem Eindruck nach »behandelte Krefeld seine Juden besser als die meisten anderen deutschen Städte«. Eine dritte Frau, die 1919 geboren und ebenfalls 1939 nach England ausgewandert war, schrieb, es habe zunächst kaum eine Veränderung gegeben; »später haben einige Leute versucht, sich zu distanzieren«. Andere antworteten, es habe überhaupt »keine Veränderung« gegeben oder »erst nach der Kristallnacht«, wie ein Mann angab, der mit 19 Jahren ebenfalls 1939 nach England ausgewandert war.

Es muss noch einmal betont werden, dass die meisten dieser Menschen noch jung waren, als sie Deutschland verließen, und dass die meisten vor den Kriegsjahren auswanderten, als der Massenmord an den europäischen Juden noch nicht in Gang gesetzt worden war. Nur wenige von ihnen mussten erleben, wie die

Dinge die schlimmstmögliche Wendung nahmen. Und dennoch berichteten selbst einige derjenigen, die die Lager überlebt hatten, sie seien von ihren Krefelder Mitbürgern bis in die Kriegsjahre hinein anständig behandelt worden. Werner H., der seit 1947 eine Obstplantage in Chile betreibt, wurde 1924 in Krefeld geboren und im Juni 1943 nach Theresienstadt deportiert, nachdem man ihn verhaftet hatte, weil er den »Judenstern« nicht getragen und aus dem Land zu fliehen versucht hatte; später wurde er nach Auschwitz verschleppt. In einem Telefoninterview erzählte er mir, er habe persönlich kaum Antisemitismus erlebt; seine nichtjüdischen Arbeitskollegen seien »alle so gut zu [ihm]« gewesen.[9]

Andere, die in Konzentrationslagern interniert waren, wie Werner S. und Helma T., haben an ihre Krefelder Mitbürger ganz andere Erinnerungen. Werner S. lebt heute in Australien. 1918 in Krefeld geboren, wurde er nach dem Novemberpogrom zusammen mit anderen Krefelder Juden nach Dachau geschickt. Im Dezember 1941 kam er nach Riga, wo für ihn eine lange Odyssee begann, die ihn bis zum Kriegsende in acht verschiedene Konzentrationslager führte. Obwohl er im Fragebogen angegeben hatte, sowohl er als Schüler wie auch seine Angehörigen seien von nichtjüdischen Krefeldern freundlich behandelt worden, erklärte er, nach 1933 habe es eine deutliche Veränderung gegeben, die er als »antisemitisch« kennzeichnete. Helma T., die heute in den Vereinigten Staaten lebt, wollte den Fragebogen nicht ausfüllen, weil sie seit 1945 von ihren Erinnerungen heimgesucht werde. Sie schrieb jedoch einen kurzen Brief, um einige ihrer traumatischen Erlebnisse zu schildern, den sie mit bitteren Bemerkungen über das antisemitische Verhalten ihrer früheren Krefelder Mitbürger schloss: »Die Krefelder in meinem Alter verleugnen, daß sie Nazis und schlecht zu Juden waren. Ich war nach dem Kriege in Krefeld und habe nicht einen einzigen Nazi gefunden, es war einfach keiner da.«[10]

Obwohl die überlebenden Krefelder Juden berichten, die nichtjüdische Bevölkerung der Stadt habe sie und ihre Angehörigen im Allgemeinen nicht offen antisemitisch behandelt (mit Ausnahmen wie den erwähnten), geben nur wenige von ihnen an, von der nichtjüdischen Bevölkerung nennenswerte Hilfe oder Unterstützung bekommen zu haben. Die 9 Prozent der jüdischen Überlebenden aus Krefeld, die schrieben, sie hätten eine solche Hilfe und Unterstützung erfahren, messen diesem Umstand bis auf den heutigen Tag eine große Bedeutung zu. In einer größeren Umfrage unter der älteren nichtjüdischen Bevölkerung Kölns, die ich 1993 und 1994 gemeinsam mit Karl-Heinz Reuband durchgeführt habe, stellten wir zufälligerweise ebenfalls fest, dass 9 Prozent der Befragten ihren Angaben zufolge Opfern des NS-Regimes aktive Unterstützung gewährt hatten.[11] Von diesen Opfern waren nicht alle Juden, aber viele. Da es in jeder deutschen Gemeinde weitaus mehr Nichtjuden als Juden gab, dürfen wir annehmen, dass der kleine, aber signifikante Prozentsatz der überlebenden Krefelder Juden, der Hilfe und Unterstützung durch Nichtjuden erfuhr, für die übrigen deutschen Gemeinden repräsentativ ist.»Nennenswerte Hilfe oder Unterstützung« konnte vieles bedeuten. Gelegentlich hieß es sogar, dass Nichtjuden Juden vor den Behörden versteckten. In den meisten Fällen waren hilfreiche Akte prosaischer. Doch angesichts der damit verbundenen Risiken (1941 machten sich »Deutschblütige« bereits strafbar, wenn sie nach außen hin eine freundschaftliche Einstellung gegenüber Juden demonstrierten) kam es auf jede noch so kleine hilfreiche Geste an.[12]

Leider hatten solche Akte, die nicht vor den Augen der Öffentlichkeit stattfanden, kaum einen Einfluss auf die NS-Politik oder auf das Schicksal der Juden allgemein, auch wenn sie einigen Juden halfen, zu überleben. Häufig wurden sie von Menschen ausgeführt, die öffentlich die rassistische Ideologie der Nationalsozialisten unterstützten oder sogar durchsetzten. Ein überlebender Krefelder Jude namens Kurt G. liefert hierfür in einer kurzen, unveröffentlichten Autobiografie ein gutes Beispiel, die er verfasste, während er im Februar 1939 auf dem holländischen Dampfer *Zaandam* von Rotterdam aus in die Vereinigten Staaten fuhr. Im Sommer 1937 war er unvermittelt von seiner Stelle in einer Krefelder Textilfabrik entlassen worden:

»Der Direktor der Firma teilte mir mit, dass das Unternehmen inzwischen in ›arische Hände‹ übergegangen sei und dass sie mich nicht länger behalten könnten. Ich musste mir noch ein paar fiese Bemerkungen anhören, die ich jedoch nicht sonderlich ernst nahm. Mein Direktor gehörte einem besonderen, ebenfalls bekannten Typus von Deutschen an. Er war wie jeder andere aus seiner gesellschaftlichen Schicht um jeden Preis darauf bedacht, sich bei den Nazis nicht unbeliebt zu machen. Also spielte er sich in Gegenwart anderer Leute auf und gebrauchte den üblichen Nazijargon, gespickt mit abfälligen Bemerkungen über die Juden. War ich mit ihm allein, war er die Freundlichkeit selbst und tat fast alles für mich. Diese letztere Haltung erschien mir aufrichtiger, und ich gelangte zu der Überzeugung, dass er kein echter Nazi war. Später wurde offensichtlich, dass er nur ›heiße Luft‹ abließ, wenn er für die Öffentlichkeit (die von den Nazis kontrollierte Gewerkschaft) den Nazi gab, sich jedoch für diese Verhaltensweise schämte. Die Versprechen, die er mir während unserer heimlichen Gespräche gab, wurden von ihm tatsächlich eingehalten, und als ich schließlich 14 Monate später die Firma verließ, war der letzte Eindruck, den ich von ihm mitnahm, ein positiver.«[13]

Der Schluss, der sich aus dieser Geschichte und aus der Befragung überlebender Krefelder Juden ergibt, widerspricht eklatant der von Daniel Goldhagen in seinem Buch *Hitlers willige Vollstrecker* vorgebrachten These. Goldhagen zufolge waren fast alle Deutschen von einem bösartigen Antisemitismus getrieben.[14] In Wahrheit hing die deutsche Bevölkerung keiner einheitlichen antisemitischen Weltanschauung an, sondern war in ihrer Meinung über die Judenpolitik der Nazis tief gespalten. Einige fanden sie abscheulich. Andere führten sie begeistert aus. Die meisten standen ihr vermutlich unschlüssig oder gleichgültig gegenüber. Viele empfanden nichtsdestoweniger Sympathie für ihre jüdischen Nachbarn, Klassenkameraden und Arbeitskollegen. Mehr als nur einige wenige waren in der Lage, diese Sympathie Juden gegenüber in privatem Rahmen auch zum Ausdruck zu bringen, doch viel zu wenige traten mit Aktionen an die Öffentlichkeit, die etwas an der NS-Politik hätten ändern und die Notlage der Juden erleichtern können.

Die übrigen Fragen des Fragebogens betreffen die Wahrnehmungen der Überlebenden im Hinblick auf die staatlichen Verfolgungsorgane und ihre Erfahrungen damit. Hier sind die Ergebnisse besonders interessant, verglichen mit den Ergebnissen, zu denen Karl-Heinz Reuband und ich 1993/94 bei unserer Umfrage unter der älteren deutschen Bevölkerung gelangten. Trotz der Tatsache, dass die deutschen Juden für ihre extreme Gesetzestreue bekannt waren – sie wiesen seit längerem die niedrigste Kriminalitätsrate von allen Gruppen der deutschen Gesellschaft auf[15] –, und obwohl sie sich darüber im Klaren waren, dass sie ganz besonders aufpassen mussten, um nicht gegen die unzähligen Gesetze und Verordnungen des NS-Regimes zu verstoßen, war ihre Chance, einem von der Gestapo angestrengten Strafverfahren zu entgehen, weitaus geringer als für einen nichtjüdischen Deutschen. Sie waren wie keine andere gesellschaftliche Gruppe die Zielscheibe der NS-Gesetze, der Polizei und des gesamten Justizapparats.

Neun Prozent der ehemaligen Krefelder Juden, die den Fragebogen ausgefüllt hatten, gaben an, sie seien von der Gestapo oder der Polizei verhört und einer »Straftat« beschuldigt worden. Unter den befragten älteren Nichtjuden betrug der entsprechende Anteil dagegen nur etwa ein Prozent. Wenn man berücksichtigt, dass diese Zahlen sich nur auf angebliche Gesetzesverstöße beziehen und dass Juden damit rechnen mussten, dass die Gestapo auch ohne einen solchen Vorwand eines Tages an ihre Tür klopfte, dann kann es nicht überraschen, dass die Mehrheit der Juden in großer Furcht lebte, sie und ihre Angehörigen könnten von der Gestapo oder anderen Polizeiorganen verhaftet werden. Man darf jedoch nicht vergessen, dass die meisten derjenigen, die den Fragebogen ausgefüllt hatten (90 Prozent), Deutschland bis 1939 verlassen hatten. Die von ihnen empfundene Angst lässt sich daher in der Regel nicht mit der Angst während der Kriegsjahre vergleichen, im Zuge der Deportationswellen in ein KZ deportiert zu werden; es war eher eine allgemeine Angst vor Verhaftung, wie sie mehr oder weniger jeder empfunden haben mag, der in der NS-Gesellschaft lebte.

Ein Vergleich der Ergebnisse beider Befragungen zeigt allerdings, dass diese Angst unter Juden wesentlich verbreiteter war als unter Nichtjuden. Lediglich 27 Prozent der befragten jüdischen Überlebenden gaben an, sie hätten zu keiner Zeit während des Dritten Reiches eine Verhaftung befürchtet, und lediglich 16 Prozent meinten, sie hätten nicht befürchtet, dass Familienangehörige verhaftet werden könnten. Nicht alle Juden also erinnerten sich, in ständiger Angst vor einer Verhaftung gelebt zu haben, wie wir aus den Aussagen von Menschen wie Karl Muschkattblatt wissen, der mir am Telefon sagte: »Ich hatte keine Angst, bis ich verhaftet wurde.« 20 Prozent aber berichteten, sie hätten in dieser ständigen Furcht gelebt, 42 Prozent gaben an, sie hätten gelegentlich Angst davor gehabt, und knapp die Hälfte meinte, sie habe befürchtet, dass Angehörige verhaftet würden. In unserer Befragung älterer Nichtjuden hingegen behauptete kaum einer, er habe in Deutschland während der NS-Zeit in ständiger Angst vor einer Verhaftung gelebt, während über vier Fünftel die Antwort ankreuzten: »Hatte keine Angst, dass das passiert.«[16] Man könnte einwenden, dass sich unter den Befragten der letzteren Umfrage kaum Kommunisten, Zeugen Jehovas oder Angehörige sonstiger von den Nationalsozialisten verfolgter Gruppen befunden haben, die mehr Anlass zur Furcht hatten als gewöhnliche Deutsche. Doch dafür waren im ersteren Fall Juden, welche die Kriegsjahre überlebt haben, als die Verfolgung nicht mehr ihre Auswanderung, sondern ihre Vernichtung zum Ziel hatte, unter den Befragten unterrepräsentiert.

Es steht außer Frage, dass die meisten Juden mehr Angst vor Verfolgung durch die Nationalsozialisten hatten als die meisten Nichtjuden und dass Juden mehr Grund dazu hatten. Wie jedoch das vorherige Kapitel in Ansätzen gezeigt hat und wie die folgenden Kapitel noch eingehender deutlich machen werden, war der nationalsozialistische Terror kein allgemeines Phänomen, das alle Deutschen, ob Juden oder Nichtjuden, in allen Situationen und zu jeder Zeit in derselben Weise betraf. Die Gestapo und andere NS-Organe setzten ihre begrenzten Mittel konzentriert für die Verfolgung bestimmter Gruppen während ganz bestimmter Zeiträume ein. Selbst Juden erlebten Intervalle einer relativen Ruhe zwischen Perioden der Verfolgung, was viele von ihnen zu der Illusion verleitete, sie könnten den Sturm überstehen und überleben. Wie Karl Muschkattblatt sich an die Zeit vor dem Krieg erinnerte: »Niemand ahnte das kommende Verhängnis.« Hätten die im Lande gebliebenen deutschen Juden geahnt, was ihnen bevorstand, wären noch mehr von ihnen rechtzeitig ausgewandert und nicht in die Vernichtungslager deportiert worden. Am Ende wurden die Juden nicht nur Opfer eines Terrorapparats, der nicht immer das ganze Ausmaß seiner mörderischen Absicht erkennen ließ, sondern zu einem Teil auch der Freundlichkeit und Anständigkeit wohlmeinender deutscher Freunde und Nachbarn. Wären blutrünstige SA- und SS-Schläger und fanatisch antisemitische Parteimitglieder für die gesamte deutsche Bevölkerung charakteristisch gewesen, hätten mehr Juden rechtzeitig den Entschluss gefasst, das Land zu verlassen.

Gestapo- und Sondergerichtsakten über Juden

Wie bereits erwähnt, waren die deutschen Juden außerordentlich gesetzestreu, und daran änderte sich auch im Dritten Reich nichts, obwohl das Regime und seine Justizbehörden ständig neue judenfeindliche Gesetze, Verordnungen und Verfügungen erließen. Selbst als die Lage von Tag zu Tag unhaltbarer wurde, entschieden sich die meisten Juden dafür, den Kopf gesenkt zu halten und sich innerhalb der gesetzlichen Grenzen irgendwie einzurichten und darauf zu hoffen, dass die Gesellschaft wieder zur Vernunft kommen werde. Die übrige deutsche Bevölkerung verfolgte mehrheitlich denselben Weg.[17] Doch am Ende konnten mit dieser Strategie der Unterwürfigkeit nur Nichtjuden überleben. Nur eine kleine Minderheit von Nichtjuden – hauptsächlich kommunistische Funktionäre – wurde aus dem Land vertrieben, und sie wurde nie zur Vernichtung ausgewählt. Wenn außerdem Nichtjuden mit dem Regime in dieser oder jener Weise in Konflikt gerieten, waren die Nationalsozialisten überzeugt, dass die meisten von ihnen »geheilt« werden könnten, ein Begriff, den sie oft in Verbindung mit ehemaligen Kommunisten und anderen Regimegegnern verwendeten, solange diese nur »deutschblütig« waren. Juden konnten nicht »geheilt« werden.

Soweit es ging, war das Regime bemüht, der Verfolgung einen legalistischen Anstrich zu geben und den Terror selektiv anzuwenden. Dank der deutschen Tradition, sich strikt an den Buchstaben des Gesetzes zu halten, erleichterte diese Strategie dem Regime die Aufgabe, die Ordnung aufrechtzuerhalten und sein Handeln zu rechtfertigen. Obwohl die Strafverfolgungsbehörden in ihrem Vorgehen und in der Bearbeitung und Regelung einzelner Fälle – manchmal auf der Basis willkürlicher Launen – einen weiten Spielraum hatten, wollten sie nicht, dass der Terror beliebig ausgeübt wurde. Selbst über den Novemberpogrom – ein Ereignis, das vorübergehend mit der legalistischen Vorgehensweise des Regimes brach – sagte vierzig Jahre später ein überlebender Krefelder Jude: »In alledem blieb ein gewisser Sinn für Ordnung bewahrt.«[18]

Die Gestapo- und Sondergerichtsakten aus Krefeld, Köln und Bergheim bestätigen dieses Bild einer geordneten und selektiven Politik der Verfolgung und des Terrors gegen Juden wie Nichtjuden. Sie unterstreichen auch die wichtige Rolle der Zivilbevölkerung bei dieser Politik. Bevor ich diese Akten, soweit sie sich auf die jüdische Bevölkerung in den dreißiger Jahren beziehen, systematisch untersuche, möchte ich auf diese Quellen kurz genauer eingehen.

Zunächst einmal sind die verfügbaren Akten so zahlreich und im Einzelnen so umfangreich, dass ich ein Stichprobenverfahren anwenden musste. Aus den Akten der Krefelder Gestapo und des Kölner Sondergerichts, die 3500 Einwohner Krefelds und 28 000 Personen aus dem Großraum Köln betreffen, wurden die Dossiers von 1132 Personen ausgewählt und systematisch analysiert. Von rund einem Sechstel dieser Fälle waren Juden betroffen. Bei den übrigen Ermittlungen ging es um andere Gruppen der deutschen Bevölkerung – Kommunisten, Sozialdemokraten, Zeugen Jehovas, Homosexuelle, »Gewohnheitsverbrecher«, katholische und protestantische Geistliche und andere, die mit dem Regime nicht einverstanden waren.

Obwohl die Akten der Gestapo wie des Sondergerichts eine Fülle von Informationen über die Verfolgung von Juden und Nichtjuden durch das NS-Regime und über die Beteiligung der Zivilbevölkerung an dieser Verfolgung enthalten, sprechen mehrere Gründe dafür, sich mit den Akten der Gestapo eingehender zu beschäftigen; infolgedessen wurden aus diesen, relativ gesehen, umfangreichere Stichproben gezogen und analysiert. Aus den Krefelder Gestapoakten wurden zwei separate Stichproben gezogen: einmal eine nichtzufällige, die alle dokumentierten Untersuchungen mutmaßlich illegaler Betätigungen von Juden in Krefeld erfasst (insgesamt 105 Fälle von 1933 bis 1945), als zweite eine Zufallsauswahl, bestehend aus jeder achten Akte des Gesamtbestands (betrifft Juden und Nichtjuden; insgesamt 433 Fälle). Für den Großraum Köln wurde eine Zufallsauswahl von lediglich 2 Prozent der Sondergerichtsakten getroffen, die auf Grund der großen Zahl verfügbarer Akten 594 Fälle ergab, von denen sich 35 auf Juden bezogen.

Der wichtigste Grund für die Bevorzugung der Gestapoakten liegt darin, dass in ihnen die wahre Natur und das Ausmaß des Terrors zum Ausdruck kommen, der im Dritten Reich gegen Juden und Nichtjuden ausgeübt wurde. In den meisten Fällen entschied die Gestapo nach eigenem Ermessen über das Schicksal eines Beschuldigten, ohne dass ein Gericht eingeschaltet wurde. Zudem verhängte die Gestapo häufig eigene Strafen – von mehreren Tagen »Schutzhaft« bis zu mehreren Monaten Haft in einem Konzentrationslager, was nicht selten den Tod zur Folge hatte –, nachdem die Beschuldigten ihre von einem Gericht verhängte Strafe bereits abgebüßt hatten. In Krefeld leitete die Gestapo in der Vorkriegszeit nach ihren Anfangsermittlungen weniger als ein Drittel und in den Kriegsjahren nur noch ein Viertel der Fälle, in denen Juden betroffen waren, an die Staatsanwaltschaft weiter. (In diesen Zahlen sind nicht die 63 Juden enthalten, die von der Krefelder Gestapo nach dem Novemberpogrom ohne Gerichtsbeschluss nach Dachau geschickt wurden; hier geht es nur um Fälle angeblicher Gesetzesverstöße von Juden.) Die Fälle, die an eine übergeordnete Behörde (Staatsanwaltschaft oder Sondergericht) weitergeleitet wurden,[19] waren häufig weniger schwerwiegend, und meistens wurden die Verfahren – ob es um Juden oder Nichtjuden ging – von der Staatsanwaltschaft eingestellt. Daraus folgt, dass trotz der furchtbaren Rolle, die Staatsanwälte und Richter im Dritten Reich spielten, eine Beschränkung auf die Gerichtsakten nur einen begrenzten Einblick in den nationalsozialistischen Terror ermöglicht hätte.

Tab. 4.2 Ergebnis der Krefelder Gestapoermittlungen gegen Juden 1933–1939

	in Prozent (gerundet)
Gerichtsentscheid	16
Überstellung in ein KZ durch die Gestapo	24
Anordnung von »Schutzhaft« durch die Gestapo	17
Einstellung der Ermittlungen mit Verwarnung	13
Einstellung der Ermittlungen ohne Verwarnung	21
Sonstiges	3
Unbekannt	5

In Tab. 4.2 ist der Ausgang – genauer gesagt die schärfste verhängte Strafe – von 66 erhalten gebliebenen Ermittlungsverfahren gegen Juden durch die Krefelder Gestapo zwischen 1933 und 1939 aufgeführt. Diesen Zahlen lässt sich mehreres entnehmen. Erstens standen der Gestapo noch etliche weitere Optionen zur Verfügung außer der Weiterleitung der Ermittlungen an die Gerichte zur endgültigen Entscheidung, was sie bei Juden nur selten tat.[20] Sie konnte die Beschuldigten in so genannte Schutzhaft nehmen, ins Konzentrationslager schicken oder die Ermittlungen mit oder ohne Verwarnung einstellen. Häufig machte ein Beschuldigter mehrere dieser Maßnahmen durch: Er wurde zunächst in »Schutzhaft« genommen, später vor Gericht gebracht, von diesem zu einer Haftstrafe verurteilt und nach Verbüßung seiner Strafe von der Gestapo in ein Konzentrationslager überstellt. Obwohl die häufigste und härteste Strafe der Gestapo für beschuldigte Juden in den Vorkriegsjahren in Konzentrationslagerhaft bestand (während des Krieges ging die Gestapo gelegentlich noch einen Schritt weiter und erschoss den Beschuldigten auf der Stelle[21]), landete damals in Krefeld »nur« eine Minderheit der beschuldigten Juden in einem Konzentrationslager (24 Prozent). Außerdem wurden alle Krefelder Juden, die vor Kriegsbeginn in ein Konzentrationslager geschickt worden waren, bereits nach wenigen Wochen oder Monaten wieder entlassen, auch wenn sich das für viele lediglich als eine kurze Atempause erweisen sollte, bevor sie während des Krieges »evakuiert« und in den Osten deportiert wurden.

Zweitens setzte die Gestapo in den dreißiger Jahren in den meisten Fällen mutmaßlicher Gesetzesverstöße von Juden nicht die drakonischsten Mittel ein, die ihr zur Verfügung standen. Neben den Juden, die sie in ein Konzentrationslager überstellte, wurden »nur« weitere 17 Prozent in »Schutzhaft« genommen. Die meisten Fälle gegen Juden wurden von der Gestapo entweder – zum Teil verbunden mit einer Verwarnung – sofort eingestellt (34 Prozent) oder an die Justizbehörden weitergeleitet (16 Prozent), die das Verfahren dann ihrerseits zumeist einstellten.[22]

Für die relative Zurückhaltung der Strafverfolgungsbehörden gibt es mehrere Erklärungen. Zum einen bestand die Hauptstrategie des Regimes gegenüber Juden zu jener Zeit darin, diese zur Auswanderung zu zwingen. Erreicht werden sollte dieses Ziel unter möglichst geringer Beeinträchtigung der außenpolitischen Beziehungen und ohne dass die Anhänger des Regimes, von denen viele keine fanatischen Antisemiten waren, diesem ihre Unterstützung versagten. Die Aufrechterhaltung einer Fassade der Legalität selbst gegenüber Juden diente diesem Zweck. Sollten Juden noch nicht verstanden haben, dass ihre Existenz in Hitler-Deutschland unhaltbar war, genügte häufig ein Zusammenstoß mit der Polizei, um ihnen diesen Punkt klar und deutlich vor Augen zu führen. Zum Zweiten nahm das Regime innere Feinde wie etwa Kommunisten als unmittelbarere Bedrohung wahr, mit der es vorrangig fertig zu werden galt. Die meisten Ermittlungsfälle gegen Juden scheinen im Vergleich dazu unbedeutender; es waren haltlose oder schlecht begründete Beschuldigungen, Juden hätten sich abfällig über das NS-Regime oder einen seiner Vertreter geäußert, hätten beim Betreten eines Geschäfts oder eines Amtszimmers den Arm

zum Hitlergruß erhoben oder »Heil Hitler!« gerufen (was Nichtjuden zur Pflicht gemacht wurde, Juden jedoch verboten war),
oder sie hätten versucht, bei der Vorbereitung ihrer Auswanderung
einen Teil ihres Eigentums oder Vermögens vor dem Zugriff des
Staates zu schützen. Nur in einem kleinen Prozentsatz der Fälle gegen Juden (wenn auch nicht kleiner als der entsprechende Anteil
bei den betroffenen Nichtjuden) ging es um ernsthaften Protest
oder gegen das Regime gerichtete Handlungen, und diese Fälle bezogen sich fast ausschließlich auf ehemalige jüdische Kommunisten oder Juden, die mit diesen sympathisierten, und stammen aus
der Anfangszeit des Regimes.

Wenn der von der Gestapo und den Gerichten zu jener Zeit ausgeübte Terror auch Elemente der Mäßigung enthielt, so bedeutete
das nicht, dass er für die Juden nicht furchtbar gewesen wäre. Zwar
wurden die meisten deutschen Juden niemals angeklagt, zu irgendeiner Zeit während des Dritten Reiches gegen das Gesetz verstoßen
zu haben, dennoch lebten sie alle unter der ständigen Drohung,
dass die Gestapo irgendwann vor ihrer Tür stehen und sie unter
dem geringsten Vorwand abführen könnte. Obwohl die meisten
Juden sich auch weiterhin strikt an das Gesetz hielten, war für sie
das Risiko viel höher als für Nichtjuden, dass von der Gestapo gegen sie ein Ermittlungsverfahren eröffnet wurde,[23] und die Strafe,
die sie unter diesen Umständen zu gewärtigen hatten, war im Allgemeinen härter als bei Verfahren gegen Nichtjuden. »Schutzhaft«, Gefängnis- oder Konzentrationslagerhaft wurden eher selten gegen Nichtjuden verhängt, sofern es sich nicht um besonders widerspenstige und unverbesserliche Regimegegner handelte,[24] wie etwa die kommunistischen Funktionäre, die in den
ersten Monaten nach Hitlers Machtergreifung festgenommen und
inhaftiert wurden.[25] Auf der anderen Seite fanden sich rechtschaf-
fene Juden plötzlich hinter Gittern oder Stacheldraht wieder, aus
dem einzigen Grund, weil sie Juden waren. Ein extremes Beispiel
dafür waren die befohlenen Massenverhaftungen aller männlichen
Juden zwischen 18 und 60 Jahren nach dem Novemberpogrom
1938 und ihre Verschleppung in Konzentrationslager, nur weil sie
immer noch im Lande waren. Aber es gab zahlreiche weitere Beispiele.

Wie sah der soziale und demographische Hintergrund der Juden
aus, die in den Ermittlungsakten der Gestapo und der Sondergerichte in den dreißiger Jahren auftauchen? Welche Vergehen warf

160

man ihnen vor? Wie waren Polizei und Justizbehörden an Informationen über sie gelangt? Und kann man etwas darüber sagen, welche Rolle die deutsche Zivilbevölkerung bei der Verfolgung der Juden gespielt hat?

Die soziale Herkunft der jüdischen Männer und Frauen, gegen die von der Krefelder Gestapo in der Zeit bis zum Beginn des Zweiten Weltkrieges wegen mutmaßlicher Gesetzesverstöße ermittelt wurde, ähnelt weitgehend der der übrigen jüdischen Bevölkerung in Krefeld und anderen deutschen Gemeinden. Auch wenn das kaum überraschen kann angesichts der Tatsache, dass diese Personen fast alle angesehene Mitglieder der Krefelder Gemeinde waren, die sich nie etwas hatten zu Schulden kommen lassen, in aller Regel nicht in irgendwelche regimefeindlichen Aktivitäten verwickelt waren, die nichts verbrochen hatten und lediglich Opfer der nationalsozialistischen Verfolgung und manchmal der judenfeindlichen Ressentiments der Bevölkerung waren: Es unterscheidet sie doch beträchtlich sowohl von Menschen, die in den meisten Gesellschaften normalerweise vor Gericht gestellt werden, als auch von der Mehrheit der übrigen Deutschen, die in den Krefelder Gestapoakten in Erscheinung treten. Wie die meisten Krefelder Juden waren diese Menschen in der Regel gebildete, zuverlässige und fleißige Leute aus dem mittleren und gehobenen Bürgertum. Ähnlichkeiten mit den nichtjüdischen Krefeldern, gegen die von der Gestapo ermittelt wurde, ergeben sich vielleicht insofern, als der Anteil der Männer unter ihnen unverhältnismäßig hoch war (84 Prozent, erst während des Krieges wurden zunehmend auch gegen jüdische Frauen Ermittlungsverfahren angestrengt) und fast die Hälfte von ihnen in Krefeld selbst geboren und aufgewachsen war.

Die meisten waren verheiratete Männer im mittleren Alter, die das Abitur gemacht oder sogar einen akademischen Grad erworben hatten und einer Erwerbstätigkeit nachgingen. (Über 75 Prozent befanden sich zu der Zeit, als über sie eine Akte angelegt wurde, in einer festen Anstellung.) Nur 19 Prozent übten eine manuelle Tätigkeit aus, die meisten davon als Facharbeiter wie Maschinenschlosser oder Rohrleger. Weitere zehn Prozent waren kleine Ladeninhaber und Handelsvertreter aus der unteren Mittelschicht. Der Rest war eine bunte Mischung aus Ärzten, Anwälten, Lehrern und Studenten und einer größeren Zahl relativ wohlha-

Tab. 4.3 Fälle gegen Juden aus einer Zufallsstichprobe aus den
Krefelder Gestapoakten 1933 – 1945*

Jahr	Gesamtzahl der Fälle	Anzahl der Fälle gegen Juden	Fälle gegen Juden in Prozent
1933	33	2	6
1934	51	2	4
1935	28	1	4
1936	28	7	25
1937	58	7	12
1938	47	17	36
1939	44	12	27
Vorkriegs-jahre gesamt	289	48	17
1940	38	11	29
1941	36	13	36
1942	33	11	33
1943	29	7	24
1944	5	4	80
1945	–	–	–
Kriegsjahre gesamt	141	46	33
1933 – 1945	430	94	22

* Beruht auf einer Zufallsstichprobe aus jeder achten Krefelder Ermittlungsakte. Es fehlen drei Fälle, bei denen das Jahr der Aktenanlage nicht angegeben war.

bender und einiger prominenter Geschäftsleute. Der Jüngste war
fünfzehn und der Älteste 72 Jahre alt. 60 Prozent waren zwischen
dreißig und sechzig.

Dasselbe Muster findet sich mehr oder weniger auch in den
Kölner Sondergerichtsakten. Der einzige Unterschied bestand im
relativen Anteil von Männern und Frauen. Unter den beschuldigten Kölner Juden betrug das Verhältnis 57 zu 43 Prozent, möglicherweise ein Hinweis darauf, dass die Nationalsozialisten sehr
darauf bedacht waren, den Anschein der »Legalität« zu wahren,
wenn – jüdische oder nichtjüdische – Frauen betroffen waren. Im

Übrigen waren die beiden Gruppen im Hinblick auf Alter und soziale Zugehörigkeit fast identisch. Das Durchschnittsalter betrug 37,5 Jahre (der Jüngste war zwanzig und der Älteste 78 Jahre alt), die meisten verfügten über eine gute Bildung, nur wenige waren arbeitslos, und am stärksten waren Geschäftsleute aus der Mittelschicht vertreten.

Auf der Grundlage einer Stichprobe, die jede achte Krefelder Gestapoakte berücksichtigt, sind in Tab. 4.3 die jährlichen Prozentanteile von Fällen gegen Juden von 1933 bis 1945 aufgelistet. Dagegen beruht Tabelle 4.4 auf allen Krefelder Gestapoakten, die sich auf mutmaßliche Gesetzesverstöße von Krefelder Juden beziehen, und listet die einzelnen Vergehen auf, deren sie in den Jahren 1933 bis 1939 beschuldigt wurden. Beide Tabellen zeigen eine deutlich zunehmende Verfolgung von Juden durch die Gestapo während der Vorkriegsjahre, die mit dem Erlass immer neuer Gesetze und Verordnungen zur Verdrängung der Juden aus dem öffentlichen und wirtschaftlichen Leben und dem wachsenden Wunsch des Regimes einherging, die Juden aus dem Land zu vertreiben. Tab. 4.3 liefert den auffälligsten Beleg für diesen Trend. Sie zeigt, dass Fälle gegen Juden in den ersten drei Jahren des NS-Regimes nur einen kleinen Prozentsatz aller Ermittlungsakten der Gestapo ausmachen. Doch nach 1936 bis zum Beginn des Krieges stellten die Krefelder Juden, obwohl ihr Anteil an der Stadtbevölkerung nur rund 1 Prozent betrug, im Durchschnitt ein Viertel und während der Kriegsjahre rund ein Drittel aller Gestapofälle.

Zu einem Großteil ging es in diesen Akten gar nicht um irgendwelche Gesetzesverstöße, sondern um Fragen der Auswanderung und später der Deportation, die von der Gestapo organisiert wurde. Doch auch wenn man sich nur auf die Fälle angeblicher Vergehen von Juden konzentriert wie in Tab. 4.4, so zeigt sich die zunehmende Beschäftigung der Gestapo mit Juden. Aus der Tabelle geht hervor, dass zwischen 1933 und 1935 im Jahresdurchschnitt von der Gestapo nur 6,3 Ermittlungen gegen Juden wegen Gesetzesverstößen aufgenommen wurden. Doch in den vier Jahren danach, von 1936 bis 1939, stieg die Zahl auf fast das Doppelte (11,8), obwohl immer mehr Juden die Stadt verließen. Außerdem sind in den Zahlen weder die 63 Juden enthalten, die nach dem Novemberpogrom nach Dachau geschickt wurden, noch die vielen anderen Fälle, in denen die Gestapo in Form von Briefüberwachung und anderen Methoden gegen Juden tätig wurde, um einen

Tab. 4.4 Anlass für das Anlegen von Akten über Krefelder Juden durch die Gestapo (1933–1939)

Jahr	poli-tisch[a]	Unerlaubte Äußerungen[b]	Sittlich-keit[c]	Ge-schäfte[d]	Hitler-gruße[e]	Sons-tige[f]	Ge-samt
1933	5	2	–	1	–	–	8
1934	1	2	–	–	–	1	4
1935	1	2	2	1	1	–	7
1936	1	3	6	3	–	4	17
1937	–	2	2	2	–	1	7
1938	–	–	3	3	2	4	12
1939	–	1	4	3	2	1	11
Gesamt	8	12	17	13	5	11	66

a Kommunistische oder andere regimefeindliche Aktivitäten.
b Abfällige Äußerungen über das Regime oder NS-Größen.
c Hauptsächlich Rassenschande.
d Illegale geschäftliche Aktivitäten aller Art.
e Verbotener Hitlergruß oder Tragen von NS-Emblemen.
f In diese Gruppe fallen drei Berufsverbrecher, die 1938 in ein Konzentrationslager geschickt wurden; drei Fälle aus dem Ausland zurückgekehrter Heranwachsender, die in ein »Schulungslager« geschickt wurden (zwei im Jahr 1936 und einer 1938); je ein Fall von unerlaubtem Hören von Auslandssendern, Betteln, Ausstoßen verbotener Drohungen, unterlassener Unterhaltszahlungen und ein Fall, in dem gegen den Vernommenen keine Beschuldigung formuliert wurde.

Vorwand für eine Verhaftung oder die Aufnahme von Ermittlungen zu finden.

Während diese Zahlen die über die Jahre zunehmenden Anstrengungen der Gestapo erkennen lassen, der jüdischen Bevölkerung das Leben schwer zu machen, gibt es keinen entsprechenden Trend auf jüdischer Seite zu regimefeindlichen politischen Aktivitäten. In den Anfangsjahren des Dritten Reiches waren staatsfeindliches Verhalten und Bekundung einer regimekritischen Gesinnung die häufigsten Vergehen, deren man Juden beschuldigte; danach wurden sie anscheinend in ihren politischen Aktivitäten immer vorsichtiger und hielten sich mit kritischen Äußerungen zurück. Die in den Jahren 1936 bis 1939 zu verzeichnende Zunahme der gegen Juden eingeleiteten Ermittlungsverfahren resultierte hauptsächlich aus Verstößen gegen neu erlassene Gesetze und Verordnungen, die den wirtschaftlichen und gesellschaftlichen

Spielraum der Juden einschränkten. Nach der Verabschiedung
der Nürnberger Gesetze im Herbst 1935 wurden Ermittlungen vor
allem wegen »Rassenschande« und anderer Sittlichkeitsvergehen
aufgenommen, auch wenn die Gestapo diese vielfach wieder ein-
stellte, nachdem sie feststellen musste, dass die Verdächtigungen
durch Dritte jeder Grundlage entbehrten. So wurden Juden bezichtigt, Umgang mit blonden – und somit »arischen« – Frauen zu haben, die in Wirklichkeit Jüdinnen waren.[26] Bei den meisten der
übrigen Ermittlungen gegen Juden ging es um Verstöße gegen Bestimmungen, die verhindern sollten, dass Juden vor ihrer Auswanderung auch nur einen Teil ihres Vermögens in Sicherheit brachten.
Hinzu kamen etliche überwiegend geringfügige Verstöße (auch
wenn sie gelegentlich hart bestraft wurden) – Fälle, in denen Juden
aus Unwissenheit oder auch lauteren Motiven mit dem Heben des
rechten Arms und den Worten »Heil Hitler!« gegrüßt hatten[27]
oder in denen Studenten nach ihrer Rückkehr von einem Studienaufenthalt im Ausland vorübergehend in einem »Schulungslager«
interniert wurden.[28]

Sosehr sie auch versuchen mochten, Gesetzesverstöße zu vermeiden, wurde es für Juden immer schwieriger, den Fängen der
Gestapo zu entgehen. Belastendes Material sammelte die Gestapo
über verschiedene Kanäle: bezahlte und unbezahlte Spitzel, Postüberwachung, Berichte der Parteizentralen und einzelner NSDAP-
Mitglieder über Aktivitäten von Juden sowie freiwillige Berichte
aus der Zivilbevölkerung (Denunziationen) über angebliche Gesetzesverstöße. In Tab. 4.5 sind die Informationsquellen der Krefelder
Gestapo, auf Grund deren sie in den Jahren 1933 bis 1939 Ermittlungen gegen Juden einleitete, zusammengefasst.

Tab. 4.5 Informanten der Gestapo in den Ermittlungen gegen
Krefelder Juden 1933 – 1939

	in Prozent
Denunziationen aus der Zivilbevölkerung	41
Gestapo selbst (einschließlich Spitzel)	19
Andere Kontrollorgane	5
NSDAP und ihre Organisationen	8
Unbekannt	27

Wie aus der Tabelle ersichtlich, spielte die einfache Bevölkerung in den dreißiger Jahren bei der Auslösung von Ermittlungsverfahren gegen Juden in Krefeld eine große Rolle. Dieses Ergebnis bestätigt weitgehend die Befunde des kanadischen Historikers Robert Gellately, dessen bahnbrechende Untersuchung über das Verhältnis zwischen der Gestapo und der deutschen Gesellschaft 1990 veröffentlicht wurde.[29] In seiner Studie beschäftigte er sich mit 175 Fällen von »Rassenschande« und Freundschaften zwischen Nichtjuden und Juden, in denen die Gestapo in Würzburg ermittelte, und stellte fest, dass die Ermittlungen in 57 Prozent der Fälle durch Denunziationen aus der Zivilbevölkerung ausgelöst wurden.[30] In Krefeld lag der entsprechende Anteil lediglich bei 41 Prozent. Dabei sind allerdings die Fälle nicht berücksichtigt, in denen der Anlass für die Ermittlungen unbekannt war (27 Prozent). In Gellatelys Untersuchung lag dieser Anteil bei 11 Prozent. Rechnet man diese Fälle hinzu, dann kommt man für Krefeld und Würzburg auf fast identische Zahlen.

Dennoch gibt es wichtige Unterschiede zwischen den Ergebnissen der vorliegenden Untersuchung und der Gellatelys, sowohl im Hinblick auf die Daten als auch auf deren Interpretation. Da in seiner Untersuchung nur ein einziger Fall durch die Meldung eines Gestapospitzels veranlasst wurde, gelangte Gellately zu dem Schluss, »[auffällig] ist das Fehlen bezahlter Informanten oder V-Leute«.[31] Das Bespitzeln und Beschatten spielte dagegen in Krefeld eine beträchtliche Rolle bei der Verfolgung und Kontrolle der Juden, nicht nur in den Vorkriegsjahren, sondern vor allem in den Kriegsjahren. Die Diskrepanz mag dadurch zustande kommen, dass Gellately sich auf zwei spezifische »Vergehen« konzentriert hat. Hätte er alle Fälle gegen Juden analysiert, wäre er wahrscheinlich zu anderen Ergebnissen und zu anderen Schlussfolgerungen über den Charakter der sozialen Kontrolle und des nationalsozialistischen Terrors gelangt.

In einer neueren Arbeit hat Gellately die Arbeiten anderer Historiker zusammengefasst, die die Rolle von Denunziationen bei der Bekämpfung nichtrassischer Vergehen, etwa abfällige politische Äußerungen, untersucht haben. Er selbst hat ebenfalls andere Gruppen in den Blick genommen, beispielsweise polnische Arbeiter, und andere Vergehen wie das Hören verbotener Auslandssender in seine Forschung einbezogen. In diesen Fällen lag der Prozentsatz von Denunziationen aus der Zivilbevölkerung sogar noch höher als bei den Ermittlungen gegen Juden, und Gellately zieht daraus den Schluss, die Gestapo sei primär eine »reaktive« Institution gewesen, die deutsche Gesellschaft habe sich weitgehend selbst überwacht, und die Vorstellung, das Dritte Reich sei ein Polizeistaat gewesen, müsse hinterfragt werden.[32]

Auch wenn es wahrscheinlich zutrifft, dass Denunziationen in der NS-Gesellschaft allgemein eine große Rolle gespielt haben, bin ich dennoch überzeugt – aus Gründen, die in den folgenden Kapiteln noch deutlicher werden –, dass Gellately die aktive Rolle der Gestapo bei der Verfolgung unterschätzt. Vor allem übersieht er anscheinend die Tatsache, dass die Anzeigen, die bei der Gestapo aus der Bevölkerung eingingen, überhaupt erst möglich wurden, weil das Regime eine Fülle neuer Gesetze und Verordnungen erließ, die nur in einem Polizeistaat durchgesetzt werden konnten. Man könnte noch hinzufügen, dass er auch dem selektiven Gebrauch, den die Gestapo von ihren beschränkten Ressourcen machte, zu wenig Aufmerksamkeit schenkt; so war der Terror zwar nicht allgegenwärtig, dafür aber umso wirkungsvoller.

Der Krefelder Gestapo stand wie der Gestapo in anderen deutschen Städten nur eine begrenzte Zahl von Spitzeln und Informanten zur Verfügung.[33] Die Gestapo setzte diese Personen ebenso wie ihre sonstigen beschränkten Ressourcen umsichtig und gezielt ein, und zwar häufiger für die Verfolgung von Kommunisten und anderen Gruppen, die das Regime ganz besonders ausschalten und unterdrücken wollte, als zur Ahndung kleinerer Gesetzesübertretungen, die von gewöhnlichen Deutschen begangen wurden. Dass die Gestapo alle verfügbaren Mittel einsetzte, um die Existenz der Juden in Deutschland zu untergraben, war jedoch nur folgerichtig. Denn spätestens in den Kriegsjahren waren die Juden die Gruppe, die das Regime am entschlossensten ausmerzen wollte.

In den ersten Jahren der NS-Herrschaft bekämpfte die Gestapo potenzielle kommunistische, sozialdemokratische und religiöse Gegner, die das Regime als unmittelbare Bedrohung betrachtete, und setzte zu diesem Zweck auch Spitzel und andere Ressourcen ein. Jüdische Oppositionelle wurden dabei von der Gestapo mit mehr oder weniger derselben Intensität ausspioniert wie nichtjüdische aktive Regimegegner. Als sie diese innenpolitischen Gegner im Griff hatte, konnte sie ihre Mittel verstärkt auf die Verfolgung der Juden verwenden. In den ersten Jahren des Dritten Reiches wurde das Spitzelnetz der Gestapo dementsprechend nur in einer kleinen, aber nicht unbedeutenden Zahl von Fällen gegen Juden eingesetzt. Später – vor allem während des Krieges, als das Regime die Massenvernichtung beschlossen hatte – wurde das Tun und Lassen der Juden häufig von eigens damit beauftragten Spitzeln beobachtet, die mit ihren Berichten oft dazu beitrugen, dass Juden wegen geringfügiger Gesetzesübertretungen in ein Vernichtungslager deportiert wurden.[34] Dennoch löste auch schon in den Vorkriegsjahren die Spitzeltätigkeit von bezahlten oder unbezahlten »V-Leuten« bei der Krefelder Gestapo 11 von insgesamt 66 Ermittlungsverfahren gegen Juden aus (17 Prozent aller Fälle). In mindestens sechs weiteren Fällen wurden Ermittlungen gegen Juden unter anderem durch Postüberwachung oder andere Formen der Beobachtung in Gang gesetzt.

Kurzum, in einem Viertel aller Vorkriegsermittlungen gegen Juden wegen angeblicher Gesetzesverstöße gaben Bespitzelung oder Überwachung in dieser oder jener Form den Anstoß. Das war vor allem dann der Fall, wenn jüdische Kommunisten oder anderweitig politisch aktive Juden betroffen waren, aber mitunter auch im Zusammenhang mit »Rassenschande«, dem Hören von Auslandssendern und Devisenvergehen, Vergehen also, die keinen direkten politischen Bezug hatten.[35] 1939 finden sich in über der Hälfte der Ermittlungen gegen Juden Belege für eine Spitzeltätigkeit, ein Trend, der sich in den Kriegsjahren noch verstärken sollte.[36]

Freiwillige Berichte aus der Bevölkerung zählten also zu den ergiebigsten Informationsquellen der Gestapo, wenn es um die Kontrolle der deutschen Juden ging. Was waren das für Menschen? Und was waren ihre Motive?

Wir sind in den vorangegangenen Kapiteln bereits einigen solcher Leute begegnet: Hitlerjungen, die in der Kölner Haupteinkaufsstraße eine antisemitische Zeitung verkauften, durch deren Schlagzeile sich eine Jüdin verunglimpft sah; Jungen und Mädchen aus Krefeld, die einen geistig behinderten Juden verhöhnten; Hausfrauen, Zahnärzte und andere gewöhnliche Deutsche in Bergheim und Krefeld, die ihre jüdischen Nachbarn nach harmlosen Streitigkeiten bei der Gestapo denunzierten, und SA-Schläger, die einen älteren Juden anpöbelten, als dieser einen Biergarten betrat. Die Liste ließe sich beliebig erweitern, und jede Altersgruppe und soziale Herkunft wäre vertreten. Die einzige nennenswerte soziale Gruppe, die keine Juden denunzierte, waren die Juden selbst. Keine einzige Ermittlung gegen einen Juden, auch nicht ein einziger der anderen mehr als tausend Fälle, die in diesem Buch berücksichtigt werden, wurde durch die Anzeige eines Juden bei der Gestapo ins Rollen gebracht. Zwar kennen wir inzwischen den bestürzenden Fall einer jungen Berliner Jüdin namens Stella, die von der Gestapo als bezahlter Spitzel benutzt wurde, um Informationen über die Verstecke von Berliner Juden zu erhalten,[37] aber wie die vorliegende Untersuchung ergeben hat, waren derartige Fälle äußerst seltene Ausnahmen.

Es muss ferner betont werden, dass auch nicht alle nichtjüdischen Deutschen bereit waren, der Gestapo Zuträgerdienste zu leisten. Auch wenn sich unter den Denunzianten alle Altersgruppen und sozialen Schichten finden, bedeutet das nicht, dass jeder gewöhnliche Deutsche zu einem Denunzianten hätte werden können. Aber es steht außer Zweifel, dass eine beträchtliche Zahl von Deutschen durchaus willig war, ihre Mitbürger zu denunzieren, manchmal aus ideologischer Überzeugung, häufiger jedoch in der Absicht, auf kleinliche Weise persönliche Rechnungen zu begleichen oder sich durch das Unglück anderer zu bereichern. In den Jahren 1935 bis 1939 gingen bei der Gestapo regelmäßig so viele Anzeigen ein, dass die Behörden sich schließlich genötigt sahen, die Bevölkerung davon abzuhalten. Bereits am 18. August 1937 wurde in der *Frankfurter Zeitung* gefordert, eine Belohnung von bis zu hundert Mark (der Monatslohn eines ungelernten Arbeiters) für zutreffende Informationen über Personen auszusetzen, die andere bei der Gestapo zu Unrecht eines Vergehens bezichtigt hatten.[38]

Soweit man (in den Fällen gegen Juden) von einem typischen Denunziantenprofil sprechen kann, sieht es so aus: Zumeist entsprechen die Denunzianten in Alter, Geschlecht und beruflicher Stellung den Bevölkerungsgruppen, die sich vom Nationalsozialismus besonders angesprochen fühlten – sie waren jung, männlich und kamen aus den bürgerlichen Mittelschichten. In den 26 Fällen angeblicher jüdischer Vergehen zwischen 1933 und 1939, in denen die Krefelder Gestapo ihre Ermittlungen auf Grund einer Denunziation aufnahm, waren 79 Prozent der Denunzianten männlich und 21 Prozent weiblich.[39] Der jüngste war zwölf, der älteste 47, die meisten zwischen zwanzig und vierzig Jahre alt. Bei den dreizehn Fällen der Stichprobe aus den Akten des Kölner Sondergerichts, die im selben Zeitraum wegen einer Denunziation gegen Juden in Gang gebracht wurden, lag der Anteil der weiblichen Denunzianten zwar höher, aber noch immer unter dem der Männer.

169

(Das Verhältnis betrug sechs zu sieben, also 46:54 Prozent.) Die Altersverteilung war etwas anders: Der jüngste Denunziant war zwölf, der älteste 53 Jahre alt, das Durchschnittsalter betrug vierzig Jahre. In beiden Stichproben gehörten die Denunzianten überwiegend der Mittelschicht an. Bei den 16 Fällen in Krefeld, in denen die Beschäftigung des Denunzianten erhoben wurde, kamen nur drei aus der Arbeiterschicht (ein ungelernter Arbeiter und zwei Kraftfahrer). Acht Denunzianten (50 Prozent) waren Geschäftsleute, hinzu kamen ein Zahnarzt, eine Hausfrau aus der Mittelschicht, eine junge unverheiratete Frau ohne Berufsangabe, die bei ihren Eltern wohnte, und zwei Schulkinder aus der Mittelschicht. In den Fällen des Kölner Sondergerichts kam nur einer der Denunzianten aus der Arbeiterschicht. Die übrigen waren hauptsächlich Geschäftsleute, Akademiker und Hausfrauen aus der Mittelschicht.

Tab. 4.6 Beziehung der Denunzianten zu beschuldigten Juden und ihre Motive in Fällen der Krefelder Gestapo und des Kölner Sondergerichts 1933–1939

	in Prozent (gerundet)	
	Krefeld	Köln
Beziehung		
Nachbar	15	54
frühere Liebschaft	15	–
Bekannter	8	15
Arbeitskollege	4	–
Angestellter	4	–
Schwager/Schwägerin	4	–
Fremder	–	15
Sonstiges	8	8
Unbekannt	42	8
Motiv		
Streit unter Nachbarn	12	38
Streit mit dem Partner	8	8
politische Überzeugung	35	23
wirtschaftliche Motive	19	8
Sonstiges	4	15
Unbekannt	23	8

Der Eindruck, dass die Denunzianten aus den Reihen jener deutschen Bürger kamen, die für die NS-Ideologie besonders anfällig waren, wird noch durch den Umstand verstärkt, dass viele Denunzianten in der NSDAP oder einer ihrer Gliederungen eine Funktion bekleideten. Obwohl die Belege dafür spärlich sind (die Ermittlungsakten enthalten in der Regel keine Angaben über die politische Orientierung eines Denunzianten), geht aus den Akten doch hervor, dass mindestens ein Drittel der Denunzianten in Krefeld und Köln der NSDAP, der SA oder der Hitler-Jugend angehörte. Diese Zahlen liegen über dem Durchschnitt der Gesamtbevölkerung, vor allem wenn man bedenkt, dass die NSDAP und die SA nur sehr wenige weibliche Mitglieder hatten.[40]

In den meisten Fällen kannte der Beschuldigte den Denunzianten persönlich, auch wenn sich häufig nur schwer feststellen lässt, wie nahe sich beide standen oder welche Motive den Denunzianten genau bewegten. In Tabelle 4.6 sind die Beziehungen zwischen Denunzianten und Beschuldigtem anhand der Akten der Krefelder Gestapo und des Kölner Sondergerichts zusammengestellt. Daraus ergibt sich, dass mindestens 58 Prozent der beschuldigten Juden in Krefeld und 77 Prozent der Beschuldigten in Köln den Denunzianten oder die Denunziantin persönlich kannten. In den Fällen des Kölner Sondergerichts ist der Anteil hauptsächlich deshalb größer, weil die Gerichtsakten ausführlicher sind und eine genauere Bestimmung der Beziehung zwischen Beschuldigtem und Denunzianten erlauben. Bei den Krefelder Gestapoakten war dies in 42 Prozent der Fälle nicht möglich.

In seiner Untersuchung der Düsseldorfer Gestapo, der bislang eingehendsten Studie über Motive von Denunzianten, stellte Reinhard Mann fest, dass in den 213 untersuchten Fällen mehrmals ein Drittel der Denunziationen durch private Auseinandersetzungen (am häufigsten zwischen Nachbarn) ausgelöst wurden, nur 24 Prozent aus politischer Überzeugung erfolgten, und in 39 Prozent der Fälle konnte kein konkreter Anlass für die Denunziation ermittelt werden.[41] Leider sind Manns Befunde nicht ohne weiteres mit den hier vorgelegten Ergebnissen vergleichbar, weil er keine Fälle untersucht hat, in denen die Denunzierten Juden (oder Kommunisten) waren. Immerhin zeigen die Fälle gegen Juden aus Krefeld und Köln, dass private Konflikte auch hier häufig eine Rolle spielten, politische Motive jedoch stärker im Vordergrund standen als in den von Mann untersuchten Fällen. In den Ermittlungen gegen Krefelder Juden aus den dreißiger Jahren liegt in mindestens 35 Prozent der Fälle ein politisches Motiv nahe. An zweiter Stelle rangierten wirtschaftliche und geschäftliche Motive, gefolgt von Nachbarschaftszwisten (12 Prozent) und Streitigkeiten unter Liebenden (8 Prozent).

Die Daten aus den Akten des Kölner Sondergerichts weisen ähnliche Trends auf, allerdings mit einem wesentlichen Unterschied. Hier findet Manns Behauptung von der wichtigen Rolle nachbarlicher Zwistigkeiten mehr Bestätigung als in den Akten der Krefelder Gestapo. Derartige Streitigkeiten waren in 38 Prozent der Denunziationen das entscheidende Motiv; in lediglich 23 Prozent der Fälle war es die politische Überzeugung. Diese Befunde sind allerdings etwas weniger zuverlässig als die Ergebnisse aus den Gestapoakten. Das liegt zum einen an der geringen Zahl der untersuchten Fälle und zum anderen an dem Umstand, dass nur ein Teil der von der Gestapo angelegten Akten an das Sondergericht weitergeleitet wurde. Wie auch immer: Will man die Motive derer, die Juden denunzierten, beurteilen, darf man die Bedeutung persönlicher und politischer Motive nicht unterschätzen, die oft in einer Weise zusammenwirkten, die aus den Akten der Krefelder Gestapo oder des Kölner Sondergerichts nicht immer ersichtlich ist.

Zusammenfassung:
Nationalsozialistischer Terror und die Reaktion der Juden 1933–1939

Am 29. April 1945, einen Tag, bevor er im Führerbunker unter der Reichskanzlei in Berlin Selbstmord beging, heiratete Hitler seine langjährige Geliebte Eva Braun und diktierte seinen letzten Willen sowie sein politisches Testament. In den letzten Worten seines politischen Testaments machte er deutlich, dass die Vernichtung der Juden bis zum Schluss sein vorrangiges Ziel blieb:»Vor allem verpflichte ich die Führung der Nation und die Gefolgschaft zur peinlichen Einhaltung der Rassengesetze und zum unbarmherzigen Widerstand gegen den Weltvergifter aller Völker, das internationale Judentum.«[42]

Die Frage, in welchem Ausmaß die breite Masse der deutschen Bevölkerung, die ihm während der gut zwölf Jahre des Dritten Reiches gefolgt war, Hitlers fanatischen Antisemitismus teilte, ist Gegenstand einer oft vehement geführten Debatte.[43] Tatsache ist jedoch, dass die meisten Deutschen ihm – aus welchen Gründen auch immer – bis zum bitteren Ende die Gefolgschaft hielten, und das Ergebnis war die fast vollständige Vernichtung des deutschen und europäischen Judentums.

Dennoch darf man das gesamte Dritte Reich und das gesamte deutsche Volk, Juden wie Nichtjuden, nicht durch die Brille der klügeren Nachgeborenen betrachten. In den Anfängen des NS-Regimes wusste niemand, ausgenommen vielleicht Hitler selbst, welches Schicksal die Juden am Ende erwartete. Wie der Kölner Überlebende Karl Muschkattblatt es ausdrückte: »Niemand ahnte das kommende Verhängnis.« Worte können den Terror nicht beschreiben, dem die Juden zum Opfer fielen, die während der Kriegsjahre in Deutschland geblieben waren oder in den von Deutschland besetzten Gebieten lebten, als die europäischen Juden physisch vernichtet wurden. Doch in den dreißiger Jahren war der Terror noch nicht absolut.

In den ersten sechs Jahren von Hitlers Herrschaft nahm der Terror zwar unübersehbar zu, aber nicht immer gleichmäßig und unilinear. Unzählige Erinnerungen und Zeugnisse von Überlebenden und zahlreiche Akten der Gestapo und des Sondergerichts zeigen, dass viele Juden anfangs überzeugt waren, sie seien noch vollberechtigte deutsche Staatsbürger, die meisten deutschen Nachbarn führten nichts Böses gegen sie im Schilde, und sie könnten das Hitlerregime überstehen. Trotz der Wirtschaftsboykotte, der wachsenden Zahl judenfeindlicher Gesetze und der rassistischen Verhöhnungen und Drohungen, die von den ergebensten Anhängern Hitlers öffentlich und privat geäußert wurden, boten viele Juden ihren Peinigern entrüstet die Stirn und zahlten die Beschimpfungen von SA-Leuten mit gleicher Münze zurück: »Scheiße ist auch braun« oder »Heilt Hitler!«. Manche stellten sogar von der Gefängniszelle aus Forderungen an die Obrigkeit. Die meisten Juden blieben trotz der Intoleranz der Nationalsozialisten und trotz der Verfolgung sorgsam darauf bedacht, nicht gegen das Gesetz zu verstoßen, wie es der Tradition von Menschen ihrer kulturellen und sozialen Herkunft entsprach, doch viele wehrten sich auch gegen den Terror. Die bislang vorgetragenen Ergebnisse meiner Untersuchung und weitere Belege für jüdischen Widerstand, auf die ich in späteren Kapiteln über die Kriegsjahre zu sprechen komme, zeigen, dass Juden nicht weniger mutig als Nichtjuden waren,

173

wenn es darum ging, sich den Nationalsozialisten zu widersetzen.[44]

Doch diese Auflehnung war für Juden zweifellos schwieriger als für Nichtjuden. Selbst bei geringfügigen Akten der Ablehnung – etwa Kritik am Regime in privatem Kreis – gingen Juden ein weitaus höheres Risiko als Nichtjuden ein, die Aufmerksamkeit der Gestapo auf sich zu ziehen, und wenn diese gegen sie ein Ermittlungsverfahren einleitete, mussten sie mit einer wesentlich härteren Strafe rechnen als Nichtjuden. Trotzdem geben die Gestapo und die Gerichte in ihrem Auftreten gegenüber Juden während der Vorkriegsjahre sogar noch ein gemäßigteres Bild ab als manche Deutsche aus der breiten Bevölkerung. In dieser Zeit setzte die Gestapo nur einen Bruchteil ihrer begrenzten Ressourcen für die Verfolgung von Juden ein und verließ sich stattdessen weitgehend auf die Anzeigen gewöhnlicher Bürger, um Informationen über Gesetzesverstöße von Juden zu erhalten. Außerdem bestrafte die Gestapo Juden, die in ihr Blickfeld gerieten, nicht immer mit äußerster Härte, auch wenn dies später zur Regel wurde. Viele Ermittlungsverfahren gegen Juden wurden von der Gestapo oder den Sondergerichten eingestellt, und den Beschuldigten wurde lediglich eine strenge Verwarnung erteilt. Die meisten Juden, die eine Zeit lang in »Schutzhaft«, im Zuchthaus oder auch in einem Konzentrationslager einsitzen mussten, wurden schließlich wieder entlassen. Doch das war alles noch vor dem Krieg. Der Krieg, der mit dem deutschen Überfall auf Polen am 1. September 1939 begann, verschärfte das Tempo und die Härte der Judenverfolgung exponentiell. Für die meisten Juden, die bis dahin nicht erkannt hatten, dass eine Auswanderung der einzige Weg war, den Terror zu überleben, war es jetzt zu spät. Von nun an wurde der nationalsozialistische Terror gegen die Juden tödlich.

III

Nationalsozialistischer Terror und potenzielle Gegner 1933–1939

*Immer war die erste Voraussetzung
die Ausscheidung des marxistischen
Giftes aus unserem Volkskörper.*

ADOLF HITLER

Dann sagen sie mit frechem Mund:
»Du bist ein Schwein! Nun, was bist du?«
»Katholischer Priester bin ich stets«,
Antwortet er bestimmt und klar.
»Ein Schwein bist du, verstehst du nicht?«
»Katholischer Priester bin ich stets!«
So geht es mehrmals hin und her.
Kein Drohen hier den Priester schreckt.
So quält man endlos lang die sechs,
bis müde ist der Schergen Wut.

PATER JOSEF SPIEKER, S.J., KÖLN
»DER EMPFANG«

Kapitel 5

Die Vernichtung der Linken

Hitler hasste die kommunistische und sozialistische Linke fast ebenso leidenschaftlich wie die Juden. Seit langem davon überzeugt, dass »jüdisch-marxistische« Verräter für die »Schmach« Deutschlands im Ersten Weltkrieg verantwortlich seien und dass nur entschlossenes Handeln einer drohenden neuen bolschewistischen Revolution auf deutschem Boden begegnen konnte, machte Hitler die Ausrottung der kommunistischen und der sozialdemokratischen Bewegung zur vordringlichsten Aufgabe des neuen Regimes. Bereits in *Mein Kampf* hatte er geschrieben: »Immer war die erste Voraussetzung die Ausscheidung des marxistischen Giftes aus unserem Volkskörper [...] Es [ist], meiner Überzeugung nach, [...] die allererste Aufgabe einer wirklich nationalen Regierung, die Kräfte zu suchen und zu finden, die entschlossen [sind], dem Marxismus den Vernichtungskrieg anzusagen ...«[1]

Kaum einen Monat nach seinem Amtsantritt war Hitler bereits ein willkommener Vorwand für den Beginn seines »Vernichtungskriegs« in den Schoß gefallen. In der Nacht vom 27. zum 28. Februar stand er in Gesellschaft von Göring, Goebbels und mehreren anderen NS-Größen vor dem brennenden Reichstagsgebäude in Berlin. Sein erster Gestapochef Rudolf Diels schilderte später die Szene, wie Hitler, dessen »Gesicht flammend rot war vor Erregung und vor der Hitze« und der »in so unbeherrschter Weise, wie ich es bisher an ihm nicht erlebt hatte«, schrie:

»Es gibt jetzt kein Erbarmen; wer sich uns in den Weg stellt, wird niedergemacht. Das deutsche Volk wird für Milde kein Verständnis haben. Jeder kommunistische Funktionär wird erschossen, wo er angetroffen wird. Die kommunistischen Abgeordneten müssen noch in dieser Nacht aufgehängt werden. Alles ist festzusetzen, was mit den Kommunisten im Bunde steht. Auch gegen Sozialdemokraten und Reichsbanner gibt es jetzt keine Schonung mehr.«[2]

Hitlers Befehle wurden umgehend befolgt. Noch in derselben Nacht wurden tausende von KPD-Funktionären verhaftet, davon 1500 allein in Berlin.[3] Am folgenden Tag unterzeichnete Hindenburg auf Drängen Hitlers die »Verordnung zum Schutz von Volk und Staat« (»Reichstagsbrandverordnung«). Diese Verordnung, die den ersten »legalen« Grundstein für eine brutale Terrorwelle legte, sollte zur Verhaftung von über 60 000 kommunistischen und sozialdemokratischen Aktivisten führen und in den beiden folgenden Jahren zweitausend Kommunisten das Leben kosten.[4] Man kann sogar behaupten, dass die Vernichtung der Linken, vor allem der Kommunisten, in den ersten anderthalb Jahren des NS-Regimes nahezu das einzige Ziel des nationalsozialistischen Terrors war.

Die Kommunisten nahmen den gegen sie entfesselten Terror nicht tatenlos hin. Seit dem Abend des 31. Januar 1933 leisteten Kommunisten in ganz Deutschland jahrelang unter Einsatz aller mobilisierbaren Kräfte Widerstand gegen das NS-Regime. Sie verteilten Flugblätter, in denen sie die von Hitler und seinen Schergen verübten Gräueltaten aufdeckten und zu einem Generalstreik aufriefen, um den Diktator zu stürzen. Sie malten NS-feindliche Symbole und Parolen auf Häuserwände, um denjenigen, die ebenfalls gegen das Regime waren, zu zeigen, dass sie nicht allein standen. Nach dem Verbot der KPD und nachdem ihre wichtigsten Führer in Konzentrationslagern einsaßen oder ins Ausland geflohen waren, organisierten sie den Widerstand im Untergrund. In vielen Orten lieferten sie sich sogar Schießereien mit NSDAP-Mitgliedern und SA-Leuten.

Das erste KPD-Flugblatt erschien bereits am 30. Januar 1933, als Hitler zum Reichskanzler ernannt wurde. Darin hieß es wörtlich: »Schamloser Raub der Löhne, schrankenloser Terror der braunen Mordpest, Zertrampelung der letzten spärlichen Überreste der Rechte der Arbeiterklasse! Hemmungsloser Kurs auf den imperialistischen Krieg – das alles steht unmittelbar bevor [...] Das blutige barbarische Terrorregime des Faschismus wird über Deutschland aufgerichtet.«[5] Das Flugblatt gipfelt in einem Aufruf zum Generalstreik.

Hitlers »legale Revolution«

Doch der Ruf verhallte weitgehend ungehört. Eine Anstrengung, wie sie für einen Sturz Hitlers erforderlich gewesen wäre, schien von Anfang an zum Scheitern verurteilt. Während die Braunhemden triumphierend die Gelegenheit nutzten, die Macht und den Optimismus ihrer Bewegung zu demonstrieren, und Hitler sogleich Maßnahmen ergriff, um seine Position auszubauen, reagierten die meisten seiner Gegner mit Skepsis oder Resignation. Sie waren überzeugt, dass Hitlers Kanzlerschaft wie die der vorangegangenen Weimarer Regierungen von Heinrich Brüning, Franz von Papen und Kurt von Schleicher unter der Belastung der wirtschaftlichen Depression in Deutschland zusammenbrechen und nach wenigen Monaten ebenfalls stürzen werde.[6] Außerdem hofften sie, dass Hitler jetzt, da er ein Regierungsamt innehatte, verantwortlicher handeln werde. Er werde ohnehin nicht in der Lage sein, viel Schaden anzurichten, da er in eine Koalitionsregierung eingebunden war, der außer ihm selbst nur noch zwei Nationalsozialisten angehörten.[7] Darin irrten sie sich.

Am 30. Januar 1930 unterbrach der deutsche Rundfunk kurz nach 12 Uhr sein Programm und meldete, Hindenburg habe Hitler zum Reichskanzler ernannt. Das NSDAP-Blatt in Köln, der *Westdeutsche Beobachter*, berichtete am nächsten Tag:

»Wenige Minuten später hingen bereits die ersten Hakenkreuzfahnen in den Straßen. Menschen, die sich kaum kannten, hielten sich gegenseitig an: ›Wissen Sie's schon?‹ Parteigenossen standen in den Türen der Wohnungen, der Geschäfte, schüttelten sich die Hände. SS-Männer in Uniform, SA-Leute, überall in den Straßen, guckten sich in die Augen: Auf den Tag. Wie ein Lauffeuer durchjagte die Meldung die Stadt. Ungläubige, der Überraschung noch nicht mächtig, wurden belehrt. Gegner, kaum zu sehen, schwiegen erdrückt von der Wucht des gefürchteten Geschehens. Die ersten Extrablätter des ›Westdeutschen Beobachters‹ gingen weg wie die warmen Semmeln. Überall griffen ein Dutzend Hände zugleich nach der so lange ersehnten Meldung. ›Hitler ist Reichskanzler‹, nie haben die Verkäufer lieber und lauter gerufen.«[8]

Innerhalb weniger Stunden gab es im ganzen Land Siegesfeiern. Überall hingen plötzlich Hakenkreuzfahnen an öffentlichen und privaten Gebäuden. Noch am selben Abend zogen NSDAP-Mitglieder gemeinsam mit Angehörigen des nationalistischen Stahlhelms in Fackelzügen durch die Stadtzentren und provozierend auch durch viele Arbeiterviertel, wo sie ihren Marsch häufig unterbrachen, um Einrichtungen der KPD zu demolieren und sich mit Passanten zu prügeln. In manchen Ortschaften wie in Frechen westlich von Köln und Hochheide zwischen Krefeld und Duisburg wurden erste Schießereien zwischen Kommunisten und Nationalsozialisten gemeldet.[9]

Die Großdemonstration in Köln fand einen Tag später statt. Verbände der SA, der SS und des Stahlhelms marschierten zu den Klängen eines Fanfarenzugs der Reichswehr, der in Uniformen des Ersten Weltkrieges angetreten war, zur Messehalle in Köln-Deutz, wo sich bereits zahlreiche Schaulustige versammelt hatten. Nach dem Absingen der deutschen Nationalhymne hielt der Gauleiter von Köln-Aachen, Josef Grohé, eine begeisterte Rede, in der er dem »verehrten Feldmarschall Hindenburg« dafür dankte, dass dieser Hitler zum Reichskanzler ernannt hatte, und keinen Zweifel daran ließ, dass der Führer seine neu gewonnene Macht nie wieder aus der Hand geben werde. Die übrigen Redner waren ebenso euphorisch und versicherten der Versammlung, dass der »Staat der Novemberverbrecher« vernichtet und das neue Dritte Reich unzerstörbar und unbesiegbar sei.

Als der Abend kam, bewegte sich der eindrucksvolle Fackelzug von der Messehalle über die Rheinbrücke und weiter durch das Hahnentor am Rudolfplatz über den Ring. Unterwegs skandierten die Marschierenden nationalistische Slogans und sangen Lieder der Bewegung, ihre Fackeln erhellten die winterliche Dunkelheit, und die wehenden Hakenkreuzfahnen und -banner gaben manchem Zuschauer Anlass zu düsteren Vorahnungen. Dieses Schauspiel wiederholte sich zur selben Zeit in zahlreichen anderen deutschen Städten. Für viele schien es den Anbruch einer nationalen Wiedererweckung zu symbolisieren. Nur wenige erkannten damals, dass es den Beginn der längsten Schreckensnacht Deutschlands kennzeichnete.[10]

Die KPD erkannte zwar die Bedrohung, sah sich jedoch isoliert. Hätte sie mit der noch immer mächtigen SPD gemeinsame Sache machen können, dann wäre der Schrecken, der schon bald in

Deutschland um sich greifen sollte, vielleicht zu vermeiden gewesen. Die SPD verfügte nicht nur über enge Verbindungen zu den Gewerkschaften, ihr unterstand außerdem die disziplinierte, gut bewaffnete, 250 000 Mann starke paramilitärische Schutzorganisation »Reichsbanner Schwarz-Rot-Gold«. Darüber hinaus hätte sie als patriotische Partei, die auf die Demokratie verpflichtet war – was man von der KPD nicht behaupten konnte –, eine Brücke zu anderen Parteien und Organisationen, vor allem zur Reichswehr, schlagen können, um eine Oppositionsbewegung gegen Hitler aufzubauen.

Aber die SPD-Führung lehnte die wiederholten Forderungen der KPD nach einem Generalstreik und der Bildung einer Einheitsfront zum Sturz Hitlers ab.[11] Einerseits bezweifelte sie den Erfolg eines Generalstreiks. Bei sechs Millionen Arbeitslosen in Deutschland hätten sich die Streikenden leicht ersetzen lassen. Andererseits misstraute sie den Verbindungen der KPD nach Moskau und ihrer Prahlerei, dass auf den Faschismus »Sowjetdeutschland« folgen werde. Die Kluft zwischen den beiden Parteien hatte sich in der Weimarer Republik so verbreitet, dass sie nicht mehr zu überbrücken war. Bei den Reichspräsidentenwahlen 1925 und 1932 hatten die Sozialdemokraten sich geweigert, den Kandidaten der KPD, Ernst Thälmann, zu unterstützen – was wahrscheinlich die Wahl des erzkonservativen Paul von Hindenburg ermögicht hatte –, und sie weigerten sich auch weiterhin, gemeinsame Sache mit den Kommunisten zu machen, selbst in diesem entscheidenden Augenblick. Die Kommunisten ihrerseits bezeichneten trotz ihrer Aufrufe zur Einheitsfront die Sozialdemokraten auch weiterhin als »Sozialfaschisten« und nicht selten auch als den »Hauptfeind« der kommunistischen Bewegung.[12]

Allerdings blieb die SPD in den folgenden Wochen nicht vollkommen untätig. Am 7. Februar veranstaltete sie beispielsweise im Berliner Lustgarten eine Massendemonstration. Doch das war eher die Ausnahme. In der Hauptsache reagierte die SPD wie die übrigen demokratischen Parteien und verfolgte eine Politik der strikten Legalität, da sie befürchtete, offen feindselige Akte gegen die NS-Regierung würden den Nationalsozialisten einen Vorwand liefern, sie mit gesetzlichen Mitteln zu unterdrücken. Statt sich dem kommunistischen Widerstand gegen Hitler auf der Straße anzuschließen, richtete die SPD ihre Anstrengungen auf die bevorstehenden Reichstagswahlen am 5. März in der Hoffnung, ihre

181

schwachen Ergebnisse der letzten Wahlen zu verbessern und genügend Stimmen zu erhalten, um der Regierung als starkes Bollwerk entgegentreten zu können.[13] Die strikte Legalitätspolitik war in dieser Situation faktisch »eine Politik des Abwartens, des Nichthandelns und der Selbsttäuschung«.[14] Während beispielsweise in Moers, nur wenige Kilometer nördlich von Krefeld, SA und SS bei den Siegesfeiern Anfang Februar ihre Gegner auf der Straße mit Gummiknüppeln blutig zusammenschlugen und die Kommunisten eine Protestdemonstration veranstalteten, reichte der SPD-Ortsverein lediglich beim Landrat eine Beschwerde dagegen ein, dass am Rathaus und an der Polizeiwache illegal Hakenkreuzfahnen aufgehängt worden seien. Daraufhin wurden sie belehrt, sie hätten ihre Beschwerde an die falsche Adresse gerichtet und müssten sich an den Regierungspräsidenten wenden.[15]

So überängstlich die Reaktion der SPD auf Hitlers Regime scheinen mag, so hatte sie doch angesichts der Fassade der Legalität, die Hitler der nationalsozialistischen Revolution verliehen hatte, eine gewisse Logik.[16] Obwohl Gewalt und Terror stets im Zentrum der NS-Bewegung standen, hatte Hitler aus seinem fehlgeschlagenen Putschversuch von 1923 die Lehre gezogen, dass seine Machtübernahme nach außen hin in einem legalen Rahmen erfolgen musste. Nur so konnte er vermeiden, dass die Reichswehr oder die SPD gewaltsam eingriffen, wie sie es nur bei einer unrechtmäßigen Bedrohung der Republik getan hätten.[17] Ohne die Fassade der »legalen Revolution« wäre die Reichswehr wahrscheinlich eingeschritten, und die SPD hätte ihre Abneigung gegen die Kommunisten überwunden und sich gemeinsam mit diesen an einem Generalstreik beteiligt, eine gemeinsame Aktion, wie sie schon einmal 1920 gegen einen Putschversuch von rechts erfolgreich war. Zudem wäre Hitler Gefahr gelaufen, die Unterstützung von Reichspräsident Hindenburg zu verlieren, und das konnte er sich nicht erlauben.

Hitler benötigte keine zwei Monate nach seiner Ernennung zum Reichskanzler, um im Zuge seiner »legalen Revolution« dem Parlamentarismus in Deutschland mit verfassungsmäßigen Mitteln den Garaus zu machen. Am 1. Februar verfügte Hindenburg die Auflösung des Reichstags; diese Maßnahme verschaffte Hitler eine Frist von sieben Wochen, in denen er nach Artikel 48 der Weimarer Verfassung per Dekret regieren konnte. Noch am selben Abend verkündete Hitler im Rundfunk einen »Aufruf an das deutsche Volk«, in dem er um dessen Gefolgschaft bei einer »nationalen Revolution« warb, die die Wirtschaft wieder auf die Beine bringen, ein von Klassenkämpfen zerrissenes Volk einen und die Nation davor retten werde, ihren Erzfeinden, den Kommunisten, in die Hände zu fallen. Drei Tage später, am 4. Februar, ließ er den 85-jährigen und zunehmend senilen Reichspräsidenten Hindenburg eine »Verordnung zum Schutze des deutschen Volkes« unterzeichnen, die Eingriffe in die Versammlungs- und die Pressefreiheit erlaubte. Die Verordnung wurde vor allem dazu benutzt, die kommunistische Presse zu unterdrücken und künftige Versammlungen der KPD zu verbieten, aber sie führte auch in der Redaktionspolitik der meisten anderen Zeitungen zu deutlichen Veränderungen. Jetzt war selbst eine gedämpfte Kritik an Hitler und seiner Bewegung gefährlich, und das minderte auch die Chancen der demokratischen Parteien in den bevorstehenden Reichstagswahlen, die für den 5. März angesetzt waren.

Hitler hoffte auf einen überwältigenden Wahlsieg, auf ein Mandat breiter Bevölkerungskreise für seine nationale Revolution und die von ihm geplanten zukünftigen Maßnahmen. Die wichtigste davon war die Verabschiedung des Ermächtigungsgesetzes, das auf legalem Wege die parlamentarische Regierung beenden und ihm diktatorische Vollmachten in die Hand geben sollte. Nachdem er bei den letzten Reichstagswahlen vom 6. November 1932 nur ein Drittel der abgegebenen Stimmen erhalten hatte, benötigte er einen beträchtlichen Stimmenzuwachs, um die nötige Zweidrittelmehrheit für das Gesetz zu erhalten.

Der Reichstagsbrand weniger als eine Woche vor den Wahlen war für Hitler und die NSDAP wahrscheinlich ein Glücksfall. Wie auch immer, Hitler nutzte sofort die Gunst der Stunde und rief den Notstand aus: Kühne Schritte waren nötig, um einer angeblich bevorstehenden kommunistischen Revolution zuvorzukommen. Schon am nächsten Tag erließ Hindenburg die »Verordnung zum Schutz von Volk und Staat« (»Reichstagsbrandverordnung«), die Hitlers Polizeistaat erstmals gesetzlich sanktionierte und ihm die Handhabe bot, seine gefährlichsten kommunistischen und sozialdemokratischen Gegner unverzüglich in Haft nehmen zu lassen. Am folgenden Sonntag beteiligten sich 88 Prozent der Wahlberechtigten an den Wahlen, bei denen die NSDAP gegenüber dem November 1932 noch einmal kräftig zulegen konnte. Dennoch war es ein Erfolg mit Einschränkungen: »Nur« 43,9 Prozent der abgegebenen Stimmen entfielen auf die NSDAP, die dadurch 288 Sitze im Reichstag eroberte. Die Mehrheit der Bevölkerung hatte für die anderen Parteien gestimmt; vor allem die Parteien der Linken und das katholische Zentrum behaupteten sich überraschend gut. Selbst mit Unterstützung der DNVP konnte Hitler für die Verabschiedung des Ermächtigungsgesetzes nur auf 51,7 Prozent der Abgeordneten zählen. Trotz der Ausschaltung der kommunistischen Abgeordneten stellten die SPD und das Zentrum noch immer über ein Drittel aller Reichstagsmandate und hätten die Verabschiedung des Gesetzes verhindern können, wenn sie geschlossen vorgegangen wären.

Am Ende schaffte es Hitler dennoch, das Ermächtigungsgesetz mit 444 gegen 94 Stimmen durchzubringen; von den anwesenden Abgeordneten (die Kommunisten waren bereits verhaftet worden) stimmten lediglich die Sozialdemokraten dagegen. Die Unterstützung des Zentrums hatte Hitler sich durch die Zusage gesichert, die Rechte der deutschen Katholiken zu wahren (das betraf etwa die freie Religionsausübung und die Kontrolle über ihre Konfessionsschulen). Einschüchterung und Drohungen taten ihr Übriges. Der bayrische SPD-Abgeordnete Wilhelm Hoegner hat die Stimmung in seinen Memoiren beschrieben:

»Der weite Platz vor der Krolloper [wo der Reichstag nach dem Brand tagte] war mit schwarzen Menschenhaufen bedeckt. Wilde Sprechchöre empfingen uns: ›Wir wollen das Ermächtigungsgesetz!‹ Junge Burschen, das Hakenkreuz an der Brust, musterten uns frech, versperrten uns schier den Weg, ließen uns richtig Spießruten laufen und riefen uns Schimpfworte zu wie ›Zentrumsschwein‹, ›Marxistensau‹. In der Krolloper wimmelte es von bewaffneter SA und SS [...] Als wir Sozialdemokraten unsere Plätze auf der äußersten Linken eingenommen hatten, stellten sich SA- und SS-Leute an den Ausgängen und Wänden hinter uns im Halbkreis auf. Ihre Mienen ließen nichts Gutes erwarten [...] Wir suchten die Flut der unberechtigten Vorwürfe Hitlers durch Zwischenrufe wie ›nein‹, ›Irrtum‹, ›unrichtig‹ usw. einzudämmen. Das bekam uns nicht besonders gut. Die SA- und SS-Leute, die uns an der Saalwand halbkreisförmig umschlossen, zischten heftig und murrten: ›Maul halten!‹, ›Landesverräter‹, ›Ihr werdet heute noch aufgehängt!‹«[18]

Mit der Verabschiedung des Ermächtigungsgesetzes war die parlamentarische Regierung beendet. Hitlers Regierung hatte »legal« das Recht erhalten, Gesetze ohne Zustimmung des Reichstags zu erlassen, und Hitler musste sich auch für Verordnungen nicht mehr um die Unterschrift des greisen Reichstagspräsidenten bemühen. Der Reichstag verschwand in der Versenkung; in den folgenden Jahren erließ er nur noch sieben Gesetze und diente im Übrigen als bloße Kulisse, wenn Hitler eine wichtige Rede halten wollte. Dessen Diktatur war von den demokratisch gewählten Volksvertretern ganz legal abgesegnet worden, und jeder, der von jetzt an seine Opposition zu diesem Regime zum Ausdruck brachte, wurde damit zu einem Gesetzesbrecher.

Hitler erklärte seine »nationale Revolution« jedoch erst für beendet, nachdem er die Reichsregierung und die der Länder umorganisiert, den Beamtenapparat von Juden und Demokraten gesäubert, die Gewerkschaften vernichtet und alle politischen Parteien außer der eigenen ausgeschaltet hatte. Für diese so genannte Gleichschaltung der deutschen Gesellschaft benötigte er nicht mehr als dreieinhalb Monate. Am 6. Juli 1933, einen Tag nach der Selbstauflösung der letzten noch demokratischen Partei, des Zentrums, hielt Hitler eine Rede vor den »Reichsstatthaltern« – zumeist Parteifunktionäre, die durch ein Gesetz vom 7. April zu Vertretern der deutschen Länder ernannt wurden –, in der er verkündete, die NSDAP sei mit dem Staat identisch geworden, und die nationale Revolution müsse nun durch einen evolutionären Prozess abgelöst werden.

Das bedeutete keineswegs ein Ende der Gewalt und des staatlichen Terrors. Aber das Ende der Revolution läutete eine Periode ein, die einerseits durch taktische Kompromisse mit einigen der traditionellen Eliten gekennzeichnet war und andererseits durch die Bändigung und schließliche Zerschlagung einiger der radikalsten Teile der NS-Bewegung. Durch den Abschluss eines Reichskonkordats mit Hitler akzeptierte der Vatikan den Verzicht der katholischen Kirche auf alle politischen Aktivitäten als Gegenleistung für Garantien hinsichtlich der Glaubensfreiheit. Dieser und andere Kompromisse erbosten die SA-Führung, die allerding durch ihre Macht und ihren Radikalismus allmählich selbst zu einem Problem wurde, das Hitler so bald wie möglich aus der Welt schaffen wollte.

Die SA, die über mehrere Millionen bewaffneter Männer, zahlreiche Stützpunkte (»Sturmlokale«) in größeren und kleineren

Städten in ganz Deutschland[19] und seit Ende Februar 1933 über zehntausende von Hilfspolizisten verfügte[20], bedeutete nicht nur ein Hemmnis für die Normalisierung der NS-Herrschaft, sie war auch eine Bedrohung für die reguläre Armee wie für Hitler selbst. Die martialischen SA-Männer waren in der ersten Zeit nützlich gewesen, um die Macht und Dynamik der Bewegung zu demonstrieren und allen Kritikern den Schneid abzukaufen, doch unter der Führung des fanatischen Ernst Röhm mussten sie in ihre Schranken gewiesen werden. Der von der SA wahllos und öffentlich ausgeübte Terror gegen Juden, Kommunisten, Gewerkschafter und jeden, der ihr nicht passte, konnte nicht länger geduldet werden, wenn Hitler sich die Unterstützung der breiten Bevölkerung sichern wollte. Ein kontrollierter und zielgerichteter Terror konnte weit wirkungsvoller sein als eine unaufhörliche Orgie der Gewalt. Außerdem überspannte Röhm mit seiner offen zur Schau gestellten Homosexualität, seiner unverblümten Kritik an Hitler und seinen immer dreister werdenden Forderungen, die Führung einer neuen deutschen Armee zu übernehmen, zunehmend den Bogen. Hitler duldete keine Eigenmächtigkeiten und wollte einem möglichen Militärputsch zuvorkommen. Nach ein paar Gläsern Wein in Berlins renommiertem Restaurant Kempinski beschwerte sich Röhm zum Beispiel bei Hitlers früherem Freund und Vertrauten Hermann Rauschning:

»Adolf ist gemein. Er verrät uns alle. Er geht nur noch mit Reaktionären um. Seine alten Genossen sind ihm zu schlecht. Da holt er sich diese ostpreußischen Generäle heran [...] Sind wir eine Revolution oder nicht? [...] Da muss etwas Neues her, versteht ihr mich? Eine neue Disziplin. Ein neues Organisationsprinzip. Die Generäle sind alte Schuster. Denen kommt keine neue Idee.«[21]

Die SA wurde Stück für Stück an die Kette gelegt. Bei der Bekämpfung der Linksoppositionellen im Sommer und Herbst 1933 spielte sie weiterhin eine wichtige Rolle. Dennoch musste sie die Gefängnisse und »wilden Lager«, in denen sie zahllose Kommunisten durch Folterungen und Misshandlungen zu Geständnissen zu zwingen suchte, vom Spätsommer 1933 an bis Ende 1934 in Köln und vielen anderen Städten auflösen. Die dort herrschenden brutalen Verhältnisse hatten selbst in Leuten wie dem ersten Gestapochef

Rudolf Diels Abscheu hervorgerufen. Nachdem er während eines Besuchs in Köln und der Region Rhein-Ruhr ein Kellerverlies der SA in Wuppertal besichtigt hatte, berichtete er: »Hieronymus Bosch und Pieter Breughel haben nie solches Entsetzen erblickt.«[22] An die Stelle willkürlicher und brutaler Überfälle auf Arbeiterwohnungen und Werkstätten seitens der SA traten bald systematischere polizeiliche Durchsuchungen; den »wilden Aktionen« wurde ein Ende gemacht, und die SA selbst wurde nach und nach der Gestapo und der regulären Polizei unterstellt.[23]

Mit dem vernichtenden Schlag gegen die SA wartete Hitler bis zum Sommer 1934. In der später so genannten Nacht der langen Messer stellte Hitler sich persönlich an die Spitze eines Trupps von SS-Männern, die in den frühen Morgenstunden des 30. Juni 1934 Röhm und andere SA-Führer in ihrer Unterkunft im bayrischen Bad Wiessee überraschten und festsetzten. In den folgenden Tagen befahl Hitler eine blutige Säuberung, der Ernst Röhm und an die hundert weitere unliebsame SA-Führer und Nationalsozialisten zum Opfer fielen. Viele von ihnen wurden wie Röhm im Konzentrationslager Dachau oder im Gefängnis Stadelheim ermordet, andere dagegen – wie Herbert von Bose, Berater von Vizekanzler Franz von Papen und wichtiges Mitglied der konservativen Opposition aus dem nationalsozialistischen Lager, sowie der ehemalige Reichskanzler Kurt von Schleicher und seine Frau – in ihren Büros oder ihren Privatwohnungen erschossen. Den Morden fielen auch Persönlichkeiten zum Opfer, die nicht zur Bewegung gehörten, darunter einige aus der katholischen Kirche: der Leiter der Katholischen Aktion in Berlin, Erich Klausener, der Leiter der katholischen Jugend, Adalbert Probst, der Publizist Fritz Gerlich und Fritz Beck, der zum Vorstand der katholischen Studentenorganisation gehörte.

Während im Ausland ein Proteststurm losbrach, erhob in Deutschland selbst niemand, nicht einmal die katholische Kirche, öffentlich die Stimme gegen diese absolut ungesetzlichen Morde.[24] Die Führung der Reichswehr war zufrieden. Am 2. Juli schickte Hindenburg an Hitler ein Telegramm, in dem er ihm dafür dankte, »daß Sie durch ihr entschlossenes Zugreifen und die tapfere Einsetzung Ihrer eigenen Person alle hochverräterischen Umtriebe im Keime erstickt haben. Sie haben das deutsche Volk aus einer schweren Gefahr gerettet.«[25] Justizminister Franz Gürtner legalisierte per Gesetz vom 3. Juli »die zur Niederschlagung hoch- und landesverräterischer Angriffe am 30. Juni und 1. und 2. Juli 1934 vollzogenen Maßnahmen« als »Staatsnotwehr«.[26] Hindenburg starb einen Monat später, am 2. August 1934. Bereits einen Tag vorher hatte Hitler das Amt des Reichspräsidenten abgeschafft und dessen Kompetenzen mit denen des Reichskanzlers vereinigt. Von nun an war er »Führer und Reichskanzler«, und alle Soldaten und Beamten mussten einen persönlichen Treueid auf Hitler leisten. Am 19. August erteilten 89,9 Prozent der deutschen Bevölkerung Hitler in einem Plebiszit über die Zusammenlegung der Ämter des Reichspräsidenten und des Reichskanzlers ihre Zustimmung.

Die schrittweise von Hitler ergriffenen konstitutionellen Maßnahmen, um seiner diktatorischen Führung ein Mäntelchen der Legalität umzuhängen, wurden begleitet vom Aufbau eines Terrorapparats, der ebenfalls eine quasi-legale, institutionelle Basis bildete, um Kritiker mundtot zu machen und alle potenziellen Gegner des NS-Regimes zu beseitigen. Während Hitlers Gegner – überwiegend Kommunisten und andere Linksoppositionelle – in den ersten Monaten des Regimes mit äußerster Brutalität und einem hohen Maß an Willkür von SA- und SS-Hilfspolizisten verfolgt wurden, die wenig Respekt vor dem Gesetz oder rechtsstaatlichen Verfahren hatten,[27] wurden schon bald neue Polizei- und Justizeinrichtungen aufgebaut und Gesetze und Verordnungen erlassen, damit die Niederschlagung der NS-Gegner einen rechtmäßigeren Anstrich bekam.

Neben die bewährten Polizei- und Justizbehörden, die weiterhin ihren Aufgaben nachgingen und dazu dienten, die neue Ordnung zu stützen, trat Ende April 1933 in Preußen die Gestapo, die bald auch in ganz Deutschland die wichtigsten Funktionen einer politischen Polizei übernahm. Sie wurde ursprünglich mit älteren Beamten aus der politischen Abteilung der Kriminalpolizei besetzt und arbeitete während der Dauer des Dritten Reiches in Abstimmung mit der Kripo und anderen gewöhnlichen Polizeiorganen. Bereits am 21. März 1933 waren per Dekret die Sondergerichte als letzte Instanz eingerichtet worden, um politische Vergehen beschleunigt abzuurteilen: An ihrer Spitze standen gewöhnliche deutsche Richter, die daneben auch Verfahren in den normalen Gerichten leiteten.[28] Doch auch die regulären Gerichte erwiesen sich als zuverlässig, wenn es darum ging, gegen politische Gegner, die in ihre Zuständigkeit fielen, harte Strafen zu verhängen.

Das wird zum Beispiel an dem großen Schauprozess deutlich, der im Juli 1933 vor einem Kölner Schwurgericht gegen siebzehn

Kommunisten geführt wurde, die angeklagt waren, im Verlauf einer Schießerei am 24. Februar 1933 in der Nähe des Eigelsteintors in der Kölner Altstadt, wo besonders viele Arbeiter wohnten, zwei SA-Männer getötet und einen dritten verletzt zu haben. Der Prozess dauerte sechs Tage und wurde von der örtlichen NSDAP dazu benutzt, all jene einzuschüchtern, die noch an Widerstand dachten. In Erwartung eines Todesurteils für die Angeklagten schrieb der *Westdeutsche Beobachter* am 24. Juli nach Beendigung der Verhandlungen:»Wuchtig und schwer liegt der eiserne Ordnungswille der nationalsozialistischen Bewegung über unserem Volk. Halbheiten und Sentimentalitäten gibt es nicht mehr. Jeder Widerstand [...] wird im Keime erstickt. Der nunmehr beendete große KPD-Mordprozess war eine erneute furchtbare Mahnung an das ganze deutsche Volk.«[29] Sechs der Angeklagten wurden wegen Mordes zum Tode verurteilt. Die übrigen Angeklagten erhielten lange Gefängnis- oder Zuchthausstrafen, weil sie Beihilfe zum Mord geleistet, gegen die Waffengesetze verstoßen und verschiedene weitere Gesetzesbrüche begangen hätten. Auf Grund einer persönlichen Anweisung Görings wurde zur Hinrichtung der zum Tode Verurteilten am 30. November 1933 im Kölner Gefängnis Klingelpütz statt des Fallbeils ein Handbeil benutzt.[30] Es war in der Tat eine »furchtbare Mahnung«.

Der Terror gegen die Linke

Es sollte Deutschlands große Tragödie werden, dass Warnungen wie diese zusammen mit dem legalen Anstrich der nationalen Revolution ausreichten, um die Mehrheit der deutschen Bevölkerung einzuschüchtern und zu lähmen, eine Mehrheit, welche die nationalsozialistische Bewegung weder in ihren Anfängen noch in ihrem Streben nach der totalen Macht unterstützt hatte. Im Laufe der Zeit sollten es viele bereuen, dass sie sich so hatten ins Bockshorn jagen lassen, doch die meisten machten ihren Frieden mit dem Nationalsozialismus und führten ihr Leben weiter wie bisher. Viel zu wenige hatten die Charakterfestigkeit, einem Regime die Stirn zu bieten, dessen verbrecherische und unmenschliche Handlungen häufig jeder Beschreibung spotteten. Unter denen, die den Mut dazu fanden, spielten die Kommunisten eine herausragende Rolle. Viele von ihnen mussten teuer für ihren Mut bezahlen.

Vom ersten Tag seiner Kanzlerschaft an machte Hitler mit seinem versprochenen Vernichtungskrieg gegen die politische Linke Ernst. Er entfesselte eine wilde Terrorkampagne gegen Kommunisten und andere linke Regimegegner. Die Mittel, die er dabei anwandte, änderten sich zwar, aber es bestand nie der geringste Zweifel an seiner Entschlossenheit, seine marxistischen Gegner ein für alle Mal niederzuwerfen. Auch wenn die neuere Geschichtsschreibung nachgewiesen hat, dass dem Terrorapparat Hitlers nur eine begrenzte Zahl von Agenten und Spitzeln zur Verfügung stand und er weitgehend auf Denunziationen aus der breiten Bevölkerung angewiesen und alles andere als »allwissend, allmächtig, allgegenwärtig« war,[31] so verfügte er doch über genügend Ressourcen, um von einem kommunistischen Blickpunkt aus wahrhaft Orwellsche Dimensionen anzunehmen.

Nicht nur die Akten der Krefelder Gestapo und des Kölner Sondergerichts zeigen, dass der nationalsozialistische Terror sich in allererster Linie gegen zwei Gruppen richtete, Kommunisten und Juden. In den fast zwölfeinhalb Jahren des Dritten Reiches wurden auch verschiedene andere Gruppen und Einzelpersonen – darunter Homosexuelle, Zeugen Jehovas, körperlich und geistig behinderte Menschen, »Zigeuner«, »Fremdarbeiter« und Vertreter der christlichen Kirchen – zur Zielscheibe der nationalsozialistischen Verfolgung, doch Juden und Kommunisten allein machten bereits die Hälfte der Personen aus, gegen die von der Gestapo ermittelt wurde.[32] Diese Tatsache sagt bereits etwas darüber aus, wie stark diese Menschen im Zentrum der NS-Verfolgungen standen. Während Hitler in der Anwendung des Terrors gegenüber dem größten Teil der deutschen Bevölkerung äußerst vorsichtig war,[33] wurden Hausdurchsuchungen, »Schutzhaft«befehle, durch Folter erzwungene Geständnisse, Überstellungen in ein Konzentrationslager und Todesstrafen fast zur Norm, sobald Juden und Kommunisten betroffen waren.[34]

Die Leiden unterschiedlicher Personengruppen unter dem Nationalsozialismus zu vergleichen ist eine heikle Aufgabe; es ist nicht meine Absicht, die persönlichen Tragödien zu bagatellisieren, die hunderttausende unter dem NS-Regime erdulden mussten. Ein Mensch, der unter dem Terror zu leiden hatte, bezog keinen Trost aus der Tatsache, dass er wenigstens nicht einer der beiden besonders verfolgten Gruppen angehörte. Und selbst die Kommunisten fielen am Ende nicht wie die Juden einer »Endlösung« zum

Opfer. Doch in den Anfangsjahren des Dritten Reiches waren Kommunisten in mancher Hinsicht in noch stärkerem Maße der Verfolgung durch das Regime ausgesetzt als Juden.

1933 und 1934 befassten sich rund 70 Prozent der Krefelder Gestapoakten mit Kommunisten; dieser Prozentsatz dürfte in anderen Städten mit hohem Arbeiteranteil mindestens ebenso hoch gewesen sein. Leider sind mir keine statistisch fundierten Untersuchungen über die Verfolgung von Kommunisten anhand von Gestapoakten aus anderen deutschen Städten bekannt, so dass kein Vergleich mit den Verhältnissen in Krefeld möglich ist.[35] Doch Zahlen aus Nachbargemeinden im Landkreis Moers, wo von 137 Personen, die am 27. März 1933 in »Schutzhaft« genommen wurden, 132 Kommunisten waren, belegen überzeugend, dass es fast allein die Kommunisten waren, die in der ersten Zeit der nationalsozialistischen Herrschaft die volle Wucht der Verfolgung zu spüren bekamen. Der Historiker Hermann Weber schreibt, in der heutigen Forschung sei kaum umstritten, dass »der rasch zunehmende Terror nach dem 30. Januar 1933 sich zuallererst auf die KPD und ihre Anhänger konzentrierte, [während] die braune Diktatur gegenüber den bürgerlichen und konservativen Kreisen noch sehr zurückhaltend war«.[36]

Obgleich Juden seit den ersten Tagen der NS-Diktatur unter Antisemitismus seitens der Bevölkerung, judenfeindlichen Gesetzen, Wirtschaftsboykotten, spontanen Angriffen von SA-Schlägern und in anderer Weise unter Drangsalierungen zu leiden hatten, kam es bis Mitte der dreißiger Jahre vergleichsweise selten vor, dass Juden von der Gestapo verhaftet oder auch nur vernommen wurden, sofern sie nicht Mitglieder der KPD oder deren Sympathisanten waren.[37] Von den 85 Fällen meiner Zufallsauswahl aus den Krefelder Gestapoakten der Jahre 1933 und 1934 betrafen lediglich drei Juden, die keine Kommunisten waren, und von diesen ging es bei zweien lediglich um Fragen im Zusammenhang mit ihrer Auswanderung. In 23 Fällen aus der Stichprobe ging es weder um Juden noch um Kommunisten: Einer bezog sich auf einen führenden sozialdemokratischen Gewerkschaftsfunktionär, fünf befassten sich mit Mitgliedern der Zentrumspartei, weitere fünf mit NSDAP-Mitgliedern (hauptsächlich SA-Schlägern, die 1934 im Zusammenhang mit der »Nacht der langen Messer« wegen Misshandlungen und Sittlichkeitsdelikten verhaftet worden waren) und einer mit einem Mann, dem Homosexualität vorgeworfen wurde. Der Rest waren überwiegend Bagatellfälle, Menschen, die von rachsüchtigen Nachbarn oder Arbeitskollegen denunziert worden waren, weil sie unfreundliche Bemerkungen über das Regime gemacht und damit gegen das Gesetz verstoßen hatten. Fast alle diese Fälle wurden nach kurzen polizeilichen Ermittlungen zu den Akten gelegt. Der einzige Fall, in dem ein Nichtkommunist hart bestraft wurde, stand wiederum in Verbindung mit der Unterdrückung der Linksopposition. Ein sozialdemokratischer Gewerkschafter wurde bei einer Bücherverbrennung vor dem Krefelder Gewerkschaftshaus am 27. Mai 1933 »zu seinem eigenen Schutz« in Haft genommen und später in ein Konzentrationslager geschickt.[38]

Die Erfahrungen, die Kommunisten in Krefeld, Köln und anderen deutschen Städten mit dem nationalsozialistischen Terrorapparat machten, unterschieden sich beträchtlich von denen der meisten übrigen Deutschen in den ersten Jahren des Dritten Reiches. Soweit es um die Bekämpfung der Kommunisten ging, lehnte die Polizei sich nicht einfach zurück und wartete darauf, dass ihnen Denunziationen auf den Schreibtisch flatterten, und in der Regel schlossen sie die Akten auch nicht nach einigen oberflächlichen Ermittlungen wieder. Zwar war in einigen Fällen Denunziation im Spiel, aber dann handelte es sich meist um unbedeutendere Fälle von Sympathisanten.[39] In der Zufallsauswahl der Krefelder Gestapoakten finden sich für den gesamten Zeitraum von 1933 bis 1945 85 Fälle gegen Kommunisten; lediglich fünf davon wurden durch eine Denunziation ins Rollen gebracht, und so gut wie alle diese Fälle hatten wenig oder nichts mit Widerstand zu tun und wurden nach einer lediglich kurzen Ermittlung wieder eingestellt.[40] In den anderen Fällen erhielt die Polizei ihre belastenden Informationen aus anderen Quellen: vorhandenen polizeilichen Listen mit den Namen bekannter kommunistischer Anführer, von Spitzeln, durch Hausdurchsuchungen und gewaltsam erpresste Geständnisse. Wenn die Betroffenen erst einmal in »Schutzhaft« genommen waren, folgte meist eine Anklage wegen »Verschwörung und Vorbereitung zum Hochverrat«, die mit einer Verurteilung zu langjährigen Haftstrafen im Zuchthaus, im Konzentrationslager oder beidem endete.[41]

In Hitlers Vernichtungskrieg gegen die Kommunisten und in deren Reaktion auf die Diktatur lassen sich grob mehrere Phasen unterscheiden. Die erste Phase dauerte etwa vom 30. Januar 1933 bis zum Sommer 1933. In den ersten Wochen provozierten die

Kommunisten die Nationalsozialisten häufig unerschrocken durch Protestdemonstrationen, sie verteilten Flugblätter gegen Hitler und lieferten sich Straßenschlachten und Schießereien mit der SA. Bis zum Reichstagsbrand Ende Februar ließ das Regime Verhaftungen und Ermittlungen gegen politische Gegner wie bisher durch die gewöhnliche Kripo vornehmen. Danach wurden Massenverhaftungen bekannter kommunistischer Anführer und Funktionäre befohlen, und tausende wurden in »Schutzhaft« genommen.[42] Spontane SA- und SS-Razzien führten zur Verhaftung von tausenden weiterer Kommunisten oder KPD-Sympathisanten. In diesen ersten Wochen blieben jedoch nicht alle verhafteten Kommunisten lange in »Schutzhaft«. Wenn ihnen kein konkretes Vergehen nachzuweisen war und sie keine wichtige Position innerhalb der Partei bekleideten, wurden die Verfahren von der Polizei, den Staatsanwälten und Richtern, die noch immer einen gewissen Respekt vor dem Gesetz hatten, häufig eingestellt und die Festgenommenen nach verhältnismäßig kurzer Haft wieder auf freien Fuß gesetzt.

Im Sommer 1933 behauptete die Gestapo, sie habe den Organisationsapparat der KPD vollkommen zerschlagen. Detlef Peukert, der mehrere Untersuchungen über den kommunistischen Widerstand im Dritten Reich veröffentlicht hat, meint hingegen, der Parteiapparat sei zu diesem Zeitpunkt noch relativ intakt gewesen, und die umfangreichen Razzien der Gestapo gegen die illegale KPD-Organisation hätten erst im Spätsommer und Frühherbst 1933 Erfolge gezeitigt.[43] Allerdings waren bis zum Herbst 1933 die meisten kommunistischen Funktionäre bereits verhaftet, ins Ausland geflohen oder in den Untergrund abgetaucht, da die Nationalsozialisten zu immer systematischeren Polizeirazzien übergingen: »Schrittweise durchkämmten Kommandos Wohnung für Wohnung, durchsuchten die Keller und Dachböden, Schuppen und Gartenhäuschen.«[44] An die Stelle der alten Kader traten Jüngere, die sich nach Kräften bemühten, die kommunistische Untergrundorganisation wieder auf die Beine zu stellen, neue Mitglieder zu werben und Unmengen von Flugblättern zu verteilen, auf denen zu Streiks und massivem Widerstand gegen ihre Peiniger aufgerufen wurde. Doch auch sie standen auf verlorenem Posten und mussten schließlich fliehen oder jahrelange Haftstrafen im Zuchthaus, Konzentrationslager oder Schlimmeres erdulden.

Bis Anfang 1935 hatte das Regime die kommunistische Untergrundorganisation weitgehend zerschlagen. Die Zahl der verhafteten Kommunisten ging drastisch zurück, und in den folgenden Jahren wurden andere Personengruppen zur bevorzugten Zielscheibe der NS-Verfolgung. Von den 85 kommunistischen Fällen der genannten Stichprobe wurden nur elf im Jahr 1935 und nur fünfzehn in den Jahren danach aufgenommen. Dieser Sachverhalt wird auch durch die Akten des Kölner Sondergerichts bestätigt: Seit 1935 reduzierte sich die Zahl der Ermittlungen gegen Anhänger und Sympathisanten von KPD und SPD dramatisch.[45]

Viele deutsche Kommunisten führten auch nach 1935 ihren Kampf gegen die NS-Diktatur weiter, konnten dies allerdings nur noch vom Ausland aus tun.[46] Die Gestapo behielt ein wachsames Auge auf all jene, die schließlich aus der Haft entlassen wurden, um zu gewährleisten, dass sie nicht dort weitermachten, wo sie aufgehört hatten. Für manchen bestand die einzige Möglichkeit zu beweisen, dass er seine Lektion gelernt hatte, darin, im Falle der Freilassung für die Gestapo Spitzeldienste zu leisten. Ein Beispiel hierfür ist Johann S., ein Krefelder Kommunist, der fünf Jahre im Zuchthaus saß, bevor er im September 1940 entlassen wurde. Nach einem Bericht in seiner Akte, den der Krefelder Gestapobeamte Karl Schmitz verfasst hatte, entschied die Gestapo, Johann S. nach seiner Entlassung aus der Haft nicht erneut in »Schutzhaft« zu nehmen, weil er sich zu Zuträgerdiensten für die Gestapo verpflichtet hatte. Die Gestapo zeigte sich erkenntlich und verhalf S. zu einer Stelle als Zimmermann. Wörtlich heißt es in dem Bericht: »Er hat sich während seiner Strafhaft gut geführt und fleißig gearbeitet. Die Inschutzhaftnahme nach seiner Strafverbüßung wurde nicht für erforderlich gehalten, da angenommen werden kann, daß er seine politische Gesinnung geändert hat und mit einer erneuten illegalen Betätigung nicht zu rechnen ist. Durch Vermittlung des Arbeitsamtes Krefeld wird ihm sofort eine Stelle als Zimmermann vermittelt. Bei seiner Entlassung hat er einen Verpflichtungsschein unterschrieben, wonach er sich nicht mehr staatsfeindlich betätigen wird. Auch stellt er sich freiwillig für die hiesige Dienststelle als V.-Person zur Verfügung.«[47]

Wie groß die Zahl der ehemaligen Mitglieder und Anhänger der KPD war, die sich »umdrehen« ließen, ist unklar. In den Augen einiger Historiker wie Peukert machte »die notgedrungen politisch passiv bleibende Mehrheit der Arbeiterbevölkerung nicht ihren Frieden mit dem Regime, sondern verharrte in weitgehender mürrischer Verweigerung, die bei mancher Gelegenheit in oppositionelle Akte umschlagen konnte«.[48] Andere waren zynischer. Ein alter ehemaliger Kommunist aus dem Arbeiterviertel Köln-Vingst sagte mir: »Zuerst waren wir rot. Dann waren wir braun. Nach dem Krieg wurden wir religiös.«[49]

Ermittlungsakten von Kommunisten

Einige repräsentative Akten des Kölner Sondergerichts und der Krefelder Gestapo verdeutlichen, wieviel dem Regime daran lag, seine kommunistischen Gegner auszuschalten. Sie dokumentieren auch die tapferen, aber letztlich vergeblichen Anstrengungen der Kommunisten, in den beiden ersten Jahren der NS-Diktatur eine wirksame Widerstandsbewegung aufzubauen. Am Ende verloren sie die Schlacht, aber sie lieferten einen entschlossenen Kampf.

Der erste Fall nahm seinen Ausgang in der Kleinstadt Frechen westlich von Köln[50] und ist in mehrfacher Hinsicht typisch. Wie viele Verfahren gegen Kommunisten begann er als kleine Ermittlung, die sich zu einem großen Gerichtsprozess auswuchs. Am Anfang stand die Verhaftung einiger örtlicher KPD-Funktionäre wegen eines belanglosen Vergehens; schließlich waren zahlreiche kommunistische Funktionäre und KPD-Anhänger darin verwickelt, die sich gezwungen sahen, zu fliehen oder sich einem Prozess und damit verbunden einer harten Strafe zu stellen, da sie inzwischen schwerer Vergehen angeklagt waren. Außerdem wird hier deutlich, wie mutig und offen die Kommunisten zunächst handelten und ihren Gegnern die Stirn boten, anscheinend ohne sich um die Folgen Gedanken zu machen. Und schließlich zeigt dieser Fall, dass gewöhnliche Polizei- und Justizbeamte in den ersten Monaten unter Hitler die Kommunisten häufig noch mit einer gewissen Fairness und manchmal fast lasch behandelten, nach kurzer Zeit jedoch wesentlich härter gegen sie vorgingen.

Der Ausgangspunkt war eine Schießerei zwischen Frechener Kommunisten und NSDAP-Mitgliedern kurz vor Mitternacht des 30. Januar 1933. Vor der bewaffneten Auseinandersetzung hatten beide Seiten ihre Mitglieder und ihre paramilitärischen Organisationen (Rotfrontkämpferbund bzw. SA) versammelt, um ihre weiteren Schritte zu beraten. Die Ermittlungen, wer im Einzelnen an der Schießerei beteiligt und was tatsächlich passiert war, nahmen sehr viel Zeit in Anspruch (der Fall sollte die Polizei und die Justiz anderthalb Jahre beschäftigen). Doch am Ende war die Parteiorganisation der Frechener Kommunisten vollständig zerschlagen.

Die Polizei trat in dem Fall erstmals um Mitternacht in Aktion, als ein Frechener Polizist, Hauptwachtmeister L., durch Schüsse auf der Straße vor seiner Wohnung aus dem Schlaf gerissen wurde. Als er ans Fenster stürzte, um zu sehen, was da unten los war, stellte L. fest, dass vor der nahe gelegenen Ringschule eine regelrechte Schießerei im Gange war. Nach seiner Schätzung fielen insgesamt etwa vierzig Schüsse. Als die Sache vorbei war, sah er zwanzig bis 25 Personen vom Freiheitsring her in seine Richtung kommen. Eilig zog er sich an und lief auf die Straße, um herauszubekommen, was passiert war.

L. brauchte nicht lange, um festzustellen, dass diese Leute alle Kommunisten waren. Einer von ihnen, den er in einem Bericht für die Akte als »Kommunist C.« bezeichnete, »weigerte sich, stehen zu bleiben«, und versuchte davonzulaufen. Doch L. stellte sich ihm in den Weg und durchsuchte ihn und die anderen nach Waffen, fand aber keine. Also beschloss L. einfach, die Männer zu befragen, was passiert sei. Diese erklärten ihm, sie hätten nichts Gesetzwidriges getan, sondern seien im Gegenteil von SA-Leuten und NSDAP-Mitgliedern beschossen worden, während sie auf der Hülchnerstraße vor dem Parteibüro der NSDAP und der daneben gelegenen SA-Kaserne gestanden hätten. Da er keine Handhabe hatte, die Männer länger festzuhalten, ließ L. sie laufen.

Anschließend lief er zur Hülchnerstraße, wo er auf etwa 25 Parteigenossen und SA-Männer stieß – und eine andere Version der Ereignisse zu hören bekam. Die Kommunisten, hieß es hier, hätten ohne jeden Anlass 50 bis 60 Schüsse auf das NSDAP-Büro abgegeben, und ein ortsansässiger Lieferwagenfahrer sei im rechten Fuß getroffen und mit der Ambulanz ins Krankenhaus gebracht worden. Außerdem erfuhr Hauptwachtmeister L. vom Leiter des Parteibüros, Reiner S., und vom Führer der Frechener SA, Truppführer Hermann B., keiner der NSDAP-Mitglieder oder SA-Leute habe die Schüsse erwidert.

Am nächsten Morgen, dem 31. Januar 1933, wurden mehrere Zeugen zur Vernehmung auf das Frechener Polizeirevier bestellt, verschiedene allgemein bekannte KPD-Funktionäre verhaftet und wegen Landfriedensbruchs und schwerer Körperverletzung unter Anklage gestellt. Die meisten Zeugen waren NSDAP-Mitglieder, deren Version des Geschehens bereits bekannt war. Doch einer der Zeugen gehörte nicht der NSDAP an. Der 37-jährige Architekt Heinrich L. sagte aus, er habe gegen elf Uhr abends, bevor die Schüsse fielen, beobachtet, wie mehrere Kommunisten, darunter auch Johann C. (der Mann, der an jenem Abend versucht hatte, vor Hauptwachtmeister L. davonzulaufen) und Johann B. (ein anderer führender Kommunist am Ort), in Frechen auf der Straße von einem Polizeibeamten namens K. zur Rede gestellt worden seien. Danach habe er eine Gruppe von vierzig bis fünfzig Kommunisten gesehen, die sich in zwei Gruppen aufgeteilt und offensichtlich nichts Gutes im Schilde geführt hätten. Er habe daraufhin das Polizeirevier angerufen und mit einem Beamten namens W. gesprochen, der ihm erklärte, er brauche sich keine Sorgen zu machen, da bereits Vorsichtsmaßnahmen getroffen worden seien. Also sei er nach Hause gegangen, ohne sich weiter Gedanken über die Sache zu machen.

Alle verhafteten Kommunisten waren zwischen 25 und 45 Jahre alte stellungslose Arbeiter mit Familie, die von der Fürsorgeunterstützung lebten. Johann B. beispielsweise war im Ersten Weltkrieg schwer verwundet worden und im Januar 1933 vierzig Jahre alt. Seit 1931 ohne Arbeit, erhielt er in der Woche zwölf Mark, von denen er seine Frau, sich selbst und ihr neunjähriges Kind ernähren musste. Johann C., 32 Jahre alt, war ein groß gewachsener, gut aussehender Mann mit blondem Haar und blauen Augen, ebenfalls seit mehreren Jahren arbeitslos und mit seiner Frau und zwei Kindern auf dreizehn Mark »Stütze« angewiesen.

Sowohl Johann C. als auch Johann B. gaben zu, in der Frechener KPD unbedeutende organisatorische Funktionen ausgeübt zu haben, doch beide bestritten, in der Ortsgruppe der Partei eine führende Rolle zu spielen, und bestanden darauf, sie hätten überhaupt nichts Ungesetzliches getan. Sie hätten sich am Abend zuvor lediglich im »Volkshaus« der KPD getroffen, um zusammen mit vierzig anderen Parteimitgliedern einen Schulungskurs zu besuchen. Wie Johann B. aussagte, war er danach sogleich nach Hause und ins Bett gegangen und hatte erst am nächsten Morgen, als man ihn verhaftete, von der Schießerei gehört.

Johann C. steuerte jedoch Einzelheiten dazu bei, was geschehen war, nachdem die Teilnehmer an dem Schulungskurs gegen zehn Uhr abends aufgebrochen waren. Er gab sogar zu, Zeuge der Schießerei geworden zu sein. Nach seinen Angaben kam ein gewisser Max S. ins Volkshaus, als der Kurs gerade beendet war, und berichtete, ein paar Nationalsozialisten hätten ihm in der Wirtschaft Müller gedroht, »er solle besser machen, dass er nach Hause käme, diese Nacht passiert noch etwas«. Wie Johann C. weiter erzählte, hätten mehrere der im Volkshaus anwesenden jüngeren Männer daraufhin beschlossen, noch nicht nach Hause, sondern zur Ecke Antoniter-/Hauptstraße zu gehen, um zu sehen, was dort los war. Plötzlich seien mehrere Jungkommunisten aufgetaucht und hätten erzählt, sie seien von Nationalsozialisten beschossen worden, als sie einen ihrer Genossen nach Hause begleiteten, der zufällig neben dem NSDAP-Parteibüro in der Hülchnerstraße wohnte. Daraufhin hätten viele der Anwesenden beschlossen, ihrem Genossen einen noch stärkeren Begleitschutz zu geben, seien jedoch fünfzig Meter vor der Wohnung erneut beschossen worden. Wie Johann C. schilderte, machte er gleich bei den ersten Schüssen kehrt und rannte davon; deshalb wisse er auch nicht, ob einer der Kommunisten das Feuer erwidert habe. Unterwegs lief er dem Polizisten L. auf der Ringstraße in die Arme, der ihn nach Waffen durchsuchte. Danach suchte er Zuflucht in der Wohnung eines Freundes, dessen Namen er nicht nennen wollte, und verbrachte dort den Rest der Nacht.

Dass er nichts darüber aussagen wollte, wo und bei wem er in der Nacht gewesen war, machte die Polizei Johann C. gegenüber noch misstrauischer. Dafür war einer seiner Genossen mitteilsamer. Georg C., ebenfalls ein Frechener KPD-Funktionär und stellungsloser Arbeiter, der mit seiner Familie von der Fürsorgeunterstützung lebte, sagte bei seiner Vernehmung aus, er sei zunächst nicht zu dem Schulungskurs im Volkshaus gegangen, weil er sich unwohl gefühlt habe, und erst zu den anderen dazugestoßen, als diese ihren Genossen nach Hause begleiten wollten. Nach seinen Angaben war er nur mitgegangen, weil sein Genosse ihm gesagt habe, er habe Angst, ihm werde auf dem Heimweg etwas passieren, »weil die Nazis betrunken seien«. Da er sich der Gruppe erst spät angeschlossen habe, wisse er auch nichts über einen Überfall, den seine Genossen möglicherweise geplant hätten. Außerdem habe auch er sofort die Flucht ergriffen, sobald die Schießerei losging. Allerdings sagte er der Polizei, sowohl von Seiten der Nationalsozialisten als auch der Kommunisten seien Schüsse gefallen, und nannte, was noch verhängnisvoller war, die Namen von 19 Kommunisten, die dabei gewesen seien. Von da an weitete der

Fall sich aus und führte schließlich zu Ermittlungen gegen 64 Männer und fünf Frauen.

Insgesamt fünfzehn Kommunisten wurden an diesem Tag vernommen. Während die meisten wie Johann B. und Johann C. den Mund hielten, war Georg C. nicht der Einzige, der der Polizei Namen und Informationen lieferte. Josef S., auch er ein stellungsloser Arbeiter mit Familie und, wie die Polizei vermerkte, einem Vorstrafenregister (sie vermerkte auch, »[S.] steht nicht in gutem Rufe«), nannte der Polizei die Namen von zwölf weiteren Leuten. Diese unterstrich jeden einzelnen Namen mit roter Tinte und verhaftete die Männer später ebenfalls.

Aus den Akten ist nicht ersichtlich, warum Georg C. und Josef S. diese Aussagen gemacht haben. Auch wenn ein Rest von Unsicherheit bleibt, sieht es doch nicht danach aus, als seien sie massiv bedroht oder gar gefoltert worden. Sie gaben die Namen der übrigen beteiligten Kommunisten schon am ersten Tag und gleich bei ihrer ersten Vernehmung preis. Außerdem wurden ihre Aussagen nicht unterbrochen durch Äußerungen wie:»Jetzt will ich die reine Wahrheit sagen« oder »ich gestehe« oder »ich muss meine Aussage berichtigen«, wie man sie in Protokollen von Verhören findet, bei denen offensichtlich Drohungen oder Folter eingesetzt wurden. Wie auch immer, sie lieferten der Polizei genügend Informationen für eine offizielle Anklage gegen Johann C. und Johann B., in denen die Polizei die Anführer des Überfalls sah. Beide wurden zwei Tage später in ein Gefängnis in Köln gebracht, um vor Gericht gestellt zu werden.

In der folgenden Woche wurden mehrere Personen verhaftet und zur Aussage gezwungen und weitere Zeugen gehört. Am 11. April stellte die Kölner Staatsanwaltschaft die Ermittlungen jedoch mit der Begründung ein, es gebe keine ausreichenden Beweise, dass Johann B. oder Johann C. die Schießerei geplant oder sich daran beteiligt hätten. Außerdem seien am 30. Januar 1933 kommunistische Versammlungen noch nicht strafbar gewesen.

Johann B. und Johann C. wurden wieder auf freien Fuß gesetzt, doch damit war der Fall noch nicht beendet. Drei Monate später wurde er wieder aufgenommen, als ein Mann namens Anton K., der von der Schießerei gehört hatte, als er in Siegburg im Gefängnis saß, der Polizei neue Informationen darüber lieferte.[51] Am 12. Juli wurde Josef S. erneut verhaftet. Er hatte der Frechener Polizei einen Großteil der ursprünglichen Informationen mitgeteilt, und diesmal war er noch gesprächiger. Jetzt gab er zu, dass er ein Funktionär der Frechener KPD und persönlich an der Schießerei beteiligt gewesen sei. Danach nannte er die Namen derjenigen, die an diesem Abend mit ihm zusammen waren, und gab der Polizei die Namen von zehn Männern preis, die geschossen hatten. Johann B. stand nicht auf seiner Liste, und Josef S. wusste auch nicht, ob er an dem Feuergefecht teilgenommen hatte. Er sagte jedoch aus:»Von B. weiß ich, dass er immer eine Schußwaffe hatte. Er hat das einmal in meiner Gegenwart dem [Johann] C. gesagt.«

Johann C. stand auf der Liste, und er wurde am selben Tag erneut verhaftet und verhört. Welcher Taktik sich die Polizei bediente, um ihn zum Reden zu bringen, lässt sich anhand der Akte nicht feststellen, aber auf jeden Fall war sie wirksam. Johann C. nannte nicht nur die Namen mehrerer Männer, die an der Schießerei beteiligt waren, sondern plauderte auch aus, dass die Kommunisten eine Schreibmaschine und einen Matrizendrucker hatten, um ihre Flugblätter zu drucken, und verriet Einzelheiten über den Waffenschmuggel der KPD.

In den folgenden Tagen und Wochen wurden zahlreiche Frechener Kommunisten verhaftet, verhört und in »Schutzhaft« genommen. Gleichzeitig durchsuchte die Polizei systematisch alle verdächtigen Wohnungen und beschlagnahmte zahlreiche Waffen und schriftliche Unterlagen, die es ihr ermöglichten, weitere Verhaftungen vorzunehmen. Am 11. Dezember 1933 wurde ein 24-seitiger Bericht vom Leiter des Frechener Polizeireviers zu den Akten gegeben, in dem die Schießerei ebenso in allen Einzelheiten geschildert wurde wie die gesamte illegale Widerstandsorganisation, die von der KPD-Ortsgruppe Frechen aufgebaut worden war. Im Einzelnen wurden die Gesetzesverstöße von 59 Frechener Kommunisten und KPD-Anhängern aufgeführt.[52] Johann C., inzwischen als »Haupträdelsführer bei der Sache« und »führendes Mitglied der hiesigen Ortsgruppe der KPD« apostrophiert, wurde als »skrupelloseste[r] Kommunist, den man sich denken kann«, bezeichnet. Bald wurde in Köln ein neues Ermittlungsverfahren gegen Johann C. und die Übrigen eröffnet, die alle der Vorbereitung zum Hochverrat angeklagt waren. Der Fall wurde dem OLG Hamm übergeben, das am 19. Januar 1934 den Prozess eröffnete.[53]

Die relative Nachlässigkeit, mit der die Behörden den Fall ursprünglich behandelt hatten, war möglicherweise in Kleinstädten wie Frechen die Norm, wo die von der KPD-Ortsgruppe ausgehende Gefahr nicht als besonders bedrohlich eingeschätzt wurde. In größeren Städten wie Krefeld und Köln handelten die Behörden zügiger und konsequenter, um die Opposition der Linken zu zerschlagen. Noch bevor die Reichstagsbrandverordnung vom 28. Februar 1933 die sofortige Verhaftung aller führenden Kommunisten zur Pflicht machte, gingen zahlreiche hohe Funktionäre der KPD in ganz Deutschland in den Untergrund.[54] Nachdem die KPD-Führung strikte Anweisung gegeben hatte, eine Verhaftung um jeden Preis zu vermeiden,[55] und die Polizei bald mit ihrer gnadenlosen Jagd begann, erkannten die Funktionäre sehr rasch, dass sie ihre Gegner nur aus dem Untergrund bekämpfen konnten.

Obwohl es vielen gelang, einer Verhaftung zu entgehen, und obwohl sie alles taten, um im späten Winter und Frühjahr 1933 eine wirkungsvolle Widerstandsorganisation aufzubauen, hatten sie bald genug davon, in Gartenhäuschen, Kellern und auf den Dachböden von Fremden zu nächtigen. Da sie in ihren Widerstandsaktivitäten kaum Erfolge verbuchen konnten, weil die Verfolger ihnen zu dicht auf den Fersen waren, setzten sich viele schleunigst ins Ausland ab, solange ihnen das noch möglich war. Doch selbst dort waren sie nicht sicher. Der Gestapo, die notfalls jahrelang auf sie Jagd machte, gelang es schließlich, eine große Zahl aus Deutschland geflüchteter Kommunisten festzunehmen. Wenn sie einmal gefasst waren oder sich selbst gestellt hatten, wurden sie in der Regel nicht mehr freigelassen, wie die Fälle zweier höchst prominenter Krefelder KPD-Funktionäre, Oskar H. und Peter Z., zeigen.[56]

Oskar H. war ein verheirateter Bauarbeiter von Mitte dreißig. Er war KPD-Stadtverordneter im Krefelder Stadtrat und leitete den KPD-Bezirk Krefeld-Nord. Kurz nachdem Hindenburg Hitler zum Reichskanzler ernannt hatte, waren er und Peter Z. in den Untergrund gegangen. Oskar H. zog sich jedoch bald eine Lungenentzündung zu und begab sich am 3. März 1933 in ein Krefelder Krankenhaus. Sobald er wieder einigermaßen gesund war und erkannte, dass seine Verhaftung unmittelbar bevorstand, verließ er am 22. März das Krankenhaus ohne Erlaubnis und tauchte wieder unter. Im April kam er mehrmals mit anderen untergetauchten Genossen in einem Schuppen im Krefelder Stadtwald zusammen, um die Neuorganisation der KPD zu planen, und verteilte ebenso wie viele seiner Gefährten Flugblätter gegen das NS-Regime. Ende

April gelangten er und Peter Z. zu dem Schluss, dass sie außer Landes gehen müssten.

Sie trafen sich um sechs Uhr morgens in der Nähe des Wasserturms in der Gladbacher Straße und gingen zu Fuß an Viersen und Süchteln vorbei zur holländischen Grenze bei Kaldenkirchen. Unterwegs schliefen sie in Gartenhäuschen und benötigten für die Strecke von vierzig Kilometern etwa drei Wochen. Am 20. Mai überquerten sie ohne Pässe heimlich die Grenze nach Holland. Wie Oskar H. später erläuterte, »wusste Z. den Weg zur Grenze«.[57] Von der Grenze aus gingen sie die kurze Strecke nach Venlo und nahmen von dort den Zug nach Utrecht, wo Mitglieder der kommunistischen Roten Hilfe ihnen Unterschlupf gewährten. Es dauerte nicht lange, bis die holländische Polizei sie festnahm, weil sie keine Pässe hatten, und sie bei Rosental über die Grenze nach Belgien abschob.

Von der Grenze aus fuhren sie im Zug nach Antwerpen und nahmen auch hier Kontakt mit der Roten Hilfe auf. Man gab ihnen Unterkunft und Verpflegung und schärfte ihnen ein, niemals ihre wirklichen Vornamen zu benutzen und nur Hochdeutsch zu sprechen, da man an ihrem Dialekt möglicherweise ihre Herkunft erkannte. Nach den Angaben, die Oskar H. später gegenüber der Krefelder Gestapo machte, taten sie in den nächsten Monaten nichts außer in einem Lokal namens »Solidarität« mit anderen deutschen Exilanten Karten und Schach zu spielen. Sie hielten sich in dieser Zeit an die Anweisung, die man ihnen gegeben hatte, und verzichteten auf jede politische Betätigung, um die belgische Polizei nicht auf sich aufmerksam zu machen. Die Krefelder Gestapo glaubte ihrerseits nicht daran, dass sie politisch nicht mehr aktiv waren, was sich an einem Vermerk ablesen lässt, den Kriminalsekretär Johann Krülls während dieser Zeit in die Akte geschrieben hatte: »Es steht zweifellos fest, daß H. sich auch im Ausland mit der Herstellung illegaler und hetzerischer Schriften befaßt [...] H. ist seiner ganzen Aufmachung nach ein Volksfeind, der nicht wert ist, ein Deutscher genannt zu werden.«

Trotz ihrer Bemühungen, nicht aufzufallen, gelang es ihnen nicht, ihren Aufenthalt vor der belgischen Polizei geheim zu halten. Am 30. August 1933 teilte der Chef der Sûreté publique in Brüssel der Krefelder Gestapo schriftlich mit, Oskar H. sei am 16. Juli nach Belgien gekommen; die Sûreté bat um Informationen über eventuelle Vorstrafen und den politischen Hintergrund von H. Am

9. September schrieb die Krefelder Gestapo zurück, Oskar H. sei ein gefährlicher kommunistischer Funktionär, der »nicht allein für sein Vaterland eine Gefahr bildet, sondern für alle Länder«, und fragte an, ob die belgischen Behörden ihn nach Deutschland ausweisen könnten. Bald darauf informierte die Sûreté die deutsche Botschaft, die belgische Polizei sei bereit, H. auszuweisen, er könne jedoch selbst darüber entscheiden, über welche Grenze er das Land verlassen wolle. Bevor sie ihn fassen konnten, machte Oskar H. sich aus eigenem Entschluss davon.

Im Januar 1934 erhielt er einen Brief von einer Frau aus Krefeld, die ihm mitteilte, seine Frau sei todkrank. Daraufhin ging er heimlich über die Grenze, um seine Frau zu sehen, blieb fünf Tage in Krefeld und kehrte dann wieder nach Antwerpen zurück. Oskar H. hatte es nicht für nötig gehalten, die kommunistische Organisation für diese Unternehmung um Erlaubnis zu bitten, und wegen dieser Disziplinlosigkeit wurde er bei seiner Rückkehr als Spion behandelt, obwohl er keiner war. Nachdem die Rote Hilfe ihm jede weitere Unterstützung verweigerte und seine Genossen nichts mehr mit ihm zu tun haben wollten, glaubte H., ihm bleibe nur noch ein Ausweg: nach Deutschland zurückzukehren und sich der Polizei zu stellen. Auf diese Weise konnte er wenigstens in der Nähe seiner Frau sein, bevor sie starb. Noch einmal ging er illegal über die Grenze, diesmal am 28. April 1934 bei Morsnet. Zwei Tage später stellte er sich der Krefelder Gestapo.

Seine Frau starb kaum ein Jahr später, im Februar 1935, und Oskar H. erhielt einen Tag Hafturlaub, um der Beerdigung beizuwohnen. Davor hatte er sie kaum sehen dürfen. Die Krefelder Gestapo hatte gegen ihn Ermittlungen wegen Vorbereitung zum Hochverrat aufgenommen und ihn pausenlos verhört. Oskar H. packte schließlich gründlich aus und nannte der Krefelder Gestapo die Namen zahlreicher führender Krefelder Kommunisten, die mit ihm beim Aufbau einer kommunistischen Widerstandsbewegung zusammengearbeitet hatten und in Belgien seine Gefährten gewesen waren. Er verriet der Polizei auch, wo seine früheren Genossen über die Grenze gegangen waren, sowie die Operationen, Treffpunkte und die Namen der Verantwortlichen der Roten Hilfe in Holland und Belgien. Nachdem er über sechs Monate im Gefängnis auf seinen Prozess gewartet hatte, wurde Oskar H. am 17. Januar der Verschwörung und Vorbereitung zum Hochverrat für schuldig befunden und zu einem Jahr und drei Monaten Zuchthaus verurteilt. Nicht lange nach seiner Entlassung starb er als gebrochener Mann im Alter von vierzig Jahren am 7. Juli 1937.

Mit Peter Z. meinte es das Schicksal etwas besser. Gegen ihn als ehemaligen Leiter des KPD-Bezirks Krefeld-Süd und Stadtverordneten im Krefelder Stadtrat erging am 28. Februar 1933 ebenso ein Haftbefehl wie gegen die gesamte kommunistische Führung der Stadt. 1893 geboren, verheiratet und Vater von zwei Kindern, von Beruf Buchbinder, hatte Peter Z. patriotisch im Ersten Weltkrieg gekämpft und in den frühen zwanziger Jahren mutig gegen die belgische Besatzung im Rheinland agitiert. Nachdem er im Mai 1933 zusammen mit Oskar H. Deutschland verlassen hatte, konnte Peter Z. sich über sieben Jahre lang in Belgien, Holland und Frankreich versteckt halten. Nicht lange nach dem Einmarsch der Deutschen in Frankreich wurde er jedoch in Bordeaux verhaftet und nach Deutschland zurückgebracht, zunächst Ende August 1940 nach Frankfurt und Anfang Oktober dann nach Krefeld. In den folgenden zwei Monaten wurde Peter Z. von mehreren Krefelder Gestapobeamten wiederholt verhört, am häufigsten von Kriminaloberassistent Wilhelm Weber, der als einer der brutalsten Beamten galt. Peter Z. versuchte tapfer, nichts auszuplaudern, und gab Weber zunächst nur Informationen preis, die diesem bereits bekannt waren. Weber schrieb beispielsweise am 1. November in die Akte, was Z. ihm über Oskar H. gesagt habe, sei nutzlos, weil dieser bereits tot sei; »die weiteren damals mit ihm noch tätigen kommunistischen Funktionäre sitzen z. Zt. noch in Strafverbüßung«. Selbst seine eigene Schwester, damals 46 Jahre alt, sagte der Gestapo, seine Aussage sei in vielerlei Hinsicht falsch: »Ich bin wohl überzeugt davon, dass Z. bei seiner Vernehmung falsche Angaben gemacht hat, um die Personen zu schonen, bei denen er sich verborgen gehalten hatte.«

Die Gestapo war überzeugt, dass Peter Z. zu den führenden Organisatoren des kommunistischen Widerstandes im Ausland gehörte, obwohl er immer wieder das Gegenteil beteuerte. Sogar der Chef der Sipo und des SD in Belgien und Frankreich schrieb im Februar 1941 an die Krefelder Gestapo, nach Informationen, die seine Dienste von ihren eigenen Spitzeln erhalten hätten, sage Z. die Wahrheit. Trotzdem wurde er wegen seiner früheren Aktivitäten vor Gericht gestellt; die Anklage lautete auf Verschwörung und Vorbereitung zum Hochverrat. Am 22. April 1941 verurteilte das OLG Hamm ihn zu einem Jahr und drei Monaten Zuchthaus.

Nach Verbüßung dieser Strafe wurde Peter Z. in die Freiheit entlassen, was er zum Teil dem Krefelder Gestapobeamten Karl Schmitz zu verdanken hatte, der sich mit Weber deshalb gestritten hatte. Zwar hatte Schmitz sich zunächst dafür ausgesprochen, Z. für ein weiteres Jahr nach Dachau zu schicken, doch in einem Bericht vom 2. Dezember 1941 vertrat er die Meinung, Peter Z. habe sich gebessert und solle deshalb nach Verbüßung seiner Freiheitsstrafe nicht weiter in Haft genommen werden. Es komme noch hinzu, dass Peter Z. unter den Folgen einer schweren Verwundung aus dem Ersten Weltkrieg leide, dass sein Sohn im Zweiten Weltkrieg so schwer verwundet worden sei, dass er im Sterben liege, und dass seine Frau einen Nervenzusammenbruch erlitten habe. Zum Glück für Peter Z. ordnete der Leiter der Düsseldorfer Gestapo am 5. Dezember 1941 an, ihn mit einer nachdrücklichen Warnung aus der Haft zu entlassen und nicht nach Dachau zu schicken. Die Untersuchungshaft wurde offenbar auf die Strafe angerechnet. Die Düsseldorfer Gestapo verlangte jedoch, Z. künftig unter dauerhafte Beobachtung zu stellen, und forderte regelmäßige Berichte über sein Handeln. Wie ungewöhnlich diese Entlassung war, geht aus einem Vermerk am Ende der Anweisung aus Düsseldorf an die Krefelder Gestapo hervor, in dem es heißt: »Von der Inschutzhaftnahme nach Strafverbüßung wurde ausnahmsweise abgesehen.«

Während der nächsten zweieinhalb Jahre blieb Peter Z. anscheinend unbehelligt. Erst Ende August 1944 wurde er im Zusammenhang mit dem Attentat vom 20. Juli erneut verhaftet. Nach nur zehn Tagen wurde er wieder auf freien Fuß gesetzt. Diesmal hatte sich ein Krefelder NSDAP-Ortsgruppenleiter für ihn eingesetzt und ausgesagt, Peter Z. habe sich wirklich gebessert, und da sich inzwischen alle Kommunisten wieder in Freiheit befänden, solle man auch ihn freilassen. Offenbar hatte Z. sich tatsächlich »gebessert«.

Bis zum Spätfrühling 1933 waren die meisten damaligen Anführer der kommunistischen Widerstandsbewegung entweder in »Schutzhaft« genommen worden oder ins Ausland geflohen. Die jungen und häufig weniger erfahrenen Kommunisten, die ihren Platz einnahmen, ließen nichts unversucht, in vielen Städten eine gegen das Regime gerichtete Untergrundbewegung aufzubauen, doch auch sie landeten über kurz oder lang fast alle in den Fängen der SA, der Kripo oder der Gestapo, die so lange Jagd auf sie machten, bis die gesamte Untergrundorganisation der KPD zerschlagen und alle Anführer inhaftiert oder ins Exil gegangen waren. Die SA und die Polizeibehörden gingen dabei nach dem Schneeballprinzip vor, was auch aus den Akten des Kölner Sondergerichts und der Krefelder Gestapo hervorgeht. Die Verhaftung eines kommunistischen Widerstandskämpfers führte meistens zu weiteren Verhaftungen, bis schließlich keiner mehr übrig blieb. Die wenigsten waren auf die Dauer in der Lage, während ihrer Verhöre Namen von Genossen und Informationen für sich zu behalten. Sie wurden einfach aus ihnen herausgeprügelt. Manche von ihnen versuchten Selbstmord zu begehen, um nicht aussagen zu müssen.[58]

Im Sommer 1933 war Paul Z., ein arbeitsloser Hafenarbeiter von 26 Jahren, maßgeblich an dem Versuch beteiligt, im Bezirk Krefeld/München-Gladbach den kommunistischen Widerstand zu reorganisieren. Nach einem Bericht in einer seiner beiden umfangreichen Gestapoakten,[59] der am 28. Februar 1943 vom Chef der Krefelder Gestapostelle, Ludwig Jung, geschrieben wurde, trat Paul Z. 1931 in die KPD ein und übernahm Anfang 1933 die Leitung der Uerdinger Ortsgruppe. Als ihm wie den übrigen kommunistischen Funktionären nach dem Reichstagsbrand die Verhaftung bevorstand, ging Paul Z. in den Untergrund und versuchte in den folgenden Monaten unerschrocken, die verbotene KPD in Krefeld und München-Gladbach wieder aufzubauen. Am 25. August 1933 wurde er verhaftet und nach einem Prozess vor dem OLG Hamm wegen Verschwörung und Vorbereitung zum Hochverrat am 21. März 1934 zu einem Jahr und neun Monaten Zuchthaus verurteilt.

Paul Z. blieb auch nach seiner Entlassung aus der Haft ein aufrechter Antifaschist, musste jedoch ins Ausland gehen, um weiterhin politisch gegen das NS-Regime wirken zu können. Nachdem er 1936 aus Deutschland emigriert war, arbeitete er für die Rote Hilfe in Belgien und kämpfte später im Spanischen Bürgerkrieg in der Roten Miliz an der Seite der Republikaner gegen Francos Truppen. Die Deutschen fassten ihn im August 1940 in Bordeaux und schickten ihn nach Deutschland, wo er erneut vor Gericht gestellt wurde. Das OLG Hamm verurteilte ihn zu zweieinhalb Jahren Haft, eine Strafe, die er im Februar 1943 verbüßt hatte, nur um anschließend von der Gestapo in das Konzentrationslager Sachsenhausen überstellt zu werden, in dem er bis Kriegsende blieb. Die Überstellung nach Sachsenhausen wurde von dem Krefelder Gestapobeamten Kurt Joost mit folgenden Worten begründet: »Z.

ist ein Mensch, der bisher durch seine Handlungen bewiesen hat, dass er seinen kommunistischen Ideen treu geblieben ist. Er gibt heute noch nicht einmal nach seiner zweiten Strafverbüßung eine klare Äußerung über seine politische Einstellung ab.« Die näheren Umstände von Paul Z.s erster Verhaftung 1933 verdeutlichen sowohl die Entschlossenheit der KPD, eine wirksame Untergrundorganisation aufzubauen, als auch die brutalen und effektiven Maßnahmen, die von der Polizei ergriffen wurden, um diese Organisation bereits im ersten Jahr der NS-Herrschaft zu zerschlagen. In den frühen Morgenstunden des 18. Juli 1933 fuhren drei Krefelder Polizeibeamte und sechs SA-Männer unter der Führung von Kriminalsekretär Johann Krülls (ein langjähriger Krefelder Polizist, der bei der frühen Verfolgung der Krefelder Kommunisten bereits eine maßgebliche Rolle spielte, bevor er im März 1934 zur Gestapoleitstelle Düsseldorf versetzt wurde)[60] in das nahe gelegene München-Gladbach, um ein kommunistisches Versteck auszuheben, eine Gruppe kommunistischer Funktionäre zu verhaften und ein Lager mit illegalen Druckschriften zu konfiszieren. In München-Gladbach kamen örtliche Polizeikräfte dazu. Krülls und ein weiterer Krefelder Polizist warteten im Wagen vor dem Versteck – der Wohnung eines Gesuchten –, während die übrigen Polizeibeamten und SA-Männer in die Wohnung eindrangen, vier Männer verhafteten, die sie dort vorfanden, und verbotenes kommunistisches Material sicherstellten. Elf Tage nach der Verhaftung schrieb Krülls in einem Bericht: »Die beschuldigten Personen waren bei Vernehmungen bereits festgenommener Funktionäre, durch die S.A. in Düsseldorf, namhaft gemacht worden.« Die Verhafteten wurden nach Krefeld gebracht, ins Stadtgefängnis gesteckt und vernommen. Zwei von ihnen wurden am nächsten Tag wieder freigelassen. Die beiden übrigen wurden am 29. Juli, dem Tag, an dem Krülls seinen Bericht schrieb, dem Krefelder Amtsgericht vorgeführt.

Die Aussagen, die die Verhafteten während ihrer Vernehmungen machten, führten einige Tage später, am 2. August, zu einer noch größeren Polizeirazzia. Diesmal wurden mehrere Wohnungen von Kommunisten in München-Gladbach in den frühen Morgenstunden von Polizeibeamten und SA-Männern durchsucht. Wieder wurden mehrere Kommunisten verhaftet und große Mengen illegaler Druckschriften gefunden, darunter fünf Exemplare eines KPD-Flugblatts mit der Überschrift: »Es lebe die Einigung der Arbeiterklasse! Offener Brief des Zentralkomitees der K.P.D. an die sozialdemokratischen Arbeiter Deutschlands«.[61] In dem Flugblatt wurde die deutsche Arbeiterklasse aufgerufen, Hitlers Diktatur durch entschlossene Aktionen und eine Serie von Generalstreiks zu stürzen. Der Text begann mit folgenden Worten: »Klassengenossen! Hier hilft kein Jammern über die Gemeinheit der Faschisten. Im Kommunistischen Manifest sagt Karl Marx: ›Die Befreiung der Arbeiterklasse kann nur das Werk der Arbeiterklasse selbst sein!‹« Daran schloss sich die Mahnung an, wenn die deutsche Arbeiterklasse, die »am schlimmsten unter der faschistischen Blutdiktatur leidet«, ihn nicht stürze, sei Hitler nicht zu Fall zu bringen. Die Diktatur aber werde »eine Katastrophe über Deutschland für alle Arbeiter, Bauern und Werktätigen« bringen und einen »Krieg gegen die Sowjet-Union« zur Folge haben. Zum Sturz der Diktatur müssten verschiedene Maßnahmen, angefangen mit der Ausrufung des 1. August 1933 zu einem »proletarischen Kampftag«, der durch ausgedehnte, aber kontrollierte Streiks in allen deutschen Städten gekennzeichnet sein sollte.

Zehn Männer wurden verhaftet und zur Vernehmung ins Polizeipräsidium von München-Gladbach gebracht. Die meisten waren stellungslose Arbeiter zwischen zwanzig und dreißig, zwei waren allerdings schon Anfang fünfzig. Aus den Vernehmungsprotokollen geht hervor, dass viele von ihnen, vielleicht sogar alle, heftig unter Druck gesetzt wurden, die Namen von Genossen preiszugeben, die sich noch in Freiheit befanden. Anfangs hielten sie dem Verhör stand. Obwohl jeder von ihnen zugab, der KPD angehört zu haben, bestritten alle eine Beteiligung an den Aktivitäten der Partei, nachdem sie im März 1933 verboten wurde, das schließe auch die Verteilung der beschlagnahmten Flugblätter ein. Jeder behauptete, deshalb könne er auch nichts darüber aussagen, wer in Krefeld bzw. München-Gladbach noch der kommunistischen Bewegung angehöre.

Diese Standhaftigkeit sollte allerdings nicht von langer Dauer sein. Bei ihrer zweiten Vernehmung, die nach einer vermutlich unangenehmen Nacht im Gefängnis am 3. August durchgeführt wurde, klärte sich für die Gestapo die Lage allmählich. Georg J., ein arbeitsloser Dreher, brach zusammen und gab der Polizei die Informationen, die sie haben wollte. Er begann seine Aussage mit den Worten: »Ich gebe zu, in meiner Vernehmung am 2. 8. 1933 nicht bei der Wahrheit geblieben zu sein«, und erzählte der Polizei

208

von einem kommunistischen Anführer mit dem Decknamen »Alex« (den er später als Paul Z. benannte), der am Abend vor der polizeilichen Durchsuchung am 2. August bei ihm in der Wohnung gewesen sei, und über die Aktivitäten einiger der Verhafteten. Einer von ihnen, Anton M., in dessen Wohnung die illegalen Druckschriften gefunden wurden, war bei seiner zweiten Vernehmung ebenfalls mitteilsamer. Diesmal rückte er mit Einzelheiten darüber heraus, wie er in den Besitz der Flugbätter gelangt war, und beschrieb das Äußere des Mannes, der sie ihm gebracht hatte. (Auch wenn er dessen Namen nicht nannte, wusste die Polizei bereits, dass es sich um Peter Z. handeln musste.) Er leitete seine zweite Aussage mit ähnlichen Worten ein wie Georg J. – was darauf hindeutet, dass auch er gefoltert oder zumindest massiv bedroht worden war – und schilderte dann, wie er eine Woche zuvor am Bahnhof ein Paket mit Flugblättern von einem Mann erhalten habe, der vielleicht 27 Jahre alt war. Er beschrieb die Kleidung und das Erscheinungsbild des Mannes und sagte, dieser habe ihn gebeten, die Flugblätter zu verteilen. Zu seiner Rechtfertigung behauptete er, er habe erst bei sich zu Hause, als er das Paket öffnete, gesehen, worum es in den Flugblättern ging; er habe sie unter sein Kopfkissen gelegt, aber keines verteilt, bis die Polizei am 2. August seine Wohnung durchsuchte.

In den nächsten Tagen wurden etliche weitere Personen verhaftet und zur Aussage gezwungen, darunter die 26-jährige Frau von Georg J., von der die Polizei weitere Einzelheiten über Paul Z. und andere Kommunisten erfuhr, die in revolutionäre Aktionen in und um Krefeld verwickelt waren. Schließlich konnte die Polizei auch Paul Z. ausfindig machen und verhaftete ihn am 25. August. Nach mehreren Vernehmungen brach Paul Z. ebenfalls zusammen und lieferte der Polizei genaue Details über die Aktivitäten der Untergrundorganisation sowie die Namen mehrerer »Mitverschwörer«. Auch wenn es einigen gelang, sich einer Festnahme durch die Flucht ins Ausland zu entziehen, wurden die meisten der Genannten in den folgenden Wochen verhaftet. Nachdem die Polizei sie durch Folterungen und massiven Druck gefügig gemacht hatte, gaben sie weitere Einzelheiten über die Widerstandsorganisation und Namen preis. Ebenso wie vor ihnen Paul Z., Anton M. und Georg J. konnte keiner von ihnen den Vernehmungsmethoden der Polizei auf die Dauer standhalten. Einige erklärten, sie wollten aus Sorge um ihre Angehörigen ein Geständnis ablegen. Einer belastete sogar seine eigene Schwester und verriet der Polizei, wo sie sich versteckt hielt.

Die Folgen für den kommunistischen Widerstand in Krefeld, München-Gladbach und Umgebung waren verheerend. Paul Z. und 25 weitere kommunistische Funktionäre wurden vor Gericht gestellt und verurteilt. Wie aus den Akten eines Prozesses vom März 1935 gegen Kommunisten aus derselben Region hervorgeht, waren die Polizeirazzien im Sommer und Herbst 1933 so erfolgreich, dass die lokale Widerstandsorganisation der KPD noch vor Jahresende 1933 völlig zerschlagen war.[62] Trotzdem gaben die Krefelder Kommunisten nicht auf.

Im Winter und Frühjahr 1933/34 wurde ein neuer Anlauf zum Wiederaufbau des kommunistischen Untergrunds in Krefeld unternommen, diesmal unter der Ägide von so verehrungswürdigen Menschen wie Aurel Billstein, der etliche Monate in einem Konzentrationslager verbringen musste, bevor er im Frühherbst 1933 wieder entlassen wurde.[63] Aus einem Interview, das ich mit ihm Ende Januar 1995 in seiner Wohnung führte, als er fast 94 Jahre alt war – noch immer stattlich, aufrecht und engagiert –, und aus seiner Gestapoakte[64] erfuhr ich, dass Billstein ein arbeitsloser Mechaniker mit Frau und Kind gewesen war, als die Polizei ihn zusammen mit tausenden leicht identifizierbaren kommunistischen Funktionären Anfang März 1933 verhaftete, zunächst in »Schutzhaft« nahm und dann in ein Konzentrationslager überstellte. 1901 in Krefeld-Bockum geboren, trat Billstein 1924 in die KPD ein, war in vielen Organisationen der Partei aktiv und brachte es in den späten Weimarer Jahren zum Stadtverordneten und Leiter des KPD-Bezirks Krefeld-Süd. Nach seiner Entlassung aus dem Lager Sonnenburg Ende September 1933 genoss Billstein einige Monate seine Freiheit mit seiner Familie, bevor er sich wieder der Sache der Partei widmete.

Ende Februar 1934 wurde Billstein von einem Mann der Düsseldorfer Parteiorganisation aufgesucht, den er nicht kannte und der ihn drängte, den Wiederaufbau des Untergrundnetzes der KPD in Krefeld zu leiten. Billstein erklärte sich dazu bereit. In den folgenden Wochen traf er sich heimlich alle vierzehn Tage an ständig wechselnden Orten mit Mitgliedern der Düsseldorfer Parteiführung und rekrutierte mehrere ältere kommunistische Funktionäre, die wie er selbst erst im Herbst zuvor aus dem Polizeigewahrsam entlassen worden waren, sowie viele weniger gut bekannte Kommunisten und Sympathisanten, die bereit waren, alles zu riskieren, um den Kampf gegen die Nationalsozialisten fortzusetzen. Bis Juni hatten Billstein und die Übrigen erfolgreich eine Untergrundorganisation samt Außenstellen in Krefeld und den Nachbargemeinden Uerdingen, Fischeln und Kempen wieder aufgebaut. Wieder druckte und verteilte dieses wiederbelebte Netz Flugblätter und Broschüren, versuchte neue Mitglieder anzuwerben, sammelte Geld zur Unterstützung des illegalen Widerstands in anderen Städten und bewies, dass das Regime die Region noch nicht völlig unter seine Kontrolle gebracht hatte.

Trotz ihrer mutigen Bemühungen wurden Billstein und seine Mitstreiter bald von der Gestapo außer Gefecht gesetzt. Bereits Ende März hatte die Gestapo Kommunisten in München-Gladbach verhaftet, aus denen sie Informationen über Billsteins Aktivitäten in Krefeld herauspressten. Billstein selbst wurde Mitte Juni zusammen mit mehreren anderen verhaftet. Auch hier schafften es die Gestapobeamten mit ihrer üblichen Brutalität, die gewünschten Informationen zu erhalten, was zu weiteren Verhaftungen führte und dem kommunistischen Untergrund in Krefeld anscheinend ein Ende bereitete. Billstein und 25 weitere Kommunisten wurden vor dem OLG Hamm der Verschwörung und der Vorbereitung zum Hochverrat angeklagt und am 14. März 1935 zu Haftstrafen zwischen zwei und sieben Jahren verurteilt. Billstein, in dem das Gericht den Anführer der »Verschwörung« sah, erhielt die höchste Strafe. Als er 1941 nach Verbüßung seiner Strafe entlassen wurde (ihm wurden sieben Monate und drei Wochen Untersuchungshaft angerechnet), kehrte er nach Krefeld zurück und fand eine Stelle als Automechaniker. Während des Krieges musste er sich wöchentlich im Polizeipräsidium melden. Später erfuhr er, dass sein Arbeitgeber regelmäßig bei der Gestapo Berichte über ihn abgeliefert hatte. 1944 wurde er zu einer Strafkompanie eingezogen, die gegen die vorrückenden Alliierten am Westwall im Einsatz war. Gegen Kriegsende musste er an die Ostfront, wo er in sowjetische Kriegsgefangenschaft geriet. Nach dem Krieg setzte er seinen Kampf gegen den Faschismus fort und widmete die ihm verbleibenden fünfzig Jahre seines langen Lebens der Niederschrift mehrerer Bücher und Broschüren, in denen er die nationalsozialistischen Verbrechen in seiner Heimatstadt dokumentierte, und der aktiven Mitarbeit in der Vereinigung der Verfolgten des Naziregimes (VVN).

Nicht alle Deutschen sind der Meinung, dass Menschen wie Aurel Billstein und seine kommunistischen Genossen als mutige Widerstandskämpfer geehrt werden sollten, die sich gegen die Unterdrückung durch das NS-Regime zur Wehr gesetzt haben. Viele werfen ihnen immer noch vor, sie hätten der Sache eines feindlichen Landes gedient. Wie immer man ihre Motive beurteilen mag, es lässt sich nicht bestreiten, dass sie als erste gesellschaftliche Gruppe zur Zielscheibe des nationalsozialistischen Terrorapparats wurden, dass viele von ihnen unsägliches Leid durchmachen mussten und in ihrem entschlossenen Kampf gegen Hitler große Entbehrungen auf sich genommen haben. Dass sie scheiterten, hat nicht zuletzt auch mit ihren eigenen Beschränkungen zu tun, vor allem mit ihrer Weigerung, in der Weimarer Republik mit der SPD und den Gewerkschaften zusammenzuarbeiten. Eine solche Koalition hätte die gemeinsame Anstrengung hervorbringen können, derer es bedurft hätte, um Hitlers Regime zu stoppen, als dies vielleicht noch möglich war. Doch zum größeren Teil war ihr Misserfolg bedingt durch die Entschlossenheit der neuen Machthaber, sie erbarmungslos zu verfolgen und zu vernichten.

Kapitel 6

Kreuz und Hakenkreuz:
Die religiöse Opposition wird
zum Schweigen gebracht

»Deutschland hat nur einen Führer. Das ist Christus!« Mit diesen
Worten beendete der blonde, blauäugige, untersetzte Jesuitenpater
Josef Spieker seine Elf-Uhr-Predigt zum Thema »Wahre und falsche
Führer«, die er am 28. Oktober 1934, dem Christkönigstag, in der
Kölner Kirche St. Mariä Himmelfahrt vor einer dichtgedrängten
Gläubigerschar gehalten hatte.[1] Doch während der Schatten des
nahe gelegenen Kölner Doms allmählich weiterwanderte, so dass
die rosa gestrichene Kirche zunehmend in der Sonne lag, hatten
nicht alle, die Spiekers Predigt anhörten, das Gefühl einer Erleuch-
tung. In einer der Kirchenbänke saß ein gewisser Dr. Matthias K.,
ein fünfzigjähriger Studienrat und kleiner NSDAP-Funktionär aus
Köln-Deutz, der empört jedes Wort des Paters mitschrieb.[2] Als die
Messe zu Ende war, übergab Herr K. seine Notizen unverzüglich
der Kölner Gestapo, bei der er eisern beteuerte, die ganze Predigt
Spiekers sei »eine Ungeheuerlichkeit« gewesen und eine böswillige
Beleidigung des Führers, »dessen Gestalt Millionen heilig ist«.

Sehr bald wurde Pater Josef Spieker der erste katholische Priester, den die Nazis nach einem Prozess, in dem die höchsten Ränge
der NSDAP-Führung wie der Hierarchie der katholischen Kirche
gehört wurden, in ein Konzentrationslager schickten. Seine Verhaftung markierte außerdem den Beginn einer neuen Terrorwelle:
An die Stelle der Kommunisten und anderer linker Regimegegner
traten ab Mitte der dreißiger Jahre potenzielle religiöse Gegner als
Hauptzielscheibe der Verfolgung. Wie jedoch das in diesem Kapitel vorgelegte Material zeigt, gingen die Nationalsozialisten gegen
Kirchen und Geistliche zwar gelegentlich ebenfalls hart vor, aber
im Allgemeinen vorsichtiger als gegen die politische Linke. Das
war einerseits notwendig, da ein breit angelegter Angriff gegen die
christlichen Kirchen eine gefährliche Opposition seitens der Bevölkerung und wichtiger Elitegruppen hätte auslösen können, denn
schließlich hielten viele Deutsche noch immer an ihrem Glauben

fest. Andererseits fiel dem Regime hier die Zurückhaltung leichter, weil die Oberhäupter der etablierten Kirchen beflissen demonstrierten, dass sie durchaus bereit waren, sich in politischen Fragen mit den Nationalsozialisten zu arrangieren, vorausgesetzt, dieses gestand ihnen und ihren Gläubigen ein gewisses Maß an religiöser Freiheit zu. Auch wenn einzelne Geistliche und einige andere tief religiöse Deutsche den Mut fanden, öffentlich gegen die Inhumanität und Amoralität des NS-Regimes anzugehen, blieben sie doch isolierte Stimmen des Gewissens, die nur vorübergehend auf Resonanz stießen und letztlich zumeist folgenlos blieben. Der Prozess gegen den unerschrockenen Kölner Pater Josef Spieker, bei dem für kurze Zeit Hitler und sein Regime selbst vor Gericht standen, ist dafür ein anschauliches Beispiel.

Gefährliche Predigten gegen Hitler: *Der Fall des Paters Josef Spieker SJ aus Köln*

Anfangs zog es die Gestapo vor, mit Pater Josef Spieker auf eine scheinbar »legale« Art und Weise zu verfahren. Spiekers regimefeindliche Neigungen und Erklärungen waren allgemein bekannt, und in den Monaten, die seiner Predigt am Christkönigstag im Oktober 1934 vorausgingen, hatte er sie immer unverblümter formuliert. Doch Spieker hatte bereits gezeigt, dass er nicht nur unerschrocken, sondern auch geschickt und schwer zu fassen war: Sogar eine verstärkte Überwachung seiner Aktivitäten durch die Gestapo hatte keine Beweise erbracht, die einer gerichtlichen Prüfung standgehalten hätten, selbst wenn es sich um ein NS-Gericht handelte. Die Gestapo hätte ihn natürlich einfach verhaften und sofort in ein Konzentrationslager überstellen können, aber ein solcher Schritt konnte sich im Hinblick auf die öffentliche Meinung als gefährlich erweisen. Die einfache Bevölkerung blieb zwar weitgehend ungerührt, wenn kommunistische oder sozialdemokratische Unruhestifter oder auch Juden in Konzentrationslager geschickt wurden, doch bei Priestern und Pastoren sah die Sache ganz anders aus, vor allem wenn sie so populär waren wie Spieker. Wenn jedoch der Justizapparat Spieker in einem ordentlichen Verfahren als Gesetzesbrecher überführt, würde die Gestapo ungehemmter gegen ihn vorgehen können.

Mit seiner provozierenden Predigt hatte Pater Spieker offenbar eine Grenze überschritten und alle bisherige Vorsicht fahren lassen. Die fleißigen Notizen des Matthias K. überzeugten die Gestapo, nun den Beweis erbringen zu können, dass Spieker mit seinen bewusst herabsetzenden Äußerungen über den Führer gegen die so genannte Heimtückeverordnung vom 21. März verstoßen hatte.[3] Später bestand Spieker in seinen Vernehmungen durch die Gestapo ebenso wie vor Gericht darauf, dass er nichts dergleichen getan habe. Trotzdem hatte die Gestapo gute Gründe für ihre Sicht der Dinge. Fast jeder Satz in Spiekers Predigt stellte einen Angriff auf Hitler dar, weil er das deutsche Volk in die Irre führe und sich die Rolle des einzig wahren Führers des Volkes, Jesus Christus, anmaße. Immer wieder hatte Spieker die Gläubigen gemahnt, dass es nur einen wahren Führer gebe, dem die Gläubigen Gehorsam schuldeten, Christus den König. In seiner Predigt hatte der Jesuitenpater unter anderem gesagt:

»Ein Führer muß selbstlos sein. Das ist kein Führer, der aus dem Volke das Letzte herausholt, um auf Kosten des Volkes zu prassen.

Ein Führer muß die wahre Liebe seines Volkes haben. Das ist kein Führer, dem die Volksmassen deshalb zujubeln, weil sie organisiert gewaltsam auf die Straße geführt werden und um Stellung und Brot fürchten.

Ein Führer muß treu sein. Das ist kein Führer, dessen Unterführer das Volk martern und peinigen, quälen und schädigen.

Ein Führer muß wahr sein. Das ist kein wahrer Führer, der große Taten erfindet, um sich dadurch in der Masse Anhang zu verschaffen.

Deutschland hat nur einen Führer. Das ist Christus! Diesem Führer sind alle weltlichen Führer und geistlichen Führer unterworfen. Wir erkennen die staatliche Autorität an, aber wir sind ihr nur insoweit unterworfen, als ihre Gesetze mit dem Gesetze unseres einzigsten Führers nicht in Widerspruch stehen.«[4]

Die Gestapo hatte durchaus Anlass, für den Fall eines Eingreifens gegen Pater Spieker Reaktionen der Öffentlichkeit zu befürchten. Am 18. Juni 1893 geboren, hatte der 41-jährige Pater Spieker eine große und ergebene Anhängerschaft gewonnen, seit er etwas mehr als ein Jahr nach seiner Priesterweihe 1926 an die Kirche St. Mariä Himmelfahrt versetzt wurde, als Prediger und geistlicher Ratgeber für verschiedene katholische Männergruppen. Zu Beginn betreute er kleine Gruppen von Männern über sechzig, die einmal im Monat abends zusammenkamen, um über religiöse Fragen zu sprechen, aber bald hatte der temperamentvolle und energische Pater sie mit seiner Begeisterung angesteckt und weitere Teilnehmer auch aus jüngeren Altersgruppen hinzugewonnen. Sein Erfolg war so groß, dass der Kardinal in Köln in helle Aufregung geriet, als Spieker 1931 nach Berlin gerufen wurde, um die dortige Organisation katholischer Männer wiederzubeleben. Daraufhin beschloss Spieker, jeweils zwei Wochen im Monat in Köln und in Berlin zu sein. In seiner Autobiografie, die Spieker ein Jahr vor seinem Tod im September 1968 auf Bitten seines Ordens auf Tonband sprach, sagte er, die Doppelbelastung habe ihm nichts ausgemacht, im Gegenteil, er habe die Herausforderung begrüßt. Im protestantischen Berlin waren die Katholiken in der Minderheit, Köln hingegen war als ein Bollwerk des Katholizismus in Deutschland bekannt. Das war für ihn »sehr interessant: in Berlin die Diaspora und in Köln die sogenannte katholische Stadt«.[5] Seine Anhänger liebten ihn dafür. Als die Nationalsozialisten 1933 an die Macht kamen, gehörten Spiekers Gesprächsgruppen allein in Köln 23 000 Männer aller Altersgruppen an, ein Jahr später waren es bereits 27 000.[6]

Drei Jahre, bevor Hitler Reichskanzler wurde, stieß Spieker das erste Mal mit dem Nationalsozialismus zusammen. Damals behauptete er, kein Interesse an Politik zu haben – in seiner Autobiografie sagte er, für seinen Geschmack sei die Zentrumspartei nicht lebendig und nicht mehr zeitgemäß gewesen –, doch ein seelsorgerisches Gespräch mit einem Mann irgendwann 1929 oder 1930 riss ihn aus seiner politischen Lethargie. Der Mann, dessen katholische Überzeugungen zunehmend mit der Ehrfurcht in Konflikt gerieten, die Hitler in ihm erweckte, suchte Rat bei dem Ordenspriester im Canisiushaus in der Kölner Stolzestraße. »Ich bin katholisch, alter Zentrumsmann«, sagte der Besucher. »Ich gehe jeden Tag zur Messe und zur heiligen Kommunion.« Danach hielt er Spieker mit glühenden Augen einen langen Vortrag über die Größe Adolf Hitlers und wiederholte immer wieder: »Das Zentrum muss weg! Wir müssen uns alle Adolf Hitler anschließen!«[7]

Am Ende des Gesprächs gab Spieker seinem Besucher ein paar beruhigende Worte über das Zentrum mit auf den Weg, er selbst blieb jedoch mit einem unbehaglichen Gefühl zurück. Nachdem er über die ganze Sache nachgedacht hatte, gelangte er zu dem

Schluss, wenn Hitler einen tief gläubigen Katholiken wie diesen Mann so stark beeindrucken könne, sei es an der Zeit, dass die Kirche und er etwas unternähmen. Während der nächsten Wochen und Monate lernte Spieker alles, was er über die nationalsozialistische Bewegung in Erfahrung bringen konnte. Er las täglich den *Völkischen Beobachter* und befasste sich mit ideologischer NS-Literatur wie Alfred Rosenbergs *Der Mythus des 20. Jahrhunderts*. Bald bereitete er seinen ersten Vortrag vor, den er vor den Männern einer seiner Abendgruppen hielt. Das Thema lautete: »Die Weltanschauung des Nationalsozialismus«, und in ihm kritisierte Spieker scharf den schlechten Einfluss, der vom Nationalsozialismus und von Hitler ausging. Obwohl in der Gruppe auch einige Studenten des Nationalsozialistischen Deutschen Studentenbunds saßen, schreckte Spieker nicht davor zurück, seine Zuhörer zu warnen, seiner Überzeugung nach sei die Weltanschauung des Nationalsozialismus »atheistisch und antichristlich«.

Am nächsten Tag erschien im *Westdeutschen Beobacher* ein langer Artikel; darin wurde Spieker zunächst als Jesuitenpater wegen seiner Intelligenz gerühmt, dann jedoch gewarnt, er müsse einsehen, dass die Zentrumspartei im Gegensatz zur NSDAP überholt sei und deshalb aufgelöst werden müsse. Spieker blieb unbeeindruckt. Im folgenden Monat hielt er seinen Vortrag vor katholischen Männergruppen in ganz Köln, so wie er es auch bisher – allerdings zu politisch weniger stark befrachteten Themen – getan hatte. Bevor Spieker Gelegenheit erhielt, einen neuen monatlichen Vortrag vorzubereiten, erschien im *Westdeutschen Beobachter* ein weiterer Artikel mit der Überschrift »Der Untermensch«, in dem behauptet wurde, Spieker sei die gemeinste aller Kreaturen, die von den Nationalsozialisten mit aller Macht bekämpft werden müssten. Nach Spiekers Erinnerungen ging damals auch das Gerücht: »Wenn wir drankommen, dann ist der Spieker der erste, der dran glauben wird!«[8] Alle diese Reaktionen bestärkten Spieker in seiner Entschlossenheit nur noch. Im folgenden Jahr bis zu seiner Predigt am Christkönigstag 1934 predigte Spieker vor allen, die gekommen waren, um ihn zu hören, gegen Hitler und die Nationalsozialisten.

Unter seinen aufmerksamsten Zuhörern befanden sich etliche Gestapobeamte. Aber sie ließen ihn zunächst unbehelligt. Das änderte sich erst im Sommer 1934. An einem Sonntagmorgen traf Spieker nach seiner Predigt in der Sakristei auf zwei Männer, die nach dem Pastor fragten. Als Spieker ihnen sagte, der Pastor sei nicht da (er selbst war nicht der Pastor der Pfarrei), antwortete einer ärgerlich:»Wer hat denn die letzte Predigt gehalten?« Spieker antwortete:»Das war ich.« Daraufhin gaben die Männer sich als Gestapobeamte zu erkennen und wollten von Spieker seinen Namen wissen, was dieser mit den Worten ablehnte:»Dann müssen Sie sich an den Generalvikar oder an den Bischof wenden; die sind allein für mich zuständig. Ich habe mit Ihnen nichts zu tun.« Die Gestapobeamten blieben hartnäckig:»Sie müssen uns Ihren Namen angeben«.»Nein, das muß ich nicht, und das werde ich auch nicht tun«, und damit drehte Spieker sich um und ließ die Männer einfach stehen.[9]

Zwar beschlosen die beiden Beamten, die Sache für diesmal auf sich beruhen zu lassen, doch die Gestapo versuchte Spieker nach Kräften zu schikanieren. Unter anderem rief sie ihn regelmäßig in seiner Wohnung im Canisiuskolleg in Berlin an, wo er sich jeweils zwei Wochen im Monat aufhielt, während er dort seinen seelsorgerischen Pflichten nachging, und befahlen ihm, sich in der Gestapozentrale einzufinden. Doch Spieker weigerte sich standhaft und verwies die Anrufer an seine Kirchenoberen, so wie er es auch schon in Köln getan hatte. Es dauerte nicht lange, bis der ständige Rummel um den freimütigen Priester seinen Vorgesetzten in Berlin so auf die Nerven fiel, dass sie beschlossen, ihn von seinen dortigen Amtspflichten zu entbinden. Von nun an beschränkte Spieker sein Tätigkeitsfeld auf Köln.

Als die Kölner Gestapo ihn schließlich am Montag, dem 19. November 1934, verhaftete, tat sie dies fast auf sein eigenes Geheiß. Nach seiner Predigt vom Christkönigstag waren mehrfach Gestapobeamte zum Canisiushaus gekommen, um ihn zu sprechen, doch jedesmal hatte Spieker sich verleugnen lassen. Am Samstag, dem 17. November, kamen sie drei- oder viermal. Nun war Spieker und seiner näheren Umgebung klar, dass seine Verhaftung unmittelbar bevorstand. Allerdings wollte er die von ihm betreuten Männergruppen noch auf das, was nun kommen würde, vorbereiten und nicht einfach aus einer Sitzung mit ihnen heraus verhaftet werden. Am Sonntag, dem 18. November, informierte er bei einem Treffen mit allen Kölner Gruppenleitern die Anwesenden über seine bevorstehende Verhaftung. Danach erhielt er einen Anruf seines Paters Superior, der ihm sagte, er müsse sich am nächsten Morgen bei der Gestapo einfinden:»Sie werden von der Gestapo gesucht. Sie melden sich morgen früh sofort.«[10] Spieker war damals der Meinung, sein Vorgesetzter hätte ihm diese Anweisung nicht erteilen dürfen, aber er folgte ihr. Am nächsten Morgen rief er bei der Kölner Gestapo an.»Meine Herren, Sie wollten mich sprechen.«»Jawohl«, antwortete ein Beamter,»wann sind Sie da?«»Ich bin jetzt da«, antwortete Spieker.»Wie lange bleiben Sie da?«»Das weiß ich nicht. Jedenfalls, wenn Sie mich sprechen wollen, müssen Sie sofort kommen.«»Gut, wir kommen.«[11] Wenige Minuten später befand sich Spieker unter Arrest.

Die beiden Gestapobeamten, die ihn festgenommen hatten, behandelten ihn höflich: Sie siezten ihn, ließen ihn allein in sein Zimmer zurückgehen, wo er seine Sachen zusammenpackte, und versicherten ihm, dass ihm nichts geschehen werde. In seiner Autobiografie machte Spieker einen Unterschied zwischen diesen Männern (von denen einer möglicherweise Karl Löffler, der spätere Leiter des Judenreferats der Kölner Gestapo, war), die aus der»sogenannten alten Kriminalpolizei«[12] kamen, und dem Chef der Kölner Gestapo, in dessen Amtszimmer er unverzüglich geführt wurde. In Spiekers Schilderung war er»ein ganz junger Mann, geschniegelt und gestriegelt«, der Spieker ebenfalls höflich, aber offensichtlich mit einer gewissen sarkastischen Herablassung behandelte. Er bot Spieker eine Zigarette an und fragte:»Sie wollten mich sprechen?« Spieker antwortete, er wolle wissen, warum man ihn verhaftet habe.»Das wissen Sie doch«, antwortete der Beamte,»wir haben Sie doch oft genug gewarnt.« Darauf Spieker:»Übrigens haben Sie mich auch nicht zu warnen. Ich habe ja mit Ihnen nichts zu tun. Ich unterstehe ja meinen Oberen und der Bischöflichen Behörde. Was liegt denn eigentlich vor?« Nach weiterem Hin und Her versuchte der Gestapochef das Gespräch mit den Worten abzuschneiden:»Ich bin nicht dafür da, mich mit Ihnen dialektisch auseinander zu setzen.« Doch Spieker wollte das letzte Wort behalten:

»Gut, dann sagen Sie mir wenigstens noch eines: Sie lassen mich in Schutzhaft nehmen. Es soll also etwas geschützt werden. Mich brauchen Sie nicht zu schützen. Mir hat bisher niemand etwas getan, und mir wird auch in Zukunft niemand etwas tun. Aber wenn Sie glauben, durch meine Verhaftung müßten Sie Ruhe und Ordnung schützen, so sind Sie im Irrtum. Durch mich sind Ruhe und Ordnung bis jetzt nicht gestört worden.

Wenn Sie mich aber verhaften lassen, werden Sie bald erfahren, daß Sie dann gestört sind, und zwar durch meine Verhaftung.«[13]

Die polizeilichen und staatsanwaltlichen Ermittlungen vor dem Prozess gegen Spieker erstreckten sich über vier weitere Monate. Auf Anweisung des Berliner Gestapas verbrachte Spieker die ersten drei Wochen in »Schutzhaft« im Kölner Klingelpütz. Als sich nach seiner Einlieferung die Zellentür hinter ihm schloss und der Schlüssel herumgedreht wurde, warf Spieker sich auf die Knie, betete ein Tedeum und fühlte sich völlig mit sich im Reinen. »Ich war innerlich froh und glücklich«, erinnerte er sich später, »jetzt hatte ich innerlich und äußerlich meine Ruhe. Ich hatte keine Verantwortung mehr, wenigstens nicht für den Augenblick [...] Das Gefängnis war für mich eine wirkliche Erholung.«[14]

Noch während seines ersten Tags in Haft hatte Spieker in seiner Zelle Besuch von einem Rechtsanwalt, Dr. Viktor Achter, bekommen, einem allgemein geachteten Mann, der auch viele Kommunisten verteidigt hatte. Bei ihrer ersten Begegnung lehnte Spieker allerdings einen Verteidiger ab. Erst später sollte er sich doch mit ihm besprechen und mit Achter eine Strategie festlegen. Spieker räumte weder in den Vernehmungen noch vor Gericht irgendeine Schuld ein. Er bestand vielmehr während der ganzen Prozedur darauf, dass er nie politisch aktiv gewesen sei, und aus keinem seiner Sätze, ob in einer seiner Predigten oder in anderem Zusammenhang, sollten politische Nebenbedeutungen herausgelesen werden. Im Hinblick auf die Überzeugung des Mannes, der ihn denunziert hatte, und der Gestapo, er habe in seiner inkriminierten Predigt das Wort »Führer« gebraucht, um Adolf Hitler zu verleumden, erklärte Spieker gegenüber der Gestapo, er habe überhaupt nicht an den gegenwärtigen Reichskanzler gedacht. Er habe Christus als den »Führer« bezeichnet, weil dies die beste Möglichkeit gewesen sei, ihn seinen Zuhörern nach dem gegenwärtigen Sprachgebrauch nahe zu bringen. Er habe namentlich Napoleon erwähnt, der in seinen Augen ein falscher Führer war, und er habe indirekt auf weitere falsche Führer wie etwa Nero angespielt. Dagegen habe er Hitler während seiner ganzen Predigt nicht ein einziges Mal erwähnt. In der von ihm unterschriebenen Aussage gegenüber der Gestapo erklärte Spieker:

»Als solcher ist Christus zu den verschiedensten Zeiten mit den verschiedensten Titeln immer der Zeit und den Auffassungen des Volkes entsprechend bezeichnet worden. Er selbst hat sich als Meister bezeichnet, weil das damals von den Juden der höchste Titel war; von unseren Vorfahren wurde er als König bezeichnet. Da es nun für uns Deutsche keinen Kaiser und keine Könige mehr gibt, sondern das Wort Führer der Begriff für den höchsten Gebieter ist, habe ich diesen Ausdruck auf Christus übertragen.«[15]

So wenig erfolgreich die Gestapo mit ihren Bemühungen war, Pater Spieker zu einem Geständnis zu bewegen, so wenig gelang es ihr, im Laufe ihrer Ermittlungen Belastungszeugen gegen den Pater aufzutreiben. Nicht ein einziger war bereit, gegen den beliebten Priester auch nur ein Wort zu sagen, das als Bestätigung der Beschuldigungen von Matthias K. verwertbar gewesen wäre. Bei einer seiner Unterredungen mit der Gestapo benannte K. am 22. November 1933 einen 45-jährigen Lehrer namens Josef B. aus Krefeld als Zeugen. Doch als dieser am 14. Dezember selbst aussagen sollte, blieb er in allen Detailfragen unbestimmt und erklärte vor der Gestapo wörtlich:

»Ich kann nicht mit Bestimmtheit behaupten, daß ich am Christ-Königtage, am 28. Oktober 1934, um 11:15 Uhr die Mariä Himmelfahrtskirche in Köln, Marcellenstraße, besucht habe. Wohl war ich im September und Oktober vielleicht je 2 Mal dort in der um 11 Uhr stattfindenden Messe. Im November und Dezember habe ich die Sonntagsmesse in der Mariä Himmelfahrtskirche nicht mehr besucht. Bei meinen drei letzten Besuchen kam ich erheblich zu spät, sodaß ich von den Predigten nicht viel gehört habe. Ich kann mich nur daran erinnern, daß mindestens zwei verschiedene Herren predigten, deren Namen ich aber nicht angeben kann. Über die Predigt, um die es sich in dem vorliegenden Fall handelt, kann ich keine Angaben machen. Insbesondere erinnere ich mich keineswegs daran, daß ein Prediger irgendwelche scharfen Antithesen zum Führerbegriff gebraucht hat. Da ich meistens zu spät kam, erfaßte ich den Grundgedanken zu den Predigten nicht mehr im vollen Umfange und folgte auch daher den Ausführungen der Prediger mit weniger großem Interesse.«[16]

221

Selbst die Ehefrau von Matthias K., die wahrscheinlich am Christ-königstag mit ihrem Mann gemeinsam die Messe besucht hatte (sie war als überzeugte Katholikin und Anhängerin der Zentrumspartei bekannt), weigerte sich, die Aussagen ihres Mannes zu bestätigen. Als Staatsanwalt Rebmann und sein Assistent am 11. Januar 1935 Matthias K. in seiner Wohnung aufsuchten, um selbst zu hören, was er und seine Frau über den Fall zu sagen hatten (Matthias K. wurde damals durch eine schwere Augeninfektion daran gehindert, das Haus zu verlassen), platzte Frau K. in das Gespräch zwischen den Männern und sagte aufgebracht:»Wir wollen aber unter keinen Umständen haben, daß Pater Spieker wegen des Inhaltes seiner Rede bestraft wird.« Nachdem sie das mehrmals wiederholt hatte, nahm ihr Mann sie beim Arm und forderte sie nachdrücklich auf, das Zimmer zu verlassen.[17]

Am 15. Februar 1935 erging ein neuer Haftbefehl gegen Spieker. (Spieker erklärte in seiner Autobiografie, man habe ihn im Dezember freigelassen, da am 15. Januar die Saarländer über die Rückkehr des Saargebiets zu Deutschland abstimmen sollten und die Regierung keine negative Presse wünschte.)[18] Am 2. März wurde er festgenommen und im Klingelpütz inhaftiert, um dort auf seinen Prozess zu warten. Dieser wurde neun Tage später, am 11. März, um 9:15 Uhr vor einer dichtgedrängten Menge aus Anhängern und sonstigen Zuschauern im Gerichtssaal des Kölner Sondergerichts eröffnet. Der Vorsitzende Richter Landgerichtsdirektor Franz von Vacano war mit seinem glänzend kahlen Schädel, weißem Spitzbart und aufbrausendem Temperament eine bedrohliche Erscheinung. Der ehemalige Amtsrichter, den man gegen Ende des vergangenen Jahres zum Leiter des Sondergerichts berufen hatte, war nach Meinung Spiekers und vieler anderer ein »150-prozentiger« Nationalsozialist. Darüber hinaus war er als glühender Katholik mit zwölf Kindern bekannt; ein dreizehntes hatte er adoptiert. Einige behaupteten, er habe keine Schwierigkeiten, seinen Katholizismus mit seiner nationalsozialistischen Weltanschauung zu vereinbaren. Es hieß,»Herr von Vacano sei morgens um 8 Uhr in die Kirche gegangen und habe dann um 9 Uhr damit begonnen, Geistliche zu verurteilen«.[19]

Die Verhandlung dauerte sechs Stunden. Bis zum Schluss weigerte sich Pater Spieker, einen direkten Kommentar zum Inhalt seiner Predigt abzugeben, und verwies hartnäckig darauf, er sei allein seinen geistlichen Oberen und keinem weltlichen Gericht verantwortlich. Der Vorsitzende von Vacano schien angesichts dieser Taktik mehrmals einem Tobsuchtsanfall nahe und regte sich lautstark über Spiekers Unverfrorenheit – und die der katholischen Kirche – auf. Spieker selbst blieb ruhig und antwortete auf die Aufforderungen des Richters, sich zu den gegen ihn erhobenen Vorwürfen zu äußern, mit dem überzeugenden Argument, das zwischen Hitler und dem Vatikan geschlossene Konkordat garantiere der Kirche völlige Freiheit in der Ausübung ihrer religiösen Pflichten einschließlich der vollen Meinungsfreiheit in religiösen Predigten.

Spiekers Verteidiger, Dr. Achter, erinnerte das Gericht daran, dass Spieker in ganz Deutschland geachtet und bewundert werde, sich im letzten Krieg ausgezeichnet habe und dafür bekannt sei, dass er gegen die kommunistische Bedrohung aufgestanden sei. Wie Achter erklärte, hatte Spieker sich heldenhafterweise freiwillig an die Front gemeldet, um der deutschen Nation zu dienen, und dabei mehrmals sein Leben aufs Spiel gesetzt. Er war an Typhus erkrankt, als er in Frontlazaretten gearbeitet hatte, deren Patienten unter zum Teil hoch infektiösen Krankheiten litten, und hatte mehrfach Blut gespendet, um das Leben schwer verwundeter Soldaten zu retten. Außerdem sei Spieker seit langem für seine antikommunistischen Überzeugungen und Aktivitäten bekannt und habe bei mehreren Gelegenheiten große Prozessionen seiner Männergruppen durch gefährliche Kölner Arbeiterviertel angeführt, um auf die geistigen und ideologischen Neigungen der Arbeiter einzuwirken. Schließlich lenkte Dr. Achter die Aufmerksamkeit auf die Tatsache, dass der einzige Beweis gegen Spieker in der unbestätigten Aussage eines aufgeregten und höchst subjektiven Zeugen bestehe. Angesichts all dieser Umstände sei sein Mandant freizusprechen.[20]

In seinem eigenen Schlusswort forderte Spieker die Richter auf, »sich ihrer Verantwortung bewußt zu sein. Einmal müßten auch sie über dieses Urteil vor Gott, den keiner täuschen könne, Rechenschaft ablegen. Auf ihn vertraute ich. Das Urteil fürchtete ich nicht.«[21] Die Prozessberichte in den Zeitungen erwähnten diese mutigen Worte nicht. Immerhin wurde berichtet, dass Spieker vehement bestritten hatte, jemals etwas zum Schaden der deutschen Nation getan zu haben; sie betonten Spiekers mutigen Kampf gegen den Kommunismus in der Vergangenheit und gegen die neuheidnische Bewegung, die seiner Meinung nach an Einfluss zunahm. Nach einem Bericht im *Westdeutschen Beobachter* beendete

Spieker sein Schlusswort, das fast eine erneute provokative Predigt geworden war, mit folgenden Worten:»Selten noch ist der Katholizismus so beschimpft worden wie von dieser Bewegung. Ich habe hier als katholischer Priester zu kämpfen und werde diesen Kampf auch weiter führen bis zum Letzten, denn das Christentum ist die einzige Grundlage, auf der ein Staat groß werden kann. Wer dieses Fundament untergräbt, der vergeht sich am deutschen Volk. Meine Parole ist und bleibt: Alles für Deutschland und Christus!«[22] Danach zogen sich die Richter zur Urteilsberatung zurück. Nach anderthalb Stunden betraten sie den Gerichtssaal mit erhobenem Arm und riefen laut»Heil Hitler!« in den Zuschauerraum. Von Vacano verkündete das Urteil:»Der Angeklagte ist wegen Mangels an Beweisen freigesprochen.«[23] Die Zuschauer reagierten darauf mit»stürmischen Ovationen«[24], und»Bravo!«-Rufen; wenigstens dieses eine Mal hatte im Dritten Reich die Gerechtigkeit gesiegt.

Leider war dieser glückliche Augenblick in der deutschen Rechtsprechung nur von kurzer Dauer. Noch während die Menge kurz nach drei Uhr nachmittags zu den Ausgängen drängte, um in den Straßen eine spontane Siegesfeier abzuhalten, nahm die Gestapo Pater Spieker in»Schutzhaft«. In einem Brief an das Gestapa in der Berliner Prinz-Albrecht-Straße erklärte sie, dieser Schritt sei zur Aufrechterhaltung von»Ruhe und Ordnung« und wegen der »durch die Erregung der Bevölkerung gefährdeten persönlichen Sicherheit des Paters notwendig« gewesen.[25] In den kommenden sechs Wochen saß Spieker wieder im Klingelpütz, diesmal jedoch in Einzelhaft. Er durfte weder Besuch empfangen noch einen Gottesdienst besuchen und hatte täglich nur eine halbe Stunde Hofgang unter Aufsicht eines Gefängnisbeamten. Jeden Tag drängten ihn Gestapobeamte, eine Erklärung zu unterschreiben, dass er künftig keine Predigten mehr halten werde, doch er weigerte sich. Am 28. April erhielt er die Nachricht, dass er in ein Konzentrationslager kommen sollte.[26]

Einen Tag später wurde Spieker in einem speziellen Gefangenenwaggon, der an einen regulären Nahverkehrszug angehängt wurde, zunächst nach Münster gebracht, wo er die Nacht im Gefängnis verbrachte. Anschließend ging es weiter nach Meppen, wo er auf weitere Gefangene traf, die ebenfalls ins Konzentrationslager geschickt wurden. Schließlich kamen sie im KZ Börgermoor im Emsland an, das später als das»Dachau des Nordens« bezeichnet werden sollte. Als Spieker am 1. Mai 1935 dort eingeliefert wurde, stellte er fest, dass fast alle der zweitausend Häftlinge Kommunisten waren. Eine bemerkenswerte Ausnahme war der pazifistische Schriftsteller und Journalist Carl von Ossietzky, der 1935, während er in Börgermoor einsaß, den Nobelpreis erhielt. Als einziger katholischer Priester unter den KZ-Insassen hieß Spieker bei den SS-Wachen »der Pfaff« und wurde später auch von seinen Mitgefangenen so genannt, und ebenso wie Ossietzky wurde er häufig für besonders niederträchtige Schikanen ausgesucht.[27] In seiner Autobiografie schildert Spieker die Schrecken seiner Zeit im Konzentrationslager. »Am Eingang war die Aufnahme. Da fingen die Quälereien auch schon an.«[28] Die Wachen befahlen den Neuankömmlingen, sich im Laufschritt fortzubewegen, und stellten ihnen dann unvermutet ein Bein, oder sie versetzten ihnen völlig grundlos Ohrfeigen. Anschließend mussten sich alle auf den Boden legen und auf dem Bauch zur Badebaracke kriechen. Dort nahmen die Wachen ihnen die Kleidung weg, rasierten ihnen die Köpfe kahl und trieben sie unter Duschen, aus denen kochendheißes Wasser lief. Dann erhielten die Neuen KZ-Kleidung, zu der in den ersten vierzehn Tagen – für alle Gefangenen die schlimmste Zeit – auch eine gelbe Armbinde gehörte, die den Wachen signalisierte, dass die Träger »Freiwild« waren, an dem sie ihren Sadismus ausleben konnten.

Der Arbeitstag begann noch vor Tagesanbruch. Um drei Uhr morgens wurden die Gefangenen geweckt. Nach einem kurzen Frühstück mussten sie sich in Arbeitskolonnen aufstellen und anschließend eine halbe Stunde zu einer Stelle marschieren, wo sie bis sechs Uhr abends mit Schaufeln Sand in eiserne Schubkarren schippen und diese im Laufschritt zu einer anderen Stelle befördern mussten, ohne dass das Ganze einen anderen Sinn gehabt hätte als das pure Schinden der Häftlinge. Hinter den Gefangenen standen SS-Männer mit aufgepflanztem Bajonett, und von Zeit zu Zeit stachen sie die Häftlinge damit, um sie anzutreiben. Die Schilderungen Spiekers stimmen mit denen anderer Häftlinge aus dem Lager Börgermoor überein. Einer von ihnen hat später über den dortigen Alltag geschrieben:

»Wir sollten Land umgraben. Sprechen war verboten [...] Zuwiderhandlungen wurden mit dem Gummiknüppel gerügt. Wer die Schaufel dem Geschmack der SS-Aufseher nach nicht voll genug machte, kriegte auch wieder die Latte zu spüren. Wir waren ausgehungert, die Sonne brannte. Zu trinken bekamen wir nichts. Abends konnte man uns die verbrannte Haut vom Leibe ziehen [...] Wir dachten, um halb vier einen Augenblick Ruhe zu bekommen, aber nein, keine Spur. Wir bekamen weder zu essen noch zu trinken. Aber eine Pause bekamen wir doch: Zum Singen [...] Um sechs Uhr war Arbeitsschluß. Zehn Genossen waren in der Zwischenzeit ausgefallen. Sie hatten es nicht ausgehalten. Man ließ sie einfach in der glühenden Sonne liegen.«[29]

Spieker, obwohl von kräftiger Statur, war die körperliche Belastung nicht gewohnt. Nach einigen Tagen brach er ohnmächtig zusammen, als er eine mit Sand gefüllte Schubkarre schob. Da sie ihn nicht wieder wach bekamen, befahlen die SS-Leute seinen Mithäftlingen, ihn in die Leichenkammer zu schleppen. Dort kam er in der Nacht wieder zu sich; um drei Uhr musste er wie alle anderen wieder zur Arbeit antreten. In den Tagen und Wochen danach gewöhnte sich sein Körper allmählich an die harte Arbeit.

Emotional schien Spieker keine Schwierigkeiten zu haben; er hatte sich inzwischen an längere Haftzeiten gewöhnt. Trotzdem unternahmen die Aufseher immer wieder den Versuch, ihn kleinzukriegen. Häufig riefen sie ihn und einen evangelischen Pfarrer zu sich, um mit ihnen über den Nationalsozialismus zu diskutieren. Der evangelische Amtsbruder ließ sich von ihnen zum Narren machen, war mit allem einverstanden und sagte in den Diskussionen das, was die SS-Leute hören wollten, während Spieker nur das sagte, was er wirklich dachte. Einmal verlangte die SS, Spieker solle berichten, was die Gefangenen ihm bei der Beichte erzählten. Als er das ablehnte, drohten sie ihm, ihn zu erschießen. Ein anderes Mal befahl ihm ein SS-Mann, den Todesstreifen des Lagers zu betreten. Wäre er der Anweisung gefolgt, hätte jeder von der Wachmannschaft ihn ohne Vorwarnung erschießen können. Spieker tat gut daran, standhaft zu bleiben. Trotz seiner Weigerung passierte ihm nichts. Was ihn mehr quälte als die schikanöse Behandlung durch die SS, mit der er gerechnet hatte, war das wachsende Gefühl, dass seine Kirchen- und Ordensoberen ihn bei seiner Verhaftung und seinem Prozess im Stich gelassen hatten. Er hatte gehört, dass seine Ordensoberen seine antifaschistischen Aktivitäten und seine Haltung vor Gericht als »sehr unklug« bezeichnet hatten.[30] Was ihm jedoch am meisten zu schaffen machte, war der

Umstand, dass er und seine Mithäftlinge »als Deutsche von den eigenen Landsleuten so gequält und mißhandelt wurden. Wenn das ›Hottentotten‹ getan hätten, hätte ich dafür Verständnis gehabt, aber daß eigene Landsleute, die kultiviert sein wollten, uns so behandelten, das war mir unbegreiflich.«[31]

Nach einigen Monaten, vermutlich im November 1935, wurde Pater Spieker in das Konzentrationslager Columbia-Haus in der Nähe des Berliner Flughafens Tempelhof verlegt, wohin viele Häftlinge von der Berliner Gestapo zur Vernehmung gebracht wurden, bevor man sie vor Gericht stellte. Bald darauf erfuhr Spieker, dass in Köln ein neues Verfahren gegen ihn vorbereitet wurde. In der Zeit bis zu diesem neuen Prozess ging es ihm im Columbia-Haus wesentlich besser als im KZ Börgermoor. Er glaubte zu spüren, dass hier »ein gewisser Schutz über mir lag« und dass die bessere Behandlung, die ihm hier widerfuhr, von oben angeordnet war. Da man ihn noch keiner Schuld überführt hatte und er in Bälde erneut vor einem deutschen Publikum stehen sollte, wollten die Nationalsozialisten vielleicht den Schaden begrenzen; mögliche Enthüllungen über seine schlechte Behandlung als katholischer Priester hätten eine negative Wirkung auf die öffentliche Meinung in Deutschland haben können. Damit hatten die psychischen und physischen Leiden, denen er im KZ Börgermoor ausgesetzt war, ein Ende. Die einzige Beunruhigung für ihn war der Umstand, dass er seine Zelle mit einem homosexuellen Häftling teilte, der bei ihm ähnliche Neigungen vermuten musste. Das wäre keine unrealistische Vermutung gewesen, auch wenn sie in diesem Fall nicht zutraf. Viele Häftlinge im Columbia-Haus befanden sich dort, weil sie gegen den berüchtigten »Paragraphen 175« des deutschen Strafgesetzbuchs verstoßen hatten. Der Paragraph gegen Homosexualität wurde von den Nationalsozialisten auch dazu eingesetzt, den Einfluss der katholischen Kirche auf ihre Gläubigen zu zersetzen. Ab Mitte der dreißiger Jahre beschuldigten die Gestapo und die Justiz katholische Geistliche immer öfter homosexueller Delikte.

Im Januar 1936 wurde Spieker nach Köln zurück und wieder einmal in den Klingelpütz gebracht. Der Prozess gegen ihn fand am 20. Januar statt, im selben überfüllten Gerichtssaal, mit denselben drei Richtern und demselben Staatsanwalt, der schon zehn Monate zuvor Anklage gegen ihn erhoben hatte. Diesmal waren die Ankläger jedoch besser vorbereitet. Der Vorwurf lautete wie beim ersten Mal auf »Kanzelmissbrauch«. Sieben präparierte Zeugen sagten aus, er habe wiederholt in Köln und Berlin die Kanzel dazu benutzt, die Gläubigen gegen die NS-Regierung und ihre Führer aufzubringen. Im Einzelnen zitierten sie Formulierungen, die er angeblich in seinen Predigten und öffentlichen Ansprachen gebraucht hatte:»Gott werde das deutsche Volk schon auf die Knie zwingen«;»Wir haben nur einen Führer, das ist der Heilige Vater in Rom und sonst niemand«;»Wir haben nur einen Führer, das ist Jesus Christus, einen anderen gibt es nicht«;»Das ist nicht ein Führer, der nur ein paar Jahre da ist und ebenso wieder verschwindet«. Des Weiteren sagten die Zeugen aus, der Pater habe im Zusammenhang mit der jüdischen Abstammung Christi gefragt:»Sind wir denn zum Tier herabgesunken?«, und in spöttischem Ton bemerkt, man werde dahin kommen, dass man sage, alles, was Gott geschaffen habe, sei arisch.[32]

Als Spieker in den Zeugenstand trat, verteidigte er sich ähnlich wie in seinem ersten Prozess:»Meine Herren, ich stehe heute noch auf demselben Standpunkt wie bei dem ersten Prozeß: Sie sind für die Beurteilung des Vortrages nicht zuständig. Aber am Schluß des ersten Prozesses sagten Sie, Herr Vorsitzender, ich wäre ein Feigling, da ich zur Anklage keine Stellung genommen hätte. Um Ihnen zu zeigen, daß das nicht Feigheit war, sondern eine grundsätzliche Haltung, nehme ich jetzt zu der Anklage Stellung. Aber ich wiederhole: Nicht Sie, sondern meine Oberen allein sind zuständig, um zu beurteilen, ob das, was ich sagte, richtig war.«[33]

Spieker und sein Verteidiger Dr. Achter wiesen die gegen ihn erhobenen Beschuldigungen entschieden zurück. Doch diesmal ließen die Richter sich nicht überzeugen. Während sie im ersten Prozess alles getan hatten, um Spiekers Äußerungen in einem für ihn günstigen Sinn zu interpretieren, und selbst bestimmte Begriffe in der Urteilsschrift geändert hatten, um den Anschein zu erwecken, seine Worte hätten keine Herabsetzung Hitlers bedeutet, waren sie dazu diesmal nicht bereit.[34] Sie benötigten lediglich eine Dreiviertelstunde zur Beratung, dann wurde ihr Spruch verkündet und Pater Spieker zu fünfzehn Monaten Gefängnis verurteilt.

Damit haben ihm die Richter vermutlich ein weitaus schlimmeres Schicksal erspart. Hätten sie ihn auch diesmal freigesprochen, hätte ihn die Gestapo höchstwahrscheinlich auf unbestimmte Zeit ins Konzentrationslager gesteckt, und Spieker hätte vielleicht nicht überlebt.[35] Er selbst schrieb über seine Haft:»Im Vergleich zum KZ war das Gefängnis eine wunderbare Zeit, nur recht langweilig, da ich kein vernünftiges Buch zu lesen bekam.«[36] Im Gefängnis waren die Wärter keine SS-Leute, und Spieker fand ihre Methoden »etwas humaner«, vor allem weil sie die Gefangenen nicht demütigten und quälten und weil dort keiner »auf der Flucht erschossen« wurde.[37] Spieker musste die ersten Wochen seiner Haft im Gefängnis Siegburg absitzen, danach kam er acht Wochen in das Arbeitslager Aschendorfermoor in der Nähe des Lagers Börgermoor im Emsland und anschließend nach Wittlich an der Mosel, wo er den größten Teil seiner Haftstrafe verbüßte.[38] Der Gefängnisdirektor in Wittlich war ein protestantischer Geistlicher, der Pater Spieker freundlich behandelte und anfangs meinte, Spieker werde sicher bald entlassen. Aber Spieker hatte gelernt, misstrauisch zu sein, und befürchtete, die Gestapo werde ihn nach seiner Freilassung »auf der Flucht erschießen«.

Am Freitag, dem 19. Februar 1937, war Spiekers Haftzeit unter Anrechnung von zwei Monaten Untersuchungshaft beendet. Gestapobeamte aus Köln holten ihn in einem Wagen ab und brachten ihn in die Gestapoleitstelle Köln. Dort erfuhr er offiziell, was er bereits inoffiziell gehört hatte, dass seine Ordensoberen mit der Gestapo eine Vereinbarung getroffen hatten: Diese werde für seine Sicherheit garantieren, wenn er das Land sofort verlasse und verspreche, jede Kritik am Regime zu unterlassen. Spieker blieb jedoch argwöhnisch, da er glaubte, er könne weder der Kirche noch der Gestapo vertrauen. Die Gestapo gab ihm eine Frist von zweieinhalb Tagen, um seine Sachen zu packen und sich von seinen Angehörigen zu verabschieden. Spieker fasste daraufhin heimlich mit einer alten Freundin aus seiner Schulzeit – Frau Brenninkmeyer, deren verstorbener Mann das Textilhaus C & A in Köln geleitet hatte – den Plan, am kommenden Montag mit ihrem Wagen aus Deutschland auszureisen. Mit Hilfe seiner Geschwister führte er die Gestapo in die Irre, die er glauben machte, er reise mit dem Abendzug, während Frau Brenninkmeyer ihn bereits zum Ignatius-Kolleg der Jesuiten in Valkenburg hinter der Grenze bei Aachen fuhr. Da Frau Brenninkmeyer Holländerin war und Spieker Zivilkleidung trug, gab es bei der Grenzkontrolle keinerlei Probleme. Das war sein Glück, denn an dem nahe gelegenen Grenzbahnhof passte die Gestapo tatsächlich einen Zug ab. Die Gestapo hatte »irgendetwas mit mir vor ... Aber der ›Vogel‹ war ausgeflogen!«[39]

Ob die Gestapo ihn wieder in ein Konzentrationslager schicken oder sich lediglich davon überzeugen wollte, dass er wirklich außer Landes ging, wird sich nicht mehr klären lassen. Jedenfalls befand er sich jetzt in Sicherheit. Dennoch wurde er im Ignatius-Kolleg in Valkenburg nicht sonderlich freundlich aufgenommen: »Als KZler und Nazi-Verfolgter war ich nicht gern gesehen; man wünschte, daß ich bald wieder verschwände. Immer wieder wurde ich gefragt: ›Wann fahren Sie?‹«[40] Nicht nur seine Ordensbrüder in Holland nahmen diese Haltung ein. Als er im Winter 1935/36 im Kölner Klingelpütz in Untersuchungshaft saß, hatte er um ein Gespräch mit dem Pater General der Jesuiten in Rom, Wladimir Ledochowski, gebeten, um ihn und den Vatikan über seine Erlebnisse als erster katholischer Priester in einem deutschen Konzentrationslager zu informieren, doch das wurde ihm verweigert. Jetzt, da Spieker Deutschland verlassen hatte, überkam ihn wieder das Gefühl, dass seine geistlichen Oberen ihn als Störenfried betrachteten. In seinen Augen hatte er einen »Fußtritt« erhalten, nicht nur von den Nationalsozialisten, sondern auch von seiner Kirche.[41]

Daher ist es nicht überraschend, dass Spieker auch in Chile, wohin er von Holland aus aufbrach, nicht wie ein Held empfangen wurde. 37 Tage war er mit einem Frachter auf See unterwegs gewesen, als er am 1. Mai 1937 zunächst in Valparaiso an Land ging, um dann nach Santiago weiterzureisen. Selbst dort fühlte sich die katholische Kirchenleitung durch seine Anwesenheit gestört, und Pater General Ledochowski in Rom tadelte ihn mehrmals brieflich, weil er Vorträge gegen den Nationalsozialismus gehalten hatte, und sorgte dafür, dass er in ein kleines Dorf, 900 Kilometer südlich der Hauptstadt, versetzt wurde.[42] 1950 kehrte Patier Spieker nach Deutschland zurück. Er starb am 29. September 1968 in Düsseldorf.

Die Kampagne gegen die »ausschweifende« Geistlichkeit:
Der Tod von Pater G. in Dachau

Die Verbannung Pater Spiekers nach Chile rettete ihm vermutlich das Leben, doch für Deutschland bedeutete sie einen großen Verlust. Tausende katholische und evangelische Geistliche machten ebenfalls ihre Erfahrungen mit dem nationalsozialistischen Terrorapparat, und viele kamen später in Konzentrationslagern um oder wurden hingerichtet.[43] Doch nur sehr wenige von ihnen zeigten den moralischen Mut und das persönliche Heldentum, die der unbesungene Josef Spieker oder die besser bekannten Heroen des religiösen Widerstandes wie der Erzbischof von Münster, Clemens August Graf von Galen, oder die protestantischen Theologen Dietrich Bonhoeffer und Martin Niemöller aufgebracht hatten.[44]

Tatsächlich hatte die Mehrzahl der katholischen und protestantischen Geistlichen, die von den Nationalsozialisten verfolgt wurden, mit offenem Widerstand oder Protest gegen das NS-Regime wenig zu tun, auch wenn das ihr Leid nicht minderte. Kurz nach der ersten Verhaftung Pater Spiekers im November 1934 setzte das Regime Anfang 1935 eine bösartige Kampagne in Gang, die ihren Höhepunkt zwei Jahre später erreichte und mit der sie den – wie sie glaubten – gefährlichen Einfluss zu schwächen hofften, den die katholische Kirche auf das Denken und Fühlen der katholischen Bevölkerung in Deutschland ausübte. Die SD-Berichte über die Stimmung und Moral in der Bevölkerung schilderten die katholische Kirche als die fruchtbarste Brutstätte des Widerstands gegen das Regime, nachdem die politische Linke ausgeschaltet war.[45] Die Nationalsozialisten, die diesen Berichten möglicherweise zu viel Glauben schenkten, kehrten ihre ursprüngliche Politik eines Kompromisses mit der katholischen Kirche um und suchten stattdessen die Konfrontation. Im Zentrum der Kampagne stand der groß aufgezogene propagandistische Versuch, die Autorität der Kirche zu untergraben, indem diese beschuldigt wurde, sie leiste sexuellen und moralischen Lastern Vorschub, vor allem indem sie homosexuelle Priester decke, die angeblich ihre Position als Respekts- und Autoritätspersonen dazu missbrauchten, die deutsche Jugend zu verderben. Unter Berufung auf den aus der Kaiserzeit überkommenen berüchtigten Paragraphen 175, der homosexuelle Praktiken zwischen Männern unter Strafe stellte, entfesselte das Regime eine Hexenjagd, die 1936 und 1937 zu mehreren Schauprozessen und zur Verurteilung hunderter katholischer Priester zu Gefängnis- und Zuchthausstrafen führte.[46]

Während der Olympischen Spiele im Sommer 1936 wurde die Kampagne aus propagandistischen Gründen vorübergehend ausgesetzt, Anfang 1937 aber wieder aufgenommen. Am 14. März 1937 äußerte sich Papst Pius XI. endlich kritisch und öffentlich,

wenn auch vorsichtig, gegen die Verfolgung deutscher Katholiken – die das Konkordat von 1933 verletzte – und gegen die Verbreitung neuheidnischer Lehren durch das NS-Regime. Er erließ
die Enzyklika *Mit brennender Sorge* (entgegen sonstiger Gewohn-
heit des Vatikans in deutscher Sprache verfasst), die am Palmsonn-
tag, dem 21. März 1937, von allen katholischen Kanzeln Deutschlands verlesen wurde. Sogleich verbot die NS-Regierung die Veröf-
fentlichung des Textes, die Gestapo konfiszierte alle Exemplare,
deren sie habhaft werden konnte, und die bloße Erwähnung dieser
Enzyklika wurde unter Strafe gestellt. Hitler, erzürnt, dass die katholische Kirche es gewagt hatte, sich seiner Autorität öffentlich zu
widersetzen, befahl am 6. April die Wiederaufnahme der Prozesse
gegen katholische Geistliche und bereitete Pläne vor, sämtliche katholischen Jugendgruppen in der Hitler-Jugend aufgehen zu lassen.[47] Am 28. Mai 1937 erreichte die angeheizte Propagandakampagne gegen die katholische Kirche einen Höhepunkt, als Goebbels in einer Rundfunkansprache »den Krebsschaden am gesunden
deutschen Volkskörper« verurteilte. Er empörte sich, die Sakristei
sei zu einem Bordell geworden und die Klöster zu Brutstätten abar-
tiger Homosexualität. Er machte der katholischen Kirche den Vorwurf, sie täusche Ahnungslosigkeit vor, während sie wissentlich
homosexuelles Treiben decke und damit stillschweigend dulde.
Außerdem verbreite sie im Ausland Gräuelmärchen, während sie
im eigenen Land Verrat übe. Um den schädlichen Einfluss der katholischen Kirche einzudämmen, forderte er die Schließung katholischer Konfessionsschulen.[48]

Goebbels hatte einen wunden Punkt getroffen. Vor allem im
Rheinland hatte es einige Prozesse gegen homosexuelle Priester gegeben, die in der deutschen Presse breitgetreten worden waren. In
dem Bemühen zu beweisen, dass die katholische Kirche »unsittliches Verhalten« weder duldete noch ihm Vorschub leistete, hatte
der Kölner Kardinal Josef Schulte mehr als einmal Hirtenbriefe
verschickt, in denen er Homosexualität bei der Geistlichkeit verurteilte und gleichzeitig die ungerechtfertigte pauschale Diffamierung der Kirche durch die Nationalsozialisten beklagte. Am
12. März 1937, zwei Tage bevor Pius XI. seine berühmte Enzyklika
erließ, hatte Kardinal Schulte erneut seine Stimme erhoben und in
einer Bekanntmachung gegen das sündige Tun mehrerer katholischer Geistlicher protestiert, das in den Sittlichkeitsprozessen an
den Tag gekommen war; die Kirche werde ein solches Verhalten

232

künftig nicht mehr dulden. Daneben wiederholte er aber auch seine Beschwerde, dass die Berichterstattung über die Prozesse in höchstem Maße tendenziös und übertrieben und für die deutsche Jugend schädlich sei.[49]

Möglicherweise aus dem Bedürfnis heraus, sich von den Vorwürfen zu distanzieren, sie dulde unsittliches Verhalten innerhalb ihrer Geistlichkeit, und vielleicht auch noch aus anderen Gründen machte die katholische Kirche in Krefeld genau zu dieser Zeit einen ihrer Nachwuchspriester zum Sündenbock. Am 10. März 1937 schrieb der Pfarrer der katholischen Gemeinde in Krefeld-Uerdingen einen Brief an den Kreisleiter der NSDAP. Darin hieß es, ihm sei zu Ohren gekommen, dass zwischen 1931 und 1933 mehrere katholische Jugendliche von einem Kaplan namens Suitbert G., der damals die örtliche katholische Jugend geleitet habe, sexuell belästigt worden seien.[50] Bevor er die Partei informierte, hatte der Pfarrer mehrere Jugendliche zu sich bestellt und zunächst selbst über ihre Erfahrungen mit Pater G. befragt, anscheinend um die Stichhaltigkeit der Vorwürfe zu prüfen.

Das, was die mittlerweile sechzehn bis achtzehn Jahre alten Jungen dem Pfarrer berichteten, erschien völlig glaubhaft. Ein Ausschnitt aus der ausführlichen Aussage eines Jungen, der zur fraglichen Zeit dreizehn Jahre alt gewesen war, mag genügen, um einen Eindruck davon zu vermitteln, was der Pfarrer zu hören bekam:

»Zuerst mußte ich die Monatshefte des Jugend-Vereins an die einzelnen Verteiler besorgen. Dadurch kam ich häufiger zu ihm auf sein Zimmer im Pfarrhause. Weil ich immer zu ihm Beichten ging, wußte er über mich Bescheid. Wenn ich bei ihm auf dem Zimmer war, zeigte er mir schon mal ein Buch, in dem Bilder von Künstlern und nackte Figuren waren. Wenn ich so neben ihm saß, faßte er mich am Oberschenkel und tastete. Weil ich immer dieselben Sünden beichtete, sagte er zu mir, er wolle mein Geschlechtsteil sehen. Ich habe mich zuerst gegen dieses Ansinnen gewehrt. Er sprach immer mehr auf mich ein und drohte sogar, mich zum Arzt schicken zu wollen, damit der die Sache untersuchen solle [...] Ich mußte mich auf die Chaiselongue legen. Jetzt öffnete er mir die Hose und nahm mein Glied heraus. Er spielte daran und reizte es [...]«[51]

Acht Tage, nachdem der Pfarrer seinen Brief an die NSDAP-Kreisleitung abgeschickt hatte, bestellte die Krefelder Gestapo sechs der
betroffenen Jugendlichen zur Vernehmung ins Polizeipräsidium
ein, außerdem einen 42-jährigen Volksschullehrer, der nach Aussage des Pfarrers weitere Informationen zu dieser Angelegenheit
beisteuern könne. Alle Jungen erzählten im Wesentlichen dasselbe,
was sie bereits dem Pfarrer erzählt hatten. Die Aussage des Lehrers
warf ein etwas anderes Licht auf den Fall. Zwar wusste er anscheinend kaum etwas über die näheren Umstände der Beziehungen
zwischen Pater G. und den Jungen, berichtete der Gestapo aber
von einem Gespräch, das er irgendwann 1934 mit dem Kaplan geführt hatte. Dieser hatte ihm mit Tränen in den Augen erzählt, er
werde in eine andere Stadt versetzt, weil jemand ihn angeschwärzt
hatte, er tue Unrechtes mit einigen der Jungen in der Gemeinde.
Der Lehrer erklärte der Gestapo, er habe versucht, Pater G. zu
trösten, und ihm gesagt, er solle sich darüber nicht aufregen, sondern einfach hingehen und dem, der ihn beschuldigt habe, eins auf
die Nase geben. Darauf hatte der Kaplan erwidert, das könne er
nicht, denn es handle sich um seinen unmittelbaren Vorgesetzten.
Vermutlich wusste der Pfarrer also schon mindestens drei Jahre
lang von den Vorgängen, bevor er im März 1937 die Behörden informierte.

Pater G. wurde zweieinhalb Wochen später, am 5. April 1937,
vorgeladen, um seine Aussage zu machen. Zu diesem Zeitpunkt
war er Kaplan und Leiter der katholischen Jugendorganisation
im München-Gladbacher Stadtteil Waldhausen, wohin man ihn
von Krefeld aus versetzt hatte. Pater G., der Sohn eines Krefelder
Buchhändlers, war 33 Jahre alt, zierlich (1,63 Meter groß), blond,
blauäugig, mit regelmäßigen Gesichtszügen. Er hatte eine gute
Ausbildung genossen. Bevor er 1931 in Uerdingen zum Priester ge-
weiht und auf seinen ersten Posten nach Krefeld-Uerdingen geschickt wurde, hatte er die Universität Bonn und ein Priesterseminar in Bensberg besucht. In seiner maschinengeschriebenen Aussage – fünf eng beschriebene Seiten – bestritt er zunächst die gegen
ihn erhobenen Vorwürfe und appellierte an das Mitgefühl der Gestapo, da er ein Herz- und Nervenleiden habe, seit ihn 1931 ein
Bauernjunge verprügelt hatte. Er erklärte, zwar habe er tatsächlich häufig Jungen in seinem Zimmer empfangen, aber nur, um ihnen
bei der Überwindung ihrer sexuellen Probleme behilflich zu sein,
die sie ihm während der Beichte enthüllt hätten. Er räumte ein,

dass er gelegentlich den Penis des einen oder anderen Jungen stimuliert und dass dies auch zu Samenergüssen geführt habe, allerdings habe ihn diese Reaktion völlig verblüfft, weil er lediglich habe feststellen wollen, wie »reif« die Jungen waren. Nach diesem eingeschränkten Geständnis brach er seine Aussage ab. Als die Gestapo ihm Vorhaltungen machte, setzte er seine Aussage fort und gab zu, mit den Jungen öfter herumgespielt zu haben, als er ursprünglich zugegeben hatte. Er blieb jedoch dabei, dass es ihm in erster Linie um die »Entwicklung« der Jungen gegangen sei. Die Gestapo nahm ihn sofort in Untersuchungshaft. Weniger als fünf Wochen später, am 10. Mai 1937, verurteilte ihn das Krefelder Amtsgericht wegen sexueller Belästigung von Jugendlichen unter vierzehn Jahren zu einem Jahr und neun Monaten Zuchthaus. Im Zuge der Propagandakampagne gegen die katholische Kirche berichteten die rheinischen Lokalzeitungen ausführlich darüber. Einen Tag nach der Urteilsverkündung brachten der *Westdeutsche Beobachter*, die *Rheinische Landeszeitung* und andere Tageszeitungen lange Artikel mit Überschriften wie »Ein Kaplan aus Uerdingen wegen sittlicher Verfehlungen verurteilt«. Aus der Urteilsschrift wurde in indirekter Rede zitiert, zum Beispiel: »Er habe [die Jungen] aus den Beichten genau gekannt, er habe ihre Schwächen erfahren und diese ausgenutzt, seiner Unzucht zu frönen.«[52]

Nachdem er seine Strafe im Gefängnis von Lüttringhausen abgesessen hatte, wurde Pater G. am 8. Januar 1939 entlassen. Da die Kirche ihn von seinen seelsorgerischen Pflichten entbunden hatte, zog er zu seinem Bruder, einem Lehrer, der in einer Kleinstadt in der Nähe von Köln wohnte. Fünf Monate später wurde er erneut verhaftet, diesmal von der Gestapo München-Gladbach, die erfahren hatte, dass er auch während seiner dortigen Tätigkeit als Kaplan kleine Jungen sexuell belästigt hatte. Am 2. Juni 1939 machte der inzwischen 35-jährige Pater G. seine Aussage. Nachdem er »mit einem glatten Nein« bestritten hatte, nach seinem Wegzug aus Krefeld weiterhin seinen Neigungen nachgegangen zu sein, legte man ihm die schriftliche Aussage eines sechzehnjährigen Mechanikerlehrlings vom selben Tag vor, der erklärt hatte, er sei von dem Geistlichen sexuell missbraucht worden. Pater G. beteuerte noch immer seine Unschuld und musste die Nacht im Gefängnis verbringen. Am nächsten Tag wurde der Junge vorgeladen und Pater G. gegenübergestellt. Der Junge blieb bei seiner Aussage und bekundete seine Bereitschaft, sie auch vor Gericht unter Eid zu wiederholen. Daraufhin blieb Pater G. nichts anderes mehr übrig, als zu erklären, er könne sich nicht mehr erinnern, was geschehen sei.[53] Wie in vielen Gestapofällen, in denen es um sexuelle Fragen ging, war die schriftliche Aussage des Jungen lang und detailreich. Auf fünf eng beschriebenen Seiten äußerte dieser sich zunächst ausführlich darüber, wie er erstmals mit neun Jahren sexuell verführt worden sei. Dann enthüllte er einige seiner sexuellen Aktivitäten im Alter von elf Jahren. Am Schluss kam er auf seine Beziehung zu Pater G. zu sprechen und gab an, er habe diesem zunächst in der Beichte von seinen sexuellen Aktivitäten erzählt, als er elf oder zwölf Jahre alt war. Er sagte jedoch nichts von homosexuellen Praktiken. Nach seinen Angaben hatte er dem Pater lediglich gebeichtet, er habe einmal gemeinsam mit einem anderen Jungen onaniert, nachdem die beiden sich über Mädchen unterhalten hatten. Nach Aussage des Jungen hatte Pater G. ihn kurz nach der Beichte zu sich in die Wohnung bestellt, ihm gesagt, er solle sich auf seinen Schoß setzen, und mit ihm über seine Beichte gesprochen. Danach habe er den Penis des Jungen in die Hand genommen und versucht, ihn zu stimulieren. Als der Junge keine Erektion bekam, schickte Pater G. ihn wieder nach Hause. Nicht lange danach habe der Pater ihn ein zweites Mal zu sich bestellt und ihn gefragt, ob er eine Erektion bekommen hätte, nachdem er über ihr Gespräch nachgedacht habe. Der Junge verneinte die Frage, worauf Pater G. ihm anbot, bei ihm Messdiener zu werden, und ihn ermahnte, häufiger zur Beichte und zur Kommunion zu gehen. Die Protokollierung der Aussage des Jungen, die inzwischen eher die Form einer Vernehmung angenommen hatte, wurde an dieser Stelle abgebrochen, und die Gestapo ermahnte ihn nachdrücklich, die Wahrheit zu sagen. Daraufhin gab er zu, dass er mehrmals gemeinsam mit anderen Jungen onaniert habe, alle drei bis vier Wochen allein onaniere und dass er an einer Art Orgie mit anderen Jungen seines Alters und mehreren Mädchen zwischen zehn und vierzehn Jahren teilgenommen habe. Das alles schilderte er bis ins Einzelne und nannte auch bestimmte Daten und die Namen der anderen Beteiligten.

Der München-Gladbacher Gestapobeamte, der Pater G. und den Jungen vernommen hatte, schrieb zwei Tage später einen Abschlussbericht zu dem Fall. Darin hieß es, der Pater sei nicht glaubwürdig, wohl aber der Junge, zumal er aus einer guten Familie komme. Pater G. musste sechs Monate im Gefängnis auf seinen Prozess warten, der vor dem Amtsgericht München-Gladbach verhandelt wurde. Während dieser Zeit führte die München-Gladbacher Gestapo eine ausführliche Korrespondenz über den Fall mit der Gestapoleitstelle Düsseldorf, die ihrerseits mit dem Gestapa in Berlin korrespondierte. Am 5. Januar 1940 wurde Pater G. zum zweiten Mal schuldig gesprochen und zu einer Gefängnisstrafe von einem Jahr und sechs Monaten verurteilt, wobei die sechsmonatige Untersuchungshaft angerechnet wurde. Auch diese Strafe verbüßte er in Lüttringhausen. Doch diesmal erwartete ihn die Gestapo vor den Gefängnistoren, nahm ihn in »Schutzhaft« und schickte ihn anschließend, am 23. April 1941, nach Dachau. Pater G. sollte das Konzentrationslager nicht mehr lebend verlassen. Aus einem Telegramm, das die Düsseldorfer Gestapo von der Dachauer Lagerleitung erhielt, ging hervor, dass Pater G. am 19. Januar 1943 an »Lungenentzündung« verstorben war. Nach fast sechs Jahren hatten seine Prüfungen ein Ende.

Der nationalsozialistische Terror und der alltägliche religiöse Protest

Die Fälle eines Mannes wie Pater Spieker, den man fast als Heiligen bezeichnen möchte, und eines tragischen Sünders wie Pater G. scheinen weit auseinander zu liegen und weisen dennoch bezeichnende Ähnlichkeiten auf. Beide Männer waren Geistliche; beiden wurde vor NS-Gerichten der Prozess gemacht; beide brachten lange Jahre in »Schutzhaft«, Gefängnis- und Lagerhaft zu, und beide Fälle fanden ein breites Echo in den Tageszeitungen.

Wichtiger als diese vielleicht oberflächlichen Ähnlichkeiten jedoch ist die Behandlung dieser Fälle durch die NS-Justiz und die Kirche. In beiden Fällen verhielt sich die Justiz vorsichtig. Pater Spieker wurde trotz seiner wiederholten Angriffe gegen Hitler und das NS-Regime in seinem ersten Prozess von drei Richtern freigesprochen, deren Vorsitzender sogar für seine nationalsozialistische Gesinnung berüchtigt war und seine Position der Partei verdankte. In seinem zweiten Prozess erhielt Spieker von denselben Richtern nur eine maßvolle Strafe. Pater G. wurde trotz fast unwiderlegbarer Beweise, dass er wiederholt Jugendliche sexuell belästigt hatte, in beiden Prozessen vergleichsweise milde bestraft. Vor vielen anderen Gerichten in einem der nordamerikanischen Bundesstaaten oder in anderen Ländern wäre das Urteil für ihn wahrscheinlich härter ausgefallen. Da Richter im Dritten Reich gelegentlich – vor allem in religiösen Angelegenheiten – zurückhaltend verfuhren und milde Urteile sprachen, haben manche Autoren die Meinung vertreten, dass die NS-Richter, die im Allgemeinen Konservative, aber nicht unbedingt überzeugte Nazis waren, ihr Möglichstes getan hätten, um in einer irrationalen und ungerechten Gesellschaft rational Recht zu sprechen.[54] Das mag zutreffen, soweit es um ihre persönlichen Motive geht. Trotzdem diente ihre Mäßigung in vielen Fällen zugleich den weniger ehrenhaften Motiven ihrer Führer, möglicherweise sogar in höherem Maße, als ihnen selbst oder der Parteiführung klar war. Die Nationalsozialisten registrierten die Stimmung und die Wertvorstellungen in der Bevölkerung genau und reagierten entsprechend. Deshalb war es auch so wichtig, der Justiz den Anschein von Legalität zu verleihen, so als stünde sie ganz in der positivistischen Tradition des deutschen Rechtswesens. Wenn das NS-Regime Leute brauchte, die die schmutzige Arbeit verrichteten, konnte es sich stets an die Gestapo wenden, die solche Angelegenheiten diskret regelte, nachdem die Gerichte vor den Augen der Öffentlichkeit nach Recht und Gesetz verfahren waren. Was die Öffentlichkeit in den Fällen von Pater Spieker und Pater G. zu sehen bekam, waren faire Prozesse. Was ihr dagegen verborgen blieb, war der Umstand, dass beide Männer nach Verbüßung ihrer Strafe in ein Konzentrationslager geschickt wurden.

Ebenso bemerkenswert ist die Haltung, die die katholische Kirche in beiden Fällen einnahm. Sie war über beide Männer nicht recht glücklich und tat möglicherweise nicht alles, was in ihrer Macht stand, um den beiden ihr Los zu erleichtern. Das ist insofern verständlich, als beide Priester die Kirche in eine kompromittierende Lage gegenüber der Obrigkeit und im Fall von Pater G. auch gegenüber der Öffentlichkeit gebracht hatten. Wie auch immer, in Pater Spiekers Fall demonstrierte die Kirche, dass sie keine weiteren Schwierigkeiten mit dem NS-Regime riskieren und nicht zulassen wollte, dass er die Wahrheit über die Vorgänge in den nationalsozialistischen Konzentrationslagern sagte. Außerdem berief sein Orden ihn von Berlin ab, nachdem er sich dort nach Meinung seiner geistlichen Vorgesetzten zu sehr als Regimegegner exponiert hatte. Als er in Köln weiterhin seine kritischen Predigten hielt, schickten seine Ordensoberen ihn nach Verbüßung seiner Haft-

238

strafe nach Chile, und als er auch in Santiago keine Ruhe gab, ins chilenische Hinterland. Zu keiner Zeit ehrte die Kirche ihn als Helden; vielmehr wurde er ständig wegen seines »unklugen« Verhaltens getadelt.

Man könnte die Frage stellen, was die katholische Kirche bei einem Mann wie Pater G. hätte anders machen sollen. Er hatte gegen alle Normen des sittlichen Anstands verstoßen. Er hatte der Kirche Schande gemacht und einzelnen Menschen großen seelischen Schaden zugefügt. Zunächst reagierte die Kirche so, wie sie es auch bei Pater Spieker getan hatte, sie versetzte ihn in eine andere Gemeinde. Später zeigte sie ihn bei der Gestapo an. Hätte sie keine andere Lösung finden können? Aus den beiden Fällen kann man lediglich den Schluss ziehen, dass die katholische Kirche nach Möglichkeit jeder Konfrontation mit dem Regime aus dem Wege ging. Gelegentlich erhob sie ihre Stimme, wie Papst Pius XI. in seiner berühmten Enzyklika, um für ihre religiösen Rechte einzutreten. Doch häufig verschloss sie beide Augen vor dem furchtbaren Unrecht, das den Menschen überall um sie herum angetan wurde.

Bei Kriegsende sah sich die deutsche katholische Kirche Angriffen ausgesetzt, weil sie sich mit dem NS-Regime arrangiert hatte. Um dieser Kritik zu begegnen, forderte der Münchner Kardinal Michael Faulhaber, der noch einige Monate vor Kriegsende den Zweiten Weltkrieg als ein Musterbeispiel für einen gerechten Krieg bezeichnet und das Attentat auf Hitler als abscheulichen verbrecherischen Akt hingestellt hatte, im April 1946 eine eingehende Untersuchung der bayerischen Geistlichkeit, die ein für alle Mal »den starken und fast ausnahmslosen Widerstand des Klerus gegen die nationalsozialistische Weltanschauung und Kirchenpolitik« erweisen werde.[55] In den Fragebögen, die in den folgenden Monaten von einzelnen Bischöfen und Priestern ausgefüllt und zurückgeschickt wurden, und in ähnlichen Studien, die in den folgenden Jahren auch im übrigen Deutschland durchgeführt wurden, waren fast sämtliche Beispiele für das Leiden und die Schikanen, denen die katholische Geistlichkeit durch die Nationalsozialisten ausgesetzt war, gewissenhaft vermerkt. Auch wenn außer Zweifel steht, dass diese Untersuchungen ernüchternde Belege für die Verfolgung einzelner katholischer Geistlicher durch das Regime erbracht haben, so haben sie doch nicht alle davon überzeugt, dass ihre Ergebnisse ein nennenswertes Maß an Widerstand und Protest von Seiten der katholischen Kirche zum Ausdruck bringen.

In einer vor kurzem erschienenen Studie über Protest und Verfolgung im Saarland stellen Gerhard Paul und Klaus-Michael Mallmann den »Mythos des katholischen Widerstands« in Frage, der unter anderem von Untersuchungen wie den genannten geschaffen wurde.[56] In ihren Augen haben diese Untersuchungen die Verfolgung einzelner Geistlicher – häufig wegen Handlungen, die nichts mit regimekritischem Verhalten zu tun hatten – und die gelegentlichen Versuche der Kirche, ihre Unzufriedenheit über die nationalsozialistische Kirchenpolitik kund zu tun, unkritisch und in apologetischer Absicht zu einem Mythos des systematischen Protests und des Widerstands durch die Kirche selbst aufgebauscht. Deshalb lehnen sie den Begriff der »Resistenz« ab, den der Münchner Historiker Martin Broszat in den frühen achtziger Jahren in der von ihm mit herausgegebenen mehrbändigen Reihe *Bayern in der NS-Zeit* populär gemacht hatte. Was Broszat als »Resistenz« bezeichne, sei in Wirklichkeit nicht mehr gewesen als kleinere Akte des Nonkonformismus und der Verweigerung ohne größere Bedeutung, die zudem, was die katholische Kirche angehe, überwiegend rechtfertigenden Charakter gehabt hätten.[57] So habe beispielsweise die Weigerung der katholischen Kirche, aus Protest gegen die Schließung der Konfessionsschulen durch das NS-Regime am Ostersonntag 1937 die Kirchenglocken zu läuten, nicht bedeutet, »dass die Kirche mit dieser Regierung nun nichts mehr gemein hätte«, wie von manchen behauptet wurde.[58] Nach Ansicht von Paul und Mallmann waren allein direkte Protesthandlungen gegen das NS-Regime von wirklicher Bedeutung, und diese beschränkten sich auf die Aktionen »einzelner kritischer Persönlichkeiten und Gruppen«.[59] Kurzum, sie bezweifeln, dass es einen nennenswerten echten Konflikt zwischen dem NS-Staat und der katholischen Kirche gegeben habe, und behaupten, dass die katholische Kirche überwiegend mit dem Regime zusammengearbeitet habe. Was dieses selbst anging, so habe »[der NS-Staat] anders als dies die katholische Zeitgeschichtsforschung glauben machen will, keineswegs die Liquidierung der Kirche [intendiert], sondern lediglich deren Eingrenzung auf den eigentlichen kirchlichen Binnenraum. Nicht unbedingt Konflikt und Kampf, sondern Koexistenz [...] prägte die Beziehungen zwischen Katholizismus und Nationalsozialismus.«[60]

Die revisionistische Position von Paul und Mallmann steht in auffälligem Gegensatz zur Meinung vieler ihrer Landsleute und der der katholischen Kirche selbst, wird jedoch durch Arbeiten zahlreicher Forscher aus dem Ausland gestützt. Einige amerikanische Historiker haben beispielsweise darauf hingewiesen, dass die katholische Kirche den Nationalsozialismus als Bollwerk gegen Kommunismus und Liberalismus weitgehend akzeptiert und sogar unterstützt habe. Nur fünf Tage nach dem Erlass seiner Enzyklika *Mit brennender Sorge* erließ Pius XI. eine ähnliche Enzyklika gegen die Übel des Kommunismus.[61] In all den Jahren des Dritten Reiches war die katholische Kirche immer und immer wieder bemüht, ihre Treue gegenüber dem NS-Staat und ihre nationale Begeisterung unter Beweis zu stellen. Vom Konkordat mit Hitler im Juli 1933, das der Beendigung der parlamentarischen Regierung und der Zerschlagung der politischen und wirtschaftlichen Organisationen des Katholizismus den päpstlichen Segen erteilte, bis zu den letzten Jahren des Hitler-Regimes, als die katholische Kirche nicht müde wurde, die Kriegsanstrengungen zu unterstützen, und angesichts der Ermordung der europäischen Juden in Schweigen verharrte,[62] unterließ es die katholische Kirche durchweg, gegen die schlimmsten Exzesse des Nationalsozialismus Protest einzulegen. Statt in Entsetzen und Abscheu aufzuschreien, schwieg die Kirche zur »Nacht der langen Messer«, zu den Konzentrationslagern, zur »Reichskristallnacht« und zur Verfolgung und Ermordung der Juden. Die ganze Zeit hindurch ermahnten die deutschen Bischöfe ihre Gläubigen, Hitler gegenüber Gehorsam zu erweisen. Selbst der berühmte Erzbischof von Münster, Clemens August Graf von Galen, dessen offene und mutige Predigt in der Lambertikirche in Münster am 3. August 1941 mit ihrer Kritik am »Euthanasie«-Programm, das bereits 70 000 unschuldige Menschen das Leben gekostet hatte, dazu beitrug, dass Hitler das Programm vorläufig stoppte, trat nicht für einen gewaltsamen Widerstand gegen das Regime oder für Maßnahmen ein, die Deutschlands Fähigkeiten, den Krieg gegen seine Feinde fortzusetzen, beeinträchtigt hätten.[63]

Was für die katholische Kirche galt, traf in noch größerem Umfang auch für die großen protestantischen Kirchen zu. Zwar waren die Protestanten in rheinischen Städten wie Köln und Krefeld in der Minderzahl,[64] doch insgesamt stellten sie in Deutschland die Mehrheit. Es gab darunter kleine christliche Religionsgemeinschaften wie die Zeugen Jehovas, Adventisten und Baptisten, die von den Nationalsozialisten abschätzig als »Sekten« bezeichnet wurden, aber in der Hauptsache waren die deutschen Protestanten Lutheraner und gehörten der evangelischen Kirche an. 1934 spaltete sich die evangelische Kirche Deutschlands in eine etwas größere Gruppe, die »Deutschen Christen«, und eine kleinere Fraktion, die »Bekennende Kirche«. Die Deutschen Christen hingen Hitler und dem Nationalsozialismus an, aber auch die Bekennende Kirche war nicht so radikal, wie manche Autoren behaupten, und löste ebenso wie die Deutschen Christen zu keiner Zeit während des Dritten Reiches vollkommen ihre Bande zur etablierten evangelischen Kirche.[65]

Noch bevor die Nationalsozialisten an die Macht kamen, zeigte die evangelische Kirche eine Präferenz für Hitlers Bewegung. In Moers beispielsweise diente das Vereinshaus der Kirche bereits 1931 als Versammlungsort für NSDAP-Treffen.[66] Vom Zeitpunkt ihrer Gründung unter dem fanatischen Nationalsozialisten Joachim Hossenfelder im Frühjahr 1932 an unternahmen die Deutschen Christen alles, um die nationalsozialistische Bewegung zu stärken und zu stützen. Ihre Geistlichen, die ihre Anhänger zur »SA Jesu Christi«[67] ausriefen, predigten einen bösartigen Antisemitismus, männlichen Chauvinismus und die Blut-und-Boden-Ideologie eines extremen Nationalismus und Patriotismus. Die Organisation der Kirche spiegelte die der NSDAP mit Hossenfelder als »Reichsleiter« an der Spitze – bevor er im November 1933 durch Christian Kinder, einen anderen jungen NS-Pastor von Mitte dreißig, ersetzt wurde – und absteigenden Rängen in Gestalt von Landes-, Gau-, Kreis- und Gemeindegruppenleitern.[68] Der Hinweis ist wohl überflüssig, dass von dieser Fraktion des deutschen Protestantismus kein Widerstand kam, dessen »politische Theologie« versprach, das Christentum in einen Krieg gegen den Marxismus, Mammonismus und Pazifismus zu führen, deren Kinder zur Konfirmation die Uniform der Hitler-Jugend trugen, deren Kirchen als Kirchenfahne die Hakenkreuzfahne hissten und in deren Gottesdiensten regelmäßig das Horst-Wessel-Lied gesungen wurde.[69]

Die Bekennende Kirche hatte dagegen ein zwiespältiges Verhältnis zum Nationalsozialismus. Zu ihr gehörten namhafte Persönlichkeiten des Widerstands wie Martin Niemöller und Dietrich Bonhoeffer, und viele ihrer Anhänger bemühten sich nach besten Kräften, christliche Prinzipien der Menschlichkeit und des Anstands hochzuhalten.[70] Niemöller wurde verhaftet, nachdem er

242

am 27. Juni 1937 in Berlin-Dahlem vor einer großen Gläubigerge-
meinde eine kritische Rede gegen den Nationalsozialismus gehalten hatte, und zu sieben Monaten Gefängnis verurteilt. Nach seiner Freilassung schickte ihn die Gestapo zunächst ins Konzentrationslager Sachsenhausen und dann nach Dachau, wo er inhaftiert
blieb, bis die Alliierten ihn 1945 befreiten. Bonhoeffer erlitt ein
noch traurigeres Schicksal. Wegen seiner Verbindungen zum deutschen Widerstand im April 1943 verhaftet, blieb er in Haft, bis ein
Kriegsgericht ihn in einem Schnellverfahren zum Tode verurteilte.
Am 8. April 1945, nur einen Monat vor Kriegsende, wurde er hingerichtet. Doch diese Männer waren Ausnahmen, und die Bekennende Kirche war keineswegs gleichbedeutend mit protestantischem Widerstand gegen Hitler. Die meisten ihrer Mitglieder befassten sich entweder überhaupt nicht mit politischen Problemen
oder unterstützten das NS-Regime. Viele waren Parteimitglieder.[71]
Obwohl die Gestapo die Geistlichen der Bekennenden Kirche im
Auge behielt und vor allem nach Niemöllers Verhaftung 1937 gegen viele von ihnen Ermittlungsverfahren einleitete, wurden nur
relativ wenige zu längeren Freiheitsstrafen verurteilt oder in ein
Konzentrationslager geschickt.[72] Ebenso wie im Fall der katholischen Geistlichen hatte die Gestapo weder den Wunsch noch sah
sie die Notwendigkeit, massiv gegen die protestantische Kirche vorzugehen. Die meisten Geistlichen der Bekennenden Kirche standen
dem NS-Regime loyal gegenüber und waren bis zum Schluss patriotische Deutsche. Selbst Niemöller, der im Ersten Weltkrieg
U-Boot-Kommandant gewesen war, schrieb aus dem Konzentrationslager einen Brief an Hitler, in dem er ihm anbot, auch im
Zweiten Weltkrieg dem Vaterland zu dienen.[73]

Auch wenn es gute Gründe für die Frage gibt, ob die Wider-
standsbemühungen des Klerus nachträglich nicht übertrieben dargestellt wurden, ist es doch kein Mythos, dass die Gestapo und die
NSDAP etwa ab Mitte der dreißiger Jahre die Geistlichkeit besonders ins Visier nahmen, um sie mundtot zu machen und daran zu
hindern, die Gläubigen gegen das Regime aufzuwiegeln. Tausende
von katholischen und protestantischen Geistlichen wurden Opfer
von Hausdurchsuchungen, Überwachungen, Vernehmungen durch
die Gestapo, Gerichtsverfahren, die mit Freiheitsstrafen endeten.
Manche erlitten noch Schlimmeres. Die meisten dieser Menschen
waren keine Helden, und viele Männer der Kirche unterstützten
die nationalsozialistische Sache. Doch wenn nicht einmal die Spit-

Tab. 6.1 Gerichtliche Ermittlungen gegen den Klerus (Regierungs-bezirk Köln) und katholische Priester, die ins KZ geschickt wurden (gesamtes Deutsches Reich) 1933–1945[a]

Jahr	Ermittlungen[b]	Überstellungen in ein KZ[c]
1933	12	0
1934	51	3
1935	112	8
1936	104	1
1937	260	8
1938	93	3
1939	71	37
1940	11	69
1941	7	112
1942	3	72
1943	0	43
1944	4	47
1945	0	14
?	0	1
Gesamt	728	418

a Anklagen wegen Sittlichkeitsvergehen sind ausgenommen.
b Auf der Grundlage einer Computeranalyse des Gesamtregisters der Kölner Sondergerichtsakten.
c Auf der Grundlage einer Untersuchung Ulrich von Hehls über 8021 katholische Priester: *Priester unter Hitlers Terror. Eine biographische und statistische Erhebung*, Mainz 1984, S. LXXXVIII.

zen der christlichen Kirchen bereit waren, sich entschieden gegen das Regime zu stellen oder alle Gläubigen moralisch zu unterstützen, die sich gegen das Unrechtsregime zur Wehr setzten, und wenn einzelne Priester und Pastoren, die ihre Stimme zum Protest erhoben, schwere Strafen befürchten mussten, wie viele Spiekers, Niemöllers, Galens oder Bonhoeffers hätte man da erwarten können? Auch die Bemühungen der katholischen und evangelischen Geistlichen, deren Widerstand in Wort und Tat weniger spektakulär war als die Taten der genannten berühmten Männer, haben unseren Respekt verdient, und ihr Leid muss ebenfalls anerkannt werden.

Die Daten aus den Akten des Kölner Sondergerichts und der Krefelder Gestapo verdeutlichen die Intensität, die zeitliche Planung und die Natur der Bemühungen des NS-Regimes, den Klerus mundtot zu machen. Sie lassen zudem erkennen, dass viele Geistliche und religiöse Menschen tatsächlich gegen den Nationalsozialismus angingen, wenn auch zumeist eher indirekt und wenig spektakulär. Die Zahlen in Tab. 6.1 geben einige Hinweise auf den Umfang und den Zeitraum der intensivsten Verfolgung der deutschen Geistlichkeit und den hohen Anteil der Fälle, in denen die Beschuldigten in ein Konzentrationslager geschickt wurden. Diese Daten stammen aus zwei verschiedenen Quellen und sind von unterschiedlicher Art. Die linke Spalte zeigt die jährliche Gesamtzahl katholischer und protestantischer Geistlicher im Regierungsbezirk Köln, gegen die vom Kölner Sondergericht ein Verfahren eingeleitet wurde. Diese Zahlen beruhen auf einer Computeranalyse des Gesamtregisters der Kölner Sondergerichtsakten, in dem Verfahren gegen 28 920 Personen erfasst sind.[74] Die rechte Spalte enthält die jährlichen Gesamtzahlen der katholischen Priester, die wegen anderer Vergehen als Sittlichkeitsdelikten in ein Konzentrationslager geschickt wurden. Sie beruhen auf Erhebungen, die von der katholischen Kirche angestellt und von Ulrich von Hehl analysiert wurden und Informationen über etwa 42 Prozent aller deutschen katholischen Priester im Dritten Reich enthalten.[75]

Die Tabelle lässt erkennen, dass vom Sondergericht Köln gegen eine große Zahl von christlichen Geistlichen im Regierungsbezirk Köln Ermittlungsverfahren eingeleitet wurden. (Daneben gab es noch Ermittlungen gegen eine kleine Zahl katholischer Nonnen.)[76] Obgleich sich ohne Einsicht in die Akten unmöglich angeben lässt, wie hoch der Anteil der katholischen und protestantischen Geistlichen jeweils war, kann man doch getrost davon ausgehen, dass die überwiegende Mehrzahl katholische Priester waren, die man in der Regel beschuldigt hatte, in einer ihrer Predigten die NS-Regierung oder andere NS-Größen angegriffen oder verleumdet zu haben. In einer Zufallsstichprobe von 24 Fällen fanden sich lediglich zwei protestantische Pastoren; im ersten Fall aus dem Jahr 1934 lautete der Vorwurf auf Verleumdung der NSDAP, im zweiten aus dem Jahr 1939 auf Umgehung der Devisenvorschriften.[77] Von den 22 Fällen katholischer Geistlicher in der Stichprobe lautete der Vorwurf vierzehnmal auf Verstöße gegen das Heimtückegesetz, dreimal auf unterlassenes Hissen der Hakenkreuzfahne an einem Feiertag und viermal auf verschiedene kleinere Vergehen von der Organisation illegaler Kirchenversammlungen bis zum Betrug. Nur in einem einzigen Fall ging es um die äußerst schwerwiegende

Anklage der Verschwörung und Vorbereitung zum Hochverrat, doch dieser Fall wurde 1938 vor einer offiziellen Anklageerhebung eingestellt, nachdem der Denunziant seine Anschuldigung gegen den Priester zurückgenommen hatte.[78] Die Häufigkeitsverteilung der Sondergerichtsfälle im zeitlichen Verlauf bestätigt die Feststellungen, die wir über die Verfolgung des Klerus durch die Nationalsozialisten zwischen 1935 und 1937 getroffen haben. Fast zwei Drittel der Ermittlungen wurden in diesen drei Jahren aufgenommen, und das Jahr 1937 war gekennzeichnet durch das Anschwellen der NS-Kampagne gegen die Kirchen: In diesem Jahr wurden mehr als doppelt so viele Ermittlungen aufgenommen wie in jedem anderen Jahr.

Nach 1937 ging die Zahl der gegen Angehörige des Klerus aufgenommenen Ermittlungen ständig zurück, bis sie in den späten Kriegsjahren gegen null tendierte. Anders sieht es im Hinblick auf gegen Geistliche verhängte Lagerhaft aus, wenn man von Hehls Zahlen zu Grunde legt. Fälle, in denen ein Priester wegen eines Vergehens, das kein Sittlichkeitsdelikt war – wie im Fall Pater Spiekers –, in ein Konzentrationslager geschickt wurde, waren vor dem Krieg eher selten. Zwischen 1933 und 1938 waren nur 23 Priester, über die von Hehl Informationen erhalten konnte, von diesem Schicksal betroffen. Dagegen wurden von Hehl zufolge rund 89 Prozent der Priester, die in einem Konzentrationslager endeten, während der Kriegsjahre dorthin geschickt. Warum so viele katholische Geistliche während des Krieges in Konzentrationslager überstellt, aber im Durchschnitt so wenige Ermittlungsverfahren gegen sie eröffnet wurden, muss offen bleiben. Eine mögliche Erklärung ist die Rücksichtnahme des Regimes auf die öffentliche Meinung. Öffentliche Prozesse gegen Geistliche mitten im Krieg hätten sich auf die Bevölkerung negativ auswirken können, und daher mäßigten die Nationalsozialisten ihre offene Kampagne gegen die christlichen Kirchen. Außerdem waren die meisten potenziell regimekritischen Priester und Pastoren bereits in den dreißiger Jahren durch Schikanen und Einschüchterungen zum Schweigen gebracht worden. Die wenigen, die während des Krieges dem Regime gefährlich werden konnten, kamen ins Konzentrationslager, und die Überstellung dorthin erfolgte in der Regel nicht vor den Augen der Öffentlichkeit.

In der überwiegenden Zahl der Fälle endeten Ermittlungen gegen Geistliche allerdings nicht mit einer harten Strafe. In der von mir näher untersuchten Zufallsstichprobe aus den Akten der Krefelder Gestapo und des Kölner Sondergerichts wurden in fast allen Fällen die Ermittlungen eingestellt, bevor es zu einem Prozess kam. Dieses Ergebnis bedeutet nicht zwangsläufig, dass die Einleitung von Ermittlungen gegen die Betroffenen für diese nicht qualvoll und einschüchternd gewesen wäre. In mehreren Fällen verbrachten die Geistlichen bis zur Einstellung des Verfahrens eine längere Zeit in Haft; in zwei Fällen zogen die Beschuldigten es vor, ins Ausland zu fliehen, um einer Verhaftung und Verurteilung zu entgehen. In einem dieser Fälle hatte man einen vierzigjährigen Kölner Priester beschuldigt, im Juni 1937 während einer Bußwallfahrt vor einem Auditorium von 1500 jungen Männern eine Predigt mit regimefeindlichen Äußerungen gehalten zu haben; er saß monatelang in Untersuchungshaft, bevor das Verfahren im April des folgenden Jahres eingestellt wurde. Interessanterweise hatte man ihn unter anderem beschuldigt, er habe behauptet, zu wenige Priester hätten die Stimme gegen das Regime erhoben. Unter großem Beifall der Anwesenden, wie in der Akte vermerkt war, habe er beklagt, bislang seien lediglich gegen sechzig der insgesamt rund 25 500 katholischen Priester Ermittlungsverfahren eröffnet worden, so dass die übrigen wohl »Musterknaben« seien. In einem anderen Fall erlitt ein 46-jähriger Priester aus Köln-Höhenhaus einen Nervenzusammenbruch, nachdem er im Dezember 1934 nach Holland geflohen war, um einer Verhaftung wegen kritischer Bemerkungen über die Regierung in seinen Predigten zu entgehen.[79] Dessen ungeachtet waren Pater Josef Spieker und Pater Suitbert G. die einzigen Geistlichen in einer Stichprobe aus über dreißig zufällig ausgewählten Fällen verfolgter Geistlicher in Köln und Krefeld, die in Konzentrationslager geschickt wurden. Von Hehl ermittelte in seiner Untersuchung, dass von den 344 Priestern aus dem Regierungsbezirk Köln, über die er Informationen beschaffen konnte, lediglich 21 in Konzentrationslager geschickt wurden, während nur 99 eine Gefängnis- oder Zuchthausstrafe erhielten. Die meisten (126 Fälle) kamen mit einer Verwarnung davon. Alle übrigen Ermittlungsverfahren wurden ohne eine Verwarnung eingestellt.[80] Da von Hehls Zahlen nicht vollständig sind, ist es möglich, dass noch mehr Priester im Regierungsbezirk Köln von den Nationalsozialisten hart bestraft wurden. Doch diese Möglichkeit ist ziemlich unwahrscheinlich, wenn man bedenkt, dass seine Untersuchung auf den von der Kirche selbst erhobenen Zahlen beruht. Außerdem war die Kirche sorgsam darauf bedacht, über jeden vom Regime bestraften Priester Auskunft zu geben, gleichgültig, ob sie nach 1945 noch am Leben waren und die verschickten Fragebögen selbst ausfüllen konnten oder ob die Informationen über sie auf andere Weise beschafft werden mussten.

Eine Untersuchung des ehemaligen Krefelder kommunistischen Funktionärs Aurel Billstein stützt ebenfalls die Behauptung, dass nur relativ wenige Geistliche unter harten Strafen zu leiden hatten. In seiner Studie ging Billstein alle Gestapoakten durch, die katholische und protestantische Geistliche in Krefeld und Umgebung betrafen (also unter Einschluss zahlreicher Nachbargemeinden wie beispielsweise Moers). Von 82 katholischen Priestern in diesen Akten wurden lediglich zwei in ein Konzentrationslager geschickt, und nur einer wurde von einem Gericht verurteilt.[81] Von 23 evangelischen Pfarrern in den Krefelder Akten wurde keiner vor ein Gericht gestellt oder in ein Konzentrationslager überstellt.[82] Auch hier ist daran zu erinnern, dass die Gestapoakten nicht immer vollständig sind. So erscheint Pater Suitbert G. beispielsweise nicht in Billsteins Liste. Doch das erklärt sich möglicherweise daraus, dass dieser Fall bei der Gestapo unter »Homosexuelle« geführt wurde.

Auch wenn die Gestapo und die Sondergerichte gegen Priester und Pastoren nur in Ausnahmefällen harte Strafen verhängten, waren vor allem um die Mitte der dreißiger Jahre evangelische und mehr noch katholische Geistliche das Ziel ihrer Einschüchterungsbemühungen. Gegen kaum eine andere Gruppe der NS-Gesellschaft wurden so viele Ermittlungsverfahren eingeleitet und kaum eine Gruppe wurde so intensiv überwacht wie die Geistlichen beider christlichen Konfessionen. Theoretisch gab es tausende von potenziellen Denunzianten, hörten doch die Mitglieder ihrer Gemeinden wöchentlich und manchmal auch täglich ihre Ansprachen und Predigten und kannten somit ihre Auffassungen. Doch es waren so gut wie nie gewöhnliche Bürger, die Geistliche denunzierten. Soweit Denunziationen bei der Einleitung von Ermittlungsverfahren gegen Geistliche eine Rolle spielten, erfolgten sie fast durchweg durch Parteimitglieder, die in der NSDAP eine Funktion etwa als Zellen- oder Ortsgruppenleiter ausübten. Manchmal erhoben auch deren Frauen die Beschuldigungen, um die unmittelbare Beteiligung ihrer Männer und der Partei zu kaschieren.[83] Nichtsdestoweniger wurden viele Geistliche ununterbrochen ausspioniert. Parteifunktionäre, Angehörige der Hitler-Jugend, Polizei-

und Gestapospitzel saßen regelmäßig in ihren Gottesdiensten und gingen bei ihren Bußwallfahrten mit. Einige der Informanten der Gestapo waren sogar selbst Geistliche.[84]

In der Stichprobe von Geistlichen, die ich näher untersucht habe, befanden sich lediglich zwei Fälle, in denen die Ermittlungen infolge einer Denunziation eingeleitet wurden. Der eine war der Fall von Pater Suitbert G., der von seinem geistlichen Vorgesetzten angezeigt wurde. In dem anderen Fall ging die Beschuldigung von einem jungen Seminaristen in Bad Godesberg im Juli 1934 aus. Obwohl er das Jesuiten-Seminar bereits Anfang März 1933 verlassen hatte, wartete er über ein Jahr, bis er seine Vorwürfe gegen einen seiner ehemaligen Lehrer vorbrachte. Der Pater hatte angeblich versucht, seine Studenten als revolutionäre Gruppe zu organisieren, die die SA unterwandern sollte. Außerdem hatte der Pater seine Studenten nie mit dem Hitlergruß, sondern mit »Grüß Gott« begrüßt. Schließlich behauptete der Denunziant, der Pater habe fortwährend kritische Äußerungen über das NS-Regime gemacht, die offensichtlich darauf zielten, seine Studenten gegen Hitler und den Nationalsozialismus einzunehmen. Unter anderem sollte der Pater gesagt haben, »Göring hat den Reichstag angesteckt«, »Nationalsozialismus ist viel schlimmer als Bolschewismus« und »es stände eine Inflation bevor, weil die deutsche Wirtschaft dauernd zurückginge«.[85]

Die Kölner Gestapo ließ die Wohnung des Paters sofort von zwei Agenten durchsuchen. Obwohl sie nichts von Bedeutung fanden, vernahmen sie den Priester noch an Ort und Stelle. Dieser bestritt die gegen ihn erhobenen Vorwürfe und sagte der Gestapo, es sei sehr schmerzlich für ihn, dass ihn einer seiner früheren Studenten denunziert habe, »ein junger Mensch, den ich wie mein eigenes Kind betrachtet habe, der mich oft seinen Vater nannte«.[86] Bald darauf erging gegen den Pater ein Haftbefehl, unterzeichnet vom Vorsitzenden des Kölner Sondergerichts, Franz von Vacano. Bevor er der Gestapo in die Hände fiel, floh der Priester außer Landes. Vier Jahre später wurde das Verfahren gegen ihn eingestellt, hauptsächlich deswegen, weil der Denunziant, der inzwischen in München studierte, im März 1937 der Kölner Gestapo schrieb, er wolle seine Anzeige gegen den Pater zurückziehen. Zum Zeitpunkt der Denunziation sei er ein »fanatischer« Anhänger der nationalsozialistischen Sache gewesen und habe mit antikatholischen und jesuitenfeindlichen Kameraden verkehrt, die seinen Fanatismus noch geschürt hätten. Die Kölner Gestapo fand dies merkwürdig und sorgte dafür, dass er von der Münchner Gestapo am 15. April 1937 vernommen wurde. Diese berichtete bald darauf den Kölner Kollegen, der junge Mann sei anscheinend »sehr unsicher« und »ein sehr starker Raucher mit Nikotin starkverfärbten [sic!] Fingern«.[87] Da er jedoch bei seiner neuen Darstellung blieb, wurden die Vorwürfe gegen den Priester nachträglich fallen gelassen.

Obwohl die herangezogenen Quellen keine Hinweise darauf geben, ob der Priester tatsächlich versucht hatte, eine revolutionäre Gruppe aufzubauen, oder die ihm unterstellten Bemerkungen wirklich geäußert hatte, dürfen wir doch annehmen, dass er zu Beginn der NS-Herrschaft gegenüber seinen Studenten eine regimefeindliche Haltung an den Tag gelegt hatte. Warum sollte er sich sonst zur Flucht entschlossen haben? Wäre er ein Anhänger des Nationalsozialismus gewesen oder hätte ihm lediglich neutral gegenübergestanden, hätte er vermutlich damit rechnen können, dass seine zahlreichen anderen Studenten ihm den Rücken stärkten.

In der Zufallsstichprobe finden sich einige Fälle, in denen ein Geistlicher anscheinend in gewisser Weise gegen das Regime Stellung bezog. Nur wenige dieser Fälle waren so dramatisch wie der dieses Mannes oder des Paters Spieker; trotzdem bewiesen viele einzelne Geistliche mehr Mut und Überzeugung, als manche revisionistischen Historiker ihnen zubilligen wollen. Der Priester zum Beispiel, der bei der Bußwallfahrt im Juni 1937 aufgefallen war, kritisierte nicht nur seine Amtsbrüder dafür, dass sie nicht das Wort gegen Hitler und sein Regime ergriffen. Ein Polizist, der ihn während der Wallfahrt bespitzelte, berichtete der Gestapo, der Pater habe in seiner Ansprache gefragt, »wo die Freiheit der Meinungsäußerung und das Recht in Deutschland bleibe«. Ein andermal habe er gesagt, »Deutschland sei das unfreieste Land. Was sage das Ausland dazu? In Amerika müsse man sich als Deutscher schämen.« Und schließlich habe der Priester erklärt, auf zehn Jahre mehr oder weniger komme es ihm in seinem Leben nicht mehr an, »denn in Deutschland sei ja doch kein Leben mehr. Wahrheit müsse Wahrheit bleiben.«[88]

Man könnte noch auf verschiedene andere Beispiele von – überwiegend katholischen – Geistlichen in der Stichprobe verweisen, die von NSDAP-Mitgliedern oder NS-Behörden angezeigt wurden, sie hätten sich in ihren Predigten negativ über die nationalsozialistische Gesellschaft geäußert. Doch das Ausmaß des Protests aus den Reihen des deutschen Klerus sollte nicht überschätzt werden: Nach den Gestapo- und Sondergerichtsakten zu urteilen, verteidigten die meisten christlichen Geistlichen lediglich ihre Religion. Aber auch das ist nicht ohne Bedeutung.

Die Tatsache, dass gewöhnliche Deutsche nur in den seltensten Fällen Priester und Pfarrer denunziert haben, ist ein Zeichen dafür, dass viele Deutsche auch im Dritten Reich ihre Religion ernst nahmen und dass ein beträchtlicher Teil der Bevölkerung sich nicht für die nationalsozialistische Bewegung gewinnen ließ. Das kommt in einem Großteil der hier untersuchten Akten noch deutlicher zum Ausdruck. So geht es zum Beispiel in den Akten des Sondergerichts Köln, die die Kleinstadt Bergheim betreffen und die ich komplett durchgesehen habe, in rund 25 Prozent (22 von 87) der Fälle um religiöse Fragen in dieser oder jener Form. Manchmal handelte es sich um den Versuch von Seiten des Regimes, Geistliche einzuschüchtern, doch meist ging es um einen Kampf um nationalsozialistische und religiöse Symbole. Zwei Beispiele sollen dies verdeutlichen.

Im ersten Fall, bei dem die Ermittlungen Ende Mai 1934 aufgenommen wurden und der unter den Gläubigen in Bergheim noch monatelang für Aufregung sorgte, benutzten die NS-Justizbehörden einen Streit um ein religiöses Symbol, um sich die Unterstützung der ortsansässigen Bevölkerung zu sichern und die SA am Ort in ihre Schranken zu weisen.[89] In der Nacht des 28. Mai 1934 legte ein Ortspolizist einen Bericht an, weil eine kleine Statue des heiligen Nepomuk auf einer Brücke über die Erft mitten im Stadtzentrum beschädigt worden war. In diesem Bericht wurde noch keine Vermutung über die möglichen Täter geäußert. Der Polizist vermerkte lediglich, man habe der Figur den Kopf abgeschlagen und diesen durch eine weiße Rübe ersetzt, die eine Bischofsmütze mit einem Hakenkreuz trug. Zwei Monate lang geschah in dieser Sache nichts, und die Bergheimer konnten ihrem Unmut nur dadurch Luft machen, dass sie hinter vorgehaltener Hand über die Missachtung ihrer religiösen Gefühle schimpften.

Hätte Hitler nicht beschlossen, in der berüchtigten »Nacht der langen Messer« am 30. Juni 1934 gegen die SA-Führung vorzugehen und in den folgenden Monaten die Macht der SA überall in Deutschland zu beschneiden, wäre in dem Fall höchstwahrscheinlich auch weiterhin nichts mehr unternommen worden. Doch nach der Ermordung Röhms und zahlreicher SA-Führer und Gegner Hitlers musste das Regime nach Mitteln und Wegen suchen, um der deutschen Bevölkerung zu demonstrieren, dass es auf ihrer Seite stand und dass die Unterdrückung der SA zu ihrem eigenen Besten erfolgte. Die Anzeige eines sechzehnjährigen Hitlerjungen am 16. Juli 1934 bei der Bergheimer Polizei kam da wie gerufen: Der Junge nannte mehrere Mitglieder der örtlichen SA-Standarte als Schänder der Nepumukstatue.

Im Lauf der nächsten Tage wurden fast zwanzig weitere Personen, darunter viele SA-Leute, zur Vernehmung durch die Polizei bestellt (Hauptwachtmeister Servos führte die Ermittlungen). Vier junge SA-Leute aus Bergheim und einer aus der Nachbarstadt Frechen, allesamt aus dem Arbeitermilieu, wurden unter der Beschuldigung der schweren Sachbeschädigung verhaftet. Aus den Aussagen der Zeugen und der Beschuldigten ergab sich, dass die Figur des heiligen Nepomuk in den frühen Morgenstunden des 28. Mai mutwillig geschändet worden war. Mehrere ortsansässige SA-Leute waren nach einer durchtanzten und durchzechten Nacht in einem Bierzelt – die SA hatte dort ein Fest veranstaltet – auf dem Heimweg durch die Stadt spontan auf die Idee gekommen, der Nepomukstatue aus Jux den Kopf abzuschlagen.

Die Verhaftungen schienen die Einwohnerschaft zu besänftigen, aber der SA schmeckten sie gar nicht. Obwohl den Tätern kaum etwas passierte und sie auf Grund einer Generalamnestie für alle SA-Leute in Deutschland nur kurze Zeit inhaftiert waren, grollten viele SA-Leute am Ort wegen der Kaltstellung ihrer Organisation im Allgemeinen und der in ihren Augen schäbigen Behandlung ihrer fünf Kameraden im Besonderen. Einige von ihnen sannen auf Rache.

Zu diesem Zweck wollten sie unter anderem gründlich aufräumen und gingen gegen einige Leute aus ihren eigenen Reihen vor, die in der Nepomuksache vor der Polizei ausgesagt hatten, was zur Verhaftung der fünf geführt hatte. Einer von ihnen war ein 32-jähriger Mann namens Hans W., den die Bergheimer SA-Leute verhafteten und in eine der Sonderzellen im Stadtgefängnis von Bergheim einsperrten, die von der SA in der Vergangenheit gewöhnlich für ihre eigenen Häftlinge genutzt worden waren. Doch das Recht der SA, Verhaftungen vorzunehmen, wurde durch eine Regierungsverordnung vom 25. Juli 1934 aufgehoben. Als die Verordnung zwei Wochen später, am 13. August, auch in Bergheim in Kraft trat, verfügte die Ortspolizei, die SA dürfe Hans W. nicht länger im Stadtgefängnis inhaftieren. Trotzdem musste dieser noch drei Tage im Gefängnis und einen weiteren im Sturmlokal der SA ausharren, bis er endgültig freigelassen wurde. Hans W. erstattete daraufhin bei der Polizei eine Anzeige, und nun wurde Obersturmbannführer Hans S., einer der Führer der Bergheimer SA, verhaftet.[90]

Gegen Hans S. wurden innerhalb kurzer Zeit mehrere Anklagen erhoben, was für ihn bedeutete, dass er das folgende Jahr größtenteils hinter Gittern verbringen musste;[91] dass die alte Vorgehensweise der SA so offensichtlich nicht länger hingenommen wurde, brachte die Bergheimer SA-Leute noch mehr in Rage. Bald darauf wurden unter den SA-Leuten in Bergheim und Umgebung Wetten abgeschlossen, wer als erster dem – mittlerweile restaurierten – heiligen Nepomuk erneut den Kopf abschlagen und in das nächstgelegene SA-Sturmlokal bringen würde. Nach einem weiteren Saufgelage, diesmal aus Anlass eines Sportfests in der Nachbarstadt Horrem am 7. Oktober 1934, beschlossen zwei Männer aus der SA-Kaserne Bergheim in der Hindenburgallee 6/8, die Wette zu gewinnen. Einer der beiden, Albert W., war bereits an der ersten Schändung der Statue beteiligt gewesen, während der andere, Alfred M., sich bislang herausgehalten hatte.[92] Sie trugen Zivilkleidung und Filzpantoffeln, um keine Aufmerksamkeit zu erregen, schlugen der Nepomukstatue gegen 3.40 Uhr zum zweiten Mal den Kopf ab und fuhren in einem Wagen, den sie in einiger Entfernung geparkt hatten, in Richtung Horrem davon. Zu ihrem Pech kamen sie jedoch nicht ungeschoren davon. Gegen 5 Uhr hatten sie einen Verkehrsunfall und wurden in ein Krankenhaus eingeliefert. Der behandelnde Arzt, selbst Mitglied der SA, machte der Kölner Gestapo, die den Fall von der Ortspolizei übernommen hatte, Angaben über die Kleidung und das Auftreten der beiden Männer, die mit den Berichten von Tatzeugen übereinstimmten. Die beiden Täter wurden nach ihrer Entlassung aus dem Krankenhaus sofort von der Kölner Gestapo festgenommen und in den Kölner Klingelpütz gesteckt, wo sie zwei Monate in Untersuchungshaft verbrachten, bevor die Ermittlungen am 12. Dezember 1934 eingestellt wurden. Die Männer durften jedoch nicht mehr nach Bergheim zurückkehren, sondern wurden zu einem anderen SA-Standort in Wuppertal verlegt. Damit war die Nepomukaffäre beendet.

Gleichzeitig war damit aber auch die kurzlebige Politik der Nationalsozialisten beendet, sich in religiösen Streitfällen auf die Seite der Bevölkerung zu schlagen. Bis Ende 1934 hatten die Nationalsozialisten erfolgreich jeden potenziellen Widerstand ihrer wichtigsten Feinde außerhalb (Kommunisten und Sozialdemokraten) wie innerhalb ihrer Bewegung (die SA) zerschlagen. Da sowohl die Marxisten wie die SA im Ruf der Gottlosigkeit standen, hatte das Regime es als zweckmäßig erachtet, seinerseits Zugeständnisse zu machen, wenn es um religiöse Interessen ging. Das schien nun nicht länger notendig, und seit 1935 versuchten die Nationalsozialisten, die traditionelle Hingabe der Bevölkerung an die Religion durch Hingabe an ihre eigene säkulare Sache zu ersetzen. Wie aus Tab. 6.1 hervorgeht, nahmen ab 1935 die Ermittlungen gegen Geistliche rapide zu. Das gilt auch für Fälle, die religiöse Symbole betrafen, denn von jetzt an richtete sich das Bemühen der Partei darauf, an die Stelle des Kreuzes und des Erlösers das Hakenkreuz und ihren eigenen Erlöser, den Führer Adolf Hitler, zu setzen.

Schändungen christlicher Statuen und Symbole durch nationalsozialistische Extremisten aus SA, SS und HJ blieben in den gesamten dreißiger Jahren eine ständige Quelle der Feindschaft zwischen Gläubigen und dem NS-Staat, und sie erreichten so alarmierende Ausmaße, dass selbst viele Parteimitglieder verärgert und mit Abscheu reagierten.[93] Davon unbeeindruckt, erhöhte das Regime seinen Druck, indem es noch entschlossener gegen katholische Jugendgruppen vorging,[94] noch strenger die Einhaltung des Reichsflaggengesetzes vom 24. Oktober 1935 überwachte – das die Kirchen verpflichtete, an allen staatlichen und christlichen Feiertagen statt der Kirchenfahnen Hakenkreuzfahnen zu hissen[95] – und die Kampagne gegen die Konfessionsschulen verstärkte. Mitte der dreißiger Jahre konzentrierte sich der Streit zwischen Nationalsozialisten und Christen zunehmend auf das Kruzifix, vor allem im Kontext der Schule. So schreibt etwa Ian Kershaw in seiner Untersuchung über die öffentliche Meinung in Bayern:

»Bereits 1935 lösten in München und Umgebung kursierende Gerüchte, dass alle Wegkreuze beseitigt werden müssten und das Aufstellen neuer Kreuze verboten werde, unter der ländlichen Bevölkerung Unruhe aus. Nach einem Bericht der Münchener Polizei waren die Bauern auf Grund ihrer abergläubischen Furcht wegen des Erntesegens für eine solche Panikmache besonders anfällig. Auch wenn es in den ersten Jahren der Diktatur zahlreiche isolierte Zwischenfälle gab, bei denen es um die

Entfernung von Kruzifixen oder um fehlende Ehrfurcht gegenüber dem Kreuz ging, erwarb das Kruzifix doch erst in der Auseinandersetzung um die Beibehaltung der Konfessionsschule eine Bedeutung als Symbol für die anhaltende Vorherrschaft des Kreuzes gegenüber dem Hakenkreuz.«[96]

Wie hoch die Emotionen in diesem Kampf zwischen Kreuz und Hakenkreuz schlagen konnten, zeigt ein Fall aus einem Bauerndorf, das Bergheim eingemeindet war.[97] Zu Beginn des neuen Schuljahres, am 17. April, drei Tage vor Hitlers 48. Geburtstag, besuchte der Kreisschulrat Bernhard E. die kleine Volksschule in Wiedenfeld. Kaum hatte er eines der beiden Klassenzimmer betreten, die für die deutschen Volksschulen jener Zeit typisch waren, bemerkte er, dass an der Stirnseite des Klassenzimmers über dem Lehrerpult ein großes Kruzifix von über einem Meter Höhe hing, während das vorgeschriebene Hitlerbild hinten an der Seitenwand aufgehängt war, dem unmittelbaren Blick der Schüler entzogen. Aufgebracht über diesen Verstoß gegen die nationalsozialistische Schulpolitik, verlangte er vom Lehrer, das Kruzifix mit dem Hitlerbild zu vertauschen. Der junge Lehrer Werner J. sah keine andere Möglichkeit, als dieser Forderung Folge zu leisten. Zwar war er sich darüber im Klaren, dass die Leute im Dorf dafür kein Verständnis haben würden, aber er war erst seit wenigen Tagen an dieser Schule und noch nicht verbeamtet. Außerdem wäre es gefährlich für ihn gewesen, sich dem Kreisschulrat zu widersetzen, einem einflussreichen Mann in der Ortsgruppe der Partei, der zudem dem NS-Ehrengericht in Bergheim angehörte und Mitglied der SS war.[98]

Als die Kinder von der Schule nach Hause kamen, erzählten einige von ihnen ihren Eltern, was passiert war. Noch am selben Nachmittag verbreiteten sich von Wiedenfeld aus Gerüchte über Angriffe auf das Bild Christi und auf die Kirche selbst, und bald befand sich ganz Bergheim in Aufruhr. Eines der Gerüchte besagte, das Bildnis Christi sei mit dem Kopf nach unten aufgehängt und der Pfarrer des Dorfes sei verhaftet und ins Gefängnis gebracht worden.

Drei Tage später, am Geburtstag des Führers, machten die Bergheimer ihrer Empörung über die angeblichen Gräuel Luft, indem sie sich weigerten, ihre Häuser mit Hakenkreuzfahnen zu beflaggen. Selbst der politische Leiter der NSDAP in Wiedenfeld, ein 36-jähriger Zellenleiter und Bauer namens Hubert W., nahm Partei für seine Dorfnachbarn und hängte keine Hakenkreuzfahnen aus. Vier Tage später, am 24. April, ging er sogar mutig noch einen Schritt weiter und wies den Lehrer der Schule an, das Kruzifix und das Hitlerbild wieder an ihre ursprünglichen Plätze zu hängen. Umgehend trafen im Polizeirevier Bergheim zahlreiche Anzeigen ein, darunter als eine der ersten die der Frau des Ortsbürgermeisters gegen eine Nachbarin. Der verantwortliche Polizeibeamte in Wiedenfeld, ein Mann namens Münch, wurde beauftragt, die Sache eingehend zu untersuchen, und schrieb schließlich am 26. April einen Bericht, in dem es hieß:

»Gegen die Umhängung des Kruzifixes gab die Bevölkerung Wiedenfelds ihre Empörung dadurch Kund, daß sie am Geburtstag des Führers die Häuser nicht beflaggten. Beflaggt war das Haus des Ortsbürgermeisters, die Schule, das Denkmal, die Poststelle und die Wirtschaft Krosch. Auch der politische Leiter der NSDAP Hubert W. aus Wiedenbrück hatte aus diesem Grunde nicht geflaggt.«[99]

Als Kreisschulrat Bernhard E. von den wilden Gerüchten erfuhr, die in der Gemeinde kursierten, und die Nachricht erhielt, dass man Bild und Kruzifix wieder an ihren ursprünglichen Platz gehängt hatte, war er außer sich. Erneut gab er Anweisung, Kruzifix und Führerbild umzuhängen, und am 28. April erstattete er selbst beim Polizeirevier Bergheim Anzeige gegen »alle Urheber und Verbreiter der unsinnigen Gerüchte«, ausgenommen den politischen Leiter der NSDAP Hubert W., dessen Fall er vor dem Ehrengericht der Partei verhandeln lassen wollte. Zum Zeitpunkt seiner Anzeige waren bereits acht der zehn Personen, die schließlich in der Sache beschuldigt wurden, von der Polizei vernommen worden, und die Polizei hatte zahlreiche Zeugen einbestellt. Die meisten Vernehmungen wurden vom Bergheimer Kripo-Inspektor Schleiden und dem Polizeibeamten Servos, unterstützt vom Wiedenfelder Ortspolizisten Münch, vorgenommen. Fünf der Beschuldigten kamen aus Wiedenfeld, die übrigen aus Bergheim selbst. Es waren vier Frauen und sechs Männer zwischen 33 und 72 Jahren, Bauern, Bergarbeiter und Hausfrauen, die einen repräsentativen Querschnitt der örtlichen Bevölkerung darstellten. Am Ende wurden nur zwei Männer in Haft genommen, und nur einer von ihnen, ein 55-jähriger Bergmann aus Wiedenfeld, kam wegen Verleumdung vor Gericht. Bei seiner Vernehmung am 26. April hatte er zugegeben, er habe anderen Kumpeln auf seiner Zeche erzählt, dass seine zehnjährige Tochter von der Schule nach Hause gekommen sei und ihm berichtet habe, das Kruzifix sei kopfüber an der Seitenwand aufgehängt worden. Aus den Akten geht allerdings nicht hervor, warum er als Einziger vor Gericht gestellt wurde. Wie auch immer, in dem Prozess, der am 12. Juni stattfand, wurde er freigesprochen, und damit war die Angelegenheit beendet.

Oberflächlich betrachtet war das Ganze nicht mehr als ein Sturm im Wasserglas. Niemand wurde hart bestraft, nur zwei Personen kamen kurzfristig hinter Gitter. Dieser kleine Aufstand, bestenfalls ein Beispiel für »Resistenz«, ließ noch nicht einmal annähernd eine pauschale Ablehnung der nationalsozialistischen Gesellschaftsform erkennen, durch keinen der Beteiligten. Doch indem sie sich weigerten, am Geburtstag des Führers die Hakenkreuzfahne zu hissen, demonstrierten diese gewöhnlichen Deutschen, dass sie es mit ihren religiösen Überzeugungen und ihrer Identität ernst meinten und sie den Versuch, Hitler über Gott zu stellen, nicht unwidersprochen hinnahmen.

Der Preis des Widerstands: Die Zeugen Jehovas

Die Nachsicht, mit der die Polizei und die Gerichte die meisten Fälle von religiöser Opposition behandelten, zeigt einmal mehr, dass die Nationalsozialisten unterscheiden konnten zwischen geringfügigen Akten der Missbilligung, die sich gegen einige politische Maßnahmen und Führer des Regimes richteten, und ernsthaften Versuchen, die Autorität des NS-Staates zu untergraben. Doch die strengen Maßnahmen, wie sie gegen widerspenstige Priester wie Josef Spieker ergriffen wurden, erinnern uns daran, dass das Regime gnadenlos reagieren konnte, wenn es sich bedroht fühlte. Eine Gruppe, die vermutlich wie keine andere den Mut fand, dem NS-Regime die Stirn zu bieten, waren die Zeugen Jehovas, die nach Juden und »Zigeunern« am meisten unter dem nationalsozialistischen Terror zu leiden hatten.[100]

Gegründet von dem US-amerikanischen Geschäftsmann Charles Russell und in den Vereinigten Staaten seit 1870 etabliert, waren die Zeugen Jehovas in Deutschland eine vergleichsweise kleine religiöse Minderheit, die 1933 etwa 30 000 Seelen zählte. Tief religiös, aufrecht, nüchtern und arbeitsam, stammten die Mitglieder dieser Gemeinschaft der »Ernsten Bibelforscher«, wie sie auch genannt wurden, überwiegend aus den unteren Gesellschaftsschichten, blieben für sich, verstanden sich als politisch neutral und waren gegen Gewalt in jeder Form. Während einige nationalsozialistische Hardliner wie der Ideologe Alfred Rosenberg die Zeugen Jehovas ständig mit Bolschewisten, Freimaurern und Juden verglichen und in Verbindung brachten,[101] hatten andere NSDAP-Führer richtig erkannt, dass solche Vergleiche völlig unangebracht waren, denn die Zeugen Jehovas hatten für diese Gruppen wenig Sympathie und im Allgemeinen mit ihnen nichts zu tun. Wären sie bereit gewesen, mit der neuen Ordnung Kompromisse einzugehen, und hätten sie ihre Aktivitäten auf den religiösen Bereich beschränkt, wie es die meisten anderen religiösen Minderheiten taten, dann hätte das Regime in ihnen lediglich eine unbedeutende Belästigung gesehen und sie weitgehend in Ruhe gelassen.[102] Doch die Zeugen Jehovas waren unbeugsam.

Da sie in dem neuen Regime zunehmend die Inkarnation des Teufels sahen, verweigerten die Mitglieder dieser winzigen Glaubensgemeinschaft nicht nur jeden Kompromiss, sondern gingen mutig und häufig fanatisch in die Offensive. Obwohl ihre Gemeinschaft im Frühjahr 1933 verboten wurde, hielten sie weiterhin ihre Versammlungen ab, organisierten sich und warben neue Mitglieder an, zunächst ganz offen, später im Untergrund. Sie lehnten den Deutschen Gruß und jede Beteiligung an politischen Zeremonien oder politischen und betrieblichen Organisationen der NSDAP ab, selbst wenn diese Haltung sie häufig die Stelle kostete, und sie weigerten sich auch dann noch, Militärdienst zu leisten, als das NS-Regime im Frühjahr 1935 die allgemeine Wehrpflicht eingeführt hatte. Wenn man ihnen anbot, eine Erklärung zu unterschreiben, sich jeglicher illegaler Tätigkeit zu enthalten und ihrem religiösen Glauben zu entsagen, um aus der KZ-Haft entlassen zu werden, langen Freiheitsstrafen oder sogar einem Todesurteil zu entgehen, ließen die wenigsten sich darauf ein. Aus Sicht des Regimes am schlimmsten war jedoch die Tatsache, dass die Mehrzahl der Zeugen Jehovas unverhohlen ihre Gegnerschaft zum NS-Regime demonstrierte, indem sie Flugblätter und Broschüren in Briefkästen steckten und vor Haustüren legten, die einzelne Beispiele für die nationalsozialistischen Grausamkeiten anprangerten, Folterer in der Partei, der Polizei oder Gestapo namentlich nannten und die deutsche Bevölkerung aufriefen, sich vom falschen Propheten Adolf Hitler abzuwenden und ihr Vertrauen in den wahren Erlöser Jesus Christus zu setzen. Die Zeugen Jehovas mussten für ihre Unnachgiebigkeit und ihren Mut teuer bezahlen. Der erste Historiker, der ihre Verfolgung eingehender untersucht hat, Friedrich Zipfel, behauptete 1965, die Zeugen Jehovas hätten »nahezu ausnahmslos« unter Verfolgungen in dieser oder jener Form im Dritten Reich gelitten, und etwa jeder Dritte habe dabei sein Leben verloren.[103] Michael H. Kater, der vier Jahre später über sie schrieb, definierte »Verfolgung« etwas enger und gelangte zu dem Ergebnis, dass rund die Hälfte der Ernsten Bibelforscher in Deutschland verfolgt wurde. Nach seinen Berechnungen wurden mehr als zehntausend Zeugen Jehovas verhaftet, und vier- bis fünftausend starben in Gefängnissen und Konzentrationslagern. Jeder zweite Zeuge Jehovas sei demnach irgendwann eine Zeit lang im Gefängnis oder im Konzentrationslager inhaftiert gewesen und jeder vierte Angehörige dieser religiösen Gemeinschaft in der Haft umgekommen. Kater gelangte daher zu dem Schluss, dass »außer den Juden kaum eine geschlossene Gruppe in der Hitlerzeit so intensiv verfolgt worden ist wie die der Ernsten Bibelforscher«.[104]

Fünfzehn Jahre später hat Detlev Garbe in einer gut dokumentierten Untersuchung über das Schicksal der Zeugen Jehovas in Deutschland während der NS-Zeit diese Zahlen noch einmal nach unten korrigiert. Nach seiner sorgfältigen Schätzung hatten etwa ein Drittel der 25 000 bis 30 000 Zeugen Jehovas, die damals in Deutschland lebten, irgendwann einmal im Zuchthaus oder Gefängnis eingesessen, 2000 in einem Konzentrationslager gelitten, und etwa 1200 von ihnen waren umgekommen.[105] Wie hoch auch immer die korrekte Schätzung sein mag, solche Zahlen können nicht mehr als einen ersten Eindruck davon vermitteln, wie wichtig es den Nationalsozialisten war, diese Menschen zu bekämpfen, und mit welcher Brutalität sie dabei vorgingen. Seit die Gestapo wenige Monate nach dem Reichstagsbrand die ersten Zeugen Jehovas verhaftete, war den Nationalsozialisten bis zum Ende des Dritten Reiches im Frühjahr 1945 jedes Mittel recht, um sie »auszurotten« (ein Begriff, den Hitler ebenso im Hinblick auf die Ernsten Bibelforscher wie auf die Juden gebrauchte).[106] Vor dem »Röhmputsch« im Juni 1934 ging die SA mit ungezügeltem Terror gegen die Zeugen Jehovas vor; sie organisierte Boykotte ihrer Geschäfte, verwüstete ihre Wohnungen und Werkstätten bei Durchsuchungen und misshandelte sie gnadenlos in den Kellern der SA-Sturmlokale. Nach der Ausschaltung Ernst Röhms setzten die Gerichte und die Gestapo den Terror fort. Das Maß an Sadismus allerdings blieb dasselbe. Wenn die Sondergerichte, die für die meisten dieser Fälle zuständig waren, in ihren Urteilen Milde walten ließen,»korrigierte« die Gestapo die gerichtlichen Entscheidungen und überstellte die Verurteilten unmittelbar nach Verbüßung ihrer Haft in ein Konzentrationslager. In der Regel beauftragten die Leiter der Gestapostellen jeweils einen besonders eifrigen Beamten, den Kampf gegen die Ernsten Bibelforscher zu führen, jemanden, der vor nichts zurückschreckte, um an Informationen zu kommen; manche Zeugen Jehovas überlebten ihre »Vernehmungen« nicht.[107]

Der in Krefeld für die Zeugen Jehovas zuständige Gestapobeamte war Otto Dihr. Aus den Akten eines Ermittlungsverfahrens wegen Verbrechen gegen die Menschlichkeit, das am 30. Januar 1948 auf Grund der Klage einer Zeugin Jehovas gegen ihn eröffnet wurde, gewinnt man einen Eindruck von der Brutalität seines Vorgehens und der Mittel, die auch von vielen anderen Gestapobeamten angewandt wurden.[108] Als Dihr sechs Monate später, im Juli 1948, zu der Sache gehört wurde, bestritt er sämtliche Vorwürfe. Er war damals 46 Jahre alt, verheiratet und hatte eine zwölfjährige Tochter. Obwohl er zu dieser Zeit nicht mehr bei der Kripo beschäftigt war und von der öffentlichen Fürsorge lebte, gab er als Beruf Kriminaloberskretär an, seinen letzten Rang. Dihr war 1902 in Krefeld als Sohn einer Kleinbauernfamilie geboren und hatte noch acht Geschwister. Nach Verlassen der Volksschule hatte er bei der Feldarbeit mithelfen und sich mit um die jüngeren Geschwister kümmern müssen. Mit zwanzig Jahren war er in den Polizeidienst gegangen, zunächst zur Brandenburger Schutzpolizei, und hatte bis 1926 in Berlin als Verkehrspolizist gearbeitet. Im April desselben Jahres wurde er nach Krefeld versetzt, wo er bald darauf zur Kripo ging. Nach der nationalsozialistischen Machtergreifung kam er zur Krefelder Gestapo, und im Mai 1937 wurde er Mitglied der NSDAP.

Während seines Prozesses kamen zahlreiche Beispiele für seine Verbrechen gegen die Menschlichkeit zur Sprache. Die 26-jährige Frau, die gegen ihn geklagt hatte, war immer noch Mitglied der

Zeugen Jehovas und arbeitete als Büroangestellte in Düsseldorf. Nachdem sie vor Gericht ausgesagt hatte, sie habe von vielen Menschen gehört, dass sie von Dihr misshandelt und ohne Gerichtsurteil ins Konzentrationslager geschickt worden seien, schilderte sie ihre eigenen bedrückenden Erfahrungen, als sie 1943 selbst von Dihr verhört wurde:

>Als ich demselben auf seine Fragen nicht die gewünschte Auskunft gab, verabfolgte er mir eine kräftige Ohrfeige. Dann rief er telefonisch zwei weitere Gestapobeamte, die mich in den Keller führten. Dort traf nach kurzer Zeit Dihr ein. Auf Veranlassung von Dihr zogen mich die beiden Beamten über einen stehenden Tisch. Nach Aufhebung des Kleiderrockes schlugen dann die beiden Beamten mit einem Stock oder etwas ähnlichem auf mein Hinterteil. Nach mehreren Schlägen hielten die Schläger [inne] und Dihr befragte mich erneut. Als ich dann noch keine befriedigende Antwort gab, wurde erneut auf mich eingeschlagen, bis ich erklärte, daß ich aussagen wolle. Darauf wurde ich wieder nach oben gebracht, wo Dihr dann wieder mit der Vernehmung begann. Ich habe meine Straftat, die in illegaler Arbeit gegen die Hitler-Regierung bestand, zugegeben, weil ich es vorzog, eher ein Todesurteil zu erhalten als zu Tode gequält zu werden. Durch die Mißhandlungen war ich einige Tage kaum in der Lage zu gehen, da die Stellen, wo die Schläge hingekommen waren, blutunterlaufen waren [...] Wegen Beihilfe zur Vorbereitung zum Hochverrat wurde ich am 1. 8. 1944 zu 4 Jahren Zuchthaus verurteilt [...] Wegen meiner Glaubensüberzeugung, die auf biblische Lehren sich stützt, kann ich keinen Eid ablegen.«

Weitere Zeugen Jehovas aus Krefeld sagten in ähnlicher Weise darüber aus, wie Dihr ihnen durch Misshandlungen ein Geständnis abgepresst hatte. Andere Zeugen, die nicht zu den Ernsten Bibelforschern gehörten, berichteten ebenfalls über Schläge, und sie sagten unter Eid gegen Dihr aus. Es gehörte zu den Ironien dieses und ähnlicher Prozesse, dass die Zeugen Jehovas zwar häufig die Einzigen waren, die wirklich die Wahrheit sagten, ihre Aussagen jedoch aus religiösen Gründen nicht beeideten. Am Ende verurteilte das Krefelder Landgericht Dihr zu zwei Jahren Zuchthaus, wobei ihm sieben Monate seiner Internierungszeit direkt nach dem Krieg angerechnet wurden.

Diese Dokumente belegen, dass die Gestapo selbst bei den Zeugen Jehovas, die den Foltermethoden lange standhielten, schließlich doch ihr Ziel erreichte und die Informationen erhielt, nach denen sie suchte. Dafür mussten die Mitglieder dieser tapferen Religionsgemeinschaft lange Freiheitsstrafen in Gefängnissen und Zuchthäusern verbüßen und wurden häufig anschließend sofort in ein Konzentrationslager verbracht, wo sie barbarische »Willkommenszeremonien« erdulden mussten: Sie wurden wiederholt mit Stahlpeitschen geschlagen oder gezwungen, stundenlang mit im Nacken gefalteten Händen Kniebeugen zu machen. Ihnen wurden in der Regel die schrecklichsten Aufgaben wie das Reinigen der Krematorien und Kloaken zugeteilt, und sie mussten sieben statt der üblichen sechs Tage in der Woche arbeiten.[109] Trotz alledem blieben die meisten Zeugen Jehovas standhaft und ungebrochen.[110] Am Ende trug ihnen ihr Martyrium sogar den widerwilligen Respekt vieler ihrer schlimmsten Peiniger ein. Himmler hatte im Sommer 1944 an Kaltenbrunner geschrieben, »er wolle die Verfolgung der Sekte nach dem Kriege beenden und alle Sektenmitglieder als Pioniere der nationalsozialistischen Herrschaft im Osten gebrauchen«. Dort sollten sie die religiöse Betreuung der »Wehrbauern« vor dem noch zu schaffenden deutschen »Ostwall« übernehmen.[111]

Eine groß angelegte Flugblattaktion vom Juni 1937 ist eines der besten Beispiele für die unerschütterliche Hingabe der Zeugen Jehovas an ihre Sache und die nicht minder fanatische Entschlossenheit des NS-Regimes, ihren Einfluss nachhaltig auszuschalten. Am 20. Juni 1937 exakt um zwölf Uhr mittags begannen Zeugen Jehovas in ganz Deutschland von Tür zu Tür zu gehen und ein zweiseitiges großes Flugblatt mit der Überschrift »Offener Brief: An das bibelgläubige und Christus liebende Volk Deutschlands!« zu verteilen.[112]

In diesem »Offenen Brief« wurde die Staats- und Parteiführung mit starken Worten beschuldigt, gegen die Zeugen Jehovas eine brutale Politik der Verfolgung zu betreiben. Das Flugblatt zählte dafür mehrere konkrete Beispiele auf, auch Fälle von Folterungen, die manchmal tödliche Folgen hatten, durch Gestapobeamte, die in dem Brief namentlich genannt wurden. Es beklagte die Versuche der Nationalsozialisten, die Zeugen Jehovas als Staatsfeinde, Kommunisten und Juden zu brandmarken. Es enthielt den exakten Wortlaut einer eidesstattlichen Versicherung, die nach dem Willen der Nationalsozialisten von den Zeugen Jehovas unterschrieben werden und mit der diese ihrem Glauben abschwören sollten. Und das Flugblatt enthielt die mutige Erklärung der Ernsten Bibelforscher, dass sie weder gebrochen noch eingeschüchtert werden könnten und dass sie im Notfall sogar bereit seien, für ihren Glauben in den Tod zu gehen. Im Folgenden sind einige wesentliche Auszüge aus dem Flugblatt wiedergegeben:

»Seit vielen Jahren haben wir, Jehovas Zeugen, früher Bibelforscher genannt, in Deutschland unseren Volksgenossen die Bibel und ihre trostreichen Wahrheiten gelehrt und dabei in selbstloser Weise zur Linderung materieller und geistiger Not Millionen verausgabt.

Als Dank dafür sind Tausende von Zeugen Jehovas in Deutschland aufs grausamste verfolgt, mißhandelt und in Gefängnisse und Konzentrationslager eingesperrt worden. Trotz größtem seelischem Druck und trotz sadistischer körperlicher Mißhandlung, auch an deutschen Frauen, Müttern und an Kindern in zartem Alter, hat man in vier Jahren nicht vermocht, die Zeugen Jehovas auszurotten; denn sie lassen sich nicht einschüchtern, sondern fahren fort, *Gott mehr zu gehorchen als den Menschen,* wie es seinerzeit die Apostel Christi auch taten, als man ihnen verbot, das Evangelium zu verkündigen. [...]

Obiges zeigt deutlich, daß der Kampf darauf ausgeht, dem deutschen Volke die Bibel zu rauben und alle zu unterdrücken, die sich auf die geistige Freiheit und den *Glauben der Bibel* berufen. In christlicher Geduld und aus Scham haben wir lange genug zurückgehalten, die Öffentlichkeit in Deutschland und im Ausland auf diese Schandtaten aufmerksam zu machen. Es befindet sich in unseren Händen ein erdrückendes Beweismaterial von oben erwähnten grausamen Mißhandlungen der Zeugen Jehovas. *Bei der Mißhandlung haben sich unter anderem besonders der Kriminal-Assistent Theiss aus Dortmund, Tennhoff und Heimann von der Geheimen Staatspolizei Gelsenkirchen und Bochum hervorgetan.* Man hat sich nicht gescheut, Frauen mit Ochsenziemern und Gummiknüppeln zu mißhandeln [...] *Wir besitzen auch nähere Angaben und Namen von ca. 18 Fällen, wo Jehovas Zeugen gewaltsam getötet worden sind.* Anfang Oktober 1936 wurde zum Beispiel der in der Neuhüllertraße, Gelsenkirchen, Westfalen, wohnhaft gewesene *Zeuge Jehovas, Peter*

263

*Heinen, von Beamten der Geheimen Staatspolizei im Rathaus
zu Gelsenkirchen erschlagen.* Dieser traurige Vorfall wurde dem
Herrn Reichskanzler Adolf Hitler berichtet. Abschriften davon
erhielten auch der Reichsminister Rudolf Hess und der Chef der
Geheimen Staatspolizei, Himmler.«

Zwar gelangten anscheinend 100 000 oder mehr Exemplare des
»Offenen Briefs« in die Briefkästen und in die Hauseingänge von
Menschen in ganz Deutschland, doch zahlreiche Zeugen Jehovas,
die an der Aktion mitwirkten, mussten dafür teuer bezahlen. Die
Art und Weise, wie Gestapobeamte Jagd auf die Beteiligten machten, war typisch dafür, wie sie auch in anderen Fällen gegen die
Zeugen Jehovas vorgingen. Hatten sie erst einmal einen von ihnen
gefasst, misshandelten sie ihn so lange, bis er die Namen von einigen Glaubensgenossen preisgab, die ihrerseits verhaftet und gefoltert und anschließend in ein Konzentrationslager verbracht wurden, wo viele von ihnen umkamen.

Der erste, der wegen dieser Flugblattaktion verhaftet wurde,
war ein 55 Jahre alter Krefelder Arbeiter, Kriegsveteran und Vater
von sechs Kindern namens Hubert H., der im Jahr zuvor bereits
eine sechsmonatige Gefängnisstrafe wegen seiner Aktivitäten als
Ernster Bibelforscher verbüßt hatte. Hubert H. wurde von einem
Zellenleiter namens Ludwig W. ertappt, als er gerade in der Prinz-
Ferdinand-Straße in Krefeld die letzten Exemplare des »Offenen
Briefs« verteilte. Ludwig W. nahm ihn fest und brachte ihn unverzüglich ins Polizeipräsidium, wo Kriminalassistent Otto Dihr den
Fall übernahm. Während seiner Vernehmungen, die sich über mehrere Tage erstreckten, bemühte sich Hubert H. tapfer, keine Informationen preiszugeben, die andere belasten konnten. In seiner ersten Aussage vom 22. Juni gab er zu, Mitglied der Zeugen Jehovas
zu sein und Exemplare des »Offenen Briefs« verteilt zu haben. Im
Übrigen versuchte er, Dihr auf eine falsche Fährte zu locken. In
seiner ersten Darstellung der Ereignisse erklärte er, er habe am
20. Juni um 11.30 Uhr seine Krefelder Wohnung verlassen, um
seine entlaufene Katze zu suchen. An der Haustür des Mietshauses, in dem er wohnte, begegnete ihm eine junge Frau, die ihn
fragte, ob er Hubert H. sei, was er bejahte. Daraufhin gab sie ihm
einen zusammengefalteten, handgeschriebenen Brief mit dem
Briefkopf der Zeugen Jehovas, den er anschließend auf der Toilette
in seiner Wohnung las. Das Schreiben enthielt die Anweisung, um

zwölf Uhr mittags zum Krefelder Hauptbahnhof zu gehen. Dort würde eine Frau in dunkler Kleidung mit einem weißen Taschentuch in der linken Hand auf ihn warten. Er selbst solle als Erkennungszeichen ein weißes Taschentuch in der rechten Hand halten. Sie würde ihm 25 Exemplare eines Briefes aushändigen, die er in verschiedene Briefkästen in Krefeld werfen sollte. Als Ludwig W. ihn festnahm, hatte Hubert H. nur noch drei Exemplare des Flugblatts bei sich.

Dihr gab sich mit dieser Geschichte keineswegs zufrieden und vernahm Hubert H. am selben Tag noch einmal. Dieser beteuerte erneut, er kenne weder die Namen noch den Aufenthaltsort der beiden Frauen, von denen er den Brief und die Flugblätter erhalten habe. Auch könne er ihr Äußeres nicht beschreiben, da er sie nur kurz gesehen habe. Er räumte ein, ihm sei bekannt, dass das Verteilen der Flugblätter eine unerlaubte Handlung gewesen sei, aber er »habe es trotzdem gemacht, um den [sic!] großen Schöpfer Jehova seinen Willen auszuführen«. Und schließlich behauptete er, ansonsten sei ihm über die Bewegung der Zeugen Jehovas oder die Flugblattkampagne nichts bekannt.

Zwei Tage später vernahm Dihr Hubert H. erneut. Diesmal war er erfolgreicher und bekam heraus, was er von ihm erfahren wollte – Informationen, die zur Verhaftung von acht weiteren Personen führten, fünf Männern und drei Frauen, zumeist Bergleute, einfache Arbeiter und Hausfrauen. Hubert H. begann seine neue Aussage mit den Worten: »Nachdem ich eingehend zur Wahrheit ermahnt worden bin und mir auch die Vorteile eines Geständnisses vor Augen geführt worden sind, erkläre ich hiermit, daß ich jetzt die Wahrheit sagen will.« Offenbar war Hubert H. nachdrücklich vor den Konsequenzen für ihn selbst und seine Familie gewarnt worden, falls er sich weiterhin weigern sollte, auszupacken. Nach allem, was wir über die Vernehmungsmethoden Dihrs in anderen Fällen wissen, dürfen wir davon ausgehen, dass Hubert H. in den vorangegangenen Tagen körperlich und seelisch brutal misshandelt wurde. In Dihrs eigenem Bericht über den Fall, den er knapp einen Monat später, am 16. Juli, verfasste, erklärte er, seine Vernehmung von Hubert H. sei zwangsläufig »eingehend« gewesen und habe »sich zunächst infolge seines hartnäckigen Leugnens über einige Tage hinaus erstreckt«.

In seiner neuen Schilderung der Vorgänge, die zu seiner Verhaftung geführt hatten, gab Hubert H. zu, dass seine ursprüngliche

Geschichte eine Erfindung war. In Wirklichkeit wusste er seit längerem von der bevorstehenden Flugblattaktion. Nachdem er im Dezember 1936 aus dem Gefängnis entlassen worden war, hatte der Führer der Sekte in Rheinberg und Moers, ein 46-jähriger Lokomotivführer namens Johann C., Verbindung mit ihm aufgenommen und ihn gebeten, sich auch weiterhin an den illegalen Unternehmungen der Glaubensgemeinschaft zu beteiligen. Im Frühjahr 1937 kam Hubert H. mit einem anderen Mann, einem 54 Jahre alten Bergmann namens Heinrich T., zusammen, der ihm nähere Einzelheiten über die bevorstehende Flugblattaktion mitteilte, die »in ganz Deutschland« durchgeführt werden sollte. Heinrich T. sagte ihm, die Aktion werde überall genau um zwölf Uhr mittags beginnen und exakt eine halbe Stunde dauern. Die Geschichte, die Hubert H. ursprünglich zur Irreführung Dihrs erzählt hatte, sei dieselbe Geschichte, die alle Zeugen Jehovas in ganz Deutschland erzählen sollten, falls sie verhaftet würden.

Nach diesem Geständnis nahm Kriminalassistent Dihr Hubert H. in »Schutzhaft«, verhaftete alle acht Personen, deren Namen dieser ihm genannt hatte, und vernahm sie ebenfalls. Dihrs Bericht vom 16. Juli zufolge weigerten sich alle Verhafteten zunächst hartnäckig, die Wahrheit zu sagen, doch auch sie legten letztlich alle ein Geständnis ab.[113] Als Ersten verhörte er einen 28-jährigen ledigen Maschinisten namens Karl H. aus Krefeld. Nachdem Dihr ihn entsprechend unter Druck gesetzt hatte, sagte Karl H. schließlich aus, er gehöre seit 1933 den Zeugen Jehovas an und habe an der Flugblattaktion vom 20. Juni teilgenommen. Nachdem er die Namen von mehreren Personen genannt hatte, die ebenfalls beteiligt waren, wurde seine Vernehmung abgebrochen. Später setzte er seine Aussage mit den einleitenden Worten fort: »Ich muss zugeben«, was darauf hindeutet, dass Dihr ihm schwer zugesetzt hatte. Er nannte die Namen von etlichen weiteren Beteiligten und setzte hinzu, dass Hubert H. die Aktion in Krefeld geleitet habe. Außerdem gestand er, selbst mehrere Personen für das Verteilen der Flugblätter angeworben zu haben, darunter seine eigene Mutter.

Diese Frau war eine 48-jährige Witwe. Sie wurde verhaftet und wie die anderen erheblich unter Druck gesetzt. Am Ende schilderte sie ausführlich, wie die ganze Aktion abgelaufen war, und nannte sogar ihre beiden Söhne als Mitbeteiligte. Sie und ihr bereits vernommener Sohn waren nicht die Einzigen, die im Verlauf ihrer

Vernehmung Familienmitglieder belasteten. Bevor die Vernehmungen der beschuldigten Zeugen Jehovas in Krefeld abgeschlossen waren, hatten sich auch noch zwei Ehepartner gegenseitig belastet, und ein Mann hatte eine Aussage gemacht, die zur Verhaftung seines Sohnes führte.

Wie brutal diese Vernehmungen geführt wurden, zeigt auch die Akte eines damals 38-jährigen Färbereiarbeiters namens Karl W. Der Vater von zwei Kindern und Träger des Eisernen Kreuzes aus dem Ersten Weltkrieg war einer der Zeugen, die 1948 in dem Prozess gegen Otto Dihr aussagten.[114] Bei seiner ersten Vernehmung durch Dihr 1937 hatte W. sofort zugegeben, den Zeugen Jehovas anzugehören und an früheren Flugblattaktionen beteiligt gewesen zu sein. Er bestritt jedoch entschieden, bei der jüngsten Aktion mitgemacht zu haben.[115] Als Dihr ihn ein zweites Mal verhörte, stritt er seine Beteiligung immer noch ab und gab auch sonst keine Informationen oder Namen von Beteiligten preis. Während seiner dritten Vernehmung wurde Hubert H. ins Vernehmungszimmer gebracht. Im Beisein von Karl W. sagte Hubert H. aus, er habe Karl W. persönlich zwei Pakete mit den Flugblättern ausgehändigt, die dieser sehr wohl verteilt habe. Bei seiner vierten Vernehmung wurde W.s Widerstand schließlich gebrochen, und er sagte alles aus, was er wusste. Nach seiner Aussage in dem Prozess gegen Dihr nach dem Krieg hatte dieser ihn von Anfang an brutal behandelt. Als Dihr bei Karl W.s erster Vernehmung nichts aus ihm herausbringen konnte, habe er ihn zweimal ins Gesicht geschlagen, »sodaß ihm das Zahnfleisch blutete und die Zähne schmerzten«. Es war ein Wunder, dass er überhaupt so lange durchhielt.

Die Informationen, die Dihr aus diesen Leuten herauspresste, ermöglichten ihm die Verhaftung von 25 Personen in Krefeld, die in einem Prozess vor dem Düsseldorfer Sondergericht am 6. August 1937 alle zu Gefängnisstrafen zwischen vier Monaten und zwei Jahren verurteilt wurden. Mehr noch: Die Gestapo konnte auch in anderen Städten zahlreiche Verhaftungen vornehmen.

Otto Dihrs Abschlussbericht zu dem Fall lässt sich einiges über den Ursprung und den weiteren Verlauf der gesamten Flugblattaktion sowie über die wichtige Rolle entnehmen, die Dihr persönlich beim Vorgehen der Gestapo gegen die Zeugen Jehovas in einem Großteil von Mittel- und Norddeutschland gespielt hat. Während der Vernehmung der Verdächtigen in Krefeld erfuhr Dihr, Johann C. (dessen Namen Hubert H. ihm genannt hatte) habe die

Aktion in der gesamten Region Niederrhein geleitet. Johann C. und ein weiteres führendes Gemeindemitglied namens Albert W., der zum Zeitpunkt von Johann C.s Verhaftung geflohen und unauffindbar war, hatten einen Bauern und ehemaligen Lkw-Fahrer namens Peter L. aus Moers beauftragt, mehrere große Pakete mit den Flugblättern auf seinen Lkw zu laden und in verschiedenen deutschen Städten auszuliefern. Peter L.s lange Reise begann am 9. Juni. Um elf Uhr abends traf er Albert W. vor dem Krefelder Hauptbahnhof. Albert W. gab ihm die Hälfte eines in der Mitte durchgerissenen Zehnmarkscheins und wies ihn an, bei jedem der folgenden Treffs als Erkennungszeichen einen Kunstblumenstrauß hinter den Scheibenwischer zu klemmen. Zunächst solle er nach Herford fahren, wo ein Mann auf ihn warten und ihm die andere Hälfte des Zehnmarkscheins sowie weitere Instruktionen geben werde. Von dort sollte er weiter nach Hannover fahren, wo ihn wiederum ein Mann erwarten und ihn fragen werde, ob er zehn Mark wechseln könne. Danach sollte er verschiedene andere Städte anfahren und bei bestimmten Kontaktpersonen, die ihn alle fragen würden, ob er einen Zehnmarkschein wechseln könne, die Pakete abladen.

Als Peter L. seine Kontaktperson in Herford traf, gab diese einem Dritten ein Zeichen, und beide stiegen zu ihm in den Wagen. Die beiden Männer wiesen ihn an, durch eine dunkle und ihm unbekannte Gegend zu fahren. Etwa 20 bis 30 Kilometer außerhalb Herfords fuhren sie an einer unbeleuchteten Tankstelle vorbei. Das Einzige, was er unterwegs erkannt habe, sei ein Straßenschild mit der Aufschrift »Lemgo« gewesen. Nach einer weiteren Fahrt von einigen Kilometern bogen sie auf einen unbefestigten Feldweg ein. Kurz danach musste Peter L. vor einem Haus anhalten, vor dem zwei Männer warteten. Diese Männer brauchten etwa zehn Minuten, um Pakete einzuladen, die vielleicht dem Gewicht von fünf erwachsenen Personen entsprachen. Von da an fuhr er ohne Begleitung zu einem bestimmten Treffpunkt in Hannover. Seine dortige Kontaktperson fuhr mit einem Fahrrad vor ihm her und führte ihn zu einem leeren Lagerschuppen, wo er zehn bis zwölf Pakete ablud, in denen sich seiner Schätzung nach 60 000 Flugblätter befanden. Von dort fuhr er nach Dortmund, wo er weitere sechs Pakete mit schätzungsweise 30 000 Flugblättern entlud. Dort traf er Albert W., der mit ihm nach Duisburg fuhr. In Duisburg packte Albert W. einen großen Koffer mit den Flugblättern voll und verließ

Peter L., der nach Moers zurückfuhr und die letzten 1500 Flugblätter seinem Vater übergab. Die meisten dieser Details verriet der 32 Jahre alte Peter L. der Gestapo während seiner Vernehmung in Krefeld. Später fuhr er mit zwei Krefelder Gestapobeamten, Dihr und van der Rheydt, und einem Düsseldorfer Beamten namens Heinzelmann zu den einzelnen Stellen, an denen er die Pakete mit den Flugblättern aufgeladen und später wieder abgeladen hatte, und zeigte ihnen genau, wo er gewesen war. Das führte zu zahlreichen weiteren Verhaftungen in den Städten, die er angefahren hatte. Am Ende war die Gestapo in der Lage, fast alle zu verhaften, die an der Aktion beteiligt waren. Zur »Belohnung« für seine Aussagebereitschaft empfahl Dihr dem Gericht »eine entsprechend milde Beurteilung« von Peter L.[116] L. erhielt sechs Monate Gefängnis. Sein Vater, ein 58-jähriger Bauer aus Moers, kam nicht so glimpflich davon. Nachdem er seine Gefängnisstrafe von einem Jahr und drei Monaten verbüßt hatte, nahm die Gestapo ihn erneut fest und schickte ihn in ein Konzentrationslager, aus dem er nicht mehr lebend herauskam.

Zusammenfassung

Es ist wichtig festzuhalten, dass Denunziationen bei der Verfolgung der Zeugen Jehovas ebenso wenig eine Rolle gespielt haben wie bei der Verfolgung von Geistlichen der beiden christlichen Kirchen in Deutschland, die den Mut fanden, gegen das NS-Regime oder dessen Vorgehen gegen die linke Opposition aufzustehen. Die Beweise, auf deren Grundlage die Gestapo die religiösen Gegner des Regimes vor Gericht brachte, stammten zum größten Teil aus erzwungenen Geständnissen oder aus Informationen von Gestapospitzeln. Die wenigsten dieser Spitzel kamen aus den Reihen der Geistlichkeit selbst oder gehörten religiösen Gemeinschaften wie den Zeugen Jehovas an, obwohl das auch vorkam. Meist waren es NSDAP-Funktionäre wie der Mann, der Pater Josef Spieker angezeigt hatte.

Viele Deutsche hielten während des Dritten Reiches an ihren religiösen Überzeugungen fest. Nur fanatische und »hundertfünfzigprozentige« Nationalsozialisten – und selbst davon nicht alle – wandten sich von Gott ab und setzten ihren ganzen Glauben in Hitler. Man kann darin ein Scheitern der totalitären NS-Bewegung sehen. Man kann es auch als ein Versagen der Kirchenoberen betrachten, die ihre Kanzeln nur selten dazu benutzten, ihre Anhänger vor Hitler und seinem Regime zu warnen, und in der Regel die notwendigen Zugeständnisse machten, um ihren religiösen Aufgaben ungestört nachgehen zu können. Die Nationalsozialisten waren bereit, bei der Bevölkerung ein gewisses Maß an religiöser Identifikation zu tolerieren, solange dadurch die Realisierung ihrer wichtigsten Ziele nicht gefährdet wurde. Da dies überwiegend nicht der Fall war, konnte die Polizei gegenüber unbedeutenderen religiösen Protesten beide Augen zudrücken. Die Kirchen und die Kirchgänger sahen ihrerseits häufig weg, wenn es um Verbrechen des Regimes ging, solange sie nicht selbst unmittelbar bedroht waren. Nur eine kleine Zahl von Menschen – einige Priester und Pastoren wie Josef Spieker und Dietrich Bonhoeffer und einige religiöse Eiferer wie die Zeugen Jehovas – erhob wirklich lautstark Protest. Dann aber kannten die Nationalsozialisten keine Skrupel und übten keinerlei Nachsicht. Sie erkannten genau, von welcher Seite ihnen Gefahr drohte, und sie handelten erbarmungslos, um ihre Gegner zu vernichten. Schließlich wussten auch sie, dass die wenigsten Menschen bereit waren, zu Märtyrern zu werden.

IV

Nationalsozialistischer Terror und »gewöhnliche« Deutsche

Jeder hat das gemacht.
Mein Vater hat jeden Abend BBC gehört!

KÖLNER HAUSFRAU

Aber nun war es gut, war alles gut,
der Kampf beendet.
Er hatte den Sieg über sich selbst errungen.
Er liebte den Großen Bruder.

GEORGE ORWELL, 1984

Kapitel 7

Terror
und »gewöhnliche« Deutsche

1933–1939

Die meisten Deutschen waren keine Nationalsozialisten. Die meisten waren auch keine Juden, keine Kommunisten im Untergrund oder Zeugen Jehovas. Die meisten konnten nachts ruhig schlafen, leisteten tagsüber produktive Arbeit und genossen während der Friedensjahre des Dritten Reiches ihr Leben. Warum hätten sie es auch nicht tun sollen? Mit der Wirtschaft ging es bergauf, die meisten hatten wieder Arbeit, ihr Land gewann allmählich seinen Stolz zurück, und noch herrschte Frieden. Sie wussten, dass Juden, Kommunisten, Sozialdemokraten und einige religiöse Aktivisten verfolgt wurden. Sie konnten es in den Tageszeitungen lesen.[1] Sie wussten, dass die Polizei sehr präsent war, dass es ein Übermaß an Verordnungen und Gesetzen gab, die die persönliche Freiheit einschränkten, und dass alle gefährdet waren, die sich weigerten, sich den Wünschen Hitlers zu fügen. Viele grollten und beschwerten sich in den eigenen vier Wänden, doch den meisten fiel es nicht allzu schwer, sich zu arrangieren. Viele, wahrscheinlich die meisten, waren noch immer überzeugt, dass die Polizei und die gesetzlichen Vorschriften dazu dienten, sie zu beschützen. Für die meisten gewöhnlichen Deutschen stellte der nationalsozialistische Terror keine reale Bedrohung dar.

Viele werden diese letzte und auch andere Behauptungen im vorigen Abschnitt bestreiten. Selbst wenn man die Ergebnisse neuerer Forschungen akzeptiert, denen zufolge die Gestapo nicht allwissend, allmächtig und allgegenwärtig war und ihr nur begrenzte finanzielle und personelle Mittel zur Verfügung standen,[2] kann man zugleich auf andere Forschungsergebnisse verweisen, die die Bedeutung von Denunziationen aus der breiten Bevölkerung betonen, wenn es darum ging, die Deutschen auf Linie zu halten.[3] Diese neuere Forschung über Denunziationen im Dritten Reich könnte bedeuten, dass die deutsche Bevölkerung ebenso viel oder sogar noch mehr zu befürchten hatte, als es der Fall gewesen wäre, wenn die Gestapo tatsächlich über die enormen Mittel verfügt hätte, die man ihr früher unterstellte. Mit anderen Worten: Die Gestapo brauchte überhaupt kein Netz von Agenten und Spitzeln, um über die Ansichten und Aktivitäten der Normalbürger informiert zu sein. Nachbarn, Arbeitskollegen und Familienangehörige waren stets in der Nähe und bekamen vieles mit. Ein Zank zwischen Nachbarn, eine Verstimmung zwischen Liebenden, der Neid eines Kollegen oder ein Generationenkonflikt konnten leicht zu einem anonymen Brief oder einer offiziellen Anzeige führen, auf Grund deren die Gestapo aktiv wurde, was für den Beschuldigten wiederum schlimme Folgen haben konnte. Darüber hinaus sind Historiker, die sich in den letzten zwanzig Jahren mit dem »Alltag« im Dritten Reich beschäftigt haben, zu dem Ergebnis gelangt, dass zwar offener Protest oder gar Widerstand kaum zu beobachten, Unzufriedenheit, Missstimmungen und Opposition dagegen durchaus verbreitet waren. Temperamentvolle und aufsässige Jugendgruppen wie die Edelweißpiraten, Kittelbachpiraten, Navajos, Nerother, Meuten, »Swings« und andere Bünde, Banden und Cliquen von Jugendlichen weigerten sich mitzumachen, führten einen Krieg gegen ihre Feinde von der Hitler-Jugend und stellten die Pläne der Nationalsozialisten für ein »tausendjähriges Reich« in Frage. Viele »gewöhnliche« Frauen waren unglücklich über ihre untergeordnete Rolle in der tyrannischen, von Männern dominierten Gesellschaft und brachten ihren Unmut in Flüsterwitzen, in ihrer Kleidung und ihrem Verhalten zum Ausdruck, die das moralische Gefüge der Gesellschaft gefährdeten. Zahlreiche Männer und Frauen aus allen sozialen Schichten erzählten sich regimekritische Witze, verbreiteten boshafte Gerüchte, hielten hartnäckig an ihrer religiösen Zugehörigkeit fest, boten Opfern und Gegnern des Regimes ihren Beistand an, machten »Dienst nach Vorschrift« und taten, was sie konnten – auch wenn sie nicht zu einem bewaffneten Widerstand übergingen –, um die Autorität des Regimes zu untergraben.[4]

Diese neuen Perspektiven und das Material, das diese Historiker über den nationalsozialistischen Terror und die alltägliche Opposition gegen das Regime zu Tage gefördert haben, sind überzeugend. Sie drohen jedoch die unbequeme Wahrheit zu verdunkeln, dass die überwältigende Mehrheit der Deutschen sich bereitwillig mit der Ideologie und der Politik des Nationalsozialismus arrangierte und unter den Folgen ihrer gelegentlichen und weitgehend harmlosen negativen Äußerungen über das Regime so gut wie gar nicht zu leiden hatte, selbst wenn die Gestapo durch Denunziationen oder auf anderen Wegen davon erfuhr. Eine Fülle der verschiedensten Belege, die in diesem und den beiden folgenden Kapiteln vorgelegt werden, soll zeigen, dass diese unbequeme Wahrheit in allen Jahren des Dritten Reiches zutraf, selbst während des Krieges, als das NS-Regime drohte, jede Verweigerung und jeden Ungehorsam mit äußerster Härte zu ahnden. Die meisten gewöhnlichen Deutschen, die nie im Brennpunkt der nationalsozialistischen Terrormaßnahmen standen, machten während des Dritten Reiches völlig andere Erfahrungen als die erklärten Feinde des Regimes.

Eine Umfrage unter »gewöhnlichen« Einwohnern Kölns

Einer der aufschlussreichsten Befunde im Hinblick auf die Erfahrungen gewöhnlicher Deutscher mit dem Nationalsozialismus ist das Ergebnis einer Umfrage, die der deutsche Soziologe und Meinungsforscher Karl-Heinz Reuband und ich unter 300 zufällig ausgewählten deutschen Bürgern durchgeführt haben, die im Herbst 1993 in Köln wohnten. Um sicherzugehen, dass alle, die sich an der Umfrage beteiligten, während des Dritten Reiches alt genug waren, um die Ereignisse in ihrer Umgebung bewusst wahrzunehmen, beschlossen wir, nur Personen anzuschreiben, die vor 1929 geboren waren. Etwa jeder Zweite der von uns Angeschriebenen war zwischen 65 und 74, die übrigen waren über 74 Jahre alt. Etwas mehr als die Hälfte derjenigen, die einen ausgefüllten Fragebogen zurückschickten, hatte bereits während des Dritten Reiches in Köln gewohnt, die übrigen waren irgendwann nach 1945 hierher gezogen. Das Ausfüllen des Fragebogens dauerte zwischen 30 und 60 Minuten. Er enthielt mehrere Frageblöcke zur sozioökonomischen Herkunft der Befragten, zu ihren Erfahrungen und Beobachtungen im Hinblick auf den nationalsozialistischen Terror, ihrer Beteiligung an illegalen Aktivitäten im Dritten Reich (vom Erzählen verbotener Witze oder dem Hören von Auslandssendern bis zum Verteilen regimefeindlicher Flugblätter), zu ihren Erinnerungen daran, wie sie damals über Hitler und den Nationalsozialismus gedacht hatten und inwieweit sie bereits vor Kriegsende von der Verfolgung und Ermordung der Juden und anderer Opfer des NS-Regimes gewusst hatten.

Als wir unseren Fragebogen verschickten, waren wir keineswegs sicher, ob wir eine positive Reaktion erhalten würden. Die Bitte an die Adressaten, sich an Einzelheiten ihres Lebens im Dritten Reich zu erinnern und darüber etwas mitzuteilen, brachte viele dieser gewöhnlichen Deutschen in eine ungemütliche Lage. Wir boten ihnen keine Anreize und keine Belohnungen. Mehrere der Angeschriebenen teilten uns per Telefon oder Brief mit, dass sie unser Ansinnen als eine Zumutung und eine Frechheit betrachteten. Andere ließen uns wissen, sie seien zu alt oder zu krank, um den Fragebogen zu beantworten. Einige drohten, die Polizei zu benachrichtigen, falls wir sie weiter belästigen sollten. (Bei denjenigen, die überhaupt nicht antworteten, hakten wir zweimal nach, wie es bei Umfragen gängige Praxis ist.)[5] Einer unserer Adressaten schickte den Fragebogen unausgefüllt zurück, hatte jedoch quer über die erste Seite mit blauem Filzschreiber geschrieben: »Leck mich am Arsch, Kokoschinski.« Wir verstanden das so, dass der Betreffende sich durch die Umfrage auf den Schlips getreten fühlte. Knapp zwei Drittel (63 Prozent) der Angeschriebenen aber schickten den Fragebogen ausgefüllt an uns zurück, und etwa jeder Dritte von ihnen erklärte sich bereit, in anschließenden persönlichen Interviews von seinen damaligen Erlebnissen zu erzählen. Seitdem haben wir mit einer großen Zahl dieser Menschen gesprochen. In ausführlichen, auf Band aufgezeichneten Interviews bestätigten die meisten von ihnen die Antworten, die sie auf dem Fragebogen gegeben hatten, und lieferten uns darüber hinaus eine Fülle weiterer wertvoller Informationen.

Am Anfang waren wir von den Antworten überrascht, da ich damals die Recherchen für dieses Buch in den Archiven noch nicht beendet hatte. Zunächst einmal fanden wir es erstaunlich, dass unter denen, die den Fragebogen ausgefüllt und zurückgeschickt hatten – Menschen, die in einer Stadt lebten, die sich etwas darauf zugute hielt, dass hier die Nationalsozialisten bei Wahlen den geringsten Stimmenanteil aller deutschen Großstädte erhalten hatten –, 55 Prozent zugaben, sie hätten damals an den Nationalsozialismus geglaubt.[6] Sie hätten die Unwahrheit sagen oder ihre frühere Überzeugung mit einer entschuldigenden Erklärung versehen können. Hätten sie beispielsweise geantwortet, dass sie dem Nationalsozialismus kritisch gegenüberstanden, hätten wir unmöglich feststellen können, ob dies tatsächlich der Wahrheit entsprach. Angesichts der Tatsache, dass die NSDAP in Köln bei Wahlen zur

Zeit der Weimarer Republik stets schwächer abgeschnitten hatte als in anderen deutschen Großstädten, war es für uns dagegen nicht überraschend, dass bei denjenigen, die bereits während des Dritten Reiches in Köln gelebt hatten, der Anteil der Zustimmung zu den Nationalsozialisten niedriger lag als bei denen, die erst nach dem Krieg zugezogen waren (52 gegenüber 59 Prozent). Allerdings reichte dieser Unterschied nicht aus, um die Behauptung zu stützen, der Nationalsozialismus habe nach der Machtergreifung Hitlers in Köln signifikant weniger Anhänger als anderswo gehabt. Es war im Gegenteil ernüchternd, anhand der Antworten festzustellen, dass die Nationalsozialisten nach der Machtergreifung in Köln wie im gesamten Deutschland sehr erfolgreich darin waren, neue Anhänger zu gewinnen. Bei den letzten Reichstagswahlen in Deutschland vom 5. März 1933, als die NSDAP ihren größten Wahlerfolg feierte, hatten nur 33 Prozent der Wähler in Köln der NSDAP ihre Stimme gegeben, in ganz Deutschland waren es 43,9 Prozent. Man kann lediglich Vermutungen darüber anstellen, wie weit die Zustimmung zur NSDAP gestiegen wäre, wenn man die deutsche Bevölkerung noch einmal befragt hätte, bevor der Krieg verloren wurde und bevor sie die weltweite Ächtung wegen der millionenfachen Morde an Juden und anderen auf sich gezogen hatte. Wir dürfen zudem annehmen, dass der Anteil der Personen, die fünfzig Jahre später angaben, sie hätten an den Nationalsozialismus geglaubt, sogar noch höher als 55 Prozent gewesen wäre, wenn sämtliche Adressaten den Fragebogen ausgefüllt zurückgeschickt hätten.

Diejenigen, die ihren eigenen Angaben zufolge an den Nationalsozialismus geglaubt hatten, unterschieden sich von den anderen deutlich im Hinblick auf Alter, Geschlecht, soziale Herkunft, Bildung und Religionszugehörigkeit. Aus früheren Untersuchungen wissen wir, dass sich die Anhänger der NSDAP etwas stärker aus dem Mittelstand als aus der Arbeiterklasse rekrutierten, auch wenn der Nationalsozialismus seine Anhänger in allen Schichten der Gesellschaft fand. Es kam deshalb für uns nicht unerwartet, dass Personen mit einem höheren Schulabschluss oder einem akademischen Grad etwas häufiger (60 Prozent) angaben, an den Nationalsozialismus geglaubt zu haben, als Personen, die lediglich die Volksschule besucht hatten (55 Prozent).[7] Deutlicher ausgeprägt waren die von uns beobachteten Unterschiede zwischen Männern und Frauen. Während fast drei Viertel (71 Prozent) der Männer angaben, sie hätten an den Nationalsozialismus geglaubt, waren es bei den Frauen weniger als die Hälfte (47 Prozent). Auch in den einzelnen Altersgruppen ergaben sich Unterschiede. Während 68 Prozent der jüngsten Gruppe, das heißt derjenigen, die 1993 zwischen 65 und 69 Jahre alt waren, angaben, sie hätten an den Nationalsozialismus geglaubt, bejahten in der Gruppe der über Achtzigjährigen nur noch 33 Prozent diese Frage. Dieses Ergebnis deutet darauf hin, dass der Nationalsozialismus möglicherweise zu seiner Zeit eine größere Anziehungskraft auf die Jugendlichen als auf die Erwachsenen ausgeübt hat. Die Unterschiede zwischen Katholiken und Protestanten schließlich waren zwar nicht so ausgeprägt wie die zwischen den Geschlechtern und den verschiedenen Altersgruppen, aber einen wahrnehmbaren Unterschied gab es dennoch: 65 Prozent der Protestanten gegenüber 51 Prozent der Katholiken gaben an, sie hätten an den Nationalsozialismus geglaubt. Dieser Befund deckt sich mit den Ergebnissen von Wahlanalysen, denen zufolge der Nationalsozialismus unter den Protestanten mehr Anhänger fand als unter Katholiken, sowie mit der Tatsache, dass das NS-Regime die katholische Geistlichkeit stärker verfolgte als die evangelische.

In mancher Hinsicht erstaunlicher als die Antworten auf die Frage nach der damaligen Einstellung zum Nationalsozialismus waren die Antworten auf die Frage nach einer Beteiligung der Adressaten an illegalen Aktivitäten während der NS-Zeit. Auf einer Auswahlliste möglicher illegaler Aktivitäten, die damals besonders verbreitet waren, sollten die Befragten ankreuzen, welche Aktivitäten auf sie zutrafen. Fast alle, die den Fragebogen ausgefüllt zurückgeschickt hatten, gaben an, sie hätten solche illegalen Handlungen weitgehend unabhängig davon begangen, ob sie damals an den Nationalsozialismus geglaubt hatten oder nicht. Obwohl die meisten dieser gesetzwidrigen Handlungen eher unbedeutend waren, hätten sich diese gewöhnlichen Deutschen damit in große Schwierigkeiten bringen können. Am stärksten verbreitet war das – strengstens verbotene – Hören von »Feindsendern« (in der Regel der BBC) während des Krieges, ein Delikt, das von 53 Prozent der Befragten angekreuzt wurde[8] und schwere Strafen, unter Umständen sogar die Todesstrafe, nach sich ziehen konnte (auch wenn das selten vorkam).

Eines Tages im Sommer 1995, kurz bevor meine Familie und ich aus Köln, wo ich fast fünf Jahre gelebt und zum Thema dieses

Buchs geforscht hatte, in die Vereinigten Staaten zurückkehrten, wurde ich von einer alten Nachbarin gefragt, um was es bei meiner Forschungstätigkeit eigentlich gehe. Während der ganzen Zeit, in der wir Nachbarn waren, hatte ich sorgfältig vermieden, mit ihr und ihrem Mann über meine Arbeit zu reden. Er hatte der Waffen-SS angehört und mehrere Jahre in sowjetischen Gefangenenlagern verbracht; sie hatte ihren Vater und ihre Schwester an einem der letzten Tage des Krieges während eines Artillerieangriffs auf die Amerikaner verloren, die Köln im März 1945 besetzt hatten. Angesichts dieser Vorgeschichte wollte ich diese freundlichen und rücksichtsvollen Nachbarsleute, die von unseren Kindern mit Oma und Opa angeredet wurden, nicht beunruhigen. Ich versuchte der Frau eine ehrliche, aber harmlose Antwort zu geben und sagte ihr, ich untersuchte bestimmte Verhaltensweisen im Dritten Reich wie beispielsweise das Hören von Auslandssendern. Als ihr Mann das hörte, sagte er »Um Gottes willen!«, fuhr sich mit der flachen Hand quer über den Hals und sagte leicht ironisch: »Niemand hat das gemacht. Das wäre der Tod gewesen!« Dann drehte er sich um und ging hastig in seine Wohnung. Seine Frau folgte ihm, doch bevor sie die Wohnung betrat, drehte sie sich um und flüsterte meiner Frau und mir zu, ihr Mann habe nicht gewusst, was wirklich passiert sei, weil er weit weg an der Ostfront gewesen sei. »Jeder hat das gemacht«, sagte sie. »Mein Vater hat jeden Abend BBC gehört!«

Tatsächlich erzählten uns in den persönlichen Interviews, die wir nach der Auswertung der Fragebogen führten, fast alle Befragten, sie hätten regelmäßig die Sendungen der BBC gehört. Einige hatten dafür eine Decke über das Radio gehängt, so dass die Nachbarn nichts hören konnten; andere hatten das Gerät auf normale Lautstärke eingestellt, ohne sich um die Nachbarn zu kümmern. Ein ehemaliger Polizist aus Eberswalde bei Berlin – der als SS-Hilfspolizist während des Krieges persönlich an der Ermordung russischer Juden teilgenommen hatte und außerdem Wachtposten in Dachau war – berichtete, er habe jeden Abend mit Kopfhörer die BBC gehört.[9] Ein anderer, der in der Wehrmacht Funker gewesen war und das Massaker an den Pinsker Juden miterlebt hatte, erzählte mir, er und einige Kameraden an der Ostfront hätten im Krieg regelmäßig die BBC-Sendungen gehört. Am besten hätten ihnen die schmutzigen Witze der Engländer gefallen, aber sie hätten auch regelmäßig Musik- und Nachrichtensendungen gehört.[10]

Als vorläufig letzter Beleg zu diesem Punkt (ich werde im nächsten Kapitel darauf zurückkommen) mag ein Auszug aus einer Akte dienen. In einem Bericht vom 13. August 1943 über die Stimmung in der Bevölkerung notierte ein 47-jähriger katholischer Priester aus Aachen, der unter dem Decknamen »Mons« als »V-Mann« für die Kölner und Aachener Gestapo in der Eifel tätig war, dass »ein erheblicher Teil der Bevölkerung mehr als bisher ausländische Sender abhört. Auf einer Klerikerkonferenz der Nordeifel betonte ein Pfarrer, daß nach seiner Meinung etwa 90 % seiner Pfarrkinder ausländische Sender abhörten.«[11]

Das verbotene Hören von Auslandssendern war eine weitgehend passive Tätigkeit und so verbreitet, dass sie als normal hätte gelten können, wäre sie nicht vom Regime unter Strafe gestellt worden. Die anderen Formen illegaler Handlungen, die die Befragten zugaben, erforderten eine aktivere Rolle. Außerdem erfolgten sie gemeinsam mit anderen und konnten deshalb von den Behörden als bedrohlicher eingestuft werden. Ein besonders wichtiges Beispiel hierfür war das Weitererzählen politischer Witze, die das Regime lächerlich machten. In den Akten der Gestapo und der Sondergerichte finden sich zahlreiche Beispiele für Fälle, die mit solchen Witzen begonnen haben. Die meisten davon waren relativ harmlos und nicht darauf gerichtet, das Regime ernsthaft zu diffamieren. Das erkannten auch die Gestapo und die Sondergerichte selbst, doch im Laufe der Zeit und vor allem während der Kriegsjahre waren sie immer weniger bereit, das Erzählen solcher Witze mit Nachsicht zu behandeln. Wenn jemand in den dreißiger Jahren von der Gestapo vorgeladen wurde, weil er einen politischen Witz auf Kosten hoher Funktionsträger von Partei und Staat erzählt hatte, musste er schlimmstenfalls mit einigen Wochen oder Monaten Haft rechnen; während der Kriegsjahre forderte Hitler persönlich, solche Delikte vom Volksgerichtshof wegen »Defätismus« oder »Wehrkraftzersetzung« hart ahnden zu lassen. Obgleich es in der Regel nicht so weit kam, geschah es doch häufig genug, um jedem Witzbold, der sein Leben noch etwas genießen wollte, den Spaß zu verderben.

In einem Buch über schwarzen Humor im Dritten Reich führt Ralf Wiener den Fall einer Graphikerin an, die kurz zuvor ihren Mann an der Front verloren hatte und trotzdem am 26. Juni 1943 zum Tode verurteilt wurde, weil sie einer Kollegin in dem Rüstungsbetrieb, in dem sie arbeitete, den folgenden Witz erzählt hatte:

280

»Hitler und Göring stehen auf dem Berliner Funkturm. Hitler sagt, er möchte den Berlinern eine Freude machen. Darauf Göring zu Hitler: ›Dann spring doch vom Turm herunter.‹«[12] Doch anscheinend konnte selbst eine derart drakonische Strafe wie die Todesstrafe große Teile der Kölner Bevölkerung nicht abschrecken. 27 Prozent der Befragten gaben an, sie hätten im Dritten Reich solche verbotenen Witze erzählt, und viele von ihnen unterhielten uns in den anschließenden Interviews nur zu gern mit einigen ihrer Lieblingswitze aus jener Zeit. Offenbar haben die Kölner ihren Ruf als begeisterte Jecken zu Recht.

Zwei weitere Formen illegaler Aktivitäten, die von den Befragten angegeben wurden, waren Hilfeleistungen für Opfer des Regimes (9 Prozent) und die Teilnahme an verbotenen Jugendgruppen (4 Prozent). Diese Zahlen sind niedrig, aber nicht unerheblich. Außerdem sind sie einmal mehr ein Hinweis darauf, dass viele gewöhnliche Deutschen sich irgendwann während des Dritten Reiches zumindest an kleineren verbotenen Akten politischer Natur beteiligt haben. Hätten wir die Adressaten unserer Umfrage auch danach gefragt, ob sie noch in anderer Weise gegen bestehende Gesetze verstoßen hatten, etwa durch Hören von Swingmusik und Tanzen zu solcher Musik oder durch Verbreitung von regimekritischen Klatschgeschichten und Gerüchten, so hätten wahrscheinlich die allermeisten mit Ja geantwortet. Viele haben uns zum Beispiel erzählt, sie hätten über die Verfolgung und Ermordung der Juden, die Ermordung von körperlich und geistig Behinderten und über die körperlichen und seelischen Folterungen durch die Gestapo bei Vernehmungen gesprochen. Wir haben jedoch nicht explizit danach gefragt, ob sie selbst solche Informationen verbreitet hatten.

Man könnte alle diese Befunde so deuten, dass die Regierung in der Bevölkerung äußerst unbeliebt war, was natürlich eine Fehlinterpretation wäre. Nicht nur hatte die Mehrheit der Befragten angegeben, sie habe an den Nationalsozialismus geglaubt, die meisten von denen, die zugaben, sich an illegalen Aktivitäten beteiligt zu haben, sagten auch, dass sie ihren kleinen Akten der Verweigerung keine besondere Bedeutung beigemessen hätten. In einer weiteren Frage wollten wir von den Adressaten wissen, ob sie sich am »aktiven Widerstand« beteiligt hatten. Nur eine einzige Person, 0,5 Prozent aller Befragten, antwortete mit Ja. Sie war Zahnärztin und die Tochter eines ehemaligen Zentrumspolitikers, der zum

Nationalsozialismus von Anfang an in Opposition gestanden hatte, und erzählte uns, sie habe einer illegalen Organisation angehört, die während des Krieges regimefeindliche Flugblätter verteilt habe.

Einen weiteren Anhaltspunkt dafür, dass die deutsche Bevölkerung im Hören von Feindsendern, dem Erzählen regimekritischer Witze, in der Hilfeleistung für Opfer des Regimes und der Zugehörigkeit zu einer verbotenen Jugendgruppe keine ernsthafte Bedrohung für das Regime sah, kann man darin erkennen, dass 75 Prozent der Befragten angaben, sie hätten zu keiner Zeit befürchtet, man könnte sie wegen ihrer illegalen Handlungen verhaften. 9 Prozent der Adressaten ließen die Frage unbeantwortet, ob sie jemals eine solche Furcht empfunden hatten; wenn man diesen Anteil von der Gesamtzahl der Befragten abzieht, liegt der Anteil derjenigen, die angaben, niemals diese Angst verspürt zu haben, sogar bei 82 Prozent. Bei der kleinen Gruppe von Personen, die sich davor fürchteten, spielte das Geschlecht nur eine untergeordnete Rolle, doch ergaben sich Unterschiede im Hinblick auf Alter, Religion, Bildungsstand, den Glauben an den Nationalsozialismus und Wohnort. Diejenigen, die angaben, sie hätten eine Verhaftung befürchtet, gehörten eher der älteren der beiden Altersgruppen an, waren gebildeter, eher katholisch, hatten am Nationalsozialismus gezweifelt und bereits während des Dritten Reiches in Köln gelebt. Diejenigen, die im Dritten Reich noch überwiegend im Jugendalter waren, meist nur Volksschulbildung hatten, protestantisch waren und an den Nationalsozialismus geglaubt und damals noch nicht in Köln gewohnt hatten, gaben in der Mehrzahl an, keine Verhaftung befürchtet zu haben. Ergänzt wird dieses Bild, dem zufolge die meisten der Befragten keine Verhaftung befürchteten, durch unsere Befunde, dass eine große Mehrheit der Befragten nicht eine einzige Person persönlich kannte, die während des Dritten Reiches von der Gestapo oder Kripo verhaftet oder eines Deliktes auch nur beschuldigt worden wäre. Außerdem hatte nur eine winzige Minderheit damals irgendetwas von Spitzeln oder Denunzianten in der Nachbarschaft oder am Arbeitsplatz mitbekommen.

Die Ergebnisse unserer Befragung sprechen nicht dafür, dass die meisten Deutschen mit der Gesamtheit der politischen Maßnahmen der Nationalsozialisten einverstanden gewesen wären. Sie belegen auch nicht, dass die meisten Deutschen den nationalsozialistischen Terror nicht zu fürchten gehabt hätten. Sie lassen jedoch stark vermuten, dass die meisten gewöhnlichen Deutschen dem NS-Regime anhingen, die Gestapo nicht als allmächtig oder auch nur für sie persönlich als bedrohlich wahrgenommen haben und genügd Spielraum hatten, um ihrer Enttäuschung und ihrem Unmut über weniger gravierende Aspekte des NS-Staates und seiner Führung Luft zu machen. Eine Untersuchung des tatsächlichen nationalsozialistischen Terrors, der gegen ganz bestimmte Gruppen innerhalb der NS-Gesellschaft angewandt wurde, bestätigt, soweit er in Akten festgehalten ist, diese Beobachtungen.

Jugend und nationalsozialistischer Terror

Die meisten Personen, die von uns in Köln befragt wurden, erlebten einen Teil ihrer prägenden Jahre während des Dritten Reiches. Als relativ junge Menschen repräsentierten sie die Zukunft des NS-Staates. »Wer die Jugend hat, hat die Zukunft«, verkündeten die Nationalsozialisten zuversichtlich.[13] Nach den Antworten auf unseren Fragebogen zu schließen, war diese Zuversicht durchaus berechtigt, denn je jünger die Befragten waren, desto höher war der Anteil derer, die an den Nationalsozialismus geglaubt hatten. Doch die Tatsache, dass so viele der Befragten angaben, sie hätten sich im Dritten Reich an verbotenen Aktivitäten beteiligt, lässt vermuten, dass die Nationalsozialisten auch Grund hatten, Teilen der deutschen Jugend misstrauisch gegenüberzustehen.

Jeder, der Hitlers *Mein Kampf* gelesen oder Leni Riefenstahls Propagandafilm *Triumph des Willens* gesehen hat, weiß, dass die Jugend den Nationalsozialisten besonders wichtig war. Viele Seiten widmete Hitler in *Mein Kampf* einer Erörterung der Übel, denen die Jugend in der Weimarer Republik ausgesetzt sei, und Vorschriften im Hinblick auf ihre Indoktrination, sportliche Ausbildung und ihr Betragen in der kommenden nationalsozialistischen Gesellschaft. Er stellte sogar Betrachtungen über ihre Kleidung an.[14] In Riefenstahls berüchtigtem Propagandafilm von 1934 sieht man ständig kraftvolle und begeisterte Jugendliche: Fahnen schwingend, Trommeln schlagend, lächelnd und verzückt in der heiteren Gegenwart ihres Führers. Die damit verbundene Botschaft liegt auf der Hand: Die Vergangenheit hatten sie hinter sich, und die Zukunft gehörte ihnen. Und diese würde unzweifelhaft strahlend sein, wenn sie dem Führer treu blieben.

Hitlers propagandistisches Bild seiner Bewegung als einer der Jugend und der Erneuerung enthielt mehr als nur einen wahren Kern. Er selbst war erst 43 Jahre alt, als er im Januar 1933 zum Reichskanzler ernannt wurde. Seine nächsten Vasallen waren sogar noch jünger. Hermann Göring war vierzig, Rudolf Heß 38, Joseph Goebbels 35, Heinrich Himmler 32 und Reinhard Heydrich erst 28 Jahre alt. In seiner umfassenden Untersuchung über die Mitglieder der NSDAP hat Michael Kater berechnet, dass die einfachen Parteimitglieder im Durchschnitt sogar noch jünger waren.[15] Bevor die Nationalsozialisten an die Macht kamen, lag das Durchschnittsalter ihrer Parteimitglieder bei 25 Jahren. Bis zum Januar 1933 war es geringfügig angestiegen, doch die Partei zog weiterhin weitaus mehr jugendliche Wähler an als die übrigen Parteien. Während die NSDAP zuversichtlich eine nationale Wiedergeburt, Erneuerung und einen Bruch mit den bürgerlichen Traditionen der Vergangenheit versprach – alles Themen, die bei den Mitgliedern der stark organisierten deutschen Jugendbewegung und bei weiten Teilen der deutschen Jugendlichen insgesamt seit langem auf große Resonanz stießen –, hatten die meisten ihrer Gegner der deutschen Jugend kaum etwas anderes anzubieten als Durchhalteparolen.

Trotz der Attraktivität der nationalsozialistischen Botschaft an die deutsche Jugend hatte die eigene Jugendorganisation der NSDAP, die Hitler-Jugend, unter Baldur von Schirach, im Januar 1933 gerade 25 Jahre alt, zu diesem Zeitpunkt erst 55 000 Jugendliche für sich begeistern können. Das war nur ein winziger Bruchteil der fünf bis sechs Millionen organisierter Jugendlicher in Deutschland. Dieser Zustand änderte sich rasch, als Hitler sich daranmachte, die deutsche Jugend »gleichzuschalten«, wie er es auch mit der übrigen Gesellschaft tat. Noch vor Jahresende 1933 waren fast alle politischen, religiösen und anderen Jugendverbände – mit Ausnahme der katholischen Jugend, deren Autonomie durch das Konkordat vom 20. Juli 1933 garantiert wurde – entweder freiwillig in der Hitler-Jugend aufgegangen wie die 800 000 Mitglieder der evangelischen Jugend und die meisten Angehörigen der bündischen Jugend, oder sie waren gewaltsam aufgelöst worden wie der Kommunistische Jugendverband Deutschlands (KJVD), die Sozialistische Arbeiterjugend (SAJ) und der Sozialistische Jugendverband Deutschlands (SJVD).[16]

Auch wenn es noch einige Jahre dauern sollte, bis die Mitgliedschaft in der Hitler-Jugend für alle Jungen und Mädchen zur

Pflicht gemacht wurde, erlebte die HJ fast überall einen kometenhaften Aufstieg. Sie fungierte zunächst primär als Parteijugendorganisation der NSDAP und zog in der Hauptsache Jugendliche aus der unteren Mittelschicht und der Arbeiterschaft an, wuchs sich jedoch innerhalb kurzer Zeit zur weltweit größten Jugendorganisation aus und rekrutierte sich schließlich aus allen gesellschaftlichen Schichten der deutschen Bevölkerung. Die Mitgliederzahlen zeigen, dass Ende 1933 über zwei Millionen deutsche Jugendliche zwischen zehn und achtzehn Jahren zur HJ gegangen waren; bis zum Ende des Folgejahres gehörte bereits die Hälfte aller Jugendlichen dazu, so dass die Gesamtzahl der Mitglieder über dreieinhalb Millionen betrug.[17] Im Regierungsbezirk Köln, wo der starke Einfluss des Katholizismus und eine verbreitete nazifeindliche Gesinnung zunächst der Anziehungskraft Hitlers auf die Jugend und auf Erwachsene entgegengewirkt hatten, war der Zustrom neuer Mitglieder zur Hitler-Jugend sogar noch überwältigender als im übrigen Deutschland. Während die Hitler-Jugend im Gebiet »Mittelrhein« mit Köln als Hauptstadt Anfang 1933 lediglich 800 Mitglieder zählte (weil sie im April 1932 durch die HJ-Reichsleitung aufgelöst worden war), hatte sich diese Zahl bis Ende 1934 mehr als verzweihundertfacht und betrug jetzt 170 000.[18]

Der nächste große Mitgliederzuwachs der HJ erfolgte nach dem am 1. Dezember 1936 erlassenen »Gesetz über die HJ«, das alle deutschen Jugendlichen zwischen zehn und achtzehn Jahren zum Eintritt in die Hitler-Jugend aufforderte; daraufhin stieg in den Wochen bis zum Jahresende die Mitgliederzahl auf fünfeinhalb Millionen. Doch erst mit der 2. Durchführungsverordnung zum Gesetz über die HJ vom 25. März 1939 wurde die Jugenddienstpflicht und damit die Zwangsmitgliedschaft in der HJ eingeführt. Von da an mussten sich alle Kinder am 15. März des Jahres, in dem sie zehn Jahre alt wurden, bei der HJ melden. Die Verantwortung dafür oblag den Eltern und gesetzlichen Vormündern, und falls die Meldung nicht rechtzeitig erfolgte, drohte ein Bußgeld von 150 Mark oder eine Haftstrafe. Jungen von zehn bis vierzehn Jahren kamen ins Deutsche Jungvolk (DJ), Mädchen im selben Alter zu den Jungmädeln (JM) in der HJ. Danach wurden die Jungen in die eigentliche Hitler-Jugend übernommen, wo sie bis zum achtzehnten Lebensjahr blieben, die Mädchen in den Bund Deutscher Mädel (BDM).

Auch wenn die Mitgliedschaft in der HJ allmählich verpflichtenden Charakter bekam, übte sie dennoch auf eine große Zahl deutscher Kinder und Jugendlicher eine unbestreitbare Anziehungskraft aus. Viele Jugendliche genossen die Ferien- und Wanderausflüge, die von der HJ organisiert, und die Sport- und Freizeitaktivitäten, die von ihr angeboten wurden. Daneben waren viele stolz auf die Macht und den Status, den die Uniformen ihnen verliehen, und nutzten die Gelegenheit, »sich, zum Teil aggressiv, mit traditionellen Autoritätsfiguren auseinanderzusetzen: dem Lehrer, dem Vater, dem Vorarbeiter, dem Pfarrer«.[19] Man könnte erwarten, dass das Militärische an der HJ eher die Jungen und männlichen Heranwachsenden anzog als die Mädchen und weiblichen Heranwachsenden. Ute Frevert behauptet dagegen, dies sei nicht der Fall gewesen. Ihrer Meinung nach genossen im Gegenteil die Mädchen die militärische Atmosphäre in der HJ noch mehr als die Jungen und erlebten sie möglicherweise als befreiende Erfahrung. »Mädchen, die ungleich stärker noch als Jungen in die Familie eingebunden waren, mußten diese Spielräume besonders groß und verlockend erscheinen, befreite sie doch die Jugendgruppe zumindest zeitweilig von den geschlechtstypischen Pflichten und Einschränkungen, die eine weibliche Sozialisation kennzeichneten.«[20] Alles in allem vertritt Frevert die These, dass JM und BDM ihren Mitgliedern »Aufstiegs- und Partizipationschancen« sowie einen politischen Status geboten hätten, wie sie sie in der deutschen Gesellschaft noch nie zuvor gehabt hatten.[21]

Trotz der vielen Vorteile, die eine Mitgliedschaft in der HJ mit sich brachte, trat die Kehrseite der Organisation in der zweiten Hälfte der dreißiger Jahre, als die HJ immer größer wurde, mehr und mehr zu Tage. Scharen neuer Mitglieder, die nur unter Zwang eingetreten waren, aber auch viele von denen, die freiwillig gekommen waren, reagierten zunehmend verdrossen auf den Drill, die Reglementierung, die politische Indoktrination, die erzwungene Gleichförmigkeit und den Mangel an Freiheit und individuellen Ausdrucksmöglichkeiten. Zu einer Zeit im Leben junger Menschen, in der diese am stärksten den Wunsch verspüren, mit den Geboten der Generation ihrer Eltern zu brechen und sozial und sexuell zu experimentieren, forderte die HJ Anpassung und erstickte damit die natürlichen Sehnsüchte vieler Jugendlicher. Rauchen, Alkoholgenuss, Partys und sexuelle Kontakte waren verpönt und wurden schließlich sogar kriminalisiert; HJ-Streifen wurden eingesetzt, um die puritanischen Einschränkungen, die der NS-Staat dem jugendlichen Verhalten auferlegte, durchzusetzen. Nach dem Jugendschutzgesetz vom 9. März 1940 durften sich Jugendliche unter 18 Jahren nach Einbruch der Dunkelheit nicht mehr auf der Straße aufhalten und nach neun Uhr abends Kinos und Lokale nur noch in Begleitung eines Erwachsenen besuchen. Jugendliche unter 16 Jahren durften in der Öffentlichkeit nicht rauchen, der Ausschank von Spirituosen an sie war verboten.[22] Vielleicht am schlimmsten für alle deutschen Jugendlichen waren die Einschränkungen der HJ im Hinblick auf Flirts und erste sexuelle Erfahrungen. Hier wurde eine strikte, nur zu seltenen, offiziellen Anlässen aufgehobene Geschlechtertrennung praktiziert. Um jeden erotischen Reiz zu unterdrücken, gab es für beide Geschlechter prüde Kleidervorschriften, Mädchen und junge Frauen unter 21 Jahren wurden davon abgehalten, sich Dauerwellen legen zu lassen, ein Make-up zu benutzen, kurze Röcke oder hochhackige Schuhe zu tragen. Es konnte sogar vorkommen, dass man jungen Frauen, die gegen diese Vorstellungen aus dem neunzehnten Jahrhundert – Zöpfe oder Gretchenfrisur – verstießen, in einer regelrechten Strafzeremonie die Haare abschnitt.[23]

Zwar müssen wir uns vor Übertreibungen hüten, denn die meisten Jugendlichen unterwarfen sich diesen Einschränkungen mindestens ebenso bereitwillig wie die ältere Generation im Dritten Reich,[24] doch spricht manches dafür, dass etwa ab Mitte der dreißiger Jahre in weiten Teilen der deutschen Jugend ein Geist der Aufsässigkeit um sich griff. Offizielle Kriminalstatistiken weisen beispielsweise aus, dass nach einem anfänglichen Rückgang der Jugendkriminalität zu Beginn des Dritten Reiches seit 1937 bis in die Kriegsjahre die Zahl der von Jugendlichen begangenen Straftaten sichtlich zunahm. Während sich der Anteil dieser Straftaten an der Gesamtquote von 1937 bis 1943 verdreifachte, erhöhte sich die Zahl der Eigentumsdelikte und Sittlichkeitsverbrechen von Jugendlichen im selben Zeitraum um gut das Doppelte, und die Fälschungen nahmen um 250 Prozent zu. In den Fälschungen kam vermutlich das Bedürfnis der Jugendlichen zum Ausdruck, sich Zugang zu Vergnügungen der Erwachsenen zu verschaffen, von denen sie gesetzlich ausgeschlossen waren. Andererseits verdient der Hinweis Beachtung, dass die Zahl der von Jugendlichen begangenen Straftaten während des gesamten Dritten Reiches zu keiner Zeit den Stand während des Ersten Weltkrieges erreichte.[25]

Andere Anzeichen für ein wachsendes Gefühl der Unzufriedenheit unter den Jugendlichen finden sich in Stimmungsberichten, die von der Exil-SPD (Sopade) zusammengestellt wurden. Nun muss man bei diesen Berichten mit Übertreibungen rechnen, da sie aus einer Quelle stammen, die ein Interesse daran hatte, die Moral der Opposition gegen das NS-Regime aufrechtzuerhalten, doch viele Historiker haben sie mit Gewinn genutzt, um sich ein Bild von Veränderungen in der Haltung der Bevölkerung zu machen.[26] In dem Versuch zu zeigen, dass sich gegen Ende der dreißiger Jahre in der Hitler-Jugend eine wachsende Krise bemerkbar machte, ein »Umbruch von ursprünglicher Attraktivität zu wachsender Ablehnung seitens der Jugendlichen«, zitiert Peukert aus einem Stimmungsbericht der Deutschlandberichte der Sopade von 1938:

»Auf die Dauer empfindet auch die Jugend den Mangel an Freiheit und den geistlosen Drill, der in den nationalsozialistischen Organisationen geübt wird, besonders lästig. Daher ist es kein Wunder, daß in ihren Reihen die Ermüdungserscheinungen besonders deutlich hervortreten [...] Die Jugend bereitet den zuständigen Parteistellen viel Sorge. Sowohl die männliche wie die weibliche Jugend versucht sich mit allen Mitteln vom Landdienstjahr zu drücken. Im Mai 1938 wurden in Groß-Berlin insgesamt 918 Burschen und 268 Mädchen gesucht, die aus dem Elternhaus heimlich fortgelaufen waren, weil sie nicht in den Landdienst wollten. Polizeistreifen im Grunewald, im Tegeler Forst, im Wannsee-Gebiet bringen zuweilen ganze Lastautos voll von aufgegriffener Jugend, teils aus Berlin, teils aus der Provinz. Ein Teil der Jugend will romantisch leben. In kleinen Höhlen werden ganze Bündel von Schundliteratur vorgefunden.«[27]

Die jüngste Generation der deutschen Historiker, die sich mit der Jugend im Dritten Reich beschäftigen, teilt die Argumentation von Fachkollegen wie Peukert nicht mehr, der vielleicht etwas zu unkritisch nach Beispielen für Nonkonformismus und Opposition unter Jugendlichen gesucht hat und deshalb irrigerweise die gewöhnlich spontanen, unpolitischen und weitgehemd harmlosen Aktivitäten vieler Jugendbanden und -cliquen zu Beispielen für Heroismus und Märtyrertum hochstilisiert hat.[28] Es kann jedoch kein Zweifel bestehen, dass diese Gruppen von den NS-Behörden häufig als lästig empfunden wurden und viele von ihnen sich mit der Hitler-Jugend häufig harte Kämpfe lieferten, um Jugendliche auf ihre Seite zu ziehen. Es gab die verschiedensten Typen solcher Gruppen, und sie warben mit Erfolg Mitglieder in fast allen Landstrichen und sozialen Schichten. Katholische Jugendorganisationen erwiesen sich als besonders widerspenstig und feindselig gegenüber dem Druck von Seiten des Regimes, ihre Aktivitäten einzuschränken; im Februar 1939 wurden sie zwangsweise aufgelöst. Banden von Jugendlichen aus bürgerlichen und Arbeiterfamilien fanden jedoch weiterhin Zulauf; in den einzelnen Orten unter verschiedenen Bezeichnungen bekannt, wurden sie häufig allgemein als »bündische« oder freie Jugendgruppen bezeichnet. Diese Gruppen wurden offenbar sogar noch stärker und kompromissloser, nachdem sie durch ein Gesetz vom Februar 1936 verboten worden waren. Überdies gab es viele Jugendliche aus dem gehobenen Bürgertum und den adligen Familien, denen die NS-Versammlungen und HJ-Mitglieder nicht fein genug waren und die sich den Swing-Clubs anschlossen, wo sie ausgelassen und lasziv zu verbotener Jazzmusik tanzten und den Kleidungsstil, die Sprache und den internationalen Chic der angelsächsischen Gegner des Regimes übernahmen.

Als Hitler an die Macht kam, waren die katholischen Jugendgruppen die größten und bestorganisierten in Deutschland. Mit 1,4 Millionen Mitgliedern in 28 Vereinen hatte die katholische Jugend mehr als zwanzigmal so viele Mitglieder wie die HJ. Die größte dieser Gruppen, der Katholische Jungmännerverband (KJMV), zählte rund 400 000 Mitglieder, der Hauptsitz des Verbandes, das administrative Zentrum, war Düsseldorf.[29] Das symbolische Herz des rheinischen Katholizismus war für die deutsche Jugend jedoch Köln mit seinen zahlreichen alten Kirchen und dem mächtigen Dom.

Mit seiner Aura des Heiligen und einem Fassungsvermögen von bis zu 40 000 Gläubigen war der Kölner Dom einer der bevorzugten Versammlungsorte für Demonstrationen und Kundgebungen der katholischen Jugend.[30] In den dreißiger Jahren kam diese vor allem an hohen katholischen Fest- und Feiertagen hier und an anderen Orten zusammen – häufig unter freiem Himmel auf dem Land –, um ihren Glauben zu bekunden und sich auf diese Weise geistig von der NS-Bewegung und insbesondere von der Hitler-Jugend zu distanzieren. In der ersten Zeit durch das Konkordat geschützt, organisierten die katholischen Jugendorganisationen auch

Sportwettkämpfe, Musikaufführungen und Bildungsveranstaltungen, Aufmärsche, Fahrten und andere Freizeitaktivitäten, die den Jugendlichen sonst nur in der HJ geboten wurden. Revolutionär war das alles nicht. Dennoch duldete das Regime sie nur mit wachsendem Widerwillen.

Die Hitler-Jugend selbst wollte sie überhaupt nicht dulden. Vom Frühjahr 1933 bis zum Verbot der katholischen Jugendorganisationen beklagte sich die HJ ständig über Versammlungen der katholischen Jugend und versuchte mit allen Mitteln, sie zu stören – indem sie nationalsozialistische Parolen skandierte, nationalsozialistische Lieder sang, die Versammlungen stürmte und häufig Kämpfe mit Mitgliedern der katholischen Jugend provozierte.[31] Gelegentlich schlugen die katholischen Jugendlichen zurück. Wenn man den Berichten, die von den HJ-Führern zu den Akten gegeben wurden, glauben darf, befand sich die Hitler-Jugend dabei häufig in der Defensive. In einem dieser Berichte vom Oktober 1933 aus dem Regierungsbezirk Köln hieß es,»nach dem Konkordat sei eine lebhafte Agitation gegen die HJ spürbar geworden [...] Wenn keine besonderen Anlässe gegeben seien, begnügten sich die Vertreter und Vorkämpfer der katholischen Aktion damit, in höhnischer Weise die HJ-Bewegung und auch den Nationalsozialismus herabzusetzen.«[32] Ein weiterer Bericht, der im Dezember 1934 vom HJ-Führer des Regierungsbezirks Köln, Wallwey, erstattet wurde, klagte, die katholische Jugend verfüge über bessere Führer, bessere Quartiere und ein besseres Kampfblatt als die Hitler-Jugend.[33]

Katholische Jugendgruppen mochten noch so tapfer versuchen, sich gegen Angriffe der HJ zu behaupten, gegen den Nationalsozialismus standen sie auf verlorenem Posten. Zwar sahen sich hohe Politiker zunehmend genötigt, die HJ zurückzuhalten, da sie befürchteten, dass deren Überfälle die HJ selbst und den Nationalsozialismus bei der örtlichen Bevölkerung unbeliebt machen könnten[34] (die Gestapo ging gelegentlich sogar dazu über, HJ-Mitglieder zu verhaften), dennoch übten sie in anderer Weise Druck auf die katholische Jugend aus. Diese Taktik erwies sich letztlich als erfolgreicher. Ein KJVM-Bericht vom November 1935 nannte folgende Formen von Schikane:»Falschmeldungen in der Presse, unfaire Kampfweise, Äußerungen maßgebender HJ-Führer, Druck in den Schulen, Druck auf die Beamten, wirtschaftlicher Druck, Strafverfolgung und Rechtsprechung«.[35] Darüber hinaus wurden die Büros der katholischen Jugendverbände überfallen, ihre Heime geschlossen, ihre Zeitungen und Zeitschriften zensiert, und viele ihrer Führer und Seelsorger wurden verhaftet.

Diese systematischen Schikanen hatten einen deutlichen Mitgliederschwund der katholischen Jugendverbände zur Folge: Bis Mitte 1934 war der KJMV von 400 000 auf 100 000 Mitglieder geschrumpft. Die Entschlossenheit dieser Verbände brachen sie indes nicht, die trotz der wachsenden Feindseligkeit der Behörden weiterhin Aufmärsche, Kundgebungen und Demonstrationen veranstalteten und sich auch anderweitig engagierten. Wie im vorhergehenden Kapitel dargelegt, nahm die nationalsozialistische Kampagne gegen ihre katholischen Gegner 1935 deutlich an Schärfe zu. Es kam zu Massenverhaftungen von katholischen Priestern und Jugendführern; außerdem beschlossen die Nationalsozialisten, gegen die katholischen Jugendverbände strengere Maßnahmen zu ergreifen. Eine Gestapoverordnung vom 23. Juli 1935 untersagte allen katholischen Jugendverbänden im gesamten Reichsland Preußen, sich an Aktivitäten zu beteiligen, die nicht rein religiösen Charakter hatten. Insbesondere durften Mitglieder der katholischen Jugend keine Uniformen oder einheitliche Kleidung und in der Öffentlichkeit keine Anstecknadeln oder Medaillons mehr tragen, die sie mit der katholischen Jugend in Verbindung brachten; sie durften öffentlich keine katholischen Kirchenfahnen aushängen; verboten waren außerdem Aufmärsche oder Wandern und Zelten, und sie durften an keinerlei sportlichen Veranstaltungen mehr teilnehmen.

Einzelne Verordnungen in Düsseldorf, Köln und anderen Städten hatten solche Aktivitäten der katholischen Jugend bereits seit über einem Jahr eingeschränkt (in Düsseldorf seit dem Februar 1934 und in Köln seit März 1934).[36] In manchen Städten zwangen die ergriffenen Maßnahmen die katholische Jugend zur völligen Auflösung. Viele Führer und einfache Mitglieder aber wollten sich diesen Verordnungen nicht beugen, auch wenn sie ihre Aktivitäten tarnen mussten. Ein »Elternabend« der katholischen Pfadfinderschaft, der am Sonntagabend, dem 24. Februar 1935, in Marienheide, etwa 20 Kilometer östlich von Köln, abgehalten wurde, ist hierfür ein Beispiel, das zudem zeigt, dass die Gestapo, genau darüber im Bilde war, was hinter dieser Taktik steckte.[37] Ein Exemplar des Plakats, auf dem die Veranstaltung angekündigt und die Eltern dazu eingeladen wurden, diente in einem Prozess gegen die Organisatoren und einige Teilnehmer vor dem Kölner Sondergericht als Beweismittel: Ort und Zeit der Veranstaltung ließen sich ohne Schwierigkeiten entnehmen, ebenso die Tatsache, dass die Veranstalter wussten, dass der »Elternabend« gegen polizeiliche Vorschriften verstoßen würde, da dort katholische Fahnen ausgehängt, wahrscheinlich regimekritische Lieder gesungen und Reden gehalten werden und die katholische Jugend des Ortes einund wieder abmarschieren sollte. Außerdem waren einige Wendungen auf dem Plakat wie »Jugend im Kampfe«, »Auf Fahrt« und »Alles für Deutschland – Deutschland für Christus!« geeignet, die Gestapo hellhörig zu machen. An keiner Stelle enthielt die Ankündigung ein Bekenntnis zu Hitler oder zum Nationalsozialismus. Oben auf dem Plakat prangten die Worte: »Grüß Euch Gott! Liebe Eltern!« Die Nationalsozialisten hätten »Heil Hitler« vorgezogen.

Zwei Ortspolizisten in Zivil und mehrere nicht eingeladene HJ-Mitglieder besuchten den »Elternabend«. Am nächsten Tag erstattete einer der beiden Polizeibeamten, Gendarmeriehauptmeister K., bei der Marienheider Polizei offiziell Anzeige gegen den 32-jährigen Vikar, Pater Wilhelm K., der den »Elternabend« organisiert und geleitet hatte. Darin hieß es, Pater K. habe gegen eine polizeiliche Verordnung vom 29. Mai 1935 verstoßen. Er habe einen Zug von siebzig bis achtzig Jugendlichen verbotenerweise zur Bühne und später von dort wieder abmarschieren lassen. Sie hätten unter Verstoß gegen die Verordnung eigene Wimpel mitgeführt und seien einheitlich gekleidet gewesen; während der Veranstaltung hätten sie NS-feindliche Lieder gesungen und Reden gehört, in denen die nationalsozialistische Bewegung verächtlich gemacht wurde:

»Von dem Vikar K. aus Marienheide geleitet [...], [waren die] Jugendlichen vor der Bühne aufmarschiert und zwar in einheitlicher Kleidung. Die Jungens trugen kurze, dunkle Hosen, dunkle Jacken und weiße Hemden mit Schillerkragen. Es wurden auch einige Wimpel mitgeführt. Ein Sprechchor spornte die Jugend zum Kampf für das Christentum an gegen alle feindlichen Angriffe. Bei einer Ansprache erklärte Vikar K., die Kath. Jugend verfolge den Weg Christo [sic!], aber nicht den Weg eines Rosenberg.«[38]

Zwei Tage später wurde ein fünfzehnjähriger Mechanikerlehrling der Hitler-Jugend bei der Marienheider Polizei als Augenzeuge vorgeladen. In seiner schriftlichen Aussage bestätigte er die Anschuldigungen des Polizeibeamten. Wiederum drei Tage später schickte der Bürgermeister von Marienheide einen eigenen Bericht über den »Elternabend« an seinen Vorgesetzten, den Landrat des Oberbergischen Kreises, und bat um Anweisung, wie weiter zu verfahren sei. Eine knappe Woche später, am 8. März 1935, schrieb der Landrat an die Kölner Gestapo und ersuchte sie, den Fall vor die Kölner Staatsanwaltschaft zu bringen. Am 25. März antwortete Staatsanwalt Rebmann der Marienheider Polizei und ordnete die Vernehmung sämtlicher Beteiligter an.

In den beiden folgenden Wochen leitete die Marienheider Polizei ein Verfahren gegen Pater K. und sieben junge Männer ein, die an der Veranstaltung teilgenommen hatten, und lud sie zur Vernehmung vor. Bei seiner Vernehmung, die am 9. April 1935 erfolgte, gab Pater K. zu, dass es an dem betreffenden Abend tatsächlich eine Veranstaltung gegeben habe, an der auch siebzig bis achtzig Jugendliche teilgenommen hätten. Er machte jedoch darauf aufmerksam, etliche der Jugendlichen hätten andere Kleidung getragen, so dass der Aufmarsch insgesamt nicht »einheitlich« gewesen sei. Er fügte hinzu, alle Wimpel und Fahnen seien im katholischen Jugendheim geblieben und nicht öffentlich gezeigt worden, und er bestritt, den Staat in irgendeiner Weise angegriffen zu haben. Wörtlich räumte er jedoch ein: »In meiner Ansprache habe ich den Jungens den Weg Christo [sic!] gezeigt und dabei darauf hingewiesen, daß unser Weg nicht der eines Rosenberg sein könne und sein werde.«[39]

Drei Wochen später stellte der Kölner Staatsanwalt Rebmann das Verfahren gegen den Geistlichen und die Jugendlichen ein. Er begründete seine Entscheidung mit dem Hinweis, die Jugendlichen hätten keine einheitliche Kleidung getragen und die Veranstaltung habe nicht öffentlich stattgefunden, da nur die Eltern der Jugendlichen und diese selbst anwesend waren. Außerdem erklärte er, er hätte mehrere Mitglieder der Pfadfinderschaft unter Anklage stellen können, da diese von der Straße aus in den Versammlungssaal einmarschiert seien, habe jedoch beschlossen, darauf zu verzichten, da es unmöglich sei, genau festzustellen, welche Jugendlichen sich im Einzelnen an dem Marsch beteiligt hatten.

Diese Entscheidung zeigt einmal mehr, dass die NS-Behörden

gelegentlich Milde walten lassen konnten, wenn sie es mit weniger bedeutenden Formen einer religiösen Opposition zu tun hatten, selbst zu einer Zeit, da zahlreiche katholische Priester wegen ähnlicher Verstöße in ganz Deutschland verhaftet wurden. Doch die Strafandrohung war in diesem Fall offensichtlich – auch wenn es letztlich glimpflich ausging – und führte mit dazu, dass weitere Aktivitäten dieser Art in Marienheide und anderswo unterblieben. Offene Demonstrationen einer NS-feindlichen Gesinnung seitens der Führer wie der Mitglieder der katholischen Jugend wurden danach immer seltener, und die katholische Jugendbewegung wandte sich bald nach innen und beschränkte sich auf private Bekundungen ihrer religiösen Zugehörigkeit. Diese Verlagerung des Schwerpunkts war zwar im Sinne der Nationalsozialisten, reichte ihnen aber am Ende nicht. In den folgenden Jahren wurden in einer Diözese nach der anderen sämtliche katholischen Jugendverbände nach und nach aufgelöst. Der erste Schlag erfolgte am 7. Juli 1937 gegen die Diözese Paderborn. Es folgten Köln am 1. Februar 1938 und am 6. Februar 1939 alle noch übrig gebliebenen katholischen Jugendorganisationen. Von da an war die katholische Jugend mit der übrigen Jugend in Deutschland gleichgeschaltet. Fast alle waren bereits Mitglieder in der Hitler-Jugend. Diejenigen, die noch immer im Einklang mit anderen Jugendlichen gegen das NS-Regime opponieren wollten oder einfach die Kameradschaft einer noch nicht gleichgeschalteten Jugendorganisation suchten, mussten das Risiko eingehen, sich einer illegalen Bande oder Clique anzuschließen. Wie die Ergebnisse unserer Umfrage zeigten, gab es viele, die diesen Weg wählten.

Eine alternative Jugendkultur reichte in Deutschland bis zu den Wandervögeln des Kaiserreiches zurück. Auch während des Dritten Reiches taten sich trotz der damit verbundenen Risiken zahlreiche Jugendiche in Köln, Krefeld, Düsseldorf und fast allen anderen größeren Städten zusammen und bildeten »bündische«, lokal begrenzte freie Gruppen. 1936 wurden diese Gruppen verboten, einige ihrer Führer wegen »bündischer Umtriebe« verfolgt. Dennoch sahen die meisten Behörden und NS-Organisationen, mit Ausnahme der HJ, die die Aktivitäten der Bündischen häufig übertrieb und versuchte, deren Mitglieder vor Gericht zu bringen, dass die so genannten Umtriebe in den meisten Fällen nichts anderes als harmloser jugendlicher Übermut waren. Die Bestrafung von Mitgliedern solcher Gruppen fiel während des Krieges etwas härter aus, doch zumindest in den dreißiger Jahren hatten die meisten Anzeigen, die bei der Gestapo eingingen, lediglich eine kurze Vernehmung mit einer Verwarnung und schließlich die Einstellung des Verfahrens zur Folge.[40] Ein typisches Beispiel dafür ist ein Fall »bündischer Umtriebe« aus den Krefelder Gestapoakten. Während des Pfingstwochenendes vom 5./6. Juni 1938 unternahmen sieben junge Arbeiter aus Krefeld zwischen sechzehn und zwanzig Jahren eine Radtour, die sie erst nach Düsseldorf und später nach München-Gladbach (heute Mönchengladbach) führte. Nach Art der bündischen Gruppen gekleidet – kurze Hosen, Kniestrümpfe, die heruntergerollt und über hohe Wanderschuhe gekrempelt waren, karierte Hemden und bunte Halstücher –, gingen sie tagsüber ins Schwimmbad und sangen abends am Lagerfeuer ihre Lieder, Fahrten- und Wanderlieder, wie sie auch von früheren Jugendgenerationen in Deutschland gesungen wurden, mit so wenig bedrohlichen und etwas kitschigen Titeln wie »Jenseits des Tales«, »Im Kampfe«, »Wer schleicht dort im finsteren Walde« und »In einem Polenstädtchen«. Am Spätnachmittag des zweiten Tages wurden sie vor München-Gladbach von einem Streifenwagen der Polizei entdeckt und zur Vernehmung in die Gestapoaußenstelle München-Gladbach gebracht. Die Gestapo ermittelte, dass fünf der sieben Jungen katholisch und die beiden übrigen evangelisch, dass sie nicht vorbestraft waren, alle eine Volksschule besucht und entweder als Lehrling in einem gängigen Beruf oder als einfache Arbeiter Geld verdienten. Die Vernehmung dauerte nur ein paar Stunden, bis die Gestapo beschloss, die Ermittlungen einzustellen und die Jugendlichen zu verwarnen, solche Unternehmungen künftig zu unterlassen. Als Beweis dafür, dass ihre Radtouren lediglich dem Bedürfnis entsprangen, die Umgebung ihrer Heimatstadt kennenzulernen und das freie Wochenende in Gesellschaft ihrer Kameraden zu verbringen, und dass solche Aktivitäten nichts mit einer Kritik am NS-Staat zu tun hätten, konnten sich die Jugendlichen mit einer Ausnahme (ein 21-jähriger Arbeiter holländischer Staatsangehörigkeit) darauf berufen, dass sie seit langem der HJ angehörten. Einer von ihnen war bereits 1932 in die Hitler-Jugend eingetreten, noch vor Hitlers Machtübernahme, und war seit 1937 sogar Mitglied der NSDAP.[41]

Wenn auch nicht alle Mitglieder bündischer Jugendgruppen so solide nationalsozialistische Referenzen vorweisen konnten wie diese Jugendlichen – viele hassten die HJ ebenso wie sie von dieser gehasst wurden –, waren die soziale Herkunft, die Kleidung und die Aktivitäten dieser Krefelder Gruppe dennoch mehr oder weniger typisch für die meisten dieser kleinen Gruppen in Deutschland.[42] In der zweiten Hälfte der dreißiger Jahre, als die Gestapo und die Justizbehörden schließlich auch gegen die Bündischen vorgingen, kamen diese zumeist aus dem Arbeitermilieu. Die bürgerlichen Jugendlichen, die in der freien Jugendbewegung des Kaiserreiches und der Weimarer Republik besonders stark vertreten waren, fühlten sich durch die konservativen und nationalen Ideen der Hitler-Jugend in ihrem eigenen Denken bestätigt und hatten bereits 1933 oder wenig später die Auflösung ihrer Bünde beschlossen. Und obwohl die noch verbliebenen freien Gruppen seit 1936 illegal waren und viele Jugendliche aus sozialdemokratischen und kommunistischen Familien versammelten, wurden dort nicht unbedingt regimefeindliche Ansichten vertreten. Ähnlich wie die angeführte Krefelder Gruppe hatten die meisten entweder überhaupt keine bestimmte politische Meinung, oder sie nahmen einen konformistischen Standpunkt ein.

Im Allgemeinen wollten diese Gruppen einfach ihren Spaß haben und die Freiheit genießen, gemeinsam mit ihren Freunden abseits der reglementierten Routine der HJ ihre Freizeit zu verbringen. Sie taten sich zu kleinen Banden zusammen, häufig innerhalb des Wohnviertels, gaben ihren Gruppen Namen wie Navajos, Edelweiß- oder Kittelbachpiraten, setzten sich durch Kleidung, Anstecknadeln, Medaillons und andere Insignien von den anderen ab und unternahmen gemeinsame Fahrten zu Fuß und mit dem Fahrrad, zelteten, spielten Gitarre und sangen am Lagerfeuer. Im Sommer trafen sie sich abends und an Wochenenden in Parks oder in der freien Natur, in der kalten Jahreszeit häufig in Kneipen. In den Sommerferien gingen sie »auf Großfahrt« an die Nordsee oder in den Schwarzwald oder besuchten ferne Großstädte wie Berlin, München oder Wien. Diese Gruppen waren für viele deutsche Jugendliche auch deshalb attraktiv, weil sie hier das ausprobieren konnten, was alle Teenager überall auf der Welt gern ausprobieren, was jedoch in der Hitler-Jugend streng verpönt war. Wenn sie unter sich waren, rauchten sie Zigaretten, tranken Alkohol und schmusten herum. Selbst die Gestapo und die Hitler-Jugend erkannten richtig, dass die Zulassung von Mädchen diesen Gruppen Vorteile gegenüber der HJ verschaffte, die auf einer strikten Geschlechtertrennung beharrte.[43]

Trotz ihrer Ähnlichkeiten im Stil und ihren Freizeitaktivitäten und trotz der Ähnlichkeit ihrer Namen waren diese Gruppen auf rein lokaler Ebene organisiert. Den Straßengangs in den Vereinigten Staaten und England nach dem Krieg vergleichbar, trugen die Jugendbanden unterschiedlicher Stadtviertel häufig Revierkämpfe miteinander aus. Außerdem legten sie sich immer wieder mit den HJ-Streifen an. Die HJ wusste, dass viele Bündische sie hassten; Uneinigkeit herrschte jedoch darüber, was das Charakteristische der Bündischen eigentlich ausmachte. Im September 1936 definierte ein HJ-Führer in Köln einen Navajo als »jede jugendliche Person, die ein bunt kariertes Hemd, sehr kurze Hose [und] Stiefel mit übergeschlagenen Strümpfen trägt«. Im Dezember 1940 bezeichnete ein Mitglied einer HJ-Streife in Essen Edelweißpiraten als »Burschen, die nicht mehr in die Kirche gehen«. Zwei Jahre später meinte dagegen ein HJ-Führer in einer anderen Stadt von den Edelweißpiraten, »[die] sind alle katholisch«.[44]

Was immer sie auch waren, die NS-Obrigkeit ging schließlich in den Kriegsjahren energisch gegen sie vor. Bei einer von der Düsseldorfer Gestapo im Dezember 1942 veranstalteten Großfahndung wurden 28 Gruppen von Edelweiß- und Kittelbachpiraten ausgehoben; in Düsseldorf, Duisburg, Essen, Wuppertal und Köln verhaftete die Polizei 739 Heranwachsende.[45] Im Juni 1943 eröffnete das Kölner Sondergericht einen großen Prozess gegen Kölner Edelweißpiraten, die sich regelmäßig am Leipziger Platz in Köln-Nippes getroffen hatten. Im Einzelnen wurde ihnen vorgeworfen, sie hätten im Herbst 1942 provozierende Parolen auf Häuserwände gemalt und in der Stadt Flugblätter verteilt – von denen einige sogar an verschiedene Polizeireviere geschickt wurden – und eine bevorstehende »Leistungswoche« der bündischen Jugend angekündigt. Überzeugt, dass sie es hier mit »einem politisch und teilweise kriminell verseuchten Kreis« zu tun hatte, nahm die Gestapo nach eingehenden Vernehmungen insgesamt 38 Verhaftungen vor. Am 15. September 1943 verurteilte das Kölner Sondergericht zwölf und am 9. April 1944 weitere neun Jugendliche. Das Strafmaß bewegte sich zwischen sechs Monaten Gefängnis und vier Jahren und drei Monaten Zuchthaus.[46]

Doch es sollte noch schlimmer kommen. Am 10. November 1944 ließ die Kölner Gestapo ohne Einschaltung eines Gerichts im Arbeiterviertel Köln-Ehrenfeld öffentlich dreizehn Personen hinrichten. Fünf von ihnen waren Jugendliche von sechzehn bis siebzehn Jahren. Drei weitere waren unter 25 Jahre alt. Die meisten waren Edelweißpiraten, obwohl zu der ziemlich heterogenen Gruppe auch geflohene »Ostarbeiter«, deutsche Deserteure und einige regelrechte Kriminelle gehörten. Die Gestapo glaubte, diese extreme Strafe sei durch die verräterischen und kriminellen Handlungen der Edelweißpiraten gerechtfertigt und notwendig als Warnung an die übrige Kölner Bevölkerung, in der Endphase des Krieges nicht aus der Reihe zu tanzen. Niemand bestreitet, dass dies eines der ungeheuerlichsten Beispiele für die Erbarmungslosigkeit der Gestapo war. Doch seit diesem Ereignis sind Historiker und die Einwohner Kölns geteilter Meinung darüber, wie die Aktivitäten der Ehrenfelder Edelweißpiraten zu beurteilen sind. Einige sehen in ihnen nationale Helden. Andere betrachten sie als Verräter und gewöhnliche Kriminelle. Zu den vielen umstrittenen Aktionen der Edelweißpiraten gehörten das Verstecken von deutschen Deserteuren und entflohenen Kriegsgefangenen, Zwangsarbeitern und KZ-Häftlingen; das Horten von Waffen nach bewaffneten Überfällen auf Militärdepots und partisanenartige Angriffe auf hohe Kölner Nationalsozialisten, bei denen ein Kölner Gestapobeamter im Herbst 1944 ums Leben kam.[47]

Das Beispiel der Kölner Edelweißpiraten zeigt, dass einige freie Jugendgruppen in der Spätphase des Krieges zu Widerstandshandlungen übergingen; typisch war das jedoch für bündische Jugendgruppen nicht. Das gilt vor allem für die Vorkriegsjahre, aber auch weitgehend für die Kriegsjahre. Mit lediglich einigen bescheidenen Ausnahmen während des Krieges endeten die Bemühungen der illegalen KPD, diese Jugendlichen für den aktiven Widerstand anzuwerben, mit Fehlschlägen. Ein Grund dafür war der Altersunterschied zwischen den Generationen. Ein weiterer lag darin, dass die meisten Navajos, Edelweißpiraten und die Mitglieder anderer Gruppen eigentlich keine entschiedenen Regimegegner waren. Die meisten muss man als moderat nonkonformistische Jugendliche auf der Suche nach Romantik und Abenteuer betrachten: »Jugendliche Edelweißpiraten und Kettelbachpiraten in der Frühphase der NS-Herrschaft waren keineswegs geborene Anti-Nationalsozialisten.«[48] Viele meldeten sich freiwillig zur Wehrmacht und zur Marine. Andere fühlten sich zur Waffen-SS hingezogen, da deren elitäres und männliches Gebaren ihnen besonders zusagte.

Sehnsucht nach Romantik und Abenteuer und eine Neigung zum Nonkonformismus spornte auch viele Jugendliche aus dem gehobenen deutschen Bürgertum an. Das vermutlich beste Beispiel hierfür ist die etwas bizarre Swingbewegung, die am genauesten in den vierziger Jahren für Hamburg dokumentiert ist. Von Hamburg mit seinen einzigartig patrizischen und von England beeinflussten großbürgerlichen Schichten aus breiteten sich die Mitte der dreißiger Jahre hier entstandenen Swing- und Swingtanzklubs innerhalb kurzer Zeit in fast alle deutschen Großstädte aus.[49] An dieser Erscheinung war nichts Politisches. Die Mitglieder dieser Klubs waren sogar betont apolitisch. Sie waren in keiner Weise organisiert. Es ist sogar übertrieben, von einer Bewegung zu sprechen. Ihre jugendlichen und halberwachsenen Anhänger fanden einfach die spießige und sentimentale NS-Musik und die Einschränkungen, die das Regime jugendlichem Verhalten und geselligem Verkehr auferlegte, langweilig und geisttötend, zogen wie viele Gleichaltrige anderswo auch die populäre amerikanische Swingmusik vor und übernahmen den zwanglosen Stil der amerikanischen und britischen Jugendlichen.

Die »Swing Boys« und »Swing Babies«, wie sie sich selbst nannten, oder »Swing-Heinis«, wie sie von den Nazis häufig bezeichnet wurden, waren zumeist gebildete und gutbetuchte Jugendliche der gehobenen Mittelschichten, die gern mit englischen Redewendungen spielten. Sie trafen sich in Weinkellern und Nachtklubs oder veranstalteten gelegentlich Partys im Haus ihrer Eltern. Sie kleideten sich dandyhaft und provozierend, flirteten aufdringlich und obszön und tanzten lasziv und wild, manchmal mit einer Zigarette in jedem Mundwinkel. Die Jungen trugen maßgeschneiderte Anzüge, mitunter mit Glencheckmuster, zeigten sich in Trenchcoats, Homburgs und weißen Seidenschals, trugen eng zusammengerollte Regenschirme am Arm und ließen ihre Haare lang wachsen. Die Mädchen waren stark geschminkt, lackierten ihre Finger- und Fußnägel, trugen kurze Röcke und knappe Blusen und ließen das Haar ebenfalls lang wachsen.[50]

Die Nationalsozialisten standen der Swingbewegung misstrauisch und zwiespältig gegenüber und zögerten, sie gesetzlich zu verbieten. Der englische und internationale Stil der Swings, ihr Kult um Sexualität und Zwanglosigkeit, ihre Toleranz gegenüber Juden und ihre Begeisterung für eine – in den Augen des Regimes – von Juden und Schwarzen inspirierte amerikanische Musik behagten ihnen gar nicht. Andererseits waren sie gespalten zwischen dem Wunsch, eine deutsch-»völkische« Kultur zu fördern, und der

Angst, sich zu weit von der Stimmung und dem Geschmack der Öffentlichkeit zu entfernen. Zum größten Teil überließen sie die Kontrolle der Bewegung den Kommunen und einzelnen Partei- und Regierungsorganisationen. Die erste bekannte Verordnung, die das Swingtanzen verbot, wurde im November 1937 in Düsseldorf erlassen und betraf das Weinlokal »Bei Toni«. In den beiden folgenden Jahren folgten viele weitere Städte diesem Beispiel, so dass bis zum Sommer 1939 Swingmusik und Swingtanzen in weiten Teilen Deutschlands offiziell verboten waren. Der Verurteilung der Swingbewegung schlossen sich in diesen Jahren Institutionen aus Partei und Staat wie die Wehrmacht, SS, DAF und der Nationalsozialistische Deutsche Studentenbund an.[51]

Doch die Begeisterung für den Swing hielt bis in die Kriegsjahre hinein an, trotz zunehmender propagandistischer Gegenmaßnahmen und gelegentlicher Verhaftungen seiner Anhänger.[52] Die HJ-Führung gelangte immer mehr zu der Überzeugung, dass der Swing tatsächlich eine politische Komponente habe, und sprach sich nachdrücklich für ein hartes Vorgehen gegen die Bewegung aus. In einer von der HJ durchgeführten und im September 1942 abgeschlossenen Untersuchung illegaler Banden und Cliquen heißt es beispielsweise unter anderem:

»Die Swing-Jugend ist heute zu einer fast über ganz Europa verbreiteten Modeseuche geworden [...] Das sind Zusammenschlüsse Jugendlicher, die zum großen Teil aus dem sogenannten ›gehobenen Mittelstand‹ stammen und lediglich ihren Vergnügen, sexuellen und sonstigen Ausschweifungen leben wollen, sich teilweise ganz nach ›englischem Vorbild‹ geben und fanatische Anhänger möglichst ausgefallener Jazzmusik (Hot- und Swingmusik) sind. Durch ihre haltungsmäßig bedingte Ablehnung jeder Beschränkung der persönlichen Freiheit (auch des Hitler-, Jugend-, Arbeits- und Wehrdienstes) sind sie sehr bald im scharfen Gegensatz zur Hitler-Jugend und zum Nationalsozialismus gekommen. Sie sind daher auch als politische Gegner aufzufassen.«[53]

Die von der Hitler-Jugend und anderen offiziellen Stellen vorgelegten Berichte über die Swingbewegung verurteilten deren Anhänger wegen ihres Nonkonformismus und ihres mangelnden Nationalismus und behaupteten – wobei die Darstellungen vor sexuellen Details nur so strotzten –, die Swings praktizierten und propagierten Geschlechtsverkehr zwischen Minderjährigen, Gruppensex, Perversionen der unterschiedlichsten Art und Homosexualität.[54] Möglicherweise noch mehr Anstoß erregten die Toleranz der Swings gegenüber Juden und ihre Bewunderung für den amerikanischen »King of Swing« oder den »Swingjuden Benny Goodman«, wie die Nationalsozialisten ihn nannten.[55] Der urbane, tolerante, bürgerliche, liberale und internationale Charakter der Swingbewegung weckte das Interesse vieler deutscher Juden, und sie taten sich problemlos mit anderen Swing-Enthusiasten überall in deutschen Großstädten zusammen. Wie Helmut Goldschmidt – ein Kölner Jude, der Buchenwald und Auschwitz überlebte und später nach Deutschland zurückkehrte, um viele westdeutsche Synagogen wiederaufzubauen – in einem vor einigen Jahren geführten Interview bezeugte, galt dies selbst dann noch, als bereits die ersten Deportationszüge Richtung Osten rollten.

Helmut Goldschmidt war nicht nur ein begabter Architekt, sondern auch ein ausgezeichneter Musiker, der als Mitglied einer kleinen Combo im Jahr 1941 und bis zum Frühjahr 1942 in verschiedenen Nachtlokalen aufgetreten war. Einer der Musiker seiner Gruppe war ausgerechnet der Sohn eines Gestapobeamten. Goldschmidt sagte über jene Zeit:

»Während dieser Monate konzentrierte ich mich stark auf die Musik. Ich hatte mich immer für Musik interessiert und konnte auch recht gut Klavier spielen. Ich spielte vor allem Jazzmusik, und für Swing war ich geradezu Experte. Durch meine Musik kam ich in Kontakt mit einer Gruppe von jungen Leuten, die ich zum Teil auch schon von früher her kannte, und wir fingen an, zusammen zu spielen. Es waren alles Swing-Enthusiasten [...] Natürlich gab es in der Gruppe keine Nationalsozialisten, aber man kann auch nicht sagen, daß es sich um eine Widerstandsgruppe gehandelt hätte. Es waren einfach junge Leute, meist zeitweise vom Wehrdienst befreite Studenten, die die vom Regime verbotene Jazzmusik spielen wollten. Alle Mitglieder unserer Gruppe außer mir, K.H. Wagner und Helmut Berg waren nichtjüdisch.

Ich spielte in dieser Zeit mit einigen der Freunde [...], sogar einmal noch in einer Tanzbar. Aber nach ein paar Tagen wurde mir das zu heiß. Es gab ja dauernd Militärkontrollen, und obwohl die Musiker in der Bar merkwürdigerweise nie kontrolliert wurden, war es mir einfach zu gefährlich. Übrigens war einer von unserer Gruppe der Sohn eines großen Gestapo-Mannes. Der Sohn besuchte mich häufig bei mir zu Hause und schenkte uns zum Beispiel ganze Kisten mit Apfelsinen, die er von seiner Arbeit am Großmarkt mitbrachte. Er war auch ein Swing-Enthusiast und versuchte, mich zu überreden, damals noch mit in einem Kabarett aufzutreten.«[56]

Die Erinnerungen Helmut Goldschmidts sollten uns zur Warnung dienen, dass man Swing-Begeisterte nicht als NS-Gegner glorifizieren sollte, und zeigen, dass die Nationalsozialisten die Swings im Großen und Ganzen für ziemlich harmlos hielten. Goldschmidt selbst sagte, seine Gruppe könne nicht als »Widerstandsgruppe« betrachtet werden. Selbst der Sohn des Gestapobeamten spielte mit ihm zusammen und ermutigte ihn mitten im Holocaust weiterzuspielen. Wie so häufig bei kleineren Gesetzesverstößen im Dritten Reich wurde das Mitmachen in der Swingszene nur gefährlich, wenn man bereits einen Minuspunkt auf dem Konto hatte. Als »Mischling« war dies bei Goldschmidt der Fall, und im November 1942 wurde er verhaftet.

Die meisten jungen Deutschen waren allerdings noch nicht aufgefallen und brauchten bei kleineren nonkonformistischen Aktivitäten von der Obrigkeit nichts Ernsthaftes zu befürchten. Selbst wenn aus dem Gesagten hervorgeht, dass es viele junge Leute gab, die nicht zu jeder Zeit und in jeder Hinsicht dem Idealbild des NS-Jugendlichen entsprachen, war dies für die Polizei- und Justizbehörden kaum ein Grund zur Beunruhigung. Dies zeigen unter anderem die Akten der Krefelder Gestapo und des Kölner Sondergerichts.

Nichtjüdische Jugendliche unter achtzehn Jahren treten in diesen Akten fast nicht in Erscheinung, und die Dokumente legen den Schluss nahe, dass jugendlicher Protest und die Verfolgung von Jugendlichen weder besonders gravierend waren noch im Lauf der Zeit dramatisch zunahmen. In einer Zufallsstichprobe von 339 Ermittlungsverfahren, die von der Krefelder Gestapo zwischen 1933 und 1945 gegen Nichtjuden eingeleitet wurden, betrafen lediglich 4,4 Prozent Mädchen und Jungen unter achtzehn Jahren. In den Vorkriegsjahren 1933 bis 1939 war dieser Prozentsatz nur geringfügig niedriger (4,1 Prozent). In kaum einem dieser Fälle ging es um eine ernsthafte Opposition oder einen Protest gegen das NS-Regime. Meist drehten sich die Fälle um Beschuldigungen, dass die Jugendlichen entweder gegen die Regeln der Hitler-Jugend verstoßen hätten – häufig einfach dadurch, dass sie einer bündischen Gruppe angehörten – oder gegen die Sexualmoral (in der Regel war damit Homosexualität gemeint). Von diesen Ermittlungen waren weit mehr Jungen als Mädchen betroffen (dreizehn zu zwei). In den Vorkriegsjahren wurden gegen Jungen fünf Verfahren wegen Mitgliedschaft in einer bündischen Jugendgruppe und fünf wegen homosexueller Praktiken eingeleitet. Alle Jungen in diesen zehn Fällen stammten aus dem Arbeitermilieu und hatten lediglich Volksschulbildung. Vier der fünf Jungen, die einer bündischen Gruppe angehört hatten, waren auch Mitglied der HJ, und die Gestapo stellte alle diese Fälle ein, ohne eine Strafe zu verhängen. Von den fünf Fällen wegen Homosexualität wurde nur einer eingestellt, die übrigen vier wurden der Staatsanwaltschaft übergeben.

Die Stichprobe aus den Kriegsjahren förderte Ermittlungen gegen zwei Mädchen und drei Jungen zu Tage. In keinem Fall wurden schwere Strafen verhängt, auch wenn der Fall eines Mädchens, das mit einem französischen Kriegsgefangenen fraternisiert hatte, an das Gericht weitergeleitet wurde. Die übrigen Fälle – drei Jungen hatten einer illegalen Jugendgruppe angehört und ein Mädchen gegen die Satzung des BDM verstoßen – wurden von der Gestapo selbst eingestellt.

Zwar lässt sich anhand der Krefelder Gestapoakten nicht immer feststellen, was mit den Jugendlichen weiter geschah, deren Ermittlungsakten der Staatsanwaltschaft übergeben wurden, aber die Akten des Sondergerichts Köln zeigen, dass in der Regel nicht viel passiert ist. In einer Zufallsauswahl von 559 Fällen, die zwischen 1933 und 1945 vor diesem Gericht verhandelt wurden, betrafen lediglich zehn Fälle (1,9 Prozent) Jugendliche unter achtzehn Jahren (neun Jungen und ein Mädchen). Neun der Verfahren wurden in den Vorkriegsjahren und nur eines im Krieg eingeleitet, und in keinem einzigen dieser Fälle wurde eine Strafe verhängt.

Während nichtjüdische deutsche Jugendliche in den Akten der Krefelder Gestapo und des Kölner Sondergerichts nur selten als mutmaßliche Gesetzesbrecher in Erscheinung treten, könnte man doch erwarten, ihnen hier als Denunzianten von Erwachsenen zu begegnen. Es gehört zu den besonders verbreiteten Klischees über die NS-Zeit, dass politisch indoktrinierte Angehörige der Hitler-Jugend fanatisch den NS-Staat verteidigten und sich an der älteren, häufig weniger nationalsozialistisch infizierten Generation – selbst an den eigenen Eltern – rächten, indem sie diese wegen politischer Verstöße denunzierten.[57] Doch tatsächlich geschah dies selten, und mit der wichtigen Ausnahme der Fälle, in denen Juden betroffen waren, zogen Denunziationen durch Jugendliche für die Beschuldigten in der Regel keine schweren Strafen nach sich, da sie häufig nur mit unbedeutenden Vergehen verknüpft waren. In einer Zufallsstichprobe von 105 Fällen der Krefelder Gestapo, die durch eine Denunziation aus der Zivilbevölkerung ausgelöst wurden, waren die Denunzianten nur in drei Fällen Jugendliche unter achtzehn Jahren, und in keinem davon wurden die Eltern denunziert. Auch in den Akten des Kölner Sondergerichts fand sich kaum ein Fall, in dem eine Denunziation von einem Jugendlichen ausging. Von 346 zufällig ausgewählten Verfahren des Kölner Sondergerichts, die auf Grund einer Denunziation in Gang gesetzt wurden, waren lediglich sechzehn Denunzianten unter achtzehn Jahren, und auch hier hatte keiner von ihnen die eigenen Eltern denunziert. Die von den Jugendlichen denunzierten Personen standen zu ihnen in ganz unterschiedlichen Verhältnissen, aber besonders häufig waren Juden und die Arbeitgeber der Denunzianten die Opfer. Tatsächlich legen die Krefelder und Kölner Akten den Schluss nahe, dass es zwar im Dritten Reich jugendliche Denunzianten gab, dass sie jedoch zumeist Juden denunzierten. In den Krefelder Gestapoakten beispielsweise gingen in vier von 21 Fällen gegen Juden (19 Prozent) die Denunziationen von Jugendlichen aus. In mindestens einem dieser Fälle bedeutete die Denunziation für das Opfer den Tod.[58]

Es wäre indes falsch, eine Erörterung des nationalsozialistischen Terrors im Hinblick auf Jugendliche mit einer so düsteren Note abzuschließen, denn die Zahl der in diese Fälle verwickelten Personen war sehr gering. Zutreffender wäre die zusammenfassende Einschätzung, dass die überwältigende Mehrheit der Jugendlichen im Dritten Reich wenig Interesse an politischen Fragen zeigte und weder als besonders fanatische Nationalsozialisten noch als aufsässige Regimegegner betrachtet werden sollte. Die meisten kamen ihren Verpflichtungen gegenüber den Organisationen der Hitler-Jugend nach, aber viele empfanden diese Verpflichtungen gelegentlich als lästig. Einige begingen kleinere Normver-

letzungen, indem sie sich einer örtlichen Bande, Clique oder einem
Klub anschlossen, unerlaubte gemeinsame Wochenendfahrten unternahmen oder zu verbotener Swingmusik tanzten. Gelegentlich –
und in den Kriegsjahren häufiger als davor – griffen die Nazis zu
repressiven Maßnahmen, um die Aktivitäten solcher Gruppen einzudämmen. In aller Regel ließen die Behörden sie jedoch in Ruhe,
in der zutreffenden Erkenntnis, dass es den Jugendlichen hauptsächlich um Abenteuer und Romantik und nicht um den Sturz des
NS-Regimes ging.

Wie »gewöhnliche« Deutsche auf Linie gehalten wurden

Die Lage der nichtjüdischen Erwachsenen in Deutschland unterschied sich nicht wesentlich von der der Jugendlichen. Jenseits der
verfolgten Zielgruppen wie Juden, Kommunisten und hartnäckigen religiösen Regimegegnern gab es zwar ein beträchtliches Maß
an Verdrossenheit und Nonkonformismus auf Seiten der gewöhnlichen deutschen Bevölkerung, aber nur sehr wenig Protest oder
ernsthafte Opposition. Die Gestapo erkannte auch dies und verschwendete wenig Zeit, Energie und finanzielle Mittel auf die
Bekämpfung solcher Banalitäten. Sehr oft überließ sie die Kontrolle des Alltagslebens der gewöhnlichen Bürger anderen offiziellen und inoffiziellen Organen oder den Bürgern selber. In den meisten Ermittlungsverfahren gegen gewöhnliche Deutsche legten die
Gestapobeamten keinen besonderen Eifer an den Tag, wie der ehemalige Kölner Gestapochef Emanuel Schäfer später aussagte: Sie
»ließen die Sachen an sich herankommen und entwickelten keine
eigene Aktivität«.[59] Mehr noch: Wenn ein bislang unbescholtener
nichtjüdischer Bürger bei der Gestapo von einer Privatperson beschuldigt wurde, blieb diese zumeist gelassen und reagierte nicht
brutal oder mit harten Strafen. Die vielköpfige Hydra hatte viele
Gesichter.

Das relative Desinteresse der Gestapo an alltäglichen nonkonformistischen Verhaltensweisen der meisten gewöhnlichen Deutschen wird besonders deutlich, wenn man sich die Gestapoakten
etwas genauer ansieht. Aus den Zahlen in Tab. 7.1, die auf einer
Zufallsauswahl jeder achten Akte der Krefelder Gestapo in den
Vorkriegsjahren basieren, geht hervor, dass es in mehr als der
Hälfte der Fälle (55 Prozent) um die Verfolgung und Kontrolle von

drei Zielgruppen ging – Juden, linke Regimegegner und Geistliche sowie religiöse Sekten –, die in ihrer Gesamtheit nur eine winzige Minderheit der deutschen Bevölkerung ausmachten. So klein diese Gruppen auch waren, auf sie richtete sich nicht nur die Hauptaufmerksamkeit der Gestapo in den Vorkriegsjahren, sie bekamen auch deren Brutalität am stärksten zu spüren. Wenn es um Angehörige dieser Gruppen ging, ließen die Gestapobeamten die Sachen nicht mehr einfach »an sich herankommen«. Sie wollten diese Gruppen ausmerzen und boten zu diesem Zweck ihr gesamtes Arsenal an Terrormaßnahmen auf. Wie bereits in vorangegangenen Kapiteln dargelegt, spielten Denunziationen aus der Zivilbevölkerung als Informationsquelle über diese Gruppen höchstens dann eine Rolle, wenn die Beschuldigten Juden waren; in der Regel beschaffte sich die Gestapo das, was sie über diese Gruppen wissen wollte, auf anderen Wegen: durch Spitzel, Hausdurchsuchungen oder Geständnisse, die sie durch die Anwendung von Folter erpresst hatte. Sobald sie ihre Informationen hatte, ging sie erbarmungslos gegen die Angehörigen dieser Gruppen vor, jagte sie aus dem Land, nahm sie in »Schutzhaft«, überstellte sie einem Konzentrationslager oder übergab den Fall der Staatsanwaltschaft mit der Empfehlung, den Delinquenten hart zu bestrafen.

Das Verhalten der Gestapo gegenüber der Mehrheit der Bevölkerung stand dazu in einem auffälligen Gegensatz. Auch hier gab es Ausnahmen, vor allem was die häufig barbarische Behandlung homosexueller Männer angeht, die man ebenfalls als verfolgte Zielgruppe ansehen kann. Doch im Großen und Ganzen zeigte die Gestapo der Mehrheit der »gewöhnlichen« deutschen Bevölkerung ein wesentlich freundlicheres Gesicht. Auf sie entfielen lediglich 45 Prozent aller Fälle der Krefelder Gestapo, ohne die Homosexuellen sogar nur 40 Prozent. Wenn man allein die »gewöhnlichen« Deutschen betrachtet, so ergibt sich kein auffälliges Muster in der zeitlichen Verteilung der Zahl der Fälle. Gegen gewöhnliche Deutsche setzte die Gestapo so gut wie nie bezahlte Spitzel ein, ließ ihre Wohnungen und Arbeitsplätze nur selten durchsuchen und wandte nur selten Foltermethoden an, um ein Geständnis zu erzwingen. Im deutlichen Unterschied zu den gezielt verfolgten Gruppen stützte sich die Gestapo bei gewöhnlichen Deutschen häufig auf Denunziationen aus der breiten Bevölkerung, um sich zu informieren. Aber so niederträchtig und belastend diese Denunziationen auch oft waren, hielt die Gestapo doch nur selten ein In-

Tab. 7.1 Die Ermittlungsakten der Krefelder Gestapo 1933–1939

| Jahr | Verfolgte Gruppen | | | | Homosex. | Gewöhnliche Deutsche | | |
	Zahl der Fälle	Juden	KPD/SPD	Geistl., relig. Gemein.		Regime-kritiker	NSDAP	Sonstige
1933	33	2	21	–	–	3	1	6
1934	51	2	38	–	–	5	4	2
1935	28	1	9	2	–	4	10	2
1936	28	7	4	1	3	3	8	2
1937	59	7	5	27	1	11	6	2
1938	47	17	2	–	3	4	14	7
1939	44	14	1	–	8	12	5	4
?	1	–	–	–	1	–	–	–
Gesamt	291	50	80	30	16	42	48	25

Erstellt auf der Grundlage einer Stichprobe jeder achten Akte sämtlicher Krefelder Ermittlungsakten.

teresse aufrecht, und die Mehrzahl der durch Denunziationen veranlassten Ermittlungen endete mit einer Einstellung des Verfahrens.

Schließlich muss noch erwähnt werden, dass nur eine kleine Zahl »gewöhnlicher« Deutscher überhaupt von einem Ermittlungsverfahren betroffen war. Selbst wenn man die Verfahren gegen homosexuelle Männer in die Krefelder Stichprobe einbezieht, zeigt Tab. 7.1, dass in den Vorkriegsjahren von den gewöhnlichen Einwohnern Krefelds nicht einmal ein Prozent mit der Gestapo zu tun hatte. Um diesen Prozentsatz zu errechnen, muss man lediglich die 131 Verfahren gegen gewöhnliche Deutsche in Tab. 7.1 mit acht multiplizieren (da nur ein Achtel aller Fälle für die Stichprobe ausgewählt wurden) und diese Zahl durch 170 000 dividieren (die geschätzte Bevölkerungszahl Krefelds vor dem Krieg). Die Ergebnisse der Umfrage unter Kölner Bürgern legen den Schluss nahe, dass Krefeld im Dritten Reich keinen Sonderfall darstellte. Die meisten, die den Fragebogen ausgefüllt zurückgeschickt hatten, gaben an, sie hätten damals einmal oder öfter gegen Verordnungen und Gesetze des NS-Regimes verstoßen, dennoch war nach eigener Aussage weniger als ein Prozent mindestens einmal von der Gestapo oder einer anderen Polizeibehörde wegen eines Delikts vernommen oder verhaftet worden.

Eine eingehendere Betrachtung der Ermittlungsfälle stützt die Behauptung, dass die Gestapo nur selten gegen gewöhnliche Deutsche vorging. (Das nächste Kapitel, in dem es um die Kriegsjahre geht, wird zeigen, dass diese Behauptung für die gesamte NS-Zeit zutrifft.) Aus Tab. 7.1 geht hervor, dass mehr als 80 Prozent dieser Fälle in drei Kategorien fallen: Ermittlungen gegen Homosexuelle, gegen Personen, die in ihrem Alltag abfällige Bemerkungen über die Regierung oder hohe NS-Funktionäre gemacht hatten, und gegen Mitglieder der Partei, der SA oder der HJ. Die übrigen Fälle in der Spalte »Sonstige« betreffen Bagatellfälle ohne besondere Konsequenzen.

Wie wir bei der Erörterung des nationalsozialistischen Terrors im Zusammenhang mit Jugendlichen gesehen haben, war den Nationalsozialisten die Kontrolle sexueller Abweichung und Freizügigkeit besonders wichtig, aber sie waren sich oft nicht einig über die Höhe des Strafmaßes bei Vergehen auf diesem Gebiet. Auf der einen Seite wollten viele, dass ihre Bewegung als ein Bollwerk bürgerlicher Wohlanständigkeit erschien, um die Unterstützung der Bevölkerung zu gewinnen, auf der anderen Seite war Hitler selbst ein Bohemien, und viele Nationalsozialisten sahen in ihrer Bewegung eine Revolte gegen bürgerliche Werte.[60] Obwohl die Befürworter einer bürgerlichen Ehrbarkeit sich schließlich durchsetzten, wurde die Spannung, die sich aus diesem Gegensatz ergab, nie wirklich aufgelöst, und das ganze Dritte Reich hindurch zeigte sich immer wieder eine gewisse Ambivalenz in sexuellen Fragen.

Diese trat nirgends deutlicher zu Tage als in der perversen und sadistischen Behandlung von männlichen Homosexuellen.[61] Gegen weibliche Homosexualität wurden keine Gesetze erlassen, und nur ganz wenige lesbische Frauen waren wegen ihrer sexuellen Orientierung Verfolgungen ausgesetzt,[62] während die Schikanen gegen homosexuelle Männer in den dreißiger Jahren an Intensität zunahmen und kurz vor Kriegsbeginn einen Höhepunkt erreichten. Razzien in Homosexuellen- und Nachtlokalen gehörten bereits ab 1933 zum Alltag, aber erst der so genannte Röhmputsch im Sommer 1934 lieferte der Polizei einen Vorwand, eine offizielle Liste aller bekannten Homosexuellen anzulegen. Der berüchtigte Paragraph 175 des Strafgesetzbuchs aus dem Ende des neunzehnten Jahrhunderts, der homosexuelle Akte unter Strafe stellte, wurde 1935 um eine Bestimmung erweitert, die auch alle Handlungen unter Strafe stellte, die geeignet waren, homosexuelle Begierden zu wecken.[63]

Niemand weiß genau, wie viele Homosexuelle im Dritten Reich bestraft wurden, doch offizielle Zahlen und inoffizielle Schätzungen zeigen, dass die Verfolgung von Schwulen nach dem »Röhmputsch« 1934 und mit dem Beginn der Terrorkampagne gegen die Geistlichkeit 1935 deutlich zunahm. Nach offiziellen Zahlen des Reichsjustizministeriums stiegen die Verurteilungen wegen Verstößen gegen den Paragraphen 175 von 948 (1934) auf 5321 (1936) und 8270 (1937).[64] Wie weit diese Zahlen in den Folgejahren anstiegen, wissen wir nicht, doch die inoffiziell geschätzte Zahl von insgesamt 50 000 von nationalsozialistischen Gerichten verurteilten homosexuellen Männern scheint der Wirklichkeit ziemlich nahe zu kommen.[65] Aber selbst diese hohen Zahlen können das Leiden der Homosexuellen unter der Herrschaft Hitlers nur unzureichend vermitteln. Nach 1937 wurden Homosexuelle, wie wir am Beispiel des Krefelder Priesters Suitbert G. gesehen haben, nach Verbüßung ihrer vom Gericht verhängten Freiheitsstrafe häufig in ein Konzentrationslager geschickt. Es ist allerdings ungewiss, wie viele von diesem Schicksal betroffen waren; Schätzungen bewegen sich zwischen 5000 und 15 000 Opfern. Außerdem spricht vieles dafür, dass die Bedingungen in einem Konzentrationslager für Homosexuelle weitaus schlimmer waren und häufiger mit dem Tod endeten als bei den meisten anderen Häftlingsgruppen. Manche Historiker schätzen, dass etwa 60 Prozent der in ein Konzentrationslager überstellten Homosexuellen dort umkamen, eine Rate, die doppelt so hoch war wie bei den Zeugen Jehovas und 50 Prozent höher als die von politischen Gefangenen.[66]

Ungeachtet dieser erschreckenden Zahlen hatte das NS-Regime nie die Absicht, alle Homosexuellen auszurotten, und nicht alle Parteiführer hielten männliche Homosexualität für eine Gefahr. George Mosse hat darauf hingewiesen, dass Hitler selbst ursprünglich Ernst Röhm den Rücken stärkte, obwohl ihm dessen Homosexualität bekannt war und er »sich in seiner Haltung gegenüber seinem homosexuellen Stabschef eher von taktischen Überlegungen als von moralischen Urteilen leiten ließ [...] Immerhin hatte Hitler Röhm noch 1932 energisch unterstützt, als man ihn öffentlich beschuldigte, seine Führungsposition zu mißbrauchen, um einige seiner Männer zu verführen. Hitler schrieb Röhms

Homosexualität dessen Leben in den Tropen zu, als er am Aufbau der bolivianischen Armee mitgewirkt hatte, und vertrat die Ansicht, daß Röhms Privatleben seine eigene Angelegenheit sei, solange er dabei eine gewisse Diskretion walten lasse.«[67] Dass die Behandlung homosexueller Männer durch die Nationalsozialisten durch eine deutliche Ambivalenz gekennzeichnet war, hat vor kurzem der holländische Historiker Harry Oosterhuis in einem provozierenden Aufsatz behauptet, und er gelangt insgesamt zu dem Schluss:»Im Unterschied zum ›Holocaust‹ an den Juden war die Verfolgung der Homosexuellen weder umfassend noch systematisch.«[68] Außerdem wendet Oosterhuis sich dagegen, »Homosexuelle zusammen mit Juden, Sinti und Roma, ethnischen Minderheiten, Psychiatriepatienten und erbkranken Personen als die hauptsächlichen Opfer des Naziterrors in einen Topf zu werfen«,[69] wie dies vor allem von Autoren getan wurde, die in der Verfolgung der Homosexuellen im Dritten Reich eine Art medizinisch begründete Säuberungspolitik gesehen haben.[70]

Zur Begründung seiner Behauptung führt Oosterhuis an, dass nur ein Bruchteil der deutschen Homosexuellen während der ganzen NS-Zeit von einem Gericht verurteilt wurde – in einer Rede vor SS-Offizieren zur»Frage der Homosexualität« am 18. Februar 1937 hatte Heinrich Himmler die Zahl der homosexuellen Männer in Deutschland auf zwei Millionen geschätzt – und dass die Mehrzahl der Verurteilten nicht in ein Konzentrationslager überstellt wurde. Einer der Hauptgründe dafür war nach Oosterhuis, dass eine vollständige Ausrottung der Homosexuellen die gesamte NS-Bewegung – nicht nur die SA unter Ernst Röhm, sondern auch die SS, die HJ und die NSDAP selbst – schwer getroffen hätte. Obwohl Himmler für eine harte Bestrafung von Homosexuellen eintrat und in seiner Rede gesagt hatte, alle SS-Männer, die der Homosexualität überführt seien, müssten in ein Konzentrationslager gesperrt und dort»auf der Flucht erschossen« werden, galt die gelegentlich breite Kluft zwischen Rhetorik und Realität im Dritten Reich auch für die Verfolgung von Homosexuellen in der deutschen Gesellschaft und in der NS-Bewegung. Die SS-Zeitschrift *Das schwarze Korps* wandte sich gegen die Behauptung der deutschen Bewegung für eine Homosexuellenemanzipation unter Magnus Hirschfeld, Homosexualität sei ein angeborenes und unveränderliches Merkmal; sie behauptete, die meisten Männer, die sich homosexuell betätigt hätten, hätten dies nicht getan, weil sie als Homosexuelle geboren worden seien, sondern weil man sie verführt habe. Deshalb sprach sich die Zeitschrift dafür aus, bei der strafrechtlichen Verfolgung diejenigen, die sich als Verführer verhalten hätten, und diejenigen, die lediglich verführt worden seien, scharf voneinander zu trennen. Letztere seien mit psychologischen Methoden »umzuerziehen«.[71]

Genau das passierte im Allgemeinen auch. Zahlreiche homosexuelle Mitglieder der NSDAP, der HJ und der Wehrmacht wurden in Institutionen wie dem Deutschen Institut für Psychologische Forschung und Psychotherapie in Berlin behandelt und anschließend als »geheilt« wieder ins normale Leben entlassen.[72] Viele weitere, darunter ebenso viele Mitglieder wie Nichtmitglieder der NSDAP, wurden in Zuchthäusern und Konzentrationslagern »umerzogen« und kehrten danach in die Gesellschaft oder in die Wehrmacht zurück, um dort am Krieg teilzunehmen.[73] Die meisten deutschen Homosexuellen wurden jedoch nie bestraft oder einer »Therapie« unterworfen. Entweder blieben ihre sexuellen Praktiken unentdeckt, oder die Polizei gelangte zu dem Schluss, sie seien lediglich verführt worden. Meistens beließ es die Polizei bei einer Verwarnung.

Eine genauere Untersuchung der gegen Homosexuelle eingeleiteten Verfahren in unserer Zufallsstichprobe verdeutlicht diesen Sachverhalt. Wie in Tab. 7.1 dargestellt, enthielt die Stichprobe sechzehn Ermittlungsverfahren gegen – ausschließlich männliche – Homosexuelle. Diese beschränkten sich zeitlich auf die zweite Hälfte der dreißiger Jahre, als die Verfolgungen der Homosexuellen in Deutschland ihren Höhepunkt erreichten. Betroffen waren überwiegend Heranwachsende und junge Männer: Als die Ermittlungen eingeleitet wurden, waren nur drei der Beschuldigten älter als dreißig Jahre; sechs waren zwischen zwanzig und dreißig und sieben unter zwanzig Jahre alt. Der Krefelder Priester Suitbert G., zum Zeitpunkt seiner ersten Festnahme im März 1937 33 Jahre alt, war der Älteste in der Gruppe. Die Jüngsten waren drei Jungen im Alter von fünfzehn Jahren. Die Beschuldigten kamen aus unterschiedlichen Milieus. Neben dem Priester Suitbert G. waren vier ungelernte Arbeiter, neun waren Facharbeiter oder Techniker und zwei Geschäftsleute. Bei zwölf der sechzehn Beschuldigten ließ sich feststellen, ob eine Verbindung zur NS-Bewegung bestand; bei der Hälfte von ihnen war dies der Fall. Einer der Männer, ein Zahntechniker, zu Beginn seines Verfahrens im März 1939 25 Jahre alt, gehörte seit 1933 der NSDAP und der SA an. Ein anderer, im Mai 1937 dreißig Jahre alt, war Handelsvertreter und ebenfalls Mitglied der SA.[74] Fünf der sieben Heranwachsenden in der Stichprobe waren in der Hitler-Jugend.

Nur vier der Ermittlungsverfahren wurden durch eine Denunziation ausgelöst. Die Gestapo erhielt die zur Einleitung von Ermittlungen benötigten Informationen überwiegend aus bereits erstellten polizeilichen Listen mit den Namen von bekannten Homosexuellen oder durch gewaltsam erzwungene Geständnisse, die zur Verhaftung weiterer Opfer führten. Doch obwohl viele der Beschuldigten während ihrer Vernehmungen unter Schlägen und anderen Misshandlungen zu leiden hatten, wurden später nur vier von ihnen (25 Prozent) vor Gericht verurteilt. Außerdem wurde allem Anschein nach nur Pater Suitbert in ein Konzentrationslager geschickt, wobei möglicherweise einige andere dieses Schicksal mit ihm teilten, selbst wenn sich in den Akten keine Anhaltspunkte dafür finden. Bei den vier Personen, die zu einer Haftstrafe verurteilt wurden, bewegte sich das Strafmaß zwischen anderthalb und drei Jahren.

Neben diesen Akten, die ich vollständig gelesen habe, habe ich sämtliche Karteikarten aller Hauptverdächtigen analysiert, die in den noch vorhandenen Gestapoakten genannt und unter dem Stichwort »Homosexualität« geführt wurden. Diese Karten enthalten nur Kurzinformationen über die Fälle, liefern jedoch ausreichend Details, um die Behauptung zu rechtfertigen, dass die Fälle in der Zufallsstichprobe aus den Ermittlungsakten gegen angebliche Homosexuelle für die Gesamtheit repräsentativ sind. Insgesamt gibt es 55 Fälle, die unter dem Stichwort »Homosexualität« geführt wurden. Auf der Basis dessen, was wir aus den Fällen in der Stichprobe wissen,[75] muss es in Krefeld 100 bis 200 mutmaßlich homosexuelle Männer gegeben haben, die von den Ermittlungen der Gestapo betroffen waren. Wenn man sich jedoch auf die 55 Hauptverdächtigen in den Verfahren konzentriert, stellt man Folgendes fest: Die Mehrzahl der Verfahren wurde in der zweiten Hälfte der dreißiger Jahre eröffnet. Obwohl nur in einem Drittel der Fälle ein eindeutiges Datum angegeben war, wurde kein einziges der Ermittlungsverfahren in den Kriegsjahren eingeleitet. 14 (über 25 Prozent) der 55 Verdächtigen hatten eindeutige Verbindungen zur NS-Bewegung, bei vielen anderen dürfen wir solche Verbindungen zumindest annehmen, auch wenn dies nicht auf den

Karteikarten vermerkt ist. Vier waren eindeutig NSDAP-Mitglieder, wenigstens vier andere waren in der SA, sechs wurden als Mitglieder der HJ geführt. Wie schon in der Stichprobe waren die meisten der Beschuldigten noch ziemlich jung. Zwar gab es auch einige Minderjährige sowie einige, die über vierzig Jahre alt waren, doch die meisten waren zwischen zwanzig und Anfang dreißig. Die spärlichen Informationen auf den Karteikarten erlauben zwar nicht festzustellen, wie die Gestapo zu den Informationen über die Beschuldigten gekommen ist. Aus ihnen geht jedoch hervor, dass die meisten der Hauptverdächtigen ebenso wie in der Stichprobe nicht zu einer Gefängnisstrafe verurteilt oder in ein Konzentrationslager geschickt wurden. Den Karteikarten lässt sich entnehmen, dass neun der Beschuldigten von einem Sondergericht zu Gefängnis- oder Zuchthausstrafen zwischen einigen Monaten und einigen Jahren verurteilt und vier weitere in »Schutzhaft« genommen und wahrscheinlich in ein Konzentrationslager überstellt wurden, doch allem Anschein nach wurden die Verfahren gegen 36 (annähernd zwei Drittel) der Beschuldigten entweder von der Gestapo oder von der Staatsanwaltschaft eingestellt. Aus den Unterlagen geht nicht hervor, wie mit dem Rest – sechs Beschuldigte (11 Prozent) – weiter verfahren wurde.

Die statistischen Erkenntnisse aus der Zufallsstichprobe und den Karteikarten stützen Oosterhuis' Behauptung, dass die Nationalsozialisten nicht das Ziel verfolgten, alle deutschen Homosexuellen auszurotten, und dass Polizei und Justiz im Allgemeinen einen Unterschied machten zwischen Männern, die nur flüchtige sexuelle Begegnungen mit anderen Männern hatten, und Männern, die in ihrer homosexuellen Orientierung festgelegt waren. Der statistische Befund sagt jedoch nichts über die perversen und brutalen Methoden aus, die angewandt wurden, um solche Unterscheidungen zu ermöglichen, und über die Schrecken und Demütigungen, denen die Homosexuellen ausgesetzt waren, sobald die Gestapo sich mit ihnen befasste.

Eine Untersuchung der Fallberichte zeigt, dass Gestapobeamte wie Alfred Effenberg und Otto Dihr, die viele Vernehmungen mutmaßlich homosexueller Männer in Krefeld durchführten, die Beschuldigten – auch die Jugendlichen – nötigten, ausführlich über ihre sexuellen Erfahrungen bis zurück zum Kindesalter zu berichten, einmal sogar aus einer Zeit, als der Beschuldigte erst drei Jahre alt war,[76] und die Namen aller Personen anzugeben, mit denen sie sexuelle Kontakte gehabt hatten. Diese Geständnisse wurden nicht freiwillig gemacht. Dass sie erst nach Schlägen, Drohungen und anderen Formen der Folter zu Stande kamen, geht daraus hervor, dass die Vernehmungen immer wieder unterbrochen und die Aussagen dann mit den mittlerweile vertrauten Formulierungen wieder aufgenommen wurden wie »ich gestehe«, »nachdem ich gewarnt wurde« oder »ich muss mich korrigieren«. Und schließlich nehmen die anschaulichen Details der sexuellen Erfahrungen, zu deren Schilderung die Beschuldigten gezwungen wurden, gelegentlich eine so pornografische Form an, dass man ins Grübeln kommt, ob Effenberg, Dihr und die übrigen mit diesen Fällen befassten Gestapobeamten lediglich daran interessiert waren, objektive Tatsachen festzustellen, oder ob die Antworten auf ihre bohrenden Fragen und ihre Machtposition in ihnen nicht möglicherweise noch weitere Interessen geweckt hatten.[77]

Tatsächlich ist in einer großen Zahl der von der Gestapo bearbeiteten Fälle eine deutliche sexuelle, um nicht zu sagen obszöne Komponente enthalten. Wir haben bereits gesehen, wie stark diese Komponente in den Ermittlungsverfahren gegen Juden und Jüdinnen war, die beschuldigt wurden, Geschlechtsverkehr mit »Deutschblütigen« gehabt zu haben, und in den Fällen, in denen es um die Kontrolle jugendlicher Sehnsüchte nach Romantik und Abenteuer ging. Sie spielte außerdem eine besondere Rolle in den beiden anderen wichtigen Kategorien von Ermittlungen gegen »gewöhnliche« Deutsche, die in Tab. 7.1 aufgelistet sind: Ermittlungen gegen Mitglieder der NSDAP, der SA und der Hitler-Jugend sowie gegen Personen, die sich abfällig über das Regime oder seine Repräsentanten geäußert hatten.

Im Unterschied zu Juden und Homosexuellen hatten die Beschuldigten in diesen Kategorien nur selten unter körperlichen oder seelischen Misshandlungen während der Vernehmung zu leiden oder mussten lange Monate oder Jahre im Zuchthaus oder Konzentrationslager erdulden. Die Gestapo verschwendete in der Regel nur wenig Zeit und Energie auf diesen Personenkreis. Von den Vergehen, die diesen Personen zur Last gelegt wurden, erfuhr die Gestapo meistens durch Denunziationen von Nachbarn, Arbeitskollegen und gelegentlich sogar Familienmitgliedern. Diese Denunziationen weckten jedoch in der ganz überwiegenden Mehrzahl der Fälle nur das vorübergehende Interesse der Gestapo. Das wird in einem späteren Kapitel deutlich werden, wo wir die Rolle, die Denunziationen in der Gesamtheit aller Ermittlungsverfahren der Krefelder Gestapo und des Kölner Sondergerichts gespielt haben, sowie die Herkunft und die Motive der einzelnen Denunzianten eingehend untersuchen werden. Doch zunächst zu den verbleibenden Fällen, in denen »gewöhnliche« und manchmal auch nicht ganz so »gewöhnliche« Deutsche beschuldigt wurden.

Homosexualität war nicht die einzige Form sexueller Neigungen, derentwegen Parteigenossen und Angehörige anderer nationalsozialistischer Organisationen bei der Gestapo denunziert wurden. Die Zufallsstichprobe der Krefelder Gestapoakten enthält mehrere Fälle, in denen es um wirklich perverse Akte geht, die von NSDAP-Mitgliedern praktiziert und verübt wurden. Manchmal haben diese Fälle etwas Kurioses an sich, doch häufig wirken sie so abstoßend, dass bei ihnen buchstäblich der Spaß aufhört. Zwei Beispiele mögen genügen.

Das erste Beispiel ist aus mehreren Gründen von Bedeutung; einer davon liegt darin, dass es der einzige von allen in dieser Studie untersuchten Fällen ist, in denen ein Kind ein Elternteil denunziert hat. Es war allerdings kein kleines Kind mehr, sondern ein 28-jähriger, verheirateter Milchhändler und NSDAP-Mitglied namens Heinrich S. Nach einem Streit im Haus seiner Eltern in Traar, nördlich von Krefeld, am 2. November 1936, in dem sein Vater, Dietrich S., ihn und seine frisch angetraute Frau vor die Tür setzte, ging Heinrich S. zusammen mit seiner Frau schnurstracks zum NSDAP-Ortsgruppenleiter und erstattete offiziell Anzeige gegen seinen Vater, den er gleich mehrerer Ungehörigkeiten bezichtigte. Unter anderem sollte sein Vater – ein 62-jähriger Bauer und »alter Kämpfer« der Partei (er gehörte ihr seit 1930 an) – Hitler, Göring und andere Parteigrößen wiederholt in Gegenwart des Sohnes, dessen Frau und anderer kritisiert haben und inzwischen ein gefährlich perverser Mensch geworden sein. Einige Tage darauf leitete der Ortsgruppenleiter der NSDAP die Anzeige an die Krefelder Gestapo weiter.

Der Fall wurde von Otto Dihr bearbeitet. Im folgenden Monat bestellte Dihr mehrere Personen zur Aussage ein, darunter den Sohn und die Schwiegertochter des Beschuldigten, einen ortsansässigen Landarbeiter, den Beschuldigten selbst sowie dessen Frau und dessen Tochter. Alle außer dem Beschuldigten und seiner Tochter schilderten eine Fülle von Einzelheiten in ausführlichen, von ihnen unterschriebenen Aussagen, mit denen sie die ursprüngliche Anschuldigung bestätigten. Nach den Aussagen von Mutter und Sohn hatte die Begeisterung von Dietrich S. für den Nationalsozialismus in den letzten Monaten nachgelassen, und er schimpfte und geiferte nur noch über die Fehler Hitlers und anderer NS-Größen, während er mit offenem Hosenschlitz und heraushängendem Penis auf dem Hof herumlief. Im Einzelnen habe er unter anderem gesagt:»Was Hitler will, ist der Kommunismus, er macht das nur langsamer«,»Göring ist ein alter Hurenbock« oder»die jetzige Regierung [besteht aus nichts] als lauter Lumpen und Verbrechern«.[78] Schlimmer als dies sei sein sexuelles Verhalten gewesen, über das sich alle seine Beschuldiger ausließen. In seiner beeidigten und unterschriebenen Aussage hatte der Sohn unter anderem behauptet:»Wenn er seine schlimmen Tage hat, dann läuft er im Hause und auch draußen auf dem Hofe mit entblößtem Geschlechtsteil herum. Es ist schon öfters vorgekommen, daß er in der Wohnung und auch auf dem Hofe frei und offen onaniert hat, so daß es jeder von der Familie sehen konnte [...] Die größten Sauereien, die sich nur ein Mensch denken kann, und die nur von einem Verrückten, treibt er mit unserer Kuh. Ich habe es zweimal klar und deutlich beobachtet, wie mein Vater in den Kuhstall ging, den After von der Kuh mit einem Lappen auswusch, den After dann mehrmals küsste, und anschließend nahm er sich den Milchstuhl, stieg auf diesen rauf und steckte sein Glied in den After der Kuh. Meine Mutter hat sogar gesehen, daß er dieses mit allen Kühen gemacht hat.«[79]

Die Mutter bestätigte in ihrer Aussage all diese Angaben. Wie sie erklärte, war die Beziehung zwischen ihr und ihrem Mann bis vor drei Jahren in Ordnung gewesen. Doch dann habe er es mit einer jungen Magd getrieben, diese geschwängert und danach ein völlig abartiges Verhalten gezeigt, über das sie sich noch detaillierter ausließ als ihr Sohn. Das alles war für die Krefelder Gestapo mehr als genug. Am 25. Januar 1937 schrieb Adolf Riekmann, der Leiter der Krefelder Gestapostelle (die offiziell immer noch Staatspolizeistelle Krefeld hieß), einen Brief an Dr. Klaholt vom Krefelder Gesundheitsamt, in dem er Dietrich S. als»gemeingefährlich« bezeichnete und gegen diesen dringend staatspolizeiliche Maßnahmen empfahl.

Wie häufig in den Fällen, in denen Parteigenossen betroffen waren, kam Dietrich S. am Ende ungeschoren davon. Er wurde zur Beobachtung in eine psychiatrische Klinik der Stadt eingewiesen, konnte aber nach wenigen Wochen mit einem Attest, das seine psychische Gesundheit bescheinigte, wieder nach Hause gehen. Einige Monate später ließ die Krefelder Staatsanwaltschaft alle Anklagen gegen ihn fallen und schloss die Akte mit der Begründung, die Tochter von Dietrich S. habe ausgesagt, ihr Bruder und ihre Mutter hätten sich die Anschuldigungen gegen den Vater ausgedacht, um damit die Tatsache zu verschleiern, dass sie miteinander sexuell verkehrt hätten.

Ein noch unappetitlicherer Fall begann am 21. August 1938, als zwei Einwohner Krefelds einen Krefelder Nationalsozialisten anzeigten, der ebenso wie Dietrich S. seit 1930 der Partei angehörte.[80] Eine Bekannte hatte ihnen kurz zuvor erzählt, ihre Tochter habe ihr eröffnet, dass ein 56-jähriger pensionierter Zollinspektor namens Josef J. ihre elf Jahre alte Freundin belästige, die seit etwa einem Jahr in seiner Wohnung als Pflegekind lebte. Am nächsten Tag bestellte die Polizei die Tochter der Frau und das Pflegekind zur Aussage aufs Präsidium.

Die Elfjährige bestätigte, dass die Anschuldigungen im Wesentlichen zutreffend seien, allerdings sei nichts gegen ihren Willen geschehen. Sie nannte Josef J. ihren »Vater« und sagte vor der Polizei aus, sie habe mehrmals mit ihm in der folgenden Weise verkehrt. Sie, ihr achtjähriger Bruder und ihr Pflegevater schliefen alle im Dachgeschoss der zweistöckigen Wohnung, während die Pflegemutter im Stockwerk darunter schlief. Manchmal, bevor sie morgens zur Schule ging, holte der Vater sie zu sich ins Bett und bat sie, an seinem Penis herumzuspielen. Dazu erklärte sie:»Ich legte mich immer auf den Vater und mußte auf und ab hopsen. Manchmal legte der Vater sich auf mich, steckte seinen Pimmel bei mir drin und hopste auch auf und ab. Das tut nicht weh. Wenn bei dem Vater Wasser herauskam, habe ich das mit dem Lappen abgeputzt.«[81] Sie schloss ihre Aussage mit der Enthüllung, Ähnliches habe sie auch mit dem Sohn ihres Pflegevaters getan, der damals Anfang zwanzig war und seinen Wehrdienst außerhalb von Krefeld ableistete.

Als Josef J. am selben Tag seine Aussage machte, räumte er lediglich ein, das kleine Mädchen gelegentlich zu sich ins Bett genommen zu haben, bestritt jedoch, dass er es belästigt habe. Um diese Einlassung glaubwürdiger zu machen, behauptete er, er könne keinen Geschlechtsverkehr mehr ausüben, denn »mein Geschlechtsteil ist nur 2–3 cm lang«.[82] Diesen Umstand könne seine

Frau bestätigen. Mit ihrer Aussage, die später am selben Tag protokolliert wurde, bestätigte die Ehefrau seine Angaben und sagte, dass sie mit ihrem Mann ganz gewiss keinen Geschlechtsverkehr mehr habe. Doch das reichte nicht aus, um ihn zu retten. Nachdem seine Frau ausgesagt hatte, wurde ein weiteres elfjähriges Mädchen vernommen, das angab, Josef J. habe auch sie belästigt. Schließlich brach Josef J. zusammen und gestand fast alles. Zwei Monate später verurteilte das Krefelder Amtsgericht Josef J. zu einer Gefängnisstrafe von anderthalb Jahren, und außerdem wurde er aus der NSDAP ausgeschlossen.

Selbst wenn der Inhalt der Anschuldigungen in diesen beiden Fällen extrem war, das rohe Verhalten dieser beiden Nationalsozialisten im vorgerückten Alter und ihre milde Behandlung durch die Polizei und die Strafjustiz waren nicht untypisch für andere Fälle, bei denen Nationalsozialisten und NSDAP-Sympathisanten beschuldigt worden waren. Wie der Ausgang des zweiten Falls deutlich macht, war die Mitgliedschaft in der Partei keine Garantie für Immunität bei Gesetzesbrüchen, aber sie war auf jeden Fall hilfreich, wenn man in Schwierigkeiten geriet. Nicht ein einziger der zahlreichen Parteigenossen aus Köln, Krefeld, Bergheim und anderen Gemeinden, deren Fälle ich hier untersucht habe, wurden je in ein Konzentrationslager überstellt, obwohl viele von ihnen angezeigt worden waren, weil sie sich über die Repräsentanten von Partei und Staat abschätzig geäußert oder Sittlichkeits- oder andere Verbrechen – politischer oder unpolitischer Natur – begangen hatten. Das heißt nicht, dass es grundsätzlich nicht dazu gekommen wäre, aber eine strenge Bestrafung durch die Gestapo oder die Justiz kam bei Parteimitgliedern äußerst selten vor. Selbst eine Mitgliedschaft in der SA konnte, trotz ihres Ansehensverlusts seit der Röhm-Affäre, bis zu einem gewissen Grad vor schweren Strafen schützen.

Tatsächlich betrafen viele der restlichen Fälle, in denen die Betroffenen einer NS-Organisation angehörten, SA-Mitglieder, die trotz eines brutalen Schlägerverhaltens, das normalerweise weder vom NS-Regime noch von den Justizbehörden der meisten übrigen Länder geduldet worden wäre, nur geringfügig oder überhaupt nicht bestraft wurden. Ein solcher Fall begann in den frühen Morgenstunden des 18. Juli 1937, als die Frau eines Krefelder Kneipenwirts bei der Polizei anrief, um gegen einen SA-Mann, einen 29-jährigen verheirateten Geschäftsmann namens August S., Anzeige wegen tätlicher Beleidigung zu erstatten.[83] Nach einem ausgiebigen Zechgelage mit mehreren SA-Kumpanen war August S., der seine SA-Uniform trug, mit einem anderen Mann in Streit geraten und hatte diesen aufgefordert, seinen Personalausweis vorzuzeigen. Als der Mann sich weigerte, schlug August S. ihn zusammen; daraufhin kam es in dem Lokal zu einer Massenschlägerei. Als die Wirtin August S. zum Verlassen des Lokals aufforderte, zog dieser ein Messer und stach ihr damit in die Hand, worauf sie die Polizei rief. Nach einer kurzen Untersuchung beschloss die Polizei, die Ermittlungen ohne weitere Umstände einzustellen. Die Gestapo hatte ursprünglich mit dem Fall gegen August S. gar nichts zu tun, doch als er einige Monate später wegen eines ähnlichen Vorkommnisses vorgeladen wurde, bei dem er einen Schweizer Geschäftsmann zusammengeschlagen hatte, der in Krefeld arbeitete, hatte sich die Gestapo eingeschaltet, und der Fall wurde von Kriminalassistent Theodor Schommer bearbeitet. Nach Abschluss seiner Ermittlungen gab er die Akte an die Staatsanwaltschaft weiter, doch diese entschied ebenfalls, die Angelegenheit auf sich beruhen zu lassen. Auch hier kam August S. am Ende unbehelligt davon.

Es dürfte wohl kaum überraschen, dass Parteigenossen, SA-Leute und Mitglieder sonstiger NS-Organisationen von der Polizei und den Gerichten besonders rücksichtsvoll behandelt wurden. Aufschlussreicher ist jedoch der Umstand, dass den meisten gewöhnlichen Deutschen, solange sie aufrechte Mitglieder der »Volksgemeinschaft« waren – und das war die überwiegende Mehrheit –, eine relativ große Narrenfreiheit gewährt wurde, wenn sie ihren alltäglichen Enttäuschungen über die Regierung Luft machen wollten. Selbst wenn dies in Form von unverblümter Kritik an Hitler und dem Regime, von politischen Witzen oder expliziter Missbilligung erfolgte, hatte dies nur selten schwere Strafen zur Folge. In den Akten der Krefelder Gestapo und des Kölner Sondergerichts finden sich zahlreiche Verstöße gegen das Heimtückegesetz, das herabsetzende Äußerungen über Repräsentanten von Partei und Staat unter Strafe stellte. Doch in den meisten Fällen wurden die Ermittlungen noch vor einem Gerichtsverfahren eingestellt, und falls es dennoch zu einer Verurteilung kam, fielen die Strafen äußerst milde aus. Diese Behauptung ließe sich mit hunderten von Beispielen belegen, doch hier mögen einige wenige genügen. In Kapitel 9 werden wir darauf zurückkommen.

Am 26. Januar 1937 erstattete eine etwas klatschsüchtige 62-jährige Großmutter namens Barbara C. aus Quadrath, von der es in der Akte hieß, »sie ist bekannt dafür, daß sie vor keinem Mittel [zurück]schreckt, um ihre Mitmenschen in ein schlechtes Licht zu stellen«, Anzeige gegen einen Mann, der angeblich Hitler einen »Arschficker« und einen »warmen Bruder« genannt hatte.[84] Der Mann, Josef P., war verheiratet, Vater von zwei Kindern und Eisenbahnarbeiter in guter Stellung aus dem Nachbarort Bergheim. Wie sie in ihrer Anzeige angab, hatte sie diese Äußerungen von Josef P. nicht selbst gehört. Vielmehr waren diese Worte ihrem Neffen gegenüber bei einem über zwei Jahre zurückliegenden Fußballspiel gefallen, als die beiden sich über den »Röhm-Putsch« unterhalten hatten. Nachdem ihr Neffe ihr diese Bemerkungen bald darauf erzählt hatte, hinterbrachte sie diese unverzüglich dem Bürgermeister von Quadrath, dem führenden Nationalsozialisten am Ort. Während ihrer Vernehmung im Januar 1937, die von einem Bergheimer Polizeibeamten namens Gottfried Schleicher geführt wurde, stellte sich heraus, dass der Bürgermeister die Information damals an seine Vorgesetzten in der NSDAP weitergegeben hatte. Diese waren wiederum zu dem Schluss gelangt, die Sache sei ohne Bedeutung, und ließen die Angelegenheit auf sich beruhen, ohne die Polizei einzuschalten.[85]

Barbara C. beschuldigte Josef P. erneut, als sie selbst beschuldigt worden war, sich Nachbarn in Quadrath gegenüber in ähnlicher Weise über den Führer geäußert zu haben. In zwei getrennten Ermittlungsverfahren, die Anfang 1937 gegen sie liefen, das eine ausgelöst durch die Denunziation eines Blockleiters, das andere durch die Denunziation seiner Frau, wurde ihr vorgeworfen, sie habe einmal zur Frau des Blockleiters gesagt, »Hitler aber ist ein Arschficker«, und bei einer anderen Gelegenheit gegenüber deren Mann geäußert: »Die Partei kann mich am Arsch lecken.«[86] Im weiteren Verlauf der Ermittlungen erhoben der Blockleiter und seine Frau außerdem die Beschuldigung, nicht nur Barbara C., sondern auch ihre Tochter habe in Verbindung mit dem Führer Ausdrücke aus der Fäkaliensprache gebraucht. Im Mai des vergangenen Jahres habe sie beispielsweise wütend ein Bild Hitlers aus der Zeitung herausgerissen, sich damit auf dem Weg zur Toilette mit einer imaginären Geste den Hintern abgeputzt und gesagt: »Mit Hitler werde ich mir jetzt den Arsch abwischen!«

Wegen Barbara C.s nicht ganz einwandfreiem Ruf und weil sich die Aussagen der fünf Zeugen im Verfahren gegen Josef P. zum

Teil widersprachen, stellte die Staatsanwaltschaft Köln das Verfahren am 26. Mai 1937 ein. Bereits am 27. Februar hatte ein Kölner Schöffengericht Barbara C. freigesprochen, weil auch hier die Zeugenaussagen widersprüchlich waren. Das zweite gegen sie eröffnete Verfahren wurde von der Kölner Staatsanwaltschaft am 16. April wegen Mangels an Beweisen eingestellt. Gegen die Tochter von Barbara C. wurde ein Verfahren gar nicht erst eingeleitet.

Die in diesen Beispielen von Vertretern der NSDAP, der Polizei und der Strafjustiz getroffenen Entscheidungen zeigen, dass diese die Fälle von Josef P. und Barbara C. für weitgehend belanglos hielten, auch wenn es dabei um verächtliche Äußerungen über Hitler und die Partei ging, die sogar in Gegenwart eines Blockleiters gemacht wurden. Triviale Fälle wie diese, die für die Beschuldigten ohne Folgen blieben, machen den Löwenanteil der Ermittlungen aus, die von der Krefelder Gestapo und dem Kölner Sondergericht in den Vorkriegsjahren gegen gewöhnliche Bürger eingeleitet wurden. Nur in Ausnahmefällen endeten Verfahren wegen Verstößen gegen das Heimtückegesetz mit schweren Strafen. Eine Ausnahme war beispielsweise gegeben, wenn der Beschuldigte bereits aus anderen Gründen für die Justiz kein unbeschriebenes Blatt war, wenn er etwa früher mit Kommunisten in Verbindung gestanden hatte, einen jüdischen Hintergrund hatte, vorbestraft war oder freundschaftlichen Umgang mit Juden oder anderen »Staatsfeinden« pflegte. Eine solche Ausnahme war der Fall Heinrich H.s aus Bergheim.[87]

Als die Ermittlungen gegen ihn eingeleitet wurden, war Heinrich H. ein verheirateter, 57 Jahre alter Milchhändler, der im Ersten Weltkrieg als Infanterist gedient und 1931 eine geringfügige Vorstrafe wegen Verleumdung erhalten hatte. Am Morgen des 18. Juni 1938 lieferte Heinrich H. im Rahmen seiner täglichen Tour dem Bahnhofsrestaurant Bergheim Milch und Butter. Während er der 53-jährigen Wirtsfrau (Frau T.), deren Mann in der Partei war, die Waren aushändigte, knüpfte H. ein Gespräch mit einigen der Gäste an. Als die Rede auf die Verfolgung einiger Mitglieder der kleinen jüdischen Gemeinde in Bergheim kam, zu der auch die Schwestern Selma und Berta S. und der Viehhändler Isador F. gehörten, und auf die Verfolgung der deutschen Juden allgemein, und als Heinrich H. seine Sympathie für die verfolgten Juden bekundete, nahm die Wirtin daran Anstoß, und es kam zu einem Wortgefecht. Am Ende drohte Heinrich H., das Restaurant nicht mehr zu beliefern, und tatsächlich blieben in den nächsten Tagen seine Lieferungen aus.

Fünf Tage später, am 23. Juni, schrieb Frau T. an die NSDAP-Kreisleitung in Bergheim einen Brief, in dem sie Heinrich H. beschuldigte, er habe sich herabsetzend über Hitler und die Regierung geäußert und sich in verbotener Weise für die Juden eingesetzt. Unter anderem habe er wörtlich Folgendes gesagt: »Es ist doch allerhand, daß man so hinter den Juden her ist, es sind doch nette Leute; hinter den kleinen Juden ist die Partei her, aber die Regierung arbeitet mit jüdischem Geld«. »Die größten Banken in Deutschland sind doch im Besitz der Juden Oppenheim und Goldstein. Mit diesem Geld [...] arbeiten doch die da oben.« »Die Juden sind tüchtige Soldaten, jetzt sind sie hinter ihnen her; aber wenn es nochmal Krieg gibt, dann hat man die Juden wieder notwendig.«[88]

Acht Tage später, am 1. Juli, übergab Kreisleiter Bergmann Frau T.s Brief mit der Denunziation der Bergheimer Polizei, und wiederum vier Tage später verhaftete diese Heinrich H. Bei seiner Vernehmung bestritt H. die ihm zur Last gelegten Äußerungen und behauptete, erst Frau T. habe überhaupt das Gespräch auf die Juden in Bergheim gebracht. Außerdem erklärte er, die Denunziation durch Frau T. gehe auf einen Streit mit ihrem Mann zurück, weil dieser die letzten Lieferungen von Butter und Milch nicht bezahlen wollte. Sein Sohn Peter, ein 29-jähriger Fabrikarbeiter, bestätigte etwa einen Monat später, am 9. August, vor der Bergheimer Polizei diese Aussage. Angeblich hatte der Wirt zu seinem Vater gesagt: »Wenn Sie mir binnen 24 Stunden keine Butter besorgen, werde ich Ihnen einen anhängen, woran Sie Ihr Leben lang denken [werden].«[89]

Das war keine leere Drohung. Obwohl die Beweise gegen Heinrich H. nicht ausreichten, um ihn wegen seiner Äußerungen in Haft zu behalten, und obwohl die Kölner Staatsanwaltschaft die Anklage schließlich am 22. November 1938 fallen ließ, setzten die Behörden ihn nicht auf freien Fuß. Noch während er sich zunächst in Bergheim und dann im Kölner Klingelpütz in Untersuchungshaft befand, wurde eine weitere Anzeige gegen ihn erstattet, diesmal wegen »Unzucht« mit einer Minderjährigen. Wegen dieses Vergehens verurteilte ihn das Kölner Landgericht am 6. Oktober 1938 zu einer Gefängnisstrafe von sieben Monaten und einem Tag. Leider sind die Unterlagen zu diesem Fall nicht verfügbar, so dass sich nicht mehr feststellen lässt, ob diese Anklage gegen ihn fiktiv war. Doch ein Bericht an das Reichsjustizministerium in Berlin vom 21. Oktober 1938 von Staatsanwalt Reuter aus Köln macht einen argwöhnisch, vor allem weil darin behauptet wird, H. habe eine »asoziale« Einstellung:

»Die Äußerungen des Beschuldigten lassen eine stark gegensätzliche Einstellung zum nationalsozialistischen Staate und insbesondere zur nationalsozialistischen Rassenpolitik erkennen. Da er schon früher mit den Linksparteien sympathisiert hat und [sich] nicht in die Volksgemeinschaft einfügen kann, besteht Grund zu der Annahme, daß es sich um einen grundsätzlich staatsfeindlich eingestellten Menschen handelt. Hierzu kommt noch, daß er erst kürzlich als Sittlichkeitsverbrecher bestraft werden mußte, wodurch gleichfalls seine asoziale Einstellung bestätigt wird.«[90]

Der Fall Heinrich H. zeigt, dass Denunziationen aus der Zivilbevölkerung für die Beschuldigten schwere Folgen nach sich ziehen konnten. Doch wie die vorangegangenen Fälle von Josef P. und Barbara C. zeigen – die für jene Fälle, von denen gewöhnliche Deutsche betroffen waren, typischer sind –, blieben sie in den Vorkriegsjahren in der Mehrzahl folgenlos. Josef P. war ein unbescholtener Bürger. Barbara C. war eine harmlose, wenn auch klatschsüchtige alte Frau. Doch Heinrich H. war vorbelastet, da er früher mit den Linksparteien sympathisiert hatte und vorbestraft war. Abfällige Bemerkungen über Hitler, die Regierung und die Partei konnten innerhalb gewisser Grenzen hingenommen werden, weil sie häufig als ganz normales Verhalten betrachtet wurden. Wer dagegen öffentlich Sympathie für Juden zeigte, konnte in den Augen der Nationalsozialisten nur ein gefährlicher Mensch mit »asozialer Einstellung« sein.[91]

Kapitel 8

Terror
und »gewöhnliche« Deutsche
1939-1945

Am Morgen des 1. September 1939 schalteten die Einwohner Kölns, Krefelds und anderer deutscher Städte ihren Volksempfänger ein, um Hitlers Reichstagsrede zu hören. Der Führer teilte ihnen mit, dass am Abend zuvor der deutsche Sender Gleiwitz, anderthalb Kilometer von der polnischen Grenze entfernt, von regulären polnischen Soldaten überfallen worden sei und er um 5.45 Uhr den Befehl gegeben habe, zurückzuschießen. Die Hörer konnten damals nicht wissen, dass der angebliche polnische Überfall ein seit Wochen von Heydrich und Himmler geplantes Täuschungsmanöver war und in Wirklichkeit von deutschen SA-Leuten in polnischen Uniformen unter der Führung des berüchtigten SS- und SD-Manns Alfred Naujocks und des späteren Leiters der Kölner Gestapo, Dr. Emanuel Schäfer, verübt worden war.[1] Von diesen Feinheiten einmal abgesehen, hatte der Zweite Weltkrieg begonnen.

Die meisten älteren Deutschen, die sich noch daran erinnern konnten, was der Erste Weltkrieg für Deutschland bedeutet hatte, waren zunächst sehr beunruhigt. Bald wichen ihre Befürchtungen jedoch einem vorsichtigen Optimismus, da die deutsche Wehrmacht dank ihrer Blitzkriegtaktik die polnische Armee in nur wenigen Wochen mühelos besiegte. Als Frankreich dann im Juni 1940 ebenfalls kapitulierte, machte sich in der Bevölkerung Euphorie breit.[2] Diesmal gab es kein »Wunder an der Marne«. Hitler und seine Wehrmacht schienen unbesiegbar, und die deutsche Bevölkerung genoss die Früchte des Sieges. Howard K. Smith, der berühmte US-amerikanische TV-Moderator, lebte bis zum Kriegseintritt der USA im Dezember 1941 als Zeitungskorrespondent in Berlin. In einem Buch, das er nach seiner Rückkehr in die Vereinigten Staaten 1942 veröffentlichte, erinnert er sich:

»Die Eroberung Frankreichs beispielsweise erwies sich für die deutsche Zivilbevölkerung als eine weit geöffnete Schatztruhe […] Berliner Putzfrauen und Dienstmädchen, deren Beine noch nie von weicher Seide verwöhnt worden waren, begannen wie selbstverständlich Seidenstrümpfe vom Boulevard Haussman zu tragen – ›von meinem Hans an der Front‹. Die Regale über den Theken kleiner Eckkneipen waren jetzt gefüllt mit Batterien von Armagnac und Cognac Martell und Courvoisier aus den Kellern des Maxim und anderer großer Restaurants. Jeder kleine Büroangestellte in Berlin konnte beim Essen mit einer feinen, bauchigen Flasche besten französischen Champagners aufwarten […] Der Krieg war fast ein Spaß.«[3]

Der Überfall auf die Sowjetunion, der am 22. Juni 1941 begann, schien zunächst ebenso siegreich zu verlaufen, brachte jedoch bald Schwierigkeiten mit sich. Im Sommer und Frühherbst 1941 marschierte die deutsche Wehrmacht innerhalb kurzer Zeit hunderte von Kilometern tief in osteuropäisches Territorium ein, eroberte Ostpolen, die baltischen Staaten, Weißrussland und einen Großteil der Ukraine. Noch bevor der Wintereinbruch ihren Vormarsch zum Stillstand brachte, stand die Wehrmacht vor den Toren Moskaus und Leningrads. Dennoch forderte der Krieg gegen die Sowjetunion zum ersten Mal auch von der deutschen Zivilbevölkerung schwere Opfer, da die Erfordernisse der Truppen – die an einer Front von mehreren hundert Kilometern »verbrannter Erde« lagen – Vorrang hatten. Der deutsche Beutezug, von dem die Zivilbevölkerung in den ersten beiden Kriegsjahren profitiert hatte, kam zu einem abrupten Ende. Dieser Krieg war kein Vergnügen mehr.[4]

Die deutschen Lebensmittelrationen waren im Gegensatz zu denen vieler anderer Länder über weite Strecken des Krieges ausreichend, und bis Mitte 1942 war das Leben für die meisten Deutschen in Köln und anderen Städten fast normal weitergegangen.[5] Doch der unerschütterliche Glaube der deutschen Bevölkerung an den »Mythos Hitler« war seit dem Überfall auf die Sowjetunion ins Wanken geraten. Die meisten vergossen keine Träne, aber nicht wenige wurden nachdenklich, als die ersten Gerüchte über Massenerschießungen von Juden und anderen im Rücken der deutschen Armee in die Heimat durchsickerten. Diese Gerüchte gewannen an Glaubwürdigkeit, als im Oktober 1941 die ersten umfangreichen Deportationen deutscher Juden in den Osten einsetzten.[6]

Der Erzbischof von Münster, Clemens August Graf von Galen, hatte in einer Predigt vom 3. August 1941 die deutsche Öffentlichkeit alarmiert, als er den unmenschlichen und kaltblütigen Mord anprangerte, der bereits an hunderttausend geistig und körperlich Behinderten in deutschen Tötungsanstalten verübt worden war.[7] Seine Predigt wurde bald darauf von mehreren Geistlichen in anderen Städten wiederholt, und die Engländer druckten den Text auf zehntausende von Flugblättern, die von Piloten der Royal Air Force (R.A.F.) über Deutschland abgeworfen wurden. Im Unterschied zu den leichten Siegen, deren sich die Wehrmacht im Westen erfreuen konnte, zog sich der Feldzg im Osten bis zum Winter 1941/42 und darüber hinaus hin, und es regten sich erste Befürchtungen über die Dauer und den möglichen Ausgang eines Krieges, von dem mittlerweile feststand, dass er sich in die Länge ziehen würde. Und schließlich litt auch das Ansehen Hitlers, als die Bevölkerung begann, seinen Luftfahrtminister Hermann Göring mit zunehmender Intensität der Bombenangriffe der R.A.F. sarkastisch als »Marschall Meier« zu bezeichnen.[8] Vor dem Krieg hatte Göring großspurig verkündet, er wolle Meier heißen, wenn es jemals einem feindlichen Fluzeug gelingen sollte, die deutsche Reichsgrenze zu überfliegen.

Nach Ian Kershaw waren bereits im Sommer 1942 und vor allem nach dem Fall Stalingrads »Latrinenparolen über Hitlers Wutanfälle und Ausbrüche weit verbreitet: Angeblich müsse er stets von einem Irrenarzt begleitet werden.«[9] Als im Januar 1943 Stalingrad gefallen war, schreibt Kershaw, »[befand sich] der Hitler-Mythos nun ganz offensichtlich auf dem Rückzug [...] Über tiefe Erschütterung, Enttäuschung und Niedergeschlagenheit wurde von überallher berichtet. Zu Recht wurde dieses Ereignis als Talsohle der Stimmungslage an der Heimatfront während des Krieges bezeichnet.«[10]

Obwohl Hitlers Stern nach Stalingrad rapide zu sinken begann und trotz eines wachsenden Gefühls, dass der Krieg nicht mehr zu gewinnen sei, machten die meisten Deutschen an der Front und in der Heimat bis zum bitteren Ende weiter in der Überzeugung, ihr Schicksal sei unerbittlich mit dem ihres Führers verbunden. Viele waren desillusioniert und pessimistisch, aber nur wenige unternahmen nennenswerte Widerstandsversuche gegen das Regime, selbst in den letzten Jahren und Monaten des Krieges. Natürlich war die Gestapo sehr schnell über fast alle Personen informiert, die ernst-

326

haften Widerstand zu leisten versuchten, und viele von ihnen mussten dafür mit ihrem Leben bezahlen.

Hier sind beispielsweise die mutigen Aktivitäten der »Weißen Rose«, angeführt von den Münchener Studenten Hans und Sophie Scholl und Alexander Schmorell, zu nennen. Sie hatten Kontakte zu gleichgesinnten Studenten in Berlin, Wien und vor allem Hamburg geknüpft, verteilten seit dem Sommer 1942 bis zum Frühjahr 1943 Flugblätter gegen das Regime und den Krieg und malten Parolen an Häuserwände, in denen sie zum passiven Widerstand gegen das Regime aufriefen. Dafür büßten sie bald mit ihrem Leben.[11] Gravierender in seinen potenziellen Folgen war das versuchte Attentat Claus Schenk Graf von Stauffenbergs am 20. Juli 1944 auf Hitler. Dieser Versuch war Bestandteil einer umfassenderen Verschwörung gegen Hitler, die von nationalkonservativen Führern des »Kreisauer Kreises« organisiert wurde, der wiederum wichtige Verbindungen zu einigen führenden Persönlichkeiten in der Wehrmacht, der militärischen Abwehr und im preußischen Adel sowie einigen Männern der Kirche und selbst in den Gewerkschaften hatte.[12] Doch auch dieses Attentat schlug fehl, und die meisten an seiner Vorbereitung Beteiligten wurden entdeckt und zum Tode verurteilt, viele davon in Schauprozessen vor dem Volksgerichtshof in Berlin, bei denen der berüchtigte Roland Freisler den Vorsitz führte.[13] Zum deutschen Widerstand gehörten ferner Gruppen und Organisationen aus der Arbeiterjugend und der KPD wie die Edelweißpiraten, das Nationalkomitee »Freies Deutschland« und die »Rote Kapelle«, mit deren Mitgliedern gegen Kriegsende zum Teil ebenfalls gnadenlos verfahren wurde.[14] Alle diese Widerstandsgruppen wurden jedoch trotz ihrer edlen Ziele zu spät und nicht in ausreichendem Maße aktiv und hatten wahrscheinlich von vornherein kaum Aussicht auf Erfolg, zumal sie nur wenig Unterstützung innerhalb der breiten Bevölkerung fanden. Gerhard Weinberg hat sein hartes, aber wahrscheinlich zutreffendes Urteil über die Haltung der deutschen Bevölkerung so formuliert: »Die Bevölkerung, in der sich Angst und Apathie mit Hingabe und Hoffnung verbanden, hielt dem Regime bis in die letzten Kriegstage die Treue. Erst als die alliierten Truppen in Deutschland selbst auf der Bildfläche erschienen, kehrten die Menschen dem Regime, dem sie gedient hatten, in nennenswerter Zahl den Rücken.«[15]

Der Wille der deutschen Bevölkerung, gegen die nationalsozialistische Führung Widerstand zu leisten, war wesentlich schwächer als der Wille, sich gegen die Feinde aus dem Ausland zu wehren. Das vielleicht beste Beispiel für ihre Entschlossenheit ist das anhaltend hohe Produktionsniveau deutscher Arbeiter angesichts nahezu pausenloser Bombenangriffe, die die Deutschen einem Terror aussetzten, der weitaus schlimmer war als alles, was sie bislang von der Gestapo und dem Terrorapparat des Regimes gewöhnt waren. Köln und Krefeld zählten zu den am schwersten durch Bomben betroffenen Städten. Zwischen Mai 1940 und März 1945 ertönten in Köln die Alarmsirenen 1122-mal, und die Stadt wurde insgesamt von 262 Bombenangriffen heimgesucht. Die meisten davon wurden im Schutze der Nacht von Piloten der R.A.F. durchgeführt, doch gegen Ende des Krieges beteiligten sich auch Bomber der US-Luftflotte, die ihre Angriffe meistens am hellichten Tag flogen.[16] Die ersten Angriffe 1940 verursachten zwar nur geringe Schäden, gaben jedoch Göring mit seiner Prahlsucht dem Spott der Bevölkerung preis. Doch seit dem 2. März 1941, als hundert R.A.F.-Bomber ihre tödliche Last über der Stadt abwarfen und eine 500 Meter lange Feuerwand durch das Arbeiterviertel Köln-Kalk raste, konnten die Kölner abends nicht mehr zu Bett gehen, ohne befürchten zu müssen, dass ihr Haus am nächsten Morgen in Schutt und Asche liegen würde.

Im Februar 1942 beschloss die britische Regierung, mit ihren Bombenangriffen in erster Linie die deutsche Zivilbevölkerung zu treffen, um sie auf diese Weise zur Abkehr von Hitler zu bewegen. Diese Politik verfehlte offensichtlich ihren Zweck, wenn sie nicht sogar das Gegenteil erreichte. Der verheerendste Bombenangriff, von dem Krefeld im Krieg getroffen wurde, erfolgte in den frühen Morgenstunden des 22. Juni 1943 durch 705 R.A.F.-Bomber und tötete 1036 Einwohner der Stadt. In einer ausführlichen Einleitung zu einem Buch mit Augenzeugenberichten über diesen Angriff schreibt Hans Vogt:»Bei der deutschen Bevölkerung hatten die Bombenangriffe nichts als Entsetzen und ohnmächtige Wut ausgelöst, die sich aber nicht primär gegen den NS-Staat, sondern gegen die Alliierten und ihre ›Terrorbomber‹ richtete. 1943 und 1944 erreichte die deutsche Kriegswirtschaft ihren Höhepunkt in der Produktion – trotz der Luftangriffe auf die Städte.«[17]

Ähnliche Reaktionen sind auch aus anderen deutschen Städten überliefert.[18] Manche Deutsche gehen so weit, die Bombenangriffe der R.A.F. als »Kriegsverbrechen« zu bezeichnen. In seinem Buch

Kölner Gestapozentrale (EL-DE-Haus), ca. 1935 bis 1942 (Historisches Archiv der Stadt Köln).

Zellengang im Keller der Kölner Gestapozentrale (Rheinisches Amt für Denkmalpflege).

Krefelder Polizei- und Gestapostelle (Hansa-Haus) 1934 (Stadtarchiv Krefeld).

13 500 Kölner Juden wurden deportiert

Wieder ein Gestapo-Prozeß in Köln

Hohe Gestapo-Beamte vor dem Schwurgericht - Schwere Freiheitsberaubung im Amt mit Todesfolge

Oben: *Prozess gegen die Leiter der Kölner Gestapo im Juli 1954. Emanuel Schäfer steht, auf dem Foto unmittelbar links von ihm sitzt Franz Sprinz, links im Vordergrund sitzt Kurt Matschke (Kölnische Rundschau).*

Links: *Ludwig Jung, der Leiter der Krefelder Gestapo, 1938 (BDC).*

Oben: *Krefelder Rathaus, aus Anlass der Saarabstimmung 1935 mit Fahnen und Girlanden geschmückt (Stadtarchiv Krefeld).*

Rechts: *Alfred Effenberg, einfacher Krefelder Gestapobeamter, 1938 (BDC).*

Oben: *Jüdische Ladeninhaber müssen mit antisemitischen Plakaten durch die Straßen Leipzigs marschieren (William Blye).*

Links: *Die ausgebrannte Krefelder Synagoge in der Peterstraße am Tag nach der »Reichskristallnacht« vom 9. zum 10. November 1938 (Stadtarchiv Krefeld).*

Unten: *Die Nationalsozialisten übernehmen die Macht im Kölner Rathaus (Kölnisches Stadtmuseum).*

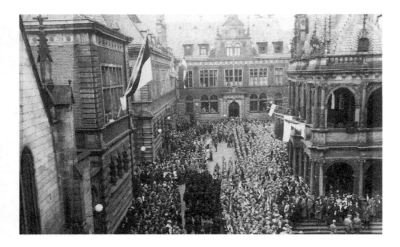

Oben: *Altar in einer Kirche der Deutschen Christen (Antoniterkirche) in Köln 1935 (Evangelisches Gemeindearchiv Köln).*

Rechts: *Der Kölner Jesuitenpater Josef Spieker (Norddeutsche Provinz S.J. Archiv Köln).*

Unten: *Festwagen im Kölner Rosenmontagszug 1934 (NS-Dokumentationszentrum Köln).*

Oben: *Kölner Volksschule am Altleiningenweg 1937 (Rheinisches Bildarchiv).*

Links: *Propagandaplakat für den BDM (NS-Dokumentationszentrum Köln).*

Unten: *Polizeifotos von Josef Mahler, einem jüdischen Opfer der Krefelder Gestapo, 1940 (HStAD).*

Oben: *Hitlergruß des jungen Schützenkönigs in Krefeld-Fischeln 1936 (Stadtarchiv Krefeld).*

Rechts: *Festwagen im Krefelder Rosenmontagszug 1939 (Stadtarchiv Krefeld).*

Unten: *Polizeifotos der Krefelder Gestapo von Peter Z., einem führenden Krefelder Kommunisten, 1940 (HStAD).*

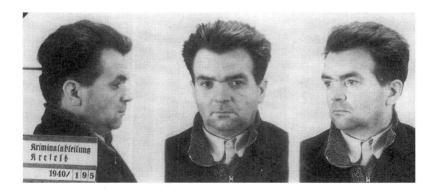

Kölner Dom und Rheinbrücke gegen Ende des Krieges (Historisches Archiv der Stadt Köln).

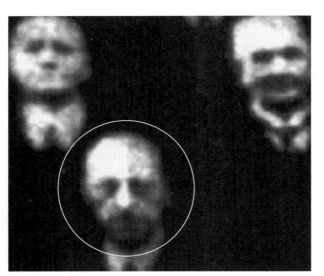

Rechts: *Der Leiter des Judenreferats bei der Krefelder Gestapo, Richard Schulenburg, ca. 1936 (Stadtarchiv Krefeld).*

Unten: *Polizeifotos von Hedwig Mahler, einem jüdischen Opfer der Krefelder Gestapo, 1940 (HStAD).*

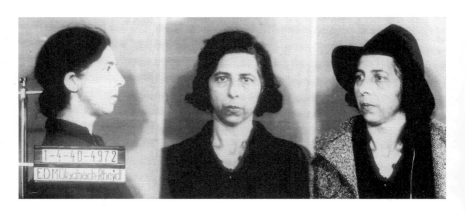

über Köln im Dritten Reich schreibt der Jurist Adolf Klein:»Mit Humanität hatte diese Art der Kriegsführung nichts gemein; sie war ein fortgesetztes schweres Kriegsverbrechen.« Anschließend schildert er im Einzelnen das unnötige Leiden der Kölner Zivilbevölkerung durch diese Luftangriffe. Er macht geltend, sie hätten kaum Auswirkungen auf die industrielle Kapazität der Stadt gehabt: Bis zum letzten Kriegsjahr hätten die Produktionsanlagen in Köln und Umgebung unter den Angriffen kaum gelitten. Dagegen hatten sie enorme Verluste an Menschenleben zur Folge, vor allem von Kindern, Frauen und alten Menschen, da die jungen Männer alle an der Front waren, und eine sinnlose Vernichtung einiger der kostbarsten Schätze deutscher Baukunst. Eines der Hauptbeispiele Kleins ist der erste der »Tausend-Bomber-Angriffe« der R.A.F. auf Köln. Allein bei diesem einen Angriff am 31. Mai 1942,»einer lauen Frühlingsnacht«, wurden fast 13 000 Häuser beschädigt, davon 3300 total zerstört, so dass 45 132 Menschen obdachlos wurden. Während bei diesem Angriff»nur« 496 Personen umkamen, hatten»21 Kirchen [...] schwere Schäden erlitten oder waren zerstört. Unter ihnen befanden sich drei der ältesten und kunstgeschichtlich wertvollsten Gotteshäuser Deutschlands: St. Maria im Kapitol, St. Aposteln und St. Gereon.«[19]

Manche halten es für ein Wunder, dass die berühmteste Kölner Kirche, der Kölner Dom, diesen und alle folgenden Luftangriffe weitgehend unbeschädigt überstand. Das höchste Bauwerk in Nordeuropa bis zum Bau des Eiffelturms zum Ende des neunzehnten Jahrhunderts, steht der Dom majestätisch – und damals in exponierter Lage – auf einer kleinen Anhöhe nur wenige hundert Meter vom Rhein entfernt und in unmittelbarer Nachbarschaft des Kölner Hauptbahnhofs und einer der wichtigsten Eisenbahnbrücken über den Rhein im ganzen Land. Im November 1989 bestaunte ich die Schönheit und die gewaltigen Ausmaße des Doms in Begleitung meines Vaters, der während des Krieges B-52-Bomber und später einen P-38-Kampfbomber geflogen hatte. Er wurde schließlich abgeschossen und verbrachte sechs Monate als Kriegsgefangener im Stalag Luft I in Barth, zwischen Rostock und Stralsund gelegen. Obwohl mein Vater an den Bombenangriffen auf Köln nicht teilgenommen hatte, vermutete ich, er hätte eine Erklärung dafür, warum der Dom verschont geblieben war, während alle anderen Gebäude in der Innenstadt einschließlich des Hauptbahnhofs dem Erdboden gleichgemacht worden waren. Vielleicht wollte keiner der Piloten, die ihre Bomben doch mit hoher Präzision abgeworfen hatten, die Zerstörung dieses Bauwerks auf dem Gewissen haben? Mein Vater erwiderte, diese Überlegung sei falsch. »Ein Präzisionsbombardement«, erläuterte er, »bedeutete eine Treffergenauigkeit von plus minus drei Meilen.« Außerdem habe die gegen Köln angewandte Strategie nächtlicher Flächenbombardements (»Bombenteppiche«) mit einer Präzisionsbombardierung nichts zu tun. Später erfuhr ich, dass der Dom tatsächlich vierzehn Treffer abbekommen hatte, die meisten davon in der Endphase des Krieges. Demnach grenzte es doch an ein Wunder, dass der Dom bei Kriegsende noch stand. Bis Mitte der neunziger Jahre befand sich vor dem Haupteingang des Doms eine Art »Klagemauer« mit wohlmeinenden, mitunter leicht frömmelnden Mahnungen an die Besucher in mehreren Sprachen. Manche standen als Bildlegende neben unheimlichen Fotografien der stolzen Kirche, die düster inmitten einer Trümmerlandschaft aufragt, und erinnerten an die Schrecken, die der Krieg und die Bombenangriffe über Köln und ganz Deutschland gebracht hatten.

Ein Frontsoldat hatte nach einem kurzen Heimaturlaub in Köln am 3. September 1944 in sein Tagebuch geschrieben: »Köln bietet das Bild einer Frontstadt. Die vorherrschende Farbe: ein trübes Grau. Die Bombennächte haben der Stadt das Gepräge der Verwüstung aufgedrückt: Häusertrümmer, Kirchenruinen, Schuttberge auf Straßen und Bürgersteigen, Bombentrichter, Unkraut, Unrat, Abfälle [...] Die Menschen in Hast, immer auf dem Sprung zum Bunker, stets auf das Geheul der Sirene achtend.«[20] An dieser Schilderung ist nichts übertrieben. Köln war während des Krieges durchschnittlich etwa einmal in der Woche bombardiert worden. Von Mai 1940 bis März 1945 ertönten mindestens jeden zweiten Tag und in den letzten drei Kriegsjahren fast jede Nacht die Luftalarmsirenen. Bei den Bombenangriffen kamen genauso viele Zivilisten um wie Kölner Soldaten an der Front (rund 20 000). Etwa 40 000 weitere wurden verwundet. Mehr als 200 000 Wohnungen lagen in Trümmern, in der gesamten Innenstadt und in den Arbeitervierteln wie Nippes, Ehrenfeld, Kalk und Mühlheim stand kaum noch ein Haus. Als am 5. März 1945 die ersten US-Panzer in die Stadt einfuhren, hausten in den Trümmerkellern Kölns höchstens noch 40 000 Menschen.[21]

Der Terror, unter dem die deutsche Bevölkerung durch die Bombenangriffe gelitten hat, war sicherlich furchtbar, doch lässt er sich nicht mit dem Terror vergleichen, mit dem der NS-Staat und viele seiner Bürger die Juden, Behinderten, Sinti und Roma, seine ausländischen Feinde und einige weitere Personengruppen heimgesucht haben. Es ehrt die Deutschen, dass die meisten von ihnen dies heute zugeben können, während beispielsweise viele Japaner die von ihren Vätern im Zweiten Weltkrieg begangenen Verbrechen immer noch nicht wahrhaben wollen. Die beiden Atombomben auf Hiroshima und Nagasaki, Situationen, in denen die Japaner die Opfer waren, sind zu den zentralen Bildern des Krieges geworden, die von ihnen bevorzugt im Gedächtnis behalten werden, wobei sie Beispiele für die eigene abscheuliche Grausamkeit – etwa an den Opfern des Massakers von Nanking – übersehen.[22] Die deutsche Gesellschaft hat wahrscheinlich mehr getan als die japanische, um sich ihrer Verantwortung für das zu stellen, was während des Krieges geschah, und hat sich für Auschwitz und den Holocaust und nicht für die Bombardierung von Köln und Dresden und anderen deutschen Großstädten als wichtigste Symbole der deutschen kollektiven Erinnerung entschieden. Trotzdem suchen auch viele Deutsche von heute Trost in der Hervorhebung der Tatsache, dass gewöhnliche Deutsche während des Dritten Reiches Opfer waren, sowohl der angeblich allwissenden und allmächtigen Gestapo als auch der alliierten Bombenangriffe.

Wie jedoch die vorangegangenen Kapitel über die Gestapo und den nationalsozialistischen Terror in den dreißiger Jahren gezeigt haben, war die Gestapo weder allwissend noch allmächtig. Sie hatte erkannt, dass die meisten deutschen Bürger für die Stabilität des NS-Staates und für seine Führer keine Gefahr darstellten, und verwendete den größten Teil ihrer Ressourcen und Energie auf die Bekämpfung ausgewählter Gruppen, während sie die übrige Bevölkerung weitgehend unbehelligt ließ. Im Großen und Ganzen galt dies auch für die Kriegsjahre. Die Zielgruppen der Verfolgung änderten sich etwas, und die von der Gestapo und den Gerichten verhängten Strafen wurden häufig härter, doch die meisten gewöhnlichen Deutschen an der Heimatfront litten weitaus weniger unter dem Terror des Regimes als unter dem Terror, der vom Himmel auf sie herabregnete.

Der Krieg eröffnete der Parteiführung eine Fülle neuer Möglichkeiten und stellte sie gleichzeitig vor etliche neue Probleme. Im Schutz des Krieges nahm das Regime die Realisierung seiner radikalsten rassen- und sozialpolitischen Ziele in Angriff wie die Ermordung der europäischen Juden und die Eliminierung geistig und körperlich behinderter Menschen sowie der Sinti und Roma aus der deutschen Gesellschaft. Die Verwirklichung dieser Ziele erforderte, dass das Regime besonders sensibel auf die Stimmung in der breiten Bevölkerung achtete: Es war auf ihr stillschweigendes Einverständnis angewiesen. Die Aufrechterhaltung der öffentlichen Moral wurde angesichts der anhaltenden Bombenangriffe und der zunehmenden Entbehrungen und Härten, die der Bevölkerung viel abverlangten, immer schwieriger. Zudem musste das Regime einen wachsenden Teil seiner Mittel auf die Kontrolle der Millionen von Zwangsarbeitern aus dem Ausland verwenden, die es ins Reich deportiert hatte, um die männlichen Arbeitskräfte zu ersetzen, die es als Soldaten an die Front schickte.[23] Schließlich musste all das in vielen deutschen Städten mit reduziertem Personal geleistet werden. Während des Krieges wurden viele Gestapo- und andere Polizeibeamte zur Wehrmacht eingezogen oder in die eroberten Gebiete außerhalb der Reichsgrenzen versetzt, wo ein Teil von ihnen sich in den berüchtigten Einsatzgruppen an der Ermordung von Juden und »Partisanen« beteiligte. So verringerte sich beispielsweise das Personal der Kölner Gestapo zwischen 1939 und 1942 von 99 auf 69 Beamte.[24]

Wenn es die genannten radikalen Ziele mit einem reduzierten Polizeipersonal verwirklichen und gleichzeitig das Niveau der Rüstungsproduktion und die Moral der Bevölkerung aufrechterhalten wollte, dann konnte das Regime es sich nicht leisten, jeden geringfügigen Verstoß gegen bestehende Vorschriften und Gesetze zu ahnden. Zwar erließ es eine Reihe neuer Gesetze und Verordnungen, in denen ein hartes Vorgehen gegen Gesetzesbrecher gefordert wurde, und sorgte dafür, dass in der Presse und anderen Medien ausführlich über einzelne Schauprozesse mit anschließenden Todesurteilen berichtet wurde, doch gleichzeitig zeigten seine Organe eine bemerkenswerte Milde und verständnisvolle Haltung gegenüber gewöhnlichen Deutschen, die sich etwas hatten zu Schulden kommen lassen. Man könnte fast sagen, es sei ein stillschweigender faustischer Pakt zwischen dem Regime und seinen Bürgern geschlossen worden. In den meisten Fällen drückte die Strafjustiz beide Augen zu, wenn gewöhnliche Deutsche verbotene »Feindsender« hörten, in privatem Kreis über die Wirtschaft und den Krieg meckerten oder in anderer Weise gegen unbedeutendere Gesetze und Verordnungen verstießen. Dafür taten die gewöhnlichen

Bürger weiterhin fleißig ihre Arbeit und drückten ihrerseits beide Augen zu – oder beteiligten sich sogar, wenn man sie dazu aufforderte[25] –, als die Juden abgeschlachtet wurden. Für die meisten gewöhnlichen Deutschen glich daher der nationalsozialistische Terror in den Kriegsjahren in vielerlei Hinsicht dem der Friedensjahre. Dennoch gab es einige wichtige Unterschiede, auf die wir eingehen müssen. Drei der wichtigsten beziehen sich auf die Verschärfung der vom Terrorapparat verhängten Sanktionen, auf die Bestrafung neuer, mit dem Krieg zusammenhängender Vergehen – wie Plündern nach Bombenangriffen, das Hören von Auslandssendern und die Verbreitung defätistischer Gesinnungen – und schließlich auf den tobenden Wahnsinn, der den nationalsozialistischen Terror in den letzten Kriegsmonaten kennzeichnete.

Verschärfung der Sanktionen in den Kriegsjahren

Drei Tage nach dem ersten Tausend-Bomber-Angriff auf Köln durch die R.A.F. am 31. Mai 1942 brachten die großen Kölner Tageszeitungen eine schockierende Geschichte über eine 46-jährige ledige Näherin namens Paula W., die in den frühen Morgenstunden im Klingelpütz enthauptet worden war. Berichte über Hinrichtungen waren für die Kölner nichts Neues: Der Klingelpütz war nicht nur das Hauptgefängnis in Köln und Umgebung, hier wurden auch die Todesurteile vollstreckt, die von Gerichten in der gesamten Rhein-Ruhr-Region verhängt wurden. Doch diese Hinrichtung, einen Tag zuvor und nur 72 Stunden nach der Tat vom Kölner Sondergericht verfügt, hatte eine besondere Bedeutung. Sie war als Demonstration der Blitzesschnelle, mit der die Strafjustiz im Krieg reagierte, und als eindringliche Warnung für alle gedacht, die versuchen sollten, sich auf Kosten anderer zu bereichern, die durch die alliierten Bombenangriffe geschädigt worden waren. Es war in der Tat eine eindringliche Warnung. Paula W., eine bislang unbescholtene Frau, war anonym denunziert und in einem Schnellverfahren zum Tode verurteilt worden, weil sie etwas getan hatte, was für die meisten Menschen ein minderschweres Delikt war. Als sie am Nachmittag nach dem Bombenangriff zu den rauchenden Trümmern des ausgebombten Mietshauses in der Beethovenstraße, in dem sich ihre Wohnung befunden hatte, zurückkehrte, um von ihren Besitztümern zu retten, was noch zu retten war, wurde sie dabei beobachtet, wie sie außer ihren eigenen Habseligkeiten noch einige Vorhänge, etwas Herrenunterwäsche, ein Kleid und drei Dosen Kaffee mitnahm.[26] Ralph Angermund, der Autor einer wichtigen Studie über deutsche Richter in der Weimarer Republik und im Dritten Reich, hat Beispiele dafür gefunden, dass Menschen sogar wegen noch geringfügigerer Delikte zum Tode verurteilt wurden. So verhängte beispielsweise das Essener Sondergericht am 1. März 1943 über einen pensionierten und invaliden Litauer das Todesurteil, weil er nach einem schweren Bombenangriff auf Essen aus einem teilweise zerstörten Laden drei Blechschüsseln im Wert von etwa drei Reichsmark hatte mitgehen lassen.[27] Anderswo finden sich ähnliche Beispiele. Trotzdem müssen wir die Frage stellen: Wie typisch waren diese Fälle, und wie charakteristisch waren sie für die NS-Strafjustiz in den Kriegsjahren? Um den Fall Paula W. wäre kein solcher propagandistischer Rummel gemacht worden, wenn er nicht ungewöhnlich gewesen wäre.[28] Aus einem Gefangenenverzeichnis des Klingelpütz geht hervor, dass Paula W. tatsächlich nur eine von insgesamt fünf Frauen aus Köln und nur eine von insgesamt 22 Frauen aus der Region Rhein-Ruhr (einschließlich vier »Fremdarbeiterinnen«) war, die zwischen 1941 und 1945 zum Tode verurteilt und in Köln hingerichtet wurden.[29]

Wie Angermund mit Recht anmerkt, wäre es falsch, die Rechtsprechung der Strafgerichte in Deutschland während des Krieges pauschal als eine reine »Serie von Todesurteilen« zu beschreiben. Bei näherer Betrachtung ergibt sich ein »durchaus facettenreiches Bild«, das je nach den beteiligten Richtern und Staatsanwälten, dem Inhalt der Anklage, der Herkunft der Beschuldigten und zahlreichen weiteren Faktoren starke Unterschiede aufweist.[30] Einige andere Fälle, die unten erörtert werden, sollen zeigen, dass die Todesstrafe mit Sicherheit nicht die typische Strafe war, die von deutschen Gerichten in Fällen von Plünderung und sonstigen mit dem Krieg zusammenhängenden Delikten verhängt wurde. Außerdem wird sich zeigen, dass die meisten beschuldigten Deutschen nicht von der Gestapo ohne Gerichtsverhandlung oder nach Verbüßung ihrer gesetzlichen Strafe in ein Konzentrationslager überstellt wurden. Und man muss berücksichtigen, dass die meisten strafrechtlichen und politischen Vergehen im Dritten Reich und vermutlich vor allem in den Kriegsjahren nicht angezeigt wurden. In einer amtlichen Äußerung erklärte der damalige Kölner Oberlandesgerichtspräsident Dr. Lawall am 30. November 1943:»Obwohl in Köln in außerordentlichem Maße geplündert worden ist, sind nur verhältnismäßig wenig Fälle zur Aburteilung gelangt.«Seiner Meinung nach schreckten»viele Volksgenossen vor Anzeigen zurück, weil sie die Verantwortung für die zu erwartende hohe Bestrafung des Angezeigten nicht tragen wollen«. Außerdem verfehlten die drakonischen Strafen offenbar ihren Zweck, was man daraus schließen könne, dass»viel offener [über das Hören von Feindsendungen] gesprochen [wird], als man gemeinhin nach den hohen angedrohten Strafen annehmen sollte«.[31]

Und die Sanktionen der NS-Justiz nahmen während des Krieges tatsächlich an Brutalität und Härte zu. Die ganzen Kriegsjahre hindurch drängte das Reichsjustizministerium in Berlin die Staatsanwälte und Richter vor Ort, die Verfahren zu beschleunigen, und rügte die Richter häufig wegen ihrer»zu milden Urteile«.[32] Nur wenige Tage nach Kriegsbeginn erklärte der Reichsjustizminister, die Beamten der deutschen Justizbehörden müssten sich ab jetzt als »Soldaten der inneren Front« betrachten. Sie sollten»mit äußerster Strenge« gegen»Volksschädlinge« vorgehen (womit hier Kriminelle aller Art gemeint waren, die potenziell die Wehrkraft des deutschen Volkes schwächten), um zu gewährleisten, dass die heldenhaften Opfer der deutschen Soldaten nicht abermals durch einen»Dolchstoß« aus der Heimat zunichte gemacht würden, wie es in den Augen der Nazis im Ersten Weltkrieg geschehen war.[33] Mit dem Überfall auf die Sowjetunion wurden die Forderungen des Reichsjustizministeriums nach einer härteren Bestrafung noch drängender. So schrieb das Ministerium am 9. Juli 1941 an alle Staatsanwaltschaften:»Der deutsche Soldat setzt draußen sein Leben ein. Die deutsche Strafrechtspflege muß unbedingt gewährleisten, daß unterdes lichtscheues Gesindel nicht Ruhe, Sicherheit und Arbeitsfrieden in seinem Rücken gefährden kann.«[34] In einem Rundschreiben vom 28. Oktober 1941 wurde der Ton des Ministeriums noch rüder:»Die Strafrechtspflege muß gegen alle Gewohnheits- und Berufsverbrecher, alle Volksschädlinge und Kriegswirtschaftsverbrecher, überhaupt alle diejenigen, die die Widerstandskraft unseres Volkes angreifen, unterhöhlen oder gefährden, aufs schärfste vorgehen. Dazu gehört ein schnelles und scharfes Zupacken schon in Ermittlungsverfahren.«[35]

Solche Forderungen des Reichsjustizministers nach beschleunigter und härterer Bestrafung von Straftätern erfolgten häufig nach öffentlichen Erklärungen des Führers selbst. In einer Reichstagsrede vom 12. Dezember 1941 verkündete Hitler: »In einer Zeit, in der Tausende unserer besten Männer, Väter und Söhne unseres Volkes fallen, soll keiner mit dem Leben rechnen, der in der Heimat die Opfer der Front entwerten will.«[36] Drei Tage später wiederholte das Reichsjustizministerium in einem Brief an alle Oberlandesgerichtspräsidenten seine Mahnungen: »Ein wesentlicher Faktor, um die innere Front des deutschen Volkes ungeschwächt in ihrer Widerstandskraft zu erhalten, ist das schnelle und zielsichere Arbeiten der deutschen Strafrechtspflege.«[37]

Dieses fortgesetzte Drängen nach schnellerer Aburteilung und härteren Strafen wäre nicht nötig gewesen, wenn die örtlichen Justizbehörden diesen Anforderungen von sich aus von Anfang an bereitwillig nachgekommen wären. Angermund führt viele Beispiele für Verzögerungstaktiken an, die in verschiedenen Städten von Richtern, die noch einen gewissen Respekt für Recht und Anstand wahren wollten, angewandt wurden.[38] Untersucht man eine größere Zufallsstichprobe von Fällen aus den Kölner Sondergerichtsakten, ergibt sich tatsächlich der Befund, dass sich die Mühlen der Gerechtigkeit für diejenigen, deren Fälle von den Amts- und Landgerichten entschieden wurden, während der Kriegsjahre langsamer drehten als in den Jahren davor. Zwischen 1940 und 1945 betrug die Zeitspanne zwischen der Aufnahme der Ermittlungen und dem Tag der Urteilsverkündung durch das Gericht etwa sechs Monate, während sie in der Vorkriegszeit nur etwa halb so lang war. Und obwohl es außer Zweifel steht, dass in den Kriegsjahren beträchtlich höhere Haftstrafen verhängt wurden, fiel ein Großteil der Urteile gemessen an den bestehenden Verhältnissen relativ milde aus.[39]

Auch wenn den meisten Angeklagten das Henkersbeil erspart blieb, gab es immer noch genug, die ihr Leben auf dem Schafott ließen. Richard Evans, der Autor einer vor kurzem erschienenen umfassenden Untersuchung über die Todesstrafe in der neueren deutschen Geschichte, hat ermittelt, dass bis zum Beginn des Zweiten Weltkrieges unter dem NS-Regime »nur« 644 Todesurteile verhängt worden waren.[40] Während des Krieges stieg dagegen die Zahl der zum Tode Verurteilten exponentiell an. Bereits in den ersten Kriegsmonaten wurden viele neue Vergehen unter Todesstrafe gestellt; bis zum Frühjahr 1941 gab es über vierzig verschiedene

Gesetzesübertretungen, bei denen auf Todesstrafe erkannt werden konnte. Dazu gehörten jetzt beispielsweise die Verbreitung von Nachrichten von Auslandssendern in »besonders schweren Fällen«; Plündern während eines Luftangriffs; Wehrkraftzersetzung; Brandstiftung; Verrat; die Benutzung von Schusswaffen bei Raub, Vergewaltigung oder bei jedem anderen schweren Verbrechen und bei Widerstand gegen die Staatsgewalt. Seit Februar 1941 konnten auch »Gewohnheitsverbrecher« und selbst Sittlichkeitsverbrecher mit dem Tod bestraft werden.[41]

Obwohl die Mehrzahl der politischen und der mit dem Krieg zusammenhängenden Strafsachen vor den Sondergerichten, deren Zahl von 1938 bis Ende 1942 von 27 auf 74 anstieg, verhandelt wurde, war das gefürchtetste Gericht bis zum Kriegsende zweifellos der Volksgerichtshof in Berlin.[42] Der seit Juli 1934 bestehende Volksgerichtshof hatte die Aufgabe, »die Gegner des 3. Reiches, vor allem Kommunisten und Sozialdemokraten, restlos auszurotten«.[43] In den dreißiger Jahren griff dieses Gericht jedoch nur selten zur Todesstrafe. In den Jahren 1934 bis 1936 wurden von ihm nur 23 und von 1937 bis 1939 nur 85 Todesurteile verhängt. In den beiden ersten Kriegsjahren nahm die Zahl dieser Urteile dann beträchtlich zu: 1940 gab es 53 und 1941 102 Todesurteile. Drastisch ausgeweitet wurden sie jedoch, als der Krieg 1942 eine Wende zum Schlechteren nahm und der Vorsitz des Volksgerichtshofs an den sadistischen Roland Freisler überging. In diesem einen Jahr wurden 1192, also fast zwölfmal so viele Todesurteile ausgesprochen wie im Jahr davor, und von da an stiegen die Zahlen weiter. Es ist unbekannt, wie viele Todesurteile nach dem Attentat auf Hitler am 20. Juli 1944 verhängt wurden, doch allein bis zu diesem Zeitpunkt hatte der Volksgerichtshof bereits 5191 Personen zum Tode verurteilt.[44]

Richard Evans entdeckte ähnliche Tendenzen in der zeitlichen Verteilung der Todesurteile bei allen deutschen Gerichten, wobei der größte Zuwachs der Justizmorde in das Jahr 1942 fiel. Nach seiner Schätzung wurden zwischen 1933 und 1944 rund 16 500 Personen von Zivilgerichten auf deutschem Territorium zum Tode verurteilt, allerdings gehörten hierzu auch annektierte Gebiete wie Österreich, Teile Polens und die Tschechoslowakei. Nach seinen Berechnungen ergingen 11 000 dieser Urteile während des Krieges, und darüber hinaus wurden von Militärgerichten weitere 20 000 Todesurteile verhängt.[45]

Diese Zahlen sind ernüchternd. Sie können aber auch irreführend sein, wenn sie nicht mit Vorsicht interpretiert werden. Zum einen waren viele von denen, die auf deutschem Boden hart bestraft wurden, keine gewöhnlichen Deutschen. Evans verweist in diesem Zusammenhang darauf, dass sich unter den Hingerichteten zahlreiche Ausländer und Juden befanden. Nach seinen Unterlagen waren beispielsweise von 1146 Todesurteilen, die in der ersten Jahreshälfte 1942 durch deutsche Gerichte verhängt wurden, allein 530 gegen Polen gefällt worden.[46] Ralph Angermund schätzt, dass über 90 Prozent aller lebenslangen Zuchthausstrafen und über 50 Prozent aller Todesstrafen 1941 von Gerichten in den eingegliederten Ostgebieten und dem Protektorat Böhmen und Mähren ausgesprochen wurden, wo nur 16 Prozent der gesamten Bevölkerung des Großdeutschen Reiches lebten und wo der weitaus größte Teil der Bevölkerung »Fremdvölkische« waren. 1942 lag der Anteil der Ausländer, gegen die Todesurteile gefällt wurden, anscheinend sogar noch höher als 1941: Nach den Berechnungen Angermunds betrug er 55 Prozent.[47]

Ein Vergehen, das bei einem deutschen »Volksgenossen« mit einer befristeten Haftstrafe geahndet worden wäre, zog bei einem Polen, Russen, Juden oder Roma unter Umständen eine lebenslange Zuchthaus- oder gar die Todesstrafe nach sich. Doch selbst das stellte manchen führenden Nationalsozialisten noch nicht zufrieden. 1942 erklärte Reichsführer SS Heinrich Himmler: »Zweifellos fällt die Justiz jetzt sehr harte Urteile gegen solche Personen, aber das reicht nicht aus. Es hat auch keinen Sinn, solche Personen Jahre hindurch in deutschen Zuchthäusern und Gefängnissen zu konservieren.« Für Himmler kam allein die systematische Vernichtung aller nichtarischen Täter in Frage, und das ließ sich nur durch direkte Polizeiaktionen außerhalb der Grenzen des Rechtswesens erreichen.[48]

In deutlichem Gegensatz hierzu verschickte das Reichsjustizministerium wiederholt Instruktionen an die Landesjustizbehörden, in denen es nachdrücklich darauf hinwies, die harten Strafen dürften nicht auf Kosten der Kriegswirtschaft gehen. In dem Rundschreiben vom 28. Oktober 1941 an die Staatsanwälte der Oberlandesgerichte, in dem es eine schnelle und harte Bestrafung der »Volksschädlinge« und »Berufs- und Gewohnheitsverbrecher« gefordert hatte, wurden die Staatsanwälte auch angehalten, dafür Sorge zu tragen, dass die Kriegswirtschaft nicht durch falsche Anschuldigungen gegen wichtige Arbeiter in Mitleidenschaft gezogen wurde, die »nicht selten aus Neid, Mißgunst und Unverständnis« erfolgten.[49] Zehn Monate später, am 7. August 1942, ging das Reichsjustizministerium in einem Schreiben an die Staatsanwälte sogar noch weiter: »Der kompromißlosen Härte der Strafrechtspflege gegen wirkliche Volksschädlinge auf der einen Seite muß die verständnisvolle Behandlung derjenigen Volksgenossen entsprechen, die anständig im Gemeinschaftsleben ihre Pflicht tun und nur einmal unerheblich und ohne großen Schaden anzurichten gestrauchelt sind.«[50]

Die Akten der Krefelder Gestapo und des Kölner Sondergerichts lassen erkennen, dass solche Unterschiede während des gesamten Dritten Reiches gemacht wurden, in den Kriegsjahren allerdings in verstärktem Maße. Eine Analyse von 373 und 143 zufällig ausgewählten Vorkriegs- beziehungsweise Kriegsakten des Kölner Sondergerichts ergab, dass die NS-Justiz von Anfang an mit nicht vorbestraften deutschen Delinquenten milde verfuhr, solange diese keiner verfolgten Gruppe (Kommunisten, Juden oder Zeugen Jehovas) angehörten. Doch selbst wenn man Angehörige dieser Gruppen in die Analyse einbezieht, stellt man fest, dass bei den nicht vorbestraften Beschuldigten die überwiegende Mehrzahl der Fälle nicht mit einer Verurteilung endete und dass diejenigen unter ihnen, die tatsächlich verurteilt wurden, eine vergleichsweise milde Strafe erhielten – in der Regel eine Gefängnisstrafe zwischen einigen Wochen und einigen Monaten oder eine Geldbuße und nur selten eine Gefängnisstrafe von über einem Jahr.[51] In den dreißiger Jahren wurden nur acht Prozent der bislang unbescholtenen Angeklagten verurteilt, vier Prozent wurden freigesprochen, und bei den Übrigen wurde das Verfahren vorzeitig eingestellt. Während des Krieges stieg zwar der Anteil der Verurteilungen bei dieser Personengruppe, jedoch nur auf 18 Prozent; 3 Prozent wurden freigesprochen, und in 79 Prozent der Fälle wurde das Verfahren eingestellt.

Während der gesamten NS-Zeit machten »Gewohnheits- und Berufsverbrecher« einen beträchtlichen Anteil der Fälle aus, mit denen sich das Kölner Sondergericht befasste; bei den Verurteilten war der Anteil noch höher. In der Vorkriegs- wie in der Kriegszeit waren im Durchschnitt ein Viertel der Beschuldigten und etwa die Hälfte der Verurteilten vorbestraft. Erwartungsgemäß erreichten diese Quoten in den letzten Kriegsjahren ihren Höhepunkt; am höchsten war der Anteil der Vorbestraften unter den Angeklagten (38 Prozent), als das Justizministerium dazu aufgerufen hatte, zwischen »wirklichen Volksschädlingen« und bislang unbescholtenen Bürgern zu unterscheiden. Wichtiger war jedoch die besondere Behandlung, die diesen Beschuldigten widerfuhr, nachdem gegen sie ein Ermittlungsverfahren eingeleitet worden war. Die Wahrscheinlichkeit einer Verurteilung lag für vorbestrafte Angeklagte dreimal so hoch wie für Beschuldigte, die zum ersten Mal vor Gericht standen. Dieser Unterschied wurde in den Kriegsjahren noch prägnanter. Zwischen 1940 und 1945 waren über 50 Prozent der Verurteilten mindestens einmal vorbestraft, auf dem Gipfelpunkt der Entwicklung zogen in 61 Prozent der Fälle Ermittlungen gegen sie eine Verurteilung nach sich, und wenn es zu einer Verurteilung kam, fiel die Strafe in der Regel hart aus.

Die Akten der Krefelder Gestapo weisen ähnliche Tendenzen auf. Während der gesamten NS-Zeit betrug der Anteil der Vorbestraften rund 25 Prozent aller nichtjüdischen Beschuldigten und war damit ebenso hoch wie bei den Angeklagten des Kölner Sondergerichts. Und ebenso wie in Köln in den mittleren Kriegsjahren stieg der Anteil dieser Beschuldigten bei den neu aufgenommenen Ermittlungen deutlich an und erreichte 1941 und 1942 über 33 Prozent. Außerdem war bei ihnen die Wahrscheinlichkeit höher, verurteilt zu werden, als bei den nicht vorbestraften Beschuldigten, und sie wurden im Durchschnitt härter bestraft.[52]

Ethnische Zugehörigkeit und eventuelle Vorstrafen sind nur zwei der Faktoren, die bei einem Vergleich zwischen den Vorkriegs- und den Kriegsjahren eine wichtige Rolle spielen. Ebenso bedeutsam ist die schiere Anzahl der Fälle, die von der Gestapo Krefeld und dem Kölner Sondergericht bearbeitet wurden. Dabei zeigt sich, dass in den Kriegsjahren mit dem Trend zu härteren Strafen ein Rückgang in der Zahl der Ermittlungen einhergeht. Man könnte die Wirkung dieser deutlich wahrnehmbaren Entwicklung so ausdrücken, dass von der Tendenz zu einer Verschärfung der Strafen lediglich eine winzige Minderheit unter den gewöhnlichen Deutschen betroffen war.

Aus Tab. 8.1 geht hervor, dass die Krefelder Gestapo ebenso wie das Kölner Sondergericht ihre größte Aktivität, ausgedrückt in der Zahl der Fälle, in den dreißiger Jahren entfaltete, als sich der nationalsozialistische Terror primär gegen linke und religiöse Gegner

Tab. 8.1 Ermittlungen der Krefelder Gestapo
und des Kölner Sondergerichts 1933–1945

	Krefelder Gestapo[a]		Kölner Sondergericht[b]	
Jahr	Anzahl	Prozent[c]	Anzahl	Prozent[c]
1933	33	8	2574	9
1934	51	12	4199	15
1935	28	7	4063	14
1936	28	7	3606	12
1937	59	14	3361	12
1938	47	11	2229	8
1939	44	10	1889	7
1940	38	8	1407	5
1941	36	8	1072	4
1942	33	8	1445	5
1943	29	7	1168	4
1944	5	1	1679	6
1945	–	–	164	1
Gesamt	431		28856	

a Zahlen anhand einer Zufallsstichprobe jeder achten Krefelder Ermittlungsakte.
b Zahlen anhand einer Computeranalyse des Gesamtverzeichnisses der Ermittlungsakten des Kölner Sondergerichts.
c Die Prozentzahlen sind gerundet.

richtete. Mit dem Beginn des Zweiten Weltkriegs hatte das Regime
diese Opposition weitgehend ausgeschaltet, und jetzt galt die Verfolgung durch die Gestapo und die Sondergerichte »Berufs- und Ge-
wohnheitsverbrechern«, ausländischen Zwangsarbeitern, Kriegsgefangenen und Juden. Das wird in Tab. 8.2 deutlich, in der die
Personen, gegen die von der Krefelder Gestapo ermittelt wurde, für
die Vorkriegs- und die Kriegsjahre nach den genannten Kategorien
aufgeschlüsselt sind.
    Wie aus Tab. 8.2 des Weiteren hervorgeht, blieb der Anteil der
beschuldigten »gewöhnlichen« Deutschen während der gesamten
NS-Zeit relativ stabil, auch wenn er während des Krieges leicht
zurückging. Doch wie aus Tab. 8.1 abzulesen ist, ging die absolute
Zahl aller Beschuldigten während der Kriegsjahre auf einen Bruchteil der früheren Ziffern zurück. So betrug beispielsweise in den

349

Tab. 8.2 Ermittlungsverfahren der Krefelder Gestapo,
aufgeschlüsselt nach Personengruppen (in Prozent)

Kategorie	1933 – 39	1940 – 45	1933 – 45
Juden	20	35	25
KPD/SPD	27	6	20
Religionsgemeinschaften	9	–	6
»Fremdarbeiter«/ Kriegsgefangene	–	18	6
»Gewöhnliche Deutsche«	44	41	43
Gesamtzahl der Fälle	291	141	432

Zahlen auf der Basis einer Zufallsstichprobe jeder achten Ermittlungsakte der
Krefelder Gestapo.

Jahren 1941 und 1943 die Zahl der vom Kölner Sondergericht eingeleiteten Verfahren lediglich etwa ein Viertel der von diesem Gericht 1934 und 1935 eingeleiteten Verfahren. In den Kriegsjahren,
als die absolute Zahl der Verfahren niedriger war als in der Vorkriegszeit, zum Beispiel 1940 und 1942, betrug die Zahl der vom
Gericht eingeleiteten Verfahren nur ein Drittel bis die Hälfte der
Fälle, mit denen es während der meisten Zeit in den dreißiger Jahren befasst war. Der Rückgang in der Zahl der eingeleiteten Ermittlungsverfahren bei der Krefelder Gestapo war weniger deutlich ausgeprägt, ist aber dennoch nicht zu übersehen.

Über den Grund für den Rückgang der Ermittlungen und Gerichtsverfahren nach Kriegsbeginn kann man nur spekulieren. Auf
keinen Fall lag es daran, dass die Bürger plötzlich gesetzestreuer
geworden wären. Auch wenn es nur wenige gab, die einen nennenswerten Widerstand gegen das Regime leisteten, lassen die
Stimmungsberichte des SD doch eine wachsende Verdrossenheit
über die wirtschaftlichen Härten, Hitlers Geisteszustand und den
Verlauf des Krieges nach 1942 erkennen. Umfrageergebnisse, Memoiren und andere Quellen deuten darauf hin, dass sehr viele
Deutsche gegen das Gesetz verstießen, indem sie Auslandssender
hörten. Hinzu kommt, dass die amtlich festgestellte Häufigkeit der
von Jugendlichen und Erwachsenen begangenen Eigentumsdelikte
in den Kriegsjahren ständig zunahm.[53] Der Grund für den Rück-

gang bei den Ermittlungen der Gestapo und den Sondergerichts-verfahren muss mithin woanders gesucht werden. Mehrere mögliche Erklärungen bieten sich an: der Vorrang, den die so genannte Lösung der »Judenfrage« für die Nationalsozialisten vor allem in den Kriegsjahren einnahm; der Wunsch, der Kriegswirtschaft nicht dadurch zu schaden, dass arbeitsfähige Männer hinter Schloss und Riegel oder Stacheldraht gebracht wurden; der Umstand, dass die meisten Kommunisten und Linksoppositionellen außer Landes gegangen oder durch die Verfolgungen der dreißiger Jahre zum Schweigen gebracht worden waren; die Verringerung der Zahl junger Männer in der Heimat auf Grund der Einberufungen zum Fronteinsatz; und schließlich die Möglichkeit, dass innerhalb der Bevölkerung die Bereitschaft, andere zu denunzieren, zurückging, weil man inzwischen erkannt hatte, welche Folgen eine Anzeige für die Betroffenen haben konnte, oder weil man nach der Wende im Russlandfeldzug befürchten musste, eines Tages dafür zur Rechenschaft gezogen zu werden.

Was immer die Gründe für den beobachteten Rückgang der Ermittlungen und Gerichtsverfahren gewesen sein mochten, die oben vorgelegten Daten stützen einige der überraschendsten Ergebnisse aus der Befragung »gewöhnlicher« Kölner Bürger, die im vorangegangenen Kapitel erörtert wurden. Nur wenige der Befragten, die den Fragebogen ausgefüllt zurückgeschickt hatten, gaben an, sie hätten während der NS-Zeit eine Verhaftung durch die Gestapo befürchtet, und die allerwenigsten von ihnen waren tatsächlich in dieser Zeit wegen irgendeines Vergehens vernommen worden, obwohl die meisten zugaben, in der einen oder anderen Weise gegen die Gesetze verstoßen zu haben. Ihre Wahrnehmungen passen erstaunlich gut mit den Ergebnissen unserer Analyse der Archivmaterialien zusammen, selbst für die Kriegsjahre, als das Reichsjustizministerium besonders nachdrücklich eine schärfere Bestrafung forderte. Aus dem Studium der Ermittlungsakten der Krefelder Gestapo wissen wir, dass während der gesamten NS-Zeit nur etwa 1 Prozent der nichtjüdischen Bevölkerung jemals mit der Gestapo zu tun bekam und dass unter den Verfolgten ein hoher Prozentsatz einer der Gruppen angehörte, die von den Nationalsozialisten besonders ins Visier genommen wurden, beispielsweise Kommunisten und Zeugen Jehovas in den dreißiger und »Fremdarbeiter« und Kriegsgefangene in den vierziger Jahren. Zudem wissen wir, dass die meisten Ermittlungen der Gestapo gegen gewöhnliche

Deutsche lediglich mit einer Verwarnung endeten. Nur ein Bruchteil dieser Fälle wurde der Staatsanwaltschaft übergeben, und nur ganz wenige gewöhnliche Deutsche landeten in einem Konzentrationslager. Aus den Akten des Kölner Sondergerichts wissen wir, dass nur ein kleiner Prozentsatz derjenigen, die vor Gericht kamen, verurteilt wurde, und von diesen wiederum eher die vorbestraften als die bislang unbescholtenen Angeklagten.

Kurzum, die Analyse der Akten hat ergeben, dass die Gestapo und die Strafjustiz des NS-Regimes sogar in den Kriegsjahren im Umgang mit »gewöhnlichen« Deutschen äußerst vorsichtig waren und ihren Terror stattdessen gezielt gegen ausgewählte Gruppen richteten. Gelegentlich fielen diesem Terror einfache Menschen wie Paula W. zum Opfer, die keiner dieser Gruppen angehörten, allerdings nur, wenn die Justiz sich davon eine starke propagandistische Wirkung versprach. Zwar nahm der nationalsozialistische Terror in den Kriegsjahren zweifellos zu, doch richtete er sich nicht gegen die breite Bevölkerung.

Die Ahndung von Gesetzesverstößen in den Kriegsjahren: Brutaler Terror oder relative Milde?

Eine Diskussion einiger besonders typischer Vergehen in den Kriegsjahren kann die relative Milde verdeutlichen, mit der die Gestapo und die Sondergerichte gewöhnliche Deutsche behandelten, die gegen das Gesetz verstoßen hatten. Das mit Abstand häufigste Vergehen war das Hören von »Feindsendern«. Es war zugleich das Vergehen, das am seltensten entdeckt und bestraft wurde.[54] Obwohl seit dem 1. September 1939 die Todesstrafe darauf stand, zeigten sich zahlreiche Personen aus allen Bevölkerungsschichten und vermutlich aus allen Kommunen während des ganzen Krieges hindurch von dieser Androhung unbeeindruckt.

Mit dem preiswerten Volksempfänger, der Unterhaltungsmusik ebenso wie sämtliche Führerreden in fast alle deutschen Haushalte bringen sollte, und natürlich auch mit Geräten, die leistungsfähiger und teurer waren,[55] konnte fast jeder deutsche Haushalt auch die deutschsprachigen Sendungen der BBC oder anderer Sender in Frankreich, Luxemburg, der Schweiz, Polen und Russland empfangen.[56] Trotz der damit verbundenen Risiken wurden die Sendungen von vielen gehört.

Zu diesem Punkt habe ich bereits einige Belege angeführt, etwa den Bericht eines Geistlichen, der der Gestapo in der Eifel als V-Mann diente, eine Äußerung des Kölner Oberlandesgerichtspräsidenten sowie die Ergebnisse einer Befragung älterer Kölner Bürger und zum Teil auch Interviews, die mit ihnen geführt wurden. Gestützt werden diese Befunde auch durch Erinnerungen bedeutender Politiker und Journalisten sowie durch die Akten des Kölner Sondergerichts und der Krefelder Gestapo. Auf diese neuen Belege müssen wir etwas näher eingehen, denn sie beleuchten einige der wichtigsten Aspekte des nationalsozialistischen Terrors. Sie zeigen einmal mehr, dass die Gestapo alles andere war als allwissend und allmächtig. Sie konnte die Deutschen nicht daran hindern, regelmäßig Radiosendungen aus dem Ausland zu hören, vor allem weil ihr Überwachungssystem, selbst mit der freiwilligen Unterstützung durch Lauscher und Zuträger, weder umfassend noch effektiv genug war, um im Einzelnen festzustellen, wer diese Sendungen tatsächlich hörte und wann. Aus den verschiedenen Quellen geht hervor, dass die Gestapo nicht versuchte, alle Gruppen der Gesellschaft ihrem Terror in der gleichen Weise zu unterwerfen. Im Großen und Ganzen wurden nur die Angehörigen bestimmter Gruppen hart bestraft, wenn sie einen verbotenen Sender hörten, während die Übrigen in der Regel mit einer Verwarnung davonkamen. Und schließlich machen die Quellen deutlich, dass die Androhung von Terror nicht glaubwürdig genug war, um gewöhnliche Deutsche davon abzuhalten, sich über die Fehlschläge des Regimes und seine wohlgehüteten Geheimnisse zu informieren. Indem sie bewusst und ohne übermäßige Furcht die deutschsprachigen Sendungen von Auslandssendern hörten, erhielten viele gewöhnliche Deutsche zahlreiche exakte Informationen über den Fortgang des Krieges und über den Massenmord an den europäischen Juden, noch während er im Gange war.

Einer der überzeugendsten Belege dafür, dass die deutsche Bevölkerung durch das Hören von Auslandssendern über die aktuelle Lage an der Front bestens informiert war, stammt vom ehemaligen Kölner Oberbürgermeister und dem ersten Kanzler der Bundesrepublik Deutschland, Konrad Adenauer. Am Anfang seiner *Erinnerungen,* die mit den letzten Kriegsmonaten beginnen, als er sich im Haus seiner Familie in Rhöndorf aufhielt, schildert er seine damalige Einschätzung, dass Rhöndorf von den Kriegshandlungen verschont bleiben würde. Wie er zu dieser Einschätzung gelangte, beschrieb er in folgenden Worten:

>Zur Erklärung dafür, daß ich sowohl über die Kriegshandlungen wie auch über wachsende Gegensätze zwischen den Alliierten in etwa unterrichtet war, möchte ich folgendes sagen: Ich habe keinen Tag vorübergehen lassen, abgesehen von der Zeit, die ich im Konzentrationslager oder im Gefängnis verbracht habe, ohne mehrere Male täglich ausländische Sender zu hören. Insbesondere hörte ich ständig BBC London in deutscher Sprache und den Schweizer Sender Beromünster. Ich wurde ferner in großen Zügen, sei es mündlich oder durch Hergabe von ausländischen Zeitungen und sonstigen Mitteilungen, über den Gang der Dinge unterrichtet durch meinen Freund, den schweizerischen Generalkonsul von Weiß in Köln, der später nach der Zerstörung seines Kölner Hauses in Godesberg wohnte.«[57]

Der US-amerikanische Korrespondent Howard K. Smith notierte in seinen Erinnerungen aus seiner Berliner Zeit, im Oktober 1941 habe das Reichspropagandaministerium die deutsche Bevölkerung immer stärker bearbeitet, aber diese habe sich von Goebbels' Propaganda immer weniger beeindrucken lassen. Damals kursierte der folgende typische Witz:»Warum wollen die Berliner nur noch die *BZ* lesen? Weil die nur von B bis Z lügt, während in den anderen Zeitungen alles von A bis Z erlogen ist.«[58]
Die Einwohner der deutschen Hauptstadt wussten, dass sie belogen wurden, schreibt Smith, weil immer mehr Berliner dazu übergingen,»Nachrichtensendungen aus dem Ausland, vor allem aus London und Moskau, zu hören«. Und er berichtet auch, woher er das wusste:

»Ein Vertreter des Propagandaministeriums sagte mir, die Verhaftungen wegen dieses >Verbrechens< in Deutschland hätten sich nach der [jüngsten] Rede von [Staatssekretär] Dietrich verdreifacht. In der Zeitung wurde gemeldet, man habe zwei Personen zur Höchststrafe, zum Tod, verurteilt, weil sie Radio London gehört hatten! [...] Im November erhielt jeder erwachsene Deutsche zusammen mit seiner monatlichen Lebensmittelkarte ein kleines rotes Kärtchen mit einem kleinen Loch in der Mitte, so dass man es an den Sendersuchknopf des Radiogeräts hängen konnte, und der Aufschrift: ›Volksgenossen! Ihr seid Deutsche! Es ist Eure Pflicht, keine Auslandssender zu hören. Wer dies tut, wird unbarmherzig bestraft!‹ […] Daraus kann man nur den einen Schluss ziehen: Inzwischen hörten immer mehr Deutsche die Nachrichten der Feindsender; sie trauten der eigenen Propaganda nicht mehr. Soweit ich feststellen konnte, bestand der einzige nennenswerte Effekt der neuen Propagandawelle und der wiederholten Androhung schwerer Strafen darin, diejenigen, die bisher aus Angst keine Auslandssender gehört hatten, nur noch neugieriger zu machen. Schließlich ist es so gut wie unmöglich, jemanden dabei zu überraschen, wie er gerade eine ausländische Sendung hört, weil er sein Gerät sofort auf den Deutschlandsender einstellen kann, sobald es an der Tür klingelt. Fast alle, die man deshalb verhaftet hat, wurden nicht beim Hören erwischt, sondern dabei, wie sie anderen in der Öffentlichkeit weitererzählten, was sie gehört hatten.«[59]

Smith hatte zweifellos Recht mit seiner Ansicht, dass Berichte über drakonische Strafen in den Zeitungen und die sonstigen Bemühungen des Reichspropagandaministeriums eine neugierige Bevölkerung nicht davon abhalten konnten, die Programme von Auslandssendern zu hören. Wäre dieses »Verbrechen« tatsächlich in der Regel so schwer bestraft worden, dann hätten die Zeitungsberichte vielleicht die beabsichtigte Wirkung erreicht. In den meisten Fällen war die Bestrafung jedoch keineswegs so hart. In Köln, Krefeld, Bergheim und Umgebung hörten Hunderttausende diese Sendungen, in ganz Deutschland waren es Millionen. Hohe Parteimitglieder, Polizisten und einfache Bürger, alle hörten Auslandssender. Während des Krieges sendete die BBC mehr als 30 Stunden in der Woche zu festen Zeiten Nachrichten und Unterhaltungsprogramme für ihre deutschen Hörer. Nach einer Schätzung der BBC vom August 1944 auf der Grundlage von Berichten deutscher Kriegsgefangener und anderen Quellen schalteten zwischen zehn und fünfzehn Millionen Deutsche täglich das Programm der BBC ein, und »die Hörer kamen aus allen Schichten [der Bevölkerung]«.[60]
Die Ergebnisse der Befragung älterer Kölner Bürger und anderer Umfragen, die unmittelbar nach dem Krieg von der US-Armee in anderen Regionen durchgeführt wurden, lassen vermuten, dass diese Schätzung der BBC immer noch zu vorsichtig war.[61] Doch

355

wie hoch die genaue Zahl auch tatsächlich gewesen sein mochte, alle Belege sprechen dafür, dass die wenigsten Hörer ertappt oder gar dafür bestraft wurden und dass schwere Strafen die absolute Ausnahme waren. Aus den Akten des Sondergerichts Köln geht beispielsweise hervor, dass in Bergheim kein einziger Fall eines »Rundfunkverbrechens« zur weiteren Bearbeitung an die für politische Vergehen zuständige Staatsanwaltschaft Köln weitergegeben wurde. Desgleichen enthalten diese Akten nur einen einzigen Fall, in dem gegen eine Person aus dem großen Kölner Vorort Bayenthal wegen dieses Vergehens ermittelt wurde.[62] Viele Kleinstädte und in Teilen auch andere Großstädte fielen in die Zuständigkeit des Kölner Sondergerichts, und aus diesen wurden durchaus Fälle wegen Abhörens von »Feindsendern« an die Kölner Strafverfolgungsbehörde weitergeleitet, aber die Zahl der Beschuldigten war überall gering. Wie aus Tab. 8.1 hervorgeht, war das Sondergericht in Köln mit den Fällen gegen mindestens 7500 Personen aus Köln und den umliegenden Gemeinden befasst, gegen die während der Kriegsjahre wegen der unterschiedlichsten Delikte ermittelt wurde, doch lediglich in 300 Fällen ging es um das Hören ausländischer Rundfunksendungen. Auch in den Krefelder Gestapoakten finden sich nur wenige solcher Fälle. Zwar lässt sich deren Zahl in Krefeld nur auf der Basis einer eingehenden Analyse einer Zufallsstichprobe schätzen – im Unterschied zu den Akten des Kölner Sondergerichts gibt es hier kein quantifizierbares Generalverzeichnis bestimmter Vergehen –, aber es hat den Anschein, dass nur etwa 50 der 1200 Personen, gegen die während der Kriegsjahre von der Krefelder Gestapo Ermittlungen eingeleitet wurden, Auslandssendungen gehört hatten.[63] Und zumeist war dies nur ein zweitrangiges, zusätzliches Vergehen, das den Beschuldigten vorgeworfen wurde, denn in den Karteikarten zu den Ermittlungen der Krefelder Gestapo finden sich nur sechzehn Fälle mit der Kennzeichnung »Rundfunkverbrechen«.

Um einen genaueren Einblick in diese Fälle zu erhalten und vor allem um festzustellen, wie die Gestapo von den Vergehen Kenntnis erhielt und wie sie bearbeitet wurden, habe ich die Akten von 32 Personen, die man des Hörens von »Feindsendern« beschuldigt hatte, sorgfältig durchgesehen und analysiert. Hierzu gehörten alle sechzehn Fälle unter der Rubrik »Rundfunkverbrechen«, vier Fälle aus meiner Zufallsstichprobe aus allen Krefelder Gestapoakten, die zwar nicht unter der genannten Rubrik klassifiziert waren, in denen es aber ebenfalls um das Hören von Auslandssendern ging, sowie zwölf Fälle aus meiner Zufallsstichprobe von 594 Akten des Kölner Sondergerichts.

Diese Fälle bestätigen weitgehend die Behauptung der BBC, dass ihre Hörer aus allen Schichten der deutschen Bevölkerung stammten, mit der einzigen Ausnahme, dass sich unter den Beschuldigten keine Juden befanden. Das mag auf den ersten Blick erstaunen, da Juden doch ganz besonders an wahrheitsgetreuen Berichten über die Kriegslage und Verfolgungsmaßnahmen in Deutschland und anderen Ländern interessiert gewesen sein dürften, über die von der BBC während des Kriegs häufig und detailliert berichtet wurde; es erklärt sich jedoch aus dem Umstand, dass die deutschen Juden bald nach Beginn des Krieges sämtliche Rundfunkgeräte abliefern mussten. Wenn sie dennoch einen Weg fanden, ausländische Sender zu hören, müssen sie äußerst vorsichtig vorgegangen sein, um dabei nicht ertappt zu werden. Nichtjüdische Deutsche aus fast allen Gesellschaftsschichten hatten dagegen weit weniger zu befürchten, sofern sie nicht einer der anderen Gruppen angehörten, die von den Nationalsozialisten gezielt verfolgt wurden.

Die meisten, gegen die wegen dieses Vergehens ermittelt wurde, waren ganz normale Bürger und bildeten in ihrer Gesamtheit einen Querschnitt durch die deutsche Bevölkerung. Ihr berufliches Spektrum erstreckte sich von einfachen Arbeitern und Kleinhändlern über Hausfrauen und Geschäftsleute bis hin zu Angehörigen der akademischen Berufe. Einige waren in der NSDAP, einige hatten früher einer Linkspartei angehört, in der großen Mehrzahl waren sie jedoch nicht politisch aktiv. Bei den 32 Fällen betrug das Verhältnis zwischen Männern und Frauen 3:1, doch dieses Verhältnis war auch für alle anderen Vergehen in den Kriegsjahren typisch.[64] Auch die Altersverteilung fiel nicht aus dem Rahmen: Bei den Beschuldigten waren alle Altersgruppen zwischen zwanzig und siebzig Jahren vertreten wie bei der überwiegenden Mehrheit der wegen anderer Vergehen Beschuldigten auch.

Die zeitliche Verteilung der Fälle über die Kriegsjahre ist ebenfalls mehr oder weniger unspektakulär. Eine Computeranalyse des Gesamtverzeichnisses der Akten aus dem Kölner Sondergericht zeigt zwar, dass die meisten Ermittlungen wegen dieses Vergehens zu Kriegsbeginn einsetzten. Von den 310 Verfahren vor dem Kölner Sondergericht wurden 53 im Jahr 1939 und 99 im Jahr 1940 eröffnet, 1941 ging diese Zahl um über die Hälfte auf 43 zurück und blieb bis Kriegsende auf diesem Niveau.[65] Die Krefelder Akten wiesen dagegen keinen solchen Abwärtstrend auf; allerdings sind ihre Zahlen für ein signifikantes Ergebnis zu niedrig. Es ist nicht ganz klar, wie aussagekräftig diese zeitlichen Trends sind. Vielleicht kann man ihnen noch am ehesten entnehmen, dass die deutsche Bevölkerung während der gesamten Kriegsjahre hindurch ausländische Sender hörte und dass das Regime, von wenigen Ausnahmen abgesehen, dieser Tatsache wenig Beachtung schenkte.

Wie gleichgültig das Regime in diesem Punkt reagierte, zeigt sich noch deutlicher, wenn man untersucht, wie dieses Vergehen entdeckt und wie es geahndet wurde. Fast ohne Ausnahme wurden die Delikte der Gestapo durch die Denunziationen rachsüchtiger Nachbarn, Arbeitskollegen oder – in der Regel verschwägerter – Familienangehöriger zur Kenntnis gebracht. In keinem einzigen der Fälle setzte die Gestapo eigene Spitzel ein, um die Delinquenten auf frischer Tat festzunehmen. Sie bediente sich auch keiner besonderen technischen Mittel zur Überwachung. Erwähnenswert ist lediglich, dass viele Denunzianten Positionen innerhalb der Partei oder der SS bekleideten, doch das galt mehr oder weniger auch für Denunzianten, die der Gestapo andere Vergehen anzeigten.

Die vergleichsweise kleine Zahl von Personen, die angezeigt wurden, weil sie Auslandssender gehört hatten, und die Tatsache, dass die Gestapo erst dann in Aktion trat, wenn sie von Denunzianten über das Delikt informiert wurde, lassen erkennen, dass das Regime dieses Vergehen nicht für so bedrohlich hielt, dass es den zu seiner wirksamen Bekämpfung erforderlichen personellen, zeitlichen und finanziellen Aufwand gerechtfertigt hätte. Schließlich hörten auch Polizisten, Soldaten und Funktionsträger der NSDAP die Sendungen der BBC und anderer ausländischer Sender.[66]

Sowohl die Gestapo als auch die Gerichte zeigten eine bemerkenswerte Zurückhaltung in ihrer Behandlung fast aller Personen, denen das Hören von ausländischen Sendern zur Last gelegt wurde. In keinem der 32 untersuchten Fälle wurde der Beschuldigte in ein Konzentrationslager überstellt.[67] Lediglich in vier Fällen wurde Anklage erhoben, und nur in dreien davon kam es zu einer Verurteilung. In allen übrigen Fällen wurden die Ermittlungen von der Gestapo selbst oder von der Staatsanwaltschaft vorzeitig eingestellt. Die schwerste Strafe, die gegen einen der Beschuldigten verhängt wurde, war eine einjährige Zuchthausstrafe. Das

358

Opfer war ein 47-jähriger Dreher, ein früheres Mitglied der SPD, der gestand, er habe mit seinem »Kleinempfänger« häufig die Sendungen der BBC gehört und den Inhalt seinen Arbeitskollegen weitererzählt. Die relativ harte Strafe hing zweifellos mit seiner früheren politischen Orientierung zusammen, vor allem aber mit der Beschuldigung seines Arbeitgebers, er habe Wehrkraftzersetzung betrieben.[68] In allen übrigen Fällen, die vor Gericht kamen, hatten die Beschuldigten ebenfalls der KPD oder SPD angehört oder waren noch immer Mitglieder dieser Parteien.[69]

In fast allen 32 Fällen ging es um Sendungen der BBC, die gehört wurden. In einem der aufschlussreicheren Fälle hatte der Angeklagte jedoch in den ersten Kriegsmonaten einen französischen Sender gehört.[70] Die Ermittlungen begannen im November 1939 in der Kleinstadt Burgbrohl am Rhein, 25 Kilometer nördlich von Koblenz. Am 17. November erstattete ein 35-jähriger Anstreicher und Zellenleiter der NSDAP namens Gregor K. aufgebracht bei der Polizei Anzeige gegen seinen Schwager Arnulf V., einen fünfzig Jahre alten Fabrikarbeiter, weil dieser sich abfällig über Hitler geäußert und in seiner Gegenwart regelmäßig ausländische Radiosendungen gehört habe. Der offensichtliche Grund für Gregor K.s Wut war ein Familienzwist. Nur wenige Stunden vor seiner Anzeige hatte ein lautstarker Familienstreit damit geendet, dass Arnulf V. ihn mitsamt seiner Frau und ihrer kleinen Tochter aus dem Haus geworfen hatte, in dem sie gewohnt hatten. Dafür wollte er sich an seinem Schwager rächen.

Die Burgbrohler Polizei reagierte schnell und rief noch am selben Spätnachmittag um 17.45 Uhr die Gestapo in Koblenz an, um die Anzeige gegen Arnulf V. weiterzuleiten. Am nächsten Tag fuhr ein junger Koblenzer Gestapobeamter namens Simmer nach Burgbrohl, um, von der Polizei in Burgbrohl unterstützt, den Beschuldigten zur Sache zu vernehmen. Bald nach seinem Eintreffen befragte er Gregor K. und dessen Frau zu den Beschuldigungen in der Anzeige. Gregor K.s Frau, die Schwester von Arnulf V.s Frau, bestätigte die Angaben ihres Mannes: »V. hörte die Sendungen des Straßburger Senders in deutscher Sprache regelmäßig abends um 19:45 Uhr.«[71] Diese Aussagen weckten bei Simmer jedoch Argwohn; er fragte Gregor K., warum er als Zellenleiter dieses Verhalten so lange geduldet habe, ohne Anzeige zu erstatten, und warum er die Sendungen selbst mit angehört habe. Dieser erwiderte, er habe befürchtet, seine Wohnung zu verlieren, eine Antwort, die

Simmer anscheinend vorläufig genügte. Im weiteren Verlauf der Vernehmung gab Gregor K. außerdem an, sein Schwager habe immer wieder den Führer und den NS-Staat kritisiert und dabei unter anderem gesagt:»Der Hitler, dieser hirnverbrannte Mensch. Dieser Idiot, weshalb opfert er so viele Leute«, und dass das,»was die deutschen Nachrichten brächten, doch nicht richtig sei«.[72] Das überzeugte Simmer, und er ließ Arnulf V. verhaften. Dessen Vernehmung, die einen Tag später in Koblenz erfolgte, muss brutal verlaufen sein. Anfangs bestritt Arnulf V. die gegen ihn erhobenen Vorwürfe. Offenbar wurde die Vernehmung mehrmals unterbrochen; danach heißt es im Vernehmungsprotokoll regelmäßig:»Ich gebe jetzt zu ...«, woran sich eine Korrektur seiner bisherigen Aussage anschließt. Am Ende gestand Arnulf V., er habe mehrmals in Gegenwart von Gregor K. Radio Straßburg gehört. Er bat jedoch um Gnade und verwies darauf, er sei ein dekorierter Kriegsveteran und loyaler Deutscher, der seit seiner vierfachen Verwundung an der Front im Ersten Weltkrieg, in dem er als Feldwebel gedient hatte, ein Nervenleiden habe. Der Gestapobeamte Simmer schien sich allerdings mehr für Arnulf V.s aktive Rolle als Funktionär im Ortsverband der SPD während der Weimarer Zeit zu interessieren. Nach Beendigung des Verhörs befahl Simmer, Arnulf V. so lange in Haft zu halten, bis die Ergebnisse einer weiteren Ermittlung vorlägen.

Erst drei Wochen später, am 12. Dezember 1939, wurde Arnulf V. aus der Haft entlassen. In der Zwischenzeit durchsuchte ein Polizist aus Burgbrohl zusammen mit einem Gestapobeamten aus Koblenz namens Didinger seine Wohnung und holte beim Ortsgruppenleiter der NSDAP nähere Erkundigungen über V. ein. In der Wohnung fanden sie nichts von Bedeutung außer dem Radioapparat, mit dem V. die Auslandssendungen gehört hatte, und einige alte SPD-Druckschriften. Der Bericht des NSDAP-Ortsvorstands war gemischt: V. sei tüchtig und fleißig, habe jedoch des Öfteren Streit mit seiner Frau und stehe wie die meisten früheren Sozialdemokraten dem Regime ablehnend gegenüber, besuche kaum NSDAP-Veranstaltungen und spende wenig für das Winterhilfswerk.

Zwei Monate später, am 23. Februar 1940, schloss die Koblenzer Gestapo ihre Ermittlungen ab und schickte einen Bericht mit der Empfehlung, Arnulf V. unter Anklage zu stellen, an die Koblenzer Staatsanwaltschaft, die den Fall den Vorschriften entsprechend an das Sondergericht in Köln weiterleitete. Noch vor Prozessbeginn nahm die Koblenzer Gestapo indes auch Ermittlungen gegen Gregor K. und dessen Frau auf, weil diese gemeinsam mit Arnulf V. Radio Straßburg gehört hätten, und empfahl in einem weiteren Bericht der Kölner Staatsanwaltschaft, auch diese beiden anzuklagen. Dazu kam es allerdings nicht. Gregor K. trat in die Luftwaffe ein, und am 4. August 1940 wurde die Anklage gegen ihn und seine Frau fallen gelassen. Abgesehen von den drei Wochen, die er in Untersuchungshaft verbracht hatte, kam auch Arnulf V. vergleichsweise glimpflich davon. Als der Prozess gegen ihn schließlich am 27. September 1940 eröffnet wurde, entschied der Richter in Anerkennung der militärischen Verdienste des Angeklagten im Ersten Weltkrieg, seiner Tüchtigkeit am Arbeitsplatz sowie der Tatsache, dass sein Schwager ihn aus Rachsucht denunziert hatte, auf Freispruch in allen Aklagepunkten.

Abgesehen davon, dass Arnulf V. Sendungen von Radio Straßburg und nicht der BBC gehört, dass er die ihm vorgeworfenen Vergehen zugegeben hatte und dass er nach der Untersuchungshaft mehr als zehn Monate auf seinen Prozess warten musste, war sein Fall durchaus typisch. Eine kurze Erörterung dreier weiterer Fälle aus den Akten des Kölner Sondergerichts zeigt, dass auch die meisten übrigen Ermittlungen, bei denen es um das Hören von Feindsendern ging, durch Denunziationen aus der Zivilbevölkerung ausgelöst und in der Regel von der Strafjustiz milde behandelt wurden, da das Motiv der Denunzianten zumeist Rachsucht war. Bei den drei Fällen wird außerdem deutlich, dass Personen aus allen sozialen Schichten und Gruppen verbotenerweise während des Krieges ausländische Sender hörten.

Die Ermittlungen zum ersten Fall wurden bereits anderthalb Wochen nach Kriegsbeginn in der Kleinstadt Bergneustadt im Sauerland aufgenommen.[73] Ein 41-jähriger Geschäftsmann und Veteran des Ersten Weltkrieges wurde zusammen mit seiner Frau und deren Zwillingsschwester von einem 34-jährigen Mechanikermeister und SS-Mitglied namens Eugen P. denunziert. Am 11. September 1939 machte Eugen P. eine Meldung beim NSDAP-Ortsgruppenleiter – die von diesem an die Polizei am Ort weitergeleitet wurde –, sein Nachbar und früherer Angestellter Fritz T. höre jeden Abend gemeinsam mit seiner Frau und seiner Schwägerin Nachrichtensendungen der BBC und eines polnischen Senders. Eugen P. wusste dies, da sich auf seine Veranlassung zwei seiner

SS-Kameraden an den vorangegangenen vier Abenden auf Fritz T.s Balkon geschlichen und gelauscht hatten, um festzustellen, welchen Sender er eingestellt hatte. Innerhalb einer Woche übergab die Bergneustädter Polizei die Sache an die Kölner Gestapo, die nach einer kurzen Untersuchung einen Bericht an die Kölner Staatsanwaltschaft schickte, in dem sie empfahl, keine Anklage gegen die Beschuldigten zu erheben. Die Staatsanwaltschaft folgte dieser Empfehlung und stellte die Ermittlungen bereits am 28. September ein, noch am selben Tag, an dem sie den Bericht erhalten hatte. Obwohl die Gestapo im Zuge ihrer Ermittlungen herausgefunden hatte, dass Fritz T. KPD-Mitglied gewesen war, beschloss sie, der Staatsanwaltschaft keine Anklage zu empfehlen, da er seit seinem Austritt aus der Partei 1928 ein ehrbarer Bürger sei, die zwei SS-Männer, die ihn bespitzelt hatten, sich in ihren Aussagen widersprächen und weil Eugen P. von dem Wunsch nach Rache getrieben würde, da Fritz T. gerade zu jener Zeit wegen geschäftlicher Differenzen einen Prozess gegen ihn angestrengt hatte.

Zu dem zweiten Fall, der ebenfalls mit einem Streit unter Nachbarn begonnen und einen ähnlichen Verlauf wie der erste genommen hatte, kam es im Spätsommer und Frühherbst 1940 in dem Dorf Oberdollendorf, nur wenige Kilometer südlich von Bergneustadt.[74] Auch hier wurde ein Ehepaar von einem Nachbarn denunziert, der die beiden belauscht hatte. Doch in diesem Fall hatte keiner der beiden Ehepartner einer linken Partei angehört; der Ehemann, ein 42-jähriger Elektroschweißer namens Heinrich G., der eine eigene Werkstatt hatte, war sogar ein Mann mit gutem Ruf innerhalb der NSDAP. Auch hier führte zunächst die Polizei am Ort die ersten Ermittlungen durch, bevor sie den Fall an die Gestapo weitergab. Im Rahmen dieser Vorermittlungen, die am 4. September 1941 aufgenommen wurden, erklärte der Denunziant, ein 54-jähriger Kohlenhändler namens Mathias J., gegenüber einem Polizeihauptwachtmeister, er sei am Abend zuvor am Haus seines Nachbarn vorbeigegangen und habe mitbekommen, dass dieser einen Auslandssender gehört habe. Des Weiteren gab er an, er habe kurz zuvor mit Heinrich G. eine Auseinandersetzung gehabt, in der dieser ihn als »Lump, Verbrecher und Vagabund« bezeichnet und gedroht habe, ihn umzubringen, wobei er einen schweren Gegenstand in der Hand gehalten habe. Das genügte dem Hauptwachtmeister offenbar. Zwar nahm er sich die Zeit, das beschuldigte Ehepaar einzubestellen, um auch dessen Version des Vorfalls zu hören, verfasste aber noch am selben Tag einen Bericht, in dem er schrieb, es sei für ihn »fast unvorstellbar«, dass eine solch »gute deutsche Familie« ausländische Rundfunksendungen gehört haben sollte. Dieser Einschätzung schlossen sich auch die Gestapo und die Staatsanwaltschaft an; keine der beiden Behörden hatte ein Interesse, die Sache weiter zu verfolgen, auch wenn es noch zwei Monate dauern sollte, bis die Ermittlungen am 6. November 1941 eingestellt wurden.

Auch der dritte Fall ereignete sich im Sommer und Frühherbst 1941, diesmal in Köln selbst. Wieder war ein Ehepaar betroffen, diesmal allerdings gehörten beide Ehepartner der NSDAP an: der Ehemann, ein 53-jähriger Beamter, seit 1937 und die Ehefrau, eine zehn Jahre jüngere Hausfrau, seit 1940.[75] Angesichts ihrer gesellschaftlichen Stellung und ihrer politischen Orientierung sowie der Tatsache, dass sie von einer Person denunziert worden waren, die gesellschaftlich weit unter ihnen stand – ihrem siebzehnjährigen Dienstmädchen, dessen Aussagen zudem keiner der übrigen Hausangestellten, die zu der Sache vernommen wurden, bestätigte –, war ihnen die Sympathie der Kölner Gestapo sicher, die dafür sorgte, dass die Ermittlungen sechs Wochen später wieder eingestellt wurden. Die Anzeige, die das Mädchen ursprünglich bei der Kripo erstattet hatte, erschien dennoch glaubwürdig. Nach ihrer Aussage hörten ihre Arbeitgeber, Thea und Karl B., jeden Abend die BBC. Außerdem sagte sie dem Kölner Gestapobeamten Brodesser, der die Ermittlungen führte, Karl B. habe häufig in ihrer Gegenwart kritische Äußerungen über das Regime fallen lassen. Diese Bemerkungen, die in ihren Augen verboten waren, beruhten auf dem, was er in den Auslandsnachrichten gehört hatte. Unter anderem sollte er gesagt haben: »Wenn in dem Heeresbericht stand, dass soundso viele Flieger von uns abgeschossen worden seien, das glaube ich doch nicht«, und: »Was der W[ehrmacht] B[ericht] brächte, wäre alles gelogen.«[76]

Hätte umgekehrt das Ehepaar das Dienstmädchen solcher Bemerkungen beschuldigt, dann hätten die Konsequenzen gravierend sein und zu einer Anklage wegen Wehrkraftzersetzung führen können. Doch wie die Dinge lagen, schenkte die Gestapo dem Dienstmädchen keinen Glauben, und das beschuldigte Ehepaar kam unbehelligt davon. Im Unterschied zum relativ folgenlosen Delikt des »Rundfunkverbrechens« führte eine Anklage wegen Wehrkraftzersetzung häufig zu einer Haftstrafe oder sogar zu einem Todesurteil, das vom Volksgerichtshof in Berlin oder, handelte es sich um Soldaten, von einem Kriegsgericht verhängt wurde.[77] Dabei war der Begriff Wehrkraftzersetzung weit gefasst. Welche Bemerkungen darunter fielen, listete 1944 ein Ministerialdirektor im Reichsjustizministerium auf:

»Nicht mehr tragbar und grundsätzlich todeswürdig sind [...] Äußerungen folgender Art: Der Krieg sei verloren; Deutschland oder der Führer hätten den Krieg sinnlos oder frivol vom Zaune gebrochen und müßten ihn verlieren; die NSDAP solle oder werde abtreten und nach italienischem Muster den Weg zum Verständnisfrieden [sic!] freimachen; [...] man müssse langsamer arbeiten, damit Schluß werde; ein Eindringen des Bolschewismus sei nicht so schlimm, wie es die Propaganda schildere, und werde nur den führenden Nationalsozialisten schaden; [...] der Führer sei krank, unfähig, ein Menschenschlachter usw.«[78]

Wie oft jedoch diese und ähnliche Äußerungen tatsächlich schwer bestraft wurden, ist nicht festzustellen. Der deutsche Rechtshistoriker Ingo Müller schreibt, dass »derlei Äußerungen die Todesstrafe zur Folge hatten – und zwar immer, nicht nur, wenn sie in der Öffentlichkeit, sondern auch, wenn sie im engsten Familienkreis fielen«.[79] Zwar stützt Müller diese Behauptung mit einigen bestürzenden Fallbeispielen, aber seine Belege sind überwiegend impressionistisch. H.W. Koch, der die Urteile des Volksgerichtshofs etwas eingehender untersucht hat, ist skeptischer und weist darauf hin, dass auf Grund der unvollständigen Quellen zuverlässige Statistiken kaum erstellt werden können.[80] Die Akten des Kölner Sondergerichts und der Krefelder Gestapo können die Frage ebenfalls nicht beantworten. Sie zeigen jedoch, dass eine große Zahl von Personen, die während des Krieges wegen solcher Bemerkungen vor Gericht kamen, selbst wenn sie diese in Gesellschaft von Freunden, Bekannten und anderen gemacht hatten, wegen Heimtücke und nicht wegen des wesentlich schwerwiegenderen Vergehens der Wehrkraftzersetzung verurteilt wurden. Und selbst diejenigen, die sich nach Ansicht des Richters tatsächlich dieses schwere Delikt hatten zu Schulden kommen lassen, wurden keineswegs immer mit dem Tode bestraft.

Die Akten der Krefelder Gestapo und des Kölner Sondergerichts enthalten nur wenige Fälle von Wehrkraftzersetzung. Eine

364

Zufallsstichprobe aus jeder achten Gestapoakte förderte bei insgesamt 433 Fällen nur zwei zu Tage, in denen jemand der Wehrkraftzersetzung beschuldigt wurde. Wenn die Stichprobe nicht sehr stark verzerrt war – und für diese Annahme gibt es keinen Grund –, dann heißt dies, dass die Krefelder Gestapo während der gesamten Kriegsjahre in weniger als 20 Fällen wegen dieses Delikts ermittelte. Solche Fälle waren auch in Köln und anderen Städten eher die Ausnahme. Aus den Akten des Kölner Sondergerichts geht hervor, dass nur gegen 234 von insgesamt 28 920 Personen Anklage wegen Wehrkraftzersetzung erhoben wurde, und nur 102 von ihnen stammten direkt aus Köln. Die Übrigen kamen aus Städten, die der Gerichtsbarkeit des Kölner Sondergerichts unterstanden. Bedenkt man, dass Köln etwa fünfmal so viele Einwohner hatte wie Krefeld, dann war der prozentuale Anteil dieses Vergehens in beiden Städten nahezu identisch.

Allein schon diese Zahlen lassen die Behauptung Ingo Müllers zweifelhaft erscheinen, dass »diese Verordnung [über die Wehrkraftzersetzung] in der Kriegszeit nach und nach vollständig das Heimtückegesetz vom Dezember 1934, das herabsetzende Äußerungen über die Reichsführung unter Strafe stellte, [ersetzte]«.[81] Dennoch stieg die Zahl der Verfahren wegen Wehrkraftzersetzung in der letzten Phase des Krieges dramatisch an. Während vor dem Kölner Sondergericht bis zur Katastrophe von Stalingrad im Januar 1943 jährlich weniger als 15 Prozesse wegen dieses Delikts stattfanden, waren es 1943 schon 37, 1944 sogar 127. In diesem Jahr stammten 63 der wegen Wehrkraftzersetzung Angeklagten direkt aus Köln; die Übrigen kamen aus anderen Städten des Sondergerichtsbezirks.

Doch trotz dieses bedeutenden Zuwachses in den beiden letzten Kriegsjahren[82] überstieg die Zahl der Fälle wegen Wehrkraftzersetzung niemals die der Verfahren nach dem Heimtückegesetz. In der Stichprobe aus den Krefelder Gestapoakten zwischen 1940 und 1945 stehen den zwei Ermittlungen wegen Wehrkraftzersetzung 28 wegen Verstoßes gegen das Heimtückegesetz gegenüber. In der Stichprobe aus den Akten des Kölner Sondergerichts betrugen die entsprechenden Ziffern im Vergleichszeitraum 13 und 31.

Es lässt sich nur schwer feststellen, wie mit den Beschuldigten und Angeklagten wegen Wehrkraftzersetzung weiter verfahren wurde, weil es in Krefeld nur sehr wenige solcher Fälle gab und das Sondergericht Köln diese an den Volksgerichtshof in Berlin weitergeleitet hat. Deshalb habe ich die alle noch verfügbaren Krefelder Gestapoakten nach weiteren Fällen von Wehrkraftzersetzung durchforstet, die nicht in der Stichprobe enthalten waren. Auf diese Weise bin ich auf weitere vier gestoßen, auch wenn damit immer noch nicht sämtliche Fälle dieses Delikts erfasst sind, die von der Krefelder Gestapo bearbeitet wurden.

Nach einer Analyse dieser insgesamt sechs Fälle bleibt als wichtigste Feststellung, dass nicht gegen alle Personen, die wegen Wehrkraftzersetzung vor Gericht kamen, die Todesstrafe oder zumindest eine lange Haftstrafe verhängt wurde. Bei den meisten dieser Anklagen ging es um respektlose Reden in einer Privatwohnung oder einer Kneipe, die von einem Soldaten auf Heimaturlaub oder in dessen Gegenwart über den Krieg oder die Wirtschaft geführt wurden, und die meisten endeten mit einer Gefängnisstrafe zwischen mehreren Monaten und einem Jahr. In einem typischen Fall war der Beschuldigte ein 38-jähriger Barmann.[83] Am 3. April 1940 lernte Willy N. in einer Krefelder Kneipe einen 25-jährigen Soldaten kennen und bot ihm an, ihn über die Grenze nach Holland zu bringen, wo er selbst jahrelang gelebt hatte. Nachdem er die Kneipe verlassen hatte, meldete der Soldat das Angebot des Barmanns seinem Vorgesetzten, der seinerseits einen Tag später der Krefelder Gestapo Meldung davon machte. Am 11. April bestellte Kriminalsekretär Kurt Joost, der in den meisten dieser Fälle die Ermittlungen leitete, den Soldaten ins Polizeipräsidium und wies ihn an, er solle versuchen, den Barmann dazu zu bringen, das Angebot zu wiederholen. In der Zwischenzeit ordnete er eine Überwachung von Willy N.s Post an. Diese ergab jedoch nichts Belastendes, und der Soldat konnte sich mit dem Barmann kein zweites Mal verabreden. Als Willy N. am 2. Mai vor ein Militärgericht kam, gelangte dessen Vorsitzender zu dem Schluss, die ganze Sache sei nichts als ein Kneipengeschwätz zwischen Betrunkenen gewesen, und verurteilte ihn lediglich zu drei Monaten Gefängnis.

Wesentlich bedeutsamer war der Fall von Eduard B., denn er ist eines der ganz wenigen Beispiele aus sämtlichen Akten der Krefelder Gestapo und des Kölner Sondergerichts, in dem der Massenmord an den Juden direkt erwähnt wurde.[84] Wegen seiner Einzigartigkeit und weil er einen der wichtigen Kanäle beleuchtet, über die Deutsche in der Heimat vom Massenmord an den europäischen Juden erfuhren, werde ich etwas ausführlicher darauf eingehen.

Am 19. August 1943 erschien ein 55-jähriger Lastwagenfahrer ohne erkennbare Verbindung zur NS-Bewegung bei der Krefelder Gestapo, um einen Soldaten, den er tags zuvor kennen gelernt hatte, schwerwiegend zu denunzieren. Wie er gegenüber Kriminalsekretär Friedrich Furschbach erklärte, hatte er für diese Anzeige gegen Eduard B. keine persönlichen Gründe. Dieser sei ihm völlig unbekannt, und er habe ihn am Tag zuvor zum ersten und einzigen Mal in seinem Leben gesehen; er tue hiermit lediglich seine Pflicht als deutscher Bürger. In dem von ihm unterschriebenen Protokoll, das anderthalb eng beschriebene Schreibmaschinenseiten umfasst, gab er an, er habe am Vortag Eduard B.s Mutter in ihrer Wohnung in der Nähe der Dionysiuskirche im Stadtzentrum einen kurzen Besuch abgestattet. In der Wohnung habe er außer Eduard B. zwei weitere Soldaten angetroffen, die er noch nie gesehen hatte. Sehr bald geriet er mit den Soldaten in eine hitzige Diskussion über den Kriegsverlauf. Eduard B. habe schimpfend von der furchtbaren Lage, der die Soldaten sich an der Front gegenübersähen, und von den überlegenen Waffen der Russen gesprochen; die deutschen Soldaten könnten sich lediglich mit »Gewehren, Handgranaten und Maschinengewehren verteidigen«. Die Äußerungen von Eduard B. wurden im Protokoll der Anzeige in zwei langen Absätzen wiedergegeben.

Das allein hätte schon ausgereicht, um Eduard B. in ernste Schwierigkeiten zu bringen, doch die Aussage, die ihn am meisten belastete, erfolgte erst zum Schluss. Im Protokoll heißt es wörtlich: »In dieser Unterredung erklärte B. weiter, daß er an keinen deutschen Sieg glaube, es müßte schon ein Wunder geschehen. Verlieren täten wir den Krieg doch, und würden wir den Krieg gewinnen, dann ginge es uns auch nicht besser als wie als Verlierer. Dann würden wir einen Staat bekommen, in dem wir nicht unerlaubt scheißen gehen könnten. Wenn die Verwundeten verbunden würden, so gebe er immer doppelt und mehr Verbandszeug aus, mit der Ansicht, daß der Krieg früher zu Ende geht [...] Über die Auffindung der Massenmorde von Katyn erklärte B., daß man darüber nicht so ein Getue machen sollte. Denn die Veröffentlichungen über die Angelegenheit wären Unsinn, er würde das nicht glauben und [es] wäre auch nicht festzustellen. Unsere hätten mit den Juden in Rußland dasselbe gemacht.«[85]

Zwei Tage, nachdem der Lkw-Fahrer seine Anzeige erstattet hatte, bestellte die Krefelder Gestapo ihn zu einer weiteren Befra-

367

gung ins Polizeipräsidium. Diesmal saß er Kriminalsekretär Gustav Burkert gegenüber. Wieder machte er eine ausführliche Aussage über Eduard B.s Bemerkungen, die mit seiner ersten Aussage in allen Punkten übereinstimmte. Danach stellte Burkert ihm einige Fragen über die anderen Personen, die in der Wohnung anwesend waren, doch dazu konnte der Lkw-Fahrer keine Angaben machen, da er die Männer nicht kannte. Noch am selben Tag lud Burkert Eduard B.s Mutter vor, die jedoch aussagte, sie habe von der Unterhaltung an diesem Abend nichts mitbekommen, da sie sich zu dieser Zeit in einem anderen Zimmer aufgehalten habe. Dafür konnte sie Burkert die Namen der beiden anderen Soldaten nennen sowie Namen und Anschrift einer Frau, die ebenfalls zum fraglichen Zeitpunkt in der Wohnung gewesen war und möglicherweise die Unterhaltung mitgehört hatte. Burkert konnte diese Frau jedoch nicht erreichen; das Haus, in dem sie gewohnt hatte, war bei einem Bombenangriff zerstört worden, und anscheinend wusste niemand, wo sie sich jetzt aufhielt. Auch war es ihm nicht möglich, Eduard B. zu verhaften, da dessen Heimaturlaub beendet und er wieder zu seiner Einheit zurückgekehrt war.

Ludwig Jung, der Chef der Krefelder Gestapo, hielt dies für einen äußerst wichtigen Fall und verfolgte ihn bis zum Ende. Zwar musste Jung die Akte weiterleiten, da Eduard B. sich inzwischen wieder an der Front befand und der Fall jetzt in die Zuständigkeit des Militärgerichts fiel, doch tat er dies erst, nachdem er sorgfältig alle schriftlichen Unterlagen zu dem Fall durchgelesen und die Aussagen des Lkw-Fahrers abgezeichnet hatte. Im Verlauf der folgenden Monate erkundigte er sich mehrfach beim Militärgericht nach dem Stand des Verfahrens.

Die Militärgerichtsbarkeit nahm die Sache nicht auf die leichte Schulter, doch Jung war am Ende enttäuscht darüber, wie die Angelegenheit behandelt wurde. Aus den Unterlagen in den Akten geht hervor, dass der Fall nach einer anfänglichen Untersuchung durch den Standortältesten in Krefeld einem Feldgericht in Russland übergeben wurde.[86] Während der anfänglichen militärgerichtlichen Untersuchung wurden die beiden Soldaten, die bei den inkriminierten Äußerungen Eduard B.s zugegen waren, befragt, und es wurde ein erneuter Versuch unternommen, die 51-jährige Frau ausfindig zu machen, die ebenfalls in der Wohnung gewesen war. Die Suche blieb jedoch ergebnislos, und die beiden Soldaten hielten zu Eduard B. und bestritten, dass er etwas Verbotenes gesagt habe.

Sechs Monate nach der Denunziation bei der Krefelder Gestapo wurde der Fall im Februar 1944 abgeschlossen, als das Feldgericht in Russland die Anklage gegen Eduard B. in allen Punkten fallen ließ. In einem Brief mit Datum vom 13. Februar, der acht Tage später einging, informierte das Feldgericht die Krefelder Gestapo, dass es keine Anklage erhoben habe, weil seiner Ansicht nach die Beweise für eine Verurteilung nicht ausreichten und weil Eduard B. als redlicher Soldat bekannt sei, der »einen guten Eindruck« mache. Außerdem habe er seine Äußerungen nach Meinung des Gerichts nicht in der Öffentlichkeit gemacht, sondern lediglich in der Gesellschaft von »3 Bekannte[n] bei ihm zu Gast«. Diese Entscheidung gefiel Jung offenbar gar nicht, und er bemühte sich, eine Revision des Urteils zu erreichen. Drei Tage, nachdem er die Benachrichtigung erhalten hatte, informierte der ebenso hartnäckige wie unbarmherzige Jung das Feldgericht, er werde in sechs Wochen erneut nachfragen, ob Eduard B. inzwischen nicht doch zu einer Strafe verurteilt worden sei. Doch Jungs Bemühungen waren vergebens: Nach den Akten zu urteilen, blieb es bei der Entscheidung des Feldgerichts.

Angesichts der Tatsache, dass die Nationalsozialisten alles taten, um den Massenmord an den europäischen Juden möglichst geheim zu halten, war Eduard B.s Fall brisanter als die meisten übrigen in den Akten der Krefelder Gestapo und des Kölner Sondergerichts. Trotzdem finden sich in diesen Akten aus den Kriegsjahren immer wieder Beschuldigungen gegen gewöhnliche Deutsche, die sich kritisch über Hitler, andere NS-Größen, die Wirtschaft, die Chancen für einen Sieg oder eine Niederlage und die verschiedensten sonstigen Tabuthemen geäußert hatten. Jede solche Bemerkung konnte als Versuch aufgefasst werden, die Kriegsanstrengungen zu sabotieren. In Tab. 8.3 sind die häufigsten Kategorien verbotener Meinungsäußerungen deutscher Bürger zusammengestellt, die vom Kölner Sondergericht und der Krefelder Gestapo während der gesamten NS-Zeit als Verstöße gegen das Heimtückegesetz und nicht wegen Wehrkraftzersetzung verfolgt wurden.

Wie aus der Tabelle hervorgeht, war der Fall Eduard B. tatsächlich ungewöhnlich: nicht nur weil man ihm vorwarf, er habe über den Massenmord an den Juden geredet, sondern auch, weil er sich überhaupt kritisch über die Lage der Juden geäußert hatte. In den Akten des Kölner Sondergerichts und der Krefelder Gestapo ging es in den Vorkriegs- wie in den Kriegsjahren nur in ganz wenigen

Fällen um kritische Äußerungen über die Juden- oder die NS-Rassenpolitik, auch wenn es bislang ein Rätsel ist, warum. Es bedeutete nicht, dass solche Themen nicht regelmäßig von der deutschen Bevölkerung erörtert worden wären; im Gegenteil, die »Meldungen aus dem Reich« des SD machen deutlich, dass der Novemberpogrom und andere Ausschreitungen gegen die Juden von unzähligen gewöhnlichen Deutschen verurteilt wurden.[87] Außerdem lassen die Antworten auf unsere Umfrage bei älteren Kölner Bürgern vermuten, dass sehr viele gewöhnliche Deutsche an Freunde und Angehörige Informationen selbst über das heikelste Thema überhaupt weitergaben, den Massenmord an den Juden während des Krieges.[88] Man kann nur vermuten, dass die gewöhnlichen Deutschen sehr wohl wussten, dass dies in der Tat das brisanteste und gefährlichste Thema von allen war, so dass sie ganz besonders darauf achteten, nur in Gegenwart absolut zuverlässiger und verschwiegener Leute darüber zu sprechen.

Die Zahlen in der Tabelle lassen andererseits erkennen, dass die Deutschen weit weniger vorsichtig waren, wenn es um eine Vielzahl anderer Themen ging, zu denen sie sich in einer Weise äußerten, mit der sie sich ebenfalls in große Gefahr begaben. So gehörte beispielsweise Kritik an Adolf Hitler während der gesamten NS-Zeit zu den häufigsten Verstößen gegen das Heimtückegesetz. Wie wir aus bereits erörterten Fallbeispielen wissen, war der Führer oft die Zielscheibe wenig schmeichelhafter Witze und Schimpfkanonaden. Selbst während der Kriegsjahre, als sich das Risiko schwerer Strafen, bedingt durch den erweiterten Interpretationsspielraum beim Delikt der Wehrkraftzersetzung, deutlich erhöhte, wurden viele Bürger aus Krefeld, Köln und Umgebung vor die Gestapo oder das Sondergericht Köln zitiert, weil sie über Hitler gesagt hatten, er könne sie »am Arsch lecken«, er sei »ein Verbrecher«, »ein Idiot«, »ein Schmierlappen« oder ein Mann, der »Tobsuchtsanfälle bekäme, auf dem Boden liegen und in den Teppich beißen würde«, wenn er von militärischen Rückschlägen erfuhr.[89]

Auf abfällige Bemerkungen über den Führer folgten mit großem Abstand Bemerkungen über Goebbels und Göring. Zumeist standen allerdings die nationalsozialistische Bewegung und der Kriegsverlauf im Zentrum der Kritik. Häufig war diese sehr allgemeiner Natur, doch manchmal konnte sie auch ziemlich drastisch sein. In einem Fall aus dem Sommer 1940 wurden beispielsweise drei Krefelder Frauen mittleren Alters von einem ihrer Ehemänner beschul-

Tab. 8.3 Fälle von Vergehen gegen das Heimtückegesetz in den Akten des Sondergerichts Köln und der Krefelder Gestapo 1933–1945

Gegenstand der Äußerung	Kölner Sondergericht		Krefelder Gestapo	
	1933–1939	1940–1945	1933–1939	1940–1945
NSDAP	26	2	2	1
Hitler	56	7	14	9
Andere NS-Größen	24	2	11	6
NS allgemein	86	10	8	4
Lebensstandard	15	2	4	2
Krieg	6	15	6	18
Freiheit der Meinungsäußerung	12	4	1	2
Parteinahme für andere Länder	5	4	2	3
Eintreten für andere Parteien	24	2	3	–
Juden	10	2	2	2
Sonstiges	38	1	8	1
Gesamt	302	51	61	48

Zahlen auf der Basis von Zufallsstichproben aus 594 Akten des Sondergerichts Köln und 433 der Krefelder Gestapo.

digt, sie hätten sich über den Hitlergruß lustig gemacht. Seiner Aussage zufolge hatte eine der drei Frauen an einem warmen Sommertag im Freien ein Bein angehoben und einen Wind gelassen, worauf alle drei den rechten Arm gestreckt,»Heil Hitler« gerufen und erklärt hatten, dies»sei der neue deutsche Gruß«.[90]

So schmerzhaft es für die Beschuldigten gewesen sein muss, dass sie bei der Gestapo denunziert wurden und im Polizeipräsidium ein peinliches Verhör über sich ergehen lassen mussten, mehr ist ihnen anscheinend nicht passiert, und die Staatsanwaltschaft Düsseldorf stellte das Verfahren sehr bald wegen Mangels an Beweisen ein. In dieser Weise verliefen die meisten Ermittlungen wegen Verstößen gegen das Heimtückegesetz, selbst wenn es sich um verächtliche Äußerungen über Hitler, andere NSDAP-Größen, die Kriegsführung oder sonstige in Tab. 8.3 aufgeführte Themen handelte.[91] Es spricht sogar manches dafür, dass Verstöße gegen das Heimtückegesetz während der Kriegsjahre milder geahndet wurden. Wie Tab. 8.3 zeigt, kamen nach 1939 deutlich weniger Fälle mit dieser Anklage vor das Kölner Sondergericht als in den Jahren davor. Das gilt jedoch nicht für die Ermittlungen der Krefelder Gestapo, was den Schluss nahe legt, dass die NS-Justiz einfach beschlossen hatte, nach Beginn des Krieges nicht mehr alle Verstöße gegen das Heimtückegesetz zu verfolgen. In den dreißiger Jahren diente das Heimtückegesetz dazu, die politischen Gegner des Regimes auf der Linken auszuschalten, die Geistlichkeit mundtot zu machen und die Juden zum Auswandern zu zwingen. Zu Beginn des Krieges war jedoch die politische Opposition weitgehend zerschlagen, und der Juden entledigten sich die Nationalsozialisten jetzt auf andere Weise, durch Deportation in die Todeslager. Somit bestand für die NS-Justiz in den vierziger Jahren wesentlich weniger Grund, unnachsichtig gegen Personen vorzugehen, die trotz gelegentlicher abfälliger Äußerungen den Nationalsozialismus nicht grundsätzlich in Frage stellten. Hinzu kam, dass die Strafjustiz Gefahr lief, durch übermäßig harte Urteile wegen letztlich geringfügiger Verfehlungen die öffentliche Meinung gegen das Regime aufzubringen. Ein Hinweis darauf, dass dieser Gefahr Rechnung getragen wurde, ist der Umstand, dass nur ein Bruchteil der Fälle, die von der Gestapo an die Staatsanwaltschaft weitergeleitet wurden, zu einem Prozess führte und dass diese Prozesse zumeist mit milden Urteilen endeten. In einer Zufallsstichprobe von 249 Ermittlungsakten des Kölner Sondergerichts wegen Verstößen gegen das Heimtückegesetz wurden in den Vorkriegs- wie in den Kriegsjahren über vier Fünftel der Ermittlungen eingestellt, bevor es zu einem Prozess kam, und nur in jeweils 13 Prozent der Fälle kam es zu einer Verurteilung. Die wenigen Unglücklichen, die überhaupt verurteilt wurden, erhielten eine Haftstrafe zwischen sechs Monaten und einem Jahr.

Ein Fall vor dem Kölner Sondergericht, der drei Menschen das Leben hätte kosten können, aber glücklicherweise ein ganz anderes Ende nahm, mag diese erstaunliche Milde noch einmal illustrieren. Er begann wie so oft mit einer Denunziation durch einen rachsüchtigen und opportunistischen Nachbarn. Anfang September 1943 schrieb Gerhard V., ein streitsüchtiger, 73-jähriger Dachdeckermeister und langjähriges NSDAP-Mitglied aus Porz bei Köln, mit roter Tinte einen fatalen Brief, in dem er drei Nachbarn denunzierte. Die Anzeige übergab er einem NSDAP-Zellenleiter am Ort, der sie wiederum an die Porzer Polizei weiterleitete.[92] Die Vorwürfe, die er gegen seine Nachbarn vorbrachte, hätten für diese nicht verheerender sein können: Sie hätten Nachrichten ausländischer Sender weitergegeben, öffentlich Wehrkraftzersetzung betrieben, defätistische Gesinnungen verbreitet, für den Feind Partei ergriffen und zahlreiche abfällige Bemerkungen über die Parteiführung gemacht. Obendrein behauptete Gerhard V., diese Bemerkungen seien mehrmals in einem öffentlichen Gebäude vor zahlreichen Anwesenden zu einer Zeit gefallen, da die deutsche Ostfront nach der Niederlage bei Orjol eingebrochen war und Deutschlands Verbündeter Italien gerade kapituliert hatte.

Ein Leutnant der Porzer Polizei namens Vohwinckel führte die Vorermittlungen, die am 11. September mit der Vernehmung der ersten von schließlich insgesamt sechzehn Zeugen – fünfzehn Frauen und ein Mann – begannen. Sie wurden darüber befragt, was sie über den Charakter der Beschuldigten und des Denunzianten Gerhard V. aus eigener Kenntnis oder vom Hörensagen wussten. Die meisten Befragten waren Hausfrauen, die täglich in dem Lebensmittelgeschäft einkauften, das von zweien der Beschuldigten geführt wurde, einem Ehepaar mittleren Alters namens Margaretha und Clemens R., und in dem die dritte Beschuldigte, eine Hausfrau in mittleren Jahren namens Anni K., ebenfalls Kundin war. Vor ihrer Vernehmung informierte Vohwinckel die Zeugen über die inkriminierten Äußerungen, die angeblich in ihrer Anwesenheit gefallen waren. Der Denunziant hatte die meisten Bemerkungen Frau R. in den Mund gelegt; sie habe sie häufig im Laden für alle vernehmlich von sich gegeben und dabei laut gelacht: »Italien hat kapituliert. Was sagt ihr denn jetzt, habt ihr noch nicht gehört?«; »überhaupt, die Obersten von der Partei, da sitzen die Lumpen, bei der Warenverteilung sorgen die erst für sich und dann bleibt für die anderen nichts übrig«; »was in der Zeitung steht, ist doch alles gelogen, glaub doch nichts. Wenn die Russen hier herein kommen, die tun uns nichts«; »jetzt sieht mans ja, dass wir den Krieg verlieren, wir gehen immer weiter zurück. Ich kann überhaupt nicht verstehen, daß die feindlichen Flieger hier alles kaputt schmeißen und wir können nichts dagegen machen«; »wenn die Nazis zurückkommen und haben nichts gewonnen, dann kriegen sie alle die Hälse abgeschnitten«. Herr R. habe unter anderem gesagt:»Italien hat kapituliert, der Krieg ist jetzt bald zu Ende: Was brauchen wir überhaupt Krieg. Hier in Porz geht schon Verschiedenen der Arsch mit Grundeis«;»man kann nichts mehr glauben. Wir haben nichts mehr zu vergeben.«[93] Die Aussagen der Zeugen waren widersprüchlich. Einige gaben an, keine dieser Äußerungen gehört zu haben, andere dagegen bestätigten sie. Nur eine Frau, eine 31-jährige Witwe und Nachbarin des Denunzianten Gerhard V. und des beschuldigten Ehepaars Margaretha und Clemens R., setzte sich aktiv für die Beschuldigten ein und gab an, Gerhard V. habe gedroht, sie ebenfalls anzuzeigen, und er habe mit vielen Leuten Streit; ihrer Meinung nach war er »ein alter Schweinehund«.

Als die Polizei den Zeitpunkt für gekommen hielt, die Beschuldigten selbst zu vernehmen, lud sie sie für den 15. September offiziell ins Polizeipräsidium vor. Überraschenderweise sah die Polizei zumindest vorläufig keine Notwendigkeit, einen oder gar alle Beschuldigten sofort zu verhaften. Während ihrer Vernehmung bestritten alle drei die Vorwürfe von Gerhard V. Außerdem sagten Margaretha und Clemens R. aus, Gerhard V. habe sich an ihnen rächen wollen, weil er mit der Schwägerin von Frau R. im Streit lag und diese ihn bei Gericht verklagt hatte. Leutnant Vohwinckel ließ sich jedoch nicht überzeugen. Am 17. September nahm er Frau R. vorläufig fest und schickte sie ins Gefängnis in Köln-Deutz. Außerdem verfasste er einen Abschlussbericht über seine Ermittlungen, in dem er seine Überzeugung von der unstreitigen Schuld der drei Beschuldigten darlegte, und leitete den Fall an die Kölner Gestapo weiter. In seinem Bericht wies er darauf hin, fast alle Kunden des beschuldigten Ehepaars hätten nach bestem Wissen und Gewissen ausgesagt, dass vor allem Frau R. »endlich der Mund gestopft werden« müsse. Außerdem könne Frau R. von der Kapitulation Italiens nur durch die Nachrichtensendung der BBC Kenntnis gehabt haben, da die NS-Regierung diese Tatsache der deutschen Bevölkerung erst später mitgeteilt hatte. Er schloss den Bericht mit der nachdrücklichen Empfehlung, vor allem gegen Frau R. hart durchzugreifen, da ihre Äußerungen einen gezielten Versuch darstellten, »unsere [Wehr]kraft bedenklich [zu] schwächen«.

Margaretha R. musste drei Monate im Gefängnis einsitzen. Während dieser Zeit verfuhr die Kölner Gestapo nach Recht und Gesetz. Zunächst legte sie den Fall dem Amtsgericht vor, das nach einer kurzen Anhörung am 25. September entschied, gegen die Beschuldigten solle wegen Verstoßes gegen das Heimtückegesetz vom 12. Dezember 1934 verhandelt werden. Daraufhin bestellten die Angeklagten einen Anwalt, der am 29. September in ihrem Auftrag bei der Kölner Staatsanwaltschaft ein Gesuch einreichte, Frau R. bis zu ihrem Prozess auf freien Fuß zu setzen, da bei ihr keine Fluchtgefahr bestehe: Ihr Mann sei schwer krank, und sie müsse ihn und ihre drei Kinder versorgen. Außerdem erinnerte er daran, dass Gerhard V. die Beschuldigten aus Rachsucht denunziert habe.

Dem Ersuchen wurde nicht stattgegeben. Der Staatsanwalt leitete den Fall vielmehr an den Volksgerichtshof in Berlin weiter, der darüber befinden sollte, ob es sich hier nicht doch um einen Fall von Wehrkraftzersetzung handelte. Der Volksgerichtshof war tatsächlich dieser Meinung, verwies den Fall jedoch am 18. Oktober zur Verhandlung an das Oberlandesgericht Hamm. Dieses Gericht gab nach kurzer Beschäftigung mit den Ermittlungsprotokollen zu verstehen, dass die Motive des Denunzianten zu wenig berücksichtigt worden seien, und äußerte sein Befremden darüber, dass dieser einen ganzen Monat gewartet hatte, bevor er bei der Porzer NSDAP-Leitung Anzeige erstattete. Sechs Wochen später, am 25. November, beschloss das OLG Hamm nach einer genaueren Prüfung, die Anklage wegen Wehrkraftzersetzung fallen zu lassen, und verwies den Fall zur Verhandlung wegen Verstoßes gegen das Heimtückegesetz an das Kölner Sondergericht zurück.

Während dieser juristische Klärungsprozess im Gange war, schrieb ein NSDAP-Kreisleiter namens Aldinger an die Kölner Gestapo und verlangte, Margaretha und Clemens R. den Laden wegzunehmen und einem anderen Lebensmittelhändler zu übereignen, dessen Laden kurz zuvor bei einem Bombenangriff zerstört worden war. Auch der Bürgermeister von Porz schrieb am 24. November der Gestapo einen belastenden Brief, in dem er seine eigenen Erkenntnisse über das soziale Umfeld der Beschuldigten darlegte. Demnach war Frau R. eine »fanatische Katholikin« und Herr R. ein »Staatsfeind«, ein »Säufer und Unruhestifter«, und beide müssten unnachsichtig bestraft werden.

Diese Gesuche waren bedeutsam, dennoch zeigte sich die Kölner Gestapo von ihnen weniger beeindruckt als von der Entscheidung des OLG Hamm, die Sache müsse wegen eines weniger gravierenden Delikts neu verhandelt werden. Zwei Wochen später wurde Frau R. aus dem Gefängnis entlassen. Da die Kölner Gestapobeamten Trierweiler und Kirschbaum zudem sichergehen wollten, dass auch wirklich alle tatrelevanten Umstände ans Licht kamen, mussten am 7. Januar 1944 zwölf weitere Zeugen ihre Aussagen machen. Von diesen erfuhr die Kölner Gestapo nunmehr, der Denunziant Gerhard V. sei ein gewalttätiger und streitsüchtiger Alkoholiker, der mit allen seinen Nachbarn in Streit lebe, und die Frau, die ihn am meisten unterstütze, Frau H., sei eine ebenso boshafte Person, die ihrerseits häufig gedroht habe, ihre Nachbarn bei der Polizei anzuzeigen.

Diese neuen Aussagen hatten besonderes Gewicht, weil sie zu einem Großteil von der Ehefrau eines »Alten Kämpfers« kamen. Zwei Monate später, am 24. März, beschloss die Kölner Staatsanwaltschaft, den Fall zu beenden, indem sie alle Vorwürfe gegen die Angeklagten fallen ließ, auch wenn sie mit dieser Entscheidung zweifellos die Porzer NSDAP verärgerte und die Empfehlungen der Polizei und des Bürgermeisters des Städtchens ignorierte. Zwar musste Frau R. wegen der ganzen Angelegenheit drei Monate in Untersuchungshaft verbringen, hätte zusammen mit ihrem Ehemann fast ihren Laden verloren, und sie sowie Frau K. samt ihren Angehörigen mussten eine lange Leidenszeit durchmachen. Doch ihr Fall bewies auch, dass die NS-Justiz durchaus in der Lage war, sich an Recht und Gesetz zu halten. Zumindest zeigt er, dass manche Verantwortlichen ein Herz hatten, wenn sie nur wollten. In erster Linie ist er jedoch ein weiterer Beweis dafür, dass der nationalsozialistische Terror, dem gewöhnliche Deutsche wie Margaretha und Clemens R. und Anni K. ausgesetzt waren, etwas völlig anderes war als der Terror gegen »Staatsfeinde«. Hätten diese Menschen früher der KPD angehört oder wären sie vorbestraft gewesen, dann hätte die Denunziation ihres Nachbarn sie das Leben kosten können.

Am Ende: Die Herrschaft des Wahnsinns

Hinter der Fassade der Ordnung und der Einhaltung rechtsstaatlicher Normen, der wir in vielen der in diesem Kapitel erörterten Fälle begegnet sind, verbarg sich eine dunkle Seite willkürlicher und sadistischer Brutalität. Viele KPD-Mitglieder, Juden, Zeugen Jehovas, »Gewohnheitsverbrecher« und andere »Staatsfeinde« machten während der NS-Zeit damit Bekanntschaft, für gewöhnliche Deutsche galt das bis kurz vor Kriegsende nur relativ selten.

Doch in den letzten Monaten des Krieges, als die NS-Gesellschaft in einem Abgrund aus Chaos und Schrecken, aus Wahnsinn und Morden versank, ließ die Gestapo alle Hemmungen fallen. Als die alliierten Armeen die deutschen Grenzen überquerten, die Städte in Schutt und Asche lagen, der Führer zwischen jämmerlicher Verzagtheit und irrsinniger Raserei hin und her schwankte und das Blut von Millionen Juden, Polen, Ukrainern, Russen und anderen an deutschen Händen klebte, geriet NS-Deutschland völlig aus den Fugen, und am Ende wurde der Terror nahezu wahllos ausgeübt.[94] Tausende von deutschen Bürgern wurden in dem Wahnsinn, der die letzten Kriegsmonate prägte, durch Gerichtsurteile im Zusammenhang mit dem 20. Juli 1944 zum Tode verurteilt oder kamen bei Todesmärschen, in Konzentrationslagern, Gestapozentralen und selbst in normalen Gefängnissen und Zuchthäusern um. Es lässt sich unmöglich genau bestimmen, wie viele in diesen Monaten ihr Leben verloren, doch ein Blick in das Innere des Kölner Klingelpütz in den letzten Kriegsmonaten, bevor die Stadt im März 1945 von den Amerikanern eingenommen wurde, vermittelt einen Eindruck von der Barbarei, die überall in Deutschland herrschte, und vom Schicksal tausender, die der Gestapo in den letzten Kriegsmonaten und -wochen in die Hände fielen.[95] Mord und Grausamkeit waren im Kölner Klingelpütz nichts Neues. Bis 1944 hatten hier während der NS-Zeit über 100 000 Personen eine mehr oder weniger lange Haftzeit verbüßt, und etwa 1000 bis 1500 Personen waren in seinen Mauern mit der Guillotine hingerichtet worden.[96] Bis zu den letzten Kriegsmonaten waren diesen Hinrichtungen jedoch zumeist ordentliche Prozesse vor den Sondergerichten im Rheinland, dem Volksgerichtshof in Berlin, dem Reichsgericht in Leipzig oder einem Kriegsgericht vorausgegangen.[97] Das Gefängnis war seit langem überbelegt, und die Verhältnisse waren für die Häftlinge entsprechend schwierig. Dennoch geht aus den nach dem Krieg veröffentlichten Erinnerungen vieler Häftlinge hervor, dass sie im Gefängnis selbst, wenn auch nicht in den Räumlichkeiten der Kripo oder der Gestapo, im Allgemeinen mehr oder weniger anständig behandelt wurden und dass bis kurz vor Kriegsende die räumlichen Verhältnisse zwar beengt, aber erträglich waren. Im Verlauf eines Interviews hat der Kölner Jude Helmut Goldschmidt, damals ein junger »Mischling 1. Grades«, sich daran erinnert, wie er drei Monate lang eine Zelle im Klingelpütz für sich allein hatte, bevor er im März 1943 nach

Auschwitz deportiert wurde. Diese Zeit hob sich vorteilhaft von den acht Tagen ab, die er im Keller der Gestapo Köln, im berüchtigten EL-DE-Haus in der Elisenstraße, verbrachte. »Ich glaube, ich war der einzige Deutsche dort«, erzählte er, »alle anderen waren Zwangsarbeiter, Russen und Angehörige anderer Nationen. Die Räume waren ganz vollgestopft mit Menschen. Man konnte sich nicht einmal richtig hinlegen, so voll war es in diesen schmalen Zellen, und in der Nacht mußte man sehen, daß man irgendwie halb aufrecht, bloß mit dem Mantel zugedeckt, schlafen konnte.«[98]

Im Herbst 1944 verschlechterten sich die Verhältnisse im Klingelpütz dramatisch, als die Gestapo beschloss, einen Flügel im Keller des Gefängnisses zu übernehmen, weil die zehn Zellen ihres eigenen »Hausgefängnisses« hoffnungslos überfüllt waren. Bevor die Amerikaner Köln im folgenden März befreiten, wurde dieser »Gestapoflügel« zum Schauplatz namenloser Schrecken, zu denen Sexorgien zwischen betrunkenen Aufseherinnen und Aufsehern gehörten, amoklaufende Gestapobeamte, das Verprügeln und Auspeitschen nackter männlicher und weiblicher Gefangener, während diese zwischen sechs bis acht Gestapobeamten und anderen Aufsehern und Gefängniswärtern Spießruten laufen mussten, und der gewaltsame Tod von hunderten Gefangenen, die zu Tode geprügelt, vergast, vergiftet, erschossen und erhängt wurden oder an den Folgen von medizinischen Versuchen starben, die an ihnen durchgeführt wurden.

Die Belege hierfür sind in erster Linie Aussagen zahlreicher Augenzeugen, die in den letzten Kriegsmonaten im Kölner Klingelpütz inhaftiert waren und nach dem Krieg in Prozessen wegen Verbrechen gegen die Menschlichkeit vor der Staatsanwaltschaft Köln als Zeugen ausgesagt haben.[99] Diese ermittelte mehr als zwanzig Jahre, bevor die Anklage in allen Punkten fallen gelassen und die Verfahren am 19. April 1968 endgültig eingestellt wurden. Aus nicht ganz geklärten Gründen benötigte die Staatsanwaltschaft zwei Jahrzehnte, um den Aufenthaltsort der beiden Hauptverdächtigen, der Gestapobeamten Winand Weitz und Josef Dahmen, und von zwei weiblichen Häftlingen, Anna P. und Hubertine S., ausfindig zu machen. Doch in der Zwischenzeit waren die beiden mutmaßlichen Hauptschuldigen, Josef Dahmen und Anna P., verstorben, und die Verbrechen, die den übrigen Angeklagten zur Last gelegt wurden, waren verjährt.[100] Dessen ungeachtet sind die Aussagen der angehörten Augenzeugen ebenso glaubhaft wie erschütternd.

Zu den wichtigsten Zeugen zählten Adam P., ein Polizeiwachtmeister, der seit Jahren im Klingelpütz als Aufseher und Sanitäter gearbeitet hatte, und Otto P., ein Arzt, der nach seiner Verhaftung im September 1944 wegen Vergehens gegen das Heimtückegesetz gezwungen wurde, in den letzten Kriegsmonaten kranke Gefängnisinsassen zu behandeln. Diese beiden Männer stimmten in ihren Aussagen überein, dass die Verhältnisse im »Gestapoflügel« des Klingelpütz bis Weihnachten 1944 erträglich gewesen seien. Es traf zwar zu, dass viele der 600 bis 800 Häftlinge von Läusen befallen und mit Typhus infiziert waren, dass die Räumlichkeiten so beengt waren, dass die Häftlinge ihre Zellen mit bis zu dreizehn weiteren Insassen teilen mussten und kaum genügend Platz hatten, um sich hinzusetzen oder hinzulegen, und dass bei Wintereinbruch alle unter der Kälte litten, da auch die letzten Scheiben der Zellenfenster seit langem durch die Druckwellen explodierender Bomben zerborsten waren. Dennoch waren dies fast luxuriöse Unterkünfte im Vergleich zum Kellertrakt der Gestapo im EL-DE-Haus, wo Otto P. zusammen mit dreißig anderen Häftlingen in einer winzigen und kaum belüfteten Zelle eingepfercht war, bevor er in den Klingelpütz verlegt wurde. Die Einrichtungen im EL-DE-Haus mussten im Februar 1945 wegen einer Typhusepidemie unter Quarantäne gestellt und vollständig geräumt werden.

In den ersten Monaten, nachdem im Herbst 1944 im Klingelpütz der »Gestapoflügel« eingerichtet worden war, hatte dort ein SS-Sturmführer namens van Knappen das Kommando, der die Häftlinge anscheinend ordentlich behandelte und »sich im allgemeinen anständig aufführte«. Doch als er im Januar 1945 durch den SS-Untersturmführer und Kriminalsekretär Winand Weitz von der Gestapo abgelöst wurde, begann »ein anderer Wind zu wehen«, wie Otto P. erläuterte.[101] Unter seiner Aufsicht und der seines Untergebenen, SS-Unterscharführer Josef Dahmen, sowie ihrer Helferinnen unter den weiblichen Häftlingen, Anna P. und Hubertine S., wurde der »Gestapoflügel« sehr bald zu einer Schreckenskammer.

In einem Brief vom 13. Oktober 1947 an die Kölner Staatsanwaltschaft erklärte Adam P., dass Dahmen »bei allen diesen schweren Mißhandlungen und Mordtaten die treibende Kraft war«; von Weitz könne er dagegen persönlich keine Mordhandlungen bezeugen. Andere ehemalige Häftlinge sagten allerdings aus, Weitz sei ebenfalls verantwortlich für die schweren Misshandlungen zahlreicher Gefangener gewesen und habe mehrere Insassen entweder selbst ermordet oder den Befehl dazu erteilt. Wie der Arzt Otto P. am 9. September 1948 aussagte, wurden die Häftlinge »dauernd geschlagen und mißhandelt«, und die Wärter nahmen ihnen »Lebensmittelkarten, Raucherkarten u.s.w.« weg. Außerdem hatte er von mehreren Gefangenen gehört, dass bei einer Gelegenheit, als ein Gefangener sich zu Boden geworfen und um Gnade gefleht habe, der gereizte Weitz – der nach Aussage von Otto P. nach der Ausbreitung der Typhusepidemie »tobsüchtig« geworden war und nach Angaben eines anderen Häftlings »wie ein Wahnsinniger durch die Anstalt [lief] und planlos mit einer Maschinenpistole durch die Gegend [schoß]« – einfach einen Revolver gezogen und den Mann aus kürzester Distanz erschossen hatte.

Die Befragung der Zeugen ergab, dass Weitz ebenso brutal wie krank war, doch sein Sadismus wurde anscheinend noch übertroffen von dem seines Untergebenen Dahmen und Dahmens Geliebter Anna P., die von einigen als »Scheusal« und von anderen als »brutales Mannweib« geschildert wurde. In seinem Brief an die Staatsanwaltschaft erklärte Adam P., er habe persönlich gesehen, wie Dahmen eine Polin oder Ukrainerin in den Kopf geschossen habe, als diese sich vor Schwäche nicht mehr auf den Beinen halten konnte und ihn um Hilfe bat, während sie ihre Arme um seine Beine schlang. Wie er des Weiteren berichtete, habe Dahmen sich nach einem schweren Bombenangriff am 14. Januar 1945 ihm gegenüber gebrüstet, er hätte persönlich befohlen, mehrere Gefangene umzubringen, die Adam P. in einer der Zellen mit zertrümmertem Schädel vorgefunden hatte. Dahmen hatte Adam P. stolz erklärt, er habe die Häftlinge töten lassen, weil sie körperlich zu schwach gewesen seien, um mit 300 weiteren Häftlingen, die ins Konzentrationslager Buchenwald überstellt wurden, zum Bahnhof zu marschieren. Am Abfahrtstag habe es keine Möglichkeit gegeben, sie zum Bahnhof zu transportieren, daher habe er beschlossen, es sei für ihn am einfachsten, ihnen im Klingelpütz die Schädel einschlagen zu lassen.

Schließlich sagte Adam P. aus: »Anna P. hat sich schwerster Mißhandlungen an ihren Mitgefangenen schuldig gemacht.«[104] So hatte sie seiner Aussage zufolge an einem kalten Tag im Januar 1945 die weiblichen Gefangenen gezwungen, sich auszuziehen und nackt mit dem Rücken auf den Boden zu legen; dann sei sie über sie hinweggeschritten und habe mit einem Gummiknüppel auf ihre Brüste eingeschlagen, bis viele der Unglücklichen blutüberströmt dalagen.

Solche brutalen Misshandlungen gehörten in den letzten Kriegsmonaten im »Gestapoflügel« des Klingelpütz zum Alltag, aber damit ist noch nichts über die Morde gesagt, die von der Kölner Gestapo in den letzten Monaten, Wochen und Tagen des NS-Regimes begangen wurden. Wie der ehemalige Gestapobeamte Kurt Mayer am 20. November 1967 vor Gericht aussagte, erhängte die Kölner Gestapo zwischen Oktober 1944 und März 1945 etwa 300 bis 400 Häftlinge an dem fünf Meter langen Galgen, den sie im Innenhof des EL-DE-Hauses errichtet hatte.[105] Mehrere andere Zeugen bestätigten diese Aussage und schilderten eine Prozedur, die mehrmals in der Woche wiederholt wurde. Wenn die Häftlinge zum Appell angetreten waren, brüllten die Wärter die Namen von 30 bis 35 Häftlingen, die für eine »Sonderbehandlung« ausgesucht worden waren. Viele waren ausländische Zwangsarbeiter, die man beschuldigt hatte, mit deutschen Frauen sexuell verkehrt zu haben, doch es befanden sich auch gewöhnliche deutsche Männer und Frauen darunter, denen die Gestapo vorwarf, sie hätten politische und Wirtschaftsverbrechen begangen. So sagte die frühere Insassin des »Gestapoflügels« Hubertine S., die eine Zeit lang in dem Gefängnis die Funktion einer Wärterin ausgeübt und vermutlich ebenso wie Anna P. ein intimes Verhältnis mit einem der Gestapobeamten gehabt hatte, am 29. Mai 1967 vor Gericht aus, damals habe es geheißen, dass »offiziell diese Häftlinge auf Transport gehen würden. Unter den Gefangenen, die davon nicht betroffen waren, herrschte einmütige Klarheit, daß die Delinquenten ihren letzten Gang antraten.«[106] Diese Darstellung stimmte völlig mit dem überein, was Otto P. und Adam P. zwanzig Jahre zuvor bezeugt hatten. Otto P. hatte damals wörtlich gesagt, dass »Hunderte Gefangene aus dem Klingelpütz zum Gestapohaus geschafft wurden, wo sie spurlos verschwanden«.[107] Und in der Aussage von Adam P. hieß es:

»Etwa ab Weihnachten 1944 [wurden] täglich Häftlinge abgeholt, die nicht wiederkamen. Es waren jeweils 10 Mann. Bei der letzten Hinrichtung Anfang März 1945 sind 105 abgeholt worden. Für mich ist klar, daß die Betroffenen exekutiert worden sind. Nach Kriegsende bin ich zusammen mit amerik[anischen] Offizieren zum EL-DE-Haus gegangen und habe dort bemerkt, daß eine große Anzahl von Leichen auf dem Innenhof lag. Die Art der Hinrichtung konnte an den Toten nicht festgestellt werden. Ich habe keine Einschußstellen gesehen.«[108]

Kapitel 9

Ein zusammenfassender Überblick: Beschuldigte, Denunzianten und der nationalsozialistische Terror

Ungeachtet des Wahnsinns, der in den letzten Monaten des Krieges im Kölner Klingelpütz, in der Kölner Gestapozentrale und anderswo in Deutschland herrschte, war die große Mehrheit der deutschen Bevölkerung während des Dritten Reiches nicht persönlich vom nationalsozialistischen Terror betroffen. Die Gestapo und die NSDAP-Führung wussten sehr wohl, dass Millionen gewöhnlicher Bürger in ihrem Alltagsleben ständig gegen das Gesetz verstießen, indem sie ausländische Sender hörten, sich politische Witze erzählten und in Gesellschaft von Verwandten, Freunden und Nachbarn über das NS-Regime und die Parteiführung abfällige Bemerkungen machten. Auch hatten sie erkannt, dass solche kleineren Akte der Widersetzlichkeit, die weitgehend in privatem Kreis von ansonsten staatstreuen Bürgern begangen wurden, einen überwiegend harmlosen Charakter trugen und das Regime nur selten ernsthaft gefährden konnten. Außerdem waren sie sich darüber im Klaren, dass ein hartes Vorgehen gegen solche Akte für das Regime gefährlicher war als eine nachsichtige Reaktion, denn Rigidität hätte sich nicht nur negativ auf die öffentliche Meinung ausgewirkt, sondern auch den Einsatz großer finanzieller und personeller Ressourcen erfordert, die an anderer Stelle dringender benötigt wurden.

Doch obwohl das NS-Regime seinen Bürgern einen beträchtlichen Spielraum ließ, damit sie ihrem Unmut und ihrer Enttäuschung über seine Führer und seine Politik Luft machen konnten, änderte dies nichts an der Tatsache, dass Deutschland unter dem Nationalsozialismus ein Polizeistaat war. Und es ist auch kein Zeichen dafür, dass die Gestapo lediglich eine »reaktive« Behörde gewesen wäre, wie Gestapobeamte nach dem Krieg in Prozessen wegen Verbrechen gegen die Menschlichkeit glauben machen wollten oder wie manche Historiker, die in bester Absicht die große Bedeutung privater Denunziationen für den Naziterror hervorheben, heute nahe legen.[1] Das Deutschland während der NS-Zeit war selbstverständlich ein Polizeistaat, und die Gestapo begnügte sich keineswegs damit, auf die Anzeigen beflissener und rachsüchtiger Denunzianten aus der Zivilbevölkerung zu reagieren. Natürlich gab es diese Denunziationen in großer Zahl, und aus ihnen bezog die Gestapo auch wichtige Informationen, doch ihre Bedeutung darf nicht überschätzt werden: Sie waren nur eine von mehreren Informationsquellen, aus denen die Gestapo schöpfte, und eine Rolle spielten sie vorwiegend bei unbedeutenderen Delikten gewöhnlicher Deutscher, die der Gestapo wenig Grund zur Besorgnis gaben. Zwar gab es einige wichtige Ausnahmen, vor allem im Hinblick auf die Verfolgung und Vernichtung der jüdischen Bevölkerung. Dennoch waren, was die Gruppen und Einzelpersonen anging, die für das NS-Regime eine echte Bedrohung darstellten, Denunziationen bestenfalls von untergeordneter Wichtigkeit. In diesen Fällen wurde die Gestapo regelmäßig von sich aus tätig und erhielt den größten Teil der für sie relevanten Informationen aus erzwungenen Geständnissen, Berichten von eigens eingesetzten Informanten und Spitzeln, Hausdurchsuchungen, Razzien, Informationen von Funktionsträgern der NSDAP, SA- und SS-Leuten sowie Hilfspolizisten, aus schon früher angelegten polizeilichen Registern über politische Oppositionelle und bekannte Verbrecher sowie aus anderen offiziellen Quellen.

Selbst der brutalste Polizeistaat muss sich auf das Einverständnis und die Mitwirkung gewöhnlicher Bürger verlassen, sobald es darum geht, seine Feinde zu vernichten und seine Ziele zu verwirklichen. Durch freiwillige Denunziationen und auf andere Weise trugen zahlreiche gewöhnliche Deutsche in der Tat dazu bei, den nationalsozialistischen Polizeistaat am Leben zu erhalten. Umgekehrt aber setzte die Gestapo, von ganz wenigen Ausnahmen abgesehen, ihren Terror keinesfalls unterschiedslos gegen die gesamte deutsche Bevölkerung ein. Sie konzentrierte ihre begrenzten, aber ausreichenden Ressourcen bewusst auf die Verfolgung ausgewählter Zielgruppen wie Juden, Kommunisten und Zeugen Jehovas und richtete ihre Aufmerksamkeit zu bestimmten Zeiten auch auf Sozialdemokraten, Homosexuelle, Geistliche, »Gewohnheitsverbrecher« und andere Gruppen der Bevölkerung. Für die unglücklichen Minderheiten, die von der Gestapo unbarmherzig verfolgt wurden, stand es außer Frage, dass sie die Opfer eines Polizeistaats waren. Doch die große Mehrheit der Bevölkerung machte mit dem

NS-Staat eine andere Erfahrung. Die gewöhnlichen Deutschen kontrollierten sich zu einem Großteil selbst.

Bevor ich auf das mörderischste Projekt des nationalsozialistischen Terrorapparates zu sprechen komme, den Massenmord an den europäischen Juden, möchte ich auf einige statistische Zahlen eingehen, die ich aus einer systematischen Analyse der über 1000 zufällig ausgewählten Akten der Krefelder Gestapo und des Kölner Sondergerichts, welche die Grundlage der vorliegenden Untersuchung bilden, zusammengestellt habe. Dieses Material stützt die Behauptung von der selektiven Natur des nationalsozialistischen Terrors; es sagt etwas darüber aus, gegen wen sich dieser Terror typischerweise richtete, und lässt Schlussfolgerungen hinsichtlich der Bedeutung von Denunziationen aus der breiten Bevölkerung für die Praxis des Terrors zu.

Beschuldigte

Die Tabellen 9.1 und 9.2 bieten einen Überblick, in welcher Weise die Krefelder Gestapo und das Kölner Sondergericht in den Vorkriegs- und den Kriegsjahren Gesetzesverstöße geahndet haben. Die Zahlen in Tab. 9.1 stützen die Feststellung, dass die Gestapo bei Gesetzesverstößen gewöhnliche Deutsche grundsätzlich anders behandelte als die Angehörigen bestimmter Gruppen, die von ihr gezielt verfolgt wurden. Bevor wir uns jedoch die Zahlen in dieser Tabelle näher ansehen, ist daran zu erinnern, dass für Angehörige der von der Gestapo gezielt verfolgten Gruppen die Wahrscheinlichkeit, in deren Visier zu geraten, von vornherein um ein Mehrfaches höher war als für gewöhnliche Deutsche. Obwohl beispielsweise kommunistische und sozialdemokratische Aktivisten und Mitglieder der Zeugen Jehovas in den dreißiger Jahren nur einen winzigen Bruchteil der Einwohner Krefelds ausmachten, war ihr Anteil an den Ermittlungen der Krefelder Gestapo bis 1939 fast ebenso groß wie der aller übrigen nichtjüdischen Krefelder zusammengenommen (104 gegenüber 137 in einer Zufallsstichprobe aus jeder achten Gestapoakte).

Wie aus Tab. 9.1 hervorgeht, vermitteln die ausgeprägten Unterschiede in der Häufigkeit von Beschuldigungen und Anklagen gegen diese verschiedenen Gruppen nur einen ersten Eindruck von der unterschiedlichen Behandlung, die sie von der Gestapo erfuhren. In den Vorkriegs- wie in den Kriegsjahren leitete die Gestapo lediglich etwa ein Drittel der Fälle, in denen sie ermittelte, an die Staatsanwaltschaft weiter und entschied in der Mehrzahl der Fälle selbst über die Art der Sanktionen. Wenn die Gestapo einen Fall an die Gerichte weiterleitete, war das für den Beschuldigten häufig ein Geschenk des Himmels; aus Tab. 9.2 geht hervor, dass die Staatsanwälte, die mit den Sondergerichten zusammenarbeiteten, in der Mehrzahl die Ermittlungen einstellten, ohne den Fall vor Gericht zu bringen. Die Einstellung der Ermittlungen bedeutete in der Regel, dass alle Anklagen fallen gelassen wurden und die Beschuldigten in ihr normales Leben zurückkehren konnten. Zwar trifft es zu, dass der Anteil der Verurteilungen durch das Sondergericht in den Kriegsjahren anstieg (beim Kölner Sondergericht von 11 Prozent in den dreißiger auf 27 Prozent in den vierziger Jahren), doch selbst während des Krieges endeten rund zwei Drittel der Fälle, die vor Gericht kamen, mit einer Aufhebung der Anklage oder einem Freispruch.

Aus den zahlreichen Beispielen einzelner Fälle in den vorangegangenen Kapiteln wissen wir, dass die von den Sondergerichten verhängten Urteile von kleinen Geldbußen über kurze Haftstrafen bis hin zu langen Haftstrafen und sogar Todesurteilen reichen konnten. Wir wissen außerdem, dass für gewöhnliche Deutsche die Chance, ein mildes Urteil zu erhalten, wesentlich höher lag als für Angehörige der von der Gestapo gezielt verfolgten Gruppen, die nach Verbüßung ihrer gerichtlichen Strafe oft von der Gestapo erneut festgenommen und in ein Konzentrationslager geschickt wurden. Ein solches Schicksal blieb gewöhnlichen Deutschen fast durchweg erspart. Aus Tab. 9.1 geht hervor, dass die Krefelder Gestapo gewöhnliche Deutsche relativ selten in »Schutzhaft« nahm – was manchmal, aber nicht immer, den ersten Schritt zu einer Überstellung in ein Konzentrationslager bedeutete – und sie in den meisten Fällen weder in den Vorkriegs- noch in den Kriegsjahren direkt in ein Konzentrationslager schickte. Das steht in auffälligem Gegensatz zur Behandlung der Angehörigen jener Gruppen, die von der Gestapo gezielt verfolgt wurden. Während in den dreißiger Jahren 41 Prozent der Fälle in unserer Stichprobe, in denen Juden, 39 Prozent, in denen KPD- oder SPD-Funktionäre, und 100 Prozent der Fälle, in denen die Mitglieder religiöser Gemeinschaften betroffen waren, mit derart drakonischen Strafen endeten, zogen lediglich zehn Prozent der Verfahren gegen gewöhnliche Deutsche

Tab. 9.1 Ergebnis der von der Krefelder Gestapo eingeleiteten Ermittlungen gegen Angehörige einzelner Gruppen (in Prozent)*

1933–1939	Juden	KPD/SDP	»Sekten«	»Fremdarbeiter«	Sonstige
Gerichtsurteil	16	33	–	–	31
KZ	24	6	–	–	1
Schutzhaft	17	33	100	–	9
Verwarnung	13	5	–	–	18
Einstellung des Verfahrens	21	14	–	–	30
Sonstiges	3	–	–	–	3
Unbekannt	5	9	–	–	9
Zahl der Fälle (absolut)	66	79	25	–	137

1940–1945	Juden	KPD/SDP	»Sekten«	»Fremdarbeiter«	Sonstige
Gerichtsurteil	12	45	–	–	36
KZ	33	–	–	–	–
Schutzhaft	8	9	–	50	12
Verwarnung	22	–	–	38	26
Einstellung des Verfahrens	15	45	–	12	22
Sonstiges	–	–	–	–	3
Unbekannt	10	–	–	–	1
Zahl der Fälle (absolut)	40	11	0	8	74

* Die Zahlen der Fälle gegen Juden ergeben sich aus der Gesamtheit aller Ermittlungen der Krefelder Gestapo gegen Juden wegen Gesetzesverstößen. Alle anderen Zahlen beruhen auf einer Zufallsstichprobe aus jeder achten Akte der Krefelder Gestapo. Die Prozentzahlen sind gerundet.

(»Sonstige«) eine solche Strafe nach sich. Die meisten von ihnen waren so genannte Gewohnheitsverbrecher, Homosexuelle oder einzelne Geistliche wie der junge, homosexuelle Pater Suitbert G. aus Krefeld oder der mutige Regimegegner Pater Josef Spieker aus Köln.

In den Kriegsjahren blieben diese Anteile mehr oder weniger unverändert. Auch jetzt ordnete die Gestapo bei gewöhnlichen

Tab. 9.2 Ergebnis der Prozesse des Kölner Sondergerichts gegen
nichtjüdische Angeklagte 1933–1945 (in Prozent)*

Ergebnis	1933–1939	1940–1945
Verurteilung	11	27
Freispruch	2	3
Einstellung des Verfahrens	87	66
Unbekannt	1	2
Übergabe des Falls an den Volksgerichtshof	–	3
Zahl der Fälle (absolut)	388	155

* Die Zahlen beruhen auf einer Zufallsstichprobe von 543 Verfahren vor dem
Kölner Sondergericht gegen nichtjüdische Angeklagte. Die Prozentzahlen sind
gerundet.

Deutschen nur in Ausnahmefällen »Schutzhaft« oder Haft in einem
Konzentrationslager an; in der Mehrzahl wurden bei dieser
Gruppe die Ermittlungen oder Gerichtsverfahren durch die Gestapo oder das Gericht eingestellt. Für die Juden, die noch in
Deutschland geblieben waren, verdüsterte sich das Bild dagegen
bedrohlich. Für beschuldigte Juden, gegen die Ermittlungen eingeleitet wurden, lag die Wahrscheinlichkeit, direkt in ein Konzentrationslager überstellt zu werden, in den Kriegsjahren sogar noch
höher als zu Friedenszeiten. Doch solche Zahlen vermitteln nur
eine erste Ahnung von den Schrecken, denen sich Juden durch die
Verfolgung des NS-Regimes in den Kriegsjahren ausgesetzt sahen,
gefangen in der tödlichen Falle des Holocaust. Ein Gesetzesverstoß
von ihrer Seite war nicht mehr vonnöten, damit man sie in ein
Konzentrationslager und damit zumeist in den Tod deportieren
konnte. Jude zu sein war Verbrechen genug. Deshalb erhielt die
große Mehrheit der Juden, gegen die von der Gestapo ermittelt
wurde und die weder in »Schutzhaft« genommen noch in ein Konzentrationslager geschickt wurden, lediglich eine kurze Galgen-
frist, bevor auch sie umgebracht wurden. Und schließlich ergibt
sich aus Tab. 9.1, dass die Zahl der gegen Linksoppositionelle und
Mitglieder religiöser Gemeinschaften eingeleiteten Ermittlungen
während der Kriegsjahre rapide zurückgingen, da deren Führung
zum größten Teil bereits in den dreißiger Jahren ausgeschaltet wor-

den war. Allerdings wurde dieser Rückgang durch Verfahren gegen ausländische Zwangsarbeiter und Kriegsgefangene wieder ausgeglichen. Dass sie in den Kriegsjahren einen unverhältnismäßig hohen Anteil an den von NS-Gerichten zum Tode Verurteilten ausmachten, wurde bereits im 8. Kapitel dargelegt. Die Zahlen in Tab. 9.1 sind ein weiterer Beleg für die brutale Behandlung, die sie häufig zu erwarten hatten, sobald sie – angeblich oder tatsächlich – mit dem Gesetz in Konflikt geraten waren. Trotz der relativ geringen Zahlen lässt sich feststellen, dass die Krefelder Gestapo in 50 Prozent der Fälle, von denen diese Personen betroffen waren – der Vorwurf lautete zumeist auf »Rassenschande« mit nichtjüdischen deutschen Frauen –, »Schutzhaft« verhängte. Was diese Zahlen dagegen nicht zu erkennen geben, ist die Tatsache, dass »Schutzhaft« für ausländische Zwangsarbeiter gleichbedeutend war mit einem Todesurteil.

Neben der Zugehörigkeit zu bestimmten politischen und ethnischen Gruppen und anderen Faktoren bestimmte auch das Geschlecht die Wahrscheinlichkeit, von der Gestapo verfolgt zu werden, was sich Tab. 9.3 entnehmen lässt. Obwohl Frauen keineswegs vor einer Verfolgung durch das Regime geschützt waren und von den negativen Konsequenzen der »Euthanasie«-, Familien- und Rassenpolitik der Nationalsozialisten zum Teil häufiger betroffen waren als Männer, gerieten sie im Allgemeinen seltener als diese ins Visier der Gestapo und der Gerichte.[2] Das galt besonders in den dreißiger Jahren, als sich die Ermittlungen der Krefelder Gestapo nur in jedem zehnten und die Anklagen des Kölner Sondergerichts nur in jedem siebten Fall gegen Frauen richteten. Es änderte sich allerdings mit dem Beginn des Krieges, als sich die entsprechenden Anteile der Frauen um mehr als das Dreifache (Krefeld) beziehungsweise knapp das Doppelte (Köln) erhöhten. Dieser Anstieg erklärt sich zum Teil aus der Tatsache, dass viele Männer als Soldaten an der Front waren, aber das allein reicht als Ursache nicht aus. Bei unserer Umfrage unter älteren Kölner Bürgern stellte sich heraus, dass die Frauen häufiger als die Männer angaben, damals für den Nationalsozialismus keine Sympathie empfunden zu haben. Wenn die Frauen im übrigen Deutschland ebenso dachten – was wahrscheinlich ist, denn die Hälfte der von uns Befragten lebte damals in anderen Teilen des Landes – und wenn die Abneigung gegenüber dem NS-Regime im Lauf der Zeit zunahm, dann konnte auch dies dazu beigetragen haben, dass in den Kriegsjahren mehr Frauen wegen abfälliger Äußerungen über das Regime beschuldigt oder angeklagt wurden als in den Jahren davor.

Im Hinblick auf Alter, Religion und Beruf der Beschuldigten gab es zwischen den Vorkriegs- und den Kriegsjahren keine so deutlich ins Auge fallenden Veränderungen wie hinsichtlich des Geschlechts. Während der gesamten NS-Zeit kamen sie aus allen Altersgruppen und Berufen und allen Konfessionen, wenn auch die typischen Beschuldigten katholische Arbeiter zwischen dreißig und fünfzig Jahren sowie Juden aller Altersgruppen waren. Das Durchschnittsalter lag in den Kriegsjahren höher als davor. Das hing zu einem großen Teil mit der Einberufung der jüngeren Jahrgänge an die Front zusammen, könnte sich aber auch daraus erklären, dass der Nationalsozialismus von Anfang an eine Bewegung war, die statt der Weisheit des Alters Jugend und Kraft in den Vordergrund stellte.

Der relativ niedrige Prozentsatz von Gerichtsurteilen gegen Juden, vor allem in den Kriegsjahren, unterstreicht die offensichtliche Tatsache, dass die Gestapo es vorzog, bei Juden weit häufiger als bei anderen Beschuldigten außergesetzliche Sanktionen zu verhängen. Es ist zudem bemerkenswert, dass der Anteil der katholischen Beschuldigten höher lag als ihr Anteil an der Krefelder beziehungsweise Kölner Bevölkerung, was zumindest für diese Region die Vermutung nahe legt, dass die Katholiken vom Nationalsozialismus weniger begeistert waren als die Protestanten und deshalb vermutlich eher mit der Obrigkeit in Konflikt gerieten.[3]

Da Kommunisten und Sozialdemokraten häufig aus bescheidenen Verhältnissen stammten und ihre Führer von den Nationalsozialisten besonders grausam verfolgt wurden, ist es nicht überraschend, dass die Mehrzahl der Beschuldigten Arbeiter waren. Fast zwei Drittel der Krefelder Beschuldigten und über die Hälfte der Angeklagten vor dem Kölner Sondergericht waren ungelernte oder Facharbeiter; dieser Anteil wird noch höher, wenn man die Hausfrauen aus Arbeiterfamilien hinzurechnet. Und er läge sogar noch höher, wenn man berücksichtigt hätte, dass die Juden in der Kategorie »Geschäftsleute« stark überrepräsentiert waren. Nichtjüdische Deutsche mit höherem sozialem Status hatten nur selten Ärger mit der Gestapo oder der Strafjustiz. Zwar kamen sie gelegentlich mit den NS-Justizbehörden in Berührung, aber weitaus häufiger als Denunzianten denn Denunzierte.

Tab. 9.3 Merkmale der Beschuldigten in den Akten der Krefelder Gestapo und des Kölner Sondergerichts 1933 – 1945 (in Prozent)[a]

	Gestapo Krefeld			Sondergericht Köln		
Geschlecht	1933 – 39	1940 – 45	1933 – 45	1933 – 39	1940 – 45	1933 – 45
männlich	90	63	81	85	73	82
weiblich	10	37	19	15	27	18
Zahl d. Fälle (absolut)			433[b]			28 920[c]
Alter						
unter 20	8	6	7	4	3	4
20 – 29	24	13	21	20	12	18
30 – 39	29	19	26	30	24	28
40 – 49	21	24	22	22	28	24
50 – 59	12	19	14	19	23	20
über 59	6	19	10	5	10	6
Zahl d. Fälle (absolut)			433[b]			594[b]
Religion						
katholisch	35	46	39	61	65	61
evangelisch	9	13	10	16	15	15
mosaisch	16	31	20	6	2	5
o. R.	14	8	11	7	1	5
Sonstige	9	–	6	4	1	3
Unbekannt	18	3	13	7	15	11
Zahl d. Fälle (absolut)			433[b]			594[b]
Berufl. Tätigkeit						
Ungelernter Arbeiter	–	–	31	–	–	27
Facharbeiter	–	–	34	–	–	24
Büroangestellter, Ladeninhaber, Wirt	–	–	6	–	–	9
Geschäftsmann	–	–	11	–	–	9
Akademiker	–	–	4	–	–	8
Beamter, Militär	–	–	3	–	–	2
Landwirt	–	–	1	–	–	4
Rentner	–	–	1	–	–	1
Hausfrau	–	–	7	–	–	14
Schüler, Student	–	–	–	–	–	1
Sonstige	–	–	2	–	–	2
Zahl d. Fälle (absolut)			321[d]			544[d]

a Die Prozentzahlen sind gerundet.
b Auf der Grundlage einer Stichprobe der Ermittlungsakten.
c Auf der Grundlage aller vorhandenen Akten.
d Auf der Grundlage der Stichprobe ohne Fälle gegen Juden.

Denunzianten

Im vergangenen Jahrzehnt haben mehrere Historiker wie Robert Gellately und Gisela Diewald-Kerkmann überaus wichtige Arbeiten über Denunziationen aus der Zivilbevölkerung als Informationsquelle der Gestapo veröffentlicht, und diese Arbeiten haben wesentlich dazu beigetragen, die Gestapo und die NS-Diktatur zu entmystifizieren.[4] Es gibt jedoch Gründe für die Annahme, dass dieser gegenwärtige Schwerpunkt auf Denunziationen deren Bedeutung zu stark betont und möglicherweise zu einer Unterschätzung der bösartigen und gezielten Aktionen der Gestapo und einer Überschätzung der Schuld der deutschen Bevölkerung geführt hat. Es geht hier nicht darum, die deutsche Zivilbevölkerung von jeder Schuld freizusprechen. Im Gegenteil, es ist eine der zentralen Thesen dieses Buches, dass sich die deutsche Zivilbevölkerung tatsächlich in hohem Maße der Mittäterschaft an der Ermordung der Juden und zahlreicher weiterer Verbrechen, die in der NS-Gesellschaft begangen wurden, schuldig gemacht hat. Aber man darf nicht in den Fehler verfallen, die gesamte deutsche Bevölkerung eines Verbrechens (der Denunziation) anzuklagen, das nur von einem relativ kleinen Bruchteil dieser Bevölkerung begangen wurde.

In ihrer Untersuchung politischer Denunziationen bei der NSDAP im Kreis Lippe behauptet Diewald-Kerkmann,»die Akten der Justiz und der Gestapo belegen eine Denunziationsbereitschaft der deutschen Bevölkerung von einem unvorstellbaren Ausmaß«. Und sie behauptet, die»Denunziationsbereitschaft« der deutschen Bevölkerung stütze die von Historikern wie Gerhard Paul, Klaus-Michael Mallmann, Robert Gellately und anderen aufgestellte These,»die Gestapo [sei] vielfach nicht selbst aktiv, sondern nur reaktiv tätig [gewesen]«.[5] Obwohl Denunziationen niederträchtige Akte und keineswegs selten waren und obwohl die Gestapo ihnen viele Informationen vor allem über gewöhnliche Deutsche verdankte, kann ich diesen Behauptungen nicht zustimmen.

Ganz allgemein ist festzustellen, dass trotz zahlreicher Belege für Denunziationen in den Akten der Gestapo und der NSDAP diese doch seltener waren, als vielfach angenommen wird, und die Gestapo verließ sich in der Regel, abgesehen von den banaleren Fällen, nicht auf Denunziationen als Hauptinformationsquelle. Jene Forscher, die das Schwergewicht auf die Bedeutung von Denunziationen gelegt haben, hätten dies vermutlich realisiert, wenn sie in ihre Untersuchungen auch das Vorgehen der Gestapo gegen Kommunisten und Sozialdemokraten, Angehörige kleiner Religionsgemeinschaften, Geistliche der beiden christlichen Konfessionen und andere einbezogen hätten, die sie bislang weitgehend außer Acht gelassen haben.[6] Analysiert man eine große Zufallsstichprobe aus sämtlichen Krefelder Gestapoakten, deren Ergebnisse in Tab. 9.4 und 9.5. dargestellt sind, wird deutlich, dass Denunziationen aus der Zivilbevölkerung sowohl in den Vorkriegs- als auch in den Kriegsjahren nur in einer Minderheit der Fälle Ermittlungen der Gestapo ausgelöst haben. Wie aus Tab. 9.4 hervorgeht, wurden zwar beim Sondergericht Köln die Ermittlungen und Anklagen zum größeren Teil durch Denunziationen ausgelöst, doch handelte es sich in der Mehrzahl um minderschwere Delikte, die meisten mit einer Einstellung des Verfahrens endeten. Dagegen ist aus Tab. 9.5 abzulesen, dass in den Fällen der Krefelder Gestapo gegen »gewöhnliche« Deutsche die meisten Ermittlungen durch Denunziationen ausgelöst wurden; allerdings handelte es sich auch hier um Bagatelldelikte, die höchstens eine kurze Haftstrafe oder eine Geldbuße nach sich zogen.[7] Aber nur ein winziger Bruchteil der Fälle gegen Kommunisten, Sozialdemokraten und Mitglieder kleiner religiöser Gemeinschaften wurde durch Denunziationen in Gang gesetzt; in der überwiegenden Mehrzahl der Fälle wurde die Gestapo auf Grund von Informationen aktiv, die sie durch ihr eigenes Spitzel- und Agentennetz oder durch erzwungene Geständnisse bei Vernehmungen erhalten hatte. Auch bei der Kampagne gegen katholische Geistliche Mitte der dreißiger Jahre stützte sich die Gestapo, wie wir in Kapitel 6 gesehen haben, weit weniger auf Denunziationen als auf Informationen, die sie von Funktionsträgern der NSDAP und von gezielt eingesetzten Spitzeln erhielt.

Was die hauptsächlichen Zielgruppen der Gestapo angeht, waren die Juden in besonderem Maße Opfer von Denunziationen aus der Zivilbevölkerung. In den dreißiger Jahren, als die Nationalsozialisten alles daransetzten, jüdische Deutsche in Misskredit zu bringen und zu demoralisieren, sie zu enteignen und zur Auswanderung zu zwingen, wurden Ermittlungen gegen Juden prozentual ebenso häufig durch Denunziationen initiiert wie gegen gewöhnliche Deutsche. Da Juden im Verhältnis zu anderen Gruppen von der Gestapo weitaus häufiger beschuldigt wurden, bedeutete dies, dass sie in dieser Zeit unter Denunziationen mehr zu leiden hatten

Tab. 9.4 Informationsquellen, auf Grund deren die Krefelder Gestapo und das Sondergericht Köln Ermittlungen aufnahmen bzw. Anklage erhoben (in Prozent)*

	Gestapo Krefeld			Sondergericht Köln		
	1933–39	1940–45	1933–45	1933–39	1940–45	1933–45
Denunzia-tionen	21	31	24	60	57	58
Gestapo/Polizei	41	15	32	13	7	12
NSDAP und andere NS-Or-ganisationen	6	12	8	18	11	16
Anonym	1	2	1	6	9	7
Sonstige	6	9	7	–	1	–
Unbekannt	26	31	28	3	15	8
Zahl der Fälle (absolut)	291	141	432	416	162	578

* Auf der Grundlage von Zufallsstichproben aus den Ermittlungs- und Prozessakten der Krefelder Gestapo und des Sondergerichts Köln. Die Prozentzahlen sind gerundet.

Tab. 9.5 Informationsquellen, auf Grund deren die Krefelder Gestapo Ermittlungen aufnahm, nach Kategorien der Beschuldigten (in Prozent)*

	Gewöhnl. Deutsche		Juden		KPD/SPD		Religionsge-meinschaften	
	1933–1939	1940–1945	1933–1939	1940–1945	1933–1939	1940–1945	1933–1939	1940–1945
Denunzia-tionen	41	47	41	29	5	13	4	–
Gestapo/Polizei	24	12	21	39	58	63	96	–
NSDAP/NS-Organi-sationen	9	24	8	15	1	–	–	–
Anonym	2	–	3	7	–	–	–	–
Unbekannt	24	17	27	10	36	24	–	–
Zahl d. Fälle (absolut)	131	58	63	41	79	8	25	–

* Alle Zahlen mit Ausnahme der Spalte für Juden auf der Basis einer Stichprobe aus jeder achten Akte der Krefelder Gestapo. Die Zahlen für Juden beruhen auf der Gesamtheit der verfügbaren Krefelder Gestapoakten, die sich auf jüdische Bürger bezogen, gegen die wegen angeblicher krimineller Delikte ermittelt wurde.

als gewöhnliche Deutsche; da sie weit härter bestraft wurden als gewöhnliche Deutsche, ist die Behauptung gerechtfertigt, dass Denunziationen für Juden im Deutschland jener Jahre weitaus schlimmere Folgen hatten als für jede andere Personengruppe. Auch wenn in den Kriegsjahren der Anteil der gegen Juden aufgrund von Denunziationen aus der Bevölkerung initiierten Ermittlungen etwas zurückging, wurden sie auch weiterhin Opfer von Denunziationen, und jetzt waren die damit verbundenen Konsequenzen weitaus bedrohlicher. In Kapitel 10 werde ich mich mit mehreren Fällen befassen, in denen Juden durch Denunziationen aus der Zivilbevölkerung ihr Leben verloren. Dennoch muss festgehalten werden, dass die meisten Juden zu keiner Zeit von ihren deutschen Mitbürgern denunziert wurden, dass die Gestapo während des Krieges von angeblichen oder tatsächlichen Gesetzesverstößen von Juden nicht durch Denunzianten erfuhr (wie aus Tab. 9.5 hervorgeht) und dass die meisten Juden selbst dann, wenn es keine Denunziationen gegeben hätte, ermordet worden wären.

Wie groß war die Zahl der Denunzianten? Tab. 9.4 weist aus, dass 24 Prozent (oder 105) der 433 Ermittlungen in der Zufallsstichprobe aus jeder achten Akte der Krefelder Gestapo durch eine eindeutige Denunziation aus der Zivilbevölkerung ausgelöst wurden. Da manche Denunzianten mehr als eine Person beschuldigten, war ihre Zahl mit 85 niedriger als die der von ihnen ausgelösten Ermittlungsfälle. Um also die Zahl der Denunzianten unter den Einwohnern Krefelds während des Dritten Reiches zu schätzen, muss man 85 mit 8 multiplizieren, was für Krefeld eine Gesamtzahl von 680 ergibt. Zu dieser Ziffer müsste man viele der anonymen Denunziationen, die in der Tabelle aufgeführt sind, hinzurechnen, allerdings nicht alle, da einige von Gestapospitzeln stammten. Insgesamt wurde nur 1 Prozent der Ermittlungen der Krefelder Gestapo durch anonyme Anzeigen ausgelöst. Wichtiger sind deshalb die unbekannten Informationsquellen, die in 28 Prozent aller Fälle die Anlage einer Akte veranlassten. Allerdings handelte es sich hierbei überwiegend nicht um politische Delikte; zumeist ging es um die Formalitäten einer Auswanderung oder andere Fragen, die nichts mit strafbaren Handlungen zu tun hatten. Doch selbst wenn wir alle diese Fälle und alle durch anonyme Denunziationen ausgelösten Ermittlungen als Vorgänge zusammenfassen, die durch Denunziationen aus der Zivilbevölkerung initiiert wurden, würde sich für Krefeld eine Gesamtzahl von lediglich 1685 Denunzianten ergeben. Wenn wir sicherheitshalber diese Zahl noch einmal knapp verdoppeln, um auch solche Denunziationen einzubeziehen, die von der Polizei nicht an die Gestapo weitergegeben oder von dieser wegen Belanglosigkeit nicht weiter verfolgt wurden, kommen wir auf die hohe Zahl von rund 3000 Denunzianten in Krefeld während der NS-Zeit. Aber ist diese wahrscheinlich zu hohe Schätzung auch ein Beleg für »eine Denunziationsbereitschaft der deutschen Bevölkerung von einem unvorstellbaren Ausmaß«? Ich meine, nein. Bei einer Bevölkerungszahl von 170 000 Einwohnern in Krefeld während dieser Zeit ergäbe dies einen Denunzianten-Anteil von 1–2 Prozent. Diese Schätzung ist wahrscheinlich auch deshalb zu hoch, da in den zwölfeinhalb Jahren der NS-Herrschaft mehr als nur 170 000 Menschen in der Stadt gelebt haben (auf Grund der Fluktuation durch Zuzügler et cetera). Doch selbst wenn die Schätzung stimmen und auch für die übrige Bevölkerung Deutschlands gelten sollte, ist sie ein klares Zeichen dafür, dass die überwältigende Mehrheit der deutschen Bevölkerung sich nicht an den Denunziationen beteiligt hat.[8] Mehr noch, sie legt die Vermutung nahe, dass die Bereitschaft von Deutschen im Dritten Reich, ihre Mitbürger bei Polizei und Gestapo zu denunzieren, geringer war als später in der Deutschen Demokratischen Republik, wo nach einer Schätzung von Timothy Garton Ash 2 Prozent der Erwachsenenbevölkerung »in direkter Verbindung mit der Staatssicherheit standen«; andere Autorern gehen sogar von noch höheren Schätzungen aus.[9]

Wer waren die Denunzianten, und in welcher Beziehung standen sie zu den von ihnen Beschuldigten? Sie kamen ebenso wie ihre Opfer aus allen Schichten der deutschen Bevölkerung. Die auffälligste Ausnahme waren die Juden. Obwohl in ihrer unhaltbaren Lage einige wenige Juden wie die schöne junge Berlinerin, die von ihrem damaligen Klassenkameraden Peter Wyden später in dem Buch *Stella* porträtiert wurde,[10] sich einen Vorteil zu verschaffen suchten, indem sie mit der Gestapo zusammenarbeiteten, habe ich weder in den Akten der Krefelder Gestapo noch des Kölner Sondergerichts, die dieser Untersuchung zu Grunde lagen, ein einziges Beispiel für eine Denunziation durch einen Juden gefunden. Wie aus Tab. 9.6 abzulesen ist, gehörten viele Denunzianten der NSDAP, der SS, SA, HJ oder dem BDM an. Leider enthalten die Akten nicht immer einen Hinweis auf die Parteizugehörigkeit der Denunzianten, doch gibt es andererseits klare Hinweise darauf, dass die Denunzianten in vielen Fällen nicht der Partei oder einer ihrer Gliederungen angehörten. Auch lässt sich in der Regel nicht die Religionszugehörigkeit der Denunzianten ermitteln, doch wenn sie gläubige Juden gewesen wären, so hätte man diesen Umstand zweifellos in den Akten vermerkt. Solche Vermerke existieren jedoch nicht. Man kann allerdings soviel sagen, dass der typische Denunziant ein Mann mittleren Alters war, der den bürgerlichen Schichten angehörte. Am überraschendsten ist vielleicht die relativ niedrige Quote weiblicher Denunzianten. Bevor Denunziationen systematisch untersucht wurden, was erst relativ spät der Fall war, wurde mehr oder weniger allgemein angenommen, dass Frauen eher zu Denunziationen neigten als Männer. In einer der frühesten Veröffentlichungen zu diesem Thema behauptete beispielsweise Richard Grunberger 1971, dass vor allem in den Kriegsjahren »ein Großteil der Frauen« Denunzianten gewesen seien, »schon allein deshalb, weil sie im Kriege zu Hause in der Überzahl waren, teils auch, weil viele dachten, daß der weibliche Beitrag zu den Kriegsanstrengungen darin bestünde, während ihre Männer an der Front standen, in den Angelegenheiten ihrer Nachbarn herumzuschnüffeln«. Grunbergers Behauptung klingt durchaus plausibel, aber sie stützte sich lediglich auf einige wenige Fallbeispiele und war somit stark impressionistisch und nicht empirisch untermauert.[11] Als Historiker wie Gisela Diewald-Kerkmann und Klaus Marxen in den von ihnen in den letzten Jahren veröffentlichten Arbeiten über Denunziationen auch die Verteilung der Geschlechter untersuchten, konnten sie Grunbergers These nicht bestätigen. In ihrer Analyse von 292 Denunziationen im Kreis Lippe, die 1995 erschien, stellte Diewald-Kerkmann fest, dass zwischen 1933 und 1941 nur zehn und während der gesamten NS-Zeit nur 32 Denunziationen von Frauen stammten. In einer 1994 publizierten quantitativen Analyse von Verfahren vor dem Volksgerichtshof gelangte Marxen zu dem Ergebnis, dass lediglich 17,5 Prozent aller Denunziationen in diesen Prozessen von Frauen ausgegangen waren.[12]

Trotz alledem könnte man in Zweifel ziehen, ob die Untersuchungen von Diewald-Kerkmann und Marxen wirklich repräsentativ sind, da Erstere auf überwiegend weniger gravierenden Fällen beruhte, die von Parteiorganen bearbeitet wurden, und Letztere auf Fällen, die zwar weitaus schwerwiegender waren, aber vielleicht wenig repräsentativ. Wie jedoch die Zahlen in

Tab. 9.6 Merkmale von Denunzianten in den Akten der Krefelder Gestapo und des Sondergerichts Köln 1933–1945 (in Prozent)*

	Krefeld (N = 105)			Köln (N = 346)		
	1933–1939	1940–1945	1933–1945	1933–1939	1940–1945	1933–1945
Geschlecht						
männlich	86	77	83	73	56	69
weiblich	14	23	17	27	44	31
Alter in Jahren						
unter 20	–	–	6	–	–	6
20–29	–	–	22	–	–	21
30–39	–	–	19	–	–	30
40–49	–	–	22	–	–	20
50–59	–	–	18	–	–	18
über 59	–	–	13	–	–	5
Beruf						
Ungelernter Arbeiter	–	–	6	–	–	14
Facharbeiter	–	–	37	–	–	23
Büroangestellter, Ladeninhaber, Wirt	–	–	13	–	–	11
Geschäftsmann	–	–	9	–	–	8
Akademiker	–	–	9	–	–	8
Beamter, Militär	–	–	6	–	–	8
Landwirt	–	–	1	–	–	3
Rentner	–	–	5	–	–	2
Hausfrau	–	–	10	–	–	19
Schüler, Student	–	–	3	–	–	3
Sonstige	–	–	–	–	–	3
Mitgliedschaft in der NSDAP oder einer ihrer Gliederungen						
NSDAP	–	–	15	–	–	10
SA, SS, HJ, BDM	–	–	9	–	–	8
Kein Mitglied	–	–	20	–	–	12
Unbekannt	–	–	56	–	–	70

* Alle Zahlen auf der Grundlage von Stichproben aus 433 Krefelder Gestapoakten und 594 Kölner Sondergerichtsakten. Bei den Krefelder Gestapoakten wurden die Ermittlungen in 105 Fällen durch Denunziationen ausgelöst, bei den Akten des Kölner Sondergerichts betrug die entsprechende Zahl 346. Die Prozentzahlen sind gerundet.

Tab. 9.6 zeigen, liefern die Ergebnisse von Diewald-Kerkmann und Marxen tatsächlich genaue Schätzwerte für den Anteil der Geschlechter an den damaligen Denunziationen. Unabhängig davon, wer die Denunziationen bearbeitete – die NSDAP, die Gestapo, die Sondergerichte oder der Volksgerichtshof –, gab es in den Vorkriegs- wie in den Kriegsjahren unter den Denunzianten weitaus weniger Frauen als Männer. So gingen in einer Stichprobe aus 105 Ermittlungsakten, die von der Krefelder Gestapo auf Grund von Denunziationen angelegt wurden, lediglich 17 Prozent auf Denunziationen von Frauen zurück, fast exakt derselbe Prozentsatz, wie er von Diewald-Kerkmann und von Marxen ermittelt wurde. In einer Zufallsstichprobe von 346 Akten des Kölner Sondergerichts über Ermittlungsverfahren, die durch Denunziationen ausgelöst wurden, lag der Anteil weiblicher Denunzianten zwar höher (31 Prozent), aber noch immer beträchtlich niedriger als der der männlichen Denunzianten. Ebenfalls ähnlich wie in der Untersuchung von Diewald-Kerkmann verringerte sich während der Kriegsjahre der Unterschied zwischen weiblichen und männlichen Denunzianten in den Akten der Krefelder Gestapo und des Sondergerichts Köln. Doch selbst während dieser Zeit, als Millionen deutscher Männer an die Front abkommandiert wurden, waren die Männer unter den Denunzianten immer noch deutlich stärker vertreten als die Frauen.

Bei den Zahlen in Tab. 9.6 mag auch die relativ niedrige Quote junger Denunzianten überraschen, da doch bislang vielfach angenommen wurde, dass die Jungen und Mädchen in der Hitler-Jugend ausdrücklich dazu angehalten wurden, Erwachsene und insbesondere ihre Lehrer und Eltern zu denunzieren, und da in den späten dreißiger Jahren die Mitgliedschaft in der HJ für alle deutschen Jugendlichen obligatorisch wurde.[13] Es gab auch jugendliche Denunzianten, aber wesentlich weniger, als man annehmen könnte. Wie der Tabelle zu entnehmen ist, stammten lediglich 6 Prozent der von der Krefelder Gestapo und dem Kölner Sondergericht verfolgten Denunziationen von Jugendlichen unter 20 Jahren und nur 3 Prozent von Jugendlichen, die noch zur Schule gingen. Ebenso wichtig ist in dieser Hinsicht, dass sich in sämtlichen 1132 hier untersuchten Akten kein einziges Beispiel für einen Jugendlichen findet, der seine Eltern denunziert hätte. Nur ein einziger – allerdings ehemaliger – Schüler denunzierte seinen Lehrer, doch nahm er seine Anschuldigung später wieder zurück. Demnach gingen Denunziationen im Wesentlichen von erwachsenen Männern aus. Unter diesen schien das Alter allerdings kaum eine Rolle zu spielen, denn alle Altersgruppen waren in etwa derselben Stärke vertreten, und der Mittelwert lag bei vierzig Jahren, ähnlich wie bei den von ihnen denunzierten Personen.

Der am wenigsten überraschende Befund betrifft die berufliche Stellung der Denunzianten. Untersuchungen der NSDAP und der Wähler dieser Partei haben ergeben, dass die NS-Ideologie Menschen aus allen sozialen Schichten anzog, aber die Fachwelt ist sich noch uneinig, ob man die NSDAP zutreffender als eine Volkspartei mit einer großen Zahl von Überläufern aus der Arbeiterklasse oder als eine Bewegung bezeichnen soll, die vor allem für die unteren und mittleren bürgerlichen Schichten attraktiv war.[15] Die hier vorliegenden Ergebnisse können zu einer endgültigen Entscheidung dieser Frage nichts beitragen, stützen aber tendenziell die zweite Position. Während fast ein Drittel der Beschuldigten und Angeklagten in Krefeld und Köln ungelernte Arbeiter waren (Tab. 9.3), machte diese Berufsgruppe bei den Denunzianten nur einen kleinen Bruchteil aus. Andererseits stellten Facharbeiter (darunter viele mit einem Meisterbrief, die man eher der Mittelschicht zurechnen könnte) unter den Denunzianten die größte Einzelgruppe dar, so wie sie auch unter den Beschuldigten die größte Einzelgruppe waren. Ihnen folgten als zweitstärkste Denunziantengruppe Angehörige der unteren und mittleren Mittelschicht der unterschiedlichsten Berufe – Akademiker, Geschäftsleute, kleine Ladeninhaber und andere.

Obwohl Angehörige der unteren und mittleren Mittelschicht unter den Denunzianten stärker vertreten waren als Personen aus bescheideneren Verhältnissen, war das Motiv ihres Handelns nicht zwangsläufig politische Überzeugung. Die meisten Menschen denunzierten andere aus trivialen und persönlichen Gründen, vor allem weil sie mit Nachbarn im Streit lagen, Auseinandersetzungen am Arbeitsplatz oder in einer Kneipe hatten oder einfach aus Boshaftigkeit. Zweifellos wurden viele Menschen dazu veranlasst, weil sie es für ihre Pflicht hielten. Andere versprachen sich davon Vorteile bei den Behörden. Es lässt sich zumeist sehr schwer herausfinden, welches die wahren Motive waren. Aber die systematische Auswertung von mehreren hundert Ermittlungsfällen, die durch eine Denunziation ausgelöst wurden, lässt erkennen, dass Gestapobeamte und Richter in Denunziationen häufig ein fragwürdiges Verhalten sahen, das keine zuverlässige Informationen lieferte, und dass sie Denunziationen, die von streitsüchtigen oder kriecherischen, rachsüchtigen oder liebedienerischen Personen kamen, nach Möglichkeit in ihrem Beweiswert herabsetzten. Leichter als die Motive der Denunzianten lassen sich die Beziehungen feststellen, in denen sie zu den Menschen standen, die von ihnen denunziert wurden. In den 451 in Tab. 9.7 aufgeführten Fällen stellen sowohl in den Krefelder wie in den Kölner Akten Nachbarn, Bekannte und Arbeitskollegen den Löwenanteil unter den Denunzianten. Geschwister, Freunde, Kinder und selbst ehemalige Liebschaften fehlen fast völlig. Eheliche Zwistigkeiten führten etwas häufiger zu Denunziationen, und angeheiratete Verwandte sowie Ehegatten machten einen kleinen, aber nicht unbedeutenden Teil der Denunzianten aus. Doch insgesamt gesehen waren Denunzianten, die mit dem Denunzierten in einer engen Beziehung lebten oder gelebt hatten, die Ausnahme. Die meisten Deutschen waren ihren Angehörigen und Freunden in Loyalität verbunden, und die meisten sahen in einer Denunziation eine verwerfliche Handlung, auch unter der NS-Diktatur.

Der Stoff, den solche niederträchtigen und bösartigen Denunziationen dem nationalsozialistischen Terrorapparat boten, trug letztlich dazu bei, dass viele Juden in den Tod geschickt wurden. In der Mehrzahl der Fälle halfen die Denunziationen jedoch der Gestapo, die gewöhnlichen Deutschen auf Linie zu halten. Wo es um ernsthafte Gegner des Regimes aus politischen oder religiösen Gründen ging, spielten sie nur selten eine Rolle. Die Gestapo war am ehesten dort ein »reaktives« Organ, wo es um Bagatellfälle ging. In den übrigen Fällen war sie eher proaktiv als reaktiv. Sie konnte es sich leisten, gegenüber den gewöhnlichen Deutschen milde zu sein und gelegentlich ein Auge zuzudrücken, weil diese nicht beaufsichtigt zu werden brauchten. Auch ohne Denunziationen befürchten zu müssen, wären die meisten Deutschen gegenüber der NS-Führung wahrscheinlich loyal geblieben. Die Umfrage unter Kölner Bürgerinnen und Bürgern zeigt, dass die überwältigende Mehrheit der Bevölkerung zur NS-Zeit keine Verhaftungen befürchtete und nie denunziert wurde. Die meisten von denen, die unseren Fragebogen ausgefüllt hatten, kannten nicht einmal eine Person, die im Dritten Reich denunziert worden war.

Tab. 9.7 Beziehung der Denunzianten zur denunzierten Person in den Akten der Krefelder Gestapo und des Kölner Sondergerichts 1933–1945 (in Prozent)*

	Gestapo Krefeld	Sondergericht Köln
Nachbar	22	26
Freund	–	1
Ehegatte	2	4
Kind	1	–
Geschwister	–	–
Sonstiger Verwandter	1	4
Ehemaliger Liebhaber	1	2
Bekannter	12	19
Arbeitskollege	9	8
Arbeitgeber	3	3
Angestellter	–	4
Fremder	21	14
Sonstige/Unbekannt	28	16
Zahl der Fälle	105	346

* Alle Zahlen auf der Grundlage von Stichproben aus 433 Krefelder Gestapoakten und 594 Kölner Sondergerichtsakten. Bei den Krefelder Gestapoakten wurden die Ermittlungen in 105 Fällen durch Denunziationen ausgelöst, bei den Akten des Kölner Sondergerichts betrug die entsprechende Zahl 346. Die Prozentzahlen sind gerundet.

Schluss

Im fiktiven Polizeistaat Ozeanien, den George Orwell in seinem antiutopischen Roman *1984* schuf, durften sich nur die »Proles« und die Tiere frei bewegen, während eine Gedankenpolizei Tag und Nacht das Tun und Treiben der Angehörigen der »inneren« Partei überwachte, die fähig gewesen wären, eine Revolution zu schüren, und der »Große Bruder« zum Hass aufrief gegen angebliche jüdische Verräter wie Emanuel Goldstein und Feinde der beiden anderen Supermächte Eurasien und Ostasien. In ähnlicher Weise wählte auch der nationalsozialistische Polizeistaat mit Bedacht seine wirklichen und potenziellen Feinde aus und überließ die meisten gewöhnlichen Bürger sich selbst. In Ozeanien wurde von allen erwartet, dass sie den Großen Bruder verehrten, und obwohl es etliche gab, die das nicht taten, wurden nur jene von der

Gedankenpolizei verfolgt und gefoltert, die zu einer Revolte fähig waren. In ähnlicher Weise jubelte der größte Teil der Massen im Dritten Reich Hitler zu, und die Gestapo sparte sich ihre Brutalität für Juden, Kommunisten, Zeugen Jehovas und andere ausgesuchte Gruppen und Individuen auf, für die das NS-Regime nur Verachtung übrig hatte oder von denen es sich bedroht fühlte. Denunzianten lieferten der Gestapo nützliche Informationen, doch die Gestapo und das NS-Regime hätten auch dann die politische und religiöse Opposition ausgeschaltet und Millionen Unschuldiger verfolgt und ermordet, wenn es die Denunziationen nicht gegeben hätte. Diese entsetzlichen Taten wären allerdings nicht denkbar gewesen ohne die Loyalität, das stillschweigende Einverständnis und die Mitwirkung der deutschen Bevölkerung, von der nach eigenem Eingeständnis nur eine kleine Minderheit befürchtet hatte, sie könnte denunziert und verhaftet werden. Die meisten machten bereitwillig mit, auch wenn sie nicht alle politischen Maßnahmen Hitlers guthießen.

V

Die Gestapo, »gewöhnliche« Deutsche und der Massenmord an den Juden

*Die Vernichtungsmaschinerie umfaßte
Vertreter aller Berufe und Fakultäten.*

RAUL HILBERG

*Hätten wir davon gewusst,
dann hätten wir uns umbringen müssen.*

EIN KÖLNER BÜRGER

Kapitel 10

Verfolgung und Deportation

1939–1942

Weder waren im Dritten Reich alle Deutschen fanatische Nationalsozialisten, noch waren sie alle fanatische Antisemiten. Manche
widersetzten sich dem Regime Hitlers aktiv; viele vertraten in den
eigenen vier Wänden gegnerische Überzeugungen. Nicht wenige
boten Juden und anderen Opfern des nationalsozialistischen Terrors ihre Hilfe und Unterstützung an, manchmal unter großen Gefahren für das eigene Leben. Trotz alledem kommen wir um die
Tatsache nicht herum, dass die Deutschen so gut wie keinen nennenswerten Protest gegen das größte verbrecherische Unternehmen NS-Deutschlands erhoben, den Massenmord an den deutschen und europäischen Juden. Hitler, die NSDAP, die SS und die
Gestapo haben die Juden nicht allein ermordet. Sie standen zweifellos an der Spitze des Unternehmens, doch bedurfte es der gesamten deutschen Bevölkerung, um diesen Massenmord durchzuführen. Auch viele Menschen aus anderen Ländern hatten Blut getöte-
ter Juden an den Händen, bevor das Morden aufhörte. Man kann
sogar behaupten, dass Menschen aus Ländern wie Amerika oder
Großbritannien, Länder, die das Äußerste taten, um Hitlers Niederlage herbeizuführen, mehr zur Rettung der Juden hätten tun
können.[1] Dasselbe gilt für den Vatikan und Menschen aus neutra-
len Ländern wie der Schweiz und Schweden. Aber ohne Hitler und
die Deutschen hätten nicht sechs Millionen Juden ihr Leben verloren, und das Leben von Millionen weiterer Juden wäre nicht zu
Grunde gerichtet worden.

In den letzten Jahren ist die Rolle, die gewöhnliche Deutsche
beim Holocaust gespielt habe, in den Mittelpunkt der Aufmerksamkeit und einer erbitterten Debatte unter Historikern gerückt.
Zunächst schrieben Christopher Browning und nach ihm Daniel
Goldhagen erschütternde Darstellungen, wie anscheinend durchschnittliche deutsche Bürger – viele von ihnen Männer in mittleren
Jahren ohne enge Bindungen an die NS-Bewegung – für eine ge-

wisse Zeit ihr Heim, ihre Angehörigen und ihren Zivilberuf hinter sich ließen, um in Reserve-Polizeibataillonen zu dienen, die tausende wehrloser Juden auf den Schlachtfeldern Polens und der früheren Sowjetunion, wo ein Viertel der gesamten ermordeten Juden ihr Leben ließen, aus kürzester Distanz erschossen.[2] Browning wie Goldhagen weisen zudem auf den beunruhigenden Umstand hin, dass diese Männer sich häufig freiwillig zu diesen Einsätzen meldeten und an den Erschießungen nicht etwa deshalb teilnahmen, weil sie dazu abkommandiert wurden und schwere Strafen befürchteten, wenn sie diesen Befehl verweigerten. Auch wenn sie von manchen ihrer vorgesetzten Offiziere unter Druck gesetzt wurden, wurden sie doch über ihr Recht belehrt, in diesem Fall den Gehorsam zu verweigern, was einige dann auch taten. Browning erklärt dazu: »In den vergangenen fünfundvierzig Jahren ist in Hunderten von Gerichtsverfahren schlicht und einfach noch kein Angeklagter oder Verteidiger in der Lage gewesen, auch nur in einem einzigen Fall zu belegen, daß auf die Weigerung, unbewaffnete Zivilisten zu töten, jene gnadenlose Bestrafung gefolgt wäre, die angeblich zwangsläufig damit verbunden war.«[3]

Um den beiden Autoren gerecht zu werden, ist der Hinweis angebracht, dass Browning und Goldhagen zwar darin übereinstimmen, dass die meisten Angehörigen des von ihnen untersuchten Reserve-Polizeibataillons 101 ganz gewöhnliche Deutsche waren, die sich ohne jeden Zweifel an der systematischen Ermordung tausender von Juden beteiligten, aber über die Motive der Täter gehen ihre Interpretationen weit auseinander. Das wird bereits an den Titeln ihrer Bücher deutlich. Während er bei Browning lautet *Ganz normale Männer* (engl.: *Ordinary Men*), steht bei Goldhagen im Untertitel *Ganz gewöhnliche Deutsche* (engl.: *Ordinary Germans*). Browning geht von der Annahme aus, dass die Reservepolizisten »ganz normale Männer« waren, die sich vermutlich nicht anders verhielten, als sich Männer anderer Gesellschaften unter ähnlich extremen Bedingungen verhalten hätten, und erklärt ihre Beteiligung an den Massenmorden mit Anpassungsdruck durch die Gruppe, ideologischer Indoktrinierung und letztlich mit menschlicher Schwäche: »[...] 80 bis 90 Prozent der Bataillonsangehörigen [machten sich] ans Töten, obwohl es fast alle von ihnen – zumindest anfangs – entsetzte und anwiderte«.[4] Demgegenüber behauptet Goldhagen, dass »ganz gewöhnliche Deutsche« und nicht »ganz gewöhnliche Männer« die Morde begingen und dass diese

»ganz gewöhnlichen Deutschen«, von einigen wenigen Ausnahmen abgesehen, keineswegs von den Befehlen angewidert waren, die man ihnen erteilt hatte. Er vertritt die Ansicht, dass »die ganz ›normalen Deutschen‹ durch eine bestimmte Art des Antisemitismus motiviert waren, die sie zu dem Schluß kommen ließ, daß die Juden *sterben sollten*« und dass dieser spezifische Antisemitismus seine Wurzeln in der »vom eliminatorischen Antisemitismus bestimmte[n] Kultur Deutschlands« gehabt habe.[5]

Im nationalsozialistischen Deutschland herrschte zweifellos ein virulenter Antisemitismus, und viele ganz gewöhnliche Deutsche hatten an der Ermordung der Juden wesentlichen Anteil. Dennoch haben sich auf Grund wichtiger Befunde in diesem Buch, insbesondere jener, die aus der Umfrage unter älteren Kölner Bürgern und aus Interviews mit überlebenden Juden stammen, starke Zweifel an der Richtigkeit von Goldhagens schroffer Behauptung ergeben, die meisten Deutschen seien von einem »eliminatorischen Antisemitismus« getrieben worden. Dessen ungeachtet kommt Browning und Goldhagen das Verdienst zu, unsere Aufmerksamkeit auf einige äußerst bestürzende Tatsachen gelenkt zu haben. Wie beide Historiker überzeugend gezeigt haben, war der Massenmord an den europäischen Juden nicht einfach ein Beispiel für ein kaltes, mechanisches, »industrielles Morden«, das von Männern in hohen Stellungen befohlen und von einem kleinen Kader spezialisierter Untergebener ausgeführt wurde, die keinen eigenen Willen und keine freie Entscheidung hatten. Dieser Massenmord war zu manchen Zeiten ein entsetzlich blutiges Unterfangen, das sowohl von ausgebildeten Spezialisten als auch von ganz gewöhnlichen menschlichen Wesen durchgeführt wurde, die häufig einen beträchtlichen Entscheidungsspielraum hatten. Das galt nicht nur auf den Feldern, in den Schluchten, Wäldern, Ghettos, Konzentrationslagern und Gaskammern (die zum größten Teil außerhalb Deutschlands lagen), jenen Stätten also, an denen die meisten Juden umgebracht wurden. Es galt auch in Deutschland selbst, wo der Massenmord an den Juden seinen Ausgang nahm.

Auch wenn das Ausmaß der Schuld für jeden Menschen individuell bestimmt werden muss und manche weitaus mehr Schuld auf sich geladen haben als andere, waren zehntausende gewöhnliche Deutsche am Massenmord an den Juden beteiligt, viele aktiv, viele andere passiv. Während die einen Jagd auf Juden machten, Juden bewachten, Juden ins Verhör nahmen, sie verurteilten oder in Güterzüge verluden, forderten die anderen lautstark ihre Entfernung, denunzierten sie bei der Polizei, sorgten für ihre Enteignung, erklärten sie für transportfähig und waren in vielfältiger Weise an der Organisation der Deportationen beteiligt. Vieles davon geschah in aller Öffentlichkeit, unter den Augen einer deutschen Bevölkerung, die bereits vor dem Ende des Krieges sehr wohl wusste, welches endgültige Schicksal den europäischen Juden zugedacht war. Viele Deutsche hatten Skrupel und Zweifel. Einige bedauerten zutiefst, was da geschah. Doch obwohl viele im engsten Familien- und Freundeskreis über dieses Thema sprachen und Auslandssender hörten, um nähere Einzelheiten zu erfahren, brach fast niemand offen das Schweigen über das »furchtbare Geheimnis« – so der amerikanische Titel eines Buchs von Walter Laqueur –, das schließlich für die meisten erwachsenen Deutschen kein Geheimnis mehr war.[6] Wäre das Schweigen gebrochen worden, hätten Millionen Juden möglicherweise nicht sterben müssen. Ein Kölner Bürger, den ich im Frühjahr 1994 interviewte, sagte mir: »Hätten wir davon gewusst, dann hätten wir uns umbringen müssen«, doch wahrscheinlich hatte er »davon gewusst« und außer dem Selbstmord noch eine andere Möglichkeit gefunden, darauf zu reagieren. In dem Fragebogen unserer Umfrage hatte seine Frau angegeben, sie selbst habe damals gewusst, was mit den Juden passierte.[7]

Die Erniedrigung der Juden und die judenfeindliche Gesetzgebung in den Kriegsjahren

Die sadistische, abwechselnd anschwellende und dann wieder abflauende Verfolgung und Diskriminierung, unter denen die Juden im Deutschland der dreißiger Jahre zu leiden hatten, war nur das grausame Vorspiel zu dem anhaltenden und sich steigernden Terror, dem sie nach dem Novemberpogrom 1938 und in den Kriegsjahren ausgesetzt waren. Über weite Strecken der dreißiger Jahre »erhielten die Juden widersprüchliche Signale, nicht nur von der Regierung, sondern auch von loyalen und mitfühlenden ›Ariern‹«, schreibt Marion Kaplan in ihrem gedankenreichen neuen Buch über das jüdische Leben in Deutschland, »was manche von ihnen eine gewisse Hoffnung schöpfen ließ. Die Systematik und Entschlossenheit der NS-Politik der dreißiger Jahre – Entzug der bürgerlichen Rechte, soziale Ächtung, wirtschaftliche Strangulierung und erzwungene Auswanderung innerhalb weniger Jahre – erschienen denen, die sie erlitten hatten, erst in der Rückschau offenkundig.«[8] Doch auch wenn der Mensch hofft, solange er lebt, nach dem Novemberpogrom ließen die meisten deutschen Juden jede Hoffnung fahren. In den Worten des Kölner Juristen Adolf Klein: »Seit dem 9. November 1938 war selbst den optimistischsten Juden in Köln jede Hoffnung genommen.«[9]

Obwohl es 1938 noch keinen konkreten Plan zur systematischen Vernichtung gab – der sollte erst zur Zeit des Überfalls auf die Sowjetunion im Sommer 1941 veranlasst und auf der Wannseekonferenz am 20. Januar 1942 in auf seine endgültige, schriftliche Form gegossen werden –, hatte Hitler schon einige Monate vor Beginn des Zweiten Weltkrieges verkündet, was er mit den Juden vorhatte.[10] Am 10. Januar 1939 erklärte er in einer Rede vor dem Deutschen Reichstag, die im Radio gesendet, in den Zeitungen gedruckt und in den nächsten drei Jahren von vielen anderen immer wieder zitiert wurde: »Ich bin in meinem Leben sehr oft Prophet gewesen und wurde meistens ausgelacht [...] Ich will heute wieder ein Prophet sein: Wenn es dem internationalen Finanzjudentum in und außerhalb Europas gelingen sollte, die Völker noch einmal in einen Weltkrieg zu stürzen, dann wird das Ergebnis nicht die Bolschewisierung der Erde und damit der Sieg des Judentums sein, sondern die Vernichtung der jüdischen Rasse in Europa.«[11]

Zum Zeitpunkt dieser in der Tat prophetischen Rede wurden fast täglich neue antisemitische Gesetze und Verordnungen erlassen. Zwischen dem Novemberpogrom und dem Beginn des Krieges am 1. September 1939 – eine Zeitspanne von weniger als einem Jahr – traten über 200 solcher Maßnahmen in Kraft. Nach Kriegsbeginn beschleunigte sich das Tempo noch, und der gegen die Juden verübte Terror wurde tödlich.[12]

Die meisten Juden in Deutschland saßen in der Falle. Theoretisch stand ihnen zwar bis zum 1. Oktober 1941 die Auswanderung offen. In der Praxis aber verfügten die wenigsten Juden, die in Deutschland geblieben waren, über die finanziellen Mittel, die Gesundheit und die Beziehungen, die für eine Emigration in letzter Minute erforderlich gewesen wären. Die jüdische Auswanderung hatte ihren Gipfel 1939 erreicht, als 75 000 bis 80 000 Juden das Land verließen; 1940 schmolz sie auf 15 000 Auswanderer zusammen und glich danach, als den letzten 8000 Juden die Ausreise aus dem Land gelang, nur noch einem schmalen Rinnsal.[13] Über

90 Prozent der 163 696 Juden, die sich am 1. Oktober 1941 noch in Deutschland befanden (die von der Reichsvereinigung der Juden in Deutschland angegebene Zahl), sollten bald darauf in die Ghettos und Todeslager im Osten deportiert werden.[14] Am 14. Oktober wurde der Befehl zur Deportation erteilt, die »Endlösung der Judenfrage« wurde Wirklichkeit.

Zuvor jedoch waren die Juden im nationalsozialistischen Deutschland so erniedrigt worden, dass einige von ihnen sich freiwillig zu den ersten »Transporten« Richtung Osten meldeten, weil sie überzeugt waren, dass sie dort bessere Chancen hätten als in Deutschland. Eine von ihnen war Lore Schlesinger, eine junge Frau von 24 Jahren aus Köln. Wie durch ein Wunder überlebte sie und konnte ihre Geschichte erzählen:

»Für uns in Köln wurde alles immer schlimmer [...] 1941 wurden wir aus unserer Wohnung ausgewiesen und in eines der sogenannten ›Judenhäuser‹ umgesiedelt. Ich zog wieder mit meiner Mutter zusammen [...] Mit uns zog auch die verwitwete Schwester meiner Mutter, Helene Lützeler, ein. In diesem ›Judenhaus‹ wohnten wir dann etwa ein halbes Jahr bis zur Deportation [...] Die Wohnung, in der wir gemeinsam wohnten, war sehr eng. Jeder von uns hatte Hausrat und Möbel mitgebracht, und alles war deshalb pickevoll [...]

Dann begannen die Deportationen. Von unseren Verwandten, die in Mülheim und Deutz gewohnt hatten, waren die meisten schon im ersten Kölner Transport am 21. Oktober 1941 nach Litzmannstadt deportiert worden, und wir wußten, wir würden auch bald weggebracht werden. Wir drei, meine Mutter, meine Tante und ich, setzten uns deshalb zusammen und überlegten. Da es hieß, daß der zweite Transport auch nach Litzmannstadt gehen sollte, dachten wir, es sei für uns besser, wenn wir uns freiwillig dazu melden würden. Denn dann wäre die Familie in Litzmannstadt wieder zusammen. Meine Großmutter dachten wir in Köln zurücklassen zu können. Sie war schon Ende 70, und wir hofften, daß man sie in Ruhe lassen würde.

Wir entschlossen uns also, uns freiwillig für den nächsten Transport zu melden. Wie wir das gemacht haben, weiß ich nicht mehr, auf jeden Fall bekamen wir dann wirklich eine Aufforderung für den zweiten Transport und sollten dazu in die

Messehalle kommen. Ich weiß noch, wie wir in der Straßenbahn zur Messehalle fuhren, mit Rucksack und Koffern, und die Leute uns zum Teil mitleidig, zum Teil auch freudig angeguckt haben, als würden sie sagen: ›Nun ja, Gott sei Dank, wieder ein paar weniger.‹ Die Messehalle ist mir noch sehr gegenwärtig. An den Pfeilern des Gebäudes waren Buchstaben angebracht, und wir mußten uns dort nach dem Alphabet aufstellen. Meine Tante hieß Lützeler, stand also bei L, meine Mutter hieß Schottländer, und ich hieß Schlesinger, wir standen also zusammen bei SCH. Dann wurden die Namen aufgerufen, und die Menschen gingen in die Hallen. Bei S und SCH standen noch ungefähr 15 Leute, deren Namen mit diesen Buchstaben begannen, als auf einmal das Tor zuging. Ich höre diesen Knall heute noch. Das knallte, und wir standen draußen, meine Tante aber war drinnen. Ein SS-Mann kam und sagte: ›Sie können wieder nach Hause gehen, Sie kommen mit dem nächsten Transport mit.‹ Ich hab gedacht: ›Um Gottes willen!‹ Ich fühlte mich irgendwie schuldbewußt. Ich hatte meine Tante überredet und gesagt: ›Komm, mach mit, dann bleiben wir zusammen.‹ Ich flehte den SS-Mann an, er solle zwei andere herausnehmen und meine Mutter und mich dafür hineinlassen. Aber es war nichts zu machen. Er sagte: ›Geht nach Hause, der nächste Transport geht auch nach Litzmannstadt.‹ Und so waren wir einigermaßen getröstet – wir hatten ja keine Ahnung! Nach acht oder zehn Tagen bekamen wir wieder den Befehl, uns fertig zu machen. Aber dieser Transport ging nach Riga. Bildlich gesprochen hat der liebe Gott schon damals entschieden: Meine Bestimmung war, daß ich am Leben blieb, denn von Litzmannstadt ist von den Kölnern außer Dr. Lewin, glaube ich, kein Mensch zurückgekommen. Keiner. Wir haben auch von meiner Tante nie wieder etwas gehört.«[15]

Lore Schlesingers Entscheidung, sich freiwillig zur Deportation zu melden, war zwar ungewöhnlich, aber keineswegs irrational angesichts der demütigenden und quälenden Umstände für die damaligen deutschen Juden. Jahrelang waren sie auf Schritt und Tritt judenfeindlichen Schmähungen ausgesetzt, als »Parasiten« verdienten sie keinerlei menschliches Mitgefühl. Als beispielsweise im Frühjahr 1941 der Film *Der ewige Jude* gezeigt wurde, hieß es in einer Besprechung der *Niederrheinischen Volkszeitung*, dieser Film werde

413

»den letzten Deutschen darüber aufklären, daß der Jude als Rasse das unter den Menschen ist und bleiben wird, was die Ratten unter den Tieren sind: Schmarotzer, Giftträger und heimtückische Wühler«.[16] Die bösartigen und unablässigen Propagandabemühungen der Nationalsozialisten dürften die wenigsten Deutschen davon überzeugt haben, dass die Juden Untermenschen seien; eine jüdische Bevölkerung aber, die trotz allem als Untermenschen behandelt wurde, wurde dadurch noch weiter demoralisiert. Als im Herbst 1941 die ersten Deportationen einsetzten, hatten die meisten Juden auf behördlichen Zwang den größten Teil ihres Eigentums und ihrer Wertsachen abgeliefert und waren aus ihren Wohnungen und dem Erwerbsleben vertrieben worden. Sie mussten eine Sperrstunde einhalten, 20 Uhr im Winter und 21 Uhr im Sommer, nach der sie sich nicht mehr auf der Straße zeigen durften. Ihre Einkäufe konnten sie nur noch zu festgesetzten Zeiten erledigen, doch der Erwerb von Kleidung, Damenunterwäsche und Schuhen war ihnen verboten. Sie mussten Zwangsarbeit verrichten, ihre Lebensmittelrationen waren jedoch so knapp bemessen, dass sie fast ohne Fleisch auskommen mussten, und diejenigen, die nach dem September 1942 noch in Deutschland lebten, bekamen unter anderem weder Kaffee noch Fisch, Milch, Eier, Geflügel, Lebensmittelkonserven, Äpfel oder Tomaten. Für ihre Kinder gab es keine Süßigkeiten mehr. Sie wurden in so genannte Judenhäuser und speziell für sie bestimmte Wohnungen eingewiesen und von der übrigen Welt isoliert. Verschärft wurde diese Isolation noch durch die Bestimmung, dass sie sämtliche Radiogeräte und Telefone abliefern mussten. (Ab Dezember 1941 durften sie auch keine öffentlichen Telefonzellen mehr benutzen.) Die einzigen öffentlichen Anlagen, wo ihre Kinder noch spielen durften, waren häufig die jüdischen Friedhöfe, da Juden keinen Wald mehr betreten oder öffentliche Parks besuchen durften und die Nachbarn von jüdischen Kindergärten sich über den Lärm der auf der Straße spielenden Kinder beschwerten.[17] Diese traurigen Realitäten des jüdischen Lebens in Deutschland zur Kriegszeit wurden durch zwei weitere diskriminierende Maßnahmen noch empfindlich verschärft. Die eine nahm ihnen ihre Anonymität, indem sie gezwungen wurden, in der Öffentlichkeit sichtbar einen gelben Stern an ihrer Kleidung zu tragen, und die andere schränkte ihren Zugang zu Luftschutzräumen während der

Bombenangriffe ein. Unnötig zu sagen, dass dies ihre ohnehin bedrängte Lage noch schmerzlicher und gefährlicher machte.

Seit dem 19. September 1941 mussten in Deutschland alle Juden über sechs Jahre einen handtellergroßen schwarzen Davidstern auf gelbem Stoff mit der Aufschrift »Jude« in hebraisierenden Buchstaben (von den Nationalsozialisten als »Judenstern« bezeichnet) sichtbar auf der linken Brustseite tragen, sobald sie auf die Straße gingen. Wer als Jude den Stern nicht trug oder versuchte, ihn zu verbergen, indem er ihn mit einer Einkaufs- oder Aktentasche oder einem anderen Gegenstand verdeckte, machte sich strafbar. Für viele Juden war dies der schmerzlichste Tag ihres Lebens. Ein damals sechzehnjähriger Junge erinnerte sich später, mit dem Stern habe er sich »nackt« gefühlt: »Er schien mir so groß wie ein Teller und wie eine tonnenschwere Last.«[18] Victor Klemperer schrieb in sein Tagebuch, von nun an müsse seine – nichtjüdische – Frau alle Besorgungen erledigen, weil er die Wohnung vorläufig nur noch im Schutze der Dunkelheit verlassen werde, um etwas frische Luft zu schöpfen. Unter dem Datum des 20. September schrieb er: »Gestern, als Eva den Judenstern annähte, tobsüchtiger Verzweiflungsanfall bei mir.«[19] Von diesem Tag an konnten die Juden in Deutschland den gehässigen Blicken und Schmährufen nirgends mehr entgehen. Ab März 1942 mussten sie den Stern auch an ihren Wohnungstüren anbringen und wurden so zur leichten Zielscheibe für antisemitische Nachbarn, die Gestapo und andere nationalsozialistische Behörden und Fanatiker.

Der »Judenstern« verringerte außerdem die Chancen der Juden, die verheerenden Bombenangriffe der Alliierten zu überleben. Im Oktober 1940 wurde eine Verordnung erlassen, die eine strikte Trennung zwischen Juden und »Ariern« in Luftschutzräumen vorsah. Das bedeutete bestenfalls, dass die Juden von nun an in behelfsmäßigen und überbelegten Schutzräumen Zuflucht suchen mussten, wo sie nicht nur die Luftangriffe, sondern auch die Schimpfkanonaden vieler deutscher Nichtjuden über sich ergehen lassen mussten, die ihnen die Schuld am Krieg gaben. Häufig bedeutete es, dass den Juden der Zugang zu Luftschutzkellern überhaupt verwehrt wurde. So erinnerte sich Lore M., die damals noch Schlesinger hieß: »Der Krieg war ja noch in vollem Gang, und wir erlebten die ganzen Bombardierungen bis Ende 1941 noch mit. Die Anwohner vom Salierring, wo wir wohnten, gingen dort bei den Angriffen in einen Luftschutzkeller, in den wir aber nicht hinein durften. Wir durften wohl aus der Wohnung heraus, aber, weil wir Juden waren, nicht in den Luftschutzkeller hinein.«[20] Einige Juden, die das Risiko eingingen, in einem für sie verbotenen Luftschutzkeller Zuflucht zu suchen, sollten es bitter bereuen. In einem Prozess im November 1948 gegen einen Krefelder Polizisten wegen Verbrechen gegen die Menschlichkeit sagte ein 66-jähriger Mann namens Emil Löwenstern aus, in den drei Jahren, die er im Konzentrationslager Theresienstadt verbracht hatte, habe er nichts Vergleichbares durchgemacht wie »in der einen Nacht auf der Polizeiwache Kanalstraße in Krefeld« 1941.[21] Kurz zuvor in seine Geburtsstadt Krefeld zurückgekehrt, um einige Zeit bei seinen Geschwistern zu verbringen und sich den Verfolgungen zu entziehen, die er in Essen, wo er mittlerweile lebte, erdulden musste, war Löwenstern eines Nachts gerade auf der Straße unterwegs, als Fliegeralarm gegeben wurde. Er flüchtete sich sofort in einen Luftschutzkeller Ecke Hochstraße/Südwall, der für Juden verboten war. Es dauerte nicht lange, bis jemand ihn erkannte, obwohl er keinen »Judenstern« trug, und zwei anwesende Polizisten auf ihn aufmerksam machte, die ihn festnahmen. Als der Angriff vorüber war, brachten die beiden Polizisten ihn unter Anwendung von Gewalt auf die nahe gelegene Polizeiwache in der Kanalstraße, wobei sie ihn unterwegs immer wieder mit Tritten traktierten. In der Polizeiwache begann die eigentliche Brutalität. Nachdem sie ihn mit Schlägen schwer misshandelt hatten, befahl ihm einer der beiden Polizisten, sich auszuziehen, und als Löwenstern nicht gleich reagierte, riss er ihm den Mantel und die Jacke selbst herunter. Danach befahl er Löwenstern, sich mit dem Rücken an die Wand zu stellen, während er aus seiner Schreibtischschublade einen Revolver zog. Danach richtete er die Waffe auf Löwenstern und befahl ihm, die Augen zu schließen. Nach einer unerträglich langen Pause brüllte der Polizist: »Was, du Schwein, die Kugel ist viel zu schade für dich!« Schließlich sperrte er ihn in eine Zelle, wo er die ganze Nacht an der Wand stehen bleiben musste. Als Löwenstern müde wurde und zu Boden sank, schlug ihm einer seiner Aufpasser auf Befehl des Polizisten den Kopf gegen die Wand. Am nächsten Tag übergab ihn die Krefelder Polizei der Gestapo.[22]

Die beklemmenden Schilderungen von Menschen, die den Krieg und den Holocaust überlebten wie Lore Schlesinger und Emil Löwenstern, vermitteln nur eine blasse Ahnung von dem Terror, unter dem deutsche Juden im Krieg zu leiden hatten. Die Krefelder

Gestapoakten, das Untersuchungsmaterial, das für den im Juli 1954 stattfindenden Prozess gegen die Leiter der Kölner Gestapo wegen ihrer Beteiligung an der Deportation und Ermordung der Kölner Juden erhoben wurde, und mühsame Versuche deutscher Archivare und Historiker, die Deportationen der Juden aus Krefeld, Düsseldorf und Köln bis in die letzten Einzelheiten zu rekonstruieren, all dies hat dazu beigetragen, dass wir die traurigen Erfahrungen der Juden, die den Massenmord nicht überlebten, dokumentieren können.

Die Verfolgung der Juden in Krefeld und Köln 1939–1945

Die Ermittlungsakten der Krefelder Gestapo lassen erkennen, dass der Terror, dem die Juden in Deutschland während des Krieges ausgesetzt waren, nur wenig Ähnlichkeit mit dem Terror der dreißiger Jahre hatte. Bis zum September 1939 waren die Juden nur eine Gruppe neben anderen, gegen die das Regime seine Verfolgungsmaßnahmen richtete; in den Kriegsjahren waren sie die Hauptzielscheibe der Verfolgung. In den dreißiger Jahren waren nur 20 Prozent der Beschuldigten in den Krefelder Gestapoakten Juden. In den Kriegsjahren, als der Anteil der jüdischen Beschuldigten in diesen Akten auf 35 Prozent stieg, gaben die Gestapo und die anderen Strafverfolgungsbehörden ihre »reaktive« Haltung auf und wurden von sich aus aktiv, um die Vernichtung des jüdischen Volkes zu erleichtern.[23] Sie selbst und andere, die in ihrem Auftrag handelten, bespitzelten die Juden jetzt fortwährend, öffneten ihre Post, drangen in ihre Wohnungen ein und durchsuchten sie, überprüften ihre Ausweispapiere und Lebensmittelkarten, sorgten dafür, dass sie sämtliche judenfeindlichen Gesetze und Verordnungen beachteten, und schikanierten sie in vielfältigster Weise, bis sie sich schließlich auch aktiv an ihrer Ermordung beteiligten.

Die Veränderung in der Taktik der Gestapo machte sich sofort nach Kriegsbeginn bemerkbar. Am 14. September 1939 verhaftete die Krefelder Gestapo einen 49-jährigen jüdischen Geschäftsmann namens Hermann H. Das setzte eine Kette von Ereignissen in Gang, die ihn schließlich das Leben kosten sollten.[24] Zu jener Zeit bemühten sich Hermann H. und seine 39-jährige Frau Gertrud um Papiere des US-amerikanischen Konsulats in Stuttgart, die ihnen eine Auswanderung ermöglichen würden. Als sie diese im Mai

1940 tatsächlich erhielten, war es bereits zu spät, um Hermann H.s Leben zu retten. Seine Frau konnte Deutschland noch am 10. Juni 1941 verlassen, weniger als zwei Wochen, bevor Deutschland die Sowjetunion überfiel.

Die Gestapo war auf Hermann H. durch die Denunziation einer zwanzigjährigen ledigen Frau, die bei ihren Eltern in einer Nachbarwohnung wohnte und Luftschutzwartin war, aufmerksam geworden. Nach Angaben dieser Frau hatte Hermann H. etwa eine Woche zuvor die Rolläden vor einem der Fenster seiner Wohnung nicht ganz heruntergelassen, so dass ein etwa zehn Zentimeter großer Spalt offen geblieben war. Als sie an seiner Wohnungstür geklingelt und ihn auf den Spalt aufmerksam gemacht habe, hätte er verärgert zur Antwort gegeben: »Wenn Sie etwas sehen wollen, müssen Sie eine Brille aufsetzen und dann nach dem Bismarckplatz gehen [wo die NSDAP ihr Büro hatte], um zu sehen, ob die auch abgedunkelt hätten.« Im Verlauf der kurzen Ermittlungen der Gestapo in dieser Sache, die von den Gestapobeamten Herbert Braun und Wilhelm Weber geführt wurden, belastete auch ein 43-jähriger Ladeninhaber Hermann H. mit der Behauptung, kurz vor Kriegsbeginn habe dieser zu ihm gesagt: »Ob es Krieg gibt oder nicht, bestimmen wir doch, Sie Nichtskönner!«

Da niemand die Beschuldigungen der Lufschutzwartin oder des Ladeninhabers bestätigen konnte, wurde Hermann H. nur zwei Wochen in »Schutzhaft« genommen und danach wieder freigelassen. Zu diesem Zeitpunkt war Hermann H., der bereits vor seiner Vernehmung durch die Gestapo ein Nervenleiden hatte, der Akte zufolge extrem »nervös und reizbar« geworden. Bald nach diesem Zwischenfall plante er mit seiner Frau, über die nahe gelegene Grenze nach Holland zu fliehen. Die Gestapo erfuhr von diesem Vorhaben durch einen anonymen Bericht, der vermutlich von einem von der Gestapo eingesetzten Spitzel stammte, der die beiden beschatten sollte. Demnach plante das Ehepaar nicht nur, illegal über die Grenze zu gehen, sondern auch 5870 Mark außer Landes zu bringen. Am 28. September 1939 verhaftete die Gestapo alle beide und nahm sie in »Schutzhaft«. Getrud H. kam erst nach acht Monaten Gefängnis am 20. Mai 1940 wieder frei. Bei Hermann H. führte die »Schutzhaft« zu seinem Tod. Nach zwei Monaten im Konzentrationslager Sachsenhausen kam er für die nächsten sechs Monate in das Krefelder Gefängnis, wo er schwer erkrankte. Ende Mai wurde er in ein Krankenhaus in Bielefeld verlegt. Einen Monat später, am 27. Juni 1940, starb er. Es war sein fünfzigster Geburtstag.

Ein weiterer Fall, bei dem die Ermittlungen im ersten Kriegsmonat aufgenommen wurden, begann mit einem Bericht eines Gestapospitzels. Das Besondere an diesem Fall war, dass einer der Krefelder Gestapobeamten, Alfred Effenberg, sich dabei selbst als Spitzel betätigte.

Am 18. September 1939 erhielt Effenberg einen vertraulichen Bericht, dem zufolge eine Jüdin namens Friederike P. häufig abends in ihrer Wohnung Auslandssender hörte. Um den Wahrheitsgehalt des Berichts persönlich zu überprüfen, verbrachte Effenberg den nächsten Abend in der benachbarten Wohnung als Lauscher an der Wand. Die Wand muss sehr dünn gewesen sein, und Frau P. hatte offenbar keine besonderen Vorsichtsmaßnahmen getroffen, da Effenberg zu dem Schluss gelangte, dass Frau P. tatsächlich ausländische Sender hörte. Es war um 21.30 Uhr »ein französischer Sender und um 22.30 Uhr die Nachrichtensendung in deutscher Sprache des englischen Rundfunks«.[25]

Einen Tag später vernahm Effenberg Frau P. in der Krefelder Gestapozentrale. Sie bestritt die gegen sie erhobene Beschuldigung nicht. Zu ihrer Rechtfertigung erklärte sie, ihr verstorbener Mann sei kein Jude gewesen und habe bis zu seinem Tod im Jahr zuvor eine Weberei betrieben, in der Krawatten und Seidenstoffe hergestellt wurden. Des Weiteren gab sie an, sie betrachte sich nicht mehr als Jüdin und habe ihre Kinder nicht im jüdischen Glauben erzogen. Wie sie erklärte, hatte sie die Auslandssender nur gehört, um etwas darüber zu erfahren, ob ihre Söhne, die jetzt die Weberei führten, möglicherweise einberufen würden, und sie versicherte Effenberg, sie habe mit niemandem über den Inhalt der Sendungen gesprochen, auch nicht mit ihren drei Söhnen.

Die Einlassung von Frau P. schien Effenberg zu überzeugen, denn er beschloss, den Fall nicht an die Staatsanwaltschaft weiterzugeben, sondern es bei einer Verwarnung und der Beschlagnahme ihres Radiogeräts zu belassen. Diese Entscheidung begründete er in seinem Abschlussbericht damit, dass die Frau über dreißig Jahre lang »mit einem Arier« verheiratet war und »von den übrigen Juden gemieden wurde«; »ihre Kinder sind wieder mit Ariern verheiratet und stehen trotz ihrer jüdischen Abstammung vollkommen auf dem Boden der nationalsozialistischen Weltanschauung«. Man kann nur darüber spekulieren, was geschehen wäre, wenn die übrigen Juden Frau P. nicht gemieden hätten, und man kann auch nur Mutmaßungen darüber anstellen, wie schmerzhaft diese Vernehmung für sie gewesen sein musste. Wenige Monate später verstarb die 59-jährige Witwe.[26] Die relative Geringfügigkeit der Vergehen, die Herkunft der beschuldigten Personen, der tragische tödliche Ausgang und die verstärkten Überwachungsbemühungen der Gestapo in den beiden Fällen waren für viele Ermittlungen bezeichnend, die von der Gestapo während des Zweiten Weltkrieges in Krefeld und anderen deutschen Städten gegen Juden geführt wurden. Die Fälle waren für die Juden in Krefeld und anderswo in Deutschland nur insofern nicht typisch, als die Gestapo gegen diese unglücklichen Menschen überhaupt Ermittlungen wegen angeblicher Gesetzesverstöße aufgenommen hatte. Bei Kriegsanbruch waren sich die meisten Juden darüber im Klaren, dass bereits der geringste Verstoß gegen eine der zahlreichen gegen sie erlassenen Vorschriften und Verordnungen sie leicht das Leben kosten konnte. Deshalb waren die meisten nach allen Kräften bemüht, die Gesetze und Verordnungen einzuhalten, um jeder Gefahr aus dem Weg zu gehen. Doch war das für die große Mehrheit der deutschen Juden letztlich unmöglich. Wer nach dem Einsetzen der großen Deportationswellen im Herbst 1941 noch als »Jude in Deutschland« zurückblieben war, hatte in der Regel nur dann eine Überlebenschance, wenn er oder sie in einer so genannten Mischehe lebte oder selber »Mischling« war.

Es ist jedoch daran zu erinnern, dass mindestens bis zur Mitte der Kriegsjahre kein einziger Jude von dem ihm zugedachten Schicksal etwas ahnte. Fast alle waren daher der Meinung, die beste Überlebensstrategie bestehe darin, sich peinlich genau an das Gesetz zu halten und sich nicht zu beschweren. So erklärte eine Krefelder Jüdin, die am 4. Juli 1941 vom Gestapobeamten Gustav Burkert vernommen wurde, weil sie sich abfällig über die Regierung geäußert haben sollte, dass »ich als Jüdin bei Äußerungen jeder Art sehr vorsichtig bin und jedes Wort vorher überlege [...] [und daß] ich als Jüdin genau weiß, wie die Dinge liegen und daß wir nichts mehr zu bestellen haben«.[27]

Doch trotz aller Vorsicht und Gesetzestreue konnten viele Juden nicht vermeiden, wegen eines Vergehens beschuldigt zu werden. Obwohl die durchschnittliche Anzahl der jährlich gegen Juden neu eingeleiteten Ermittlungen während der gesamten NS-Zeit relativ konstant blieb (in Krefeld waren es 9 neue Fälle im Jahr), heißt das nicht, dass während der Kriegsjahre die jüdische »Verbrechens-rate« konstant geblieben oder dass das Interesse der Gestapo an einer Kriminalisierung der jüdischen Bevölkerung nicht gestiegen wäre. Da bis Ende der dreißiger Jahre rund die Hälfte der jüdischen Einwohner Krefelds die Stadt verlassen hatte, besagt die unveränderte Zahl der gegen Juden jährlich neu eingeleiteten Ermittlungen, dass Juden in den Kriegsjahren doppelt so häufig ins Visier der Gestapo gerieten wie in den Friedensjahren.[28]

Ein anderer Hinweis auf die in den Kriegsjahren erhöhte Bereitschaft der Gestapo zur Verfolgung von Juden ist die Kategorie der Vergehen, deren sie beschuldigt wurden. Sowohl in den Vorkriegs- als auch in den Kriegsjahren nutzte die Gestapo sämtliche Gesetze, Verordnungen und Verfügungen des Dritten Reiches, um die jüdische Bevölkerung unter Druck zu setzen. Während der Kriegsjahre schnellte jedoch die Zahl der speziell gegen Juden gerichteten gesetzlichen Bestimmungen in die Höhe, und die Gestapo bemühte sich noch mehr als bisher, Verstöße dagegen unnachsichtig zu verfolgen. In den dreißiger Jahren bestand kaum ein Unterschied zwischen den Vergehen, die Nichtjuden und Juden vorgeworfen wurden. Das änderte sich mit Beginn des Krieges. Vor dem Krieg machten Sittlichkeitsdelikte (26 Prozent), Wirtschaftsvergehen (20 Prozent), Vergehen gegen das Heimtückegesetz (18 Prozent) und politische Gegnerschaft (12 Prozent) mehr als drei Viertel der Vergehen aus, deretwegen die Gestapo gegen Krefelder Juden ermittelte. Während des Krieges musste sie dagegen auf immer neue, an den Haaren herbeigezogene Vergehen zurückgreifen, die alle mit den judenfeindlichen Verordnungen zu tun hatten, zum Beispiel das Versäumnis, den »Judenstern« zu tragen, die Missachtung der Sperrstunde für Juden, das Fehlen korrekter Ausweispapiere oder die Überschreitung der für Juden festgesetzten Lebensmittelrationen. Diese neuen Kategorien von Gesetzesverstößen, die nur von Juden begangen werden konnten, machten in der Kriegszeit über die Hälfte der den Krefelder Juden von der Gestapo zur Last gelegten Vergehen aus: Allein auf das Versäumnis, den »Judenstern« zu tragen, entfielen 20 Prozent der Ermittlungen.

In ihrem heftigen Bemühen, den Druck auf die jüdische Bevölkerung zu erhöhen, nahm die Gestapo immer weitere Teile dieser Bevölkerungsgruppe in den Blick. Bis Ende der dreißiger Jahre entsprach die Verteilung der jüdischen Beschuldigten im Hinblick auf Geschlecht und Alter dem Muster der übrigen Beschuldigten. Es waren in der Mehrzahl erwachsene Männer zwischen zwanzig und fünfzig Jahren und nur wenige Frauen aller Altersstufen. Nach dem September 1939 gerieten auch Frauen, Kinder und ältere Menschen ins Visier der Gestapo. Zwischen Januar 1933 und August 1939 waren nur 14 Prozent der Personen, gegen die von der Krefelder Gestapo ermittelt wurde, Frauen, und nur 13 Prozent aller Beschuldigten waren jünger als zwanzig oder älter als sechzig Jahre. Danach stieg der Anteil der Frauen auf gut das Dreifache (40 Prozent) und der der Kinder und Älteren auf mehr als das Doppelte (28 Prozent).

Dass die Gestapo in den Kriegsjahren keinen Juden mehr entkommen lassen wollte, soll anhand von zwei Beispielen aus den Akten der Krefelder Gestapo verdeutlicht werden. Im ersten ging es um den ältesten Krefelder Juden, gegen den im Dritten Reich Ermittlungen eingeleitet wurden. Am 14. September 1940 befand sich der im Ruhestand lebende jüdische Metzger Hermann K. in seinem 84. Lebensjahr und war in schlechter gesundheitlicher Verfassung, als die Gestapo zu ihm in die Wohnung kam, um ihn zu verhaften.[29] Aus seiner Akte geht hervor, dass sowohl die NSDAP-Kreisleitung als auch die Gestapo Herrn K. als Ärgernis betrachteten. Um einen Vorwand zu finden, der es ermöglichte, legal gegen ihn vorzugehen, setzte die Gestapo mehrere Spitzel aus seiner Nachbarschaft ein, die ihn beobachten sollten, darunter auch eine 29-jährige Hausfrau, mit der er häufig im Streit lag. Bei beiden war eine 63-jährige Putzfrau beschäftigt, die von der Gestapo als Zeugin vernommen wurde. Obwohl diese zu Gunsten von Hermann K. aussagte und erklärte, sie habe der Hausfrau mehrfach gesagt, sie solle Herrn K. mit Rücksicht auf sein vorgerücktes Alter und seinen schlechten Gesundheitszustand in Ruhe lassen, suchte die Hausfrau weiter Streit mit Herrn K. Schließlich zeigte sie ihn bei der Gestapo an, nachdem er sie mit so unfreundlichen Namen bedacht hatte wie »du schmutziges Vieh« und »du dummes Luder« und seinen Spazierstock – drohend, wie sie fand – gegen sie erhoben hatte. Wäre er kein Jude gewesen, so hätte sich die Gestapo um diese Geschichte überhaupt nicht gekümmert, so aber machte sie den Beschuldigten zu einem Schwerverbrecher. Offenbar wollte Kommissar Jung ihn direkt in ein Konzentrationslager überstellen, musste sich jedoch angesichts der Gebrechlichkeit des Beschuldigten damit begnügen, ihn drei Wochen in »Schutzhaft« zu nehmen, und überwies ihn dann in die jüdische Heil- und Pflegeanstalt Bendorf-Sayn bei Neuwied. Über ein Jahr später, am 1. Januar 1942, schloss Jung die Akte mit der Eintragung: »Es ist nichts mehr zu veranlassen. Kreisleitung Krefeld hat von dem Ermittlungsergebnis Kenntnis erhalten. Auf schriftliche Mitteilung wird verzichtet.« Wir wissen nichts darüber, ob Hermann K. zu diesem Zeitpunkt noch am Leben war. Er starb entweder in dem Pflegeheim oder wenig später, als das Heim im Juni 1942 aufgelöst und die kranken und gebrechlichen Insassen in die Todeslager im Osten deportiert wurden.[30]

Während Kommissar Jung anscheinend den Eindruck hatte, sich wegen des hohen Alters und des schlechten Gesundheitszustands von Herrn K. die Empfehlung, diesen in ein Konzentrationslager zu überstellen, versagen zu müssen, zeigte er im Fall von Salomon und Meta G. keine derartigen Hemmungen.[31] Das hing möglicherweise mit den unterschiedlichen Zeitpunkten zusammen, zu denen die Ermittlungen in beiden Fällen aufgenommen wurden. Im Fall von Herrn K. war über die »Endlösung der Judenfrage« noch nicht entschieden, während die Ermittlungen gegen Salomon und Meta G. eingeleitet wurden, nachdem die Deportationen in den Osten bereits begonnen hatten. Am 5. März 1942 wurden Salomon G., ein 62-jähriger ehemaliger Eigner einer großen Seidenweberei in Krefeld mit einem schweren Herzleiden, und seine fünfzigjährige Frau Meta von der Gestapo ins Polizeipräsidium vorgeladen. Die Gestapo hatte einen von ihnen geschriebenen Brief abgefangen, der ihrer Meinung nach verbotene Hinweise auf das Schicksal der deportierten Juden enthielt. Der Brief mit Datum vom 18. Januar 1942 war an Salomon G.s Bruder in Berlin adressiert, der – was die Absender nicht wussten – bereits deportiert worden war. In ihm schrieb Salomon G., er habe keine Nachricht von einer Frau namens L. oder von anderen Krefelder Juden, die in den letzten Monaten im Zuge der ersten Deportationswellen in den Osten abtransportiert worden waren. Die inkriminierte Passage lautete: »Von Lene haben wir noch nichts gehört, wie man überhaupt von den Verschickten fast nichts hört. Sie werden wohl nicht schreiben dürfen. Nette Zustände! Nun, ich glaube, es ist bald Stille.«

Kommissar Jung sorgte schon dafür, dass für Salomon und Meta G. und ihren fünfzehnjährigen Sohn Max bald Stille war. Zunächst nahm er Salomon G. als Geisel mehrere Wochen in »Schutzhaft« und entließ Meta G. lediglich mit einem scharfen

Verweis nach Hause, denn sie hatte den Brief nicht geschrieben und angegeben, sie habe ihn nicht einmal gelesen. Jungs »Endlösung« des Falles folgte jedoch bald, nachdem er beschlossen hatte, das Ehepaar und dessen Sohn für die nächste »Evakuierung« auf die Liste zu setzen. Zuvor erforderte der »Geschäftsablauf« jedoch eine amtsärztliche Untersuchung der Familie. In den meisten Fällen nahm der Amtsarzt zu diesem Zweck eine oberflächliche ärztliche Untersuchung vor und unterschrieb anschließend in einem Formular, dass die untersuchte Person »arbeits-, lager- und haftfähig und frei von Ungeziefer und ansteckenden Krankheiten« war.[32] Doch in einem Brief vom 14. April 1942 schrieb der Krefelder Amtsarzt, Salomon G. habe einen (extrem hohen) Blutdruck von 290/170 und konstatierte kurz und knapp: »Salomon G. ist nicht transportfähig.« Diese Diagnose wurde von Jung schlichtweg ignoriert. Er schloss die Akte von Salomon G. mit den Worten ab: »G. wurde am 21.4.42 mit seiner Ehefrau und seinem Sohn Max Israel nach dem Osten evakuiert.« Von diesem Transport, der zunächst zu einem Durchgangsbahnhof in Polen im Kreis Lublin namens Izbica und von dort zu den Gaskammern von Auschwitz, Belzec und Majdanek ging, kehrte kein Krefelder Jude lebend zurück.[33]

Die Deportationen

Mit Ausnahme der Juden, die das »Glück« hatten, in das »Ghettoparadies« deportiert zu werden, das die Nazis zu kosmetischen und propagandistischen Zwecken in Theresienstadt errichtet hatten, und jener besonders kräftigen und zumeist jugendlichen Juden, denen es irgendwie gelang, die physischen und psychischen Strapazen jahrelanger Schwerstarbeit durchzustehen, nachdem man sie zur Vernichtung durch Arbeit selektiert hatte, kamen die meisten deutschen Juden bereits wenige Wochen, nachdem man sie dorthin deportiert hatte, in den Konzentrationslagern um. In Köln, Krefeld und anderen deutschen Städten wurden die meisten Deportationen zwischen Herbst 1941 und Sommer 1942 durchgeführt. Ende 1942, als die meisten deportierten Juden vermutlich bereits tot waren, waren die einzigen Juden, die noch in deutschen Städten lebten, entweder »Mischlinge« oder hatten einen nichtjüdischen Ehepartner.[34] Zwar gab es Ende 1943 noch über 18 000 Juden in Berlin (der Stadt mit der größten jüdischen Gemeinde und den

424

meisten Deportationen), doch hatten diese fast alle einen privilegierten Status. Somit konnten die Nazis am 19. Juni 1943 Berlin offiziell als »judenrein« erklären.[35] Durch Augenzeugenberichte und anderes Beweismaterial, das für den 1954 stattfindenden Prozess gegen die Leiter der Kölner Gestapo erhoben wurde, sind wir darüber unterrichtet, wie die Deportationen abliefen.[36] Weder die Staatsanwälte noch die Richter in diesem Prozess waren in der Lage, die exakte Zahl der Kölner Juden zu bestimmen, die in den Kriegsjahren aus Köln deportiert worden waren. Auf Seite 16 der 59 Schreibmaschinenseiten umfassenden Urteilsschrift ist jedoch dokumentiert, dass in mindestens achtzehn einzelnen Transporten – die am 21. Oktober 1941 mit der Deportation von 1000 Juden in das Ghetto Litzmannstadt (Lodz) begannen und mit der Deportation einer unbekannten Zahl jüdischer »Mischlinge« und Juden, die einen nichtjüdischen Ehepartner hatten, am 1. Oktober 1944 nach Theresienstadt endeten – etwa 12 000 Juden aus Köln und Umgebung deportiert wurden.[37] Wie beim ersten Transport wurden auch beim zweiten und dritten jeweils 1000 Juden »evakuiert«, am 28. Oktober 1941 nach Litzmannstadt und am 6. Dezember 1941 nach Riga. Die größte Deportationswelle fand 1942 statt. Allein in diesem Jahr wurden in acht verschiedenen Transporten, von denen sechs in die drei Monate Mai bis Juli fielen, insgesamt rund 6000 Kölner Juden in verschiedene Konzentrations- und Todeslager im Osten deportiert. Somit waren bis zum Ende 1942 fast 80 Prozent der Juden aus Köln und Umgebung deportiert worden, eine Quote, die über dem Landesdurchschnitt lag.[38]

Im Prozessbericht wird beschrieben, wie die Deportationen in Köln vonstatten gingen. Das Reichssicherheitshauptamt in Berlin wies zunächst den Leiter der Kölner Gestapo schriftlich – per Brief oder Telegramm – an, einen Transport von soundso viel Juden mit bestimmten Merkmalen und aus bestimmten Altersgruppen zusammenzustellen, die von Köln an einem bestimmten Tag an einen bestimmten Ort zu deportieren waren. Nachdem er diese Anweisung erhalten hatte, gab der Leiter der Kölner Gestapo den Inhalt rasch an die einzelnen Abteilungsleiter weiter, so dass diese die nötigen Vorbereitungen für den Transport treffen konnten. Bald darauf kam der Leiter des Judenreferats in der Kölner Gestapo, bis zum Herbst 1942 Karl Löffler, mit dem Vorsteher der jüdischen Gemeinde zusammen und übertrug ihm die Aufgabe, eine Liste der

Juden aufzustellen, die deportiert werden sollten, und ihnen alles mitzuteilen, was sie über den bevorstehenden Transport wissen mussten, den Zeitpunkt und den Ort, an dem sie sich einfinden, und was sie mitnehmen sollten. Wörtlich hieß es in der Anklageschrift:»Die Auswahl und Unterrichtung der jeweils zum Abtransport gelangenden jüdischen Familien lag alsdann ausschließlich in den Händen der jüdischen Gemeinde Köln. Die Staatspolizeistelle machte sich damit zunächst keine Arbeit.«[39]

Diese Feststellung weckt einen gewissen Argwohn: Sie liest sich, als hätten die Kölner Staatsanwälte die Opfer für die Organisation ihrer Deportation selbst verantwortlich machen wollen, um den Leiter des Judenreferats in der Kölner Gestapo zu entlasten. Und tatsächlich stand Karl Löffler in diesem Prozess nicht nur nicht unter Anklage, die Staatsanwälte stützten sich in ihrer Anklageschrift auch noch auf Löfflers eigene beschönigende Aussage.[40] Aus Dieter Hangebruchs sorgfältiger Untersuchung der Deportationen der Krefelder Juden wissen wir, dass der für die Juden zuständige Sachbearbeiter in der Krefelder Gestapo, Richard Schulenburg, und andere Krefelder Gestapobeamte direkt an der Erstellung der Deportationslisten beteiligt waren und dass es immer wieder zu einem endlosen Feilschen zwischen dem Vorstand der örtlichen jüdischen Gemeinde und der Gestapo darüber kam, wer am Ende auf der Liste stehen würde.[41] Wir wissen zudem aus den Ermittlungsakten der Krefelder Gestapo, dass diese bei angeblichen Gesetzesverstößen von Juden die Namen der Beschuldigten einfach auf die nächste Deportationsliste setzte. Schließlich ist daran zu erinnern, dass es die Gestapo war, die diese Transporte überhaupt befohlen hatte. Demnach trifft es keineswegs zu, dass die Gestapo mit dem Erstellen der Listen nichts zu tun hatte, auch wenn es wahrscheinlich richtig ist, dass der Vorstand der jüdischen Gemeinde an der für ihn, aber nicht für die Gestapo entsetzlichen Aufgabe mitwirkte, die Deportationslisten zusammenzustellen.[42]

Wie immer diese Listen zu Stande kamen, es besteht kein Zweifel an der sadistischen Behandlung der Juden, während sie auf ihre Deportation warteten, und daran, dass die Gestapo an den späteren Phasen der Deportationen beteiligt war. So hieß es in der Anklageschrift:»War der Termin herangerückt, zu dem sich die jüdischen Opfer in der Messehalle Köln-Deutz einzufinden hatten, so wurde bis auf einen in den Büros der Staatspolizeistelle Köln verbleibenden Bereitschaftsdienst nahezu das gesamte Personal der

Staatspolizeistelle für die Abfertigung des Transportes aufgeboten.«[43] Auf dem Messegelände selbst, das mit Stacheldraht umzäunt war und von uniformierten Polizisten und SS-Männern bewacht wurde, trafen die jüdischen Opfer die primitivsten und unmenschlichsten Bedingungen an, die man sich vorstellen kann. Auf dem Messegelände waren die jüdischen Männer, Frauen und Kinder in eine große, unbeheizte und im Winter bitterkalte Halle »wie das Vieh hineingetrieben worden«, erinnerte sich ein Polizist, der bei zwei Deportationen dabei war. Der Boden war mit Sägemehl bedeckt, das die Juden als Schlafunterlage benutzen sollten, während sie auf den Zug warteten.[44] Dann wurden sie registriert und samt ihrem Gepäck nach Geld, Schmuck, Schokolade, Alkohol, Medikamenten und Kleidungsstücken durchsucht, deren Mitnahme verboten war. Erlaubt waren sechzig Mark, die angeblich gegen die Währung des Landes eingetauscht werden sollten, in das sie gebracht würden; einige Lebensmittel, Essgeschirr und Decken, die sie unterwegs benötigten, und ein Koffer mit einem Höchstgewicht von fünfzig Kilogramm, der ein Paar feste Schuhe, einige Kleidungsstücke, zwei Wolldecken, Leintücher und weitere Lebensmittel enthalten durfte, die ihnen über die ersten zwei bis drei Wochen nach ihrer Ankunft hinweghelfen sollten. Wenn die Züge schließlich eintrafen, schoben und prügelten die Wachen und die Gestapobeamten die Juden in die Wagen, in den meisten Fällen heruntergekommene Güterwaggons ohne Toiletten. Für ihre Fahrt, während der sie von einer kleinen Gruppe Polizisten unter der Führung eines Gestapobeamten bewacht wurden, mussten die Juden selbst zahlen. Nach dem üblichen Tarif für eine Fahrt 3. Klasse brauchten Kinder unter zehn Jahren nichts zu bezahlen, während die übrigen vier Pfennig pro Kilometer entrichten mussten.[45]

Fast alle Augenzeugen, die während der Voruntersuchung zum Kölner Gestapo-Prozess 1954 aussagten, gaben an, sie hätten die ganze Prozedur als unsäglich empörend empfunden. Viele, darunter mehrere jüdische Opfer, überlebende Mitarbeiter der jüdischen Gemeinde, medizinisches Personal, Zivilangestellte der Gestapo und ehemalige Polizisten – auch ein pensionierter Gestapobeamter namens Georg Stolze zählte dazu –, erinnerten sich, dass die jüdischen Männer, Frauen und Kinder physisch und psychisch eingeschüchtert und geschlagen wurden, Leibesvisitationen über sich ergehen lassen mussten und ihres gesamten Schmucks und Bargelds beraubt wurden, einschließlich selbst der sechzig Mark Taschengeld, die man ihnen zuvor ausdrücklich erlaubt hatte. Ein Jude, der die Aufgabe hatte, alten und kranken Juden mit ihrem Gepäck behilflich zu sein, sagte aus, einmal seien nach der Zusammenstellung eines Transports etwa hundert Juden übrig geblieben, da die Gestapo das vorgegebene Kontingent bereits erreicht hatte. Einigen von ihnen hatten die Abreisenden bestimmte Dinge zur Aufbewahrung gegeben. Bevor sie jedoch nach Hause gehen konnten, nahm ein Gestapobeamter ein Megaphon und gab bekannt:»Es ist uns zu Ohren gekommen, daß Eure Rassengenossen Euch verbotenerweise Geld und Wertsachen zugesteckt haben. Ich gebe Euch nun Gelegenheit, diese Sachen und das Geld abzuliefern und mache darauf aufmerksam, daß jeder, bei dem ich noch Geld vorfinde – ich werde nachher Leibesvisitationen vornehmen lassen – nicht etwa verhaftet, sondern sofort diesem Transport angeschlossen wird. Ich hoffe, ihr wißt, was dies bedeutet!«[46] Mehrere andere jüdische Opfer, die deportiert worden waren und die Lager überlebt hatten, sagten aus, die Gestapobeamten hätten keinerlei Anstalten gemacht, die Wertsachen zu registrieren, die sie den Juden vor den Transporten abgenommen hätten. Sie warfen einfach alles auf einen großen Haufen auf dem Boden, verstauten das Ganze in großen Kartons und ließen die besten Stücke für sich selbst mitgehen.[47]

Weitere Augenzeugen sagten aus, sie hätten gesehen, wie alte und behinderte Juden, die so krank und schwach gewesen seien, dass man sie auf Tragen zum Zug bringen musste, von den Wachen mit dem Gewehrkolben blutig geschlagen wurden.[48] Der ehemalige Gestapobeamte Georg Stolze, der in den Kriegsjahren gezwungen wurde, bei der Kölner Gestapo Dienst zu tun, obwohl er bereits pensioniert war, gab eine bewegende Schilderung der letzten Augenblicke der Juden in Köln:»Die in der Messehalle in Köln-Deutz konzentrierten Juden seien so gut wie festgenommen gewesen; das sich dort bietende Bild sei mitleiderregend gewesen. Unter den Juden hätten sich Kranke, gehbehinderte Personen, Kinder, Frauen, Männer, Alte und Gebrechliche befunden; die Juden seien bereits in einem sehr reduzierten Ernährungszustand gewesen; am bedrückendsten sei die psychische Situation dieser Menschen gewesen; die Leute hätten einen so niedergeschlagenen und verängstigten Eindruck gemacht wie Delinquenten, die sich auf ihrem letzten Gang befänden.«[49]

Der Gedanke hätte etwas Tröstliches, dass die meisten Deutschen, die ähnliche Ereignisse mit ansahen, von ihnen ebenso berührt wurden wie dieser ältere Polizist, und man fragt sich, was die Gestapobeamten, Schutzpolizisten, SS-Männer und anderen Deutschen, die an diesen Sammelstellen anwesend waren, getan haben, nachdem die Deportationszüge den Bahnhof verlassen hatten. Als die Luft nicht mehr vom Schreien und Jammern der unglücklichen Juden erfüllt war, befiel den Sammelplatz da eine Art ehrfürchtiges Schweigen? Nun, nicht in Nürnberg. Als in dieser Stadt der Deportationszug abgefahren war, feierten die Deutschen, die den Abtransport beaufsichtigt hatten, ein Freudenfest.

Am 26. April 1949 schrieb Bernhard K. von seinem neuen Wohnort in Vineland, New Jersey, einen Brief an das Nürnberger Amtsgericht, vor dem gegen ehemalige Nürnberger Gestapobeamte wegen Beteiligung an der Ermordung der Nürnberger Juden verhandelt wurde. Nach dem Krieg emigriert, hatte Bernhard K. davor als langjähriger Vorsteher der jüdischen Gemeinde in Nürnberg während des Krieges in »fast täglichem« Kontakt mit der Gestapo gestanden und verfügte über weitgehende Kenntnisse darüber, wie die Deportationen der Nürnberger Juden organisiert waren, bevor er selbst 1943 nach Theresienstadt deportiert wurde. Er erinnerte sich, dass »der ganze Stab der Gestapo« für die Transporte mobilisiert wurde und den deportierten Juden im Lauf der Zeit hunderttausende Mark abgenommen hatte; man hatte ihnen gesagt, die Mitführung auch größerer Geldbeträge sei erlaubt. Wie er schrieb, hatten einige der Beamten das Geld »in die eigene Tasche [gesteckt]«, nachdem sie bei den Juden Leibesvisitationen vorgenommen hatten. In dem Brief hieß es weiter:

»Nach Abfertigung jedes Transportes wurde im Lager Langwasser mit den beschlagnahmten Lebens- und Genußmitteln ein großes Freudenfest mit Damen abgehalten, an dem außer sämtlichen Gestapobeamten auch die Untersuchungsorgane bei den weiblichen Transportteilnehmern, die Reinemachfrauen des Polizeipräsidiums teilgenommen haben. Die letzteren ließen sich bei den Untersuchungen die noch vorgefundenen Schmucksachen schenken.«[50]

Die in den letzten Jahren erschienenen detaillierten Schilderungen von Deportationen aus anderen deutschen Städten, verfasst von deutschen Archivaren und Historikern wie Dieter Hangebruch und Michael Zimmermann, belegen, dass die Grausamkeiten und

Schrecken, wie wir sie aus Köln und Nürnberg kennen, keineswegs die Ausnahme waren.[51] Diese Untersuchungen zeigen auch, dass es unmöglich war, die Deportationen geheim zu halten. Zum einen waren Menschen aus nahezu allen Schichten der deutschen Bevölkerung an der Organisation der Deportationen beteiligt, und zum anderen wurden die Transporte in der Anfangszeit vor den Augen der deutschen Öffentlichkeit durchgeführt. An den damit verbundenen komplizierten Abläufen wirkten nicht nur Gestapo, Kripo, SS und Schutzpolizei mit, sondern auch Amtsärzte, Putzfrauen, Bankangestellte, Versicherungsagenten, Auktionatoren, Arbeitgeber, Meldebehörden, Eisenbahnarbeiter, NSDAP-Funktionsträger, Wehrmachtsangehörige und viele andere. Wahrscheinlich hatten nur relativ wenige Deutsche Gelegenheit, die letzte Phase des Deportationsprozesses direkt mitzuerleben, nachdem die Juden die bewachten Eingänge der mit Stacheldraht umzäunten Sammelplätze passiert hatten. Aber häufig konnten Menschen aus allen Lebensbereichen, während sie alltäglichen Verrichtungen nachgingen, die unglücklichen Juden auf ihrem Weg zu den Sammelplätzen beobachten: wie sie mit einem Koffer mit ihren letzten Habseligkeiten und dem gelben Stern auf der Brust unter Bewachung zum Bahnhof marschieren mussten oder in öffentlichen Straßenbahnen dorthin gebracht wurden, alles am helllichten Tag und unter den Augen der Passanten.

In seiner beispielhaften Untersuchung über die Krefelder Juden im Dritten Reich hat Dieter Hangebruch den Lebensweg jedes einzelnen Juden verfolgt, der am Vorabend des Zweiten Weltkrieges noch in Krefeld gewohnt hatte. Von den damals 832 Krefelder Juden lebten bei Kriegsende nur noch ein knappes Zehntel. Lediglich 83 starben eines natürlichen Todes. Nur vier hatten überlebt, die sich in Krefeld versteckt gehalten hatten. Fünfzehn begingen vor der Deportation Selbstmord. Zehn starben, während sie in einem Konzentrationslager oder einem Gefängnis eine Haftstrafe wegen angeblicher krimineller Delikte verbüßten. 73 waren freiwillig oder unter Zwang an einen anderen Ort gezogen und dort gestorben, darunter viele, die man in das jüdische Krankenhaus in Köln oder in die jüdische Heil- und Pflegeanstalt Bendorf-Sayn gebracht hatte. Die meisten von ihnen starben nach der Deportation. Zwischen Oktober 1941 und September 1944 verließen sechs Transporte mit insgesamt 599 Krefelder Juden die Stadt. Nur über vierzig Juden konnte Hangebruch nichts herausfinden.[52]

Wie in Köln und anderen deutschen Städten fanden die meisten Deportationen aus Krefeld in den neun Monaten zwischen Ende Oktober 1941 und Ende Juli 1942 statt. Nur der sechste und letzte Transport aus Krefeld ging nach diesem Datum ab. Beim ersten Transport wurden fünfzig Krefelder Juden, die meisten zwischen vierzig und sechzig Jahre alt, am 25. Oktober 1941 nach Litzmannstadt (Lodz) deportiert. Da nur ein einziger von ihnen überlebte, ist über das Schicksal der Deportierten nach der Abfahrt des Zuges wenig bekannt. Wesentlich mehr wissen wir über den zweiten Transport, der Krefeld am 11. Dezember 1941 verließ und nach Riga ging, da von den 144 deportierten Krefelder Juden mehrere überlebten und darüber berichten konnten. Ausgangspunkt des Transports war der Krefelder Hauptbahnhof, wohin auch zahlreiche Juden aus den umliegenden niederrheinischen Städten gekommen waren, darunter 71 Männer, Frauen und Kinder aus Moers. Sie waren mit der Straßenbahn hierher gebracht worden. Den Abend und die Nacht davor hatten die meisten gezwungenermaßen im Haus eines Vorstandsmitglieds der jüdischen Gemeinde verbracht. Bei Tagesanbruch hatte man sie abgeholt und in einer langen Marschkolonne zu einer Straßenbahnhaltestelle in Moers geführt.[53] Von Krefeld fuhren die zur Deportation bestimmten Juden zum Hauptbahnhof Düsseldorf, eine Strecke von etwa 25 Kilometern. Nach ihrer Ankunft mussten sie, eskortiert von Gestapobeamten und SS-Leuten, eine Dreiviertelstunde lang durch Düsseldorf zum Schlachthof Düsseldorf-Derendorf marschieren, den die Gestapo allerdings weniger wegen seines vielsagend makabren Namens als wegen seiner langen Laderampen ausgesucht hatte.[54] Einen Tag später wurden sie in den Zug getrieben, der sie ins Rigaer Ghetto bringen sollte.

Zwischen dem zweiten und dem dritten Krefelder Transport nahmen die Vernichtungspläne des Regimes auf der Wannseekonferenz vom 20. Januar 1942 eine eindeutige Form an. Von nun an gingen die Transporte direkt in die Konzentrations- und Vernichtungslager. Wiederum wissen wir kaum etwas über den dritten und den vierten Transport, die Krefeld am 22. April und am 15. Mai 1942 verließen, da es keine Überlebenden gab. Außer der Zahl der Deportierten in den beiden Transporten (133 und 16) ist nur noch bekannt, dass vor der Abfahrt unter den Krefelder Juden große Angst herrschte, da man von denen, die bei den beiden ersten Transporten mitgefahren waren, nichts mehr gehört hatte, dass

431

unter den Deportierten diesmal viele prominente Krefelder Juden
waren wie der Lehrer Dannenberg und der Arzt Dr. Adler und dass
die Juden vom Schlachthof Derendorf aus in Güterwaggons zunächst zu einem Güterbahnhof namens Izbica in der Nähe von
Lublin und erst von dort aus in die Vernichtungslager Auschwitz,
Belzec oder Majdanek gebracht wurden, wo sie kurze Zeit später
alle umkamen.[55]

Nach dem vierten Transport gab es in Krefeld nur noch ältere
Juden, die nicht arbeitsfähig waren, Juden in »Mischehen« und jüdische »Mischlinge«. Als drei Monate später der fünfte Transport
am Nachmittag des 25. Juli vom Krefelder Hauptbahnhof abging,
blieben nur noch die beiden letzteren Gruppen zurück. Mit diesem so genannten Alterstransport wurden 223 Krefelder Juden deportiert: 86 waren zwischen 60 und 69 Jahre, 82 zwischen 70 und
79 Jahre, 27 zwischen 80 und 89 Jahre und einer über 90 Jahre alt,
der 94-jährige Josef Gimnicher, der sich nach den Angaben eines
Augenzeugen auf Krücken stützte und verbotenerweise, aber stolz
neben dem vorgeschriebenen »Judenstern« seine Kriegsauszeich-
nungen auf der Brust trug. Die Juden auf diesem Transport sollten
nach Theresienstadt gebracht werden, ein Lager, in das prominente und ältere Juden geschickt wurden und dessen Bedingungen
angeblich so vorteilhaft waren, dass die Nationalsozialisten sogar
einen Propagandafilm darüber drehten: »Der Führer schenkt den
Juden eine Stadt«. Die Juden empfanden es allerdings nicht als Geschenk, dorthin deportiert zu werden: Acht Krefelder Juden begingen kurz vor ihrer Deportation Selbstmord, und nur 22 der Übrigen überlebten diesen Transport. Da Theresienstadt ebenso wie
Izbica für viele Deportationszüge nur als Durchgangsbahnhof
diente, wurden viele Juden, die zunächst nach Theresienstadt gebracht wurden, später doch noch in den Gaskammern umgebracht. Die meisten kamen allerdings in Theresienstadt selbst
um. Wir wissen, dass 68 Krefelder Juden dort starben, 46 Prozent
innerhalb der ersten fünf Monate und weitere 33 Prozent zwischen
dem sechsten und dem zehnten Monat ihres Aufenthalts. Bei den
Übrigen zog sich der Todeskampf noch länger hin.[56]

Mit dem »Alterstransport« im Juli 1942 war das jüdische Leben
in Krefeld praktisch erloschen. In den folgenden beiden Jahren
blieben nur noch einige wenige Juden mit einem »deutschblütigen« Ehepartner und »Mischlinge« in der Stadt. Am Sonntag, dem
17. September 1944, wurden mit dem sechsten und letzten Trans-

port auch sie deportiert. Am Morgen dieses Tages verhaftete die Krefelder Polizei die letzten 33 Krefelder Juden und ließ sie quer durch die zerbombte Stadt zum Polizeipräsidium gegenüber dem Hauptbahnhof marschieren. Unterwegs begegneten dem Zug viele Passanten, die aus der Sonntagsmesse in der St. Dionysiuskirche kamen. Im Hof des Hansa-Hauses gab die Gestapo bekannt, die Juden würden zu einem »Arbeitstransport« gebracht, und ihre nichtjüdischen Ehepartner und ihre Kinder könnten wieder nach Hause gehen. Nach einem herzzerreißenden Abschied verlud die Gestapo die Unglücklichen auf einen Pritschenwagen und fuhr sie zum Schlachthof Düsseldorf-Derendorf, der ein letztes Mal als Sammelplatz für die Juden aus dem Rheinland diente. Einen Tag später verließen sie Düsseldorf in einem Sonderzug mit getrennten Waggons für Männer und Frauen Richtung Berlin. Die Fahrt dauerte mehrere Tage, und der Zug hielt unterwegs auf verschiedenen Bahnhöfen an, um weitere Juden aufzunehmen. Nach der Ankunft in Berlin wurden viele Juden zur Arbeit geschickt. Andere steckte man in überfüllte Gefängniszellen, wo sie angstvoll ihren Weitertransport nach Theresienstadt oder Auschwitz erwarteten. Zum Glück für die 33 Juden aus Krefeld war ihr Bestimmungsort Theresienstadt, und die meisten von ihnen überlebten bis zum Kriegsende.[57]

Zu einem abschließenden Kommentar über die Deportationen deutscher Juden verweise ich auf einen hervorragenden, 1995 erschienenen Aufsatz des Essener Historikers Michael Zimmermann, der sorgfältig jede Phase der Deportationen aus Düsseldorf und Umgebung im Juli 1942 untersucht und die Mitwirkung gewöhnlicher deutscher Bürger aus nahezu allen Schichten der Gesellschaft sowohl bei diesen speziellen als auch bei den Deportationen allgemein herausgearbeitet hat. Neben einer Fülle von Belegen zur Untermauerung seiner These, dass »eine Deportation der Bevölkerung nicht verborgen bleiben [konnnte]«, entlarvt er auch die von den Gestapobeamten nach dem Krieg vorgebrachte Behauptung, es sei ihnen nicht bekannt gewesen, dass die Juden in den Tod geschickt wurden, als glatte Lüge.[58] Er argumentiert überzeugend, dass die Gestapobeamten sehr wohl wussten, »dass die Deportationsopfer nicht ›angesiedelt‹ [so ihre Schutzbehauptung], sondern ermordet wurden«[59], und beschließt seine Untersuchung mit dem Hinweis auf die individuelle Schuld aller, die an der Durchführung der Deportationen beteiligt waren:

»Hierarchie und Arbeitsteiligkeit führten zu einer Aufspaltung der Verantwortlichkeiten und Zuständigkeiten, die die Beteiligten psychisch zu entlasten vermochte und sie zugleich enthemmte. Sie mochten sich einreden, andere, zumal höhere Instanzen, nur eben nicht sie selber seien für die ›Evakuierung‹ der Juden verantwortlich. Faktisch blieben den Stellen, die an der Deportation beteiligt waren, aber unzweifelhaft einige Entscheidungs- oder doch Ermessensspielräume, die von organisatorischen und finanztechnischen Details bis zur Selektion der Opfer reichten.«[60]

Kapitel 11

Lauter einzelne Morde

Es ist ohne Zweifel zutreffend, wenn Michael Zimmermann behauptet, die Deportationen hätten vor der deutschen Bevölkerung nicht geheim gehalten werden können, dass zahlreiche deutsche Bürger direkt oder indirekt daran beteiligt waren und dass die meisten deportierten Juden nicht einfach »evakuiert«, sondern schließlich getötet wurden. Des Weiteren gab es, auch wenn der Deportationsprozess Aspekte eines mechanischen Vorgangs aufwies (Hierarchie, Arbeitsteilung et cetera), die vielen daran beteiligten Deutschen die Möglichkeit eröffneten, ihre Handlungen zu rationalisieren und sich bei eventuellen Schuldgefühlen selbst zu beschwichtigen, unstreitig doch beträchtliche individuelle Entscheidungsspielräume, die dazu hätten genutzt werden können, die Deportationen weniger grausam und unmenschlich ablaufen zu lassen und die Zahl der Morde zu verringern. Trotz alledem ist die Frage nach der individuellen Schuld der beteiligten Deutschen noch ungeklärt. Im Herbst 1941 und in der ersten Jahreshälfte 1942, als der größte Teil der Deportationen deutsche Städte in Richtung Osten, zu den Ghettos und Konzentrationslagern, verließ, liefen zwar zahlreiche Gerüchte um, doch zuverlässige Informationen über das, was die Juden wirklich erwartete, gab es damals in Deutschland kaum.[1] Das änderte sich, wie wir noch sehen werden, bis spätestens Weihnachten 1942. In der Zeit davor allerdings machten sich zwar viele Vertreter der Gestapo, der regulären Polizei und der SS keine Illusionen über das endgültige Schicksal der Juden, aber viele und möglicherweise die meisten Deutschen, die 1941 und 1942 an der Deportation der Juden mitwirkten, waren sich wahrscheinlich nicht völlig darüber im Klaren, dass sie Mittäter bei einem Massenmord waren. Außerdem darf ihre untergeordnete, wenngleich nicht unbedeutende Rolle in einem Prozess, der tatsächlich industrielle oder maschinelle Eigenschaften hatte, nicht mit Mord, also vorsätzlicher Tötung, gleichgesetzt werden.

435

Wie die Kontroverse um Daniel Goldhagens Buch *Hitlers willige Vollstrecker* gezeigt hat, ist selbst die Intention der Männer, die direkt an der Erschießung von Juden beteiligt waren, Gegenstand erbitterter Debatten.[2] Die individuelle Schuld von Gestapobeamten und vielen anderen Deutschen am Holocaust lässt sich jedoch eindeutiger bestimmen, wenn wir uns ansehen, wie die Überreste der jüdischen Bevölkerung in den letzten Kriegsjahren behandelt wurden, nachdem kaum noch Transporte abgingen. Nach der sogenannten »Schlußaktion Berliner Juden« Ende Februar und Anfang März 1943, bei der alle noch in kriegswichtigen Industrien beschäftigten Berliner Juden deportiert wurden, blieben in Deutschland fast nur noch »privilegierte« Juden zurück, »Mischlinge« oder Personen mit einem nichtjüdischen Ehepartner. Sie hatten verhältnismäßig gute Chancen, den Massenmord zu überleben. »Volljuden« dagegen, die nicht mit einem nichtjüdischen Partner verheiratet waren, hatten so gut wie keine Chance. Aber ob »privilegiert« oder nicht, jeder Jude, der noch in Deutschland lebte, tat dies in beständiger Furcht und unter enormem Druck, und das Überleben hing häufig von den individuellen Entscheidungen der deutschen Häscher, der nichtjüdischen Landsleute oder von beiden ab. Im Unterschied zu den meisten Juden in Deutschland, deren kollektives Schicksal von oben entschieden wurde und die massenhaft mit den Deportationszügen in den Tod fuhren, wurde das Schicksal dieser von den Nationalsozialisten so genannten »Restjuden« von Fall zu Fall entschieden.

Jüdischer Widerstand: Der Fall Josef Mahler

In einem der tragischeren, aber dennoch irgendwie erhebenden Beispiele für die Verfolgung von Juden aus den Akten der Krefelder und Düsseldorfer Gestapo geht es um die mutigen Versuche eines Krefelder Einwohners in mittleren Jahren namens Josef Mahler, gegen das NS-Regime bis zum letzten Atemzug Widerstand zu leisten, obwohl er so gut wie keine Überlebenschance hatte, nachdem die Maschinerie des Massenmords einmal in Gang gesetzt war.[3] Klein (1,63 Meter groß), jüdisch, mit dunklem Teint, von mäßiger Bildung, verheiratet mit einer Jüdin mit einem unehelich geborenen Kind, als kommunistischer Organisator und Provokateur im

Untergrund, entsprach Mahler fast haargenau dem antisemitischen Klischee der Nationalsozialisten. Die Fotos, die die Gestapo von ihm gemacht hatte, nachdem er sich tagelang nicht rasieren durfte und wahrscheinlich schwer misshandelt worden war, sollten dieses negative Bild zweifellos verstärken, doch sie zeigen auch einen würdevollen, stolzen und trotzigen Menschen, der nicht gebrochen werden konnte. Mit seiner Weigerung, trotz jahrelanger Haft und unablässiger Vernehmungen ein Geständnis abzulegen, bewies Mahler einen bemerkenswerten Mut. Mehr als drei Jahre lang versuchte die Gestapo, Informationen über seine Rolle in den kommunistischen Untergrundorganisationen in Deutschland, Holland und Belgien aus ihm herauszuholen. Zumindest wollte sie ihn in einem Schauprozess vor dem Volksgerichtshof in Berlin vorführen. Am Ende blieb ihr nichts anderes übrig, als ihn zu töten.

Josef Mahler und seine Frau Hedwig waren am 21. März 1940 von der München-Gladbacher Gestapo verhaftet und in »Schutzhaft« genommen worden, unmittelbar nachdem die holländische Polizei sie in Kaldenkirchen bei Venlo über die Grenze abgeschoben hatte. Zwei Wochen später, am 2. April, führten die beiden Gestapobeamten Kiefer und Scholten aus München-Gladbach die erste Vernehmung des Paares durch. Aus den vier umfangreichen Ordnern, die die Gestapo in München-Gladbach, Krefeld und Düsseldorf zu dem Fall anlegte, geht nicht hervor, wie viel sie zu diesem Zeitpunkt über die Aktivitäten Josef Mahlers wusste. Sie lassen jedoch erkennen, dass der Gestapo einiges über Mahlers bisherigen Werdegang bekannt war und dass sie gute Gründe hatte, seinen wiederholten Unschuldsbeteuerungen keinen Glauben zu schenken. Bereits 1937 war die Krefelder Gestapo auf Mahler aufmerksam geworden, als ihn ein Krefelder KPD-Aktivist verraten und nähere Angaben über seine aktive Beteiligung am Aufbau einer illegalen Widerstandsorganisation im März 1933 in Krefeld gemacht hatte.[4]

Obwohl die beiden Gestapobeamten das Ehepaar im Verdacht hatten, konnten sie aus Mahler und seiner Frau, die nacheinander vernommen wurden, lediglich einige Daten aus ihrem Lebenslauf sowie harmlose Schilderungen ihres Lebens im Exil herausbekommen. Hedwig Mahler, die als erste verhört wurde, machte folgende Angaben: Sie und ihr Mann hatten 1920 jung geheiratet. Sie brachte eine uneheliche Tochter mit in die Ehe, zu der sie keinen Kontakt mehr hatte und die vermutlich, mittlerweile Mitte zwan-

437

zig, irgendwo in Deutschland lebte. Im September 1935 emigrierten sie und ihr Mann nach Holland und bezogen eine Wohnung in Venlo, wo er als Drucker arbeitete und sie ihm bei seiner Arbeit half. In Venlo blieben sie zwei Jahre. Während dieser Zeit war keiner von beiden politisch aktiv, sie erhielten jedoch häufig Besuch von deutschen Emigranten, überwiegend Juden. 1937 sahen sie sich gezwungen, nach Belgien umzuziehen, nachdem die holländische Polizei ihre Wohnung durchsucht und einige Emigrantenzeitungen gefunden hatte, die nach ihren Angaben von einigen ihrer Besucher zurückgelassen worden waren. Wie sie aussagte, waren sie einer Art »Intrige« zum Opfer gefallen, deren Hintergründe ihr unklar waren. In Belgien fanden sie eine Wohnung in Brüssel, wo sie drei Jahre lang ein »zurückgezogenes« Leben führten. Im März 1940 war ihre Aufenthaltsgenehmigung abgelaufen, so dass ihnen keine andere Wahl blieb, als nach Holland zurückzukehren, von wo aus sie die Auswanderung nach Bolivien planten. Doch die holländischen Behörden verweigerten ihnen die Aufenthaltserlaubnis und zwangen sie zur Rückkehr nach Deutschland. Dort hofften sie noch immer darauf, nach Bolivien auswandern zu können.

Bei seiner Vernehmung, die sich unmittelbar an die seiner Frau anschloss, erzählte Mahler weitgehend dieselbe Geschichte. Während des ganzen Verhörs – in dem er angab, er habe sich im August 1914 freiwillig zur Reichswehr gemeldet, während des ganzen Krieges an der Front gekämpft und sei sogar verwundet und für Tapferkeit im Dienst des Vaterlands mit dem Eisernen Kreuz geehrt worden – blieb Mahler dabei, er sei stets ein loyaler Deutscher gewesen. Außerdem bestand er während seiner ausführlichen Aussage mehrfach darauf, er habe sich nie für Politik in jeglicher Form interessiert, sei nie einer politischen Organisation beigetreten und habe sich nie an irgendwelchen regimefeindlichen Aktivitäten beteiligt. Wörtlich heißt es im Protokoll seiner Aussage: »Ich behaupte steif und fest, daß ich mich in Holland und Belgien in keiner Weise deutschfeindlich betätigt habe und auch nicht in Emigrantenkreisen verkehrte [...] [daß] ich, wie bereits gesagt, vollständig politisch uninteressiert war.«

So hartnäckig die Mahlers auch ihre Unschuld beteuerten, die Gestapobeamten glaubten ihnen kein Wort. Da sie keinen Augenblick daran zweifelten, dass die beiden zum innersten Kreis der gegen das NS-Regime gerichteten Agitation von Kommunisten und

Emigranten gehörten und wertvolle Informationen preiszugeben hatten, hielt die Gestapo sie weiterhin in »Schutzhaft« und setzte die Verhöre, erst in München-Gladbach, später in Düsseldorf, über ein Jahr lang fort. Dennoch konnte sie aus den beiden nichts Verwertbares herausholen.

Im April 1941 gelangte die Düsseldorfer Gestapo zu dem Schluss, dass es keinen Sinn hatte, die Mahlers weiterhin am Ort in Haft zu halten, und überstellte sie dem Konzentrationslager Westerbork in Holland. Doch damit hatten weder die Prüfungen der Mahlers noch die Verhöre durch die Gestapo ein Ende. Hedwig Mahler kam anscheinend zusammen mit tausenden holländischer Juden, die von Westerbork in die Vernichtungslager deportiert wurden, um, ihr Mann wurde noch für weitere zwei Jahre von der Gestapo in Haft gehalten.[5] Während dieser Zeit verhörte sie ihn in regelmäßigen Abständen und war gleichzeitig bemüht, von der Polizei in Holland und Belgien neue Informationen über seine dortige illegale Tätigkeit zu erhalten.

Auf diese Weise erhielt sie zwar gewisse Aufschlüsse, doch aus Mahler selbst brachte sie nichts von Bedeutung heraus. Von der holländischen Polizei erfuhr die Gestapo, dass bei einer 1937 durchgeführten Haussuchung in der ehemaligen Wohnung der Mahlers in Venlo ein großes Versteck mit kommunistischen Druckschriften entdeckt worden war. Unter diesen Papieren befand sich ein dreiseitiger, maschinengeschriebener Brief, den Mahler im Januar 1937 an die Radiozentrale der UdSSR geschrieben hatte, aus dem seine tiefe Gegnerschaft zu Hitler und NS-Deutschland und seine starke Loyalität gegenüber der Sowjetunion hervorging. Von der deutschen Militärregierung in Belgien erfuhr die Gestapo auch, dass Mahler seit 1932 Mitglied der KPD war und 1939 erfolglos versucht hatte, in Belgien als politisch verfolgter Flüchtling anerkannt zu werden. Die wichtigsten Informationen erhielt die Gestapo jedoch trotz ihrer jahrelangen Verhöre erst im Frühjahr und Sommer 1943.

Am 19. April 1943 verhaftete die Gestapo die uneheliche Tochter von Mahlers Frau und unterwarf auch sie einem Verhör. Sie hatte bis Anfang der vierziger Jahre in Köln gelebt und war dann nach St. Goarshausen gezogen. Wie die Gestapo aus ihr herausbekam, hatte sie Informationen über die Bedingungen in Deutschland übermittelt, die Mahler seinen Kontaktleuten unter den Emigranten und Kommunisten zukommen ließ. Schließlich hatte die

Gestapo genug Beweismaterial gesammelt, um Mahler wegen Hochverrats vor Gericht zu bringen. Dennoch war sie der Meinung, sie müsse Mahler erst zu einem Geständnis zwingen. Im Sommer 1943 ließ die Düsseldorfer Gestapo Mahler in ihre Leitstelle zurückbringen, um ihn dort erneut zu verhören. Ende Juli kamen Kriminalobersekretär Wagener jedoch Zweifel, ob man Mahler jemals zu einem Geständnis werde zwingen können. In einem Bericht vom 31. Juli beklagte er,»in echt jüdischer Manier verstand es Mahler, sich herauszulügen, so daß die Einleitung eines Strafverfahrens keinen Erfolg versprach«. Dennoch setzte die Düsseldorfer Gestapo die Verhöre noch einen Monat lang fort, bevor sie endgültig aufgab und am 1. September 1943 beschloss, der Sache und dem Betroffenen ein Ende zu machen. Mit Datum dieses Tages teilte die Staatsanwaltschaft des Volksgerichtshofs in Berlin der Düsseldorfer Gestapo mit, auf Grund einer am 1. Juli 1943 erlassenen Verordnung, mit der Juden das Recht auf ein Gerichtsverfahren aberkannt wurde, sei nunmehr sie allein befugt, den Fall endgültig abzuschließen. Einem Brief zufolge, der am 2. September 1943 vom Leiter des Gefängnisses Düsseldorf-Derendorf an den Volksgerichtshof geschickt wurde, war Mahler einen Tag zuvor verstorben. Auf dem Totenschein, der dem Brief als Anlage beilag, war als Todesursache »Herzanfall« angegeben.

Wir werden nie erfahren, ob Mahler mit einem Gefühl der Genugtuung darüber in den Tod gegangen war, dass er trotz aller energischen Bemühungen der Gestapo, ihn zum Reden zu bringen, seine Genossen nicht verraten hatte. Man kann es nur hoffen, denn schließlich hatte er bemerkenswerte Seelenstärke und Mut bewiesen. Man kann sich kaum einen geeigneteren Kandidaten für einen Schauprozess vor dem Volksgerichtshof vorstellen als diesen jüdischen kommunistischen Emigranten. Ein derartiger Prozess wäre für das NS-Regime von großem Propagandawert gewesen zu einer Zeit, als es gerade von militärischen Niederlagen erschüttert wurde und sich unter der deutschen Bevölkerung Informationen über einen gigantischen Massenmord an den Juden verbreiteten. Ein Schauprozess gegen Mahler hätte dazu benutzt werden können, die ständig wiederholte propagandistische Botschaft zu untermauern, die Juden trügen die Schuld am Krieg. Goebbels hatte bereits am 16. November 1941 in *Das Reich* geschrieben:»[Die Juden] erleiden durch die Behandlung, die wir ihnen angedeihen lassen, kein Unrecht. Sie haben sie mehr als verdient.«[6]

Vielleicht brach Mahler bis zum Schluss nicht zusammen, weil er spürte, dass sein Schweigen gegenüber der Gestapo seine beste Überlebensstrategie darstellte. Denn sobald er geredet hätte, hätte die Gestapo ihn auf die eine oder andere Weise umgebracht. Doch aus welchen Motiven auch immer, er gehörte zu den ganz wenigen außerordentlich mutigen Menschen, die durch die Terrortaktik der Gestapo nicht gebrochen werden konnten. Trotzdem ließ er am Ende sein Leben.« Dieser Fall war in mancher Hinsicht zweifellos ungewöhnlich, ist aber dennoch äußerst aufschlussreich. Zunächst einmal ist er ein Fall aus den Kriegsjahren, der zusammen mit mehreren Beispielen von jüdischem Widerstand aus den Friedensjahren, die in vorangegangenen Kapiteln erörtert wurden, zeigt, dass deutsche Juden mindestens ebenso bereit waren wie Nichtjuden, sich dem nationalsozialistischen Terror zu widersetzen. Und er verdeutlicht die Würde, mit der deutsche Juden sich im Angesicht von Terror und Tod behaupteten.

Sowohl in den Vorkriegs- wie in den Kriegsjahren hatten die meisten Juden, die im Widerstand aktiv waren, Verbindungen zu Kommunisten und anderen linken Untergrundorganisationen. Manche Historiker schätzen heute, dass während des Dritten Reiches insgesamt rund 2000 Juden aktiv Widerstand geleistet haben. Absolut gesehen, mag dies eine kleine Zahl sein, gemessen an der Zahl der in Deutschland lebenden Juden war sie höher als die entsprechenden Zahlen für die nichtjüdische deutsche Bevölkerung: »Umgerechnet auf die deutsche Bevölkerung, würde die Zahl der Juden [im Widerstand] einer Massenbewegung von 600 000 bis 700 000 aktiven deutschen Antifaschisten entsprechen. Und [die Deutschen] können sicherlich nichts dergleichen für sich in Anspruch nehmen.«[7]

Auch wenn es dennoch nur einige deutsche Juden waren, die offen Widerstand leisteten, und die meisten Übrigen bemüht waren, sich gesetzestreu zu geben, so kämpften doch viele gegen den NS-Staat und die Entrechtung, der sie ausgesetzt waren, in einer weniger spektakulären, aber deshalb nicht bedeutungslosen Weise. Einige von ihnen wie der Dresdener Romanist Victor Klemperer leisteten eine Art stillen Widerstand gegen den Staat, indem sie in einem Tagebuch kontinuierlich und ausführlich die Erfahrungen festhielten, die sie täglich mit dem Terrorapparat des Regimes machten. Hätte man diese Tagebücher damals bei ihnen gefunden, so hätten sie die Verfasser, ihre Angehörigen und möglicherweise auch Freunde das Leben kosten können.[8] Andere gaben heimlich – über den so genannten Mundfunk – Informationen über die Verfolgungsmaßnahmen der Nationalsozialisten und die Vernichtung der Juden weiter. Auf Grund dieser Informationen entschlossen sich mehr als 10 000 deutsche Juden, in den Untergrund abzutauchen und so den Deportationen zu entgehen. Obwohl nur ein Bruchteil von ihnen überlebte – Schätzungen zufolge waren es beispielsweise in Berlin lediglich 1400 von ursprünglich 5000 bis 7000 abgetauchten Juden –, erforderten die Versuche, sich versteckt zu halten, großen Mut. Außerdem belegen diese Zahlen, dass es nicht nur moralisch fragwürdig, sondern auch empirisch falsch ist zu behaupten, wie es gelegentlich geschieht, die Juden hätten sich »wie Lämmer zur Schlachtbank« führen lassen.[9]

Der Fall Mahler sagt uns außerdem einiges über die Schlächter selbst. Nicht Tierherden wurden abgeschlachtet, sondern menschliche Individuen, und die Gestapo musste häufig überlegte individuelle Entscheidungen treffen, wen sie töten würde und wann, und auf welche Weise dies geschehen sollte. Man könnte einwenden, das Schicksal von jüdischen Kommunisten wie den Mahlers habe zu keiner Zeit in Frage gestanden. Dennoch traf letztlich die Gestapo selbst die Entscheidung darüber, wann und wie die Mahlers zu Tode kommen sollten. Indem sie diese Entscheidungen trafen, machten sich die Gestapobeamten schuldig an deren Tod, umso mehr, als sie diese Entscheidungen nicht unter Druck oder überstürzt, sondern in Ruhe und aus eigener Machtbefugnis trafen. Eine Zeit lang legte die Gestapo sogar eine beträchtliche Zurückhaltung an den Tag. Da die Mahlers Juden und Kommunisten waren, hätte die Gestapo sie einfach ohne Umstände töten können. Das tat sie jedoch nicht. In der Überzeugung, dass aus Josef Mahler noch wichtige Informationen herauszuholen wären, setzte sie ihn über ein Jahr lang ebenso ausdauernd wie entschlossen immer neuen Verhören aus und überstellte ihn und seine Frau erst danach in ein holländisches Konzentrationslager. Sie ließ jedoch nicht zu, dass er zusammen mit seiner Frau und holländischen Juden in Westerbork in den Tod geschickt wurde; sie hielt ihn noch zwei weitere Jahre am Leben und bemühte sich in dieser Zeit um weitere Informationen über ihn in der Hoffnung, ihn doch noch zum Sprechen bringen zu können. Nachdem sie glaubte, genügend Material über ihn zusammenbekommen zu haben, brachte die Gestapo ihn im Sommer 1943 zurück nach Düsseldorf, wo sie ihn erneut über mehrere Monate hinweg verhörte. Doch als die Gestapo schließlich »von oben« die Mitteilung erhielt, es habe keinen Sinn, sich mit dem Mann weiter zu befassen, und sie solle über sein weiteres Schicksal selbst entscheiden, ließ sie ihn keinen einzigen Tag länger leben.

»Mischlinge« und Juden in »Mischehen«

Die Mitschuld der Gestapo an der Ermordung der Juden und ihre kühle Effizienz und gelegentliche Zurückhaltung im Verlauf der Vernichtung der europäischen Juden werden vielleicht am deutlichsten, wenn wir untersuchen, in welcher Weise die einzige größere Gruppe von Juden behandelt wurde, die nach den Deportationen von 1941 und 1942 und der »Schlussaktion« gegen alle Juden in kriegswichtigen Betrieben Anfang 1943 noch übrig geblieben war – Juden in »Mischehen« und Kinder aus solchen Ehen. Auf der Wannseekonferenz nicht wie die meisten »Volljuden« zur Deportation und Vernichtung vorgesehen, wurden diese letzten Spuren jüdischen Lebens in den restlichen beiden Jahren des NS-Regimes Gegenstand einer erregten Debatte, und die Frage, was mit ihnen geschehen sollte, löste in höheren Parteikreisen wie in der einfachen Bevölkerung ziemliche Verwirrung aus.[10] Da sie als Juden oder – in der NS-Diktion – zumindest als »Halb- oder Vierteljuden« betrachtet wurden, traten viele hohe Nationalsozialisten nachdrücklich dafür ein, mit ihnen wie mit der übrigen jüdischen Bevölkerung zu verfahren. Viele einfache NSDAP-Mitglieder und gewöhnliche Deutsche waren ebenfalls dieser Meinung und beließen es zum Teil nicht bei lautstarken Forderungen, auch diese Menschen zu deportieren, sondern denunzierten sie bei der Gestapo, weil sie in der einen oder anderen Weise gegen antijüdische Verordnungen verstoßen hatten. Doch aus einer Reihe von Gründen behielten die Vertreter der Gegenposition die Oberhand, und die meisten dieser Juden wurden verschont.

Humanitäre Erwägungen mögen dabei eine gewisse Rolle gespielt haben, der Hauptgrund für diese scheinbare Rücksichtnahme, die vielen Juden das Leben rettete, war aber wahrscheinlich der, dass ihre Ermordung sich unmöglich geheim halten ließ und deshalb die öffentliche Meinung negativ beeinflusst hätte. Die

Schwierigkeiten für die Nationalsozialisten werden verständlich, wenn man bedenkt, wie groß die Zahl dieser »privilegierten« Juden war und wie stark sie mit der deutschen Gesellschaft verwoben waren: »Wenn die Zahl der Halbjuden, Vierteljuden, Juden in Mischehen und christlichen ›Juden‹ fast die Millionengrenze erreichte«, schreibt Doris Kaplan, »dann war die Zahl der ›arischen‹ Verwandten, die in engem oder losem Kontakt zu ihnen standen, beträchtlich, und von den Nürnberger Gesetzen waren ausgedehnte Verwandtschaftsnetze in ganz Deutschland betroffen.«[11]

Kaplan spricht hier zwar über die Mitte der dreißiger Jahre, als die großen Auswanderungs- und Deportationswellen der Juden noch gar nicht eingesetzt hatten, aber auch in den letzten beiden Kriegsjahren lebten noch zehntausende »privilegierte« Juden in Deutschland.[12] Nach den letzten Zahlen, die von der Reichsvereinigung der Juden in Deutschland zusammengestellt wurden, bevor man auch diese im Juni 1943 auflöste und die noch übrig gebliebenen Angestellten deportierte, lebten Ende März 1943 in Berlin noch über 18 000 Juden.[13] Einige von ihnen arbeiteten in kriegswichtigen Industrien, die große Mehrheit lebte bei ihren Angehörigen. Die Ermordung dieser Menschen hätte zweifellos unangenehme Fragen nach sich gezogen.

Was mit der noch verbliebenen jüdischen Bevölkerung geschehen sollte, war eine heikle Frage. Vor allem unter den eingefleischten Antisemiten konnten viele nicht verstehen, warum es noch immer mehrere tausend Juden in Deutschland gab, obwohl am 10. Juni 1943 amtlich das Ende des jüdischen Lebens in Deutschland verkündet worden war. Eine Hauptquelle dieser Verwirrung hing mit der Definition dieser Menschen zusammen, denn diese Gruppe war nicht einfach in die Kategorien »Mischlinge« und »Juden in Mischehen« eingeteilt, sondern in eine unübersichtliche Vielfalt von Unterkategorien mit jeweils eigenen Rechten und Beschränkungen.[14] Das so genannte Reichsbürgergesetz von 1935, eines der beiden Nürnberger Gesetze, machte einen Unterschied zwischen »Volljuden« und »Mischlingen« 1. und 2. Grades. »Volljuden« waren Personen mit mindestens drei jüdischen Großeltern. Als »Mischlinge 1. Grades« galten Personen, die zwar nicht der jüdischen Religion angehörten, aber zwei jüdische Großeltern hatten, als »Mischlinge 2. Grades« wurden Personen bezeichnet, die nicht der jüdischen Religion angehörten, aber einen jüdischen Großelternteil hatten. Eine letzte Unterkategorie von »Mischlingen«

umfasste nach dem Reichsbürgergesetz Personen, die als »Halbjuden« eingestuft waren und vor dem Inkrafttreten des Reichsbürgergesetzes im September 1935 der jüdischen Religionsgemeinschaft angehörten. Sie waren die so genannten »Geltungsjuden«, die etwa elf Prozent aller »Mischlinge« ausmachten,[15] und wurden in der Theorie, wenn auch nicht immer in der Wirklichkeit, »als Juden« angesehen mit allen politischen und rechtlichen Beschränkungen, die auch für »Volljuden« galten. Dagegen wurde den »Mischlingen« 1. und 2. Grades zunächst erlaubt, den Status und den größten Teil der Rechte und Pflichten von Staatsbürgern zu behalten und bis April 1940 auch in der Wehrmacht Dienst zu tun, doch im Laufe der Zeit wurden ihre Rechte immer stärker ausgehöhlt, und ihre Lage wurde immer prekärer.

Auch die Situation der Juden in »Mischehen« verschlechterte sich ständig, und ab 1942 lebten sie ebenso wie die »Mischlinge« und die »Geltungsjuden« in ständiger Furcht, dass ihnen die eingeschränkten Privilegien, die sie noch behalten hatten, genommen und sie ebenfalls in den Osten deportiert würden.[16] Wie die »Mischlinge« wurden die in »Mischehen« lebenden Juden schließlich in weitere Unterkategorien eingeteilt, die unterschiedlichen rechtlichen Beschränkungen unterworfen waren. Die Mehrheit von ihnen hatte einen so genannten privilegierten Ehestatus, womit sie wesentlich besser dastanden als die Minderheit, deren Ehestatus als »unprivilegiert« galt. Zur ersten Gruppe zählten jüdische Frauen mit einem »arischen« Ehemann, sofern die Kinder als »Mischlinge 1. Grades« eingestuft wurden oder die Ehe kinderlos geblieben war, oder Juden, deren Kinder getauft waren. Zur zweiten gehörten jüdische Männer mit einer »arischen« Ehefrau, deren Ehe kinderlos geblieben war oder deren Kinder als »Geltungsjuden« eingestuft waren.

Angesichts der komplizierten Unterscheidungen der nach 1942 in Deutschland noch lebenden Juden ist es kaum verwunderlich, dass antisemitische Parteigenossen, Beamte und gewöhnliche Bürger sich häufig über diesen verwirrenden Zustand beschwerten. Manche Juden (»Geltungsjuden« und Juden in unprivilegierten Ehen) waren verpflichtet, auf der Straße den »Judenstern« zu tragen, die vorgeschriebenen Vornamen Israel oder Sara anzunehmen und in speziellen »Judenhäusern« zu wohnen. Andere lebten weiter wie bisher, ohne äußere Erkennungszeichen, Seite an Seite mit gewöhnlichen Deutschen, auch wenn sie Beschränkungen im Hinblick darauf unterworfen waren, mit wem sie sexuelle Beziehungen unterhielten, welche Stellen sie annehmen durften und Ähnliches. Nur die Gestapo und die Juden selbst konnten das alles noch auseinander halten.

Tatsächlich machte die Gestapo oft einen mäßigenden Einfluss geltend, wenn Funktionsträger der Partei sich beschwerten, die das Reich ein für alle Mal von allen Juden, gleich welcher Kategorie, gesäubert sehen wollten. Zwei Krefelder Fälle aus dem Sommer 1943 mögen dafür als Beispiele dienen. Bei dem schweren Bombenangriff auf Krefeld in der Nacht vom 21. auf den 22. Juni 1943 wurde die Wohnung des 44-jährigen jüdischen Geschäftsmannes Bernhard B. – zu jener Zeit Mechaniker in einer kleinen Firma – und seiner nichtjüdischen Frau völlig zerstört. Ihre Ehe war unprivilegiert, da sie keine Kinder hatten. Einen Tag später wurde das Ehepaar vorübergehend in den kleinen Ort Wachtendonk im Norden Krefelds einquartiert. Bereits einen Monat später wurde Bernhard B. vom Bürgermeister des Ortes bei der Krefelder Gestapo denunziert, der beobachtet hatte, dass B. auf der Straße keinen »Judenstern« trug, und von der Gestapo wissen wollte, ob das überhaupt erlaubt sei. In seiner denunzierenden Anfrage schrieb der Bürgermeister außerdem, er finde es unerträglich, dass sein Dorf infolge der Anwesenheit dieses Mannes nicht länger »judenfrei« sei: »Da seit Jahrhunderten in meinem Amtsbezirk keine Juden wohnhaft gewesen sind, lege ich Wert darauf, daß er auch weiterhin judenfrei bleibt.«[17]

Obwohl die Krefelder Gestapo einen ganzen Monat brauchte, bis sie Bernhard B. eine Vorladung schickte, um ihn zu der Sache zu hören, nahm sie die Angelegenheit nicht auf die leichte Schulter. Inzwischen gab es einen Briefwechsel zwischen dem Leiter der Krefelder Gestapo, Ludwig Jung, und dem Bürgermeister von Wachtendonk. Jung bestätigte, Bernhard B. sei verpflichtet, den »Judenstern« zu tragen, und der Bürgermeister wies noch einmal darauf hin, dass B. weiterhin den Stern nicht trage. Unmittelbar nach der Vernehmung von Bernhard B. am 25. August 1943, durchgeführt vom Sachbearbeiter für Judenfragen, Richard Schulenburg, wurde er in »Schutzhaft« genommen, während Schulenburg Vorbereitungen traf, ihn in ein Konzentrationslager zu überstellen. Bernhard B. hatte zu seiner Verteidigung angegeben, sein »Judenstern« sei bei dem Bombenangriff vernichtet worden und er habe geglaubt, es sei ungesetzlich, selbst einen Stern anzufertigen; schließlich war ihm

dieser von der Reichsvereinigung der Juden in Deutschland ausgehändigt worden, und diese Organisation existierte nicht mehr.
Schulenburg hielt diese Begründung anscheinend für eine Ausrede
und schrieb in die Akte: »Seine Handlungsweise bildet eine Gefahr
für die öffentliche Sicherheit. Es wäre angebracht, B. einem Konzentrationslager zuzuführen.«
Doch dazu kam es nicht, und zwar deshalb, weil sich die Krefelder Gestapo und Schulenburg peinlich genau an die gesetzlichen
Vorschriften hielten. An Schulenburgs Wunsch, den Beschuldigten
so schnell wie möglich in ein Konzentrationslager zu überstellen,
besteht kein Zweifel. Einen Tag nach der Vernehmung hatte der
Amtsarzt bei Bernhard B. ein Leberleiden festgestellt, das möglicherweise einen Krankenhausaufenthalt erforderlich machte. Für
KZ-Haft sei er daher nicht geeignet. Daraufhin machte Schulenburg einen Rückzieher. Er hielt Bernhard B. noch drei weitere Wochen in Haft und beschloss dann, die Sache fallen zu lassen. Damit
rettete er ihm letztlich das Leben. Zwar wurde Bernhard B. zusammen mit den letzten überlebenden Krefelder Juden noch im September 1944 nach Theresienstadt deportiert, aber er überlebte.
Das wäre bei einer Überstellung in ein Konzentrationslager im
Sommer 1943 kaum vorstellbar gewesen.
Dass Schulenburg sich penibel an den Buchstaben des Gesetzes
hielt, trug auch dazu bei, das Leben von mindestens zwei weiteren
Krefelder Juden zu retten. Ein fanatisch antisemitischer NSDAP-
Funktionär namens Kreyer hätte es im Sommer 1943 am liebsten
gesehen, wenn auch sie ausgemerzt worden wären.[18] Am 6. Juli
1943 schrieb Ortsgruppenleiter Kreyer einen Brief an das Krefelder
Polizeipräsidium, in dem er sich über den Lebenswandel einer 47-
jährigen Jüdin namens Klara F. beschwerte, die damals von ihrem
»arischen« Ehemann getrennt lebte. Zwar bediente er sich der ver-
schleiernden Sprache des NS-Regimes über die »Endlösung«, ließ
jedoch keinen Zweifel an seiner Überzeugung, dass auch die letzten Krefelder Juden deportiert werden sollten; zumindest betrieb er
den Abtransport von Klara F. und einem Juden namens Max S.
Nachdem er einige unbestimmte Auffälligkeiten im Verhalten dieser beiden Personen aufgezählt hatte – nach seiner Beobachtung
war Klara F. nur samstags in ihrer Wohnung und verbrachte den
Rest der Woche damit, »[daß sie sich] irgendwo herum treibt« –,
teilte er der Polizei mit, er habe die Absicht, ihre Wohnung einem
jung verheirateten Ehepaar zu geben, und habe bereits Anweisung

erteilt, ihre Möbel und sonstigen Besitztümer in die Leichenhalle des jüdischen Friedhofs von Krefeld bringen zu lassen, wobei er die Leichenhalle als »Festhalle« bezeichnete. Außerdem schlug er vor, alle noch in Krefeld lebenden Juden, die er abschätzig als »Judenmischpoche« bezeichnete, in die »Festhalle« umzuquartieren.

Als Schulenburg Kreyers Beschwerde erhielt, reagierte er in der für ihn typischen unerschütterlichen und legalistischen Weise. Er legte eine Ermittlungsakte über Klara F. an, empfahl jedoch, weder gegen sie noch gegen Max S. polizeiliche Maßnahmen zu ergreifen. Seine Entscheidung, Kreyers Vorschlägen nicht zu folgen, begründete er mit folgenden Worten, denen zu entnehmen ist, dass ihm sehr wohl klar war, was Kreyer eigentlich mit seiner Beschwerde bezweckte: »Daß alle in Krefeld anwesenden Juden in der angeblichen Festhalle (Leichenhalle) auf dem jüdischen Friedhof untergebracht werden könnten, ist nicht angängig, da sie fast alle in Mischehen leben und dieser Raum als Wohnung überhaupt nicht geeignet ist.« Des Weiteren schrieb er, seines Erachtens sei die Sache erledigt, da Klara F. am 15. Juli nach München-Gladbach verzogen sei. Mindestens zu einem Teil war es Schulenburgs Formalismus zu verdanken, dass auch Klara F. und Max S. eine Gnadenfrist von einem Jahr erhielten, bevor sie im Herbst 1944 wie Bernhard B. nach Theresienstadt deportiert wurden, wo beide bis Kriegsende überlebten. Wären sie dort verstorben, hätte dies Schulenburg auch keine schlaflosen Nächte bereitet. Schließlich hatte er immer nur seine Pflicht getan – ob er Juden rettete oder in den Tod schickte.

Nicht alle Gestapobeamten waren so pflichtgetreu wie der gleichmütige Kriminalsekretär Schulenburg. Und dieser selbst sah in anderen Fällen seine Pflicht häufig in einem anderen Licht. Belege für eine von der Gestapo gelegentlich an den Tag gelegte Zurückhaltung sollten uns deshalb nicht zu dem falschen Eindruck verleiten, sie hätte die Vernichtung der jüdischen Restbevölkerung in Deutschland nicht entschlossen angestrebt. Dass sie das getan hat, steht außer Zweifel, und im Frühjahr 1943 arbeiteten führende Leute wie Eichmann im Judenreferat des Reichssicherheitshauptamtes in Berlin an Plänen zur systematischen Vernichtung aller »Mischlinge« und Juden in »Mischehen«.[19] Es war jedoch entschieden worden, dass es am effektivsten sei, so weit wie möglich Methoden zu wählen, die den Anschein der Legalität erweckten. Höhere NS-Funktionsträger und die Gestapo waren der Ansicht, die Kaschierung ihrer mörderischen Absichten könne in einer zunehmend chaotischen Zeit noch am ehesten die Ordnung aufrechterhalten und den negativen öffentlichen Reaktionen vorbeugen, die die beabsichtigte Tötung von Juden in»Mischehen«und deren Nachkommen, die mit der nichtjüdischen deutschen Bevölkerung verwandtschaftlich verbunden waren, nach sich ziehen konnte.[20] Bei der Behandlung der in»Mischehen«lebenden Juden und der»Mischlinge«durch die Gestapo gab es beträchtliche regionale Unterschiede. Mancherorts deportierte die Gestapo viele»Geltungsjuden«und selbst privilegierte Juden noch 1942, und in anderen Orten führten Polizei und Gestapo sogar Großrazzien durch, um diese Juden aufzuspüren und zu deportieren.[21] In den meisten Städten entschied die Gestapo jedoch überwiegend von Fall zu Fall. Allerdings stechen dabei viele Gemeinsamkeiten ins Auge. Ging es um»Mischlinge«und Juden in privilegierten»Mischehen«, bemühte sich die Gestapo darum, dass die»Mischlinge«zu »Geltungsjuden« herabgestuft oder der privilegierte Ehestatus in einen unprivilegierten umgewandelt wurde. Zu diesem Zweck überprüfte die Gestapo eingehend Stammbäume, Taufregister in den Kirchenbüchern, eventuelle Mitgliedschaften von»Mischlingen«in den jüdischen Gemeinden und übte auf die»deutschblütigen«Partner Druck aus, die Scheidung einzureichen. Wesentlich erfolgreicher war indes die Taktik, diese Gruppen wegen tatsächlicher oder vorgeblicher Gesetzesverstöße zu kriminalisieren.

Dass die Überprüfung der Stammbäume nur gelegentlich das gewünschte Ergebnis zeitigte, hinderte viele Gestapobeamte nicht, diese Strategie mit Feuereifer zu verfolgen. Die Versessenheit des Krefelder Gestapobeamten Ludwig Jung beispielsweise, auch noch die letzten Juden in Deutschland der so genannten Endlösung»zuzuführen«, wird an einem Fall deutlich, von dem zunächst zwei Krefelder»Mischlinge«, zwei Schwestern, betroffen waren, später dann auch ihre jüdische Mutter und der Ehemann der einen Schwester, der ebenfalls»Mischling« war.[22] Der Fall zeigt außerdem, dass selbst eine geringfügige Änderung im Status eines »Mischlings« infolge der hartnäckigen Interventionen eines einzelnen Gestapobeamten wie Jung einen Dominoeffekt auslösen konnte: Mit seinen Machenschaften erreichte Jung am Ende, dass von vier Opfern eines nicht überlebte, doch unter anderen zeitlichen und sonstigen Umständen hätten ebenso gut auch die drei anderen ihr Leben verlieren können.

Einer der beiden Schwestern, um die es hier ging, sind wir bereits in einem früheren Kapitel begegnet: Lore M., die in einem Interview Ende Januar 1995 gesagt hatte, sie habe das ganze Dritte Reich hindurch nichts als Angst verspürt. Dazu hatte sie auch allen Grund. Bis zum Herbst 1943 als »Mischling 1. Grades« eingestuft, stand sie während der gesamten Kriegsjahre unter Beobachtung. Spätestens seit die Behörden sie im Oktober 1943 zur »Geltungsjüdin« zurückgestuft hatten, war ihr eigenes und das Leben ihrer nächsten Angehörigen in Gefahr. Ohne die fortwährenden Beschwerden Jungs in den Jahren 1942 und 1943, sie habe die Einstufung als »Mischling 1. Grades« nicht verdient, wäre das Leben für Lore M. und ihren Mann Werner wesentlich leichter gewesen, und sie und ihre Schwester hätten wahrscheinlich nicht ihre Mutter verloren. Als im Herbst 1941 und Anfang 1942 in Krefeld die ersten Deportationszüge abgingen, blieben Lore M., ihre Schwester Ilse und ihre Mutter vorläufig verschont. Da ihr Vater Nichtjude war und die beiden Schwestern gleich nach ihrer Geburt 1921 und 1925 getauft worden waren, genossen sie den Status von »Mischlingen«, und die Ehe ihrer Eltern wurde als privilegiert betrachtet. Damit war Ludwig Jung nicht einverstanden. Er wollte die beiden jungen Frauen ebenso wie einige andere »Mischlinge« bei einem der nächsten Deportationszüge im Frühjahr und Sommer 1942 auf der Transportliste haben.[23] Zu diesem Zweck musste er dafür sorgen, dass die beiden Schwestern auf den Status von »Geltungsjüdinnen« zurückgestuft wurden. Er unternahm einen Versuch in dieser Richtung, doch ihr Vater, Fritz M., erhob in einer Reihe von Briefen an die Gestapozentralen Krefeld und Düsseldorf im April 1942 energische Einwände. Er bestand darauf, seine beiden Töchter seien nach deutschem Recht »Mischlinge«, da beide katholisch erzogen worden seien und keine von beiden jemals der jüdischen Gemeinde angehört habe. Jung zeigte sich davon unbeeindruckt, nicht jedoch seine Vorgesetzten in Düsseldorf, und so kamen die Namen der Schwestern vorläufig nicht auf die Transportlisten.

Am 2. Juli 1942 traf die Düsseldorfer Gestapo eine, wie sie meinte, endgültige Entscheidung über die Schwestern M. »Bei diesem nunmehr endgültig festgestellten Sachverhalt«, schrieb der Düsseldorfer Gestapobeamte Breder, solle die Krefelder Gestapo den Vater der beiden Schwestern unverzüglich darüber in Kenntnis setzen, dass der Status der älteren Schwester Lore als »Mischling« bestehen bleibe und der ihrer Schwester auf den einer »Geltungsjüdin« herabgestuft werde. Jung war erbost über diese Entscheidung und weigerte sich, sie zu akzeptieren. Noch vor Ende des Monats schrieb er an seine Vorgesetzten in Düsseldorf einen langen Brief, in dem er verlangte, diese sollten ihren Entscheid auf Grund neuer Erkenntnisse revidieren, die seiner Ansicht nach bewiesen, dass beide Schwestern und nicht nur die jüngere Ilse auf den Status von »Geltungsjüdinnen« herabgestuft werden müssten. Wörtlich hieß es in dem Brief: »Lore M. [ist] im Hause ihrer Eltern trotz des arischen Vaters ohne jeden Zweifel jüdisch erzogen.«[24] Für diese Behauptung führte er mehrere Belege an. Seit Jahren habe die Familie freundschaftlich-nachbarliche Beziehungen zu der Familie des kommunistischen Juden Josef Mahler unterhalten, und 1935 habe man Fritz M. eine Woche lang in »Schutzhaft« genommen, weil er mit der jüdischen Gemeinde in Krefeld enge Geschäftsbeziehungen unterhalten, vielen Krefelder Juden zu einer Arbeitsstelle verholfen und seinen Briefkopf mit einem Davidstern versehen habe. Am belastendsten war jedoch, dass Ilse vor dem Inkrafttreten der Nürnberger Gesetze im Herbst 1935 in eine jüdische Schule gegangen war und Lore, die diese Schule nicht besucht hatte, gleichwohl für eine kurze Zeit 1937 als Mitglied der jüdischen Gemeinde Krefelds geführt worden war. Zusammenfassend schrieb Jung: »Die Beziehungen der gesamten Familie zum Judenthum sind demnach sehr eng.«

Auch Fritz M. mochte sich mit der »endgültigen« Entscheidung der Düsseldorfer Gestapozentrale nicht abfinden und ahnte offensichtlich, dass Jungs jüngster Vorstoß für seine ganze Familie nichts Gutes bedeutete. Erneut schrieb er mehrere Briefe, diesmal nicht nur an die Gestapostellen in Krefeld und Düsseldorf, sondern auch an andere Behörden in den beiden Städten, und setzte sich dafür ein, den bisherigen privilegierten Status der beiden Schwestern aufrecht zu erhalten. Diesen Briefen beigelegt waren Erklärungen der katholischen Kirche, dass seine beiden Töchter christlich getauft und erzogen worden seien, sowie der jüdischen Gemeinde in Krefeld, in der diese bestätigte, dass sie die beiden jungen Frauen nicht als Jüdinnen betrachte. Dass Lore 1937 vorübergehend bei der jüdischen Gemeinde als Mitglied geführt worden war, erklärte er mit einem bürokratischen Versehen, das nach seiner Entdeckung sogleich korrigiert worden sei.

Jung hätte den Fall jetzt einfach zu den Akten legen können, wenn er gewollt hätte. Vielleicht sagte er sich aber auch, dass er nicht viel riskierte, wenn er die Entscheidungen seiner nächsten Vorgesetzten in Düsseldorf nicht akzeptierte. Einem Gestapobeamten, der aus antisemitischem Übereifer handelte, konnte nicht viel passieren. Jedenfalls verfolgte er seine Sache hartnäckig weiter. Allerdings musste er länger als ein Jahr warten, bis die Angelegenheit dann am 5. Oktober 1943 von Eichmann persönlich im Reichssicherheitshauptamt in Berlin in seinem Sinne entschieden wurde. Von da an waren Lore und Ilse M. »Geltungsjüdinnen«; sie mussten hinfort auf der Straße den gelben Stern tragen, als zweiten Vornamen den Namen »Sara« führen und waren allen Verordnungen und Beschränkungen unterworfen, die für »Volljuden« galten. Diese Verfügung brachte auch ihre Mutter und Lores neuen Ehemann Werner G. in große Gefahr. Ihre Mutter verlor den privilegierten Status ihrer »Mischehe«, und Werner G. wurde vom »Mischling« zum »Geltungsjuden« herabgestuft. Am 22. Oktober 1943 musste Werner G. als Letzter der vier in der Krefelder Gestapostelle in Anwesenheit von Richard Schulenburg die folgende Erklärung unterzeichnen: »Den für Juden erlassenen Verfügungen und Anordnungen habe ich Folge zu leisten.«

Zum Glück für diese vier Opfer von Jungs Hartnäckigkeit wurden in Krefeld ein ganzes Jahr lang keine Deportationen mehr durchgeführt. Als noch größeres Glück erwies sich, dass dann der letzte Deportationszug (im September 1944) nicht nach Auschwitz, sondern nach Theresienstadt ging, wo die Überlebenschancen wesentlich besser waren. Auf dem Papier überlebten alle vier das Kriegsende. Doch Frau M. hatte sich in Theresienstadt mit Typhus infiziert und starb, bevor sie nach Krefeld zurückgebracht werden konnte.

Christliche Ehegatten und der Protest in der Rosenstraße

Der Fall der Familie M. unterstreicht nicht nur die persönliche Schuld von Gestapobeamten am Tod einzelner Juden, er liefert auch ein wichtiges Beispiel dafür, wie unverbrüchlich die meisten Nichtjuden, die mit einem Juden oder einer Jüdin verheiratet waren, an ihrer Ehe festhielten. Während des gesamten Dritten Reiches und vor allem während der Kriegsjahre setzten hohe NSDAP-Funktionsträger und die Gestapo alles daran, zur Auflösung solcher Ehen zu ermutigen,[25] allerdings fast ohne jeden Erfolg: Nach manchen Schätzungen blieben 93 Prozent der damaligen »Mischehen« intakt.[26]

Für die jüdischen Ehegatten in »Mischehen« gab es gute Gründe, an ihren Partnern festzuhalten, besonders während der Kriegsjahre, als die Ehe mit einem nichtjüdischen Partner in vielen Fällen gleichsam eine Lebensversicherung war; 98 Prozent der überlebenden Juden in Deutschland kamen aus »Mischehen«.[27] Solange ihre Ehepartner zu ihnen hielten, waren die meisten Juden in »Mischehen« vor Deportation und Tod geschützt. Doch sobald ihre Ehe aufgelöst wurde, entweder durch den Tod des Partners oder durch eine Scheidung, verloren sie in der Regel diesen Schutz. In Nachkriegsprozessen in Berlin wurde bekannt, dass oft innerhalb von 24 Stunden nach der Scheidung einer »Mischehe« der jüdische Ehegatte von der Gestapo verhaftet wurde.[28]

Die nichtjüdischen Partner in einer »Mischehe« hatten weniger Vorteile davon, an ihrer Ehe festzuhalten. Da über zwei Drittel von ihnen Frauen waren,[29] hatten in den ersten Jahren des Dritten Reiches, als noch die Hoffnung bestand, dass Hitler irgendwie gestürzt werden könnte, viele von ihnen wirtschaftliche Anreize, die Ehe aufrecht zu erhalten. Doch solche Hoffnungen schwanden schnell, als die Ehemänner ihre Stellen verloren und die Familien zunehmend auf die Ehefrauen als Ernährerinnen angewiesen waren. Im Laufe der Zeit verschlechterte sich ihre Lage zusehends. Für männliche wie weibliche Ehegatten von Juden bedeutete das Festhalten an der Ehe schließlich ein Leben in Armut und Unsicherheit, sie mussten Zwangsarbeit leisten, waren sozialer Ächtung und ständigem Druck durch Polizei und andere Behörden ausgesetzt. Während des Krieges war selbst ihre physische Sicherheit bedroht: Juden war bei Bombenangriffen lediglich der Zugang zu den unzureichenden und unsicheren Teilen von Luftschutzkellern und -bunkern erlaubt, ihre Lebensmittelrationen wurden ständig gekürzt, und ihre Ängste wuchsen, dass eines Tages auch sie auf der Deportationsliste stehen würden.[30]

Wären der Anstand und der Mut, den tausende nichtjüdische Ehepartner in »Mischehen« während der Zeit der Deportationen bewiesen haben, in der übrigen deutschen Bevölkerung verbreiteter gewesen, hätte das Leben vieler weiterer Juden gerettet werden können. Obwohl viele Deutsche mit der judenfeindlichen Politik der Nationalsozialisten nicht einverstanden waren und einige den Juden hilfsbereit und mit Anteilnahme begegneten,[31] ist es bezeichnend, dass die einzige offene Demonstration gegen die Deportationen deutscher Juden von deren »deutschblütigen« Ehefrauen organisiert wurde. Zusammen mit einigen ihrer Freunde und Verwandten gingen sie Ende Februar und Anfang März 1943 in Berlin auf die Straße und forderten die Freilassung ihrer Männer.[32] Der Erfolg ihrer Demonstration ist ein wichtiges Beispiel dafür, dass die Stimmung in der Bevölkerung im Deutschland der NS-Zeit gelegentlich über die Parteiführung den Sieg davontrug.

Die Demonstration begann spontan am Abend des 27. Februar 1943, dem ersten Tag der so genannten Schlussaktion gegen die letzten verbliebenen Juden in Deutschland.[33] Etwa 200 nichtjüdische Frauen versammelten sich vor den Verwaltungsräumen der Berliner jüdischen Gemeinde in der Rosenstraße, um sich nach dem Schicksal ihrer jüdischen Männer zu erkundigen, die am selben Tag verhaftet worden waren. Nachdem sie schnell herausgefunden hatten, dass ihre Männer genau hier in dem fünfeinhalbstöckigen Gebäude festgehalten wurden und dass die Gestapo plante, sie in Konzentrationslager zu deportieren, begannen die Frauen laut zu rufen: »Wir wollen unsere Männer wiederhaben! Wir wollen unsere Männer wiederhaben!«

Während der nächsten Woche nahm die Demonstration an Umfang und Intensität zu. Ohne die wiederholten Warnungen von SS und Gestapo zu beachten, die ihre Waffen zückten und der Menge befahlen, auseinander zu gehen, sonst werde geschossen, schwollen die Reihen der Demonstranten schnell auf über tausend an, und die Stimmung wurde von Tag zu Tag regimefeindlicher. In den ersten Tagen hatten die Frauen gerufen: »Wir wollen unsere Männer wiederhaben!« Jetzt riefen die Demonstranten auch: »Ihr Mörder!«[34]

Gleichzeitig ging die Razzia gegen die Juden zügig voran. Unterstützt von Einheiten der SS-Leibstandarte Adolf Hitler und einfachen Berliner Schutzpolizisten, transportierte die Berliner Gestapo Juden, die sie an ihrem Arbeitsplatz, in ihren Wohnungen und auf der Straße verhaftet hatten, ab. Ein Lkw nach dem anderen füllte sich. Bei ihrer Verhaftung wurden die Juden in zwei Gruppen eingeteilt. Die größere von beiden umfasste schließlich 7000 Juden, die bislang nur deshalb verschont geblieben waren, weil sie in kriegswichtigen Betrieben arbeiteten. In der kleineren Gruppe befanden sich etwa 1700 Juden, in der Hauptsache Männer, aber auch einige Frauen aus unprivilegierten Ehen sowie »Geltungsjuden«, die den gelben Stern trugen. Die erste Gruppe wurde zu einem großen Sammellager für Juden in der Großen Hamburger Straße gebracht und die zweite mit einigen wenigen Ausnahmen in das Verwaltungsgebäude der jüdischen Gemeinde in der Rosenstraße.

Am 6. März entschied Goebbels, dass der Schaden, den die Demonstration im Hinblick auf die öffentliche Meinung anrichte, zu groß sei, und ordnete die Freilassung der 1700 gefangenen Juden und »Geltungsjuden« in der Rosenstraße an. Bald darauf erging auch die Anweisung, 35 in »Mischehe« lebende Juden, die bereits von der Großen Hamburger Straße nach Auschwitz deportiert worden waren, zurückzubringen. Im Unterschied zu den übrigen 1700 Juden wurde ihnen jedoch nicht erlaubt, sofort zu ihren Angehörigen zurückzukehren. Diese Männer hatten den Schrecken von Auschwitz mit eigenen Augen gesehen, und dieses gefährliche Wissen durfte auf keinen Fall in der Bevölkerung die Runde machen. Deshalb zwang die Gestapo sie nach ihrer Rückkehr nach Berlin, nicht begangene Verbrechen zu gestehen, und schickte sie alle in das Arbeitslager Großbeeren, drei Stunden von Berlin entfernt. Das war zwar nicht das, was sie und ihre Frauen erhofft hatten, aber wenigstens blieb ihr Leben verschont, und den Frauen wurde die Entlassung aus Auschwitz mitgeteilt. Viele Frauen erhielten sogar die Möglichkeit, ihre Männer im Lager zu besuchen.

Somit erwies sich der Protest in der Rosenstraße als ungeheuer erfolgreich. Am Ende wurde das Leben von weit über tausend Juden durch das Handeln einiger hundert Frauen gerettet, die bereit waren, für ihre Männer ihr eigenes Leben aufs Spiel zu setzen. Dieses mutige Auftreten durchkreuzte nicht nur die Pläne der Nationalsozialisten, mit einem entschlossenen Akt des Terrors auch die letzten Juden aus Berlin zu deportieren, es hatte auch zur Folge, dass die Regierung ihre Pläne, nach der »Schlussaktion« in Berlin auch die »Mischlinge« und in »Mischehen« lebenden Juden im übrigen Deutschland zu deportieren, aufschieben musste.

Propagandaminister Goebbels, zugleich Gauleiter von Berlin, hatte offensichtlich den Befehl, die in der Rosenstraße festgehaltenen und die wenigen bereits nach Auschwitz deportierten Juden wieder freizulassen, mit Rücksicht auf die öffentliche Meinung erteilt. Wie Nathan Stoltzfus in seiner fesselnden Darstellung des Protestes in der Rosenstraße schreibt, war Goebbels besonders darauf bedacht, die deutschen Frauen nicht zu verprellen. Nach dem Hitler-Erlass vom 13. Januar 1943 über den »Einsatz der Männer und Frauen für die Aufgaben der Reichsverteidigung« und nach der Niederlage der deutschen Wehrmacht in Stalingrad erwartete der NS-Staat von Millionen deutscher Frauen die Mitarbeit in der Produktion, während sie gleichzeitig ihren Männern an der Front den lebenswichtigen emotionalen Rückhalt geben sollten. Doch die von den Frauen betriebene verdeckte Sabotage, abzulesen an unzähligen Beschwerden über Erkältungen und Entzündungen, die einfach nicht abklingen wollten, Probleme mit dem Rücken, schwere Kopfschmerzen und andere vorgeschützte Krankheiten, waren Anzeichen dafür, dass die Moral der deutschen Frauen ihren Tiefpunkt erreicht hatte. Goebbels machte gegenüber den Frauen in der Rosenstraße einen Rückzieher, weil er erkannt hatte, dass bei einer Fortdauer des Protests die Unruhe auf ganz Deutschland überspringen konnte. Stoltzfus fasst es in folgenden Worten zusammen:

»Goebbels befürchtete, daß die Deutschen aus Empörung über die Zwangsdeportationen ihrer Ehepartner und ihrer Kinder anfangen könnten, am Regime zu zweifeln und sich zu beklagen. Unruhe über das Schicksal der Juden könnte verhindern, daß jenes gesellschaftliche Zusammengehörigkeitsgefühl erhalten blieb, das notwendig war, um den Krieg zu einem siegreichen Ende zu führen. Aus diesem Grund wurde es auch immer unerläßlicher, alles, was mit der ›Endlösung‹ zusammenhing, geheimzuhalten: Wenn entsprechende Pläne bekanntgeworden wären, hätte die Moral der Bevölkerung, die das Regime vor allem seit Ausbruch des Krieges um jeden Preis bewahren wollte, Schaden genommen. Eine öffentliche Diskussion über das Schicksal der deportierten Juden drohte, das Projekt der ›Endlösung‹ allgemein bekanntzumachen, und das hätte die Realisierung des ganzen Vorhabens gefährdet.«[35]

Leider kann man nicht behaupten, der Protest in der Berliner Rosenstraße sei für die Einstellung der Deutschen gegenüber dem Schicksal der Juden insgesamt kennzeichnend gewesen. Die deutschen Frauen in der Rosenstraße hatten ausschließlich für die Freilassung ihrer Ehemänner und Angehörigen demonstriert und nicht gegen die Rassen- und die ideologische Politik des nationalsozialistischen Regimes allgemein. Kein einziger protestierte im Namen der 7000 von der Großen Hamburger Straße nach Auschwitz deportierten Juden, die keine deutschen Verwandten hatten, und so wurde auch keiner von ihnen wieder freigelassen. Immerhin zwang der Erfolg dieser Demonstration die NS-Führung, ihre Hoffnungen aufzugeben, Deutschland mit einem einzigen Schlag »judenrein« machen zu können, und die Gestapo musste in den beiden letzten Kriegsjahren im Umgang mit Juden, die nichtjüdische deutsche Verwandte hatten, zu einer anderen Taktik übergehen.

Kriminalisierung um jeden Preis

Diese neue Taktik bestand im Wesentlichen in der Rückkehr zur alten Politik, die jüdische Bevölkerung zu kriminalisieren. Jetzt allerdings ging die Gestapo dabei besonders exzessiv zu Werke. Indem sie die Juden in »Mischehen« und die »Mischlinge« jeweils einzeln beschuldigte, gegen das Gesetz verstoßen zu haben, und so einen juristischen Vorwand hatte, sie zu deportieren statt wie früher lediglich einzusperren, umging die Gestapo das Risiko, neue größere Demonstrationen von nichtjüdischen Verwandten der Deportierten auszulösen. Als die Krefelder Gestapo beispielsweise am 22. Mai 1943 einen »deutschblütigen« Krefelder von einer amtlichen Mitteilung aus Auschwitz mit der Unterschrift des dortigen Kommandanten Höß benachrichtigte, seine 23-jährige »halbjüdische« Tochter sei »am 5.5.1943 um 6:00 Uhr am Durchfall im hiesigen Krankenhaus im KL Auschwitz verstorben« und dass »die Leiche auf Staatskosten eingeäschert und die Urne von amtswegen im Urnenheim des hiesigen Krematoriums beigesetzt« werde, konnte er nichts anderes tun, als im Stillen über den Tod seiner Tochter zu trauern und zu versuchen, darüber hinwegzukommen.[36] Da die Gestapo die hinterbliebenen Verwandten über das Ableben ihrer jüdischen Angehörigen zu informieren pflegte, hatte er vielleicht gerüchtweise davon erfahren, dass andere in Krefeld und andernorts ähnliche Schreiben erhalten hatten, denen zufolge ihre nächsten Anverwandten wenige Tage zuvor in einem Konzentrationslager gestorben waren, angeblich an einem »Magengeschwür«, einem »Magen-Darm-Katarrh«, einer »Herz- und Kreislaufschwäche« oder an irgendeinem anderen fragwürdigen Leiden.[37] Doch das konnte kaum ein Trost für ihn und seine jüdische Frau sein, der ein ähnliches Schicksal drohte, sollte er wegen der

Todesursache ihrer Tochter lästige Fragen stellen. Er und seine Frau fühlten sich am Tod ihrer Tochter vielleicht sogar mitschuldig, womöglich sogar mitverantwortlich. Vielleicht machten sie sich Vorwürfe, weil sie die Tochter nicht eindringlich genug davor gewarnt hatten, was ihr passieren konnte, wenn sie auf der Straße nicht den gelben Stern trug – das »Verbrechen«, dessentwegen sie von einem fünfzehnjährigen Mädchen aus der Nachbarschaft, das die Gestapo als Spitzel auf sie angesetzt hatte, angezeigt worden war. Das ist nicht nur Spekulation, denn etliche Jahre nach dem Krieg, im Juli 1954, schrieb seine Frau tatsächlich einen Brief zur Entlastung Schulenburgs, als dieser gegen die Aberkennung eines Teils seiner Pensionsansprüche prozessierte.[38]

Die Taktik der Gestapo, möglichst viele der noch in Deutschland verbliebenen Juden zu kriminalisieren, bot nicht nur den Vorteil, den Protest von nichtjüdischen Deutschen, die mit Juden verheiratet oder verschwägert waren, auf ein Minimum zu reduzieren, sie trug auch dazu bei, die Unterstützung der antisemitischen Deutschen zu mobilisieren, auf deren Rückhalt die Gestapo bei der Verwirklichung ihrer rassischen Ziele angewiesen war. Zwar wurde der »Flut von Anzeigen« von regierungs- und parteiamtlichen Stellen gegen Juden in »Mischehen« nicht durch eine ähnliche Denunziationswelle von Seiten der Bevölkerung entsprochen, aber Stoltzfus hat zweifellos Recht mit seiner Behauptung, dass »die Deportation von [einzelnen Juden in Mischehe und Mischlingen] aufgrund angeblicher Delikte [...] nur durch die aktive Kollaboration der deutschen Öffentlichkeit möglich [war]«.[39]

Der Fairness halber muss man im Gedächtnis behalten, dass die Denunzianten nur eine äußerst kleine Minderheit der deutschen Bevölkerung stellten, auch wenn viele der letzten noch in Deutschland lebenden Juden darunter zu leiden hatten, dass sie bespitzelt und denunziert wurden. Dennoch gab es diese Denunzianten, und sie kamen aus allen Schichten der Gesellschaft. Ebenso wie in den Vorkriegsjahren lag vielen Denunziationen ein Streit zwischen Arbeitskollegen, Nachbarn oder auch Familienangehörigen zu Grunde.[40] Doch jetzt war der Anteil von Personen höher, die der Gestapo von sich aus anboten, ihre jüdischen Nachbarn und Bekannten zu bespitzeln, auch wenn sie gar nicht miteinander in Fehde lagen.

Jedenfalls hatte die Gestapo angesichts der Bereitschaft vieler Deutscher aus der breiten Bevölkerung, sich an Beschuldigungen von Juden zu beteiligen, und vor dem Hintergrund der zahlreichen und drückenden Verordnungen, denen die Juden unterworfen waren, keine Mühe, in den beiden letzten Kriegsjahren jüdische »Mischlinge« und in »Mischehen« lebende Juden zu bezichtigen, gegen das Gesetz verstoßen zu haben.

Und wenn erst einmal eine Ermittlungsakte angelegt war, nahm das Verhängnis seinen Lauf, wie im Fall der jungen Krefelder Jüdin, die im Mai 1943 in Auschwitz umkam, weil sie auf der Straße den gelben Stern nicht getragen hatte und denunziert worden war. Ihr Fall ist nur einer von mehreren aus den Krefelder Gestapoakten, die zeigen, dass die Denunzierung selbst wegen vergleichweise harmloser Verstöße von »Mischlingen« oder in »Mischehe« lebenden Juden gegen eine der zahlreichen antijüdischen Verordnungen dazu führen konnte, dass die Beschuldigten in ein Konzentrations- oder ein Vernichtungslager überstellt wurden und dort umkamen.[41]

Ihren Höhepunkt erreichte die Kriminalisierungskampagne in den Monaten nach der Demonstration 1943 in der Rosenstraße. Da die NS-Führung aus ideologischen Gründen jetzt das Ziel verfolgte, Deutschland so bald wie möglich »judenrein« erklären zu können, musste sie jedes sichtbare Zeichen, dass noch Juden in der deutschen Gesellschaft lebten, tilgen. Deshalb konzentrierte sich die Kampagne vor allem auf jene Juden, die den »Judenstern« tragen mussten, und somit auf Juden in unprivilegierten »Mischehen« und auf jene Nachkömmlinge von »Mischehen«, die als »Geltungsjuden« eingestuft waren. Doch die Gestapo setzte auch alle anderen unter Druck.

Die Behandlung der Juden in Krefeld nach 1942 liefert ein gutes Beispiel dafür, in welcher Weise die Kampagne sich auswirkte. Zu dieser Zeit befanden sich – wie auch in allen anderen deutschen Städten – nur noch ganz wenige Juden in der Stadt, und alle lebten entweder in einer »Mischehe« oder waren »Mischlinge«. Je nachdem, wen man diesen Gruppen zurechnet, waren nicht mehr als vierzig bis fünfzig Juden aus einer Gemeinde von ursprünglich 1500 Mitgliedern übrig geblieben. Die meisten von ihnen überlebten den Krieg, einige jedoch nicht. Wäre es nach dem Willen vieler Gestapobeamter, NS-Funktionäre und Krefelder Bürger gegangen, dann hätte überhaupt keiner von ihnen überlebt.

Zwischen Anfang 1943 und Herbst 1944, als der letzte Deportationszug mit Krefelder Juden nach Theresienstadt abging, wurden gegen rund ein Drittel der in Krefeld verbliebenen Juden von der

Gestapo Ermittlungsverfahren eingeleitet. Dieser Prozentsatz war möglicherweise noch höher, da wir nicht wissen, ob die erhalten gebliebenen Gestapoakten vollständig sind. Von insgesamt vierzehn Ermittlungen – von denen zwölf 1943 und zwei 1944 eingeleitet wurden – endeten mindestens fünf mit dem Tod des Beschuldigten. Vier der in den Akten verzeichneten Todesfälle (zwei Männer und zwei Frauen) ereigneten sich in Auschwitz, ein Häftling verstarb im Anrather Gefängnis, bevor er nach Auschwitz deportiert werden konnte.[42] Obwohl wahrscheinlich alle übrigen neun Beschuldigten überlebten, erging es ihnen schlecht: Mindestens drei von ihnen wurden in ein Konzentrationslager geschickt, zwei weitere für mehrere Wochen in »Schutzhaft« genommen. Nur in zwei Fällen wurden die Ermittlungen eingestellt; betroffen waren privilegierte »Mischlinge«, die keine »Geltungsjuden« waren und in der Öffentlichkeit keinen »Judenstern« tragen mussten. Zwei weitere Beschuldigte wechselten den Wohnsitz, und wir wissen nicht, zu welchem Ergebnis die Ermittlungen gegen sie geführt haben.

Personen aus der deutschen Zivilbevölkerung spielten bei der Verfolgung dieser Juden häufig eine wichtige Rolle. Zumeist bestand diese darin, dass sie als Spitzel, Denunzianten oder Zeugen der Anklage auftraten. Bei allen sieben Ermittlungen gegen Juden mit einem nichtjüdischen Ehepartner waren die Beschuldigten in der einen oder anderen Form bespitzelt worden, und dasselbe galt für drei der sieben Fälle gegen »Mischlinge«. Bisweilen wurden die Spitzel eigens auf die Beschuldigten angesetzt, oder sie waren einfache Parteigenossen oder Funktionsträger der NSDAP, aber oft wurden auch gewöhnliche Deutsche auf eigene Faust als Spitzel tätig. In vier der sieben Fälle gegen »Mischlinge« und in zwei der Fälle gegen Juden, die in einer »Mischehe« lebten, wurden die Ermittlungen durch Denunziationen aus der Bevölkerung ausgelöst.[43]

Während die meisten Deutschen gegen die starke antisemitische Strömung der letzten Kriegsjahre kaum aktiv Widerstand leisteten, gab es wenigstens einige, die sich für einzelne Juden einsetzten. Gelegentlich retteten sie damit das Leben von Juden, die andernfalls sehr wahrscheinlich umgekommen wären. Das bedeutsamste dokumentierte Beispiel für eine solche Intervention in Krefeld erinnert daran, dass wenigstens einige Deutsche ihren jüdischen Landsleuten so viel Mitgefühl entgegenbrachten, dass sie ihnen zu Hilfe kamen. Es zeigt aber auch, wie gnadenlos Gestapobeamte und viele gewöhnliche Deutsche noch im letzten Kriegsjahr darauf hinarbeiteten, dass auch noch die letzten Juden in die »Endlösung« einbezogen würden. Und es enthüllt, was ebenso wichtig ist, die perverse, ja pathologische Mischung aus ideologischem Wahn und borniertem Paragraphendenken, von dem sich Gestapobeamte und viele gewöhnliche Deutsche bei ihrer aktiven Beteiligung an der Verfolgung und Vernichtung der deutschen Juden bis zum bitteren Ende des Dritten Reiches leiten ließen.

Am 29. November 1943 wurde der 23-jährige Rudolf Hirschel aus Krefeld am Steuer eines Lieferwagens von der Kölner Polizei angehalten, wobei sich herausstellte, dass er keinen Führerschein hatte.[44] Hirschel entschuldigte sich sofort und erklärte den Schupos, er fahre den Wagen nur deshalb, weil der eigentliche Fahrer, ein Herr Schmitz, der neben ihm auf dem Beifahrersitz saß, plötzlich einen Krampf bekommen habe und nicht mehr habe weiterfahren können. Schmitz hatte Hirschel angewiesen, das Steuer zu übernehmen, weil die Ladung unbedingt ausgeliefert werden musste. Als die beiden zum nächsten Polizeirevier gebracht wurden, bestätigte Schmitz Hirschels Aussage und verwies außerdem auf eine schwere Verwundung aus dem letzten Krieg, die bei ihm immer wieder solche Krämpfe auslöse.

Wäre Hirschel ein gewöhnlicher Deutscher gewesen, so hätten die Polizisten die Sache vielleicht auf sich beruhen lassen. Im schlimmsten Fall hätte er ein Bußgeld bezahlen müssen, und das musste auch Hirschel (50 Mark). Aber für die Nationalsozialisten war er kein gewöhnlicher Deutscher. Obwohl er angegeben hatte, er sei katholisch, hatten die Behörden ihn als »Geltungsjuden« eingestuft, weil er der Sohn eines jüdischen Vaters und einer »deutschblütigen« Mutter war, der jüdischen Gemeinde angehört und eine jüdische Schule besucht hatte. Als »Geltungsjude« musste Hirschel alle gegen die Juden erlassenen Verordnungen und Vorschriften beachten, insbesondere in der Öffentlichkeit den »Judenstern« tragen und bei der Nennung seines Namens oder bei der Leistung seiner Unterschrift hinter seinen Vornamen den Namen Israel setzen.

Als die Krefelder Polizei einen Monat später im Verlauf ihrer eigenen Ermittlungen in der Sache feststellte, dass Hirschel seine Aussage ohne den zusätzlichen Vornamen Israel unterschrieben hatte, informierte sie sogleich die Krefelder Gestapo. Das brachte ihn in große Bedrängnis. Die Krefelder Gestapo verhaftete ihn, überstellte ihn in das Anrather Gefängnis und leitete umfangreiche Ermittlungen gegen ihn ein. Knapp drei Monate später, am 15. März 1944, schloss die Gestapo ihre Ermittlungen ab, holte Hirschel aus dem Gefängnis und brachte ihn in die Gestapoaußenstelle zu einer letzten Vernehmung. Richard Schulenburg, der die Ermittlungen leitete, ließ sich von Hirschels Einlassung nicht beeindrucken, er habe nicht seinen Status als Jude verbergen wollen, sondern einfach vergessen, seine Unterschrift in der vorgeschriebenen Form zu leisten, weil er damals persönliche Sorgen gehabt habe. In seinem Abschlussbericht zu dem Fall schrieb Schulenburg: »Auch dieses erscheint nicht sehr glaubhaft, vielmehr ist anzunehmen, daß er bisher den Vornamen ›Israel‹ noch nie angewendet hat«, und er schloss den Bericht mit der Empfehlung: »Schutzhaft mit dem Ziel der Einweisung in KL«.

Wegen des lächerlichen Verstoßes gegen die Vorschrift, in seiner Unterschrift den vorgeschriebenen zweiten Vornamen aufzuführen, drohte Hirschel nun der Tod. Zwei Tage später, am 17. März, hatte er bereits seine amtsärztliche Untersuchung hinter sich und stand auf der Deportationsliste für den nächsten Transport. Doch dazu kam es nicht. Sein Chef, der offenbar über gute Beziehungen zur Polizei verfügte, da seine Firma im Hansa-Haus, dem Sitz des Polizeipräsidiums, untergebracht war, schrieb am 22. März einen langen Brief, in dem er darauf hinwies, Hirschel sei ein hervorragender und durch und durch gesetzestreuer Mitarbeiter, der eine für das deutsche Heer wichtige Arbeit leiste. Dieser Brief sowie möglicherweise einige Telefonate erwiesen sich für Hirschel als Geschenk des Himmels. Am 11. April 1944 ordnete die Gestapo Düsseldorf an, Hirschel in scharfer Form zu verwarnen und anschließend aus der »Schutzhaft« zu entlassen. Obwohl es seinen innersten Überzeugungen und seinem Rechtsverständnis zuwiderlief, musste Schulenburg sich den Anordnungen seiner Vorgesetzten beugen. Sechs Tage später wurde Hirschel nach einer eindringlichen Verwarnung entlassen.

Damit wollte Schulenburg die Sache allerdings nicht auf sich beruhen lassen. Zwei Monate später, am 20. Juni, ging bei der Krefelder Gestapo der Brief eines anonymen Denunzianten ein, den Schulenburg anscheinend beauftragt hatte, Hirschel zu bespitzeln. In diesem vor antisemitischen Gehässigkeiten strotzenden Brief wurde Hirschel etlicher »Vergehen« beschuldigt; vor allem wollte der Schreiber gesehen haben, dass Hirschel in der Öffentlichkeit keinen »Judenstern« getragen hatte, ohne jedoch nähere Angaben darüber zu machen, wann und wo er dies beobachtet hatte, und es gab auch keine Zeugen, die seine Angaben hätten bestätigen können. Außerdem setzte sich Hirschels Arbeitgeber erneut für ihn ein und unterstrich, dieser habe sich stets an alle für die Juden geltenden Vorschriften gehalten und immer den gelben Stern getragen. Als erneute Ermittlungen, diesmal von der Krefelder und der Kölner Gestapo, keine Beweise dafür erbrachten, dass die Beschuldigungen des Denunzianten zutrafen, wurde der Fall am 27. Juli 1944 abgeschlossen und Hirschel zum letzten Mal aus dem Anrather Gefängnis entlassen.

Das Eintreten des Arbeitgebers für seinen Mitarbeiter und die Unterstützung, die Rudolf Hirschel durch seinen Kollegen Schmitz erfuhr, hatten ihm das Leben gerettet. Daneben spielte aber auch eine Rolle, dass die Gestapo unbedingt eine »rechtliche« Handhabe für seine Deportation brauchte. Hätte der Krieg nicht wenige Monate später geendet und hätte er nicht mit einer Niederlage des nationalsozialistischen Deutschland geendet, hätte man eine solche zweifellos gefunden. Schulenburg oder ein anderer Gestapobeamter hätte Hirschel in der Überzeugung in den Tod geschickt, nur nach Recht und Gesetz gehandelt zu haben.

Kapitel 12

So viele Morde, so viel Schweigen

Als ich 1985 aus Anlass des vierzigsten Jahrestags der Befreiung der überlebenden Opfer aus den Vernichtungslagern an meiner Universität einen Vortrag hielt, sagte Bruno Bettelheim einleitend: »Es war vor allem das Schweigen, das die Juden zum Tode verurteilte.« Damals habe ich noch nicht genau verstanden, was er damit sagen wollte. Auf jeden Fall wollte er damit nicht die Täter entschuldigen, deren Zahl in die tausende geht, die NS-Politiker, Gestapobeamten, KZ-Wächter, Angehörigen von Hinrichtungskommandos und all die anderen, die unmittelbar an der Organisation und der Durchführung des Massenmords an den Juden beteiligt waren. Er wollte auch mit Sicherheit nicht jene entschuldigen, die Juden denunzierten, an der Deportation von Juden mitwirkten oder sich an den Juden bereichern wollten. So wie ich es verstehe, wollte er damit sagen, dass dem Holocaust nicht sechs Millionen wehrlose Juden zum Opfer gefallen wären, wenn offen Widerspruch gegen diese Massenmorde geäußert worden wäre. Wenn die für das Regime notwendige Geheimhaltung, die den Holocaust umgab, durchbrochen worden wäre, hätte Hitler den Morden Einhalt gebieten müssen.

Zwar würden nur wenige bestreiten, dass der Massenmord an den Juden eine Politik der Geheimhaltung voraussetzte und dass die Nationalsozialisten zahlreiche Vorsichtsmaßnahmen trafen, um diese Geheimhaltung aufrechtzuerhalten, doch es ist noch immer ungeklärt, inwieweit es den Nationalsozialisten tatsächlich gelang, die Vernichtung der Juden vor der deutschen Bevölkerung geheim zu halten. Noch Jahrzehnte nach dem Ende des Krieges glaubten die meisten Fachleute ebenso wie die Laien, von diesem Massenmord hätten nur ganz wenige Deutsche gewusst, und zwar die, die unmittelbar daran beteiligt gewesen seien.[1] In den letzten Jahren wurden jedoch etliche Untersuchungen veröffentlicht, die diese Überzeugung in Frage stellen. Die bekanntesten sind vermut-

464

lich die Bücher von Walter Laqueur, *Was niemand wissen wollte. Die Unterdrückung der Nachrichten über Hitlers »Endlösung«*, und David Bankier, *Die öffentliche Meinung im Hitler-Staat. Die »Endlösung« und die Deutschen, eine Berichtigung*.[2] In diesen beiden Büchern, die 1980 und 1992 in den USA erschienen sind, legt jeder der beiden Autoren überzeugende, wenn auch indirekte Beweise vor, die zu der Schlussfolgerung führen, dass »das furchtbare Geheimnis« – so der englische Titel von Laqueurs Buch – weder außerhalb noch innerhalb Deutschlands gewahrt wurde. Bankier zieht aus seinen Befunden den Schluss, »daß weite Kreise der deutschen Bevölkerung, darunter Juden ebenso wie Nichtjuden, entweder gewußt oder geahnt haben, was in Polen und Rußland vor sich ging«. Laqueur formuliert sein Ergebnis noch entschiedener: »So wußten gegen Ende 1942 Millionen Deutscher, daß die [›Judenfrage‹] radikal gelöst war und daß diese radikale Lösung nicht Umsiedlung bedeutete, kurz, daß die meisten oder alle Juden, die verschickt worden waren, nicht mehr lebten.«[3] In diesem Kapitel sollen einige der besonders stichhaltigen Belege, mit denen Laqueur und Bankier ihre Behauptungen stützen, zusammenfassend erörtert werden.

Viele deutsche Soldaten hatten von den Erschießungen hunderttausender Juden in Osteuropa und der Sowjetunion gehört, waren Augenzeugen oder unmittelbar daran beteiligt gewesen, und viele von ihnen berichteten Verwandten, Freunden oder Bekannten in der Heimat, was sie mit angesehen oder erlebt hatten.[4] Einige machten ihre Mitteilungen in Briefen, die nicht der Zensur in die Hände fielen.[5] Andere erzählten persönlich darüber, wenn sie auf Fronturlaub oder nach einer schweren Verwundung nach Hause kamen. Wie Laqueur schreibt, hatten viele deutsche Soldaten und Angehörige der SD-Einheiten sogar privat Fotos von den Massakern gemacht, die zwischen Juni und November 1941 bereits rund 500 000 Juden das Leben gekostet hatten, bevor Heydrich solche Aufnahmen verbot.[6]

Weder Laqueur noch Bankier gehen auf den Umstand ein, dass Soldaten der deutschen Wehrmacht nicht die einzigen Deutschen waren, die an Erschießungen von Juden mittelbar oder unmittelbar beteiligt waren. Wie Christopher Browning und Daniel Goldhagen am Beispiel des Reserve-Polizeibataillons 101 gezeigt haben, gab es zahlreiche gewöhnliche Deutsche, häufig in mittlerem Alter, die mehrere Wochen oder Monate lang als Angehörige von Einheiten der Reservepolizei an Massenerschießungen von Juden teilnahmen und anschließend in die Heimat und ins Zivilleben zurückkehrten.[7] Viele dieser »ganz gewöhnlichen« Männer müssen ebenfalls anderen von den Massenmorden, an denen sie aktiv beteiligt waren, erzählt haben. Wie darüber hinaus der deutsche Journalist Heiner Lichtenstein in einem 1990 erschienenen Buch über die Schutz- und Ordnungspolizei im Dritten Reich belegt hat, waren an den Massenerschießungen in Polen und Russland auch tausende einfacher deutscher Polizisten beteiligt. Einige von ihnen huldigten dem Autor zufolge sogar einer Art Holocaust-Voyeurismus und sahen bei den Massenerschießungen lediglich zu, um ihre Neugier zu befriedigen.[8]

Aus den Konzentrations- und Vernichtungslagern, in denen die Juden sich zu Tode arbeiten, verhungern oder vergast werden sollten, drangen gleichfalls Informationen nach draußen. Auschwitz, das berüchtigtste dieser Todeslager, hatte fünfzig Außenlager in ganz Schlesien und lag in der Nähe der deutschen Grenze und deutscher Bevölkerungszentren.[9] Laqueur zitiert die Aussage eines früheren Eisenbahnarbeiters im Auschwitzprozess von 1964 in Frankfurt am Main; dieser gab an, es sei allgemein bekannt gewesen, dass die fünf Meter hohen Flammen aus den Schornsteinen von Auschwitz, die noch in 15 bis 20 Kilometern Entfernung zu sehen waren, von brennenden Leichen stammten. Und er führt die Aussagen von Angeklagten im selben Prozess an, dass der Bahnhof von Auschwitz stets vor Zivilisten und Soldaten auf Urlaub wimmelte, denen die Rauchwolken und der durchdringende süßliche Gestank von brennendem Fleisch unmöglich entgangen sein konnten.[10] Außerdem waren tausende deutscher Zivilisten in den Konzentrationslagern und der Umgebung beschäftigt, wo Firmen aus fast allen Industriebranchen Produktionsstätten errichteten, um dort Häftlinge als Zwangsarbeiter auszubeuten.[11] Viele dieser deutschen Zivilisten erfuhren nach Überzeugung Laqueurs mit der Zeit sämtliche Einzelheiten über den Massenmord, der täglich in den Vernichtungslagern verübt wurde, und viele von ihnen dürften ihr Wissen an Freunde und Verwandte in der Heimat weitergegeben haben.

Doch die Informationen kamen nicht nur durch Beteiligte und Augenzeugen ins Reich. Die BBC und andere Auslandssender berichteten in deutscher Sprache darüber, und die Alliierten warfen Flugblätter über Deutschland ab. Wie Bankier feststellt, war zwar der Höhepunkt der BBC-Kampagne zur Informierung der deutschen Bevölkerung über den Massenmord an den Juden offenbar im Dezember 1942 erreicht, als Millionen Deutsche die BBC-Sendungen hörten, um Genaueres über die Zahl der deutschen Gefallenen und die Lage in Stalingrad zu erfahren, dennoch brachten die BBC und andere Auslandssender während des gesamten Krieges Nachrichten über die Ermordung der Juden.[12] In den Flugblättern, die britische und US-amerikanische Bomber 1943 und 1944 millionenfach über Städten in ganz Deutschland abwarfen, wurden die systematische Ermordung der europäischen Juden, die Massenerschießungen, die Vernichtungslager und die Gaskammern ausdrücklich angesprochen. Außerdem wurden alle, die sich an diesen Gräueln beteiligten, gewarnt, sie würden eines Tages zur Rechenschaft gezogen.[13]

Obwohl Laqueur und Bankier nachgewiesen haben, dass es zahlreiche glaubwürdige, präzise und in die Einzelheiten gehende Informationsquellen gab, aus denen die deutsche Bevölkerung vom Holocaust noch zum Zeitpunkt des Geschehens erfahren haben konnte, können sie kaum belegen, dass viele oder gar die meisten Deutschen diese Informationen tatsächlich erhalten, ihren Inhalt verarbeitet und weiter verbreitet hätten. Sie können beispielsweise nicht klären, wie viele Deutsche tatsächlich die verbotenen Auslandsendungen über die Massenmorde an den Juden gehört haben, und das von ihnen vorgelegte Material sagt nur wenig über die Details, die in den Auslandssendungen erwähnt wurden, oder über die Form dieser Sendungen selbst aus. Auch wenn sie konkrete Beispiele dafür beibringen, dass manche Soldaten in ihren Feldpostbriefen über Massenerschießungen von Juden geschrieben haben, geht daraus nicht hervor, wie häufig das vorkam und wie detailliert diese Schilderungen waren.[14] Und sie haben letztlich keinen Beweis dafür, dass sich Deutsche im Allgemeinen darüber unterhielten, was sie im Hinblick auf den Massenmord an den Juden selbst gesehen oder von anderen gehört hatten.

Ihre Informationen haben sie ganz überwiegend aus wenigen verstreuten Tagebüchern, Memoiren und vereinzelten SD-Berichten, die offenbar allesamt nicht besonders detailliert sind, und so können Bankier und Laqueur im Grunde nur beweisen, dass manche Deutsche von den Massenmorden wussten und dass viele weitere davon hätten wissen können, wenn sie nur gewollt hätten. Doch auch wenn das von ihnen vorgelegte Material »nicht quantifizierbar und von subjektiven Eindrücken geprägt«[15] ist, und auch wenn sie nicht schlüssig nachweisen können, dass »weite Kreise« oder »Millionen Deutsche [davon] wußten«, bedeutet das nicht, dass die meisten Deutschen nichts gewusst haben. Tatsächlich haben Millionen deutscher Bürger noch während des Krieges vom Massenmord an den Juden erfahren. Manche wussten mehr, andere weniger. Einige erfuhren früher davon, andere später. Doch spätestens im Frühjahr 1943 waren die Informationsquellen über den Holocaust so zahlreich, die Nachrichten waren so detailliert und so glaubwürdig, dass Millionen Deutsche gar nicht umhin konnten, sie zur Kenntnis zu nehmen, und zwar nicht nur in Form von vagen Andeutungen, sondern von harten Fakten. Um das zu zeigen, stütze ich mich auf vier verschiedene Quellen, die Laqueur und Bankier bei der Niederschrift ihrer Bücher noch nicht zur Verfügung standen: die umfangreichen Tagebücher des damals in Dresden lebenden jüdischen Romanisten Victor Klemperer; sorgfältige Transkripte der deutschsprachigen Sendungen der BBC für die deutsche Bevölkerung über die massenhafte Ermordung der Juden während des Krieges; eine 1993 per Fragebogen durchgeführte Umfrage bei zufällig ausgewählten gewöhnlichen Deutschen, die vor dem Ende des Dritten Reiches bereits alt genug waren, um Informationen über die Massenmorde zu verstehen, und schließlich persönliche Interviews mit Personen, die sich an der Umfrage beteiligt hatten.

Eine tägliche Chronik des Holocaust:
Die Tagebücher Victor Klemperers

Die Tagebücher Victor Klemperers wurden erstmals 1995 veröffentlicht.[16] Obwohl der Forschung in den letzten Jahrzehnten zahlreiche Tagebücher von Zeitzeugen des Nationalsozialismus zur Verfügung standen, dürften Klemperers Tagebücher ihresgleichen suchen. Die zwei Bände *Ich will Zeugnis ablegen bis zum letzten* umfassen insgesamt 1700 Druckseiten präziser und häufig minutiöser Details über das Alltagsleben des Autors und seiner Frau im Besonderen und die Verfolgung und Ermordung der deutschen Juden im Allgemeinen. Als Jude war Klemperer natürlich kein gewöhnlicher Deutscher. In mancher Hinsicht war er nicht einmal ein gewöhnlicher deutscher Jude. Der 1881 geborene zwangsemeri-

tierte Professor für Romanistik war seit 1906 in erster Ehe mit Eva
Schlemmer verheiratet, einer Nichtjüdin aus protestantischem
Elternhaus, die ihm mutig zur Seite stand und während der Hitlerzeit seine Leiden mit ihm teilte. Diese »Mischehe« rettete sein
Leben, auch wenn er während der Kriegsjahre niemals die beruhigende Gewissheit haben konnte, am Ende zu den Überlebenden zu
gehören. Was ihn jedoch vor allem anderen von seiner Umgebung
unterschied, das war seine konsequente Weigerung, seine Augen
und Ohren vor den Schrecken zu verschließen, die sich um ihn
herum abspielten. Er machte es sich zur Pflicht, von der nationalsozialistischen Unterdrückungs- und Tötungspolitik »Zeugnis
ab[zu]legen bis zum letzten«.

Einfach aus einem tiefen Bedürfnis heraus, sich der Realität zu
vergewissern, und nicht weil er in einer privilegierten Position zur
Erlangung von Kenntnissen gewesen wäre, fand Klemperer mehr
über den Massenmord an den Juden heraus als die meisten gewöhnlichen Deutschen. Den meisten Deutschen, die ein Interesse
daran gehabt hätten, mehr über den Holocaust zu erfahren, hätten
mehr Informationsquellen und mehr Möglichkeiten zu ihrer Nut-
zung offen gestanden als ihm. Als Jude im NS-Deutschland der
Kriegsjahre hatte Klemperer kein Radiogerät, war in seiner Bewegungsfreiheit sehr stark eingeschränkt, war gezwungen, sich in Gesprächen mit anderen als seinen engsten Vertrauten jedes Wort
zu überlegen, und litt – wegen der ihm auferlegten Mangelernäh-
rung – unter ständiger körperlicher Schwäche und vielen weiteren
Benachteiligungen, denen in Deutschland einzig die Juden unterworfen waren. Die meiste Zeit verließ Klemperer nicht einmal
seine Wohnung. Trotz dieser Beschränkungen verschaffte er sich
aus den verschiedensten Quellen detaillierte und genaue Informationen. Hierzu zählten vertrauliche Äußerungen von KZ-Wächtern
auf Urlaub; gehässige Bemerkungen von Dresdner Gestapobeamten gegenüber Juden, die kurz vor ihrer Deportation standen; Berichte der BBC und anderer Auslandssender und vor allem Unter-
haltungen, die er und seine Frau mit Vertretern der jüdischen Gemeinde und vertrauenswürdigen Freunden führten, die ihrerseits
auf den verschiedensten Wegen vom Schicksal der in den Osten deportierten Juden erfahren hatten.

Was findet sich nun in den Tagebüchern Klemperers über den
Holocaust? In der Regel notierte Klemperer zuverlässig und umfassend Details über die Deportationen der Juden aus Dresden so-

wie aus vielen anderen deutschen und ausländischen Städten, sobald die Transporte stattgefunden hatten, manchmal auch mit kurzer Verzögerung.[17] Diese Aufzeichnungen enthalten vielfach genaue Einschätzungen der Anzahl und der Kategorien der Deportierten, Ausführungen darüber, wie die Deportationen im Einzelnen vonstatten gingen, und Angaben über den Bestimmungsort der Deportierten. Außerdem berichtete er im Einzelnen über die Massenerschießungen der Juden in Babij Jar und mehreren anderen Orten in Polen und Russland.[18] Gelegentlich schrieb er darüber, dass die Juden ihre Gräber selbst ausheben und sich ausziehen mussten, bevor sie erschossen wurden. Er hielt fest, was er über die Bedingungen in vielen Konzentrationslagern, darunter Auschwitz, Theresienstadt, Buchenwald und Ravensbrück, erfahren hatte. Er notierte, dass die Juden in den Konzentrationslagern an den verschiedensten mysteriösen Krankheiten starben, sich zu Tode arbeiten mussten und vergast wurden.[19] Er schilderte einzelne Beispiele für die Foltermethoden der Gestapo, die viele Juden das Leben kosteten. Er zitierte einzelne Sätze aus den Reden Hitlers und anderer NS-Größen, die angedroht hatten, die Juden zu vernichten. Immer wieder registrierte er die Tatsache, dass unzählige Juden aus Deutschland und dem übrigen Europa ermordet wurden und dass keiner der deportierten Juden jemals zurückgekommen war.[20] Schließlich äußerte er sich in zutiefst bewegenden Worten über die eingeschränkten Lebensbedingungen für sich und seine Frau – den nagenden Hunger, die ständigen Depressionen und die anhaltende Furcht.

Allein schon dieser knappe Überblick zeigt, dass einem Mann wie Victor Klemperer, der Genaueres wissen wollte, auf die Dauer nur wenige wichtige Details über den Massenmord an den Juden verborgen bleiben konnten. Wie genau seine Kenntnisse waren, lässt sich am ehesten anhand einzelner Tagebucheintragungen vermitteln. Dabei stößt man gelegentlich auch auf Hinweise darauf, was andere Deutsche über den Massenmord an den Juden wussten.

Aus mehreren Eintragungen Klemperers geht zum Beispiel hervor, dass die Gestapobeamten selbst wussten, dass auf die deportierten Juden der Tod wartete. Nachdem er am 29. August 1942 seine Befürchtung notiert hat, nach der Ernennung des »Bluthunds« Thierack zum Reichsjustizminister könnte es eine Verordnung zur Zwangsscheidung aller »Menschen« geben, schreibt Klemperer über den traurigen Tod eines siebzehn Jahre alten Juden in einem Konzentrationslager. Angeblich war die Todesursache »Magen- und Darmkatarrh«, was Klemperer zu der Frage veranlasst: »Seit wann stirbt ein kräftiger junger Mensch hieran?« Danach berichtet er, dass eine Gemeindeschwester der jüdischen Gemeinde Dresden, eine Frau Ziegler, ihm gesagt habe, »die Angst vor der Gestapo sei eine allgemein jüdische Psychose geworden«. Nachdem er Beispiele für diese Psychose angeführt hat, nennt Klemperer den ganz realen Grund dafür. Wie Frau Ziegler erzählt hatte, war der Verwalter des von Klemperer bewohnten Hauses wegen seiner »Judenfreundlichkeit« von der Gestapo vorgeladen worden. Auf dessen Erklärung, die Juden, mit denen er Umgang habe, seien anständige Leute, wurde er belehrt, es gebe keine anständigen Juden und »die ganze Rasse werde ausgerottet werden«.[21]

Eine Woche später, am 8. September, schreibt Klemperer in ähnlicher Weise. An diesem Morgen war Frau Ziegler erneut zu Besuch gekommen. Diesmal erzählte sie von der vergangenen furchtbaren Nacht, in der sie die zur Deportation vorgesehenen Dresdner Juden betreut hatte. Der schlimmste Augenblick sei für sie immer dann gekommen, wenn über den in einem Lastwagen Zusammengepferchten die Plane heruntergelassen und geschlossen werde: »Wie das Vieh im Dunkeln«. Besonders bestürzt war sie über das Verhalten eines Gestapokommissars. Eine alte Dame hatte einen Brief von ihrer Tochter in der Hand, in dem sich das Foto ihrer Enkeltochter und ein paar tröstende Zeilen befanden: »Vielleicht, Mütterchen, sehn wir uns doch noch einmal, es geschehen ja Wunder.« Nicht einmal das wollte der Gestapobeamte der alten Frau zugestehen. Zuerst zerriss er die Fotografie mit den Worten: »Ihr dürft kein Bild mitnehmen.« Dann las er den Brief laut vor und kommentierte: »Für euch geschehen keine Wunder, bildet euch nichts ein.«[22]

In welchem Maße seine Kenntnisse über die Massenvernichtung wuchsen, zeigen Klemperers Eintragungen über das endgültige Ziel der »Judentransporte«. Als die Deportationen im Herbst 1941 einsetzten, hatte er zunächst kaum zuverlässige Informationen, auf die er sich hätte stützen können, hatte jedoch Grund zu der Annahme, dass den Juden am Ende der Reise ein furchtbares Schicksal drohte. Am 18. November 1941 heißt es im Tagebuch: »Die Nachrichten über Judenverschickungen nach Polen und Rußland lauten von verschiedenen Seiten katastrophal. Brief von Lissy Meyerhof an uns, von dem Kölner Voß an Kätchen Sara, mündliche Berichte. Wir hören manches.«[23] Zehn Tage später, am 28. November, schreibt er über die Nachricht von umfangreichen Deportationen aus verschiedenen deutschen Städten, darunter Dresden, Berlin, Hannover, München und einige Städte aus dem Rheinland:»Man weiß nichts Genaues, nicht, wen es trifft, nicht, wann noch wohin.«[24] Bald werden seine Informationen jedoch deutlich konkreter. Jetzt verzeichnet Klemperer sorgfältig, wie viele Menschen jeweils abtransportiert wurden, was für Leute für die Deportation ausgewählt wurden, wohin diese abgingen und worauf die Juden gefasst sein mussten, wenn sie dort ankamen. Mitte März 1942 hat er sogar schon vom schlimmsten nationalsozialistischen Todeslager, »Auschwitz (oder so ähnlich) bei Königshütte in Oberschlesien«, gehört. Zwar weiß er zu diesem Zeitpunkt offenbar noch nichts von den Vergasungen, aber es galt bereits »als furchtbarstes KZ [...] Tod nach wenigen Tagen«.[25] In den folgenden Monaten treffen fast täglich Nachrichten von neuen »Judentransporten« und neuen Todesfällen ein, und Klemperers böse Ahnungen über das Schicksal der Deportierten verdichten sich zunehmend zur Gewissheit. Am 4. Juli 1942 schreibt er traurig:»Der eine ist in drei Tagen erledigt, der andere erst in einem Jahr – aber zurück kommt keiner, buchstäblich keiner mehr.«[26] Bestätigungen seiner Befürchtung kommen aus verschiedenen Quellen, indirekt sogar von einem SS-Mann.[27] Mitte Januar 1943 konstatiert Klemperer seine »ständige gräßliche Angst vor Auschwitz«, die ihn bis in seine Träume verfolgt.[28] Als anderthalb Monate später, am 27. Februar, die »Schlussaktion« beginnt, schreibt Klemperer:»Gerade jetzt ist nicht mehr anzunehmen, daß irgendwelche Juden lebend aus Polen zurückkehren. Übrigens wird längst erzählt, daß viele Evakuierte nicht einmal lebend in Polen ankommen. Sie würden in Viehwagen während der Fahrt vergast.«[29]

Enthüllung des »furchtbaren Geheimnisses«: Sendungen der BBC in deutscher Sprache

Während Victor Klemperer bruchstückhafte Informationen aus verschiedenen Quellen zusammensetzen musste, um sich ein Bild von der »Endlösung« zu machen, brauchten die meisten Deutschen hierzu lediglich ihre Rundfunkgeräte einzuschalten und die Sen-

dungen der BBC in deutscher Sprache zu hören. Aus irgendeinem
Grund ist diese schlichte Tatsache von den meisten Historikern
bislang übersehen worden. Zwar haben einige, vor allem David
Bankier, die Bedeutung der BBC als Nachrichtenquelle über die
Vernichtung der Juden hervorgehoben, doch niemand hat sich eingehend damit beschäftigt, was die BBC im Einzelnen über den Genozid an den Juden berichtete oder wie viele Menschen diese Sendungen tatsächlich gehört haben.[30] Deshalb sind nur einige skiz-
zenhafte Details über die BBC-Berichterstattung bekannt, und
diese Details beruhen in der Hauptsache auf wenigen Tagebüchern
und Memoiren sowie auf einzelnen, wenig ausführlichen Aufzeichnungen über die Bemühungen des NS-Regimes, das Hören von Auslandssendungen zu überwachen, die anscheinend lediglich von
Bankier ausgewertet wurden. Dieses mangelnde Interesse ist äußerst
bedauerlich, denn wie wir aus der Umfrage unter älteren Einwohnern Kölns und aus vielen anderen bereits dargelegten Quellen
wissen, haben tatsächlich Millionen Deutsche trotz Verbots die
Sendungen der BBC in deutscher Sprache aufmerksam und regelmäßig gehört. Außerdem war der deutsche Dienst der BBC seit
dem deutschen Überfall auf die Sowjetunion in ganz besonderer
Weise bemüht, seinen deutschen Hörern präzise und glaubwürdige
Informationen über die Vernichtung der Juden zu übermitteln.
Diese Bemühungen waren umso bemerkenswerter, wenn man bedenkt, dass sie vom britischen Außenministerium, das die Judenverfolgung nicht für ein wirkungsvolles Propagandathema hielt,
mit Misstrauen betrachtet wurden.[31]

Auch die BBC erkannte die Gefahr, die mit den Enthüllungen
über dieses ganz besonders heikle Thema verbunden war. Im
schlimmsten Fall, so die Befürchtung, werde die furchtbare Wahrheit des Genozids an den Juden die deutsche Bevölkerung Hitler
und seinem Regime noch weiter in die Arme treiben. Daher sollte
die Präsentation der Informationen jeden Eindruck vermeiden,
dass das ganze deutsche Volk die Verantwortung für die Gräuel
trage und dass es so etwas wie eine Kollektivschuld gebe. Zwar
war die BBC sich darüber im Klaren, dass sie mit ihrer Berichterstattung möglicherweise den deutlichen Unterschied zwischen
»Nazi« und »Deutscher« verwischte, den ihre Propaganda seit
langem betonte, und dass sie trotzdem das Risiko einging, Nationalsozialisten und die anderen Deutschen in einer kollektiven
Furcht vor der Rache der Alliierten und der Juden für die unsäg-

lichen Verbrechen, die ihre Nation an der europäischen Judenheit begangen hatte, zu vereinen. Doch wie sich aus mehreren Einträgen unter dem Stichwort »Die Juden« in den internen Richtlinien der BBC für ihre Europasendungen im Dezember 1942 ergibt, entschied sie sich dennoch, die Sendungen fortzusetzen.

Der längste Eintrag stammt vom 14. Dezember während einer monatelangen Berichterstattungskampagne für die deutsche Bevölkerung über den Völkermord an den Juden, die täglich und manchmal stündlich auf Sendung ging. Einige Auszüge vermitteln einen Eindruck davon, wie ernst die BBC ihre journalistische Verantwortung nahm:

»Die Deutschen sind vielleicht nicht ganz unempfänglich für Warnungen, dass angesichts einer unvermeidlichen Niederlage gewisse äußere Signale, dass sie Hitlers wahnsinnige Morde nicht billigen, angebracht sind. Auch wenn sie nichts *tun* können, ist es gut, wenn sie sich beklommen fühlen und sich schämen. *In jedem Fall ist es unsere Pflicht, alles zu tun, was wir können, um die Massaker zu unterbinden, selbst wenn dabei unsere Unterscheidung zwischen Nazis und Deutschen an Schärfe verliert.*

Wir können die Massenmorde zweifellos als einen Hinweis darauf betrachten, dass Hitler weiß, dass sein Spiel verloren ist, und dass er entweder versucht, vor seiner Niederlage wenigstens eines seiner Kriegsziele zu verwirklichen, oder aber die Welt durch einen Massenmord von Geiseln zu erpressen, um einen Verständigungsfrieden zu erreichen.

Die einzige Konsequenz dieses Wahns ist die, dass eine Verständigung noch undenkbarer wird als je zuvor und dass sich die Aussichten des deutschen Volkes nach seiner Niederlage noch mehr verdüstern.

Wir müssen in aller Deutlichkeit klarstellen, dass die Massaker an den Juden nichts mit dem Krieg zu tun haben, dass es sich dabei nicht um Gräuelpropaganda handelt, sondern um etwas, das ohne irgendeinen Einfluss auf den Kriegsverlauf allein das Schicksal der Judenheit und das Schicksal des deutschen Volkes betrifft. [...]

Wie Rabbi Dr. Mattuck es ausgedrückt hat: ›Der Krieg liefert nicht die Spur einer Rechtfertigung für die Massaker; das Töten jüdischer Kinder ist ohne jeden militärischen Nutzen.‹«[32]

Die internen Direktiven der BBC für die Europa-Nachrichten im Hinblick auf die Verfolgung und Ermordung der Juden aus den folgenden Dezembertagen 1942 waren kürzer. Dennoch verging kaum ein Tag ohne eine neue Anweisung darüber, wie die BBC das, was sie als ihre moralische Pflicht ansah, erfüllen wollte: deutsche Hörer über den Holocaust zu informieren. So hieß es am 27. Dezember 1942 in einem vertraulichen Bericht in den Richtlinien: »Demnach ist es unsere Aufgabe, heute abend und bis zum Neujahrstag dem Feind einige hässliche Fakten und noch hässlichere Interpretationen dieser Fakten unter die Nase zu reiben.«

Auch wenn die BBC ihre Intepretationen dieser hässlichen Fakten in einer Weise präsentierte, dass »rhetorische Effekte und Polemik« und »Pauschalurteile« über die deutsche Bevölkerung als Ganzes« vermieden wurden,[33] bedeutet das nicht, dass der deutsche Dienst der BBC sich auf rein sachliche Nachrichtenübermittlung beschränkt hätte. Natürlich versorgte er seine deutschen Hörer in der wöchentlichen Sendezeit von insgesamt 15 bis 30 Stunden Dauer auch mit solchen Tatsachenberichten, so wie er es seit den ersten Berichten über die Massenerschießungen polnischer und russischer Juden im Sommer und Herbst 1941 getan hatte.[34] Doch die regelmäßigen, zweimal täglich gesendeten Nachrichtenprogramme zwischen 15 und 30 Minuten machten nur einen Bruchteil des reichhaltigen und vielfältigen Sendeprogramms für deutsche Hörer aus. Außer den nüchternen Nachrichtensendungen, zu denen täglich Millionen Deutsche ihr Radiogerät einschalteten, gab es zahlreiche witzig-komische so genannte Charakterserien wie »Kurt und Willi«, »Frau Wernicke« und »Gong«;[35] es gab Programme nach dem Vorbild bestimmter Sparten in anspruchsvollen Tageszeitungen wie Lindley Frasers Sendung »Was jeder Deutsche über England wissen sollte«[36] und etliche weitere längere Sendungen unterschiedlicher Art und Aufmachung.

Während der gesamten Kriegsjahre, vor allem aber im Dezember 1942, griffen all diese Programme das Thema der Verfolgung und Ermordung der europäischen Juden auf und brachten es ihren zahlreichen deutschen Hörern geschickt nahe.[37] Manchmal geschah das so subtil, dass viele deutsche Zuhörer wahrscheinlich gar nicht ahnten, was sie erwartete, wenn sie eine ihrer Lieblingsserien der BBC wie »Kurt und Willi« einschalteten. In der Regel berührte die Sendung »Kurt und Willi« ernste Themen nur oberflächlich, so dass das deutsche Publikum, das dringend einer Auf-

munterung bedurfte, darauf vertraute, 15 bis 20 Minuten seinen
Alltag vergessen zu können. Doch am 29. Dezember ging es um
ein alles andere als harmloses Thema:»Die Verfolgung der Juden«.[38]
Der Sketch begann wie jede Woche damit, dass die beiden alten
Freunde Kurt Krüger, ein Lehrer, und Willi Schimanski, ein Beamter
in Goebbels' Propagandaministerium, sich in ihrer Stammkneipe
am Potsdamer Platz in Berlin treffen, um gemeinsam etwas zu trinken, miteinander zu plaudern und abzuschalten. Wie immer begrü-
ßen sie sich mit einem nachlässigen»Heil Hitler!«. Als er bemerkt,
dass sein Freund Kurt»grün im Gesicht« aussieht und ihn anscheinend etwas bedrückt, schlägt Willi vor, sie sollten einen Weinbrand trinken und über die Sache reden. Kurt ist einverstanden.

KURT: So. Jetzt geht's schon besser.
WILLI: Nu sag mal, wo fehlt's denn? Du solltest nicht soviel ar-
beiten.
KURT: Ach, arbeiten. Ich habe soeben etwas Scheußliches erlebt. Über uns da wohnt ne Frau, ne Jüdin, weißt du, so um
die 50 – und heute hat sie den Gashahn aufgedreht. Vor einer
Stunde haben wir sie gefunden.
WILLI: Ach –
KURT: Sie haben ihr mitgeteilt, daß sie sie irgendwohin nach
dem Osten schaffen würden.
WILLI: Ach so. Na ja – kann mir denken, daß euch das mitgenommen hat –
KURT: Und ob. Wir merkten plötzlich, daß Gas ausströmt. Und
da haben wir schließlich die Tür eingestoßen. Meine Frau und
ich, und da lag die Person, nun, schrecklich ... Meine Frau ist
völlig zerstört. Ich mußte sie zu Bett bringen.
WILLI: Tut mir wirklich leid, das ist ein scheußliches Erleb-
nis ...
KURT: Nu hör mal, Willi! Wir? – Die arme Person kann einem
leid tun!
WILLI: Ich versteh bloß nicht – warum hat man sie erst jetzt
wegschaffen wollen? Wieso nicht schon früher?

Kurt erklärt, dass die Jüdin bis jetzt vor den Deportationen verschont wurde, weil sie in einem kriegswichtigen Betrieb gearbeitet
hat. Doch am Ende hatte selbst eine Bescheinigung der Firma, dass

sie unentbehrlich sei, sie nicht retten können. Wie sie ihm einige Tage zuvor gesagt hatte, war die Gestapo in das Labor gekommen, in dem sie arbeitete, und hatte die Bescheinigung vor ihren Augen zerrissen und dabei gelacht. »Verrückt ist das alles«, sagt Kurt, »total verrückt.« Obwohl er einsieht »Krieg ist Krieg«, will es ihm einfach nicht in den Kopf, dass Deutschland sich in dieser Stunde nationaler Not den Luxus leistet, »solche Hilfen zu verlieren, ob es sich nun um Arier oder um Juden handelt«. Dann erzählt er, wie er und seine Frau sich bemüht hätten, ihre Nachbarin davon abzubringen, sich das Leben zu nehmen. Sie hätten versucht, ihr zu erklären, dass sie es im Osten gar nicht so schlecht haben würde, und jedenfalls sei alles besser, als sich umzubringen. Aber Willi, der im Propagandaministerium sitzt, weiß es besser.

WILLI: Nein, mein Lieber, ein schneller Tod durch Leuchtgas ist weit besser als in einem Viehwagen Hungers sterben, oder als Versuchskaninchen für Giftgas draufgehn ...
KURT: Was denn, wird denn das wirklich gemacht?
WILLI: Nun ... es soll vorkommen ...
KURT: Grauenhaft! Aber warum bloß! Willi, du kennst mich, ich bin kein Judenfreund. Ich glaube nicht, daß ein anständiger Deutscher so etwas gutheißen kann.

Willi hält dagegen, dass sie sich als gute Parteigenossen keinen »liberalistischen Bedenken« hingeben dürften. Kurt erwidert, er könne nicht glauben, dass der Führer »mit so etwas« einverstanden sei. Willi sagt ihm, der Führer habe sogar ausdrücklich den Auftrag zur »Ausrottung der Juden« gegeben, und ihre Ermordung sei »Adolf Hitlers ganz persönliche politische Linie«. Kurt ist offenbar erschüttert durch diese Enthüllung über seinen bewunderten Führer. Er fragt seinen Freund, ob es vielleicht einem einflussreichen Mann in der Partei wie Göring oder Goebbels oder einem anderen vernünftigen Mann möglich sei, Hitler davon zu überzeugen, dass diese Politik der Judenmorde »völlig unnötig« sei. In seiner Antwort klärt Willi seinen Freund abermals über die wirkliche Sachlage auf:

WILLI: Nein Kurt – es ist nötig.
KURT: Ist nötig?
WILLI: Ich habe dir doch oft genug auseinandergesetzt, Kurt,

daß der Krieg in ein Stadium getreten ist, wo wir unsere Volksgenossen auf keine andere Art dazu zwingen können, durchzuhalten, als indem wir sie in Furcht und Schrecken versetzen vor den Folgen einer Niederlage.

KURT: Ja, ich weiß – deine alte Theorie von »Kraft durch Furcht«. Aber was hat denn das mit den Juden zu tun?

WILLI: Mensch, verstehst du denn nicht? Siehst du nicht, daß wir also, wenn wir im Namen des deutschen Volkes den größten Massenmord der Geschichte begehn ...

KURT: Jawohl, größten Massenmord ...

WILLI: ... daß wir dadurch das ganze deutsche Volk mit einer Kollektivschuld belasten und daß es infolgedessen, wenn es schlapp macht, eine Kollektivrache fürchten muß!

Das Gespräch zwischen den beiden wird immer bedrückender, und schließlich fühlen sich Kurt und Willi so elend, dass sie beschließen, nicht weiter über diese schrecklichen Dinge zu reden.

WILLI: Herr Ober, rasch noch einen Weinbrand – dem Herrn Studienrat ist nicht wohl ... und mir auch nicht!

Vielen deutschen Hörern wird es ähnlich ergangen sein, nachdem sie von Selbstmord, Deportationen, Vergasungen und den Plänen Hitlers und seiner Partei zur Vernichtung der jüdischen Bevölkerung gehört hatten. Manche haben vielleicht dennoch geglaubt, die Engländer versuchten nur, die Moral der Deutschen mit erfundenen Gräuelgeschichten zu untergraben, ähnlich wie die britische Propaganda es im Ersten Weltkrieg getan hatte. Doch vor dem Hintergrund dessen, was sie aus eigener Erfahrung, aus Gerüchten oder früheren BBC-Sendungen über das Schicksal der Juden wussten, mussten viele Deutsche gemerkt haben, dass das, was Kurt und Willi sich erzählten, der Wahrheit doch sehr nahe kam, auch wenn es in leichter, satirischer Form vermittelt wurde.

Die Zweifler mussten spätestens dann ins Grübeln geraten, wenn sie die nüchternen Meldungen über die Vernichtung der Juden hörten, die von der BBC im Dezember 1942 täglich und in den weiteren Kriegsjahren in periodischen Abständen gesendet wurden. Am detailliertesten zu diesem Thema waren die BBC-Dokumentationen vom 24. und 27. Dezember 1942 »Und Friede auf Erden« sowie »Der Krieg gegen die Juden«. Die Sendungen dauerten jeweils 45 Minuten und überbrachten der deutschen Bevölkerung Weihnachtsbotschaften über die systematische Verfolgung und Ermordung der Juden. Die zutiefst bestürzenden, unzweideutigen und auf Fakten gestützten Berichte ließen für Zweifel keinen Raum mehr.[39] Von den BBC-Sprechern laut und deutlich in deutscher Sprache verlesen, enthielten diese Features ausführliche Schilderungen der Ermordung von Millionen europäischer Juden durch die Nationalsozialisten im Zuge der Deportationen, Massenerschießungen, Vergasungen, der Zwangsarbeit und anderen Gräueln; ziemlich präzise Schätzungen, wie viel hunderttausende jüdische Männer, Frauen und Kinder aus Deutschland, Österreich, Polen und einigen anderen Ländern bereits umgekommen waren, sowie ausdrückliche Hinweise auf mehrere der berüchtigtsten Konzentrations- und Vernichtungslager.

Die Sendung »Und Friede auf Erden« ging am Heiligen Abend um 20 Uhr britischer Zeit über den Äther. Musikalische Darbietungen wie der Schlusschor aus Beethovens Neunter Sinfonie, die für Frieden und Brüderlichkeit standen, vermischt mit Nachrichten aus ganz Europa über die Verfolgung von Menschen unter der NS-Herrschaft, sollten die Hörer daran erinnern, dass dies trotz des Geläuts der Weihnachtsglocken »keine Zeit für Feste« war – hauptsächlich, wie der folgende Auszug zeigt, wegen des Schicksals der Juden:

»Unterdrückung, Dunkelheit, Haß, Ausrottung, Tod, das ist die *neue* Botschaft des Heils. Dunkelheit liegt über dem K.Z. von Oświęcim, wo Tausende und Abertausende die Folterungen der SS. über sich ergehen lassen mußten. Der sadistische Wunsch nach Ausrottung hat die Hinrichtungsstätten von Belzec errichtet, wo in 2 Monaten 80 000 Opfer in wissenschaftlich ausgeklügelter Weise den Tod fanden: 80 000 Männer, Frauen und Kinder, hingemordet wie Vieh …«

Drei Tage später, am 27. Dezember, reservierte die BBC ihre populäre abendliche Sendezeit ab 20 Uhr für ihre Sendung »Der Krieg gegen die Juden«. Wie der Titel ahnen lässt, ließ die Sendung ihre deutschen Hörer nicht darüber im Unklaren, dass ihre Regierung die Vernichtung von Millionen wehrloser Juden aus allen Ländern unter deutscher Herrschaft plante und durchführte. Sie begann mit dem Hinweis auf eine bewegende und unvergessliche Szene, die zehn Tage zuvor, am 17. Dezember, stattgefunden hatte: Zum ersten Mal in seiner langen Geschichte hatte das britische Unterhaus seine Sitzung unterbrochen, und die Abgeordneten erhoben sich zu einer Schweigeminute, um die jüdischen Opfer des nationalsozialistischen Terrors zu ehren. Wie in der Sendung ausführlich erläutert wurde, fand die Gedenkminute zur selben Zeit statt, als die Außenminister Großbritanniens, der Vereinigten Staaten und der Sowjetunion eine gemeinsame Erklärung unterzeichneten, in der sie den Abscheu der Alliierten über »die grauenhafte Brutalität« zum Ausdruck brachten, »mit der die Hitlerregierung Hunderttausende völlig unschuldige Männer, Frauen und Kinder kalten Blutes hinmordet, nur, weil sie Juden sind«.

Nach dieser bewegenden Einleitung ging die Sendung zu einer detaillierten und anschaulichen Schilderung der Verfolgung und Ermordung der deutschen und europäischen Juden durch die Nationalsozialisten über:

»Der letzte Akt der Judentragödie beginnt. In Massen wurden die übriggebliebenen Juden – Greise, Frauen, Kinder – in ungeheizten Viehwagen nach den polnischen Ghettos verfrachtet. Unzählige gingen unterwegs zugrunde an Erschöpfung und Hunger, ganze Transportzüge wurden vergast. Eine internationale Kommission gibt folgende Zahlen: In Deutschland sind von den etwa 200 000 Juden, die es 1939 dort gab, mindestens 160 000 verschleppt worden oder zugrundegegangen. In Österreich leben von 75 000 Juden höchstens noch 15 000 ... In Holland und Belgien blieb nur ein Drittel der jüdischen Bevölkerung übrig. In Frankreich wurden nahezu 50 000 Juden nach dem Osten verschleppt. Viertausend Kinder wurden ihren Eltern mit Gewalt weggenommen und ohne Ausweise mit unbekanntem Ziel abgeschoben ... In Polen haben die SS-Vernichtungskommandos viele Hunderttausende von Juden getötet. Nach Schätzung des Instituts für deutsche Ostarbeit gab es im Generalgouvernement Ende 1940 2 332 000 Juden. Sie sollen alle durch SS-Vernichtungskommandos ›liquidiert‹ werden. In diesen ernüchternden Zahlen enthüllt sich die grauenhafte Tragödie: Millionen Menschen werden ausgerottet. Und warum? Aber was steckt hinter diesen Massenmorden?«

Wie in der Sendung »Kurt und Willi« vom 29. Dezember zwei Tage später beantwortete die BBC die Frage so, Hitler und sein Regime hätten erkannt, dass sie den Krieg nur weiterführen konnten, wenn sie das deutsche Volk in ihre beispiellosen Verbrechen mit hineinzogen. Unter Berufung auf Churchill, Roosevelt und Stalin sagte ein Sprecher: »Die Naziverbrecher sind die Schuldigen – sie und das deutsche Volk sind nicht dasselbe.« Doch dann hieß es weiter: »Die Nazis wollen diesen Unterschied aufheben. Das deutsche Volk soll in ihre Verbrechen verstrickt werden. Wenn es nicht mitschuldig ist, dann muß es schuldig werden ... Darum der Massenmord an den Juden: Die deutsche Nation soll gebrandmarkt werden für ihre Führer.«

Neue Töne einer älter werdenden Bevölkerung: Ergebnisse einer Umfrage mit Fragebogen und Interviews

Auch wenn sich die BBC mit ihrer Behauptung, der Massenmord an den Juden rühre aus dem Wunsch der Nationalsozialisten, den Krieg weiterführen zu können, eine gewisse propagandistische Freiheit nahm, hatte sie doch richtig erkannt, dass der Genozid an den Juden in Zukunft das deutsche Volk stigmatisieren würde. In einem scharfsinnigen Essay von 1991 über die Verdrängung des Völkermords an den Juden durch die Deutschen nach dem Krieg schrieb der deutsche Journalist und Historiker Volker Ullrich, nach Kriegsende habe man den Refrain: »Wir haben nichts gewusst! Wir haben nichts gewusst!« in Deutschland so oft gehört, dass man hätte glauben können, dies sei die neue deutsche Nationalhymne.[40] Selbst heute, fünfzig Jahre danach, kann man solche Töne immer noch hören, denn die Schuld am Holocaust wirft bis heute ihren Schatten auf den neuen deutschen Staat und die nationale Identität des deutschen Volkes.[41] Allerdings hört man solche Beteuerungen immer seltener, da die meisten Menschen, die sie damals so oft wiederholten, inzwischen verstorben sind. Wenn man aufmerksam genug hinhört, kann man sogar von vielen älteren Deutschen, die ihre prägenden Jahre im Dritten Reich verbracht haben, heute ganz neue Töne hören.

In der Umfrage zu den Erfahrungen gewöhnlicher Menschen im Deutschland der NS-Zeit, die Karl-Heinz Reuband und ich 1993 bei einer Zufallsstichprobe von Kölner Einwohnern durchgeführt haben, stellten wir fest, dass ein signifikanter Anteil der älter werdenden Deutschen bereit war zuzugeben, dass sie von den Judenmorden bereits zum Zeitpunkt des Geschehens Kenntnis hatten, also noch vor Kriegsende.[42] Je nachdem, wie man die Zahlen interpretiert, gaben zwischen knapp einem Viertel und gut der Hälfte der 188 Personen, die bei der Umfrage einen ausgefüllten Fragebogen zurückgeschickt hatten, preis, dass ihnen der Massenmord an den Juden während der Hitlerzeit nicht verborgen geblieben war. Einige werden die untere Schätzung (23 Prozent) als die genauere ansehen, denn diese Zahl repräsentiert den Anteil der Personen, die angaben, sie hätten noch vor Kriegsende von dem Mord an den Juden »gehört« oder »gewusst«. Andere werden die höhere Schätzung für zuverlässiger halten, da nur 44 Prozent derjenigen, die den Fragebogen ausgefüllt hatten, angaben, sie hätten bis zum Kriegsende keinerlei Kenntnis vom Genozid an den Juden gehabt. Wieder andere werden sich für einen Wert zwischen diesen beiden Extremen entscheiden, da außer den 23 Prozent, die angaben, sie hätten von den Morden »gehört« oder »gewusst«, 8 Prozent antworteten, sie hätten »geahnt«, dass diese Morde verübt wurden.

Natürlich kann eine Schätzung nur eine Annäherung an die Wirklichkeit sein. Man kann beispielsweise einwenden, dass 37 Prozent der von uns Angeschriebenen den Fragebogen nicht beantwortet haben, so dass möglicherweise ein wesentlich höherer – oder auch niedrigerer – Anteil der Einwohner Kölns schon frühzeitig von den Massenmorden wusste. Man könnte auch angesichts der Problematik der Frage und der langen Zeit, die seither vergangen ist, davon ausgehen, dass ein großer und nicht feststellbarer Prozentsatz der Antworten unaufrichtig war oder auf trügerischen Erinnerungen beruhte. Trotz alledem kann kein Zweifel bestehen, dass die Ergebnisse dieser Umfrage schlüssig beweisen, dass eine große Zahl deutscher Bürger, mit Sicherheit einige Millionen, bereits während des Krieges Kenntnis von der Vernichtung der europäischen Juden hatte.

Bevor ich darauf eingehe, wie und wann die an der Umfrage Beteiligten von dem Massenmord an den Juden erfuhren, möchte ich etwas zu den politischen und demographischen Aspekten sagen, die einen Einfluss auf die Antworten der Befragten hatten. In einem anderen Komplex des Fragebogens wollten wir wissen, in welchem Verhältnis die Befragten zu Hitler und zum Nationalsozialismus standen, und wir fragten nach ihrem Alter, Geschlecht, ihrer Religionszugehörigkeit, ihrem Bildungsstand und Wohnort vor 1945. Es dürfte kaum überraschen, dass unter denjenigen, die nach eigenen Angaben »an den Nationalsozialismus geglaubt« hatten (bezeichnenderweise die Mehrheit derer, die den Fragebogen ausgefüllt zurückgeschickt hatten), der Anteil derer, die zugaben, schon während des Krieges vom Holocaust erfahren zu haben, nur ein Drittel vom Anteil derjenigen betrug, die ebenfalls von den Morden wussten, aber nicht an den Nationalsozialismus geglaubt hatten.[43] Ebenso wenig war der Befund überraschend, dass eine signifikante Korrelation zwischen dem Alter der Befragten und ihrem Wissen bzw. Nichtwissen von den Massenmorden bestand. Ältere Befragte (die in den ersten Jahren des NS-Regimes bereits erwachsen waren) zeigten ein beträchtlich höheres Maß an bewusster Wahrnehmung als die Jüngeren (die bei Kriegsende höchstens 22 Jahre alt waren).[44] Der letzte bedeutsame Faktor in diesem Zusammenhang war der Bildungsstand der Befragten. Personen mit einem akademischen Abschluss gaben weitaus häufiger an, sie hätten von den Massenmorden Kenntnis gehabt oder gehört, als Befragte, die lediglich einen Volksschulabschluss hatten.[45]

Andere Merkmale wie Geschlecht, Religion und Wohnort wirkten sich weit weniger auf die Wahrnehmung der Massenmorde durch die Befragten aus oder zumindest auf ihre Bereitschaft, eine solche Wahrnehmung zuzugeben. Katholiken und Frauen gaben häufiger als Protestanten und Männer an, sie hätten schon vor Kriegsende auf dem einen oder anderen Weg vom Genozid an den Juden erfahren, während Männer und Protestanten häufiger als Frauen und Katholiken angaben, sie hätten geahnt, dass die Juden umgebracht wurden.[46] Vielleicht gibt es keinen besonderen Grund für die Vermutung, dass Geschlecht oder Religionszugehörigkeit einen spürbaren Einfluss auf die Kenntnis vom Massenmord an den Juden hatten, aber man könnte vielleicht erwarten, dass die Befragten, die bereits im Dritten Reich in Köln gewohnt hatten, eher angaben, schon vor Kriegsende von den Judenmorden gewusst zu haben, als diejenigen, die erst nach dem Krieg nach Köln gezogen waren. Das hat nichts mit geographischer Nähe zu tun, im Gegenteil: Köln lag von den Vernichtungslagern im Osten weiter weg als die meisten anderen deutschen Städte. Der Grund ist politischer Natur. Da die Wähler in Köln vor 1933 der NSDAP weniger Stimmen gaben als im Landesdurchschnitt und da sich bei den von uns Befragten eine deutliche negative Korrelation ergab zwischen

ihrem Glauben an den Nationalsozialismus und der von ihnen zu-
gegebenen Kenntnis von den Judenmorden, hätte man erwarten
können, dass mehr Befragte, die bereits in der NS-Zeit in Köln
wohnten, solche Kenntnisse einräumen würden. Das war jedoch
nicht der Fall: In unserer Umfrage zeigte sich in dieser Hinsicht
kein signifikanter Unterschied zwischen beiden Gruppen.[47] Nur etwas mehr als die Hälfte (54 Prozent) der Personen, die einen ausgefüllten Fragebogen zurückgeschickt hatten, lebte bereits während
des Dritten Reiches in Köln, die Übrigen waren erst nach 1945 aus
Städten und Gemeinden in ganz Deutschland dorthin gezogen.
Dass es zwischen den beiden Gruppen im Hinblick auf die Kenntnis vom Massenmord keinen Unterschied gibt, lässt demnach stark
vermuten, dass Informationen über die Judenvernichtung schon
damals in ganz Deutschland verbreitet waren und dass die Ergebnisse unserer Umfrage in dieser Hinsicht nicht aus dem Rahmen
fallen.

Manche werden sich trotzdem fragen, inwieweit die Angaben in
den Fragebogen zuverlässig sind. Angesichts der Unzulänglichkeit
des menschlichen Gedächtnisses und der Brisanz des Themas sind
solche Zweifel durchaus legitim. In dem Bemühen, diese Zweifel
auszuräumen und zugleich mehr darüber in Erfahrung zu bringen,
auf welche Weise und zu welchem Zeitpunkt die Befragten vom
Völkermord an den Juden erfahren hatten, interviewten wir im
Anschluss mehr als zwanzig Befragte sowie fast hundert andere,
die an späteren, ähnlichen Umfragen teilgenommen hatten.[48]
Dreißig dieser Gespräche habe ich selbst geführt, die übrigen führten Karl-Heinz Reuband oder einer unserer Forschungsassistenten.

In der Regel fanden die Interviews im Haus oder in der Wohnung der Interviewten statt und dauerten ein bis zwei Stunden.
Alle wurden auf Tonband mitgeschnitten. Die Gesprächspartner
wurden gebeten, sich frei über ihre persönliche Geschichte und
ihre Erlebnisse unter dem Nationalsozialismus zu äußern, und
noch einmal befragt, ob sie schon während des Krieges von den
Massenmorden an den Juden gehört hatten. Wir erinnerten sie
nicht daran, wie sie diese Frage im Fragebogen beantwortet hatten. (Rund die Hälfte von ihnen hatte sie bejaht.) Ebenso wie die
schriftlich Befragten repräsentierten die Interviewten im Hinblick
auf Geschlecht, Alter, Religion, politische Orientierung, Bildungsstand und sozialen Status ein breites Spektrum der Bevölkerung.

Die wichtigste Beobachtung war, dass sich die Interviewten in

484

ihren Antworten auf die Frage nach ihrem Wissen über die Judenmorde überaus konsistent verhielten. In den von mir geführten
Interviews gab es nur eine Frau, die im Fragebogen die Frage bejaht hatte, dies jedoch später im persönlichen Gespräch nicht
bestätigte. Dafür gab es einen Grund. Ihr Ehemann, der sich angeblich sehr stark für die Thematik interessierte, bestand darauf,
an dem Interview teilzunehmen. Gewöhnlich bemühten wir uns,
solche gemeinsamen Interviews zu vermeiden, da die Gegenwart
eines Ehepartners auf die befragte Person häufig eine hemmende
Wirkung ausübt. Doch hier war nichts zu machen. Als die entscheidende Frage schließlich gestellt wurde, antwortete statt der
interviewten Frau der Ehemann und sagte:»Hätten wir davon gewusst, dann hätten wir uns umbringen müssen.«[49] Damit war
praktisch allen weiteren Fragen zu diesem Gegenstand ein Riegel
vorgeschoben.

Zum Glück kam dies in den von mir geführten Interviews nur
einmal vor. Tatsächlich gab es sogar einige Gesprächspartner, die
zugaben, dass sie sehr wohl schon vor Kriegsende vom Massenmord an den Juden gehört hatten, obwohl sie die betreffende Frage
im Fragebogen verneint hatten. Einer von ihnen, ein Mann Anfang
siebzig, erklärte im Interview, er habe Geschichten gehört, dass aus
Juden Seife gemacht werde, und ein Freund von ihm, der bei der SS
war, habe einmal Massenerschießungen von Juden erwähnt. Doch
seine etwas vagen Erinnerungen waren keineswegs charakteristisch für die Mehrzahl der Interviewten, die angaben, sie hätten bereits während des Krieges vom Genozid an den Juden gehört. Viele
von ihnen hatten lebhafte und genaue Erinnerungen daran, wann,
wo und von wem sie diese Informationen erhalten hatten.

Eine ehemalige Putzfrau mit Volksschulbildung, die aus einem
traditionell sozialdemokratischen Elternhaus kam, hatte zum ersten Mal im November 1943 von der Judenvernichtung gehört, als
ein»halbjüdischer«Freund der Familie ihr von den Massenvergasungen von Juden in Konzentrationslagern erzählte. Der Zeitpunkt hatte sich ihr unauslöschlich eingeprägt, weil sie sich zu
jener Zeit in Beilstein an der Mosel befand, wohin sie sich vor den
Bombenangriffen auf Köln zurückgezogen hatte, um hier ihren
Sohn zur Welt zu bringen. Nachdem sie das Kind geboren hatte
und nach Köln zurückgekehrt war, sprach sie bei etlichen Gelegenheiten mit vertrauenswürdigen Freundinnen über die Massenmorde an den Juden.[50]

Eine andere Gesprächspartnerin erzählte, sie und ihre Angehörigen hätten Informationen über den Völkermord an den Juden bereits 1940 von einem katholischen Prälaten erhalten, als sie und ihre Eltern noch in Frankfurt wohnten, wo sie damals Medizin studierte.[51] Nicht lange danach, 1942, erfuhr sie in einer Reihe von Gesprächen im Haus ihrer Eltern mit dem erwähnten Prälaten und anderen hohen katholischen Geistlichen von den Vergasungen und den Vernichtungslagern wie Auschwitz. Der Vater, damals Direktor eines Frankfurter Gymnasiums, hatte zur katholischen Kirche, die offenbar sehr gut über den Holocaust informiert war, besonders enge Verbindungen, da er vor 1933 politisch in der Zentrumspartei aktiv gewesen war. Während des Interviews erzählte sie auch von einem Professor Hirt, der sich im Anatomiekurs mit medizinischen Versuchen gebrüstet habe, die er an Gehirnen von Juden durchgeführt hatte.[52]

In anderen Interviews mit heutigen Einwohnern Kölns und Krefelds, die noch während der Kriegsjahre von der Judenvernichtung erfahren hatten, hörte ich ähnliche Schilderungen. Manche Gesprächspartner hatten von Massenvergasungen gehört, andere von Massenerschießungen und wieder andere von beidem. Viele hatten es von ihren Eltern erfahren, einige von anderen Verwandten, aus Sendungen der BBC oder sonstigen Informationskanälen. Viele wussten es aus mehreren Quellen. Einige erinnern sich noch genau an das Datum, an dem sie es zum ersten Mal gehört hatten. Andere hatten so oft davon reden hören, dass sie sich an das erste Mal nicht mehr erinnern konnten. Einige der Befragten hatten während der NS-Zeit schon in Köln gelebt, andere waren erst nach dem Krieg hierher gezogen. Unter den Interviewten waren alle Bildungsstufen und die verschiedensten religiösen und politischen Orientierungen vertreten.

Zwei abschließende Beispiele mögen dies noch einmal verdeutlichen. Ein Mann, der in Agrarökonomie promoviert hatte, berichtete, sein Vater, ebenfalls in der Zentrumspartei politisch aktiv, sei während des Krieges Arzt in einem Krankenhaus für behinderte Kinder in Beuthen in der Nähe von Auschwitz gewesen. Im Herbst 1944 habe er ihn und seine übrigen Geschwister zu sich gerufen und ihnen von den Vergasungen im Vernichtungslager Auschwitz erzählt, über das er offenbar alles wusste. Er untersagte ihnen ausdrücklich, mit irgendjemandem darüber zu reden, weil er befürchtete, sie selbst könnten allesamt ebenfalls in Auschwitz enden. Ein

anderer Mann aus wesentlich bescheideneren Verhältnissen – ein
in Rente lebender Arbeiter mit Volksschulbildung, dessen Vater
Kommunist gewesen war – erzählte, noch vor 1943 habe er aus
mehreren Quellen, unter anderem von seinem Vater, aus den BBC-
Nachrichten und von der Tante seiner Frau, die aus Straßburg
stammte, von Massenvergasungen und Massenerschießungen gehört.[53]

Diese Interviews mit Menschen, die nur aus zweiter Hand vom
Genozid an den Juden gehört hatten, waren häufig angespannte
und nüchterne Gespräche bei einer Tasse Kaffee. Demgegenüber
waren die Interviews mit Männern, die angaben, sie hätten auf
Grund eigener Beobachtungen und gelegentlich sogar ihrer persönlichen Beteiligung von den Morden gewusst, häufig durch eine be-
klemmend joviale Atmosphäre gekennzeichnet. Hierzu trug auch
der Alkohol in Form von Bier, Wein oder Cognac bei, den viele
dieser Interviewten freigebig anboten und selbst zu sich nahmen,
auch wenn die Interviews am Vormittag oder frühen Nachmittag
geführt wurden. Der Alkohol löste nicht nur ihre Zunge, er erleichterte ihnen auch die Erinnerung an die konkreten Ereignisse,
deren Zeugen sie waren oder an denen sie selbst aktiv teilgenommen hatten. Auch die Hinrichtungskommandos hatten durch den
Konsum beträchtlicher Mengen hochprozentiger Getränke ihre
Nerven gestärkt.

Ein alter Mann von etwa 85 Jahren beschenkte mich beispielsweise mit zwei Flaschen Saarwein, den er auch während unseres
zweistündigen Interviews getrunken hatte. Er wusste eine Menge
über den Wein aus dieser Region, da er aus einem kleinen Dorf bei
Saarbrücken stammte. Während des Krieges war er Zellenleiter in
der NSDAP und hatte für die Luftwaffe als Eisenbahner gearbeitet.
Es gehörte zu seinen Aufgaben, die Durchfahrt von Güterzügen
mit Juden aus Frankreich zu den Vernichtungslagern im Osten zu
koordinieren. Nach seinen Angaben wusste »jeder« in seinem kleinen Dorf im Saarland von den Massenmorden an den Juden.[54]

In anderen Interviews, bei denen der Alkohol der Erinnerung
nachhalf, erzählte ein achtzigjähriger Mann, der vor 1945 in einer
mittelgroßen Stadt bei Berlin Polizist und SS-Mann gewesen war,
er habe mit angesehen, wie Juden in Dachau, wo er für kurze Zeit
während des Krieges als Aufseher gedient hatte, erschossen wurden. Und er erzählte eine abstoßende Geschichte über die Erschießung hunderter jüdischer Frauen und Kinder außerhalb eines

kleinen russischen Dorfes, an der er offenbar selbst mitgewirkt hatte.[55] Ein einziges Interview dieser Art reichte aus, um die Neugier des Interviewers zu befriedigen und ihn davon zu überzeugen, dass diejenigen, die im Fragebogen angegeben hatten, sie hätten von den Morden an den Juden gewusst, diese Behauptung mit detaillierten Geschichten untermauern konnten. Auch in anderen Interviews kamen Einzelheiten über die Morde zur Sprache, die einem noch Monate später Tränen in die Augen treiben konnten.[56]

Zusammenfassung

Zwar haben die Nationalsozialisten versucht, den Massenmord an den Juden vor der Öffentlichkeit zu verbergen, doch wie Volker Ullrich schreibt,»war es von Anfang an eine Illusion zu meinen, ein Verbrechen von der Dimension des Holocaust ließe sich geheimhalten«.[57] Man konnte aus den verschiedensten Quellen davon erfahren – unter anderem durch die BBC, Flugblätter der Alliierten, Feldpostbriefe von der Front, Hitlers eigene Reden, ausländische Zeitungen,»Mundfunk« und Berichte von Augenzeugen –, Quellen, die fast jedem gewöhnlichem Deutschen zugänglich waren, der nicht über Jahre hinweg nichts sehen und nichts hören wollte. Nach allem, was wir über die menschliche Natur und über die im Allgemeinen nachsichtige Behandlung der deutschen Bevölkerung durch die Gestapo wissen – so dass die Deutschen auch über heikle Themen ungestraft miteinander reden konnten –, mussten noch während des Krieges Millionen Deutsche Kenntnis von der Judenvernichtung gehabt haben. Noch Jahre nach dem Ende des Krieges, vor allem in den unmittelbaren Nachkriegsjahren, als Prozesse wegen Verbrechen gegen die Menschlichkeit für NS-Verbrecher eine ernste Bedrohung darstellten, haben furchtsame und schuldbewusste Deutsche versucht, ihre Mittäter- oder Mitwisserschaft am Holocaust zu verbergen, indem sie immer und immer wieder beteuerten:»Wir haben nichts gewusst! Wir haben nichts gewusst!« Doch heute, mehr als fünfzig Jahre nach Beendigung des Krieges und dem Ende des Holocaust, da viele ältere Deutsche sich mit der Vergangenheit ihres Volkes und mit ihrer eigenen Vergangenheit in einer Weise auseinander setzen, die ihnen einige Jahre früher noch nicht möglich gewesen wäre, hört man neue Töne. Manchmal heißt es:»Ja, wir haben davon gewusst.«

Oder vielleicht auch:»Ja, wir wussten manches darüber, aber nicht alles.«[58]

Die wenigsten Deutschen wussten alles über die Judenvernichtung. Möglicherweise wusste nicht einmal Hitler alles darüber. Doch wie unsere Umfrage zeigt, war Millionen gewöhnlicher Deutscher aus allen gesellschaftlichen Schichten und mit den verschiedensten religiösen und politischen Orientierungen bekannt, dass Juden in großer Zahl umgebracht wurden. Manche Deutsche erfuhren davon erst relativ spät während des Krieges, zahlreiche wussten es schon wesentlich früher. Doch was immer sie wussten und wann immer sie es erfuhren, kaum einer erhob seine Stimme zum Protest. Die Masse der deutschen Bevölkerung schwieg in der Öffentlichkeit, wenn auch nicht im privaten Kreis. Dieses Schweigen war bedauerlich und letztlich tödlich, ist aber in mancher Hinsicht verständlich. Es resultierte nicht zwangsläufig aus einer tiefen Feindseligkeit gegenüber Juden. Auch wenn zweifellos viele Deutsche Antisemiten waren, gab es doch auch viele, die keine Antisemiten waren oder zumindest nicht judenfeindlicher als die breite Bevölkerung der Nachbarländer. Das Schweigen hatte seinen Grund vielmehr in einem Mangel an moralischer Anteilnahme am Schicksal derjenigen, die als Außenseiter wahrgenommen wurden, sowie in einer Tradition bereitwilliger Unterwerfung unter die Obrigkeit, die von den Nationalsozialisten ausgenutzt wurde. Wenn ihre Kirchenoberen, militärischen Führer, die Spitzen in Politik und Wirtschaft die Verfolgung und Vernichtung der Juden nicht öffentlich verurteilten, waren die gewöhnlichen Deutschen nicht bereit oder in der Lage, von sich aus zu protestieren.

Man muss sich allerdings fragen, warum so viele den Mut fanden, zu verbotener Swingmusik zu tanzen, verbotene Sendungen der BBC und anderer Auslandssender zu hören, Witze und abfällige Bemerkungen über Hitler und andere NS-Führer zu verbreiten und ihrer Unzufriedenheit mit ihrer Regierung und Gesellschaft auf unterschiedlichste Weise Luft zu machen, während es ihnen an Mut und Mitgefühl fehlte, wenn es darum ging, das Schweigen über die systematische Ermordung von Millionen wehrloser und unschuldiger Männer, Frauen und Kinder zu durchbrechen.

VI

Die Reinwaschung der Täter und einige Schlussbemerkungen

Wenn alle Juden, von denen ich damals gehört habe, gerettet worden wären, dann hätte es bei Kriegsende mehr Juden geben müssen als zu Beginn ... Wer in der Lage ist, jemanden zu retten, kann ihn auch ebenso leicht verraten.

SIMON WIESENTHAL

Kapitel 13

Weihnachtsgeschenke für die Gestapo

Karl Löffler hatte wenig zu feiern, als im Dezember 1946 das Weihnachtsfest näher rückte. Nur zwei Monate zuvor war in Nürnberg der Prozess gegen die Hauptkriegsverbrecher beendet worden. Zwölf der insgesamt 21 Angeklagten hatten die Todesstrafe erhalten. Nur drei – Hjalmar Schacht, Hans Fritzsche und Franz von Papen – waren freigesprochen worden. Der Rest sah langen Gefängnisstrafen zwischen zehn Jahren und lebenslänglich entgegen. Jetzt, da die berüchtigtsten NS-Verbrecher abgeurteilt waren, mussten Leute wie Karl Löffler und andere weniger bekannte Täter sich fragen, was die Zukunft wohl für sie bereithielt.[1]

Für Löffler jedenfalls konnte die Zukunft zu diesem Zeitpunkt nicht gerade rosig ausgesehen haben. Die Alliierten hatten lange vor Kriegsende angekündigt, dass alle, die an der Verfolgung und Ermordung von Juden beteiligt waren, wegen ihrer Verbrechen zur Rechenschaft gezogen würden. Die Gestapo, der Löffler lange Jahre als »Sachbearbeiter für Judenangelegenheiten« in der Stapostelle Köln angehört hatte, war in Nürnberg zu einer verbrecherischen Organisation erklärt worden. Seit seiner Verhaftung im Oktober 1945 im Haus seiner Familie in Köln befand er sich in einem britischen Internierungslager in der Nähe von Recklinghausen. Er war jetzt 58 Jahre alt, und vom Leben hatte er anscheinend nichts mehr zu erhoffen.

Zweifellos erwarteten damals die meisten, dass Löffler und alle anderen Gestapoleute, die in dem zentralen Unternehmen des nationalsozialistischen Terrors – der Vernichtung der europäischen Juden – eine Hauptrolle gespielt hatten, für ihre Taten hart bestraft würden. Doch das war nicht der Fall. So erstaunlich und empörend es auch scheinen mag, Karl Löffler aus Köln, Richard Schulenburg aus Krefeld und viele andere ehemalige »kleine Eichmanns« in anderen deutschen Städten konnten nach nur wenigen Jahren als voll rehabilitierte deutsche Bürger ihr normales Leben wieder aufneh-

493

men. Wie kam es dazu? Und was sagt diese Tatsache über den Umgang einzelner Deutscher wie der deutschen Gesellschaft insgesamt mit NS-Kriegsverbrechern und der Hinterlassenschaft des nationalsozialistischen Terrors aus?

Ihrem umstrittenen Buch über Eichmann und den gegen ihn in Jerusalem geführten Prozess hat Hannah Arendt den Untertitel *Ein Bericht von der Banalität des Bösen* gegeben. Beschäftigt man sich mit den Prozessen gegen die Gestapo-Judenreferenten wie Karl Löffler und Richard Schulenburg – Männer, die mit vielen angesehenen Persönlichkeiten der deutschen Gesellschaft in freundschaftlicher Verbindung standen –, kann man über die Natur des Terrors in einer Diktatur wie über das Böse selbst eine Menge lernen.

Die Entlastung und Rehabilitierung von Karl Löffler und Richard Schulenburg

Karl Löfflers Zukunft war keineswegs hoffnungslos, auch wenn er das anderthalb Jahre nach Kriegsende noch nicht wusste. Doch dann bekam er im Dezember 1946 einen Brief; er war mit Schreibmaschine auf eines der amtlichen Formblätter geschrieben, die für private Mitteilungen zwischen deutschen Zivilpersonen und deutschen Häftlingen vorgeschrieben waren und nicht mehr als 25 Worte enthalten durften. Der Absender war ein Kölner Pastor, der Löffler zu verstehen gab, dass seine Freunde und die Männer, mit denen er in den vergangenen Jahren zusammengearbeitet hatte, ihn nicht vergessen hatten. Der Brief trug den Poststempel vom 25. November 1946 und hatte folgenden Wortlaut:

»Lieber Herr Löffler.

Bin erschüttert. Paket unterwegs. Wünschen Sie Zeugnis? Auch Dr. Klinkhammer ist bereit. Sie waren uns gut in der Nazizeit. Gnadenreiche Weihnachten

Ihr

Pastor Diefenbach«[2]

Wer nicht wusste, wer Pastor Diefenbach war, und wer noch nie etwas vom berühmten »kölschen Klüngel« gehört hatte, der hätte an diesem Brief nichts Besonderes gefunden. Für die britischen Besatzungsbehörden bedeutete er vermutlich nicht mehr, als dass ein

Kölner Geistlicher einem seiner früheren Gemeindemitglieder ein frohes Fest wünschte und ihm ein Weihnachtsgeschenk schickte. Aber dieser Brief war weit mehr als das. Als Dekan der katholischen Kirche in Köln war Diefenbach der mächtigste katholische Geistliche in Köln nach dem Erzbischof. Seine Erklärung, er sei bereit, Löffler ein Leumundszeugnis auszustellen, und seine Versicherung, auch Dr. Klinkhammer (einer seiner Vettern und ebenfalls katholischer Geistlicher)[3] wolle das tun, war eines der schönsten Weihnachtsgeschenke, die man Löffler hätte machen können. Selbst der Weihnachtswunsch Diefenbachs hatte eine tiefere Bedeutung, da er die Hoffnung zum Ausdruck brachte, Löffler werde vor Gericht Gnade finden.

Bald nach Weihnachten löste Diefenbach sein Versprechen ein. Am 11. Februar 1947 schrieb er einen offiziellen Brief, der das Siegel der Kölner Kirche St. Pantaleon trug und zwischen den Zeilen an die britischen Behörden appellierte, gegenüber Löffler Gnade walten zu lassen.[4] Diefenbach rühmte Löfflers korrektes und tolerantes Auftreten ihm selbst und anderen katholischen Geistlichen aus Köln gegenüber, selbst bei offiziellen Vernehmungen und Verhören als Gestapobeamter, die Löffler nach Aussage Diefenbachs nur führte, weil seine Vorgesetzten ihn dazu gezwungen hatten. In seinem Brief betonte Diefenbach zudem, er habe zu Löffler absolutes Vertrauen, denn: »Herr Löffler hat in allen Verhandlungen deutlich zu erkennen gegeben, daß er mit den Maßnahmen der Gestapo nicht einverstanden war.« Diefenbach hatte mit den Jahren so viel Vertrauen in Löffler gesetzt, dass er seit 1937, als er ihm zum ersten Mal begegnet war, in schwierigen Situationen immer wieder seinen vertraulichen Rat gesucht hatte.

Diefenbachs Eintreten für Löffler hatte im katholischen Köln besonderes Gewicht; dennoch kamen Löfflers Unterstützer nicht nur aus katholischen Kreisen. Noch bevor Diefenbach im Februar 1947 sein Versprechen wahrmachte, hatte Löffler auch vom Oberhirten der evangelischen Kirche in Köln, Superintendent Dr. Hans Encke, Post erhalten.[5] Der Brief trug das Datum vom 16. Januar 1947, war mit dem Siegel des Superintendenten der evangelischen Kirche Köln und der unterstrichenen Überschrift »Bescheinigung« versehen und ähnelte in Ton und Inhalt dem Schreiben Diefenbachs. Nachdem er einleitend darauf hingewiesen hatte, dass er Löffler seit vielen Jahren kenne, erklärte Dr. Encke, Löffler sei ein langjähriger deutscher Polizeibeamter, der nur deshalb zur Gestapo gegangen sei, weil die Kölner Polizei 1933 »übernommen« worden sei. Anschließend äußerte er sich über seine Begegnungen mit Löffler von Amts wegen in den Jahren 1933 bis 1939. Er betonte, dass sich jede dieser offiziellen Zusammenkünfte »in absolut höflicher Form abspielte«. Ferner hatte Löffler seiner Meinung nach das »ernste Bemühen« zu erkennen gegeben, bei den von ihm geführten Ermittlungen »jede unnötige Härte zu vermeiden«. Encke habe den »starken Eindruck« gehabt, dass Löffler stets alles getan habe, was in seiner Macht stand, um die Personen, gegen die er ermitteln sollte, zu schützen.

Etwa zur selben Zeit erhielt Löffler von mehreren Privatpersonen und früheren Arbeitskollegen noch überschwänglichere Bescheinigungen seines guten Charakters und seiner regimekritischen Gesinnung. Auch wenn solche Briefe für ihn leichter zu beschaffen waren und deshalb vermutlich weniger Gewicht hatten als die der beiden Geistlichen, trugen sie doch dazu bei, den Eindruck zu erwecken, er habe eine strafrechtliche Verfolgung nicht verdient und müsse bei der Entnazifizierung als »entlastet« eingestuft werden. Am 22. Juni 1947 schrieb zum Beispiel ein hochrangiger Beamter der Kölner Kripo – selbst zu keiner Zeit Mitglied der NSDAP –, Löffler habe »die Weltanschauung des Nationalsozialismus ab[gelehnt]« und sei »ein Gegner der von der Gestapo durchgeführten Judenverfolgung« gewesen. Des Weiteren legte der Absender dar, Löffler habe die Verfolgung der Kölner Geistlichkeit durch die Gestapo behindert und insbesondere mehrmals den katholischen Kirchenoberen der Stadt einen Wink zukommen lassen, um den Kölner Jesuitenpater und radikalen NS-Gegner Josef Spieker zu schützen.[6] Ein weiterer Leumundszeuge, der nie in der Partei war und bei dem Löffler in hoher Achtung stand, war der Filialleiter der Dresdner Bank in Bonn. In seinem Brief vom 11. Juni 1947, den er als »Leumundszeugnis!« betitelte, bezeichnete er sich selbst als langjährigen Nachbarn der Familie Löffler. Er wisse, dass Löffler ein entschiedener NS-Gegner gewesen sei, weil er nie gesehen habe, dass Löffler das Parteiabzeichen getragen hätte, und weil er Löffler wiederholt habe warnen müssen, seine ständigen Ausbrüche gegen das Regime würden ihn noch in ernste Schwierigkeiten bringen.[7]

Jeder dieser Briefe leistete seinen Beitrag zur Abrundung eines Bildes, das Löffler als einen älteren, humanen Polizeibeamten mit wenig Sympathie für die Methoden und den Antisemitismus der

Gestapo oder der nationalsozialistischen Bewegung überhaupt zeigte. Nichts machte dieses vorteilhafte Bild Löfflers jedoch so glaubwürdig wie die Unterstützung, die er von einigen Mitgliedern des winzigen Überrests der jüdischen Gemeinde Köln erhielt, vor allem von Moritz Goldschmidt, dem Mann, der Ende der vierziger und Anfang der fünfziger Jahre ihr Vorsteher war. In einer Reihe von Briefen an mehrere Behörden zum Fall Löffler schien Goldschmidt den unanfechtbaren Beweis dafür zu liefern, dass Löffler unter den Kölner Juden mit gutem Grund als »der einzigst anständige Stapobeamte bekannt gewesen« sei, wie der Kölner Kripochef in einem Brief vom 23. August 1948 schrieb.[8] Ein Brief an die Kölner Entnazifizierungskammer vom 4. Juli 1949, wiederum von Goldschmidt, stützt die Behauptung des Polizeichefs, Goldschmidt habe Löffler »das allerbeste Zeugnis« ausgestellt. Da Goldschmidts Briefe so entscheidend für Löfflers weiteres Schicksal sein sollten, möchte ich den Text dieses letzten Schreibens vom Juli 1949 in vollem Wortlaut zitieren:

»Am 6. ds. Mts. kommt vor Ihre Kammer der früher bei der Gestapo tätig gewesene Karl Löffler.
Herr Löffler hatte u. a. die Bewachung der kirchlichen Behörden und deren Vertreter unter sich. In dieser Eigenschaft hat er sich der jüdischen Religionsgemeinschaft gegenüber in jeder Hinsicht tolerant gezeigt.
Von den ihm von seiner Behörde zugegangenen Befehlen gab er uns rechtzeitig Kenntnis, sodaß wir unsere Verhaltensmaßnahmen danach einstellen konnten. In individuellen Fällen scheute Herr Löffler sich nicht, Beschuldigte privat aufzusuchen und bei Eingang von Anzeigen entsprechend zu informieren und zu warnen. Seinen Vorgesetzten war die entgegenkommende und humane Einstellung des Herrn Löffler den konfessionellen Religionsgemeinden gegenüber aufgefallen, die aus diesem Grunde seine Versetzung nach Brüssel durchführten.
Wir können Herrn Löffler das Zeugnis ausstellen, daß er, trotzdem er bei der Gestapo war, in religiösen und rassischen Fragen die Naziideologie abgelehnt [hat] und [daß] durch seine entgegenkommende Bearbeitung manches Unheil vermieden worden ist, was wir bei der Urteilsfindung unbedingt zu berücksichtigen bitten.«[9]

Ein Brief wie dieser, aus einer so untadeligen Quelle, konnte im Nachkriegsdeutschland nicht einfach ignoriert werden. Aber auch heute lässt er sich nicht ohne weiteres übergehen. Nach allem, was wir über den nationalsozialistischen Terror, die Aktivitäten der Gestapo und über Karl Löffler selbst wissen: War es möglich, dass dieser und die übrigen erwähnten Briefe wirklich geschrieben wurden? Müssen wir auf Grund dieser Briefe unser Verständnis von Löffler, Schulenburg und anderen Tätern der Gestapo und unsere Einschätzung ihrer Schuld ändern? Was hat angesehene und hochrangige Persönlichkeiten wie Goldschmidt, Diefenbach und Encke überhaupt bewogen, solche Briefe zu schreiben? Wie typisch waren sie? Welche unmittelbare und welche langfristige Wirkung hatten sie? Wie lange brauchten Karl Löffler und Richard Schulenburg, um wieder zu geachteten Bürgern in der deutschen Gesellschaft zu werden?

Auch wenn jedes Leumundszeugnis für Karl Löffler einige Aussagen enthielt, die zutreffen mochten, war Löffler nicht der aufrechte und humane Gegner des Nationalsozialismus und der Judenverfolgung, zu dem ihn diese Briefe machten. Es kann sein, dass er kein Parteiabzeichen trug, wenn er gerade nicht im Dienst war. Es kann sein, dass er im Einzelfall konkreten und potenziellen Opfern des nationalsozialistischen Terrors gewisse Vergünstigungen gewährte. Es kann sein, dass er mit bestimmten politischen Maßnahmen des NS-Regimes nicht einverstanden war. Es kann sein, dass er bei Verhören die Häftlinge persönlich nicht misshandelte oder folterte. Er verfügte offenbar über zahlreiche gute Beziehungen zur Kölner Gesellschaft, und diese Stellen hatten möglicherweise den aufrichtigen Wunsch, ihm nach dem Krieg behilflich zu sein. Doch nichts von alledem mindert seine Schuld an den ungeheuren Verbrechen gegen die Menschlichkeit, die er und andere Gestapobeamte an tausenden unschuldiger und wehrloser Menchen verübt hatten. Es ist daran zu erinnern, dass die meisten Briefe von seinen Freunden, Nachbarn, Kollegen und anderen, zu denen er ein herzliches Verhältnis hatte, geschrieben wurden. Die wenigsten von denen, die einen negativeren Eindruck von ihm hatten, waren nach dem Krieg noch am Leben, um ihre Einschätzung seines Wesens, Verhaltens und seiner politischen Einstellung geltend zu machen. Die meisten von ihnen kamen in den Vernichtungslagern um.

Zu denen, die Löffler nicht in vorteilhafter Erinnerung hatten, gehörten Friedrich Löwenstein, der unmittelbar nach dem Krieg für kurze Zeit die jüdische Gemeinde Köln und ein Hilfskomitee für NS-Opfer geleitet hatte, und seine Frau Regina.[10] Auch die Kölner Gruppe der Vereinigung der Verfolgten des Naziregimes (VVN) war auf Löffler nicht gut zu sprechen. Nach dem Krieg machten die Löwensteins Löffler persönlich für den Tod ihres Sohnes Rudolf im Vernichtungslager Auschwitz verantwortlich, und sie, die VVN und andere beschuldigten ihn, er habe unmittelbar Kenntnis von den Todeslagern gehabt, in die tausende von Kölner Juden unter seiner Mitwirkung deportiert wurden. Außerdem stellte sich die VVN hinter die Behauptung der Löwensteins, Löffler sei strafrechtlich verantwortlich und habe sogar gegen die damals in Deutschland geltenden Gesetze verstoßen, als er im Sommer 1942 die Deportation ihres Sohnes befahl.[11]

Das alles kam im Spätsommer 1948 zur Sprache, als Löffler sich noch in britischem Gewahrsam befand und auf seinen Prozess wartete, in dem darüber entschieden werden sollte, ob er sich Kriegsverbrechen hatte zu Schulden kommen lassen oder ob er in die nächste Phase seines Entnazifizierungsverfahrens eintreten konnte. Mehrere Monate, bevor das Spruchkammerverfahren am 9. Dezember 1948 in Benefeld-Bomlitz eröffnet wurde,[12] beauftragte der Staatsanwalt die Kölner VVN, alle Verbrechen zu ermitteln, die Löffler möglicherweise während seiner Zeit als Judenreferent der Kölner Gestapo begangen hatte. Die VVN beeilte sich, dem Ersuchen nachzukommen. Am 1. September berichtete sie der Staatsanwaltschaft in Benefeld-Bomlitz über die Ergebnisse ihrer Ermittlungen und legte ihrem Bericht zusammen mit einer scharf formulierten Anschuldigung Durchschläge der unterschriebenen Erklärungen von Personen bei, die gegen Löffler ausgesagt hatten.

Die Aussagen, die ihn am stärksten belasteten, kamen vom Ehepaar Löwenstein und von einem 47-jährigen Mann namens Hermann K., der 1942 im Kölner Klingelpütz zusammen mit Rudolf Löwenstein in einer Zelle einsaß, bevor dieser deportiert wurde. Der Groll, den diese Menschen gegen Löffler hegten, war mit Händen zu greifen. Das war verständlich, denn sie erhoben gemeinsam Anklage gegen »den Mörder meines Sohnes«, wie Friedrich Löwenstein es knapp formulierte.[13] Für sie stand außer Frage, dass Löffler außerdem vorsätzlich gehandelt hatte.

Als Sohn eines jüdischen Vaters und einer katholischen Mutter war Rudolf Löwenstein nach NS-Recht ein »Mischling« und durfte deshalb nicht wie die meisten Juden deportiert werden. Das Ehepaar Löwenstein machte geltend, die Gestapo hätte ihn nur deportieren dürfen, wenn er gegen das Gesetz verstoßen hätte oder »juristisch« als »Geltungsjude« eingestuft worden wäre. In ihrer Aussage bestanden die Eltern darauf, dass ihr Sohn sich nichts hatte zu Schulden kommen lassen (es gab weder einen Haftbefehl, noch wurde gegen ihn Anklage erhoben) und auch kein »Geltungsjude« war. Als Beleg für diese letztere Behauptung legten sie eine Geburtsurkunde ihres Sohnes bei, der zufolge ihr Sohn kurz nach seiner Geburt im Juli 1916 in Köln katholisch getauft worden war, sowie weitere Unterlagen, aus denen hervorging, dass er zu keiner Zeit der jüdischen Gemeinde Köln angehört hatte. Als Löffler im Juli 1942 anordnete, Rudolf Löwenstein müsse deportiert werden, hatte er sich mithin des vorsätzlichen Mordes schuldig gemacht.

Um diese Anschuldigung zu untermauern, machte Regina Löwenstein zudem eine ausführliche Aussage über ihre regelmäßigen Besuche bei Löffler, die sich über fünf Wochen erstreckten und bei denen sie ihn anflehte, ihren Sohn freizulassen.[14] Obwohl keine Beschuldigung gegen ihren Sohn vorlag, habe Löffler auf ihre Bitten lediglich »mit zynischem Lächeln« reagiert. Das einzige Zeichen von Menschlichkeit habe er am Ende dieser fünf Wochen gezeigt, als er ihr einen kurzen Besuch bei ihrem Sohn im Klingelpütz erlaubte. Dort fand sie Rudolf in seiner Zelle »voll von Ungeziefer und Geschwüren«.

Nachdem ihr Sohn siebzig Tage lang im Gefängnis eingesessen hatte, erhielten die Eltern durch die jüdische Gemeinde eine Mitteilung der Gestapo, dass er mit unbestimmtem Ziel deportiert worden sei. Regina Löwenstein und ihr Mann gingen daraufhin erneut zu Löffler und baten um die Erlaubnis, ihrem Sohn saubere Wäsche bringen zu dürfen und ihn einen Tag lang aus dem Konzentrationslager freizulassen, damit er sich ordentlich waschen und baden könne. Sie boten sich sogar selbst als Geiseln an als Garantie dafür, dass er keinen Fluchtversuch unternehmen werde. Doch wie seine Mutter zornig berichtete, lehnte »Löffler dies brüsk ab [...] mit den Worten: ›Damit das Bürschchen uns noch entwischt‹«.

Monate später erhielten die Eltern Post von ihrem Sohn aus dem Vernichtungslager Auschwitz. Fast zwei Jahre später, im Mai 1944, bekam Regina Löwenstein ebenso wie die christlichen Eltern vieler »halbjüdischer« Kinder aus Auschwitz eine amtliche Nachricht über den Tod ihres Sohnes, in der ihr das Datum und die Ursache mitgeteilt wurden. Nach dieser Mitteilung, die dem Gericht als weiteres Beweismittel für ihre Beschuldigung gegen Löffler vorgelegt wurde, war Rudolf Löwenstein am 9. März 1944 an »Herzschwäche bei Enterocolitis« gestorben. In der Mitteilung hieß es weiter: »Die Leiche wurde im staatlichen Krematorium eingeäschert.«[15]

Diese traurige Nachricht war zwar zum Teil unglaubhaft, denn die Eltern hatten von ihrem Sohn eine Postkarte erhalten, die offenbar zwei Wochen nach seinem angeblichen Tod geschrieben worden war. Trotzdem zweifelten sie nicht daran, dass ihr Sohn Rudolf nicht gestorben wäre, wenn Löffler ihn nicht in böser Absicht und unter Umgehung der gesetzlichen Vorschriften auf die Deportationsliste gesetzt hätte. Am Ende ihrer langen Aussage im Büro der Kölner VVN am 1. September 1948 sagte Regina Löwenstein: »Das eine steht jedenfalls fest, durch die Art und Weise, wie Löffler die Verhaftung und auch die späteren Vernehmungen meines Sohnes durchgeführt hat, daß er Kenntnis von den Vernichtungslagern gehabt hat.«[16]

Gestützt wurden die Beschuldigungen der Löwensteins durch Rudolf Löwensteins ehemaligen Zellengenossen Hermann K.[17] Dieser erschien am 28. August 1948 bei der Kölner VVN und sagte aus, Löffler und zwei weitere Kölner Gestapobeamte hätten ihn am 12. Mai 1942 wegen staatsfeindlicher Gesinnung und gesetzwidriger Unterstützung von Juden verhaftet. Anschließend kam er in den Klingelpütz, wo Rudolf Löwenstein über zwei Monate lang sein Zellengenosse wurde. Während dieser Zeit habe er Löwenstein wiederholt gewarnt, Löffler nicht zu trauen und ihm gegenüber nichts auszusagen, da er im Verlauf seiner eigenen Vernehmungen erkannt hatte, dass Löffler »hinterlistig oder brutal [sein konnte], jenachdem«. Als weiteres Beispiel für Löfflers bösartige Absichten bei seiner Entscheidung, Rudolf Löwenstein deportieren zu lassen, führte Hermann K. an, eines Tages sei Löwenstein nach einer Vernehmung durch Löffler in der Zelle in Tränen ausgebrochen, weil Löffler ihm gesagt hatte: »Du bist ein Jude und bleibst ein Jude und ich werde Dich dahin bringen, wo die Anderen auch sind.« Sowohl Hermann K. als auch Rudolf Löwenstein verstanden das so, dass mit »dahin« ein Vernichtungslager gemeint war. Bald darauf wurde Rudolf Löwenstein deportiert.

Nicht nur die Anschuldigungen, die von Regina und Friedrich

Löwenstein, Hermann K. und der VVN Köln vorgebracht wurden, lassen Zweifel am Wahrheitsgehalt der von Löffler beigebrachten Leumundszeugnisse aufkommen; es gibt noch andere Gründe, solchen Zeugnissen mit Misstrauen zu begegnen. Als erstes ist da ihr ziemlich formelhafter Charakter zu nennen. Nach dem Krieg gab es kaum einen ehemaligen Nationalsozialisten, der sich nicht auf Freunde und Beziehungen verlassen konnte, um im Notfall solche Leumundszeugnisse zu erhalten, und Justizbehörden, Entnazifizierungsspruchkammern und andere Amtspersonen und Behörden wurden mit solchen Zeugnissen buchstäblich überschwemmt. Diese so genannten Persilscheine dienten dazu, braune Hemden wieder weiß zu waschen.[18] Nach Schätzungen von Historikern, die sich mit diesen »Persilscheinen« näher beschäftigt haben, brachten Personen, die ein Spruchkammerverfahren zur Entnazifizierung zu bestehen hatten, im Durchschnitt zehn solcher Zeugnisse bei, in manchen Fällen waren es zwanzig und mehr.[19] Die große Zahl der Leumundszeugnisse zu Gunsten Löfflers war somit keineswegs ungewöhnlich. Das Ungewöhnliche an ihnen waren die Personen, die sie ausgestellt hatten, und die Motive, von denen sie sich dabei leiten ließen.

Sämtliche Akten von ehemaligen Gestapobeamten aus Köln oder Krefeld, die ich untersucht habe, enthielten jeweils mehrere »Persilscheine«.[20] Selbst in der Akte eines überführten Kriegsverbrechers wie des ehemaligen Leiters der Kölner Gestapo, Emanuel Schäfer, fanden sich einige.[21] Allerdings erhielt keiner dieser ehemaligen Gestapobeamten Entlastungszeugnisse wie die, die Karl Löffler erhielt, mit einer einzigen Ausnahme: Richard Schulenburg.

Als Leiter des Judenreferats der Krefelder Gestapo während des gesamten Dritten Reiches hatte Schulenburg genau dieselbe Funktion wie Karl Löffler in Köln. In Kapitel 2 habe ich die Ähnlichkeiten zwischen den beiden Männern bereits dargestellt. Beide waren ältere Polizeibeamte mit geringer Schulbildung und stammten aus bescheidenen Verhältnissen, waren bekannt für ihr ruhiges und ordentliches Auftreten, aber auch für ihre entwaffnende Burschikosität und ihre Fähigkeit, mit den unterschiedlichsten Leuten, manchmal sogar mit ihren Opfern, in freundlichem Ton zu verkehren. Der vielleicht einzige Unterschied zwischen ihnen war der, dass Löffler aus einem katholischen und Schulenburg aus einem evangelischen Elternhaus kam. Angesichts der Ähnlichkeiten in Beruf, sozialer Herkunft und Naturell konnte man zwar damit rechnen, dass die Menschen, mit denen sie besonders gut zurechtkamen, von ähnlichem Schlag waren. Aber war damit auch zu erwarten, dass diese beiden Männer, die jahrelang in der lokalen Organisation und Durchführung der schlimmsten Verbrechen im Dritten Reich eine wesentliche Rolle gespielt hatten, von den Oberen der katholischen und der evangelischen Kirche, den Vorsitzenden der jüdischen Gemeinden sowie von anderen prominenten Bürgern in ihren Städten glänzende Leumundszeugnisse erhalten würden? Die Leumundszeugnisse, die Richard Schulenburg erhielt, lasen sich fast wie Durchschläge der von Karl Löffler beigebrachten Entlastungsschreiben.[22] Nach den Ausführungen der Oberhäupter der beiden christlichen Kirchen in Krefeld, die in vergleichbaren Positionen saßen wie ihre Amtsbrüder in Köln, die sich für Karl Löffler eingesetzt hatten, war Schulenburg »gezwungen«, in die Gestapo einzutreten. Sie schilderten ihn als einen »außerordentlich anständigen« und »äußerst humanen« Mann von »aufrechtem« Charakter, der sie häufig vor Spitzeln und gegen die Kirchen gerichteten Verordnungen gewarnt habe. Sie bezeugten, dass Schulenburg bei der jüdischen Gemeinde stets in einem hervorragenden Ruf gestanden habe. Nach ihren Lobhudeleien zu urteilen, hätte man glauben können, es gehe um seine Seligsprechung und nicht um seine Entnazifizierung. Am 27. Februar 1947 schrieb der Dekan der katholischen Kirche Krefeld: »Jegliche Ungerechtigkeit, Härte und Mißhandlung lag der Anständigkeit seines Charakters fern. Ich freue mich dieses Zeugnis ausstellen zu können für einen Herrn, der zur evangelischen Gemeinde gehört.«[23] Und am 24. März 1950 schloss der Superintendent der evangelischen Kirche der Stadt einen Brief zur Entlastung Schulenburgs mit folgenden Worten: »Ja, wir können bezeugen, daß, wenn Herr Schulenburg nicht in diesem Dienst gestanden hätte, uns manche Schwierigkeiten erwachsen wären, vor denen wir so verschont blieben. Wir haben damals oft gefürchtet, daß man ihn wegen dieser Haltung auf eine andere [Gestapo-]Dienststelle versetzen würde.«[24]

Auch wenn die Briefe dieser Geistlichen zu schön klingen, um wahr zu sein, waren sie nicht übertriebener als die übrigen Leumundszeugnisse, die Schulenburg Ende der vierziger und Anfang der fünfziger Jahre von wichtigen Krefelder Persönlichkeiten erhielt. So schrieb beispielsweise im Juli 1948 der Vorsitzende der Zentrumspartei in Krefeld, der Schulenburg seit langen Jahren durch ihre gemeinsame Mitgliedschaft in einem Veteranenverein kannte, als die Nationalsozialisten an die Macht gekommen waren, »wurde Schulenburg zwangsläufig zur Staatspolizei überschrieben«. Außerdem habe er immer wieder sogar »direkt von jüdischen Freunden erfahren, wie human und entgegenkommend Schulenburg sich verhalten hat«.[25] In ähnlicher Weise erklärte der Krefelder Bürgermeister im Mai 1949, Schulenburg sei ein »menschlicher und untadeliger Mann«, »anständig und bescheiden«, und im Mai 1953 behauptete ein Bundestagsabgeordneter aus Krefeld so wie viele andere, Schulenburg habe seine volle Pension verdient.

Doch ebenso wie Löffler erhielt Schulenburg die erstaunlichsten Entlastungsschreiben von Überlebenden des Holocaust. Aus Schulenburgs umfangreicher Entnazifizierungs- und der Innenministeriums-Akte geht hervor, dass mindestens zwei der ganz wenigen überlebenden Krefelder Juden ihm das Verdienst daran zuschrieben, dass sie selbst und eines ihrer Kinder überlebt hatten. Im einen Fall handelte es sich um eine Frau, deren Tochter Änne im Mai 1943 in Auschwitz umkam, nachdem Schulenburg ihre Deportation befohlen hatte, weil sie in der Öffentlichkeit nicht den vorgeschriebenen »Judenstern« getragen hatte. Wie sie es sah, wäre auch sie im Todeslager umgekommen, wenn Schulenburg sich nicht für sie verwendet hätte. Den zweiten Brief hatte ein Mann geschrieben, der nach Kriegsende der jüdischen Gemeinde Krefeld vorstand.[27] Er war Schulenburg für den Rest seines Lebens dankbar, weil er das Leben seiner Tochter Marga geschont hatte. Nach dem, was er von Schulenburg selbst und von dem Mann, der 1944 der jüdischen Gemeinde Krefeld vorstand, gehört hatte, hatte Schulenburg den Namen seiner Tochter von der Liste des letzten »Judentransports« gestrichen, der im September 1944 nach Theresienstadt abging.

Es ist nicht klar, warum Schulenburg das getan hatte. Vielleicht hatte er in seinem verqueren Gerechtigkeitssinn gedacht, es wäre ungerecht, diese junge Frau zu deportieren, die zur »Geltungsjüdin« abgestempelt wurde, weil sie früher einmal eine jüdische Schule besucht hatte, während ihre Schwester, die auf keiner jüdischen Schule war und deshalb lediglich als »Mischling« eingestuft wurde, nicht zur Deportation vorgesehen war. Wenn es stimmt, dass Schulenburg Margas Namen von der Deportationsliste strich, zeigt dies einmal mehr, dass Männer vom Rang eines Löffler und Schulenburg die Entscheidung über Leben und Tod fällen konnten.

Diese Machtposition vergrößert nur ihre Schuld an ihren todbringenden Entscheidungen und Handlungen.

In den meisten Fällen strich Schulenburg keinen einzigen Namen von der Deportationsliste; stattdessen fügte er weitere Namen hinzu. Davon betroffen war Werner H., der knapp zwei Jahre in den Lagern Theresienstadt und Auschwitz verbrachte. Auch er war in der NS-Terminologie ein junger »Mischling«, der als »Geltungsjude« eingestuft wurde, und auch er hatte eine »halbjüdische« Schwester, die nicht deportiert worden war.[28] Er sagte allerdings während eines Interviews: »Für mich ist dieser Schulenburg einer, den ich erdrosseln könnte.« Um deutlich zu machen, warum er noch immer so empfand, erklärte er, man habe ihn Ende April 1943 in der Nähe der holländischen Grenze gefasst, als er im Zug saß, ohne den gelben Stern zu tragen, und in Krefeld in »Schutzhaft« genommen. Damals war seine Mutter mehrfach zu Schulenburg gegangen und hatte ihn gebeten, ihren Sohn zu entlassen und nicht in ein Konzentrationslager zu schicken, doch Schulenburg ließ sich nicht erweichen. Damit nicht genug, legte er selbst Hand an sie, möglicherweise, weil sie Jüdin war, und schüttelte sie heftig. Am 24. Juni 1943 wurden Werner H. und seine Mutter nach Theresienstadt deportiert.

Obwohl Werner H. irgendwie überlebte und nach dem Krieg nach Krefeld zurückkehrte, bevor er nach Chile emigrierte, ähnelten die Erfahrungen, die er und seine Mutter mit Schulenburg gemacht hatten, in vielerlei Hinsicht denen der Familie Löwenstein mit Karl Löffler. Schulenburg und Löffler hätten die Macht gehabt, in diesen Fällen eine andere Entscheidung zu treffen. Sie hätten den verängstigten Müttern mit Mitgefühl und Anstand begegnen können, doch sie zogen es vor, sie zu verspotten oder ihnen sogar körperlich Gewalt anzutun. Sie hatten die freie Entscheidung, ob sie Leben schonen oder vernichten wollten. In beiden Fällen entschieden sie sich für das Letztere.

Wenn man das Verhalten von Löffler und Schulenburg in diesen Fällen und die Tatsache bedenkt, dass diese Männer bei der Verfolgung, Deportation und Ermordung von tausenden Kölner und Krefelder Juden eine zentrale Rolle gespielt hatten, wie war es da möglich, dass beide so überzeugende Entlastungsbriefe hoch angesehener Bürger ihrer Gemeinde erhielten? Manche dieser Briefe mögen ehrlich gemeint gewesen sein, vor allem wenn sie von Menschen stammten, denen Löffler oder Schulenburg persönlich einen

Gefallen getan hatten. Es ist jedoch schwer zu glauben, dass die Oberhäupter der beiden christlichen Kirchen und die Vorsitzenden der jüdischen Gemeinden in Köln und Krefeld so naiv gewesen sein sollen, sich von diesen Tätern in einer Weise einwickeln zu lassen, dass sie von sich aus diese Entlastungsbriefe geschrieben haben. Es musste etwas gegeben haben, vor dem diese Leute sich fürchteten oder weswegen sie Schuldgefühle empfanden und von dem sie nicht wollten, dass es bekannt würde.

Das genau ist die Frage hinter der Kastner-Affäre, die in den fünfziger Jahren in Israel die Gemüter erregte.[29] Rudolf Kastner war einer der Vorsteher der jüdischen Gemeinde Budapest während des Krieges, und viele Juden verdankten ihm ihr Leben, da er an der Organisation etlicher Aktionen zur Rettung von Juden beteiligt war. Nach dem Krieg emigrierte Kastner nach Israel, wo er 1952 als Pressesprecher für das Handels- und Industrieministerium unter der Regierung Ben Gurion und der Mapai amtierte. Im August 1952 erhob ein 72-jähriger ungarischer, in Israel lebender Jude namens Malchiel Grünwald eine Reihe von Beschuldigungen gegen Kastner, die nach kurzer Zeit zum ersten großen Holocaustprozess in der israelischen Geschichte führten, in dem Grünwald paradoxerweise der einzige Angeklagte war. Grünwald zufolge, der seine Vorwürfe in einem von ihm selbst herausgegebenen Nachrichten- und Skandalblatt veröffentlichte, das den Namen »Briefe an Freunde in der Mizrahi« trug, war Kastner im Krieg ein verräterischer Nazikollaborateur gewesen, der sich und seine nationalsozialistischen Freunde auf Kosten hunderttausender ungarischer Juden bereichert hatte, an deren Ermordung er mindestens indirekt die Schuld trug. Ein klarer Beweis für Kastners Schuld war in Grünwalds Augen die Tatsache, dass dieser 1946 angeblich »heimlich, wie ein Dieb in der Nacht« nach Nürnberg gereist war, um vor dem dortigen Kriegsverbrechertribunal zu Gunsten eines NS-Schwerverbrechers, Obersturmbannführers Kurt Becher, auszusagen, des Hauptverantwortlichen für die Deportation und den Tod der ungarischen Juden.[30]

Zwei Prozesse, die sich über vier Jahre, von Januar 1954 bis Januar 1958 erstreckten, waren nötig, um die Kastner-Affäre zu beenden. Noch bevor es soweit war, war Kastner allerdings einem Attentäter zum Opfer gefallen, gebrandmarkt als der Mann, der »seine Seele dem Teufel verkaufte«. Am Ende nahm das oberste israelische Gericht das Stigma von ihm, das seit dem Urteil des Jerusalemer Bezirksgerichts vom Juni 1955 an ihm gehaftet hatte, vor dem sein erster Prozess zu Ende gegangen war. Das oberste Gericht sprach Kastner sogar von den meisten gegen ihn erhobenen Anschuldigungen frei. Trotzdem gab es eine Sache, die das Gericht weder verstehen konnte noch vergeben wollte, nämlich die Aussage, die er nach dem Krieg zu Gunsten von Kurt Becher gemacht hatte. Wie sich herausstellte, hatte Kastner diese Aussage zwar nicht vor dem Nürnberger Militärtribunal gemacht, wie Grünwald behauptet hatte, sondern vor einer Entnazifizierungsspruchkammer; dennoch hatte sie dazu beigetragen, dass Becher einer gerechten Bestrafung für seine schweren Verbrechen entging. Warum Kastner zu Bechers Gunsten ausgesagt hatte, wird wahrscheinlich für immer ungeklärt bleiben, auch wenn sich bis heute der Verdacht hält, dahinter stecke eine Abmachung, die Kastner mit Becher getroffen und die es Becher ermöglicht habe, einen kompletten Eisenbahnzug mit 600 Freunden und Verwandten in die sichere Schweiz zu bringen. Das oberste israelische Gericht befand, dass Kastner damit unter den gegebenen Umständen kein Unrecht begangen habe. Doch der Makel, dass Kastner nach dem Krieg überhaupt für Becher ausgesagt hat, haftet bis heute an seinem Ruf.

Auch in Köln wurden nach dem Krieg Beschuldigungen laut, der Vorsitzende der jüdischen Gemeinde nach dem Krieg, Moritz Goldschmidt, habe von seiner Beziehung zu Karl Löffler profitiert. Diese Vorwürfe kamen während der Vorermittlungen zu dem 1954 stattfindenden Prozess gegen die Kölner Gestapobeamten Emanuel Schäfer, Franz Sprinz und Kurt Matschke auf. So wie er schon Ende der vierziger Jahre in Form von Briefen an die Entnazifizierungsbehörden Löffler zu entlasten versucht hatte, machte Goldschmidt auch bei den Vorermittlungen zu dem späteren Prozess eine Aussage, die Löffler letztlich eine weitere strafrechtliche Verfolgung und eine Bestrafung ersparte. So sagte Goldschmidt beispielsweise am 8. Mai 1952 vor der Kölner Staatsanwaltschaft aus, ein Gestapobeamter namens Kurt Rose und nicht Karl Löffler sei für die Deportation der Kölner Juden verantwortlich, und Löffler sei lediglich als Sachbearbeiter für kleinere formale Details zuständig gewesen. Er behauptete ferner, dass Löffler »im Jahre 1941 nach Brüssel versetzt wurde, weil er unfähig war«.[31] Möglicherweise hatte Löffler selbst ihm diese Aussage nahe gelegt. Wie immer es dazu kam und obwohl die Aussage offensichtlich unzutreffend war (in Löfflers Entnazifizierungsverfahren wurde festgestellt, dass Löffler erst im September 1942 nach Brüssel versetzt wurde[32]), erfüllte sie doch ihren Zweck: Löffler hatte es zum Teil Goldschmidts Aussage zu verdanken, dass seine Schuld auf die untergeordnete Rolle reduziert wurde, die er bei den beiden ersten Kölner Judendeportationen im Herbst 1941 gespielt hatte. Außerdem stützte die Aussage die unwahre Behauptung, die Löffler fünf Tage später, am 13. Mai 1952, vor dem Staatsanwalt abgeben sollte: Er habe nichts über das Schicksal der deportierten Juden gewusst, da er »Anfang 1942« nach Brüssel abkommandiert worden sei.[33]

Das Zeugnis, aus dem hervorging, dass hinter Goldschmidts Aussage zu Löfflers Gunsten möglicherweise ein Profitmotiv stand, stammte von einem ehemaligen Kölner Gestapobeamten aus Duisburg, der am 21. Oktober 1952 vor Gericht aussagte. Die Tatsache, dass er selbst Gestapobeamter gewesen war, macht diesen Zeugen auf den ersten Blick vielleicht wenig glaubwürdig; dennoch spricht vieles für den Wahrheitsgehalt seiner Aussage. Der Zeuge war ein früheres Mitglied der SPD; bei Hitlers Machtübernahme wurde er wegen seiner politischen Einstellung aus dem Polizeidienst entlassen und dort erst während des Krieges wegen Personalmangels wieder eingestellt; er war nie NSDAP-Mitglied; im Unterschied zu den meisten Gestapobeamten wurde er bei seinem Entnazifizierungsverfahren als »entlastet« eingestuft, und er war der einzige Kölner Gestapobeamte, der während seiner Aussage vor der Spruchkammer eingestand, er sei ebenso wie die übrigen Kölner Gestapobeamten mitverantwortlich für die Deportation der Kölner Juden gewesen.

Vor dem Staatsanwalt sagte dieser Zeuge aus, er habe an den Vorbereitungen einer Deportation Kölner Juden mitgewirkt und sei über das, was im Judenreferat der Kölner Gestapo vor sich ging, allgemein gut informiert gewesen. Zu Löfflers Unschuldsbeteuerungen und zu Goldschmidts Leumundszeugnis für Löffler sagte er unter Eid Folgendes aus:

»Die Hauptfigur im Judenreferat war Löffler. Er war allgemein als großer Judenhasser bekannt. Es mag sein, daß er in Einzelfällen auch geholfen hat. Solche Maßnahmen waren dann aber nicht aus menschlichem Empfinden geboren, sondern mit Vorteilen materieller Art verknüpft. Nur so vermag ich mir das gute Zeugnis zu erklären, das ihm der Vorsitzende der Jüdischen Gemeinde Köln, Goldschmidt, ausgestellt hat.«[34]

Ob zwischen Moritz Goldschmidt und Karl Löffler finanzielle Beziehungen bestanden haben, muss offen bleiben. Man kann jedoch sicherlich Verständnis für die anderen Motive aufbringen, die bei seiner Dankbarkeit gegenüber Löffler eine Rolle spielten. Er und seine Angehörigen überlebten den Massenmord an den Juden, während die meisten Juden aus Köln und anderen deutschen Städten in den Todeslagern umkamen. Welchen Anteil Löffler daran hatte, werden wir ebenfalls nicht mehr klären können. Vielleicht wollte Goldschmidt einfach glauben, er habe sein Leben Löffler zu verdanken, während der tatsächliche Grund darin lag, dass seine Frau Katholikin war.

Ist es schon schwierig zu ergründen, warum Juden wie Moritz Goldschmidt und Rudolf Kastner Gestapotätern wie Karl Löffler und Kurt Becher ein Leumundszeugnis ausstellten, so fällt es noch schwerer, die Unterstützung zu verstehen, die Löffler und Schulenburg von den Oberhäuptern der beiden christlichen Kirchen in Krefeld und Köln erfuhren. Im Unterschied zu Goldschmidt und Kastner befanden sich diese Geistlichen während der NS-Zeit niemals in einer extrem bedrohlichen Notlage. Einige von ihnen mochten Schuldgefühle hegen, weil sie gegen den Mord an den Juden nicht ihre Stimme erhoben hatten.[35] Man kann darüber Vermutungen anstellen, ob sie etwas zu verbergen hatten und ob Löffler und Schulenburg gedroht hatten, ihr Geheimnis zu verraten, falls sie nicht die verlangten Entlastungszeugnisse schrieben.[36] Eines steht jedenfalls fest: Ihr rasches Eingreifen wurde damals weder von den deutschen noch den alliierten Behörden hinterfragt, und es trug dazu bei, die Flut von Strafprozessen zu verhindern, die möglicherweise eingesetzt hätte, wenn Männer wie Löffler und Schulenburg gezwungen gewesen wären, für ihre Verbrechen gegen die Menschlichkeit eine wirklich empfindliche Strafe auf sich zu nehmen. Wenn die »kleinen Eichmanns«, die Leiter der Judenreferate in Städten wie Köln und Krefeld, nicht zur Rechenschaft gezogen wurden, dann blieben nur ganz wenige Täter übrig, die man überhaupt noch zur Verantwortung ziehen konnte.[37]

Noch bevor der Kalte Krieg in den frühen fünfziger Jahren dem Interesse der Alliierten ein Ende machte, ihre unpopulären Bemühungen fortzusetzen, NS-Täter für ihre Verbrechen büßen zu lassen, hatten die Westalliierten bereits die Verantwortung für die Durchführung der Entnazifizierungsverfahren und für die Eröffnung von Verfahren wegen Verbrechen gegen die Menschlichkeit den Deutschen übertragen. In der britischen Besatzungszone, in der Köln und Krefeld lagen, waren die ohnehin schon chaotischen Spruchkammerverfahren spätestens Ende 1947 ausschließlich in deutscher Hand. Die Ergebnisse waren unmittelbar und dramatisch. Zwischen April 1947 und April 1948 wurden beispielsweise in Köln von den Vorgeladenen 10 Prozent in Kategorie III (»Minderbelastete«), 22 Prozent in Kategorie IV (»Mitläufer«) und 68 Prozent in Kategorie V (»Entlastete«) eingestuft. Ein Jahr später lauteten die entsprechenden Prozentzahlen 2, 24 und 74.[38] Die Prozentzahlen derjenigen zu nennen, die in eine der beiden ersten Kategorien eingestuft wurden, lohnt sich nicht; in ganz Nordrhein-Westfalen wurden alles in allem lediglich neunzig ehemalige Nationalsozialisten einer der beiden Kategorien zugeordnet.[39]

Karl Löffler und Richard Schulenburg wurden in ihrem ersten Entnazifizierungsverfahren als »Minderbelastete« eingestuft. Das war eine etwas strenge Einstufung, wenn auch nicht unüblich für Gestapobeamte in ihrer Position. Damit war ihnen die Rückkehr in den Polizeidienst versperrt. Schwerer wog in ihren Augen, dass sie ihren Pensionsanspruch verloren; Schulenburg hatte bereits das Pensionsalter erreicht, und Löffler stand kurz vor seiner Pensionierung. Dank der loyalen Unterstützung, die sie auch weiterhin von den Verfassern der Leumundszeugnisse erhielten, musste jedoch keiner von beiden lange leiden. Indem sie gegen ihre Einstufung durch die Spruchkammer erfolgreich vor Gericht gingen, gelang es beiden Männern sehr bald, in eine für sie vorteilhaftere Kategorie eingestuft zu werden, so dass sie am Ende doch noch ihre Pensionen erhielten. Löffler wurde sogar, so unglaublich es klingt, am 11. November 1949 in seinem Entnazifizierungsverfahren in Köln als »entlastet« eingestuft. Schulenburg war zwar nicht ganz so erfolgreich, doch im Juli 1950 wurde ihm die Kategorie IV zugebilligt, und damit hatte auch er seine Pensionsberechtigung wieder erlangt.

Trotz dieser günstigen Entwicklungen waren weder Löffler noch Schulenburg zufrieden. Jetzt versuchten sie, auch ihre Jahre in der Gestapo als Dienstjahre bei der Polizei anerkannt zu bekommen und somit ihre Pensionsansprüche zu erhöhen. Am 15. Juli 1950 schrieb Schulenburg einen Brief an die Entnazifizierungsspruchkammer in Düsseldorf und protestierte dagegen, dass die Höhe seiner Pensionsansprüche lediglich auf der Grundlage seiner 28 Dienstjahre bei der Polizei festgesetzt worden war. Seiner Ansicht nach war diese Entscheidung ungerecht, da er unter Einrechnung seiner Zeit bei der Gestapo insgesamt 38 Jahre bei der deutschen Polizei gedient hatte. Auch Löffler wollte seine volle Pension erhalten, wartete jedoch mit seiner Eingabe eine Zeit lang, möglicherweise als Folge der Beschuldigungen, die durch das Ehepaar Löwenstein gegen ihn vorgebracht wurden.

Wie schon in der Vergangenheit boten beide Männer eine ganze Reihe prominenter Geistlicher, Politiker und hoher Polizeibeamter auf, die ihnen schriftlich bestätigten, dass sie gegen ihren Willen in der Gestapo gedient und sich stets rechtschaffen verhalten hätten. Und wieder erhielten beide Männer Unterstützung von einigen jüdischen Überlebenden, die sie dafür priesen, dass sie einige ihrer nächsten Angehörigen während des Dritten Reiches anständig behandelt hatten. Zwar benötigten die westdeutschen Gerichte mehrere Jahre, bis sie sich das Denken der beiden Männer zu eigen machten, aber schließlich waren sie bekehrt.

Im Dezember 1955 entschied die Landesregierung von Nordrhein-Westfalen, dass Schulenburgs Dienstjahre bei der Gestapo bei der Festsetzung seiner Pension anzurechnen seien. Einige Monate später erreichte Löffler einen ähnlichen Erfolg. Doch noch immer waren die beiden ehemaligen Gestapobeamten nicht ganz zufrieden: Bei der Berechnung ihrer Pensionsansprüche waren ihre Beförderungen in der Gestapo nicht berücksichtigt worden. Wieder nahmen beide Männer Anstoß, und erneut setzte jeder von ihnen alle Hebel in Bewegung, um das zu erlangen, von dem er glaubte, dass es ihm gerechterweise zustehe. Das war diesmal allerdings ein heikles Unterfangen, denn ihre bedeutsamsten und finanziell lohnendsten Beförderungen fielen genau in die Zeit, in der sie an den Judendeportationen beteiligt waren. So war beispielsweise Schulenburgs Beförderung in den Rang eines Oberkriminalsekretärs, verbunden mit einer fast zwanzigprozentigen Gehaltserhöhung von 3500 auf 4200 Reichsmark, am 1. November 1941 erfolgt, nur wenige Tage nachdem der erste Transport Krefelder Juden nach Osten abgegangen war.

Doch Schulenburg und Löffler, beides entschlossene und einfallsreiche Männer mit ausgezeichneten Verbindungen, setzten sich am Ende durch. Im Winter 1956 erhielt Löffler unter anderem mehrere neue und wiederum überschwängliche Briefe von seinen unerschütterlichen Anhängern Encke und Diefenbach in Köln und von einem hohen Kripobeamten im Kölner Polizeipräsidium.

Schulenburg legte ähnliche Briefe vor, zuletzt im März 1958 ein Schreiben von Dr. Emil Hürter, einem früheren Krefelder Bürgermeister, der 1933 die Krefelder Kripo geleitet hatte. Als Schulenburgs ehemaliger Vorgesetzter erklärte Hürter, selbst wenn Schulenburg nicht zur Gestapo gegangen wäre, hätte man ihn spätestens 1943 zum Oberkriminalsekretär befördert, und er selbst habe ihn bereits in den dreißiger Jahren zur Beförderung vorgeschlagen; dazu sei es allein wegen des begrenzten Budgets der Polizeibehörde nicht gekommen.

Einen Monat später, am 20. April 1958 (»Führers Geburtstag«), entschied das nordrhein-westfälische Innenministerium, Richard Schulenburgs Pension müsse neu berechnet werden, wobei seine Dienstjahre in der Gestapo ebenso zu berücksichtigen seien wie alle seine Beförderungen. Am 21. Juli 1958 wurde dieselbe Regelung auch im Fall Löffler getroffen. Beide Männer waren nun voll rehabilitiert und erhielten ihre volle Pension, die sie bis ins hohe Alter bezogen.[40] Ihre Amtskollegen im übrigen Deutschland machten ähnlich positive Erfahrungen.[41]

Einige abschließende Gedanken über Gestapotäter,
gewöhnliche Deutsche
und den nationalsozialistischen Terror

Die großartigen Leumundszeugnisse und die starke Unterstützung, die Karl Löffler und Richard Schulenburg von führenden Mitgliedern ihrer Gemeinden erhielten, gaben ihnen die Möglichkeit, einer Bestrafung zu entgehen, ihre volle Pension zu erhalten und sich bald nach Kriegsende wieder in die deutsche Gesellschaft zu integrieren. Ein Teil dieser Unterstützung mochte aufrichtig gemeint gewesen sein. Manche versprachen sich davon jedoch auch Schutz vor unangenehmen Fragen über ihr eigenes Verhalten in der Vergangenheit. Auf jeden Fall bewirkten diese Entlastungszeugnisse, dass es nicht zu der Flut von Prozessen gegen NS-Verbrecher kam, die die politischen Führungsfiguren der deutschen Nachkriegsgesellschaft ursprünglich ins Auge gefasst hatten. Wenn Gestapobeamte wie Karl Löffler und Richard Schulenburg, denen die Organisation und Durchführung der systematischen Judendeportationen in die Vernichtungslager im Osten oblag, wegen ihrer Verbrechen gegen die Menschlichkeit nicht strafrechtlich belangt wurden, dann konnten auch die Verbrechen zahlreicher anderer Täter nicht geahndet werden. Doch obwohl Männer wie Löffler, Schulenburg und andere Leiter der Gestapo-Judenreferate weitgehend ungeschoren davonkamen, waren sie dennoch Kriegsverbrecher, und ihre Taten waren nicht weniger furchtbar als die einiger besonders brutaler und fanatischer Männer aus ihren Reihen, deren Namen nach dem Krieg mehr Schlagzeilen machten.

Um es noch einmal deutlich zu sagen: Diese Männer waren keine aufrechten, korrekten und anständigen Polizeibeamten, die gegen ihren Willen gezwungen wurden, zur Gestapo zu gehen und dort zu bleiben, wie sie es nach dem Krieg in ihren beschönigenden Selbstdarstellungen geschildert haben. Fast alle Gestapobeamten haben nach dem Krieg solche zurechtgezimmerten Lebensläufe und Selbstdarstellungen vorgelegt, um einer strafrechtlichen Verfolgung zu entgehen. Aber diese angeblichen »Polizisten alter Schule« wie Karl Löffler und Richard Schulenburg, die jeweils das Judenreferat in ihrer Stadt geleitet hatten, unterschieden sich nicht wesentlich von ihren in der Regel jüngeren Vorgesetzten oder all den anderen einfachen Gestapobeamten, die mit ihnen zusammen Dienst getan hatten. Zwar waren sie älter, ruhiger und geduldiger und enger mit ihrer Dienstgemeinde verbunden; dennoch hatten sie sich frei dafür entschieden, die Stelle eines Judenreferenten in ihrer Stadt anzunehmen. Sie waren fanatische Antisemiten und überzeugte Anhänger der NS-Ideologie. Unter Einsatz ihrer ganzen Tücke, ihrer kommunikativen Fähigkeiten und ihrer Beziehungen dienten sie häufig als wichtige Scharniere zwischen einer im übrigen jugendlichen und ungeschliffenen NS-Bewegung und den etablierten Stützen der örtlichen Gesellschaft. In vieler Hinsicht hatte ihre Rolle darin bestanden, den Holocaust durchzuführen, aber auch zu »verkaufen«.

Doch diese Männer waren mehr als einfach nur Verkäufer. Sie waren auch keine reinen Schreibtischtäter. Vielleicht hatte Hannah Arendt Recht, als sie Adolf Eichmann als banal bezeichnete. Möglicherweise auch nicht.[42] Einige Züge an Löffler und Schulenburg waren natürlich ganz alltäglich. Menschen wie sie findet man in fast jeder Gesellschaft. Doch das macht sie nicht banal oder gewöhnlich. Es macht auch nicht die Schandtaten, die sie verübt haben, banal oder gewöhnlich. Diese »kleinen Eichmanns« mögen nur selten selbst physische Gewalt angewendet haben. Trotzdem wateten sie bis zu den Knien im Blut ihrer Opfer. Sie waren mit ihren Opfern tagtäglich zusammengekommen. Es waren ihre ganz persönlichen Entscheidungen, die darüber bestimmten, wer am Leben bleiben sollte und wer nicht. Sie hatten einige verschont, die meisten aber zum Tode verurteilt. Sie ließen sich weder durch das Flehen von Müttern noch durch die Tränen junger Menschen rühren. Sie hatten ihre Opfer sogar zum Zug begleitet. Kurzum, das Auftreten dieser Gestapobeamten, scheinbar höchst »gewöhnlicher« Männer, hatte ihnen zwar dazu verholfen, gute Beziehungen zu einigen hochgestellten Persönlichkeiten in ihrer Stadt zu knüpfen, war jedoch äußerst trügerisch. Sobald man tiefer in ihre Mentalität und ihr Verhalten eindringt, wird deutlich, dass sie gnadenlose nationalsozialistische Täter waren, und zwar der niederträchtigsten Art.[43]

Ein neuerer Trend in der historischen Forschung schiebt die Schuld an den verübten NS-Verbrechen den gewöhnlichen Deutschen zu. Auch wenn zwei Protagonisten dieser Richtung, Christopher R. Browning und Daniel J. Goldhagen, in ihrer Meinung über die Tiefe und Einzigartigkeit des deutschen Antisemitismus auseinander gehen, haben beide überzeugend nachgewiesen, dass sich eine große Zahl gewöhnlicher Deutscher bereitwillig an der Ermordung hunderttausender unschuldiger und wehrloser jüdischer Männer, Frauen und Kinder beteiligt hat.[44] In ähnlicher Weise haben Gisela Diewald-Kerkmann, Robert Gellately, Reinhard Mann und andere die Bedeutung von politischen Denunziationen für die Kontrolle der deutschen Bevölkerung hervorgehoben und besonders darauf hingewiesen, dass der Gestapo nur begrenzte finanzielle Mittel und nur ein begrenztes Personal zur Verfügung standen.[45] Das alles ist zweifellos zutreffend. Es ist richtig, dass die Gestapo weder allwissend noch allmächtig oder allgegenwärtig war und dass der nationalsozialistische Terror auf die Komplizenschaft vieler gewöhnlicher Deutscher angewiesen war. Doch der jüngste Trend in der historischen Forschung läuft Gefahr, den Anteil der führenden Organe des NS-Terrors wie etwa der Gestapo an der Vernichtung der Juden zu untertreiben, zu verschleiern und die Rolle der gewöhnlichen Deutschen zu überschätzen. Es darf nicht vergessen werden, dass einige Deutsche weitaus mehr Schuld auf sich geladen haben als andere.

Das ist kein »Persilschein« für die deutsche Bevölkerung. Im Gegenteil, Millionen von gewöhnlichen Deutschen tragen eine Mitschuld an den NS-Verbrechen. Zunächst einmal hatte die Masse der deutschen Bevölkerung sich schuldig gemacht, indem sie einen Pakt mit dem Teufel schloss – in diesem Fall mit Adolf Hitler. Millionen Deutsche gaben ihm ihre Stimme, und Millionen weitere folgten ihm bereitwillig, nachdem er an die Macht gekommen war. Mit Ausnahme der schärfsten politischen Gegner der Nationalsozialisten auf Seiten der Linken in den ersten Jahren der NS-Herrschaft, einigen isolierten Geistlichen, einigen überzeugten Mitgliedern kleiner religiöser Sekten und einiger anderer regierte Hitler ohne eine ernst zu nehmende Opposition, und während des gesamten Dritten Reiches gab es in der Bevölkerung kaum einen nennenswerten Widerstand gegen ihn und sein Regime. Viele gewöhnliche Deutsche denunzierten ihre Mitbürger, Juden wie Nichtjuden, zumeist in dem Versuch, sich an Verwandten oder Nachbarn zu rächen, mit denen sie im Streit lagen, gelegentlich auch um ihren politischen Eifer unter Beweis zu stellen. Viele gewöhnliche Deutsche beteiligten sich unmittelbar an der Verfolgung und Ermordung der Juden und anderer Opfer des nationalsozialistischen Terrors. Millionen Deutsche sahen weg, als jüdische Geschäfte boykottiert wurden, ein Gesetz nach dem anderen den Juden das Leben in Deutschland immer unerträglicher machte und als schließlich die Synagogen angezündet wurden. Millionen gewöhnliche Deutsche wussten bereits während der Kriegsjahre von der Vernichtung der Juden und versuchten nicht, ihr Einhalt zu gebieten. Aber die meisten Deutschen waren keine Denunzianten, es kam nur selten vor, dass nächste Familienangehörige oder Freunde denunziert wurden, und die meisten Denunziationen hatten keine harten Strafen zur Folge. Die meisten Deutschen wollten nicht, dass die Juden ermordet wurden. Viele gewöhnliche Deutsche begegneten Juden sogar mit Verständnis und gewährten ihnen Unterstützung, wie sich bei Umfragen unter jüdischen Überlebenden und Interviews mit ihnen gezeigt hat und wie man in den Memoiren und Tagebüchern jüdischer Überlebender wie Victor Klemperer nachlesen kann.[46]

Der nationalsozialistische Terror wurde selektiv ausgeübt und richtete sich vorrangig gegen die Juden. In den ersten Jahren der NS-Herrschaft diente er auch dazu, Gegner des Regimes auszuschalten, in der Hauptsache aktive Kommunisten und Sozialdemokraten, aber auch widerspenstige Geistliche der beiden großen christlichen Kirchen sowie Zeugen Jehovas. Im Laufe der Zeit kamen neue Zielgruppen hinzu: »Berufsverbrecher«, Sinti und Roma, geistig und körperlich behinderte Menschen und Homosexuelle. Die überwältigende Mehrheit der gewöhnlichen Deutschen war jedoch zu keiner Zeit diesem Terror ausgesetzt, und ihr wurde es stattdessen selbst überlassen, sich zu kontrollieren. Der Terror war somit nicht der allgemeine, wahllose Terror, als der er im Volksmythos hingestellt wurde. Das trägt zu einer Erklärung seines Erfolgs bei.

Das führende Organ des Terrors war die Gestapo, die zwar zweifellos nur über begrenzte Machtmittel verfügte, aber dennoch bis zum Schluss äußerst effektiv war. Sie war intelligent organisiert und personell mit ebenso fähigen wie grausamen Beamten ausgestattet, die nicht zögerten, barbarische Foltermethoden anzuwenden, um die angeblichen oder tatsächlichen Feinde des NS-Regimes zu entwaffnen und zu vernichten. Aber viele Gestapobeamte hatten als altgediente Polizisten auch die Notwendigkeit erkannt, auf die öffentliche Meinung Rücksicht zu nehmen, wenn sie es mit gewöhnlichen Deutschen zu tun hatten, die für das Regime keine Bedrohung darstellten, auch wenn sie geringfügige Gesetzesübertretungen begangen hatten. Indem die Gestapobeamten je nach den vorliegenden Umständen und der beschuldigten Person Milde oder Härte walten ließen, versahen sie den nationalsozialistischen Terror mit einem legalistischen Anstrich, der dazu beitrug, ihr Vorgehen in den Augen einer weitgehend regimetreuen deutschen Bevölkerung zu legitimieren. Gesteigert wurde die Wirksamkeit des Terrors noch durch die Unterstützung durch zahlreiche andere Kontroll-, Überwachungs- und Justizorgane von Partei und Staat: Kriminal- und Schutzpolizei, Sondergerichte, Volksgerichtshof und reguläre Gerichte, SD, SS und SA sowie die örtlichen Funktionäre der NSDAP.

Deutschland unter dem Hakenkreuz war mithin ein Polizeistaat, aber einer, der den meisten seiner Bürger einen beträchtlichen Spielraum bei ihren alltäglichen Verrichtungen ließ und ihnen die Möglichkeit gab, ihre Frustrationen über die politischen Verhältnisse abzureagieren. Für Juden, Kommunisten, Sinti und Roma, Zeugen Jehovas, geistig und körperlich Behinderte, Homosexuelle und einige andere war das nationalsozialistische Deutschland die Hölle. Die meisten Deutschen hingegen haben wahrscheinlich bis zum Kriegsende nicht erkannt, dass sie in einer verbrecherischen Diktatur lebten. Sie wussten, dass es Opfer dieser Diktatur gab, betrachteten die meisten dieser Opfer jedoch als Kriminelle, mit denen sie wenig oder gar nichts gemein hatten. Nach ihren eigenen Eingeständnissen in unseren Umfragen und Interviews war die große Mehrheit der gewöhnlichen Deutschen damals der Meinung, dass sie wenig Grund hatte, die Gestapo oder die Konzentrationslager zu fürchten. Die meisten gewöhnlichen Deutschen wussten, dass sie in der Regel ungeschoren davonkommen würden, wenn sie politische Witze erzählten, sich abfällig über den »Führer« oder andere NS-Größen äußerten, verbotene BBC-Sendungen hörten oder zu Swingmusik tanzten. Sie mussten einfach aufpassen, wenn sie in ihren Augen geringfügige Gesetzesverstöße begingen, und sich zerknirscht geben, wenn sie dabei erwischt wurden. Doch das hatten sie vorher auch schon getan.

In den letzten Jahrzehnten hat die deutsche Nation große Anstrengungen unternommen in dem Bemühen, sich mit ihrer nationalsozialistischen Vergangenheit auseinander zu setzen. Im Deutschland von heute gibt es fast täglich im Fernsehen einen Dokumentarfilm oder in den Tageszeitungen Artikel, die den Holocaust und andere Verbrechen des Nationalsozialismus zum Gegenstand haben. Die früher lautstark vorgebrachten Beteuerungen: »Wir haben nichts gewusst! Wir haben nichts gewusst!« sind immer schwächer geworden. Doch nachdem ich mich in über 1000 Gestapo- und Sondergerichtsakten vertieft und mit vielen Menschen gesprochen habe, die als Erwachsene in Deutschland unter dem NS-Regime gelebt haben, habe ich keine klare Vorstellung, ob viele aus dieser älteren Generation selbst heute Mitgefühl für die Opfer der Verbrechen empfinden, die ihr Land damals verübt hat. Die meisten älteren Deutschen bedauern, dass diese Verbrechen begangen wurden, und sei es auch nur, weil sie den Deutschen aller Altersstufen eine schwere und dauerhafte Last aufbürden.[47] Viele betagte Deutsche, die heute ihrem Tod entgegensehen, blicken auf ihre Vergangenheit zurück, ohne sich daran zu erinnern, dass sie einmal Täter oder Zuschauer waren, sondern eher mit dem Gefühl, die eigentlichen Opfer des nationalsozialistischen Terrors seien sie selbst gewesen.

Das letzte Interview, das ich in Köln führte, bevor ich in die Vereinigten Staaten zurückkehrte, nachdem ich fünf Jahre mit der Forschungsarbeit zu diesem Buch in Deutschland verbracht hatte, fand an einem sonnigen Junimorgen in der Wohnung eines Mannes von 88 Jahren statt.[48] Er war Witwer und lebte allein in einem tristen Hochhaus. Überall in seinem Wohnzimmer, wo wir unser

Gespräch führten, waren säuberlich Fotos und Erinnerungsstücke aus seinem langen Leben angeordnet. Aus Anlass meines Besuchs hatte er sich eine Krawatte umgebunden. Er war freundlich und höflich und bot mir Rotwein in einem Kristallglas an. Nach meiner Erinnerung trank er mehr als ich. Unser Gespräch dauerte etwa zwei Stunden. Er erzählte mir, er sei Polizist in einer Kleinstadt in der Nähe von Berlin gewesen. Während des Krieges war er eine Zeit lang Wächter im Konzentrationslager Dachau, und wie er mir sagte, hatte er gewusst, dass es in Dachau eine Gaskammer gab (die allerdings nie in Betrieb genommen wurde). Nach seinen Angaben war er Hilfskraft der SS. Man konnte sich schwer vorstellen, dass dieser zierliche alte Mann, der etwas sentimental wirkte, an diesen schrecklichen Dingen beteiligt gewesen sein sollte. Anscheinend genoss er es, mir von seiner Vergangenheit zu erzählen, und er war ziemlich offen. Er wurde lebhaft, als er berichtete, wie er nach dem Krieg einer Verfolgung durch die britischen und amerikanischen Alliierten entgangen war, indem er einfach den in seinem Personalausweis eingetragenen Beruf mit einem Messer weggeschabt hatte. Doch bald darauf wurde er trübselig, als er die Bekämpfung von »Partisanen« an der Ostfront mitten im Krieg schilderte. Wie sich herausstellte, handelte es sich dabei überwiegend um jüdische Frauen und Kinder. Ich fragte ihn, in welcher Weise diese »Partisanenbekämpfung« erfolgt war. Er sagte, man habe ihnen mit Revolvern in den Kopf geschossen. Am lebhaftesten erinnerte er sich an einen Nachmittag, als seine Abteilung (insgesamt sechs Mann) 300 jüdische Frauen und Kinder erschoss. Das Schrecklichste daran war für ihn, dass er mit seinen Kameraden zwischen den Leichen im Graben herumwaten musste, um denen, die noch nicht tot waren, den »Gnadenschuss« zu geben. Dreimal stand er von seinem Sofa auf und kam zu mir herüber. Jedesmal beugte er sich nach vorn und zeigte auf die Mitte seines rechten Wadenmuskels, um anzudeuten, wie tief er im Blut gestanden hatte. Und immer wieder fragte er: »Können Sie sich das vorstellen? Können Sie sich das vorstellen? Können Sie sich das vorstellen?«

Danksagung

Die Forschungen zu diesem Buch und die Niederschrift haben fast ein Jahrzehnt meines Lebens in Anspruch genommen. Es war eine folgenschwere Zeit für mich und meine Familie. In diesen zehn Jahren starb mein Vater, es starb der Vater meiner Frau, und unsere beiden Kinder wurden geboren. Es war zugleich eine bedeutsame Zeit in der deutschen und europäischen Geschichte. Die Berliner Mauer und die kommunistischen Regime in Osteuropa fielen, Deutschland wurde wieder eine geeinte Nation, West- und Mitteleuropa schlossen sich in einer Währungsunion enger zusammen, und der Rassenhass kehrte auf den europäischen Kontinent zurück und kostete zehntausende auf dem Balkan das Leben. Obwohl ich froh darüber bin, wieder daheim in den Vereinigten Staaten zu sein, empfinde ich es als Glück, dass ich die Gelegenheit erhielt, einige Jahre in Deutschland und anderen europäischen Ländern zu verbringen, wo ich nahezu die gesamten Recherchen durchführen und einen Großteil dieses Buches niederschreiben konnte.

Meine Arbeit daran begann im Herbst 1989, als ich dank eines Fulbright-Stipendiums eine Gastprofessur an der Universität Köln übernahm. Damals hatte ich vor, über »die gewöhnliche Justiz im nationalsozialistischen Deutschland« zu forschen und ein nicht allzu umfangreiches Buch darüber zu schreiben. Sehr bald stellte ich allerdings fest, dass es sehr wenig gab, was an der NS-Justiz »gewöhnlich« war, und dass ich die Forschung zu meinem Thema in dem einen Jahr meiner Gastprofessur unmöglich bewältigen konnte. Zum Glück gelang es mir, andere Stiftungen – vor allem die National Endowment for the Humanities, die National Science Foundation und die Alexander von Humboldt-Stiftung – dazu zu bewegen, meine Forschung und ein Buch zu einem Thema zu fördern, das weit mehr Arbeit in Anspruch nahm, als ich ursprünglich veranschlagt hatte. So wurden aus dem einen geplanten Forschungsjahr sechs, bis meine Frau, unsere beiden Söhne und ich schließlich im Sommer 1995 aus Köln in die Vereinigten Staaten zurückkehrten, wo ich die Niederschrift dieses Buches in Angriff nahm. Und wieder sollten nochmals vier Jahre statt des erwarteten einen vergehen, bis das Manuskript schließlich fertig gestellt war.

Kurz bevor unsere Familie in die Staaten zurückflog, veranstalteten unsere Kollegen und Freunde am Zentralarchiv für empirische Sozialforschung an der Universität Köln, das sich als Gastgeber für mein Projekt engagiert und mir ein Arbeitszimmer zur Verfügung gestellt hatte, eine Abschiedsfeier für uns. Außer den üblichen guten Wünschen, dem Essen und Trinken und dem Rückblick auf eine gemeinsame Zeit, die zu solchen Feiern gehören, gab es auch die Bitte an mich, etwa für eine Stunde auf dem »heißen Stuhl« am Kopf eines langen Seminartischs Platz zu nehmen. Jeder meiner Freunde und Kollegen sollte Gelegenheit haben, eine Frage an mich zu richten, die er mir schon immer stellen wollte, und ich war verpflichtet, sie möglichst aufrichtig zu beantworten. Die vielleicht wichtigste Frage, die dabei gestellt wurde, bestand in der Bitte, in wenigen Sätzen zusammenzufassen, was meine Erfahrung in Deutschland in den letzten Jahren für mich bedeutet hatte. Das ließ sich damals unmöglich zureichend beantworten, und ich finde es auch heute noch schwierig. Meine Zeit in Deutschland hatte zu viel für mich bedeutet, um es in ein paar lockeren Worten auszudrücken. Trotzdem versuchte ich es.

Zunächst sagte ich, dass mir die knapp sechs Jahre in Köln persönlich wie beruflich sehr viel gegeben hätten und dass ich die Zeit, die ich mit deutschen Kollegen verbrachte, die im Lauf der Jahre zu meinen engen Freunden wurden und mich und meine Familie herzlich aufgenommen hatten, stets in guter Erinnerung behalten würde. Außerdem sei ich ihnen allen dankbar, weil sie so freundlich und liebenswürdig gegenüber jemandem gewesen waren, der über ein Thema arbeitete, das für ihr Land und vielleicht auch für sie persönlich sehr schmerzlich und schwierig sei. Ich entschuldigte mich wegen Unannehmlichkeiten, die ich ihnen möglicherweise bereitet hatte, da ich wusste, dass ihre Telefone während meiner Recherchen andauernd durch wütende Anrufer blockiert wurden, dass ich ihnen immer wieder Löcher in den Bauch gefragt und ihnen während der offiziellen Vorlesungen, die ich hielt, und in persönlichen Gesprächen immer wieder Augenblicke des Unbehagens bereitet hatte. Zum Schluss sagte ich, ich könne nur hoffen, dass meine deutschen Freunde und Kollegen eines Tages die Gelegenheit erhielten, über eines der beunruhigendsten und traumatischsten historischen Probleme meines eigenen Landes zu forschen und eine ebenso freundliche Aufnahme fänden, wie sie mir in ihrem Land zuteil geworden war.

Eine weitere Frage, die man mir häufig gestellt hat und auch in Zukunft wahrscheinlich immer wieder stellen wird, lautet, warum ich es auf mich genommen habe, so viel Zeit und Energie auf ein so deprimierendes Thema wie den nationalsozialistischen Terror zu verwenden, zumal ich offenbar weder Jude noch Deutscher sei. Gelegentlich wurde mein Ton ärgerlich, wenn ich diese Frage beantwortete, so zum Beispiel gegenüber einer Nachwuchslektorin in einem angesehenen Verlag in New York – bei dem übrigens die englische Ausgabe dieses Buches nicht erschienen ist –, die mich am Telefon gefragt hatte: »Warum sollte sich jemand für ein Buch über den nationalsozialistischen Terror interessieren, das von einem Mann namens Eric Johnson geschrieben wurde, der anscheinend weder Jude noch Deutscher ist?« Trotzdem ist die Frage berechtigt. Die Antwort, die ich ihr gegeben habe, war zwar etwas defensiv, aber eine bessere habe ich bis heute nicht. Ich erklärte ihr, der NS-Terror sei ein Thema, das alle Menschen betreffe, und wichtig sei nicht die Identität des Autors, sondern die Qualität seiner Forschung, seiner Darstellung und seiner Gedanken.

Tatsächlich aber gibt es einen persönlichen Bezug, und in mancher Hinsicht hat mich dieses Thema mein Leben lang umgetrieben. In einigen meiner frühesten Träume aus meiner Kindheit in den fünfziger Jahren, an die ich mich erinnern kann, geht es darum, dass ich versuche, aus einem nationalsozialistischen Gefängnis oder einem Konzentrationslager zu fliehen. Ich weiß nicht, warum ich diese Träume hatte. Aber ich weiß, dass mein Vater im Zweiten Weltkrieg amerikanischer Pilot eines P-38-Kampfbombers war, der im Herbst 1944 auf dem Rückflug von einem seiner Einsätze zu seinem Stützpunkt in Süditalien abgeschossen wurde. Als er mit dem Fallschirm auf dem Boden landete, wurde er sofort festgenommen und in das Gefängnis einer Kleinstadt in der Nähe von Salzburg gebracht. Mein Vater hat mir nie sehr viel darüber erzählt, was mit ihm danach geschah, obwohl ich bei mehreren Gelegenheiten mehr darüber von ihm wissen wollte. Manchmal beschäftigt einen das, was ungesagt bleibt, mehr als das, was ausgesprochen wird. Es stand jedoch außer Frage, dass es für ihn stets ein schmerzliches Thema war, und aus irgendeinem Grund empfand er deswegen ein tiefes Schuldgefühl. Immerhin erzählte er mir, dass er in dem kleinen Gefängnis an einen Stuhl gefesselt wurde und dass er um sein Leben gefürchtet habe, als mehrere Einwohner des Ortes ihn misshandelten und anschrien, darunter eine ältere Frau, die ihn mit einem Metallteller bearbeitete. Er sagte mir auch, er habe es dieser Frau nicht übel genommen, weil sie wahrscheinlich ihren Mann oder einen Sohn im Krieg verloren hatte. Einige Zeit später wurde er mit dem Zug nach Deutschland gebracht, möglicherweise nach Frankfurt am Main, wo er tagelang einem strengen Verhör unterzogen wurde. Nicht lange vor seinem Tod ließ er mir gegenüber durchblicken, wenn auch etwas rätselhaft, dass er unter Umständen mehr preisgegeben hatte als seinen Namen, Dienstgrad und seine Erkennungsnummer. Vielleicht war das der Grund für seine tiefen Schuldgefühle. Nach dem Verhör kam er in ein Kriegsgefangenenlager mit der Bezeichnung »Stalag Luft I« an der Ostsee zwischen Rostock und Stralsund, wo er im Mai 1945 von der Roten Armee befreit wurde. Von meiner Mutter weiß ich, dass er bei seiner Heimkehr ein anderer Mensch war. Drei Jahre später wurde ich geboren.

Ich wollte, mein Vater wäre noch am Leben. Es hätte ihm Freude gemacht, mich dabei zu beraten, wo ich das Manuskript zu diesem Buch hätte verbessern können, und wir hätten Gelegenheit gehabt, doch noch und eingehend miteinander über die Vergangenheit zu sprechen. Ich wünschte, ich hätte die Möglichkeit gehabt, ihm zu sagen, dass ich die Gestapo-Akten hunderter von Menschen der unterschiedlichsten Herkunft gelesen habe, die fast alle eine Menge mehr preisgegeben hatten als ihren Namen, Beruf und ihre Anschrift.

Obwohl ich mit meinem Vater nicht mehr reden kann, möchte ich ihm noch immer dafür danken, dass er mich zu dem Weg hingeführt hat, den ich in meinem Leben eingeschlagen habe. Ich hoffe, dass ich mit diesem Buch einige Fragen, die ihm wichtig waren, angemessen behandelt und teilweise in ein neues Licht gerückt habe.

Es gibt noch viele Menschen und Einrichtungen, denen ich meinen Dank aussprechen möchte. Ganz oben auf meiner Liste stehen zwei Frauen, Christiane Wever und Ana Perez Belmonte, die in Deutschland jahrelang als meine Forschungsassistentinnen gearbeitet haben und mir auch in den Jahren behilflich waren, die ich mit der Niederschrift dieses Buches anderswo verbracht habe. In vielerlei Hinsicht waren sie meine Augen und Ohren und manchmal auch mein Gehirn. Sie trugen dazu bei, mein Anfängerdeutsch auf ein zufriedenstellendes Niveau anzuheben, während wir endlose Gespräche über den nationalsozialistischen Terror und zahlreiche andere Themen führten. Sie halfen mir, die Gestapo-Akten zu verstehen, und bei der Durchführung von Interviews mit Tätern, Opfern und Zuschauern. Sie steigerten meine Sensibilität um das Hundertfache. Und sie machten die tägliche Zusammenarbeit zum Vergnügen, auch wenn diese Arbeit uns immer wieder die Tränen in die Augen treten ließ.

Das Buch hätte nicht geschrieben werden können ohne die Freundschaft und Mitarbeit von Karl-Heinz Reuband, heute Professor für Soziologie an der Universität Düsseldorf. Er ist vielleicht der einzige Mensch, den ich kenne, der den Mut, die Hartnäckigkeit und Flexibilität hat, die man benötigt, um eng und jahrelang mit einem ausländischen Stipendiaten wie mir über ein solch brisantes Thema wie den nationalsozialistischen Terror zusammenzuarbeiten. Unsere gemeinsame Arbeit währt inzwischen zehn Jahre und mündete in ein gemeinsames Buchprojekt, das auf den tausenden von Befragungen und hunderten von Interviews beruht, die wir mit älteren deutschen Bürgern und jüdischen Überlebenden des Holocaust, die auf der ganzen Welt verstreut leben, geführt haben.

Am Zentralarchiv für empirische Sozialforschung an der Universität Köln möchte ich außerdem ganz besonders meinen früheren Kollegen und Mitarbeitern danken – Erwin Scheuch, Ekkehard Mochmann, Willi Schröder, Maria Rohlinger, Ralph Ponemereo, Stefan Lampe, Franz Bauske, Rainer Metz, Rainer Hinterberg und Willi Weege –, meinen beiden anderen ehemaligen Forschungsassistenten Christian Knopp und Michael Riesenkönig, außerdem der Sekretärin am Zentrum für historische Sozialforschung, Lilo Montez. Mein Dank geht ferner an meinen Freund Helmut Thome, heute Professor für Soziologie an der Universität Halle-Wittenberg, und seine Frau Lucia, die uns in den Jahren, in denen wir in Köln gelebt haben, an ihrer herzlichen Gastfreundschaft und ihren klugen Gedanken teilhaben ließen.

Daneben gibt es noch einige weitere deutsche Freunde und Kollegen, denen ich danken möchte. Zu ihnen gehören unsere engsten deutschen Freunde seit über zwanzig Jahren, Rolf und Asja Hamacher und Margaret und Peter Küster sowie die gesamte Antoine-Familie in Köln.

Ein eigenes Wort des Dankes richte ich an die zahlreichen deutschen Archivare in Köln, Krefeld, Düsseldorf und anderen deutschen Städten, die mir großzügig ihre Zeit und ihre Kenntnisse zu meinem Thema zur Verfügung gestellt haben. Insbesondere danke ich Peter Reuter, Thomas Becker, Annette Gebauer-Berlinghof sowie Rainer Stahlschmidt, die mir im Nordrhein-Westfälischen Hauptstaatsarchiv in Düsseldorf-Kaiserswerth behilflich waren; Peter Klefisch und Horst Romeyk im Mauerstraße-Archiv in Düsseldorf; Dieter Hangebruch, Joachim Lilla und Paul-Günter Schulte vom Krefelder Stadtarchiv; Werner Jung und Horst Matzerath vom NS-Dokumentationszentrum in Köln und Willi Dresen von der Zentralen Stelle der Landesjustizverwaltungen zur Aufklärung von NS-Verbrechen in Ludwigsburg.

Auch vielen Menschen in den USA und anderen Ländern bin ich Dank schuldig. Mel Richter wurde mein Freund und Mentor, als ich die ersten Kapitel zu diesem Buch am Institute for Advanced Study in Princeton schrieb. Seine Ermutigung und seine Anleitung haben mir viel bedeutet. Gern denke ich auch an die anderen Freundschaften zurück, die ich geschlossen habe, und an die anregenden wissenschaftlichen Diskussionen am Institut mit anderen Fellows wie Steve Aschheim, Joseph Blasi, Johannes Fried, Sally Nalle, Klaus Schreiner und Allen Wells. Dem festen Lehrkörper der School of Social Science des Instituts – Clifford Geertz, Albert Hirschman, Joan Scott und Michael Walzer – möchte ich für das gemeinsame Jahr danken, das ich mit ihnen verbringen durfte, außerdem Linda Garrett, die mir behilflich war, die Befragung der Holocaust-Überlebenden aus Krefeld vorzubereiten, sowie Rose Marie Malarkey, die mir wichtige Ratschläge und Unterstützung gegeben hat.

Ich habe mit der Niederschrift dieses Buches in Princeton begonnen und sie am Netherlands Institute for Advanced Study (NIAS), einem Schwesterinstitut der Einrichtung in Princeton, beendet. Ebenso wie in Princeton habe ich auch an diesem Institut viele dauerhafte Freundschaften geschlossen und von seiner lebendigen intellektuellen Atmosphäre sehr profitiert. Zu den Kollegen, die mit mir über meine Arbeit eingehend diskutiert und mir zu vielen Erkenntnissen verholfen haben, gehören Joost van Baak, Graeme Barker, Arif Dirlik, Rogers Hollingsworth, Reinhart Koselleck, Wolfgang Mommsen, Xavier Rousseaux, David Schoenbaum, Ola Svenson und der Rektor und Historiker Henk Wesseling. Meine Frau und ich möchten außerdem sämtlichen Mitarbeitern des NIAS danken, die für uns das Jahr zu einer so vergnüglichen und wertvollen Zeit gemacht haben, vor allem Ruud Nolte, der uns aus vielen Familienkrisen herausgeholfen hat und dabei nie sein freundliches Lächeln verlor; Yves de Roo, der viele technische Probleme für mich auf elegante Weise gelöst hat; Saskia Lepelaar, die mir bei der Vorbereitung meiner Manuskripte behilflich war, sowie Sven Aalten, Rita Buis, Jos Hooghuis und Wouter Hugenholtz. Schließlich möchte ich auch Pieter Spierenburg von der Universität Rotterdam und seiner Frau Astrid Ikelaar danken. Wir wären gar nicht erst nach Holland gekommen, wenn Pieter mich nicht dem NIAS empfohlen hätte, und unsere Zeit wurde durch ihre Gastfreundschaft und Herzlichkeit zusätzlich verschönt.

Dieses Buch wurde zu einem Teil auch an der Central Michigan University geschrieben, an der ich seit mehr als zwei Jahrzehnten angestellt bin. Meine Kollegen im Fachbereich Geschichte waren überaus kooperativ, und ich bin ihnen dankbar dafür, dass sie die langen Perioden meiner Abwesenheit, in denen ich an diesem Buch gearbeitet habe, geduldig hingenommen haben. Darüber hinaus haben mir viele Kollegen und ehemalige Kollegen an der historischen Fakultät mit fruchtbarer Kritik, intellektueller Anregung und herzlicher Freundschaft weitergeholfen. Besonders erwähnen möchte ich an dieser Stelle Tom Benjamin, George Blackburn, Claudia Clark, Charles Ebel, John Haeger, David Macleod, Patricia Ranft, David Rutherford, Steve Scherer, Jim Schmiechen, Dennis Thavenet und unseren gegenwärtigen Fachbereichsleiter John Robertson. Danken möchte ich auch meinen beiden studentischen Hilfskräften Andrea Dykstra und Dave Stockton sowie Carole Beere, JoAnn Gust und Doug Spathelf vom College of Graduate Studies.

Als weitere Institutionen samt ihren Mitarbeitern, denen ich Dank für ihre Hilfe und Unterstützung schulde, sind das United States Holocaust Memorial Museum zu nennen, die National Registry of Jewish Holocaust Survivors und die Lucius N. Littauer Foundation. Die beiden ersten genannten Institutionen haben uns mit fast tausend deutsch-jüdischen Überlebenden des Holocaust in Kontakt gebracht, und die Littauer Foundation stellte zu einem kritischen Zeitpunkt dringend benötigte Gelder zur Verfügung und trug damit ebenso zur großzügigen Unterstützung des Projekts bei wie die National Endowment for the Humanities, die National Science Foundation und die Alexander von Humboldt-Stiftung. Auch wenn ich ihre Namen nicht nennen kann, weil ich zugesagt habe, ihre Anonymität zu wahren, möchte ich all jenen Menschen ganz besonders danken, die mir und meinen Mitarbeitern in Interviews von ihren Erlebnissen im Dritten Reich erzählt haben, was für sie immer wieder äußerst quälend gewesen sein muss. John Rosing, einem Krefelder Juden, der selbst nicht interviewt wurde, habe ich dafür zu danken, dass er für mich eine vollständige Liste mit den Namen und Adressen ehemaliger Krefelder Juden erstellt hat, so dass ich mit ihnen Kontakt aufnehmen konnte, und der mir auch andere wichtige Informationen zukommen ließ, die bei der Niederschrift dieses Buchs sehr hilfreich waren.

Jim Schmiechen hat das Manuskript Wort für Wort durchgesehen und mich immer wieder ermutigt, ohne gleichzeitig mit seiner stets konstruktiven Kritik zu sparen. George Mosse las und kommentierte kenntnisreich fast das gesamte Manuskript, erkrankte jedoch und starb, kurz bevor ich ihm die Schlusskapitel schicken wollte. Sein früherer Schüler und unser gemeinsamer alter Freund Steve Aschheim sprang jedoch für ihn ein und las und kommentierte brillant die Kapitel, die George Mosse nicht mehr zu Gesicht bekommen sollte. Joseph Blasi hat viele Kapitel des Buchs gelesen; ihm verdanke ich manchen klugen Ratschlag. Wertvolle Anregungen, Kritiken und hilfreiche Unterstützung erhielt ich zudem von alten Freunden und Kollegen wie Richard Evans, Bob Gellately und Konrad Jarausch, von Pater John O'Malley, S.J., und anderen, die bei der Entstehung und Fertigstellung des Buches eine wichtige Rolle gespielt haben. An Georges Borchardt geht mein Dank, weil er ein scharfsichtiger Kritiker und besonnener Ratgeber sowie ein hervorragender Literaturagent ist. Ich danke meinem amerikanischen Lektor Don Fehr und meinem britischen Lektor Grant McIntyre für ihre geduldige und professionelle Unterstützung. Dank schulde ich auch John Bergez, dem keine Schwäche im Stil und Aufbau eines Manuskripts entgeht, und Tony DiIorio, der eine unerreichte Spürnase für inhaltliche Fehler in einem Text hat.

Bei der Vorbereitung der deutschen Ausgabe habe ich in hohem Maße von den Fähigkeiten meines kenntnisreichen Übersetzers Udo Rennert und meiner begabten Lektorin beim Siedler Verlag, Andrea Böltken, profitiert. Ich möchte ihnen nicht nur für ihre ausgezeichnete Arbeit bei der Erstellung einer originalgetreuen Übersetzung danken, sondern auch für den kooperativen und freundschaftlichen Geist, in dem sie mit mir zusammengearbeitet haben.

Im letzten Augenblick des langen Prozesses bis zur endgültigen Fertigstellung des ursprünglichen Manuskripts war mein alter Zimmernachbar aus Collegezeiten und Freund seit über dreißig Jahren, Steve Hochstadt, buchstäblich für mich da, als ich ihn am meisten brauchte, wie so oft in der Vergangenheit. Inzwischen Fachbereichsleiter der historischen Fakultät am Bates College in Lewiston, Maine, und ein angesehener Spezialist auf dem Gebiet Deutschland und der Holocaust, ließ Steve alles stehen und liegen, obwohl ich ihn kaum vorgewarnt hatte, und verbrachte einen sehr heißen und langen Sommertag mit mir in seinem Büro, wo wir das Manuskript zu dem Buch ausdruckten.

Mein letzter und tiefster Dank geht an meine unmittelbaren Angehörigen. Die charakterliche Stärke, unerschöpfliche Energie, der gesunde Menschenverstand und das liebevolle Wesen meiner Mutter haben mir seit langem als Vorbild dafür gedient, wie ich mein Leben führen sollte, und da es ihr irgendwie gelingt, von Jahr zu Jahr jünger zu werden, ist sie mir immer noch Richtschnur und bringt Freude in mein Leben. Meine Söhne Benjamin und Jonathan haben ihr gesamtes bisheriges Leben mit »Daddys Nazibuch«, wie sie es nennen, verbracht, und dennoch verbreiten sie nichts anderes als überschäumende Fröhlichkeit und Optimismus um sich. Sie, ihre Liebe und ihr Lächeln sind etwas Kostbares für mich. Meine großherzige Frau Mary – mit der ich die willkommene Verantwortung für die Kindererziehung ebenso teile wie meine Tage und Nächte, meine Hoffnungen und Befürchtungen, mein Herz und meine Seele – wird sich, wie ich hoffe, darüber freuen, dass ich dieses Buch ihr und unseren beiden Söhnen gewidmet habe.

Anmerkungen

Kapitel 1

1 *Kölnische Rundschau*, 7. Juli 1954.
2 Ebd. Diese Zahlen wurden später im Licht neuerer Forschungen geringfügig nach unten korrigiert. Nach Schätzungen von Manfred Huiskes, der mit dem Kölner Stadtarchiv zusammenarbeitet, wurden zwischen 1941 und 1943 »in mindestens 14 Transporten über 11500 Juden aus Köln und dem Kölner Regierungsbezirk von Deutz aus […] verschleppt«; *Die Wandinschriften des Kölner Gestapo-Gefängnisses im EL-DE-Haus 1943–1945*, Köln 1983, S. 30.
3 *Kölnische Rundschau*, 7. Juli 1954. Andere Lokalzeitungen berichteten über den Gestapoprozess in weitgehend ähnlichem Stil wie die *Kölnische Rundschau*. Man vergleiche zum Beispiel die Berichterstattung im *Kölner Stadt-Anzeiger* vom 7. bis 10. Juli 1954, die sogar noch nüchterner ist. Zu Ausschnitten mit Berichten weiterer Regionalzeitungen vgl. Nordrhein-Westfälisches Hauptstaatsarchiv Düsseldorf-Kaiserswerth, Schloss Kalkum (HStADK), Rep. 231/516 II.
4 *Kölnische Rundschau*, 7. Juli 1954.
5 Die 72-seitige, maschinengeschriebene Anklageschrift trägt das Datum des 19. Dezember 1952; HStADK, Rep. 231/517, Bl. 31–102.
6 Das Urteil vom 9. Juli 1954 und seine Begründung sind in der Urteilsschrift enthalten; HStADK, Rep. 231/519, Bl. 4–33. Das endgültige Urteil hob ein früheres Urteil desselben Gerichts (Landgericht Köln) vom 20. Juni 1953 auf, das Schäfer zu einer Haftstrafe von sechs Jahren und sechs Monaten wegen Beihilfe zum Mord in einem Fall und Totschlag in zwei Fällen verurteilt hatte, wobei alle Anklagepunkte sich auf Schäfers spätere Aktivitäten als Chef der Sicherheitspolizei in Belgrad bezogen. Das endgültige Urteil, bei dem auch sein Verhalten als Chef der Kölner Gestapo während der Deportationen der Kölner Juden berücksichtigt wurde, erhöhte das Strafmaß um lediglich drei Monate. Vgl. auch Huiskes, *Die Wandinschriften*, a.a.O., S. 45.
7 *Kölnische Rundschau*, 7. Juli 1954.
8 HStADK, Rep. 231/519. Zur Berichterstattung über das Urteil vgl. *Kölnische Rundschau*, 10. Juli 1954, und *Kölner Stadt-Anzeiger*, 10. Juli 1954.
9 *Kölnische Rundschau*, 7. Juli 1954.
10 Vgl. S. 10 der Urteilsschrift; HStADK, Rep. 231/519, Bl. 31.
11 Die wichtigsten Ausnahmen waren Prozesse Mitte der sechziger Jahre gegen jene, die Vernichtungslager geleitet hatten: der berühmte Auschwitz-Prozess und der Treblinka-Prozess. Der Auschwitz-Prozess fand vom Dezember 1963 bis August 1965 in Frankfurt a. M. statt und führte zur Verurteilung von siebzehn Personen, überwiegend ehemaligen SS-Angehörigen. Sechs erhielten eine lebenslange Haftstrafe, bei den übrigen schwankten die verhängten Freiheitsstrafen zwischen dreieinhalb und vierzehn Jahren. Zu einer neueren Erörterung dieses Verfahrens mit wichtigen Kommentaren über die juristische Behandlung ehemaliger NS-Täter

allgemein in der Bundesrepublik Deutschland vgl. Gerhard Werle und Thomas Wandres, *Auschwitz vor Gericht. Völkermord und bundesdeutsche Strafjustiz*, München 1995. Der Treblinka-Prozess fand zwischen Oktober 1964 und September 1965 in Düsseldorf statt. Vier Angeklagte wurden zu lebenslangen Haftstrafen verurteilt, fünf zu Gefängnisstrafen zwischen drei und zwölf Jahren, ein Angeklagter wurde freigesprochen. Die Urteilsschrift ist in einer 22-bändigen Sammlung von Strafurteilen enthalten: Fritz Bauer et al. (Hrsg.), *Justiz und NS-Verbrechen. Sammlung deutscher Strafurteile wegen nationalsozialistischer Tötungsverbrechen 1945–1966*, Amsterdam 1981, Bd. 22.

12 »Jetzt beginnt überhaupt erst eine systematische Verfolgung der NS-Verbrechen. Jetzt, ab 1958, wird der Holocaust zum Gegenstand bundesdeutscher Justiz.« In diesem Jahr wurde in Ludwigsburg die Zentrale Stelle der Landesjustizverwaltungen zur Aufklärung von NS-Verbrechen (ZSL) errichtet. Werle und Wandres, *Auschwitz vor Gericht*, a.a.O., S. 23. Trotz der engagierten Bemühungen der ZSL beschränkten sich die meisten Verfahren gegen Gestapo- und andere NS-Verbrecher auf einige wenige Anklagepunkte und hatten milde Strafen und sogar Freisprüche zur Folge. Vgl. auch Adalbert Rückerl, *Die Strafverfolgung von NS-Verbrechen 1945–1978. Eine Dokumentation*, Heidelberg 1979, und Jörg Friedrich, *Die kalte Amnestie. NS-Täter in der Bundesrepublik*, Frankfurt a. M. 1984.

13 Die Prozessakte zu diesem Fall umfasst mehrere tausend Seiten; HStADK, Rep. 231/447–519.

14 In den meisten Teilen der alten Bundesrepublik dauerte es bis Mitte der sechziger Jahre, ehe offizielle Ermittlungen zu den Judendeportationen ähnlich denen gegen die Kölner Gestapo eingeleitet wurden. Bis heute ist kaum etwas über diese Untersuchungen bekannt. In den meisten Fällen wurden die Ermittlungen bis Ende der sechziger Jahre eingestellt, noch bevor es überhaupt zu einem Verfahren kam, da sich nicht beweisen ließ, dass die Gestapobeamten das »wahre Schicksal der Juden« gekannt hatten, als sie deren Deportation organisierten. Ohne Gerichtsverfahren gab es auch keine Berichte in den Zeitungen oder im Fernsehen. Außerdem wurden die Dokumente, auf die sich die Ermittlungen stützten, in den wenigsten Fällen veröffentlicht, und in manchen Städten wie in Düsseldorf kamen sie auf mysteriöse Weise einfach abhanden. Einige Informationen darüber finden sich jedoch in der ZSL. Vgl. beispielsweise ZSL, 415 AR 846/64, und zum Düsseldorfer Verfahren ZSL, 414 AR 345/71, 2 Bde. Vgl. ferner Peter Steinbach, *Nationalsozialistische Gewaltverbrechen. Die Diskussion in der deutschen Öffentlichkeit nach 1945*, Berlin 1981.

15 Eine Kopie des Geschäftsverteilungsplans der Kölner Gestapo vom 27. April 1942 hängt heute in einer der Zellen der ehemaligen Kölner Gestapoleitstelle, die für die Öffentlichkeit frei zugänglich ist. In diesem Dokument wird Karl Löffler als damaliger Leiter des Judenreferats genannt, mitten in der Phase der Judendeportationen. Eine weitere Kopie befindet sich im Nordrhein-Westfälischen Hauptstaatsarchiv, Düsseldorf, Mauerstraße (HStAD), RW 34/9. Löfflers polizeiliche Personalakte liefert zusätzliche Belege dafür, dass er faktisch auch weiterhin das Judenreferat geleitet hat. Aus ihr erfährt man beispielsweise von einer Aussage Löfflers während einer Vernehmung am 18. August 1948 in Bielefeld, er sei im Anschluss an eine achtwöchige Krankheit »Ende September 1942 nach Brüssel abkommandiert« worden (ein entsprechendes Attest des Arztes befindet sich ebenfalls in der Akte). Zu diesem Zeitpunkt waren die Judende-

portationen aus Köln zum größten Teil abgeschlossen; »Personalakten Sammelbestand«, Akte Karl Löffler, HStADK, BR PE/49505.

16 Zu neueren Literaturberichten, vor allem zu Untersuchungen über die Gestapo, die deutsche Justiz und die SS vgl. Robert Gellately, »Situating the ›SS-State‹ in a Social-Historical Context: Recent Histories of the SS, the Police, and the Courts in the Third Reich«, in: *Journal of Modern History* 64 (1992), S. 338–365; Klaus-Michael Mallmann und Gerhard Paul, »Allwissend, allmächtig, allgegenwärtig? Gestapo, Gesellschaft und Widerstand«, in: *Zeitschrift für Geschichtswissenschaft* 41 (1993), S. 984–999; dies. (Hrsg.), *Die Gestapo – Mythos und Realität*, Darmstadt 1995. Zu Untersuchungen über den speziell gegen Juden gerichteten Terror und zum Terror selbst vgl. Saul Friedländer, *Das Dritte Reich und die Juden*, Bd. 1: *Die Jahre der Verfolgung 1933–1939*, München 1998; Marion A. Kaplan, *Between Dignity and Despair: Jewish Life in the Third Reich*, New York 1998; Christopher R. Browning, *The Path to Genocide: Essays on Launching the Final Solution*, Cambridge 1992; Michael R. Marrus, *The Holocaust in History*, London 1987.

17 Vgl. zum Beispiel Eugen Kogon, *Der SS-Staat. Das System der deutschen Konzentrationslager*, München 1946, und Hans Bernd Gisevius, *Bis zum bittern Ende*, 2 Bde., Hamburg 1947.

18 Vgl. etwa Hannah Arendt, *Elemente und Ursprünge totaler Herrschaft*, Frankfurt a. M. 1958; Edward Crankshaw, *Die Gestapo*, Berlin 1959; Jacques Delarue, *Geschichte der Gestapo*, Düsseldorf 1964; Gerald Reitlinger, *Die SS. Tragödie einer deutschen Epoche*, München 1957.

19 Raul Hilberg, *Die Vernichtung der europäischen Juden*, 3 Bde., Frankfurt a. M. 1990, und Hans-Stephan Brather, »Aktenvernichtungen durch deutsche Dienststellen beim Zusammenbruch des Faschismus«, in: *Archivmitteilungen* 8 (1958), S. 115ff.

20 Vgl. Anm. 18. Vgl. auch Hans Buchheim, »Die SS – das Herrschaftsinstrument«, und ders., »Befehl und Gehorsam«, in: Hans Buchheim, Martin Broszat, Hans-Adolf Jacobsen und Helmut Krausnick, *Anatomie des SS-Staates*, Bd. 1, Freiburg 1965, S. 15–212 und S. 216–320.

21 Arendt, *Elemente und Ursprünge totaler Herrschaft*, a.a.O., S. 633 und S. 639.

22 Delarue, *Geschichte der Gestapo*, a.a.O., S. 97f.

23 Zum Historikerstreit vgl. zum Beispiel Hans-Ulrich Wehler, *Entsorgung der deutschen Vergangenheit? Ein polemischer Essay zum »Historikerstreit«*, München 1988. Einen Gesamtüberblick gibt Charles S. Maier, *Die Gegenwart der Vergangenheit. Geschichte der nationalen Identität der Deutschen*, Frankfurt a. M. 1992.

24 Ralf Dahrendorf, *Gesellschaft und Demokratie in Deutschland*, München 1965; Martin Broszat, *Der Staat Hitlers. Grundlegung und Entwicklung seiner inneren Verfassung*, München 1965; Albert Speer, *Erinnerungen*, Frankfurt a. M., Berlin und Wien 1969. Vgl. auch Karl Dietrich Bracher, *Die deutsche Diktatur. Entstehung, Struktur, Folgen des Nationalsozialismus*, Köln und Berlin 1969.

25 Vgl. Anm. 24. Bei Broszat kommen Juden nur am Rande vor, bei Speer gar nicht. Dahrendorf behandelt das Thema Juden und Antisemitismus nur auf wenigen Seiten. Bracher widmet den Juden und dem Holocaust immerhin 26 Seiten.

26 Ian Kershaw, *Popular Opinion and Political Dissent in the Third Reich: Bavaria 1933–1945*, Oxford 1983, S. 277; ders., *Der Hitler-Mythos. Füh-*

rerkult und Volksmeinung im Dritten Reich, Stuttgart 1999. Kershaws Beobachtungen finden sich bei vielen anderen Historikern wieder. So erklärte beispielsweise Detlev Peukert, einer der maßgeblichen deutschen Historiker auf dem Gebiet der Alltagsgeschichte jener Zeit: »Die Masse der Bevölkerung ließ sich jedoch [nicht] zu aktiver Unterstützung der Judenverfolgung verleiten [...] Mithin war der Antisemitismus in keiner Hinsicht, wie manche Historiker und Journalisten angenommen haben, ein wesentliches Instrument zur Integration und Mobilisierung der Bevölkerung in eine nationalsozialistische Richtung.« *Volksgenossen und Gemeinschaftsfremde. Anpassung, Ausmerze und Aufbegehren unter dem Nationalsozialismus*, Köln 1982, S. 65f.

27 Martin Broszat et al., *Bayern in der NS-Zeit*, 6 Bde., München 1977 bis 1983.

28 Lutz Niethammer hat als einer der Ersten die Reichhaltigkeit lokaler Archivquellen demonstriert und die Forschungsmethoden zur Untersuchung des Dritten Reiches erweitert. Vgl. seine Arbeit über *Entnazifizierung in Bayern. Säuberung und Rehabilitierung unter amerikanischer Besatzung*, Frankfurt a. M. 1972, wo er erfolgreich mit quantitativen Methoden arbeitet, sowie seine bahnbrechende Untersuchung mit den Methoden der »oral history«: »*Die Jahre weiß man nicht, wo man die heute hinsetzen soll«. Faschismus-Erfahrungen im Ruhrgebiet*, Berlin 1983.

29 Peter Hoffmann, Detlev Peukert und Peter Steinbach sind die führenden deutschen Historiker zum Thema Widerstand im Dritten Reich. Während sich Hoffmanns Arbeiten stärker auf den Widerstand innerhalb der Wehrmacht und der gesellschaftlichen Eliten konzentrierten, haben sich Peukert, Steinbach und andere mehr für den Widerstand innerhalb der Jugend, der Arbeiterschaft und anderen gesellschaftlichen Gruppen interessiert; Peter Hoffmann, *Widerstand, Staatsstreich, Attentat. Der Kampf der Opposition gegen Hitler*, München 1969; ders., *Claus Schenk Graf von Stauffenberg und seine Brüder*, Stuttgart 1992; Detlev Peukert, *Die KPD im Widerstand. Verfolgung und Untergrundarbeit an Rhein und Ruhr 1933 bis 1945*, Wuppertal 1980; ders., *Volksgenossen und Gemeinschaftsfremde*, a.a.O.; Jürgen Schmädeke und Peter Steinbach (Hrsg.), *Der Widerstand gegen den Nationalsozialismus. Die deutsche Gesellschaft und der Widerstand gegen Hitler*, München 1985. In jüngster Zeit sind wichtige Literaturberichte über den Widerstand von führenden deutschen und angelsächsischen Zeitschriften veröffentlicht worden. Vgl. etwa das Sonderheft der *Zeitschrift für Geschichtswissenschaft* 42 (1994) aus Anlass des 50. Jahrestags des 20. Juli 1944. Vgl. auch den Supplementband *Resistance against the Third Reich* des *Journal of Modern History*. Besonders ausführlich und materialreich sind zwei neuere Untersuchungen über den Widerstand im Ruhrgebiet und am Niederrhein: Rudolf Tappe und Manfred Tietz (Hrsg.), *Tatort Duisburg 1933–1945. Widerstand und Verfolgung im Nationalsozialismus*, 2 Bde., Essen 1989 und 1993, und Bernhard Schmidt und Fritz Burger, *Tatort Moers. Widerstand und Nationalsozialismus im südlichen Altkreis Moers*, Moers 1995.

30 Die Veröffentlichungen über die Edelweißpiraten und andere oppositionelle Jugendgruppen haben in letzter Zeit stark zugenommen. Eine ausgezeichnete Aufsatzsammlung ist das Buch von Wilfried Breyvogel (Hrsg.), *Piraten, Swings und Junge Garde. Jugendwiderstand im Nationalsozialismus*, Bonn 1991. Inwieweit diese Gruppen tatsächlich »Widerstandskämpfer« waren, ist höchst umstritten. Zu einer kritischen Untersuchung

der Kölner Edelweißpiraten vgl. Bernd-A. Rusinek, *Gesellschaft in der Katastrophe. Terror, Illegalität, Widerstand – Köln 1944/45*, Essen 1989. Alltägliches Murren der erwachsenen Bevölkerung war zweifellos verbreitet und wurde – auf Grund von Erweiterungen der ohnedies weitgefassten bestehenden Verleumdungsgesetze – zum Teil hart bestraft. In welchem Rahmen sich diese Kritik bewegte und worauf sie sich im Einzelnen richtete, wird unter anderem diskutiert von Kershaw, *Popular Opinion*, a.a.O.; Peukert, *Volksgenossen und Gemeinschaftsfremde*, a.a.O., und Marlis G. Steinert, *Hitlers Krieg und die Deutschen. Stimmen und Haltung der deutschen Bevölkerung im 2. Weltkrieg*, Düsseldorf und Wien 1970. Viele Historiker haben sich mit den von der NS-Justiz angestrengten Prozessen auf Grundlage des »Heimtückegesetzes« befasst. Bahnbrechend ist Peter Hüttenberger, »Heimtückefälle vor dem Sondergericht München 1933–1939«, in: Broszat et al., *Bayern in der NS-Zeit*, Bd. 4: *Herrschaft und Gesellschaft im Konflikt*, München 1981, S. 435–526. Die Behandlung solcher Fälle durch die Düsseldorfer Gestapo wird ausführlich und methodisch auf hohem Niveau untersucht von Reinhard Mann, *Protest und Kontrolle im Dritten Reich. Nationalsozialistische Herrschaft im Alltag einer rheinischen Großstadt*, Frankfurt a. M. 1987.

31 Die Literatur über Geistliche, religiöse Gruppen und Kommunisten im Dritten Reich ist zu umfangreich, um sie in einer Anmerkung unterzubringen. Ein Großteil der bis Mitte der achtziger Jahre erschienenen einschlägigen Veröffentlichungen wird aufgeführt von Schmädeke und Steinbach, *Der Widerstand gegen den Nationalsozialismus*, a.a.O. Studien zur Lage der Frauen in der NS-Zeit sind ebenfalls sehr zahlreich. Vgl. unter anderem Gisela Bock, *Zwangssterilisation im Nationalsozialismus. Studien zur Rassenpolitik und Frauenpolitik*, Opladen 1986; Claudia Koonz, *Mütter im Vaterland. Frauen im Dritten Reich*, Freiburg im Br. 1991; Jill Stephenson, *Women in Nazi Society*, London 1975, und dies., *The Nazi Organisation of Women*, London 1981; Vera Laska (Hrsg.), *Women in the Resistance and in the Holocaust: The Voices of Eyewitnesses*, Westport, Conn., 1983; Gerda Szepansky, *Frauen leisten Widerstand 1933–1945. Lebensgeschichten nach Interviews und Dokumenten*, Frankfurt a. M. 1983. Zur Verfolgung deutscher Frauen durch die Gestapo und die Gerichte vgl. Eric A. Johnson, »German Women and Nazi Justice: Their Role in the Process from Denunciation to Death«, in: *Historical Social Research/Historische Sozialforschung* 20 (1995), S. 33–69; ders., »Gender, Race, and the Gestapo«, in: *Historical Social Research/Historische Sozialforschung* 22 (1997), S. 240–253.

32 Relativ vollständige Gestapoakten liegen nur für ganz wenige deutsche Städte vor; der umfangreichste Aktenbestand ist der der ehemaligen Gestapoleitstelle Düsseldorf. Die bahnbrechende Untersuchung auf der Basis lokaler Gestapoakten stammt von Mann, *Protest und Kontrolle*, a.a.O. Wenig später erschien die Studie von Robert Gellately, *Die Gestapo und die deutsche Gesellschaft. Die Durchsetzung der Rassenpolitik 1933–1945*, Paderborn 1993, der die Akten der Würzburger Gestapo ausgewertet hat. Darüber hinaus gibt es angeblich große Mengen Gestapoakten aus Städten der ehemaligen DDR wie Erfurt und Weimar, die sich heute in Moskau befinden. Vgl. *Der Archivar* 45 (1992), S. 457ff. Die Akten der Sondergerichte sind in vielen Städten relativ vollständig erhalten geblieben, am umfangreichsten in Köln. Beispielhaft für viele neuere Untersuchungen, die Akten der Sondergerichte analysiert haben, ist Ralph

Angermund, *Deutsche Richterschaft 1919–1945. Krisenerfahrung, Illusion, politische Rechtsprechung*, Frankfurt a. M. 1990.

33 Gellately, *Die Gestapo und die deutsche Gesellschaft*, a.a.O.; Klaus-Michael Mallmann und Gerhard Paul, *Herrschaft und Alltag. Ein Industrierevier im Dritten Reich*, Bonn 1991; dies., *Die Gestapo – Mythos und Realität*, a.a.O.

34 Auch wenn Reinhard Mann und andere vor ihm diesen Aspekt der NS-Gesellschaft untersucht haben, so war doch der kanadische Historiker Robert Gellately derjenige, der das Thema der politischen Denunziation ins Zentrum der Debatte gerückt hat. Vgl. *Die Gestapo und die deutsche Gesellschaft*, a.a.O., und seine neuere Zusammenfassung der internationalen Forschung zum Thema politische Denunziation in einem Sonderheft der Zeitschrift *Journal of Modern History* 68 (1996), S. 931–967: »Denunciations in Twentieth Century Germany: Aspects of Self-Policing in the Third Reich and the German Demokratic Republic«. Mehrere andere Historiker sind Gellately in seinem Ansatz gefolgt, so zum Beispiel Gisela Diewald-Kerkmann, *Politische Denunziation im NS-Regime oder die kleine Macht des »Volksgenossen«*, Bonn 1995.

35 Mallmann und Paul, *Herrschaft und Alltag*, a.a.O., S. 414f.

36 Ein Großteil dieser Untersuchungen wird in dem erwähnten Literaturbericht Gellatelys besprochen. Zu den Veröffentlichungen, auf die Gellately nicht eingeht, gehören Lothar Gruchmann, *Justiz im Dritten Reich. Anpassung und Unterwerfung in der Ära Gürtner*, München 1988; Angermund, *Deutsche Richterschaft*, a.a.O., und Ingo Müller, *Furchtbare Juristen. Die unbewältigte Vergangenheit unserer Justiz*, München 1987.

37 Die Literatur zum Volksgerichtshof stammt überwiegend von deutschen Historikern. Zwei Untersuchungen gingen aus einem größeren Projekt hervor, das die Urteile des Volksgerichtshof quantitativ untersucht: Klaus Marxen, *Das Volk und sein Gerichtshof. Eine Studie zum nationalsozialistischen Volksgerichtshof*, Frankfurt a. M. 1994, und Edmund Lauf, *Der Volksgerichtshof und sein Beobachter. Bedingungen und Funktionen der Gerichtsberichterstattung im Nationalsozialismus*, Opladen 1994.

38 Christopher R. Browning, *Ganz normale Männer. Das Reserve-Polizeibataillon 101 und die »Endlösung« in Polen*, Reinbek 1993; Daniel J. Goldhagen, *Hitlers willige Vollstrecker. Ganz gewöhnliche Deutsche und der Holocaust*, Berlin 1996. Zur deutschen Debatte um Goldhagens Buch vgl. Johannes Heil und Rainer Erb (Hrsg.), *Geschichtswissenschaft und Öffentlichkeit. Der Streit um Daniel J. Goldhagen*, Frankfurt a. M. 1998.

39 Ein Katalog zur Ausstellung, der erstmals 1996 in Hamburg veröffentlicht wurde, hat seitdem mehrere Auflagen erlebt: Hamburger Institut für Sozialforschung (Hrsg.), *Vernichtungskrieg. Verbrechen der Wehrmacht 1941 bis 1944*, Hamburg 1996.

40 Zur Verstrickung der deutschen Wehrmacht in Verbrechen gegen die Menschlichkeit vgl. zum Beispiel Omer Bartov, *Hitlers Wehrmacht. Soldaten, Fanatismus und die Brutalisierung des Krieges*, Reinbek 1999, und Helmut Krausnick, *Hitlers Einsatzgruppen. Die Truppe des Weltanschauungskrieges 1938–1942*, Frankfurt a. M. 1998 (1981).

41 Vgl. zum Beispiel George C. Browder, *Hitler's Enforcers: The Gestapo and the SS Security Service in the Nazi Revolution*, New York 1996, und Gerhard Paul, »Ganz normale Akademiker. Eine Fallstudie zur regionalen staatspolizeilichen Funktionselite«, in: Paul und Mallmann, *Die Gestapo – Mythos und Realität*, a.a.O., S. 236–254.

42 So überschreiben Mallmann und Paul ihr Schlusskapitel in *Herrschaft und Alltag*, a.a.O., S. 414. Hierzu ist anzumerken, dass »Resistenz« ein Neologismus für kleinere Akte des Nonkonformismus und der Ablehnung einer Zusammenarbeit mit den NS-Behörden ist (eine Art kleingeschriebener Widerstand). Der Begriff wurde in den beiden letzten Jahrzehnten von einer wachsenden Zahl von Historikern gebraucht, die sich hauptsächlich mit dem Alltag im Dritten Reich beschäftigten. Mallmann und Paul stehen sicher nicht allein mit ihrer Neubewertung der Bedeutung des deutschen Widerstands. In der wichtigen Sammlung von Beiträgen zur neuesten Forschung über den deutschen Widerstand, die zum 50. Jahrestag des 20. Juli 1944 erschien, stellt Frank Stern die Frage: »Ist der Widerstand ein deutsches Alibi?«; Frank Stern, »Wolfsschanze versus Auschwitz. Widerstand als deutsches Alibi?«, in: *Zeitschrift für Geschichtswissenschaft* 42 (1994), S. 645–650.

43 Mallmann und Paul, *Herrschaft und Alltag*, a.a.O., S. 416.

44 Nach einer offiziellen Statistik hatte Köln im Januar 1940 767 222 Einwohner; HStADK, Rep. 23/272.

45 1933 betrug die Einwohnerzahl Kölns 756 605. Bis 1970 war diese Zahl auf 809 247 angestiegen. Heute hat Köln knapp eine Million Einwohner; Reinhold Billstein (Hrsg.), *Das andere Köln. Demokratische Tradition seit der Französischen Revolution*, Köln 1979, S. 492. Bei den letzten Wahlen der Weimarer Republik am 6. November 1932, bevor Hitler am 30. Januar 1933 Reichskanzler wurde, entfielen auf die NSDAP landesweit 33,1 Prozent der abgegebenen Stimmen; in Köln waren es nur 20,4 Prozent. Bei den Wahlen vom 5. März 1933 errangen die Nationalsozialisten 43,9 Prozent der abgegebenen Stimmen, in Köln dagegen nur 33,1 Prozent. Bei diesen beiden Wahlen erhielten in Köln das katholische Zentrum 27,3 und 25,6 Prozent, die KPD 24,5 und 18,1 und die Sozialdemokraten 17,4 und 14,9 Prozent der Stimmen. Vgl. Historisches Archiv der Stadt Köln, *Widerstand und Verfolgung in Köln 1933–1945*, Köln 1974, S. 24.

46 Köln war das Ziel des ersten »Tausend-Bomber-Angriffs« der britischen Royal Air Force (R.A.F.) am 31. Mai 1942. Während des Krieges wurde Köln über 200-mal von Bombenangriffen heimgesucht. Mehr als tausendmal gab es Fliegeralarm. Bei Kriegsende war die gesamte Innenstadt zerstört, und es lebten nur noch etwa 42 000 Menschen in der Stadt. Vgl. Robert Frohn, *Köln 1945–1981. Vom Trümmerhaufen zur Millionenstadt*, Köln 1982, S. 17–22; Gerhard Braun, »Köln in den Jahren 1945 und 1946. Die Rahmenbedingungen des gesellschaftlichen Lebens«, in: Otto Dann (Hrsg.), *Köln nach dem Nationalsozialismus. Der Beginn des gesellschaftlichen und politischen Lebens in den Jahren 1945/46*, Wuppertal 1981, S. 35–72; Adolf Klein, *Köln im Dritten Reich. Stadtgeschichte der Jahre 1933–1945*, Köln 1983, S. 252–256.

47 Besonders umstritten war später die Rolle der »Edelweißpiraten«. Zu einer Erörterung dieser Kontroverse und einer eingehenden Diskussion des letzten Kriegsjahrs in Köln vgl. Rusinek, *Gesellschaft in der Katastrophe*, a.a.O. Als ältere Untersuchung, die ein positiveres Bild der Edelweißpiraten zeichnet, vgl. Matthias von Hellfeld, *Edelweißpiraten in Köln. Jugendrebellion gegen das 3. Reich, Das Beispiel Köln-Ehrenfeld*, Köln 1981.

48 Barbara Becker-Jákli (Hrsg.), *Ich habe Köln doch so geliebt. Lebensgeschichten jüdischer Kölnerinnen und Kölner*, Köln 1983, S. 324.

49 Nach dem *Statistischen Jahrbuch deutscher Gemeinden* 59 (1972) lebten 1939 in Krefeld 171 553 Menschen; davon wurden 31,7 Prozent als protes-

tantisch und 61,6 Prozent als katholisch aufgeführt; 5,5 Prozent der Einwohner waren Ausländer.
50 Dieter Hangebruch,»Emigriert – deportiert. Das Schicksal der Juden in Krefeld zwischen 1933 und 1945«, in: *Krefelder Studien* 2 (1980), S. 137– 412, hier: S. 139.
51 Auch Krefeld wurde von den Bombenangriffen im Krieg schwer getroffen. Vgl. Hans Vogt und Herbert Brenne, *Krefeld im Luftkrieg 1939–1945*, Bonn 1986. Zwar gibt es es keine ausführliche Monographie zum Widerstand in Krefeld, doch Aurel Billstein, ein ehemaliger KPD-Funktionär, der jahrelang in nationalsozialistischen Gefängnissen und Konzentrationslagern einsitzen musste, veröffentlichte bis zu seinem Tod Mitte der neunziger Jahre mehrere Bücher und Broschüren über Widerstand und Verfolgung in Krefeld, so zum Beispiel *Fremdarbeiter in unserer Stadt 1939–1945. Kriegsgefangene und deportierte »fremdvölkische Arbeitskräfte« am Beispiel Krefelds*, Frankfurt a. M. 1980, und *Christliche Gegnerschaft am Niederrhein 1933–1945 im Bereich der ehemaligen Gestapo-Außendienststelle Krefeld*, Viersen 1987.
52 Diese Einwohnerzahl beruht auf den heutigen Kreisgrenzen der Stadt Bergheim. 1990 lag die Einwohnerzahl bei 57 278. Vgl. Stadt Bergheim, *Kreisstadt Bergheim. Zahlen, Daten, Fakten*, Bergheim o. J.
53 In allen maßgeblichen Untersuchungen über das Wählerverhalten in der Weimarer Republik wird darauf hingewiesen, daß die Zahl der für die NSDAP abgegebenen Stimmen bei den Fabrikarbeitern und den Katholiken unter dem Landesdurchschnitt lag; Jürgen Falter, *Hitlers Wähler*, München 1991; Richard Hamilton, *Who Voted for Hitler?*, Princeton, N. J., 1982.
54 Es lässt sich unmöglich exakt feststellen, wie vollständig die Akten tatsächlich sind. Reinhard Mann berichtet, dass die gesamte Sammlung von Prozessakten der Düsseldorfer Stapoleitstelle einschließlich der Außenstelle Krefeld sowie einiger benachbarter Städte »circa 70 Prozent der ursprünglichen Menge« ausmacht; *Protest und Kontrolle*, a.a.O., S. 66. Auf der Grundlage meiner Einschätzung der Prozessakten gegen Juden in Düsseldorf selbst sowie in mehreren anderen Städten wie Wuppertal und München-Gladbach (heute Mönchengladbach) scheinen die Krefelder Akten vollständiger zu sein als die anderer Städte. In Krefeld ist für fast jedes jüdische Familienoberhaupt eine Ermittlungsakte angelegt worden.

Kapitel 2

1 Zu den Entnazifizierungsverfahren vgl. u. a. Lutz Niethammer, *Entnazifizierung in Bayern. Säuberung und Rehabilitierung unter amerikanischer Besatzung*, Frankfurt a. M. 1972; James F. Tent, *Mission on the Rhine: Reeducation and Denacification in American-occupied Germany*, Chicago 1982. Ebenfalls von Interesse ist Ernst von Salomons satirischer Roman zu diesem Thema: *Der Fragebogen*, Hamburg 1951.
2 Vgl. Schulenburgs Entnazifizierungsakten: HStAD, NW1037-BI 18164 und NW1023-6433.
3 Von 1940 bis 1942 befand sich die Krefelder Gestapo in der Goethestraße 108. Am 17. Juni 1942 wurde sie in die Uerdinger Straße 62 verlegt. Ende 1944 zog sie noch einmal um, diesmal nach Opladen. Weitere Einzelheiten

in: Dieter Hangebruch, »Emigriert – deportiert. Das Schicksal der Juden in Krefeld zwischen 1933 und 1945«, in: *Krefelder Studien* 2 (1980), S. 137 bis 412, hier: S. 186. Die Kölner Gestapo hatte ihren Sitz seit dem 1. Dezember 1935 im EL-DE-Haus Ecke Appellhofplatz und Elisenstraße. Davor befand sie sich in der Krebsgasse 1–3 und eine Zeit lang in der Zeughausstraße 8. Näheres in: Manfred Huiskes, »Die Staatspolizeistelle Köln im EL-DE-Haus«, in: *Die Wandinschriften des Kölner Gestapo-Gefängnisses im EL-DE-Haus 1943–1945*, eingeleitet und bearbeitet von Manfred Huiskes, Köln 1983, S. 9–69, vor allem S. 10–15.

4 Dieser Brief befindet sich in der größeren der beiden Entnazifizierungsakten Schulenburgs, HStAD, NW1023-6433. Die 78 Seiten starke Akte enthält auch seinen zwölfseitigen Entnazifizierungsfragebogen.

5 Ebd., Bl. 30.

6 Ebd., Bl. 13.

7 Schulenburg war in Krefeld der Zwanzigste, der in die NSDAP eintrat. StAKr, Film B58, »Mitglieder-Liste der NSDAP in Krefeld«.

8 HStAD, NW1023-6433, Bl. 13 und Bl. 55.

9 Schulenburgs Anwalt hatte der Berufungskammer in Düsseldorf am 26. Juli 1949 geschrieben, Schulenburgs 1939 gestellter Antrag, mit seinen 60 Jahren aus dem aktiven Dienst ausscheiden zu dürfen, sei »wegen des Kriegsausbruchs nicht bewilligt« worden; ebd., Bl. 55.

10 Hangebruch, »Emigriert – deportiert«, a.a.O., S. 187.

11 Diese Einzelheiten stammen aus den beiden Entnazifizierungsakten Schulenburgs; HStAD, NW1037-BI 18164 und NW1023-6433. Als er am 10. Juni 1948 seinen zweiten Fragebogen ausfüllte, hatte er bereits sechs Kilogramm zugenommen. Die Entlastungsbriefe der von ihm benannten Leumundszeugen finden sich sowohl in seinen Entnazifizierungsakten als auch in seiner Innenministeriums-Akte; HStAD, NW130-310.

12 HStAD, Rep. 8/6. Zur Berichterstattung über Effenbergs Prozess vgl. *Rheinische Post* und *Westdeutsche Zeitung*, 7. Oktober 1948. Beide Zeitungen befinden sich im Krefelder Stadtarchiv.

13 Die Daten seiner Internierung stehen in Effenbergs Innenministeriums-Akte, HStAD, NW130-182.

14 In Effenbergs Akte am Berlin Document Center, Rasse- und Siedlungs-Hauptamt-SS (BDC, RuSHA), führt er zum Beispiel an, er sei Träger des silbernen Reichssportabzeichens und habe in der Volksschule das Wehrsportabzeichen bekommen.

15 Zu Effenbergs Bemühungen, in den Polizeidienst zurückzukehren, und zu seiner Einstufung durch die Spruchkammer vgl. seine Innenministeriums-Akte; HStAD, NW130-182.

16 HStADK, Rep. 8/6, Bl. 12.

17 BDC, RuSHA, Alfred Effenberg.

18 Einzelheiten zu Jungs Werdegang und ein Foto von ihm mit 28 Jahren finden sich in seiner Akte BDC, RuSHA.

19 HStADK, Rep. 8/6, Bl. 22.

20 Zu Dokumentationen über Jungs Frau vgl. BDC, RuSHA, Elisabeth Solbach. Sie und Jung waren bereits verlobt, als sie am 30. Dezember 1938 ihren Fragebogen für das Rasse- und Siedlungshauptamt der SS ausfüllte. Es ist nicht klar, warum sie den Bogen ausfüllte und welche Funktion sie innerhalb der Düsseldorfer Gestapo ausübte. Man muss jedoch vermuten, dass sie ebenso wie ihr Mann, der dasselbe Formular einen Monat früher, am 1. Dezember 1938, ausgefüllt hatte, in die Allgemeine SS eintreten

wollte, da der Fragebogen normalerweise bei jeder Bewerbung zur SS ausgefüllt werden musste. In dem Formular gab sie an, sie sei 25 Jahre alt, wohnhaft in Düsseldorf, Angehörige der römisch-katholischen Kirche und als Angestellte bei der Staatspolizeileitstelle Düsseldorf beschäftigt. In dem handschriftlichen Lebenslauf, der zu den Bewerbungsunterlagen gehörte, gab sie an, sie habe bis zum sechzehnten Lebensjahr das Ursulinen-Mädchengymnasium in Düsseldorf besucht. Im Januar 1930 habe sie bei der Landesregierung in Düsseldorf eine Stelle als Stenotypistin angetreten und irgendwann später im selben Beruf bei der Düsseldorfer Landespolizei gearbeitet. Seit Juni 1935 sei sie als Angestellte bei der Düsseldorfer Staatspolizei (Gestapo) tätig. Sie gab außerdem an, sie sei Mitglied in zwei NS-Organisationen, der Deutschen Arbeitsfront (DAF) und dem NS-Frauenwerk. Zwar ist unklar, welche Aufgaben sie als »Angestellte« erfüllen musste, doch es ist unwahrscheinlich, dass sie als einfache Stenotypistin gearbeitet hat, da sie ihre Stellung ab 1935 dezidiert als die einer Angestellten bezeichnet. Gerhard Paul hat kürzlich darauf hingewiesen, dass für die Würzburger Gestapo mindestens zwanzig, zumeist junge Frauen tätig waren, deren Aufgaben oft weit über die üblichen Arbeiten einer Stenotypistin und Sekretärin hinausgingen. Sie nahmen unter anderem Leibesvisitationen an beschuldigten jüdischen Frauen vor deren Deportation vor, dolmetschten und leiteten nach 1944 die Verwaltungsabteilung der Stapoleitstelle; vgl. Gerhard Paul, »Kontinuität und Radikalisierung. Die Staatspolizeistelle Würzburg«, in: ders. und Klaus-Michael Mallmann (Hrsg.), *Die Gestapo – Mythos und Realität*, Darmstadt 1995, S. 161–177, vor allem S. 167.

Unterlagen über die späteren Aktivitäten der Jungs ließen sich nicht auftreiben, obwohl ich ausgiebig in einschlägigen Archiven gesucht habe (zum Beispiel in der Zentralstelle der Landesjustizverwaltungen in Ludwigsburg, dem Hessischen Hauptstaatsarchiv in Wiesbaden, dem Stadtarchiv in Krefeld und den beiden Hauptstaatsarchiven in Düsseldorf). Von einem Archivar in Wiesbaden erfuhr ich, es gebe Anhaltspunkte dafür, dass die Akten des Ehepaars irgendwann in den fünfziger Jahren gesäubert worden seien, denn damals habe irgendeine Stelle sie angefordert. Es hat zudem den Anschein, dass Jung niemals zu seinem eigenen Prozess in Krefeld erschien, der in der Verhandlung gegen Effenberg erwähnt wurde. Möglicherweise gibt es über ihn keine Entnazifizierungsakten, weil er beschlossen hatte, sich gar nicht erst einer Spruchkammer zu stellen. Da er damit rechnete, mindestens als Minderbelasteter eingestuft zu werden, zog er es vermutlich vor, in der Privatwirtschaft zu arbeiten. Es kann aber auch sein, dass er später in einem Geheimdienst der Bundesrepublik oder anderswo unterkam.

21 Einzelheiten in der Akte BDC, RuSHA, Gustav Burkert, und aus einem Geschäftsverteilungsplan der Krefelder Gestapo vom 23. April 1944, HStAD, Rep. 36/45. Zu Burkerts Tätigkeit in Verbindung mit Juden und Effenbergs Beschäftigung mit Fällen von Homosexuellen vgl. die Ermittlungsakten der Krefelder Gestapo, HStAD, RW58.

22 HStADK, Rep. 8/6, Bl. 39f.

23 Über die Laufbahn von Schmitz gibt es ziemlich ausführliche Unterlagen in seiner Entnazifizierungsakte, HStAD, NW1010/12909, und seiner Innenministeriums-Akte, HStAD, NW130/302. Schmitz füllte seinen Entnazifizierungsfragebogen am 28. April 1948 aus. Am 10. Mai 1948 wurde er von der Krefelder Spruchkammer in die Kategorie III (Minderbelasteter)

eingestuft, so dass er nicht mehr in den Staatsdienst zurückkehren konnte und ihm ein Teil seiner Pensionsansprüche aberkannt wurde. Schmitz war der einzige Beamte in der Krefelder Gestapo, der in Krefeld selbst geboren war. 1948 gab Schmitz im Fragebogen an, er sei beschäftigungslos, »gottgläubig« und »religionslos« und wohne noch immer in Krefeld. Seine Ausbildung war beschränkt: Volksschule Krefeld und ein kurzer Ausbildungslehrgang bei der Polizei. Nach dem Verlassen der Volksschule hatte er bis zu seinem zwanzigsten Lebensjahr als Färbereiarbeiter in Krefeld gearbeitet und anschließend zwei Jahre beim Militär gedient, aus dem er als Unteroffizier ausschied. 1923 trat er im Alter von 36 Jahren in die Krefelder Schutzpolizei ein. In seinem Entnazifizierungsfragebogen behauptete er, man habe ihn 1934 dienstlich zur Gestapo nach Krefeld versetzt. Aus seiner Innenministeriums-Akte geht hervor, dass die Spruchkammer ihm diese Behauptung nicht glaubte, denn sie schrieb, er könne nicht beweisen, dass er »von Amts wegen« zur Gestapo versetzt worden sei. Den Personalakten der Krefelder Gestapo (HStAD, RW58) lässt sich entnehmen, dass Schmitz bereits 1933 mit politischer Polizeiarbeit beschäftigt war. Obwohl Schmitz zahlreichen NS-Organisationen angehört hatte und ebenso wie viele seiner Krefelder Kollegen 1937 in die Partei eingetreten war, war er nie Mitglied der SS. Er starb 1956 in Krefeld, ohne seine volle Pension erhalten zu haben. Seine Frau jedoch erhielt ab 1958 ihre volle Witwenrente, bei deren Bemessung auch die Dienstjahre ihres Mannes und seine Beförderungen in der Gestapo berücksichtigt wurden.

24 HStADK, Rep. 8/6, Bl. 36.
25 Die Gestapo in Krefeld existierte für kurze Zeit bereits 1933 und 1934.
26 Fleischer und Schommer sind auf einer Personalstandsmeldung der Krefelder Gestapo vom 1. September 1940 vermerkt und arbeiteten in Abteilung III, HStAD, RW36/45, »Stärkemeldung nach dem Stand vom 1. 9. 1940, Abt. III«. Die Namen der Übrigen finden sich teils in den Personalakten der Krefelder Gestapo, HStAD, RW58, und teils in: Hangebruch, »Emigriert – deportiert«, a.a.O., S. 185–188.
27 HStAD, RW36/45, »Geschäftsverteilungsplan der Außendienststelle Krefeld mit Wirkung vom 23. 4. 1944«.
28 Huiskes, »Die Staatspolizeistelle Köln im EL-DE-Haus«, a.a.O., S. 26.
29 Klaus-Michael Mallmann und Gerhard Paul berichten in ihrem Buch *Herrschaft und Alltag. Ein Industrierevier im Dritten Reich*, Bonn 1991, S. 199f., dass Saarbrücken im Vergleich zu anderen Städten eine hohe personelle Ausstattung hatte. 1935 verfügte die Stapostelle Saarbrücken über 113 Beamte und Angestellte – zuständig für das Saarland mit rund 780 000 Einwohnern – gegenüber 42 Mitarbeitern in der Stapostelle Hannover – zuständig für die Regierungsbezirke Hannover und Hildesheim mit 1,5 Millionen Einwohnern –, 29 in Köslin, 41 in Frankfurt a. M., 26 in Braunschweig und 44 in Bremen. Ebenso wie in Köln ging der Personalbestand der Gestapo in Saarbrücken seit dem Herbst 1939 zurück und lag zwei Jahre später nur noch bei 71 Kriminalbeamten und Angestellten. Zu ausführlichen Darstellungen der Gestapo in Hannover, Potsdam und Würzburg vgl. die entsprechenden Aufsätze in Paul und Mallmann, *Die Gestapo – Mythos und Realität*, a.a.O.: Hans-Dieter Schmid, »›Anständige Beamte‹ und ›üble Schläger‹. Die Staatspolizeistelle Hannover«, S. 133–160; Sibylle Hinze, »Vom Schutzmann zum Schreibtischmörder. Die Staatspolizeistelle Potsdam«, S. 118–132; Gerhard Paul, »Kontinuität und Radikalisierung«, a.a.O., S. 161–177. Hans-Dieter Schmid hat in

539

einer neueren Untersuchung festgestellt, dass die Leipziger Gestapo eine maximale Stärke von 100 Polizeibeamten aufwies, während die Gesamtzahl dieser Beamten in Sachsen unter 500 lag, so dass auf 10 500 Einwohner ein Gestapobeamter kam; *Gestapo Leipzig. Politische Abteilung des Polizeipräsidiums und Staatspolizeistelle Leipzig 1933–1945*, Leipzig 1997, S. 18–22.

30 Interview mit Alfred E., Köln, 17. Juni 1995; Interview mit E. W., Köln, 13. Oktober 1994. In seiner Untersuchung über die Würzburger Gestapo schreibt Gerhard Paul, dass »in den meisten Gemeinden Unterfrankens niemals ein Gestapobeamter auftauchte [...] Polizeilich präsentierte sich das neue System vor Ort wie eh und je und hatte doch zugleich Tausende neue Augen und Ohren erhalten.« Vgl. »Kontinuität und Radikalisierung«, a.a.O., S. 172.

31 *Kölnische Rundschau*, 7. Juli 1954.

32 Vgl. zum Beispiel Gerhard Paul, »Ganz normale Akademiker. Eine Fallstudie zur regionalen staatspolizeilichen Funktionselite«, in: Paul und Mallmann, *Die Gestapo – Mythos und Realität*, a.a.O., S. 236–254.

33 Die maßgebliche Arbeit über die Bedeutung politischer Denunziationen im System des NS-Terrors ist Robert Gellately, *Die Gestapo und die deutsche Gesellschaft. Die Durchsetzung der Rassenpolitik 1933–1945*, Paderborn 1993. Vgl. auch ders., »Allwissend und allgegenwärtig? Entstehung, Funktion und Wandel des Gestapo-Mythos«, in: Paul und Mallmann, *Die Gestapo – Mythos und Realität*, a.a.O., S. 47–70.

34 Vgl. Christopher R. Browning, *Ganz normale Männer. Das Reserve-Polizeibataillon 101 und die »Endlösung« in Polen*, Reinbek bei Hamburg 1993, und Daniel Jonah Goldhagen, *Hitlers willige Vollstrecker. Ganz gewöhnliche Deutsche und der Holocaust*, Berlin 1996. Auch wenn die alarmierenden Argumente Brownings und Goldhagens über die Gewöhnlichkeit der Angehörigen von Reserve-Polizeibataillonen durch das von ihnen vorgelegte Material anscheinend bestätigt werden, ist es dennoch möglich, dass die Männer, über die sie geschrieben haben, so »gewöhnlich« nicht waren, wie aus den herangezogenen Gerichtsakten hervorzugehen scheint. In einem Interview, das ich am 17. Juni 1995 in Köln mit einem 88 Jahre alten früheren Polizisten namens Alfred E. geführt habe, der während des Krieges kurzzeitig zur »Partisanenbekämpfung« in der Sowjetunion eingesetzt wurde, erfuhr ich, dass E. kein »gewöhnlicher« Mann war. Bevor er an Massenerschießungen von Juden, überwiegend Frauen und Kindern jeweils in Gruppen von einigen hundert Personen, mitwirkte, hatte er eine ziemlich umfassende SS-Ausbildung erhalten und zudem eine Zeit lang in Dachau als KZ-Wärter gedient.

35 Zum Ansehen des deutschen Polizisten im Kaiserreich vgl. zum Beispiel Eric A. Johnson, *Urbanisation and Crime: Germany 1871–1914*, New York 1995, S. 30–39; Albrecht Funk, *Polizei und Rechtsstaat. Die Entwicklung des staatlichen Gewaltmonopols in Preußen 1848–1914*, Frankfurt a. M. 1986, und Herbert Reinke (Hrsg.), »*... nur für die Sicherheit da*«? *Zur Geschichte der Polizei im 19. und 20. Jahrhundert*, Frankfurt a. M. 1993.

36 Huiskes, »Die Staatspolizeistelle Köln im EL-DE-Haus«, a.a.O., S. 16. In einer Untersuchung über die Berliner Zentrale der preußischen Politischen Polizei von den letzten Jahren der Weimarer Republik bis in die ersten Jahre des Dritten Reiches behauptet Christoph Graf, der Kern der politischen Polizisten, die in den ersten Monaten nach der nationalsozialistischen Machtübernahme im Amt geblieben waren, habe zumindest in Ber-

lin aus fanatischen NSDAP-Anhängern bestanden:»*Zwar* waren die höheren Verwaltungs- und Kriminalbeamten der neuen Zentralbehörde nur zu einem relativ kleinen Teil eigentliche ›Nazis‹ mit eindeutiger Parteibindung schon vor 1933, *aber* diese bildeten immerhin einen harten Kern …« Außerdem hätten die meisten Beamten, die nicht uneingeschränkt hinter der nationalsozialistischen Sache standen, ihr Amt nach einigen Monaten verlassen, so dass überwiegend »zuverlässige Nationalsozialisten« zurückblieben; Christoph Graf, *Politische Polizei zwischen Demokratie und Diktatur. Die Entwicklung der preußischen Politischen Polizei vom Staatsschutzorgan der Weimarer Republik zum Geheimen Staatspolizeiamt des Dritten Reiches*, Berlin 1983, S. 173.

37 Nach Sibylle Hinze, die eine sorgfältige Studie der Gestapo Potsdam vorgelegt hat, hatten Ende 1933 »bis auf ein oder zwei Ausnahmen […] alle [Beamten] bereits lange vor 1933 der NSDAP, [der] SA oder [der] SS angehört«. Vgl.»Vom Schutzmann zum Schreibtischmörder«, a.a.O., S. 123.

38 In seinem jüngsten Aufsatz über die Herkunft leitender Beamter in verschiedenen Städten hat Gerhard Paul gezeigt, dass die meisten leitenden Beamten regionaler Gestapodienststellen 1905 oder später geboren wurden, bürgerlicher bis gutbürgerlicher Herkunft waren und ein Hochschulstudium absolviert hatten; vgl.»Ganz normale Akademiker«, a.a.O.

39 Groß, blond und athletisch, war Heydrich äußerlich ein typischer »Arier«. Er wurde am 7. März 1904 in Halle geboren, als Sohn von Bruno Heydrich, einem begabten Musiker und Gründer des Halleschen Konservatoriums für Musik, Theater und Unterricht. Gerüchten zufolge lautete der eigentliche Name des Vaters Süß, und Heydrich tat alles, was in seiner Macht stand, um jedes Dokument zu vernichten, das eine jüdische Abstammung hätte verraten können. Dennoch hielten sich die Gerüchte hartnäckig, und bis 1940 ging Heydrich gerichtlich gegen jeden vor, der solche Gerüchte verbreitete. Zu diesen und weiteren Details über Heydrichs Herkunft vgl. Joachim C. Fest, *Das Gesicht des Dritten Reiches. Profile einer totalitären Herrschaft*, München 1963, S. 142f.; Edouard Calic, *Reinhard Heydrich. Schlüsselfigur des Dritten Reiches*, Düsseldorf 1982; Schlomo Aronson, *Reinhard Heydrich und die Frühgeschichte von Gestapo und SD*, Stuttgart 1971.

40 Die Gestapo in Bremen beispielsweise hatte fünf, die in Potsdam vier verschiedene Leiter. Vgl. Inge Marßolek und René Ott, *Bremen im Dritten Reich. Anpassung – Widerstand – Verfolgung*, Bremen 1986, S. 179, und Hinze,»Vom Schutzmann zum Schreibtischmörder«, a.a.O., S. 120ff. Zum Werdegang mehrerer Leiter von Gestapodienststellen vgl. auch Gerhard Pauls Erörterung »Ganz normale Akademiker«, a.a.O.

41 Ein ehemaliger jüdischer Setzer und angeblicher sozialdemokratischer Organisator namens Josef Mahler aus Krefeld wurde drei Jahre lang immer wieder von der Düsseldorfer Gestapo-Zentrale zum Verhör bestellt, bis er am 1. September 1943 starb, angeblich an einem Herzanfall, höchstwahrscheinlich jedoch durch eine »Sonderbehandlung«, nachdem die Gestapo zu dem Schluss gelangt war, dass sie aus ihm keine weiteren Informationen herausholen konnte; HStAD, RW58/7869, RW58/53199, RW58/34515 und RW58/46518.

42 Zu den Leitern in Köln vgl. Huiskes,»Die Staatspolizeistelle Köln im EL-DE-Haus«, a.a.O., S. 21–26. Die Krefelder Außendienststelle wurde von Kommissar Bolle geleitet, bis Jung ihn im Frühjahr 1939 ablöste.

43 Vgl. Jungs Lebenslauf in seiner Akte BDC, RuSHA.

44 Hangebruch, »Emigriert – deportiert«, a.a.O., S. 186, zitiert die Zeugenaussagen mehrerer früherer Beamter aus den späten sechziger Jahren, die ihn so beschrieben hatten.

45 Diese Information stammt aus Schäfers Akten im Berlin Document Center, die in seiner Innenministeriums-Akte enthalten sind; HStAD, NW 130/293. Sofern nicht anders angegeben, stammen die übrigen Details zu seiner Vita aus der Anklageschrift zu seinem Prozess vor dem Landgericht Köln oder aus der Urteilsschrift von 1954. HStADK, Rep. 231/517 und Rep. 231/519.

46 Vgl. Schäfers BDC-Akten in seiner Innenministeriums-Akte, HStAD, NW 130/293.

47 Ebd.

48 Ebd.

49 Ebd. Aus unbekannten Gründen verließ Schäfer jedoch die Partei bald darauf wieder und trat erst am 1. Mai 1937 erneut ein.

50 Ebd.

51 HStADK, Rep. 231/447, Bl. 14f.

52 Zur Errichtung des Lagers Auschwitz vgl. Yisrael Gutman und Michael Berenbaum (Hrsg.), *Anatomy of the Auschwitz Death Camp*, Bloomington, Ind., 1994, sowie Debórah Dwork und Robert Jan van Pelt, *Auschwitz: 1270 to the Present*, New York 1996.

53 HStADK, Rep. 231/447, Bl. 14.

54 HStDAK, Rep. 231/513, Bl. 349.

55 HStADK, Rep. 231/448, Bl. 218 (aus Schäfers Aussage vor Gericht vom 19. Januar 1942).

56 Dr. Nockemann leitete die Stapoleitstelle in Köln von Juli 1933 bis Februar 1936, allerdings gab es damals in Köln offiziell noch keine Gestapodienststelle; Huiskes, »Die Staatspolizeistelle Köln im EL-DE-Haus«, a.a.O., S. 23. Zu Isselhorst vgl. seine Innenministeriums-Akte, HStAD, NW130/220, in der sich auch eine Kopie seiner Akte aus dem Berlin Document Center befindet. Zu Sprinz vgl. ZL, 415 AR 846/64, Bd. 1: »Evakuierung von Juden«, S. 57–60, HStADK, Rep. 231/517 und Rep. 231/519.

57 Diese Merkmalskonstellation aus Alter, sozialer Herkunft und Bildung findet sich auch bei den Leitern der übrigen Gestapostellen. Mindestens sieben der 15 regionalen Gestapochefs, die in einem von Reinhard Heydrich am 22. April 1942 unterzeichneten Brief namentlich als Verantwortliche für die »Endlösung« aufgeführt wurden, waren promoviert. Das statistische Mittel ihrer Geburtsjahre lag bei 1905; nur drei waren vor 1903 geboren – davon einer 1892, womit er 1942 noch immer nicht älter als fünfzig Jahre war. Der jüngste dieser Männer war 1909 geboren und damit 1942 erst 33 Jahre alt; ZL, 415 AR 846/64, Bd. 1, Bl. 4f. und Bl. 19ff. Gerhard Paul gelangt in seiner Sammelbiografie von 60 leitenden Gestapobeamten aus den Jahren 1938/39 zu ähnlichen Ergebnissen: 78 Prozent von ihnen wurden nach 1900 geboren, 47,5 Prozent nach 1905; fast alle hatten einen Hochschulabschluss, und »die große Mehrheit der Gestapo-Leiter kam aus gutsituierten, z. T. großbürgerlichen Elternhäusern, keiner aus der Arbeiterschaft«. Vgl. Paul, »Ganz normale Akademiker«, a.a.O., S. 238f.

58 Vgl. Isselhorsts Innenministeriums-Akte, HStAD, NW130/220, und zu seiner Tätigkeit als Einsatzkommando-Führer Helmut Krausnick, *Hitlers*

Einsatzgruppen. Die Truppe des Weltanschauungskrieges 1938–1942,
Frankfurt a. M. 1998 (1981), S. 361f.
59 Vgl. die Urteilsschrift im Kölner Deportations-Prozess, HStADK,
NW231/519, Bl. 8.
60 ZL, AR 575/60, Bl. 149. Preckel machte diese Aussage am 23.
Oktober 1959 in einem Prozess gegen einen ehemaligen Wuppertaler Gestapobeamten, der beschuldigt wurde, an »Sonderbehandlungen« beteiligt gewesen zu sein.
61 Die Rolle der »Edelweißpiraten« ist unter Historikern stark umstritten.
Einige sehen in ihnen eine heroische jugendliche Widerstandsgruppe, andere halten sie für gewöhnliche Kriminelle. Die Kontroverse scheint noch
heute die Gemüter zu bewegen: In einer Zugunterführung in Köln-Ehrenfeld in der Nähe der Stelle, wo damals die Hinrichtungen stattfanden, stehen Graffiti an der Wand: »Edelweißpiraten sind treu.«
62 Der Geschäftsverteilungsplan der Krefelder Gestapo vom 23. April 1944
nennt Karl Schmitz als den Verantwortlichen für »Sonderfälle«, doch das
muss nicht bedeuten, dass er für »Sonderbehandlungsfälle« zuständig
war; HStAD, RW36/45.
63 Vgl. zum Beispiel die Fälle wegen »Verbrechen gegen die Menschlichkeit«
gegen zwei ehemalige Kölner Gestapobeamte mit der Bezeichnung »Gestapoflügel im Klingelpütz« und »Rechtswidrige Tötung von Stapo-Häftlingen im Klingelpütz« (Klingelpütz hieß die Straße, an der das Kölner
Gefängnis lag und nach der es im Volksmund benannt wurde; Anm. d. Ü.).
In den Prozessakten wird eine fehlende Gestapokartei mit den Namen und
Daten von »Fremdarbeitern« erwähnt, die nach dem Krieg von einem einfachen Polizeibeamten entwendet und den Alliierten übergeben wurde.
Diese Karteikarten enthielten angeblich Informationen über die »Sonderbehandlung« zahlreicher ausländischer Zwangsarbeiter in Deutschland;
HStADK, Rep. 231/95, Bl. 67, und Rep. 248/265–266. Zu einer Erörterung der »Sonderbehandlungs«-Fälle in Köln vgl. Bernd-A. Rusinek,
»›Wat denkste, wat mir opgerümt han‹. Massenmord und Spurenbeseitigung am Beispiel der Staatspolizeistelle Köln 1944/45«, in: Paul und Mallmann, *Die Gestapo – Mythos und Realität,* a.a.O., S. 402–416. Zu Dortmund vgl. Gerhard Paul und Alexander Primavesi, »Die Verfolgung der
›Fremdvölkischen‹. Das Beispiel der Staatspolizeistelle Dortmund«, in:
ebd., S. 388–401.
64 HStADK, Rep. 248/265f.
65 Paul, »Kontinuität und Radikalisierung«, a.a.O., S. 176.
66 ZL, 107 AR-Z 571/67, Bd. V. Das kam im Rahmen eines Prozesses ans
Licht, der 1967 in München gegen 32 Deutsche eröffnet wurde, weil sie
während des Krieges in Holland Gefangene ermordet hatten. Am 17. Januar 1972 wurde das Verfahren eingestellt. Nachdem am 10. April 1945
auf seinen Befehl vierzehn Gefangene erschossen worden waren, »gab
[Weber] schließlich auf die regungslos am Boden liegenden Personen noch
Nachschüsse ab, um ganz sicher zu sein, daß sie tot seien«. Die von einigen der Angeklagten erhobenen Beschuldigungen gegen Weber konnten
ihnen umso leichter fallen, als Weber bereits am 16. Januar 1958 verstorben war.
67 Er wurde zur Einsatzgruppe B abgeordnet und leitete vorübergehend
deren Sonderkommando 7a. Vgl. Mallmann und Paul, *Herrschaft und Alltag,* a.a.O., S. 204. Weitere Details in der Urteilsschrift im Kölner Deportations-Prozess, HStADK, 231/519, Bl. 9.

68 Dies sind die einzigen Männer, von denen ich zweifelsfrei feststellen konnte, dass sie zwischen 1937 und 1945 in der Krefelder Gestapo Dienst getan haben.

69 So zeigen beispielsweise die RuSHA-Akten Alfred Effenbergs und Friedrich Fürschbachs im Berlin Document Center, dass beide 1919/20 in den Freikorps gedient hatten. In seiner eingehenden Untersuchung der Gestapo in Hannover behauptet Hans-Dieter Schmid, die dortigen Gestapobeamten seien »auffällig häufig« ehemalige Freikorps-Angehörige gewesen; »›Anständige Beamte‹ und ›üble Schläger‹«, a.a.O., S. 143.

70 Nach ihren RuSHA-Akten im BDC waren beispielsweise Ludwig Jung vom März 1934 bis Mai 1935 und Heinrich Humburg von 1933 bis 1935 Angehörige der SA. Viele weitere Krefelder Gestapobeamte haben in ihren Bewerbungsbogen (BDC/RuSHA) vermerkt, dass sie sich in der SA sportlich ausgezeichnet hatten. Sibylle Hinze hat festgestellt, dass fast alle früheren Beamten der Potsdamer Gestapo schon in den Jahren davor der SA, der SS oder der NSDAP angehört hatten. Vgl. »Vom Schutzmann zum Schreibtischmörder«, a.a.O., S. 23f. Nach Hans-Dieter Schmid war ungefähr jeder Zweite der ursprünglichen Angehörigen der Hannoveraner Gestapo schon vor 1933 in die NSDAP eingetreten, und viele, die erst 1935 oder später zur Gestapo kamen, waren bereits in der SS. Vgl. »›Anständige Beamte‹ und ›üble Schläger‹«, a.a.O., S. 140 und S. 145.

71 Diese Informationen finden sich in der Innenministeriums-Akte von Johann Krülls, HStAD, NW130/243. Der am 31. Oktober 1892 in Krefeld geborene Krülls war ein langjähriger Polizeibeamter, dessen Werdegang und familiärer Hintergrund dem vieler der älteren Polizeibeamten ähnelten. Nachdem er 1914 bis 1918 im Heer gedient hatte, trat er 1919 in die Krefelder Schutzpolizei ein und ließ sich später in die Abteilung Politische Polizei der Krefelder Kripo versetzen. Am 14. März 1934 kam er in die Düsseldorfer Gestapoleitstelle. Wie viele andere Gestapobeamte trat er am 1. Mai 1937 in die NSDAP ein. 1940 wurde er zum Kriminalobersekretär in der Düsseldorfer Gestapo befördert. Briefe in seiner Akte, die die Vermerke »vertraulich« oder »Verfassungsschutz« tragen, lassen vermuten, dass er nach 1949 für den westdeutschen Verfassungsschutz tätig war. In mehreren Briefen von Leumundszeugen wird ausgeführt, er sei ähnlich wie Schulenburg und verschiedene andere ein Polizist »der alten Schule« gewesen, den man von der Kripo zur Gestapo versetzt und der sich stets anständig verhalten habe.

72 Vgl. die entlastende Aussage eines ehemaligen Krefelder Polizeibeamten bei der Politischen Polizei namens Albert Adams in einem Entnazifizierungsverfahren 1948 gegen Karl Schmitz; HStAD, NW1010/12909. Adams erklärte, die Kripo Krefeld habe 1934 über 58 Mitarbeiter verfügt, und 1934/1935 seien »die jüngsten und in der Rechtschreibung bestbewanderten Beamten abgegeben [worden]«. Sowohl Effenberg als auch Burkert behaupten, man habe sie im April 1934 von der Schutzpolizei zur Kriminalpolizei in Krefeld versetzt (vgl. ihre RuSHA-Akten im BDC), doch damit konnte auch die Gestapo gemeint sein, auch wenn sie sich bis zum August 1937, als die Krefelder Gestapo endgültig eingerichtet wurde, vielleicht nicht offiziell als »Gestapo« verstanden. Otto Dihr machte in einem Prozess wegen Verbrechen gegen die Menschlichkeit geltend, in dem ihm unter anderem Körperverletzung im Amt vorgeworfen wurde, er habe der Kripo angehört und sei »in der Sittenabteilung und im Diebstahlsreferat« tätig gewesen, bis man ihn 1937 zur Gestapo »versetzt« habe; HStADK, Rep. 10/8.

73 BDC-RuSHA-Akten Fleischer und Joost. Fleischer behauptet, er sei im Juni 1936 von der Düsseldorfer Schutzpolizei zur Krefelder Kriminalpolizei und von dort am 26. Oktober 1936 zur Krefelder Gestapo versetzt worden. Aus Joosts Akte ergibt sich, dass er im November 1936 von der Schutzpolizei in Rheydt zur Kriminalpolizei Krefeld versetzt wurde und dann zur Krefelder Gestapo-Außendienststelle kam, als diese am 1. August 1937 offiziell eingerichtet wurde. Braun gehörte anscheinend nicht der SS an, und im Berlin Document Center (BDC, Partei-Kanzlei-Korrespondenz, Herbert Braun) finden sich über ihn nur wenige Informationen. Doch anhand von Fällen, die er bearbeitet hat, lässt sich feststellen, dass er schon vor dem 1. August 1937 für die Gestapo gearbeitet haben muss.

74 Alle diese Männer waren im Geschäftsverteilungplan der Krefelder Gestapo vom April 1944 aufgeführt. Über Friedrich Fürschbach, Karl Homberg und Heinrich Humburg finden sich in ihren RuSHA-Akten im BDC Informationen. Heinrich Humburg (der im Juli 1939 die Aufnahme in die SS beantragte und dazu einen persönlichen Fragebogen ausfüllte) wurde 1913 in Kassel geboren und trat 1933 mit zwanzig Jahren in die SA ein. 1935 verließ er diese wieder und ging bald darauf zum SD in Reichenberg. Anscheinend war er nie im normalen Polizeidienst tätig, bevor er während des Krieges zur Gestapo in Krefeld kam. Terpoorten und Steglich waren ebenfalls jüngere Polizeibeamte (Jahrgang 1915 und 1908).

75 Nach Huiskes hieß es in Köln erst ab dem 22. April 1937 offiziell und ausschließlich »Geheime Staatspolizei. Staatspolizeistelle Köln«. Vgl. »Die Staatspolizeistelle Köln im EL-DE-Haus«, a.a.O., S. 23.

76 In seinem Entnazifizierungsverfahren behauptete Schulenburg zunächst, er sei erst ab 1938 bei der Gestapo gewesen. Die Spruchkammer ließ sich davon nicht überzeugen und schrieb in die Urteilsschrift, er sei »von 1934 bis 1945 Vollzugsbeamter der Krefelder Gestapo« gewesen; HStAD, NW1037-BI18164, Bl. 13.

77 Graf, *Politische Polizei*, a.a.O., S. 171.

78 Marßolek und Ott, *Bremen im Dritten Reich*, a.a.O., S. 176.

79 HStAD, NW1049–74433. Eine Frau, die früher in Bergheim gewohnt hatte, ließ mir im Mai 1995 durch einen Archivar in Bergheim ausrichten, im Ort sei er als »sehr böse« bekannt.

80 HStAD, NW1047-73469.

81 BDC-RuSHA, Heinrich Humburg. Die Informationen über Terpoorten stammen aus den National Archives in Washington (NARA, RG 242, A 3343-RS-C5218).

82 Vgl. zum Beispiel Mallmann und Paul, *Herrschaft und Alltag*, a.a.O., S. 203–207, zur Gestapo Saarbrücken sowie die Kapitel über die Gestapo in Potsdam, Hannover und Würzburg in: dies., *Die Gestapo – Mythos und Realität*, a.a.O.

83 Vgl. hierzu etwa die RuSHA-Akten von Gustav Burkert und Karl Homberg im Berlin Document Center. Burkert beendete nicht einmal die Volksschule und äußerte sich in seinem Lebenslauf ausführlich über sämtliche Fortbildungslehrgänge, an denen er teilgenommen hatte. Homberg sagte nichts über seine slawische Herkunft (sein ursprünglicher Familienname war Przygodda) und verschwieg auch die geistige Behinderung seiner Schwester.

84 Das galt für mindestens vier der neun Krefelder Beamten, deren BDC/RuSHA-Akten ich ausfindig machen konnte. Effenbergs erste Frau

starb 1936 und hinterließ ihm vier Kinder, und seine Mutter war gestorben, bevor er in die SS eintrat. Fürschbachs Mutter starb, als er zehn Jahre alt war. Fleischers Großmutter väterlicherseits starb mit 35 Jahren im Kindbett. Heinrich Humburgs Großmutter väterlicherseits starb mit 48 Jahren. Karl Löffler aus Köln wuchs als Waise auf, und Richard Schulenburg erwähnte auffallenderweise in seinen ausführlichen Aussagen während seines Entnazifizierungsverfahrens und in seiner Innenministeriums-Akte seine Familie mit keinem Wort. Das vorhandene Material lässt keine Theorie zu, auch wenn die Vermutung nahe liegt, dass der frühe Verlust einer wichtigen Frauenfigur sich auf die emotionale Entwicklung nachteilig auswirkte. Und das Aufwachsen mit Eltern, die ihrerseits frühzeitig Vater oder Mutter verloren hatten, konnte ebenfalls Auswirkungen haben.

85 Hannah Arendt, *Eichmann in Jerusalem. Ein Bericht von der Banalität des Bösen*, München 1964.

86 Ebd., S. 99. Auch der berühmte Nazijäger Simon Wiesenthal geht davon aus, dass Eichmann mehr oder weniger normal war, ist jedoch überzeugt, dass ihm jedes menschliche Empfinden abging. In seinen Memoiren lesen wir: »Nahezu alles an Eichmann blieb unbegreiflich. Jahre habe ich damit verbracht, in seiner Vergangenheit als Privatmann etwas zu finden, das eine Erklärung abgäbe, warum er so wurde, wie er geworden ist [...] Eichmann hatte, anders als Hitler, keine unangenehmen Erfahrungen mit Juden gemacht. Kein jüdisches Mädchen hatte ihn versetzt, kein jüdischer Händler betrogen. Wahrscheinlich meinte er es ganz ehrlich, als er bei der Verhandlung aussagte, er habe nur seine Arbeit getan. Er hätte nicht gezögert, seinen eigenen Vater in die Gaskammer zu schicken, wenn es ihm befohlen worden wäre. Eichmanns größte Stärke war, dass er das Judenproblem völlig nüchtern behandelte. Dadurch aber war er der gefährlichste von allen – der ohne menschliches Fühlen. Er sagte einmal, er sei kein Antisemit. Aber bestimmt war er unmenschlich.« Vgl. Simon Wiesenthal, *Doch die Mörder leben*, hrsg. von Joseph Wechsberg, München und Zürich 1967, S. 127. Zu einer Diskussion der Ergebnisse eines bei Eichmann durchgeführten Rorschach-Tests durch Fachpsychologen und Psychiater, die Hannah Arendts Sichtweise Eichmanns als ziemlich normal, ja »banal« unterstützen, vgl. Eric A. Zillmer et al., *The Quest for the Nazi Personality: A Psychological Investigation of Nazi War Criminals*, Hillsdale, N.J., 1995, S. 8–11. Es ist jedoch anzumerken, dass die Autoren dieser Untersuchung zu dem Schluss gelangen, dass viele andere NS-Verbrecher, psychologisch gesehen, alles andere als »normal« oder »banal« waren.

87 Arendt, *Eichmann in Jerusalem*, a.a.O., S. 94 und S. 104.

88 Ebd., S. 105.

89 Ebd., S. 98 und S. 400.

90 Ebd., S. 365.

91 Hangebruch, »Emigriert – deportiert«, a.a.O., S. 187.

92 Interview mit Herbert K. in New Jersey, 28. Juli 1995.

93 So kam beispielsweise ein Mann namens Alfred B. zu Schulenburg, um ein solches Formular zu unterschreiben. Es war der 26. November 1941, gut zwei Wochen, bevor er mit seiner ganzen Familie am 12. Dezember nach Riga deportiert wurde. Die juristische Grundlage für die Beschlagnahme des jüdischen Eigentums war die Reichstagsbrandverordnung vom 28. Februar 1933; HStAD, RW58/64964.

94 Vgl. die Aussage einer ehemals im Judenreferat der Kölner Gestapoleitstelle tätigen Sekretärin, die sie am 25. September 1952 im Lauf der Ermittlungen, die zum Kölner Deportations-Prozess führten, machte; HStADK,
Rep. 231/512, Bl. 51.
95 Interview mit Lore M., Krefeld, 31. Januar 1995.
96 HStAD, RW58/66125.
97 Arendt, *Eichmann in Jerusalem*, a.a.O., S. 105–148.
98 Ebd., S. 106.
99 HStADK, Personalakten Sammelbestand, Karl Löffler, BR PE/49505.
100 Interview mit Lore M., Krefeld, 31. Januar 1995.
101 Interview mit Herbert K. in New Jersey, 28. Juli 1995.
102 Natürlich gab es viele »böse Polizisten«. Aus den Gerichtsprotokollen
über Prozesse gegen Krefelder Gestapobeamte geht hervor, dass diese
Rolle häufig von einem gewissen Herbert Braun gespielt wurde. Leider
habe ich über ihn nicht mehr in Erfahrung gebracht, als dass er 1900 in
Königsberg geboren wurde, 1933 in die NSDAP eintrat, anscheinend nicht
der SS angehörte, nach seiner Fotografie zu urteilen von athletischer Statur war und ein fanatischer Antisemit. Etwas mehr weiß man über einen
jungen Mann aus Köln namens Engels (geboren am 14. August 1910 in
Köln), den ein Amtskollege während der Kölner Deportationsprozesse als
einen »regelrechten Schweinehund« bezeichnete; HStADK, 231/512. In
einem nach dem Krieg gegen ihn eröffneten Verfahren wegen Verbrechen
gegen die Menschlichkeit wurde er als »der Schrecken der Kölner Juden«
bezeichnet. Jüdische Überlebende beschuldigten ihn während des Prozesses,
er habe Juden in ihren Zellen mit der Pistole geschlagen, jüdische Frauen,
die nach Theresienstadt deportiert wurden, geprügelt und getreten und
Juden kurz vor der Deporation Geld geraubt. Er stand außerdem in dem
Ruf, »außerordentlich bestechlich« zu sein; HStADK, Rep. 231/217.
103 Interview mit Max S., Köln, März 1995. Die Erlebnisse dieses Mannes
waren offenbar nicht untypisch. In seinen Tagebüchern berichtet Victor
Klemperer, dass er während einer Hausdurchsuchung im Juni 1942 von
einem Gestapobeamten höflich behandelt wurde. Dieser habe ihn sogar
gesiezt. Das bewog Klemperer damals, einer Nachbarin zu erklären, »nur
die unteren Organe seien so ganz schlimm, wenn ein Offizier zugegen,
habe man einigen Schutz«. Bei seinen späteren Begegnungen mit der Gestapo machte Klemperer dagegen wie die meisten anderen deutschen
Juden schlechtere Erfahrungen. Vgl. *Ich will Zeugnis ablegen bis zum
letzten. Tagebücher 1942–1945*, Berlin 1995, S. 134.
104 Wenn nicht anders vermerkt, stammen die Informationen über Löffler aus
seiner Personalakte, HStADK, BR PE/49505, und seiner Innenministeriums-Akte, HStAD, NW130/252; die Informationen über Schulenburg finden sich in seinen beiden Entnazifizierungsakten, HStAD, NW1037/BI
18164 und NW1023/6433.
105 Vgl. die Erörterung zur Polizeiausbildung im Deutschen Kaiserreich in:
Johnson, *Urbanisation and Crime*, a.a.O., S. 34.
106 StAKr, Film B58, »Mitgliederliste der NDSAP in Krefeld«. Von Schulenburgs Verbindung zur Antisemitischen Partei erfuhr ich von Dieter Hangebruch, einem Archivar im Stadtarchiv Krefeld; vgl. auch Hangebruch,
»Emigriert – deportiert«, a.a.O.
107 Schulenburgs Rolle als Beisitzer im NS-Parteigericht ist ein weiterer Beleg
dafür, dass er ein begeisterter Nationalsozialist und Antisemit war. Er
wird in Krefeld sogar zu den führenden Parteigrößen gehört haben, denn

die Richter der NS-Parteigerichte entschieden über die Aufnahme in die Partei oder Parteiausschlüsse und ahndeten Vergehen von Parteimitgliedern. Das waren keine unbedeutenden Leute. Zur Rechtsprechung und Wirkungsweise der NS-Parteigerichte vgl. Donald M. McKale, The Nazi Party Courts: Hitler's Management of Conflict in his Movement, 1921–1945, Lawrence, Kan., 1974, vor allem S. 121ff.

108 Zum Anstieg der Mitgliederzahlen der NSDAP 1937 vgl. Michael Kater, The Nazi Party: A Social Profile of Members and Leaders, 1919–1945, Oxford 1983, vor allem S. 91ff.

109 Zum fehlgeschlagenen Versuch, SS und Gestapo miteinander zu vereinigen, vgl. Mallmann und Paul, Herrschaft und Alltag, a.a.O., S. 195ff.

110 Herbert K., dessen Vater während des Krieges Gemeindevorsteher der jüdischen Gemeinde Nürnberg war, berichtete in einem am 28. Juli 1995 in New Jersey geführten Interview, der Leiter der Gestapostelle Nürnberg habe sich gegenüber seinem Vater freundlich verhalten, keine SS-Uniform getragen und sei um die sechzig gewesen. In München-Gladbach wurde das Judenreferat wahrscheinlich von Gerhard Dahmen geleitet. Er wurde 1892 geboren, gehörte nie der SS an, dafür jedoch ebenso wie Schulenburg den Deutschen Christen. Wie Schulenburg wurde Dahmen 1941 zum Kriminalobersekretär befördert. Die Informationen über Dahmen stammen aus seinen Entnazifizierungsakten; HStAD, NW1000-22574 und NW1037-A-13529. Der Leiter des Judenreferats bei der Gestapo Dresden war laut Victor Klemperer anscheinend Rudolf Müller, dessen relevante Daten denen Schulenburgs und Löfflers ebenfalls weitgehend ähneln. 1943 bekleidete auch Müller den Rang eines Kriminalobersekretärs, trug im Dienst Zivilkleidung und behandelte die Dresdner Juden wesentlich höflicher als andere Gestapobeamte – der »Schläger« und der »Spucker« –, mit denen Klemperer zu tun hatte. In seiner Tagebucheintragung vom 2. August 1943 schildert Klemperer Müller und einen weiteren Beamten in der Gestapostelle Dresden. Der in Zivil gekleidete Müller war »ein langer Subalternbeamter am Schreibtisch ziemlich sachlich, nicht aggressiv«. In der Tür stand »ein kleiner Kerl höhnisch und grob«. Zunächst schien Klemperer von Müller ganz angetan, doch in seiner Eintragung vom 28. Februar 1945 bezeichnet er Müller zutreffend als »tückisch«; Klemperer, Tagebücher 1942–1945, a.a.O., S. 414 und S. 688.

111 Interview mit Lore M. in Krefeld, 31. Januar 1995.

112 HStADK, BR PE/49505, Personalakte Sammelbestand. Sein Arzt hatte geschrieben: »Herr Karl Löffler [...] wurde von mir im Jahre 1942 wegen erheblicher nervöser Störungen in Herzneurose behandelt.« Es bleibt offen, womit Löffler in Belgien befasst war, obwohl zu vermuten ist, dass er mit der Deportation der Juden in Belgien, von denen viele aus Deutschland stammten, zu tun hatte. Löffler selbst behauptete während seines Entnazifizierungsverfahrens, er sei nur »im Bürobetrieb (Kartei) beschäftigt« gewesen.

113 Ebd.

114 HStAD, NW1023/6433.

115 Hangebruch, »Emigriert – deportiert«, a.a.O., S. 187.

116 Vgl. vor allem Robert Gellately, »Allwissend und allgegenwärtig?«, a.a.O.; Mallmann und Paul, »Allwissend, allmächtig, allgegenwärtig?«, a.a.O.

117 Eine Ausnahme bilden hier Paul und Mallmann, Herrschaft und Alltag, a.a.O., und dies., Die Gestapo – Mythos und Realität, a.a.O. Allerdings sind auch hier die meisten Informationen statistischer Art.

118 Die einzige mir bekannte Erwähnung ist die Schulenburgs in: Hangebruch, »Emigriert – deportiert«, a.a.O., S. 187.
119 HStADK, Rep. 231/513, Bl. 208ff.
120 Paul, »Ganz normale Akademiker«, a.a.O., S. 250. Paul stützt seine Argumente auf die sozialpsychologischen Experimente von Stanley Milgram, der angeblich nachgewiesen hat, dass fast jedes normale Individuum unter bestimmten Bedingungen zu einem Mörder gemacht werden kann.

Kapitel 3

1 Interview mit Lore M., Krefeld, 31. Januar 1995.
2 Interview mit Karl Muschkattblatt, heute Charles T., Chicago, 12. April 1996.
3 HStAD, RW58/58239.
4 HStADK, Rep. 112/13237, und Interview mit Karl Muschkattblatt, 12. April 1996.
5 Interview mit Lore M., Krefeld, 31. Januar 1995.
6 HStAD, RW58/30180 und RW58/37672.
7 Richard J. Evans behauptet in seiner maßgeblichen Untersuchung über die Todesstrafe in Deutschland seit 1600, van der Lubbe habe das Feuer aus eigenem Entschluss gelegt, als »einen dramatischen Protest gegen die kurz zuvor ernannte Koalitionsregierung aus Nationalsozialisten und Konservativen und gegen das Unvermögen der deutschen Sozialdemokraten und Kommunisten, sich zu deren Sturz bewaffnet zu erheben«; Richard J. Evans, *Rituals of Retribution: Capital Punishment in Germany 1600 – 1987*, Oxford 1996, S. 619. Lothar Gruchmann, ein deutscher Rechtshistoriker und führender Experte auf dem Gebiet der NS-Justiz, behauptete dagegen noch 1988, dass diese Frage bis heute umstritten sei: *Justiz im Dritten Reich. Anpassung und Unterwerfung in der Ära Gürtner*, München 1988, S. 535.
8 Gruchmann, *Justiz im Dritten Reich*, a.a.O., S. 535ff. Zur Praxis der Polizei, die »Schutzhaft« gegen Feinde des NS-Regimes einzusetzen, vgl. Klaus Drobisch und Günther Wieland, *System der NS-Konzentrationslager 1933 – 1939*, Berlin 1993, S. 25 – 36.
9 Zitiert in: Gruchmann, *Justiz im Dritten Reich*, a.a.O., S. 536f.
10 Avraham Barkai, *Vom Boykott zur »Entjudung«. Der wirtschaftliche Existenzkampf der Juden im Dritten Reich 1933 – 1945*, Frankfurt a. M. 1988, S. 19.
11 Ebd., S. 7.
12 Saul Friedländer, *Das Dritte Reich und die Juden*, Bd. 1: *Die Jahre der Verfolgung 1933 – 1939*, München 1998, S. 30.
13 Adolf Klein, *Köln im Dritten Reich. Stadtgeschichte der Jahre 1933 – 1945*, Köln 1983, S. 94.
14 Barkai, *Vom Boykott zur »Entjudung«*, a.a.O., S. 27.
15 Klein, *Köln im Dritten Reich*, a.a.O., S. 95 – 98.
16 Otto B. schickte mir am 11. April 1996 seine Bemerkungen zusammen mit einem Fragebogen, den er ausgefüllt hatte.
17 Jakob Ball-Kaduri, *Das Leben der Juden in Deutschland im Jahre 1933. Ein Zeitbericht*, Frankfurt a. M. 1963, S. 86, zitiert in: Barkai, *Vom Boykott zur »Entjudung«*, a.a.O., S. 29.

18 Barbara Becker-Jákli (Hrsg.), *Ich habe Köln doch so geliebt. Lebensgeschichten jüdischer Kölnerinnen und Kölner*, Köln 1993, S. 35.

19 Klein, *Köln im Dritten Reich*, a.a.O., S. 98.

20 Michael Burleigh und Wolfgang Wippermann, *The Racial State: Germany 1933–1945*, Cambridge 1991, S. 78. Für Saul Friedländer war der Judenboykott im April 1933 ein »prinzipieller« Fehlschlag; vgl. *Das Dritte Reich und die Juden*, Bd. 1, a.a.O., S. 35. David Bankier argumentiert, ausgehend von verschiedenen staatlichen und nichtstaatlichen Stimmungsberichten, »auch wenn die Bevölkerung anerkannte, dass das Judenproblem in irgendeiner Art gelöst werden müsse, ist die Form der Verfolgung von breiten Kreisen als abstoßend empfunden worden. Nach diesen Darstellungen scheint der Boykott seine Ziele verfehlt und und wegen der brutalen Methoden Befürchtungen aufkommen gelassen zu haben.« *Die öffentliche Meinung im Hitler-Staat. Die »Endlösung« und die Deutschen, eine Berichtigung*, Berlin 1995, S. 95. In seiner stark beachteten Studie über die öffentliche Meinung in Bayern während der NS-Zeit konstatiert Ian Kershaw, »wenn auch [der Boykott] auf keine nennenswerte Opposition stieß, so war die Reaktion der Öffentlichkeit doch bemerkenswert kühl«. *Popular Opinion and Dissent in the Third Reich. Bavaria 1933–1945*, Oxford 1983, S. 232.

21 Burleigh und Wippermann, *The Racial State*, a.a.O., S. 78ff.

22 Die Schätzung der gesamten jüdischen Bevölkerung Anfang 1933 in Deutschland ist Wolfgang Benz (Hrsg.), *Die Juden in Deutschland 1933–1945. Leben unter nationalsozialistischer Herrschaft*, München 1988, S. 733, entnommen. Die Anzahl von 40 000 Juden, die Deutschland 1933 verließen, stammt von Barkai, *Vom Boykott zur »Entjudung«*, a.a.O., S. 47. Nach Benz' Berechnungen war der Löwenanteil der Juden, die Deutschland 1933 verließen, bereits bis Mitte Juni 1933 ausgewandert; zurück blieben etwa 500 000 Juden.

23 Barkai, *Vom Boykott zur »Entjudung«*, a.a.O., S. 47. Vgl. auch Juliane Wetzel, »Auswanderung aus Deutschland«, in: Benz, *Die Juden in Deutschland 1933–1945*, a.a.O., S. 413–498.

24 Viele dieser Interviews finden sich in: Eric A. Johnson und Karl-Heinz Reuband, *Life and Death in the Third Reich: Germans and Jews Remember*, New York (im Druck).

25 Hannah Arendt, *Elemente und Ursprünge totalitärer Herrschaft*, Frankfurt a. M. 1958, S. 406, zitiert in: Wetzel, »Auswanderung aus Deutschland«, a.a.O., S. 426.

26 Dieter Hangebruch, »Emigriert – deportiert. Das Schicksal der Juden in Krefeld zwischen 1933 und 1945«, in: *Krefelder Studien 2* (1980), S. 137–412, hier: S. 197f.

27 Konrad Kwiet und Helmut Eschwege, *Selbstbehauptung und Widerstand. Deutsche Juden im Kampf um Existenz und Menschenwürde 1933–1945*, Hamburg 1984, S. 53; Wetzel, »Auswanderung aus Deutschland«, a.a.O.

28 Vgl. zum Beispiel Ingo Müller, *Furchtbare Juristen. Die unbewältigte Vergangenheit unserer Justiz*, München 1987, S. 97–126; Ralph Angermund, *Deutsche Richterschaft 1919–1945. Krisenerfahrung, Illusion, politische Rechtsprechung*, Frankfurt a. M. 1990, S. 104–132.

29 Als Zufallsauswahl aus den Ermittlungsakten der Krefelder Gestapo habe ich jede achte Akte gelesen, insgesamt 433 Akten; davon betrafen 96 Krefelder Juden. Somit gab es in Krefeld, einer Stadt, in der 1933 nur rund 1500 Juden lebten, grob geschätzt 770 Ermittlungsakten über Juden.

30 Auf der Basis meiner Zufallsauswahl gelangt man zu rund 2500 Verfahren gegen nichtjüdische Krefelder bei einer nichtjüdischen Einwohnerschaft von rund 150 000. Das entspricht einem Verhältnis von 1 : 60.

31 HStAD, RW58/19359. Zur Beteiligung von Juden an kommunistischen Widerstandshandlungen vgl. Kwiet und Eschwege, *Selbstbehauptung und Widerstand*, a.a.O., S. 76–80 und S. 92–101.

32 HStAD, RW58/62732.

33 HStAD, RW58/24266 und RW58/28745.

34 HStAD, RW58/54083.

35 HStAD, RW58/52226.

36 HStAD, RW58/29472. 1937 wurde erneut ein Verfahren gegen sie eingeleitet und später wieder eingestellt, doch in diesem Fall ging es um einen geringfügigen Verstoß gegen die Devisengesetze.

37 Zur Bedeutung von Denunziationen für die Einleitung von Gestapoermittlungen vgl. Robert Gellately, *Die Gestapo und die deutsche Gesellschaft. Die Durchsetzung der Rassenpolitik 1933 – 1945*, Paderborn 1993, S. 151–181, und Reinhard Mann, *Protest und Kontrolle im Dritten Reich. Nationalsozialistische Herrschaft im Alltag einer rheinischen Großstadt*, Frankfurt a. M. 1987, S. 287–301.

38 HStAD, RW58/57857 und RW58/58210.

39 HStAD, RW58/29369 und RW58/11560.

40 HStAD, RW58/32825.

41 HStAD, RW58/32821. Dieser Fall verdeutlicht einmal mehr, wie wichtig das Spitzel- und Überwachungsnetz für die Gestapo in den Fällen war, in denen es um angebliche kommunistische Aktivitäten von Juden ging. Die Ermittlungen wurden im August 1934 aufgenommen, nachdem einem SD-»Vertrauensmann« (Spitzel) im Saargebiet ein Wagen mit einer Krefelder Autonummer aufgefallen war, der vor einem mutmaßlichen Treffpunkt von Kommunisten parkte. Im November stellte die Gestapo fest, dass der Wagen einem dreißigjährigen Juden aus Krefeld namens Georg G. gehörte. G. wurde daraufhin zweieinhalb Jahre lang ergebnislos überwacht. Im März 1937 gab die Politische Polizei Krefeld (die erst Monate später offiziell in Gestapo umbenannt wurde) Anweisung, einen Monat lang die Post von G. und seinem Vater zu überwachen. Als auch diese Maßnahme nichts Belastendes ergab, wurde die Postüberwachung wieder aufgehoben. Trotzdem wurde G. noch mindestens ein Jahr lang beschattet. Aus einer Notiz in seiner Akte geht hervor, dass die Düsseldorfer Gestapo im März 1938 bei der Krefelder Gestapo Erkundigungen über den Eigentümer eines Wagens mit Krefelder Nummernschild einholte, der in Saarbrücken »vor der Wohnung eines Juden gehalten« hatte. Darauf antwortete die Krefelder Gestapo, der Name des Eigentümers sei Georg G., seinerseits Jude, gegen den jedoch nichts Belastendes vorliege. Im Februar 1939 emigrierte G. nach Shanghai.

42 Die offizielle Bezeichnung des Gesetzes lautete: »Gesetz gegen heimtückische Angriffe auf Staat und Partei und zum Schutz der Parteiuniformen«. Vorläufer dieses Gesetzes war die »Verordnung des Reichspräsidenten zur Abwehr heimtückischer Angriffe gegen die Regierung der nationalen Erhebung« vom 21. März 1933. Zu dem Gesetz und seiner Anwendung vgl. Angermund, *Deutsche Richterschaft*, a.a.O., S. 133–157, und Peter Hüttenberger, »Heimtückefälle vor dem Sondergericht München 1933–1939«, in: Martin Broszat et al. (Hrsg.), *Bayern in der NS-Zeit*, Bd. 4: *Herrschaft und Gesellschaft im Konflikt*, München 1981, S. 435–526.

43 HStAD RW58/22706.
44 HStAD RW58/21382.
45 HStAD Rep. 112/1013.
46 HStAD RW58/24267 und RW58/24268.
47 HStAD Rep. 112/2737.
48 Niedersächsisches Staatsarchiv Hannover, Hann. 80, Hann. II Nr. 792. Abdr. in: Herbert Michaelis und Ernst Schraepler (Hrsg.), *Ursachen und Folgen. Vom deutschen Zusammenbruch 1918 und 1945 bis zur staatlichen Neuordnung Deutschlands in der Gegenwart*, Bd. 11: *Das Dritte Reich*, Berlin 1966, S. 31, zitiert in: Jeremy Noakes und Geoffrey Pridham (Hrsg.), *Nazism 1919–1945: A Documentary Reader*, Bd. 2: *State, Economy, and Society 1933–1939*, Exeter, U.K., 1984, S. 530.
49 Zu diesen Gesetzen und den Ereignissen in ihrem Umfeld vgl. Uwe Adam, *Judenpolitik im Dritten Reich*, Düsseldorf 1972, vor allem S. 125–144.
50 In einer unveröffentlichten Autobiografie schreibt Kurt Gimnicher (der heute unter einem anderen Namen lebt): »Der Boykott jüdischer Läden setzte in Krefeld nur zögerlich ein [...] Im August [1935] stellte die SA vor jedem Geschäft in jüdischem Besitz zwei Posten auf, die versuchten, Kunden am Betreten der Läden zu hindern. Wenn Kunden dennoch darauf bestanden, das Geschäft zu betreten, hielten die SA-Männer sie nicht mit Gewalt zurück, sondern machten Fotos von ihnen, um sie unter Druck zu setzen. Die ganze Sache wurde nicht ernsthaft verfolgt, und schließlich stellten sich wieder fast normale Verhältnisse ein. Trotzdem begannen viele jüdische Ladeninhaber, ihre Geschäfte zu verkaufen, und der Anteil jüdischer Geschäfte wurde immer kleiner.« Kurt Gimnicher, »Prelude to freedom: An autobiography«, unveröff. Mskr., o. J., S. 7. Avraham Barkai, *Vom Boykott zur »Entjudung«*, a.a.O., S. 67f., weist darauf hin, dass die gewalttätigen Boykotte vom Sommer 1935 wegen der empörten Reaktionen in der ausländischen Presse und der bevorstehenden Olympiade in Berlin vom Regime wieder abgebrochen wurden.
51 Angermund, *Deutsche Richterschaft*, a.a.O., S. 125. Zu den Umständen der Formulierung der Nürnberger Gesetze vgl. Raul Hilberg, *Die Vernichtung der europäischen Juden*, Bd. 1, Frankfurt a. M. 1990, S. 73–80. Zu den Gesetzestexten selbst vgl. Brita Eckert, *Die jüdische Emigration aus Deutschland 1933–1941. Die Geschichte einer Austreibung*, Frankfurt a. M. 1995, S. 76f.
52 Angermund, *Deutsche Richterschaft*, a.a.O., S. 110f. Angermund zufolge ging die Zahl der »Mischehen« 1934 schließlich auf 15 Prozent zurück.
53 Hilberg, *Die Vernichtung der europäischen Juden*, Bd. 1, a.a.O., S. 74.
54 Zu einer ausführlicheren Erörterung der Definition von »Juden« und »Mischlingen« und der Behandlung von »Mischlingen« vgl. Hilberg, *Die Vernichtung der europäischen Juden*, Bd. 1, a.a.O., S. 75f. und S. 167ff., sowie Hans G. Adler, *Der verwaltete Mensch. Studien zur Deportation der Juden aus Deutschland*, Tübingen 1974, S. 278–322.
55 Himmler File, T175 (410), 2934989-90, National Archives, Washington, D.C., zitiert in: Karl A. Schleunes, *The Twisted Road to Auschwitz: Nazi Policy toward German Jews, 1933–1939*, Urbana, Ill., 1970, S. 204; Uwe Adam, *Judenpolitik im Dritten Reich*, Düsseldorf 1972, S. 157.
56 HStADK, Rep. 8/6.
57 Es lässt sich nicht immer feststellen, welcher Beamte mit einem bestimmten Fall befasst war. Von den über 100 Ermittlungen, die gegen Krefelder Juden eingeleitet und von der Krefelder Politischen Polizei und späteren

Gestapo geführt wurden, bearbeitete Schulenburg mindestens 29, Burkert 11, Braun 10, Schommer 9 und Schmitz 6. 16 weitere Beamte bearbeiteten mindestens jeweils einen Fall. Tatsächlich spielte Schulenburg jedoch eine größere Rolle, als aus diesen Zahlen hervorgeht, da diese sich nur auf Fälle angeblicher Gesetzesverstöße beziehen. In weit größerem Umfang war Schulenburg mit den Formalitäten im Zusammenhang mit der Emigration und Deportation der Krefelder Juden befasst.

58 Noakes und Pridham, *Nazism 1919–1945*, a.a.O., S. 547; Barkai, *Vom Boykott zur »Entjudung«*, a.a.O., S. 65–73.

59 Deborah E. Lipstadt, *Beyond Belief: The American Press and the Coming of the Holocaust 1933–1945*, New York 1986, S. 63.

60 Zitiert nach: ebd.

61 HStADK, Rep. 112/13237.

62 Dass die Krefelder Bevölkerung in Fällen von »Rassenschande« aktiv wurde, war nichts Ungewöhnliches. Robert Gellately hat 84 solcher Fälle in Würzburg analysiert und festgestellt, dass die Mehrzahl der damit verbundenen Ermittlungsverfahren durch Anzeigen aus der Bevölkerung ausgelöst wurde; kein einziger Fall ging auf die Anzeige bezahlter Spitzel oder Agenten zurück; Gellately, *Die Gestapo und die deutsche Gesellschaft*, a.a.O., S. 185. Vgl. auch Hans Robinsohn, *Justiz als politische Verfolgung. Die Rechtsprechung in »Rassenschandefällen« beim Landgericht Hamburg 1936–1943*, Stuttgart 1977, und Hans-Christian Lassen, »Der Kampf gegen Homosexualität, Abtreibung und ›Rassenschande‹. Sexualdelikte vor Gericht in Hamburg 1933–1939«, in: Klaus Bästlein, Helge Grabitz und Wolfgang Scheffler (Hrsg.), *»Für Führer, Volk und Vaterland ...« Hamburger Justiz im Nationalsozialismus*, Hamburg 1992, S. 281–287.

63 83 Prozent der Ermittlungsakten der Krefelder Gestapo aus den Jahren 1933 und 1934, bei denen es um angebliche ungesetzliche Handlungen von Juden ging, betrafen politische Aktivitäten, wobei »kommunistische Betätigung« der häufigste Vorwurf war. 1936 und 1937 dagegen lag der Anteil solcher Fälle nur noch bei 24 Prozent, und in keinem einzigen Fall ging es um »kommunistische Betätigung«. Der häufigste Grund für die Aufnahme von Ermittlungen war mittlerweile »Rassenschande«; an zweiter Stelle standen Devisenvergehen.

64 Angermund, *Deutsche Richterschaft*, a.a.O., S. 125–129.

65 Ebd., S. 128f.

66 Noakes und Pridham, *Nazism 1919–1945*, a.a.O., S. 540.

67 Burleigh und Wippermann, *The Racial State*, a.a.O., S. 84.

68 Vgl. zum Beispiel HStAD, RW58/54900.

69 Das ist natürlich eine grobe Verallgemeinerung, die weder die barbarische Behandlung bagatellisieren soll, die viele deutsche Frauen durch die Gestapo erfahren mussten, noch die realen Leiden, denen deutsche Frauen im Dritten Reich ausgesetzt waren. Zur Politik der Zwangssterilisation des NS-Regimes vgl. Gisela Bock, *Zwangssterilisation im Nationalsozialismus. Studien zur Rassenpolitik und Frauenpolitik*, Opladen 1986. Zu einzelnen Fallgeschichten deutscher Frauen, die sich gegen die NS-Diktatur erhoben, vgl. Gerda Szepansky (Hrsg.), *Frauen leisten Widerstand 1933–1945. Lebensgeschichten nach Interviews und Dokumenten*, Frankfurt a. M. 1983. Zur generellen Lage der Frauen im Nationalsozialismus vgl. Claudia Koonz, *Mütter im Vaterland. Frauen im Dritten Reich*, Freiburg im Br. 1991, und Ute Frevert, *Frauen-Geschichte. Zwischen bür-*

gerlicher Verbesserung und neuer Weiblichkeit, Frankfurt a.M. 1993, S. 200–243.

70 HStAD, RW58/60839 und RW58/45957.

71 Das Datum ihrer Emigration steht bei Hangebruch, »Emigriert – deportiert«, a.a.O.; nähere Angaben werden hier nicht gemacht, um ihre Anonymität zu wahren.

72 HStAD, RW58/28780 und RW58/62659.

73 Zu Geschlechterunterschieden in der Verfolgungspraxis des NS-Regimes vgl. Eric A. Johnson, »German Women and Nazi Justice: Their Role in the Process from Denunciation to Death«, in: *Historical Social Research/ Historische Sozialforschung* 20 (1995), S. 33–69; ders., »Gender, Race and the Gestapo«, in: *Historical Social Research/Historische Sozialforschung* 22 (1997), S. 240–253.

74 HStAD, RW58/30456 und RW58/24100. In der Ermittlungsakte ist ihre Größe mit 1,73 Meter und ihre Figur als »schlank« angegeben. Die Polizeifotos zeigen eine auffallend schöne Frau. Vgl. außerdem die Fälle Paul M. (HStAD, RW58/30187), der im Januar 1936 in das Schulungslager Esterwegen geschickt wurde, und Julius S. (HStAD, RW58/3210), der Ende 1938 und Anfang 1939 mehrere Monate in Dachau verbringen musste. Auch Lore M. war zur Zeit ihrer ersten Vernehmung durch Schulenburg 1940 eine äußerst anziehende junge Frau. Nachdem man sie, die einer »Mischehe« entstammte, wegen verbotener Beziehungen zu deutschen Soldaten denunziert hatte, musste sie von der Gestapo auf alles gefasst sein. Doch Schulenburg empfing sie fast freundschaftlich und behandelte sie äußerst respektvoll. Er sorgte sogar dafür, dass die Vernehmung an einem Sonntag stattfand, wenn außer ihm niemand in der Dienststelle war, so dass die Atmosphäre während der Vernehmung weniger bedrohlich war; Interview mit Lore M., 31. Januar 1995, Krefeld.

75 Anselm Faust, *Die »Kristallnacht« im Rheinland. Dokumente zum Judenpogrom im November 1938,* Düsseldorf 1987, S. 29; Noakes und Pridham, *Nazism 1919–1945,* Bd. 2, a.a.O., S. 551.

76 Schacht war der Meinung, ein offener Antisemitismus werde den wirtschaftlichen Interessen Deutschlands schaden. Obwohl er im Nürnberger Prozess freigesprochen wurde und in dessen Verlauf lautstark gegen jede Unterstellung protestierte, er sei Antisemit, waren die Mitangeklagten und der amerikanische Psychologe Gustave Gilbert, der ihm während des Prozesses zur Verfügung stand, davon weniger überzeugt. Bei einer Mittagspause hörte der Psychologe im Essraum zufällig, wie Baldur von Schirach zu einigen der übrigen Angeklagten sagte: »Was seine Behauptung anginge, er sei Demokrat und nicht Antisemit gewesen – je weniger man darüber sage, desto besser.« Gustave Mark Gilbert, *Nürnberger Tagebuch. Gespräche der Angeklagten mit dem Gerichtspsychologen,* Frankfurt a. M. 1962, S. 307.

77 Noakes und Pridham, *Nazism 1919–1935,* a.a.O., S. 551f.

78 Faust, *Die »Kristallnacht«,* a.a.O., S. 29. Nach Schätzung von Arthur Prinz, »Die Gestapo als Feind und Förderer jüdischer Auswanderung«, Wiener Library P IIf, Nr. 729, zitiert in: Wetzel, »Auswanderung aus Deutschland«, a.a.O., S. 427, wurden etwa 1500 Juden als so genannte asoziale Elemente verhaftet. In Krefeld wurden zum Beispiel im August 1938 drei Juden mit Vorstrafenregister verhaftet und ins Konzentrationslager Sachsenhausen überstellt. Im Oktober wurden sie wieder entlassen, nachdem sie ihre Auswanderung vorbereitet hatten; bei der Ausreise

wurde ihr Vermögen beschlagnahmt. In einem Fall waren das immerhin 35 000 RM (HStAD, RW58/55365 und RW/42080). Zur Verfolgung der »Asozialen« im Dritten Reich allgemein vgl. Burleigh und Wippermann, *The Racial State*, a.a.O., S. 167–197, und Wolfgang Ayass, *»Asoziale« im Nationalsozialismus*, Stuttgart 1995.

79 Joachim Remak (Hrsg.), *The Nazi Years: A Documentary History*, Englewood Cliffs, N. J., 1969, S. 150f.

80 Vgl. zum Beispiel HStADK, Rep. 112/3538, Rep. 112/3559 und Rep. 112/8353.

81 Hangebruch, »Emigriert – deportiert«, a.a.O., S. 198.

82 Reins Brief findet sich im dritten Band, S. 65–67, einer vom Krefelder Stadtarchiv in begrenzter Auflage gedruckten Reihe von vier Bänden, die einen Briefwechsel und Gespräche zwischen ehemaligen Krefelder Juden und Krefelder Schülerinnen und Schülern dokumentieren: Stadt Krefeld (Hrsg.), *Krefelder Juden in Amerika. Dokumentation eines Briefwechsels*, Krefeld 1984 (Bd. 1); dies. (Hrsg.), *Vor dem Besuch in Krefeld – 29. Juni bis 7. Juli 1987. Briefe ehemaliger Krefelder Juden an Schüler des Gymnasiums am Moltkeplatz*, Krefeld o. J. (Bd. 2); dies., *Ehemalige Krefelder Juden berichten über ihre Erlebnisse in der sogenannten Reichskristallnacht*, Krefeld 1988 (Bd. 3); dies. (Hrsg.), *Ehemalige Krefelder Juden im Gespräch mit Krefelder Schülern*, Krefeld 1988 (Bd. 4).

83 Stadt Krefeld, *Ehemalige Krefelder Juden im Gespräch*, a.a.O., S. 31.

84 Gellately, *Die Gestapo und die deutsche Gesellschaft*, a.a.O., S. 134.

85 Lipstadt, *Beyond Belief*, a.a.O., S. 98ff.

86 Zum Novemberpogrom in Deutschland allgemein vgl. Rita Thalmann und Emmanuel Feinermann, *Die Kristallnacht*, Frankfurt a. M. 1988; Anthony Read und David Fischer, *Kristallnacht: The Nazi Night of Terror*, New York 1989. Zu einer dokumentarischen Geschichte des Pogroms im Rheinland vgl. Becker-Jákli, *Ich habe Köln doch so geliebt*, a.a.O. Zur Lage in Krefeld vgl. Hangebruch, »Emigriert – deportiert«, a.a.O., S. 201–227, sowie die von der Stadt Krefeld herausgegebene vierbändige Sammlung, vor allem Bd. 3: *Ehemalige Krefelder Juden berichten über ihre Erlebnisse in der sogenannten Reichskristallnacht*, a.a.O.

87 HStAD, RW36/9. Der Wortlaut dieses Befehls sowie eine aufschlussreiche Darstellung, in welcher Weise er ausgeführt wurde, finden sich in: Hangebruch, »Emigriert – deportiert«, a.a.O., S. 203ff.

88 Ebd.

89 Ebd., S. 227.

90 Vgl. zum Beispiel HStAD, RW58/33980, RW58/26105, RW58/6416 und RW58/26145.

91 Hangebruch, »Emigriert – deportiert«, a.a.O., S. 198 und S. 227.

92 Ian Kershaw behauptet in seiner Untersuchung über die Einstellungen der Bevölkerung in der NS-Zeit, diese habe auf den Pogrom mit »wachsender Missbilligung [reagiert] [...] Goebbels' Behauptung, der Pogrom sei die ›spontane Antwort‹ des deutschen Volkes auf den Mord an vom Rath, wurde allgemein als lächerlich angesehen.« Vgl. Ian Kershaw, *Popular Opinion and Political Dissent in the Third Reich: Bavaria 1933–1945*, Oxford 1983, S. 262f.

93 Brief Franks vom 4. Juni 1988 an Krefelder Schüler. Der vollständige Text ist abgedruckt in: Stadt Krefeld, *Ehemalige Krefelder Juden berichten über ihre Erlebnisse in der sogenannten Reichskristallnacht*, a.a.O., S. 11f.

94 Hilberg, *Die Vernichtung der europäischen Juden*, Bd. 1, a.a.O., S. 45.

95 *Niederrheinische Volkszeitung*, 12. November 1938, zitiert in: Hangebruch, »Emigriert – deportiert«, a.a.O., S. 223.
96 Hilberg, *Die Vernichtung der europäischen Juden*, Bd. 1, a.a.O., S. 48f.
Protokoll der Besprechung bei Göring vom 12. November 1938 in IMG, Bd. XXVIII, S. 499ff., Dokument PS-1816, Nürnberg 1948.
97 Hilberg, *Die Vernichtung der europäischen Juden*, Bd. 1, a.a.O., S. 52f.
98 Hangebruch, »Emigriert – deportiert«, a.a.O., S. 224. In der Kleinstadt Bergheim wurde am 12. November die Wohnung eines allein lebenden 76-jährigen Juden aufgebrochen und endgültig verwüstet. Bereits am 10. November war bei einem Überfall sein gesamtes Mobiliar zerstört worden; ihn selbst hatte man so zusammengeschlagen, dass er zur Zeit des zweiten Einbruchs noch im Krankenhaus lag; HStADK, Rep. 112/3749.
99 Der Zeitungsbericht erschien am 22. April 1939 in der *Westdeutschen Zeitung*. Der Mann, der Schmiere gestanden hatte, wurde lediglich zu einer Geldbuße verurteilt, die beiden anderen dagegen erhielten mehrmonatige Haftstrafen.
100 Zitiert nach: Stadt Krefeld, *Ehemalige Krefelder Juden berichten über ihre Erlebnisse in der sogenannten Reichskristallnacht*, a.a.O., S. 61–64.
101 Zum Wortlaut der Verordnungen vgl. Joseph Walk (Hrsg.), *Sonderrecht für die Juden im NS-Staat. Eine Sammlung der gesetzlichen Maßnahmen und Richtlinien. Motive, Texte, Materialien*, Heidelberg 1981. Zu diesen und anderen judenfeindlichen Maßnahmen im November 1938 vgl. Friedländer, *Das Dritte Reich und die Juden*, Bd. 1, a.a.O., S. 291ff.; Barkai, *Vom Boykott zur »Entjudung«*, a.a.O., S. 150ff.; Michael Burleigh, *Die Zeit des Nationalsozialismus. Eine Gesamtdarstellung*, Frankfurt a. M. 2000, S. 387ff.
102 Burleigh und Wippermann, *The Racial State*, a.a.O., S. 93.
103 Im Februar 1939 wurde ein achtzehnjähriger Jude aus Krefeld nach Dachau geschickt. Die Gestapo Aachen hatte ihn Ende Januar bei dem Versuch festgenommen, illegal über die Grenze nach Belgien zu entkommen. Nach drei Monaten in Dachau und nachdem sein Vater die bezahlten Bahn- und Schiffskarten für die Ausreise seines Sohnes nach England vorgelegt hatte, wurde dieser wieder entlassen; HStADK, RW58/61485 und RW58/45959.
104 63 Prozent der 1936 und 1937 von der Gestapo in Krefeld gegen Juden eingeleiteten Ermittlungsverfahren wegen angeblicher Gesetzesverstöße gingen auf Anzeigen aus der Zivilbevölkerung zurück; 1939 waren es dagegen nur noch 31 Prozent.
105 HStAD, RW58/33980.
106 HStAD, RW58/26105 und RW58/6416. Dieter Hangebruch hat in mühseliger Kleinarbeit herauszufinden versucht, was mit jedem einzelnen Krefelder Juden geschehen ist. Jakob D. starb 1943 im KZ Theresienstadt. Seine Frau Luise und sein Sohn Hans starben ebenfalls irgendwo im Osten; Hangebruch, »Emigriert – deportiert«, a.a.O., Anhang.

Kapitel 4

1 Das Ausmaß des Antisemitismus in Deutschland ist spätestens seit dem Buch von Daniel Jonah Goldhagen, *Hitlers willige Vollstrecker. Ganz gewöhnliche Deutsche und der Holocaust*, Berlin 1996, Gegenstand einer heftigen Kontroverse. Nach Goldhagen wurde der Massenmord an den

europäischen Juden durch eine »eliminatorische antisemitische deutsche politische Kultur« möglich, die schon lange vor Hitlers Machtergreifung ein Kennzeichen der deutschen Gesellschaft gewesen und während der NS-Zeit noch bösartiger geworden sei. Andere, die sich näher mit der deutschen öffentlichen Meinung beschäftigt haben, teilen diese Ansicht nicht. Der englische Historiker Ian Kershaw behauptet beispielsweise: »Tatsächlich deutet vieles darauf hin, dass der Antisemitismus trotz seiner zentralen Stellung in Hitlers Denken als Faktor der öffentlichen Meinungsbildung im Dritten Reich meist nur von zweitrangiger Bedeutung war.« *Der Hitler-Mythos. Führerkult und Volksmeinung im Dritten Reich*, Stuttgart 1999, S. 279. Vgl. auch ders., *Popular Opinion and Political Dissent in the Third Reich: Bavaria 1933–1945*, Oxford 1983. Zum historischen Hintergrund des deutschen Antisemitismus vgl. James F. Harris, *The People Speak! Anti-Semitism and Emancipation in Nineteenth Century Bavaria*, Ann Arbor, Mich., 1994, und Jacob Katz, *From Prejudice to Destruction: Anti-Semitism, 1700–1933*, Cambridge, Mass., 1980. Zu einer ausgewogenen Darstellung der Historiographie zu diesem Thema vgl. Michael R. Marrus, *The Holocaust in History*, London 1987, S. 85–94.

2 Zu den veröffentlichten Erinnerungen einiger Überlebender aus Köln und Krefeld vgl. Barbara Becker-Jákli (Hrsg.), *Ich habe Köln doch so geliebt. Lebensgeschichten jüdischer Kölnerinnen und Kölner*, Köln 1983, sowie die bereits in Kapitel 3, Anm. 82, erwähnte vierbändige Dokumentation der Stadt Krefeld. Vgl. dagegen die unterschiedlichen Sichtweisen von Mitgliedern der berühmten Hamburger Bankiersfamilie Warburg, in: Ron Chernow, *Die Warburgs*, Berlin 1994.

3 Die Befragung ist ähnlich aufgebaut wie eine größere Umfrage, die Karl-Heinz Reuband, ein deutscher Soziologe und erfahrener Meinungsforscher, und ich 1994 entwickelt haben. Mit Unterstützung der Forschungsabteilung des U.S. Memorial Museum und der National Registry of Holocaust Survivors verschickten wir Ende 1994 und im Frühjahr 1995 Fragebogen an rund 1500 jüdische Überlebende auf der ganzen Welt, die früher einmal in deutschen Städten gelebt haben. Die Ergebnisse dieser Umfrage sollen demnächst in einem Buch von Reuband und mir veröffentlicht werden. Die vorliegende Befragung ehemaliger Krefelder Juden habe ich 1996 selbst durchgeführt, als ich an der School of Social Science am Institute for Advanced Study in Princeton tätig war. Die Namen und Adressen hat mir einer der Krefelder Überlebenden, John Rosing, zur Verfügung gestellt, wofür ich ihm sehr zu Dank verpflichtet bin.

4 Bei der Durchführung der Befragung habe ich eine modifizierte Version eines Verfahrens benutzt, das von Don Dillman entwickelt und publiziert wurde: *Mail and Telephone Surveys: The Total Design Method*, New York 1978. Der Hauptunterschied besteht in einer Abweichung von der von Dillman vorgeschlagenen Methode zur Erzielung einer maximalen Antwortquote. Adressaten, die nicht geantwortet hatten, wurden von mir nur noch einmal an den Fragebogen erinnert statt zweimal; das Thema ist so schmerzlich, dass viele sich aus gutem Grund nicht daran erinnern wollen.

5 Brief von Helma T. vom 4. Mai 1996, in dem sie mich auch informierte, ihre Mutter sei jung gestorben und ihr Vater kurz vor Kriegsende im Konzentrationslager Stutthof vergast worden. Der berühmte Filmregisseur Steven Spielberg hat eine Stiftung ins Leben gerufen – Survivors of the Shoah, Visual History Foundation –, die tausenden von Juden auf der ganzen Welt, die überlebt haben, Interviews aufnimmt.

6 Zur Emigration der Krefelder Juden vgl. Dieter Hangebruch, »Emigriert – deportiert. Das Schicksal der Juden in Krefeld zwischen 1933 und 1945«, in: *Krefelder Studien* 2 (1980), S. 137–412, hier: S. 198. Zur Emigration der Juden aus Deutschland insgesamt vgl. Herbert A. Strauss, »Jewish Emigration from Germany: Nazi Policies and Jewish Responses«, in: *Yearbook of the Leo Baeck Institute* 25 (1980), S. 313–361, und 26 (1981), S. 343–409.

7 B. erläuterte in seinem Brief, das Mädchen habe seine Aussage widerrufen, als die Sache vor Gericht kam, und ihm seiner Meinung nach dadurch das Leben gerettet. In einem Brief, den B. am 4. Februar 1983 im Rahmen eines Briefwechsels zwischen Krefelder Schülern und ehemaligen Krefelder Juden geschickt hatte, ging er auf den Fall näher ein, in dem er ein Beispiel für die grundsätzliche Anständigkeit der meisten Krefelder Bürger sah: »Ein Trend zum Judenhaß [hat in Deutschland] schon lange vor Hitler bestanden. Aber es gab auch viele KREFELDER, die grade in der Zeit von Not zu uns resp. zu mir gestanden haben. Ich war Prokurist in meinem elterlichen Unternehmen (Lebensmittel-Feinkost-Rheinstraße) – 2 Häuser neben uns war die Nationalsozialistische Deutsche Arbeiterzeitung. Eines Tages stand in dieser Nationalsozialistischen Zeitung u. im STÜRMER ein Bericht, daß ich ›JUDE B.‹ im Keller unseres Gebäudes ein 16 Jahre altes Mädel sexuell mißhandelt hätte. Sie hatte unter Eid erklärt, daß dies wahrheitsgetreu sei. Ich war mir keiner Schuld bewußt, ich probierte einen Anwalt zu bekommen, aber niemand verteidigte einen Juden. So ging ich am Tage der Gerichtsverhandlung mit einem Köfferchen für das notwendigste vorbereitet zum Gericht. Als der Richter ›Lucia B.‹ frug, ob ihre Angaben bestätigt werden könnten, antwortete sie: NEIN, man hat mich gezwungen, diese unwahren Angaben zu machen u. zu unterschreiben. Ich habe mit meinen Eltern und unserem Geistlichen gesprochen, und ich nehme die Consequenzen, aber ich kann nicht mit einer Lüge leben.«

8 Seinen Worten zufolge wurde seine Familie nach 1933 »vollkommen gemieden, und die Leute liebten die Nazis«.

9 Telefoninterview mit Werner H. am 5. Juni 1996. Zwar füllte H. den Fragebogen nicht aus, lieferte in seinem Interview jedoch eine Fülle wichtiger Informationen. Zu seinen Ermittlungsakten vgl. HStAD, RW58/55235 und RW58/53602.

10 Brief vom 4. Mai 1996.

11 Eric A. Johnson und Karl-Heinz Reuband, »Die populäre Einschätzung der Gestapo. Wie allgegenwärtig war sie wirklich?«, in: Gerhard Paul und Klaus-Michael Mallmann (Hrsg.), *Die Gestapo – Mythos und Realität*, Darmstadt 1995, S. 417–436, hier: S. 432.

12 Zu einer Untersuchung der Gestapo-Ermittlungsakten über Freundschaften zwischen Juden und Nichtjuden vgl. Robert Gellately, *Die Gestapo und die deutsche Gesellschaft. Die Durchsetzung der Rassenpolitik 1933–1945*, Paderborn 1993, vor allem S. 183–188, und Sarah Gordon, *Hitler, Germans, and the »Jewish Question«*, Princeton, N.J., 1984.

13 Kurt Gimnicher, »Prelude to Freedom: An Auto-biography«, unveröff. Mskr., S. 8. Gimnicher lebt heute in New Jersey.

14 Goldhagen, *Hitlers willige Vollstrecker*, a.a.O.

15 Zur Kriminalitätsrate von Juden im Deutschen Kaiserreich vgl. Eric A. Johnson, *Urbanization and Crime: Germany 1871–1914*, New York 1995, S. 201–205.

16 Johnson und Reuband, »Die populäre Einschätzung der Gestapo«, a.a.O., S. 434.

17 Die Ähnlichkeiten zwischen nichtjüdischen und jüdischen Deutschen sind von vielen Autoren festgestellt worden. Vgl. zum Beispiel Gordon H. Craig, »Germans and Jews«, in: *The Germans*, New York 1982, S. 126 bis 146; Erich Kahler, »The Jews and the Germans«, in: Max Kreutzberger (Hrsg.), *Studies of the Leo Baeck Institute*, New York 1967, S. 19–43; George L. Mosse, *Germans and Jews: The Right, the Left, and the Search for a »Third Force« in Pre-Nazi Germany*, New York 1970.

18 E. H. Hirsch in einem Brief vom 1. April 1988; abgedr. in: Stadt Krefeld (Hrsg.), *Ehemalige Krefelder Juden berichten über ihre Erlebnisse in der sogenannten Reichskristallnacht*, Krefeld 1988, S. 62.

19 Zur Einrichtung und Rechtsprechung der Sondergerichte vgl. Hans Wüllenweber, *Sondergerichte im Dritten Reich. Vergessene Verbrechen der Justiz*, Frankfurt a. M. 1990; Ingo Müller, *Furchtbare Juristen. Die unbewältigte Vergangenheit unserer Justiz*, München 1987, S. 158–178, und Ralph Angermund, *Deutsche Richterschaft 1919–1945. Krisenerfahrung, Illusion, politische Rechtsprechung*, Frankfurt a. M. 1990, S. 137–140.

20 Die Krefelder Gestapo leitete zwischen 1933 und 1939 nur 32 Prozent der Fälle, in denen Juden betroffen waren, die mutmaßlich gegen das Gesetz verstoßen hatten, an die Gerichte weiter. Wie weiter unten noch dargelegt wird, war dies in vielen dieser Fälle nicht der schlimmstmögliche Ausgang der Angelegenheit, da die Verfahren von den Gerichten häufig eingestellt wurden. Allerdings nahm die Gestapo diese Juden gelegentlich anschließend aus eigener Machtvollkommenheit in Schutzhaft oder überstellte sie in ein Konzentrationslager. Nur in 16 Prozent der hier erwähnten Fälle griff die Gestapo nach dem Gerichtsentscheid nicht mehr ein.

21 Ein jüdischer Setzer aus Krefeld namens Josef M. zum Beispiel wurde ganz offensichtlich am 1. September 1943 von der Düsseldorfer Gestapo hingerichtet, nachdem diese aus Berlin die Anweisung erhalten hatte, dass Juden kein Recht auf eine Gerichtsverhandlung mehr hätten und dass sie den Fall nach eigenem Gutdünken entscheiden solle. Als offizielle Todesursache wurde allerdings »Herzanfall« angegeben; HStAD, RW58/869, Bl. 118.

22 In der Zufallsauswahl der Fälle des Kölner Sondergerichts zwischen 1933 und 1939 wurden 64 Prozent der Ermittlungen gegen Juden vor der Eröffnung eines Verfahrens eingestellt, und bei weiteren 14 Prozent handelte es sich um Ermittlungen gegen Juden, gegen die noch nicht einmal eine konkrete Anschuldigung vorlag und gegen die ebenfalls kein Verfahren eröffnet wurde. In 7 Prozent der Fälle kam es zu einem Prozess, der mit einem Freispruch endete, und nur 11 Prozent der Fälle endeten mit einer Verurteilung (in 4 Prozent der Fälle konnte der Ausgang nicht ermittelt werden). Es muss an dieser Stelle jedoch betont werden, dass diese Zahlen sich nicht signifikant von denen der nichtjüdischen Fälle unterscheiden. Hier wurden die Ermittlungen in 83 Prozent der Fälle vorzeitig eingestellt, in 13 Prozent der Fälle kam es zu einem Prozess, wobei 11 Prozent der Verfahren mit einer Verurteilung und 2 Prozent mit einem Freispruch endeten. In 4 Prozent der Fälle konnte das Ergebnis nicht ermittelt werden.

23 In einer Zufallsstichprobe von 290 Personen, gegen die von der Krefelder Gestapo zwischen 1933 und 1939 ermittelt wurde, waren in 17,2 Prozent der Fälle Juden betroffen. Da der Anteil der Juden an der Krefelder Bevölkerung 1933 bei unter einem Prozent lag und in den folgenden Jahren konstant zurückging, ist offensichtlich, dass das Risiko, von der Gestapo

verfolgt zu werden, für Juden weitaus größer war als für Nichtjuden. In einer Zufallsauswahl von 416 Akten des Kölner Sondergerichts für den Zeitraum 1933–1939 betrug der Anteil der betroffenen Juden 6,7 Prozent. Da der Anteil der Juden an der Kölner Bevölkerung in etwa so hoch war wie in Krefeld, lag auch für die Kölner Juden das Risiko, vor ein Sondergericht gestellt zu werden, wesentlich höher als für Nichtjuden.

24 Zu »Schutzhaft« und KZ-Haft in der NS-Zeit allgemein vgl. Klaus Drobisch und Günther Wieland, *System der NS-Konzentrationslager 1933–1939*, Berlin 1993.

25 Zu den Massenverhaftungen von deutschen Kommunisten nach dem Reichstagsbrand vgl. Detlev Peukert, *Die KPD im Widerstand. Verfolgung und Untergrundarbeit an Rhein und Ruhr 1933–1945*, Wuppertal 1980, S. 71–97.

26 In einem Fall wurde ein 35-jähriger jüdischer Geschäftsmann bei der Krefelder Polizei angezeigt, weil er am Abend des 19. März 1936 mit zwei »arischen« Frauen in seinem Auto durch die Stadt gefahren war. Als die Polizei den Mann zum Verhör lud, stellte sich heraus, dass eine der beiden Frauen zwar tatsächlich »ein sehr arisches Aussehen [hatte …] das Haar ist ganz hellblond«. Trotzdem waren beide Frauen Jüdinnen. Daraufhin wurden die Ermittlungen eingestellt; HStAD, RW58/58989. In einem anderen Fall, bei dem ein Verdacht auf »Rassenschande« bestand, wurde ein 29-jähriger Zahnarzt von einem Nachbarn denunziert, er habe in seiner Wohnung wiederholt Geschlechtsverkehr mit einer »arischen« Frau. Am 3. August 1936 rief der Denunziant die Krefelder Stapostelle an und machte eine Anzeige. Im Protokoll der Stapo hieß es: »Eine blonde Frauensperson ist in seiner Wohnung […] Diese Frauensperson soll notdürftig bekleidet gewesen sein.« Kriminalassistent Schommer, der diesen und den anderen erwähnten Fall bearbeitete, ließ den Zahnarzt unbehelligt nach Hause gehen und schrieb in seinen Bericht, die Frau habe »hellblondes Haar und ist tatsächlich Jüdin«. HStAD, RW58/24301.

27 Gelegentlich zeigten Gestapo und Justiz Verständnis für die schwierige Lage, in der die Juden sich befanden, wenn es um den Hitlergruß ging, und ließen den Fall auf sich beruhen. Es war aber ebenso gut möglich, dass sie für ein solches »Vergehen« harte Strafen verhängten. In einem Fall wurde ein 56-jähriger jüdischer Handelsvertreter im August 1938 denunziert, er habe beim Betreten des Amtszimmers des Bürgermeisters von Linnich bei Krefeld mit »Heil Hitler!« gegrüßt. Gegenüber Kriminalsekretär Schulenburg von der Krefelder Gestapo erklärte er, er habe dies getan, weil im Amtszimmer ein Schild angebracht war, das die Eintretenden anwies, mit dem Hitlergruß zu grüßen. »Er habe tatsächlich nicht gewusst, dass der Gruß ›Heil Hitler‹ für die Juden verboten sei.« Schulenburg erteilte dem Mann eine ernste Verwarnung und schloss die Akte; HStAD, RW58/66987 und RW58/40887. In einem anderen Fall wurde ein 43-jähriger jüdischer Vertreter im Januar 1939 vom Inhaber eines Pfandleihegeschäfts denunziert, weil er beim Betreten des Geschäfts mit dem Hitlergruß gegrüßt hatte. Zu seiner Rechtfertigung sagte der Beschuldigte vor der Gestapo aus, er habe das Geschäft aufgesucht, um einige Wertsachen zu verkaufen, weil er auswandern wolle, und habe mit dem Hitlergruß gegrüßt, weil sonst die anderen Kunden gemerkt hätten, dass der Geschäftsinhaber Juden zu seiner Kundschaft zähle. Auch in diesem Fall wurden die Ermittlungen durch den Staatsanwalt eingestellt; HStAD RW58/33930 und RW58/65184. Anders erging es einem 29-jährigen Eigentümer eines

Bekleidungsgeschäfts, der im Juli 1938 den Leiter der Geschäftsstelle einer Krankenkasse mit »Heil Hitler!« gegrüßt hatte. Er wurde in »Schutzhaft« genommen und später nach Dachau geschickt. Erschwerend kam für ihn wahrscheinlich der Umstand hinzu, dass seine Eltern polnische Juden waren und er selbst für »staatenlos« erklärt worden war; HStAD, RW58/23939.

28 Eine Analyse der Kölner Sondergerichtsakten bestätigt weitgehend die für Krefeld festgestellten Tendenzen. Von den 28 Verfahren aus der Zufallsstichprobe, die zwischen 1933 und 1939 gegen Juden angestrengt wurden, entfielen im Zeitraum 1933 bis 1935 durchschnittlich 3,3 auf jedes Jahr, und im Zeitraum 1936 bis 1939 waren es im Jahresdurchschnitt 4,5 Fälle. Die meisten Fälle im ersten Zeitraum betrafen politische Schmähungen oder Verleumdungen (acht von zehn Fällen). Doch nach 1935 gab es nur noch zwei weitere Fälle dieser Art. Nach 1935 lautete die Beschuldigung meist auf »Rassenschande« (fünf Fälle), das verbotene Tragen von NS-Abzeichen oder Unterlassung der vorgeschriebenen Nennung von Israel bzw. Sara als zusätzlichen Vornamen.

29 Gellately, *Die Gestapo und die deutsche Gesellschaft*, a.a.O., hat viele empirische Untersuchungen über politische Denunziation im NS-Deutschland wie in anderen Ländern angeregt. Unlängst hat auch Gellately seine ursprüngliche Untersuchung über Würzburg in der NS-Zeit um politische Denunziationen in anderen Städten und Milieus – unter anderem in der DDR – erweitert. Von besonderer Bedeutung ist ein neueres Sonderheft des *Journal of Modern History* mit einer Einleitung von Robert Gellately und Sheila Fitzpatrick, das Untersuchungen über politische Denunziationen in verschiedenen Ländern und einen ausgezeichneten Aufsatz von Gellately enthält, in dem dieser seine jüngsten Forschungsergebnisse und die anderer Historiker zusammenfasst: Robert Gellately, »Denunciations in Twentieth Century Germany: Aspects of Self-Policing in the Third Reich and the German Democratic Republic«, in: *The Journal of Modern History* 68 (1996), S. 931–967. Vgl. auch Gisela Diewald-Kerkmann, »Denunziantentum und Gestapo. Die freiwilligen ›Helfer‹ aus der Bevölkerung«, in: Paul und Mallmann, *Die Gestapo – Mythos und Realität*, a.a.O., S. 288–305.

30 Gellately, *Die Gestapo und die deutsche Gesellschaft*, a.a.O., S. 185ff. »Judenfreundliches« Verhalten in der Öffentlichkeit wurde am 24. November 1941 unter Strafe gestellt.

31 Ebd., S. 187.

32 Gellately, »Denunciations in Twentieth-Century Germany«, a.a.O., S. 938, S. 966 und passim. Unter den Veröffentlichungen, die der Autor für seine Argumentation heranzieht, sind auch einige meiner Publikationen, vor allem mein Aufsatz »Gender, Race and the Gestapo«, in: *Historical Social Research/Historische Sozialforschung* 22 (1997), S. 240–253.

33 Leider gibt es kaum systematische Untersuchungen über Gestapospitzel und nur eine einzige Monographie, die jedoch umstritten und wegen ihres spekulativen und unwissenschaftlichen Charakters wahrscheinlich wenig verlässlich ist: Walter Otto Weyrauch, *Gestapo V-Leute. Tatsachen und Theorie des Geheimdienstes*, Frankfurt a. M. 1989. Einen zuverlässigen Überblick über den gegenwärtigen Stand der Forschung gibt Klaus-Michael Mallmann, »Die V-Leute der Gestapo. Umrisse einer kollektiven Biographie«, in: Paul und Mallmann, *Die Gestapo – Mythos und Realität*, a.a.O., S. 268–287.

34 Vgl. zum Beispiel HStAD, RS58/21813 und RW58/29393, zum Fall einer jungen Krefelderin, die aus einer »Mischehe« stammte und im August 1942 nach Auschwitz deportiert wurde, weil sie in der Öffentlichkeit keinen »Judenstern« getragen hatte. Sie wurde von einem fünfzehnjährigen Mädchen aus der Nachbarschaft angezeigt, das von der Gestapo aufgefordert worden war, sie zu bespitzeln.

35 Vgl. zum Beispiel HStAD, RW58/32823, RW58/28010 und RW58/49628.

36 1940 spielten Bespitzelung und Überwachung sogar in allen acht Ermittlungen, die von der Krefelder Gestapo gegen Juden eingeleitet wurden, eine Rolle.

37 Peter Wyden, *Stella*, Göttingen 1995.

38 Richard Grunberger, *Das zwölfjährige Reich. Der Deutschen Alltag unter Hitler*, Wien, München und Zürich 1972, S. 117.

39 Nicht alle werden meinem Urteil über den typischen Denunzianten zustimmen. So gelangt etwa Gisela Diewald-Kerkmann in einem Aufsatz, der auf ihrer Dissertation basiert (*Politische Denunziation im NS-Regime oder die kleine Macht der »Volksgenossen«*, Bonn 1995), zu dem Schluss: »Setzt man sich mit der Person des Denunzianten auseinander, wird deutlich, dass es den ›Typus‹ des Denunzianten im Nationalsozialismus nicht gab. Bei der Mehrzahl von ihnen handelte es sich um unauffällige Normalbürger, die weder als besonders bösartig noch als ›Unmenschen‹ charakterisiert werden können. Selbst überzeugte Nationalsozialisten oder ideologisch Besessene scheinen in der Minderheit gewesen zu sein.« Diewald-Kerkmann, »Denunziantentum und Gestapo«, a.a.O., S. 301. Zwar bin ich mit der Autorin einer Meinung, dass diese Menschen in vielerlei Hinsicht unauffällige Normalbürger waren, aber ich glaube nicht, dass sie nicht besonders bösartig waren. Wenn es so normal war, sich gegenseitig zu denunzieren, dann hätten sich auch Juden unter den Denunzianten befinden müssen, was nur sehr selten der Fall war. Vielleicht liegt der Grund für diese unterschiedliche Einschätzung darin, dass Diewald-Kerkmann einen anderen Quellentyp untersucht hat als ich. Ihr Urteil stützt sich auf Briefe, die an die NSDAP in Lippe geschrieben wurden. Beipflichten kann ich ihr dagegen in ihrer Kritik an der früher vorherrschenden Vorstellung, dass »Denunziation ein typisch weibliches Phänomen sei«.

40 Die klassische Arbeit über die NSDAP-Mitglieder ist Michael Kater, *The Nazi Party: A Social Profile of Members and Leaders, 1919–1945*, Oxford 1983. Zur Struktur der SA-Mitgliedschaft vgl. Richard Bessel, *Politial Violence and the Rise of Nazism: The Storm Troopers in Eastern Germany, 1925–1934*, New Haven, Conn., 1984, und Conan Fischer, *Stormtroopers: A Social, Economic, and Ideological Analysis, 1929–1935*, London 1983.

41 Reinhard Mann, *Protest und Kontrolle im Dritten Reich. Nationalsozialistische Herrschaft im Alltag einer rheinischen Großstadt*, Frankfurt a. M. 1987, S. 295f.

42 Rolf-Dieter Müller und Gerd R. Ueberschär, *Kriegsende 1945. Die Zerstörung des Deutschen Reiches*, Frankfurt a. M. 1994, S. 176.

43 In der jüngsten Zeit drehte sich diese Debatte um Daniel J. Goldhagens umstrittenen Bestseller *Hitlers willige Vollstrecker*, a.a.O. Vgl. zum Beispiel den aufgebrachten Briefwechsel zwischen Goldhagen und den angesehenen Historikern Omer Bartov und Christopher Browning in *The New Republic* vom 10. Februar 1997. Vgl. auch Norman G. Finkelstein und Ruth Bettina Birn, *Eine Nation auf dem Prüfstand. Die Goldhagen-These*

und die historische Wahrheit, Hildesheim 1998, und Johannes Heil und Rainer Erb (Hrsg.), *Geschichtswissenschaft und Öffentlichkeit. Der Streit um Daniel J. Goldhagen*, Frankfurt a. M. 1998. Zu Beispielen für die Reaktion der deutschen Öffentlichkeit auf Goldhagens Buch vgl. Siedler Verlag (Hrsg.), *Briefe an Goldhagen*, Berlin 1998.

44 Zum jüdischen Widerstand gegen den Nationalsozialismus vgl. Konrad Kwiet und Helmut Eschwege, *Selbstbehauptung und Widerstand. Deutsche Juden im Kampf um Existenz und Menschenwürde 1933–1945*, Hamburg 1984. Von den Ermittlungen, die zwischen 1933 und 1939 von der Krefelder Gestapo gegen Juden eingeleitet wurden, betrafen 5 Prozent massiven Protest oder Widerstand gegen das NS-Regime, 13 Prozent einen weniger lautstarken, aber dennoch direkten Protest oder Widerstand und 8 Prozent einen indirekten oder unabsichtlichen Protest oder »Widerstand«. In 65 Prozent der Fälle gab es keinen Hinweis auf Protest oder Widerstand, und in weiteren zehn Prozent der Fälle lässt sich nicht feststellen, ob hier ein Protest oder Widerstand vorlag. Wenn man diese Zahlen mit denen der nichtjüdischen Bevölkerung in Krefeld im selben Zeitraum vergleicht – und dabei berücksichtigt, dass Juden weitaus häufiger als Nichtjuden beschuldigt wurden –, stellt man fest, dass die Unterschiede zwischen beiden Gruppen nicht bedeutend waren, auch wenn Angehörige der nichtjüdischen Bevölkerung im Hinblick auf Protest und Widerstand etwas stärker vertreten sind, hauptsächlich in Gestalt von Kommunisten und Zeugen Jehovas. Bei den 339 Ermittlungen aus der Zufallsstichprobe aus den Krefelder Gestapoakten gegen Nichtjuden ergab sich folgende Verteilung: massiver Protest/Widerstand 19 Prozent, schwächerer Protest/Widerstand 7 Prozent, unfreiwilliger oder indirekter Protest/Widerstand 13 Prozent, kein Protest/Widerstand 38 Prozent, unbekannt 23 Prozent.

Kapitel 5

1 Adolf Hitler, *Mein Kampf*, Bd. 2, München 1935, S. 773.

2 Rudolf Diels, *Lucifer ante portas*, Stuttgart 1950, S. 194.

3 Hermann Weber, »Die Ambivalenz der kommunistischen Widerstandsstrategie bis zur ›Brüsseler‹ Parteikonferenz«, in: Jürgen Schmädeke und Peter Steinbach (Hrsg.), *Der Widerstand gegen den Nationalsozialismus. Die deutsche Gesellschaft und der Widerstand gegen Hitler*, München 1985, S. 73–85, hier: S. 76.

4 Ebd., S. 79. Diese Schätzungen liegen beträchtlich niedriger als die der ostdeutschen Historiker nach dem Krieg, die von rund 150 000 Verhafteten ausgingen. In einer neueren sorgfältigen Untersuchung gelangen Klaus Drobisch und Günther Wieland zu dem Schluss, im April 1933 hätten sich bereits zwischen 46 500 und 48 500 Antifaschisten in Haft befunden; vgl. *System der NS-Konzentrationslager 1933–1939*, Berlin 1993, S. 38. Nach Horst Duhnke, *Die KPD von 1933 bis 1945*, Köln 1972, S. 525, wurden bis zum Ende des Dritten Reiches etwa 20 000 deutsche Kommunisten von den Nationalsozialisten umgebracht.

5 Weber, »Die Ambivalenz der kommunistischen Widerstandsstrategie«, a.a.O., S. 73.

6 Brüning war vom 28. März 1930 bis 30. Mai 1932 Reichskanzler, Papen vom 1. Juni 1932 bis zum 3. Dezember 1932 und Schleicher vom 3. Dezember 1932 bis zum 30. Januar 1933, als Hitler Reichskanzler wurde.

7 Die beiden einzigen Nationalsozialisten im Kabinett außer Hitler waren Wilhelm Frick als Innenminister und Hermann Göring als Minister ohne Geschäftsbereich. Der frühere Reichskanzler Franz von Papen, der Hindenburg mit dazu überredet hatte, Hitler zum Reichskanzler einer Koalitionsregierung zu ernennen und selbst Vizekanzler in diesem Kabinett war, hielt daran fest: »In zwei Monaten haben wir Hitler in die Ecke gedrückt, daß er quietscht.« Vgl. Ewald von Kleist-Schmenzin, »Die letzte Möglichkeit«, in: *Politische Studien* 10 (1959), S. 92.

8 Zitiert in: Adolf Klein, *Köln im Dritten Reich. Stadtgeschichte der Jahre 1933–1945*, Köln 1983, S. 53.

9 Zu Frechen vgl. HStADK, Rep. 112/14749–14751. Zu den Ereignissen in den Nachbargemeinden Krefelds vgl. Bernhard Schmidt und Fritz Burger, *Tatort Moers. Widerstand und Nationalsozialismus im südlichen Altkreis Moers*, Moers 1995, S. 111f.

10 Zu einer ausführlicheren Darstellung der Ereignisse in Köln vgl. Klein, *Köln im Dritten Reich*, a.a.O., S. 55ff.

11 Die Forderung der Kommunisten nach einem Generalstreik, um Hitler zu stürzen, begann mit den ersten nazifeindlichen Flugblättern der KPD kurz nachdem Hitler Reichskanzler geworden war; Schmidt und Burger, *Tatort Moers*, a.a.O., und Detlev Peukert, *Ruhrarbeiter gegen den Faschismus. Dokumentation über den Widerstand im Ruhrgebiet 1933–1945*, Frankfurt a. M. 1976, S. 48.

12 Weber, »Die Ambivalenz der kommunistischen Widerstandsstrategie«, a.a.O., S. 74f.

13 Patrik von zur Mühlen, »Die SPD zwischen Anpassung und Widerstand«, in: Schmädeke und Steinbach, *Der Widerstand gegen den Nationalsozialismus*, a.a.O., S. 86ff.

14 Ebd., S. 86.

15 Schmidt und Burger, *Tatort Moers*, a.a.O., S. 113.

16 Zum paradoxen Charakter von Hitlers »legaler Revolution« vgl. Karl Dietrich Bracher, *Die deutsche Diktatur. Entstehung, Struktur, Folgen des Nationalsozialismus*, Köln und Berlin 1969, S. 209–218.

17 Mühlen, »Die SPD zwischen Anpassung und Widerstand«, a.a.O., S. 89ff.

18 Wilhelm Hoegner, *Der schwierige Außenseiter*, München 1963, S. 92f.

19 Über die genaue Stärke der SA gehen die Meinungen auseinander. Nach Richard J. Evans, *Rituals of Retribution: Capital Punishment in Germany 1600–1987*, Oxford 1996, S. 637, betrug ihre Mitgliederzahl rund drei Millionen. Andere Schätzungen liegen etwas niedriger. Jackson Spielvogel, *Hitler and Nazi Germany: A History*, Englewood Cliffs, N.J., 1992, S. 87, geht von 2,5 Millionen Anfang 1934 aus. Allgemein zur SA vgl. Richard Bessel, *Political Violence and the Rise of Nazism: The Storm Troopers in Eastern Germany, 1925–1934*, New Haven, Conn., 1984, Conan Fischer, *Stormtroopers: A Social, Economic and Ideological Analysis, 1919–1925*, London 1983, und Peter Merkl, *The Making of a Stormtrooper*, Princeton, N.J., 1980. Für deutschsprachige Leser: Peter Longerich, *Die braunen Bataillone. Geschichte der SA*, München 1989.

20 Göring ernannte in seiner Eigenschaft als kommissarischer preußischer Innenminister per Verordnung vom 22. Februar 1933 50 000 SA- und SS-Leute sowie Mitglieder des Stahlhelms zu Hilfspolizisten. Adolf Klein zufolge trugen sie weiße Armbinden und führten Polizeipistolen und Gummiknüppel mit sich; Klein, *Köln im Dritten Reich*, a.a.O., S. 64.

21 Hermann Rauschning, *Gespräche mit Hitler*, Zürich und New York 1940, S. 143.
22 Zitiert in: Klein, *Köln im Dritten Reich*, a.a.O., S. 150.
23 Detlev Peukert, *Die KPD im Widerstand*. *Verfolgung und Untergrundarbeit an Rhein und Ruhr 1933 bis 1945*, Wuppertal 1980, S. 89f.; Klaus Tenfelde, »Proletarische Provinz. Radikalisierung und Widerstand in Perzberg/Oberbayern 1900 bis 1945«, in: Martin Broszat et al. (Hrsg.), *Bayern in der NS-Zeit*, Bd. 4: *Herrschaft und Gesellschaft im Konflikt*, München 1981, S. 235ff.
24 Guenter Lewy, *Die katholische Kirche und Nazideutschland*, München 1965, S. 190f. Laut Lewy schickte Bischof Bares von Berlin Hitler einen Brief, »in dem er in Abrede stellte, dass Klausener in gesetzwidrige Handlungen verwickelt gewesen sei«, und bat Hitler um »ein klärendes und befreiendes Wort«. Nur sechs Tage vor seiner Ermordung hatte Klausener vor einer großen Versammlung Berliner Katholiken gesprochen und diese aufgefordert, »ihrem Volk und Vaterland treu zu bleiben«. Auf Befehl Heydrichs wurde Klausener am 30. Juni 1934 in seinem Amtszimmer erschossen. Hitler hielt es nicht für nötig, auf den Brief des Bischofs zu reagieren.
25 *Völkischer Beobachter*, 3. Juli 1934.
26 Evans, *Rituals of Retribution*, a.a.O., S. 637f.; vgl. auch Martin Broszat und Norbert Frei (Hrsg.), *Das Dritte Reich im Überblick*. *Chronik, Ereignisse, Zusammenhänge*, München und Zürich 1989, S. 225.
27 Vgl. zum Beispiel Peukert, *Die KPD im Widerstand*, a.a.O., S. 87ff.
28 Zur Errichtung und Rechtsprechung der Sondergerichte vgl. Lothar Gruchmann, *Justiz im Dritten Reich. Anpassung und Unterwerfung in der Ära Gürtner*, München 1988, S. 944–956; Ingo Müller, *Furchtbare Juristen. Die unbewältigte Vergangenheit unserer Justiz*, München 1987, S. 158–178, und Ralph Angermund, *Deutsche Richterschaft 1919–1945. Krisenerfahrung, Illusion, politische Rechtsprechung*, Frankfurt a. M. 1990, S. 137–139. Ursprünglich wurden die Sondergerichte in 26 Oberlandesgerichtsbezirken eingerichtet und befassten sich in der Hauptsache mit Verstößen gegen die Reichstagsbrandverordnung und »heimtückischen« Angriffen gegen das Regime, in der Regel in Form von abfälligen oder verleumderischen Meinungsäußerungen, die als weniger gefährlich angesehen wurden als wirklich verräterische Aktivitäten. Im Lauf der Zeit erweiterte sich die Zahl der Sondergerichte und deren Gerichtsbarkeit. Während der Kriegsjahre behandelten sie auch die meisten Formen gewöhnlicher Kriminalität und verhängten nicht selten die Todesstrafe wegen Plünderns nach Luftangriffen oder wegen Schwarzmarktgeschäften.
29 *Westdeutscher Beobachter*, 24. Juli 1933, zitiert in: Klein, *Köln im Dritten Reich*, a.a.O., S. 136.
30 Ebd. Nach Klein war im Rheinland seit der Französischen Revolution die übliche Hinrichtungsmethode die Enthauptung durch das Fallbeil; Görings Anweisung, das Urteil mit dem Handbeil zu vollstrecken, diente demnach dazu, die Exekution besonders blutig und grausam zu gestalten. Richard Evans zufolge war jedoch die Vollstreckung eines Todesurteils mit dem Handbeil, auch wenn sie vom Ausland als barbarisch angeprangert wurde, zu Beginn der dreißiger Jahre in weiten Teilen Deutschlands immer noch die Norm. Nach langen Debatten entschied Hitler schließlich persönlich am 14. Oktober 1936, die geeignete Hinrichtungsmethode sei das Fallbeil. Vgl. hierzu Evans, *Rituals of Retribution*, a.a.O., S. 651–659.

31 Vgl. zum Beispiel Klaus-Michael Mallmann und Gerhard Paul, »Allwissend, allmächtig, allgegenwärtig? Gestapo, Gesellschaft und Widerstand«, in: *Zeitschrift für Geschichtswissenschaft* 41 (1993), S. 984–999, und Robert Gellately, »Denunciations in Twentieth Century Germany: Aspects of Self-Policing in the Third Reich and the German Democratic Republic«, in: *Journal of Modern History* 68 (1996), S. 931–967.

32 In einer Zufallsstichprobe aus jeder achten Ermittlungsakte der Krefelder Gestapo waren 192 von insgesamt 433 Betroffenen oder 44,3 Prozent Juden (109) oder Kommunisten (83). Während die meisten Akten über Juden sich auf deren Auswanderung und andere bürokratische Angelegenheiten bezogen und deshalb nicht immer in einem unmittelbaren Zusammenhang mit der Ausübung von Terror standen, ging es in der überwiegenden Mehrzahl der Akten über Kommunisten um die Verhaftung und Bestrafung von Personen, die gegen das »Heimtückegesetz« verstoßen hatten. Außerdem ist der Anteil der Kommunisten in dieser Stichprobe niedriger, als er in Wirklichkeit war, weil wenigstens 21 Kommunisten in der Stichprobe nicht berücksichtigt wurden, da diese nicht aus Krefeld stammten (vgl. auch Anm. 35). Unter Einschluss dieser 21 Personen wären 213 von 454 Fällen (46,9 Prozent) Juden oder Kommunisten gewesen.

33 Eric A. Johnson und Karl-Heinz Reuband, »Die populäre Einschätzung der Gestapo. Wie allgegenwärtig war sie wirklich?«, in: Gerhard Paul und Klaus-Michael Mallmann (Hrsg.), *Die Gestapo – Mythos und Realität*, Darmstadt 1995, S. 417–436, hier: S. 421f. Den Umfragen unter Kölner Bürgern zufolge, die Reuband und ich durchgeführt haben, hatten weniger als zwei Prozent der Befragten, die den Fragebogen zurückschickten, jemals etwas mit der Gestapo zu tun, und nur 17 Prozent von ihnen gaben an, dass sie zeitweise befürchteten, die Gestapo könnte vor ihrer Haustür stehen. Zwar beruhen diese Zahlen auf einer eingeschränkten Stichprobe von 188 Personen, die in Köln leben und spätestens 1928 geboren wurden, doch sie werden durch eine größere Untersuchung von mehreren tausend Personen aus Krefeld, Köln und Dresden bestätigt; vgl. Johnson und Reuband, *Life and Death in the Third Reich: Germans and Jews Remember* (im Druck).

34 Zu einer ausführlichen Schilderung der bedrückenden Erfahrungen deutscher Juden unter dem Nationalsozialismus vgl. Victor Klemperer, *Ich will Zeugnis ablegen bis zum letzten. Tagebücher 1933–1945*, 2 Bde., Berlin 1995.

35 Unter den 85 Fällen in meiner Zufallsauswahl aus den Krefelder Gestapoakten der Jahre 1933 und 1934 befanden sich 59 Akten (69,4 Prozent), die Kommunisten betrafen. Die tatsächliche Zahl der kommunistischen Fälle in diesem Zeitraum lag jedoch höher, da ich für die vorliegende Untersuchung nur die Fälle von Kommunisten aus Krefeld berücksichtigt habe. Im Fall Paul Z. (HStAD, RW58/21099 und RW58/26636) fallen daher von den 26 betroffenen Personen für unsere Analyse nur fünf ins Gewicht. Leider gibt es bislang kaum empirische Untersuchungen von Gestapoakten, in denen es um Ermittlungen gegen Kommunisten geht. In der bislang umfangreichsten statistischen Untersuchung von Gestapoakten wurden die Akten gegen Juden und Kommunisten von der Analyse ausgeschlossen: Reinhard Mann, *Protest und Kontrolle im Dritten Reich. Nationalsozialistische Herrschaft im Alltag einer rheinischen Großstadt*, Frankfurt a. M. 1987. In dem neueren, von Paul und Mallmann herausgegebe-

nen Sammelband *Die Gestapo – Mythos und Realität*, a.a.O., werden die Gestapoakten gegen Kommunisten nicht gesondert behandelt. Die Herausgeber haben jedoch im dritten Band ihrer großen Untersuchung über NS-Herrschaft und Widerstand im Saarland, *Milieus und Widerstand. Eine Verhaltensgeschichte der Gesellschaft im Nationalsozialismus*, Bonn 1995, dem Thema der Verfolgung von Kommunisten viel Platz eingeräumt.

36 Die Zahlen aus dem Landkreis Moers finden sich in: Schmidt und Burger, *Tatort Moers*, a.a.O., S. 143. Die fünf übrigen Männer waren von der SPD (2), vom Zentrum (1), von der DVP (1) oder parteilos (1). Zum Zitat vgl. Weber, »Die Ambivalenz der kommunistischen Widerstandsstrategie«, a.a.O., S. 76.

37 Zu einer Diskussion der in den ersten Jahren der NS-Herrschaft wegen ihrer Rolle in kommunistischen Widerstandsorganisationen verfolgten Juden vgl. Konrad Kwiet und Helmut Eschwege, *Selbstbehauptung und Widerstand. Deutsche Juden im Kampf um Existenz und Menschenwürde 1933–1945*, Hamburg 1984, S. 92–101. Zu den ersten Wellen antisemitischer Gewalt und Wirtschaftsboykotte vgl. Saul Friedländer, *Das Dritte Reich und die Juden*, Bd. 1: *Die Jahre der Verfolgung 1933–1939*, München 1998, S. 29–38.

38 Wie in den Gestapoakten von Heinrich M. nachzulesen ist (HStAD, RW58/53197 und RW58/54601), versammelten sich am Morgen des 27. Mai 1933 vor dem Gewerkschaftshaus in Krefeld viele Männer in Zivilkleidung, die sich Zutritt zum Gebäude verschafften, jeden, den sie dort antrafen, verprügelten und zahlreiche marxistische Bücher und andere Schriften aus den Fenstern auf die Steinstraße warfen, wo sie angezündet wurden. Als die Krefelder Gestapobeamten Krülls und Schmitz auf dem Schauplatz erschienen, verhafteten sie Heinrich M. und zwei weitere Gewerkschaftsführer (Peter B. und Stefan M.) und nahmen sie »zu ihrem eigenen Schutz« in »Schutzhaft«. Weitere Verhaftungen nahmen Krülls und Schmitz nicht vor mit der Begründung, sie könnten keine der Personen identifizieren, die gewaltsam in das Gewerkschaftshaus eingedrungen waren. Krülls und Schmitz wollten von den Verhafteten wissen, wo sie die Gewerkschaftsgelder versteckt hätten, und beschlagnahmten schließlich 350 Reichsmark, die sie in einem unverschlossenen Safe fanden. Einem Bericht zufolge, den Krülls fast einen Monat später, am 22. Juni, schrieb, stand der 46-jährige Heinrich M. an der Spitze des örtlichen Reichsbanners Schwarz-Rot-Gold, der Eisenbahnergewerkschaft und des Allgemeinen Deutschen Gewerkschaftsbunds. Weitere Eintragungen in M.s beiden umfangreichen Ermittlungsakten zeigen, dass die Gestapo ihn für einen sehr gefährlichen Mann hielt und ihn ständig beschattet hatte. Die Gestapo, überzeugt, dass M. auch nach seiner Entlassung aus dem Konzentrationslager als Chef des SPD-Bezirksverbands Krefeld in Holland wie in Deutschland im Widerstand tätig war, holte ihn immer wieder ab. Nach seiner ersten Verhaftung verbrachte M. zehn Wochen in »Schutzhaft«, nur um im Oktober 1933 erneut verhaftet und für kurze Zeit in das Lager Kemna bei Wuppertal gebracht zu werden. Nach seiner Entlassung konnte M. in Deutschland keine Arbeit finden und wanderte offenbar in das nahe gelegene Venlo in Holland aus. 1936 kehrte er nach Krefeld zurück und wurde bald wieder verhaftet und wegen Verrats vor Gericht gestellt. Obwohl M. immer wieder seine Unschuld beteuerte und versprach, »dass ich mich in Zukunft in jeder Weise für den Aufbau und

die Volksgemeinschaft im nationalsozialistischen Sinne einsetzen werde«, wurde er zu fünf Jahren Zuchthaus verurteilt. Nach Verbüßung dieser Strafe nahm die Krefelder Gestapo ihn erneut in »Schutzhaft« und schickte ihn zunächst in das nahe gelegene Gefängnis Anrath, bevor sie ihn am 14. Juli 1942 in das Konzentrationslager Sachsenhausen überstellte, wo er anscheinend bis zum Kriegsende blieb. Bereits im April 1942 legte Karl Schmitz von der Krefelder Gestapo einen Aktenvermerk an, seiner Einschätzung nach halte M. an seiner »fanatische[n] marxistische[n] Einstellung« fest, deshalb empfehle er, M. »für die Dauer des Krieges einem Konzentrationslager Stufe I zuzuführen«. Als seine Söhne im Mai 1944 auf Fronturlaub den Vater wiederzusehen hofften, befand M. sich noch immer im Konzentrationslager.

39 Das traf auch für andere Städte zu. In einer von Gerhard Paul untersuchten Stichprobe von 118 Denunziationsfällen in Würzburg war kein einziger »dicker Fisch«. 41 Prozent der Fälle wurden abgewiesen oder »landeten in der Ablage«. Über Denunziationen kam die Gestapo lediglich den kleinen »Meckerern und Miesmachern« auf die Spur. Gerhard Paul, »Kontinuität und Radikalisierung. Die Staatspolizeistelle Würzburg«, in: ders. und Mallmann, *Die Gestapo – Mythos und Realität*, a.a.O., S. 161 bis 199, hier: S. 173.

40 Die wichtigste Ausnahme war der Fall der Magdalena L. (HStAD, RW58/28851 und RW58/71566). Sie war 21 Jahre alt, unverheiratet und die Tochter eines kommunistischen Krefelder Widerstandskämpfers, der eine Zuchthausstrafe wegen Verrats verbüßte. Nachdem sie von einem ehemaligen Dienstmädchen aus unbekannten Gründen denunziert worden war, durchsuchte die Gestapo ihre Wohnung und fand dort Bilder von Lenin und Stalin. Außerdem ermittelte sie, dass Magdalena L. sich an der Verbreitung kommunistischer Literatur beteiligt und Radio Moskau gehört hatte. L. kam 1935 vor das OLG Hamm und wurde wegen Vorbereitung zum Hochverrat zu zwei Jahren Zuchthaus verurteilt. Nachdem sie 1937 aus dem Gefängnis entlassen worden war, wurde ein V-Mann der Gestapo auf sie angesetzt, der sie mindestens ein Jahr lang beobachten sollte.

41 Vorbereitung zum Hochverrat lautete die Anklage, die in mindestens 52 Fällen der Stichprobe gegen die inhaftierten Kommunisten erhoben wurde. Die jeweilige Anklage und das Urteil sind nicht immer in den Gestapoakten aufgeführt, lassen sich in den meisten Fällen jedoch erschließen. Kein einziger der Krefelder Kommunisten aus der Stichprobe erhielt die Todesstrafe; allerdings wurde die Todesstrafe in den dreißiger Jahren, als die meisten der Krefelder Kommunisten bestraft wurden, noch relativ selten verhängt. Aus den Akten geht hervor, dass etwa die Hälfte der Angeklagten eine gewisse Zeit in »Schutzhaft« und/oder in einem Konzentrationslager verbrachte und die meisten zu einer ein- bis mehrjährigen Freiheitsstrafe verurteilt wurden.

42 Die größte Verhaftungswelle fand in der ersten Märzhälfte 1933 statt. Im Regierungsbezirk Köln zum Beispiel gab es in der ersten Märzhälfte 982, in der zweiten Märzhälfte 117, in der ersten Aprilhälfte 157 und in der zweiten Aprilhälfte 141 Verhaftungen; Drobisch und Wieland, *System der NS-Konzentrationslager*, a.a.O., S. 37.

43 Peukert, *Die KPD im Widerstand*, a.a.O., S. 97.

44 Ebd., S. 91.

45 Meistens ging es in diesen Fällen nur um kleinere Vergehen, da die größe-

ren Fälle gegen kommunistische und sozialdemokratische Funktionäre im Regierungsbezirk Köln entweder von der Gestapo selbst in die Hand genommen oder zur Verhandlung an das OLG Hamm weitergegeben wurden. Dessenungeachtet zeigt die Zufallsstichprobe aus den Akten des Kölner Sondergerichts, dass die Fälle gegen Personen mit einer klar erkennbaren kommunistischen oder sozialdemokratischen Zugehörigkeit 1935 um zwei Drittel zurückgingen, und die Zahl der Fälle, in denen wegen »kommunistischer Umtriebe« gegen ehemalige KPD-Mitglieder oder angebliche KPD-Sympathisanten ermittelt wurde, ging seit 1935 fast auf null zurück. Ähnliche Verhältnisse fand Peter Hüttenberger in seiner Untersuchung der Akten des Münchner Sondergerichts: »Heimtückefälle vor dem Sondergericht München 1933–1939«, in: Broszat et al., *Bayern in der NS-Zeit*, Bd. 4, a.a.O., S. 435–526, hier: S. 448. Vgl. auch Angermund, *Deutsche Richterschaft*, a.a.O., S. 140.
46 Vgl. Peukert, *Die KPD im Widerstand*, a.a.O., S. 251–287.
47 HStAD, RW58/1680.
48 Detlev Peukert, *Volksgenossen und Gemeinschaftsfremde. Anpassung, Ausmerze und Aufbegehren unter dem Nationalsozialismus*, Köln 1982, S. 140f.
49 Interview mit Artur V., Köln, 22. Januar 1994.
50 HStADK, Rep. 112/14749–14751II.
51 Das Siegburger Gefängnis war eines der Hauptgefängnisse, das vom Kölner Sondergericht genutzt wurde, und lag gut dreißig Kilometer südöstlich von Köln.
52 HStADK, Rep. 112/14749, Bl. 177–189.
53 Das OLG Hamm leitete die Verfahren in den meisten Fällen von Hochverrat, die in den dreißiger Jahren in der Rhein-Ruhr-Region gegen Kommunisten und Sozialdemokraten eröffnet wurden; Angermund, *Deutsche Richterschaft*, a.a.O., S. 134.
54 Als einer der führenden Kommunisten in Krefeld namens Peter Z. (dessen Fall noch erörtert wird) am 8. Oktober 1940 von Wilhelm Weber von der Krefelder Gestapo verhört wurde, sagte er Weber, im Februar 1933 habe er sich anfangs in der Wohnung seiner Schwester und später in verschiedenen Gartenhäuschen versteckt, bevor er beschloss, ins Ausland zu fliehen; HStAD, RW58/2610.
55 Der Krefelder Kommunist Oskar H. sagte der Gestapo bei seinem Verhör am 13. Juli 1934, bereits 1932 habe die KPD-Führung beschlossen, dass Parteifunktionäre um jeden Preis verhindern müssten, dass sie verhaftet würden, falls Hitler an die Macht kommen sollte; HStAD, RW58/58325.
56 Zum Fall Oskar H. vgl. HStAD, RW58/58325 und RW58/62562. Zum Fall Peter Z. vgl. HStAD, RW58/2610.
57 Die Schilderung ihrer Flucht beruht auf ihren Aussagen vor der Krefelder Gestapo. In den getrennten Verhören traten geringfügige Unterschiede auf. Bei einigen unwichtigeren Punkten habe ich H.s Worten eher vertraut, da er kooperativer war. Außerdem machte er seine Aussage sechs Jahre vor Z. und erinnerte sich wahrscheinlich besser an die damaligen Vorgänge.
58 Vgl. zum Beispiel einen Fall vor dem Kölner Sondergericht, der sich auf den Kölner Stadtteil Dellbrück konzentrierte. Peter K. wurde in der Ortschaft Odenthal bei einer Hausdurchsuchung am 3. Juli 1933 um vier Uhr früh verhaftet. Man brachte ihn nach Köln zurück, wo er von Kriminalassistent Bartel von der Kölner Politischen Polizei, Abt. I A, stark unter

569

Druck gesetzt wurde, Informationen über die kommunistische Widerstandsorganisation in Dellbrück preiszugeben, deren Anführer er angeblich war. Statt auszupacken unternahm K. einen Selbstmordversuch, indem er sich die Pulsadern aufschnitt. Die Polizei brachte jedoch andere zum Reden, und die kommunistische Untergrundorganisation in Köln-Dellbrück wurde vollständig ausgehoben; HStADK, Rep. 112/15662.

59 HStAD, RW58/21099 und RW58/26636. Jungs Bericht befindet sich in der letztgenannten Akte.

60 Einzelheiten zu Krülls Herkunft und Werdegang in seiner Innenministeriums-Akte, HStAD, NW130/243.

61 Der Text des Flugblatts wurde auf zwei Seiten der Anklageschrift in dem anschließenden Prozess gegen Z. und die übrigen kommunistischen Funktionäre abgedruckt; HStAD, RW58/21099, Bl. 75–77.

62 HStAD, RW58/10111, Bl. 156. Ein mit dem Prozess gegen Z zusammenhängender Prozess hatte zur Verhaftung und Verurteilung von weiteren 61 Kommunisten in dem Bezirk geführt.

63 Ich habe mich aus guten Gründen entschlossen, Aurel Billstein mit vollem Namen zu nennen. Abgesehen davon, dass er inzwischen verstorben ist, war Billstein in Krefeld eine allgemein bekannte Persönlichkeit und hatte ein Gutteil seines Lebens dem Kampf gegen den Faschismus gewidmet. Nach dem Krieg stand er an der Spitze der Vereinigung der Verfolgten des Naziregimes (VVN) in Krefeld und schrieb mehrere Bücher und Broschüren über die Verfolgung von Krefelder Bürgern während der NS-Diktatur, unter anderem: *Fremdarbeiter in unserer Stadt 1939 – 1945. Kriegsgefangene und deportierte »fremdvölkische Arbeitskräfte« am Beispiel Krefelds*, Frankfurt a. M. 1980; *Christliche Gegnerschaft am Niederrhein 1933 – 1945 im Bereich der ehemaligen Gestapo-Außendienststelle Krefeld*, Viersen 1987, und *Geheime Staatspolizei Außendienststelle Krefeld. Alltägliche Wirklichkeit im Nationalsozialismus*, Krefeld o. J.

64 Interview mit Aurel Billstein in Krefeld, 30. Januar 1995. Billsteins Gestapoakte: HStAD, RW58/10111.

Kapitel 6

1 In den Unterlagen des Siegburger Gefängnisses wird Spieker im Februar 1936 als 1,68 Meter groß, von kräftigem Körperbau, mit breitem Kinn, hellblauen Augen, blondem Haar und ca. acht fehlenden Zähnen beschrieben; HStADK, Rep. 112/16096.

2 Dr. K. war NSDAP-Zellenleiter. Zum Fall Spieker gibt es zwei Akten des Kölner Sondergerichts; HStADK, Rep. 112/16574 und Rep. 112/16096. Der Fall Spieker ist außerhalb Kölns kaum bekannt; einige Informationen über ihn finden sich in: Adolf Klein, *Köln im Dritten Reich. Stadtgeschichte der Jahre 1933 – 1945*, Köln 1983, S. 103f.; ders., »Hundert Jahre Akten – hundert Jahre Fakten. Das Landgericht Köln ab 1879«, in: ders. und Günter Rennen (Hrsg.), *Justitia Coloniensis. Amtsgericht und Landgericht Köln erzählen ihre Geschichte(n)*, Köln 1981, S. 150f. Von diesen Veröffentlichungen abgesehen, hat Spieker bei kaum einem Historiker Interesse gefunden. In Ulrich von Hehls Untersuchung *Katholische Kirche und Nationalsozialismus im Erzbistum Köln 1933 – 1945*, Mainz 1977, wird Spieker auf S. 77 und S. 114 nur mit jeweils einigen Sätzen erwähnt, und bei Vincent A. Lapomarda, *The Jesuits in the Third Reich*, Lewiston,

N.Y., 1989, kommt er lediglich auf S. 55 in einer Fußnote vor. Vgl. auch Ulrich Herbert, *Best. Biographische Studien über Radikalismus, Weltanschauung und Vernunft 1903–1989*, Bonn 1996, wo Spieker ebenfalls mit nur einem Satz erwähnt wird.

3 Die »Verordnung des Reichspräsidenten zur Abwehr heimtückischer Angriffe gegen die Regierung der nationalen Erhebung« vom 21. März 1933 sah Freiheitsstrafen von bis zu zwei Jahren für jeden vor, der »vorsätzlich eine unwahre oder gröblich entstellte Behauptung tatsächlicher Art aufstellt oder verbreitet, die geeignet ist, das Wohl des Reichs oder eines Landes oder das Ansehen der Reichsregierung oder einer Landesregierung oder der hinter diesen Regierungen stehenden Parteien oder Verbände schwer zu schädigen«; Reichsgesetzblatt 1933, Berlin 1933, Bd. 1, S. 135. Am 20. Dezember 1934 wurde die Verordnung durch das »Gesetz gegen heimtückische Angriffe auf Staat und Partei und zum Schutz der Parteiuniformen« (»Heimtückegesetz«) ersetzt. Nunmehr konnten auch »nichtöffentliche böswillige Äußerungen« gegen die Partei oder einen ihrer Führer mit Haftstrafen geahndet werden. In der Praxis bedeutete dies, dass selbst eine gemäßigte Kritik am Regime oder an der Partei mit Gefängnis oder Zuchthaus bestraft werden konnte.

4 Diese Teile aus Spiekers Predigt werden sowohl in K.s schriftlicher Aussage als auch in der Urteilsschrift zu Spiekers Fall vor dem Sondergericht Köln wörtlich zitiert; HStADK, Rep. 112/16574, Bl. 1–8 und Bl. 38f.

5 Josef Spieker, *Mein Kampf gegen Unrecht in Staat und Gesellschaft. Erinnerungen eines Kölner Jesuiten*, Köln 1971, S. 13.

6 Ebd., S. 20.

7 Ebd.

8 Ebd., S. 23.

9 Ebd., S. 25.

10 Ebd., S. 30.

11 Ebd.

12 Ebd. Für Spieker war es wichtig, zwischen diesen Kripobeamten und den »eigentlichen« Gestapobeamten zu unterscheiden und ihnen zugute zu halten, dass sie ihn in der Vergangenheit anständig behandelt hatten. An einer früheren Stelle in seiner Autobiografie berichtet Spieker, wie ältere Polizeibeamte, die inzwischen zur Gestapo versetzt worden waren, ihn davor gewarnt hatten, in der Kirche St. Kunibert in der Kölner Altstadt einen Vortrag zu halten: »Hier kam nun die Gestapo zum erstenmal, oder besser gesagt: es war die alte Kriminalpolizei, die Gestapo-Dienste leisten musste.« Nach dem Krieg behauptete Karl Löffler, er habe Spieker häufig »beschirmt« und ihn mehrere andere Kölner Priester mehrfach gewarnt, wenn unter ihren sonntäglichen Zuhörern Spitzel der Gestapo saßen; HStADK, BR PE/49505, Personalakten Sammelbestand.

13 Ebd., S. 31f.

14 Ebd., S. 32f.

15 HStADK, Rep. 112/16574, Bl. 8f.

16 Ebd., Bl. 10f.

17 Ebd.

18 Spieker, *Mein Kampf gegen Unrecht*, a.a.O., S. 36.

19 Klein, »Hundert Jahre Akten«, a.a.O., S. 149. Spieker, *Mein Kampf gegen Unrecht*, a.a.O., S. 39.

20 *Westdeutscher Beobachter*, 12. März 1935.

21 Spieker, *Mein Kampf gegen Unrecht*, a.a.O., S. 40.

22 *Westdeutscher Beobachter*, 12. März 1935. In der *Kölnischen Volkszeitung* vom selben Tag wurden seine abschließenden Worte so zitiert: »Alles für Deutschland; Deutschland für Christus!« Abgedruckt in: Spieker, *Mein Kampf gegen Unrecht*, a.a.O., S. 119.

23 Spieker, *Mein Kampf gegen Unrecht*, a.a.O., S. 40f.

24 HStADK, Rep. 112/16096, Bl. 78.

25 Ebd.

26 Spieker, *Mein Kampf gegen Unrecht*, a.a.O., S. 41.

27 Ebd., S. 43f.

28 Ebd., S. 43ff.

29 Zitiert in: Klaus Drobisch und Günther Wieland, *System der NS-Konzentrationslager 1933–1939*, Berlin 1993, S. 120.

30 Spieker, *Mein Kampf gegen Unrecht*, a.a.O., S. 46.

31 Ebd., S. 47.

32 Diese Äußerungen werden zitiert in Berichten über den Prozess in zwei Kölner Lokalzeitungen, dem *Westdeutschen Beobachter* und der *Kölnischen Volkszeitung*, jeweils vom 21. Januar 1936.

33 Spieker, *Mein Kampf gegen Unrecht*, a.a.O., S. 51.

34 HStADK, Rep. 112/16574. Klein weist darauf hin, dass die Richter nach Kräften bemüht waren, Spiekers Predigt eine »harmlose Deutung« zu geben; Klein, »Hundert Jahre Akten«, a.a.O., S. 150. Bei einem Vergleich der Urteilsbegründung (Bl. 39) mit den ursprünglichen Notizen zu Spiekers Predigt durch den Denunzianten K. (Bl. 7f.) stellt man fest, dass die Richter »stattliche Autorität« in »staatliche Autorität« änderten und das Adjektiv »wahr« in der Wendung »wahrer Führer« strichen, um der Predigt die Spitze zu nehmen.

35 Diese Position vertritt Klein, *Köln im Dritten Reich*, a.a.O., S. 104.

36 Spieker, *Mein Kampf gegen Unrecht*, a.a.O., S. 54.

37 Ebd., S. 52.

38 Spieker war vom 21. Februar bis 30. März 1936 im Gefängnis Siegburg, bis 26. Mai im Strafgefangenenlager II in Aschendorfermoor bei Papenberg und bis zu seiner Freilassung am 19. Februar 1937 in Wittlich an der Mosel.

39 Spieker, *Mein Kampf gegen Unrecht*, a.a.O., S. 64.

40 Ebd.

41 Ebd. Spiekers Behauptung, sein Orden habe ihn ruhig stellen wollen, ist offenbar nicht unbegründet. Im ersten Band seines zweibändigen Nachlasses im SJ Archiv Norddeutsche Provinz in Köln findet sich ein Brief Ledochowskis vom 7. November 1937, in dem dieser die NS-Regierung ersucht, Spieker aus der KZ-Haft zu entlassen. Im Gegenzug versprach der Pater General, »die Obern der Gesellschaft würden dafür Sorge tragen, dass P. Spieker nach seiner Freilassung in ein außerdeutsches Haus versetzt und sich außerhalb Deutschlands nicht deutsch-feindlich betätigen würde«. Aus dem Brief geht auch hervor, dass der Vatikan bereits seit April 1935 über diesen Vorschlag informiert war.

42 Ebd., S. 70f.

43 Manchen Schätzungen zufolge kamen etwa 4000 Geistliche in Konzentrationslagern um; vgl. Richard Plant, *The Pink Triangle: The Nazi War Against Homosexuals*, New York 1986, S. 136; Benedicta Maria Kempner, *Priester vor Hitlers Tribunalen*, München 1966, S. 160; Raimund Schnabel, *Die Frommen in der Hölle. Geistliche in Dachau*, Frankfurt a. M. 1966, S. 29–178.

44 Nachdem er ausgeführt hat, dass »nach einer umfassenden Untersuchung
[…] während des Dritten Reiches immerhin etwa ein Drittel der unteren
katholischen Pfarrgeistlichkeit oder sogar ein etwas größerer Anteil irgendeine Form von politischer Bestrafung [erlitt]«, erklärt Ian Kershaw:
»Doch nur in wenigen dieser Fälle ging es um offene oder auch nur verdeckte Kritik an Hitler, und was auch immer ihre wirklichen Gedanken
sein mochten, so waren die meisten Priester doch bereit, sich in der Öffentlichkeit politisch angepaßt zu verhalten.« *Der Hitler-Mythos. Führerkult und Volksmeinung im Dritten Reich*, Stuttgart 1999, S. 143.
45 Gerhard Paul und Klaus-Michael Mallmann, *Milieus und Widerstand.
Eine Verhaltensgeschichte der Gesellschaft im Nationalsozialismus*, Bonn
1995, S. 89.
46 Hans Günter Hockerts, *Die Sittlichkeitsprozesse gegen katholische Ordensangehörige und Priester 1936/37. Eine Studie zur nationalsozialistischen Herrschaftstechnik und zum Kirchenkampf*, Mainz 1971.
47 Die Reaktionen des Vatikans und Hitlers werden in der einschlägigen wissenschaftlichen Literatur ausführlich behandelt: Guenter Lewy, *Die katholische Kirche und Nazideutschland*, München 1965, S. 176–179; John
Seymour Conway, *Die nationalsozialistische Kirchenpolitik 1933–1945.
Ihre Ziele, Widersprüche und Fehlschläge*, München 1969; Ernst Christian
Helmreich, *The German Churches under Hitler: Background, Struggle,
and Epilogue*, Detroit 1979, S. 279–283.
48 Vgl. Plant, *The Pink Triangle*, a.a.O., S. 135.
49 Klein, *Köln im Dritten Reich*, a.a.O., S. 186.
50 HStAD, RW58/32839 und RW58/2753.
51 HStAD, RW58/32839.
52 Vgl. die Morgenausgabe des *Westdeutschen Beobachters* vom 11. Mai
1933, der sich in der Akte HStAD, RW58/32389, Bl. 18, befindet.
53 HStAD, RW58/2753.
54 Adolf Klein beispielsweise hält Dr. Lövenich, der dem Kölner Sondergericht zwischen Juni 1937 und Anfang 1940 vorsaß, zugute, dass er ein
Richter war, »der die bestehenden Gesetze zwar anwandte, jedoch möglichst zugunsten der Angeklagten und ohne Rücksicht auf die Intentionen
der Partei«; Klein, *Köln im Dritten Reich*, a.a.O., S. 103. An anderer Stelle
bezeichnet Klein Lövenich als »ein[en] unabhängig denkende[n] Richter«;
Klein, »Hundert Jahre Akten«, a.a.O., S. 151. Andere Autoren sehen die
deutschen Richter im Dritten Reich kritischer. Vgl. u. a. Ingo Müller,
Furchtbare Juristen. Die unbewältigte Vergangenheit unserer Justiz, München 1987.
55 Zitiert in: Paul und Mallmann, *Milieus und Widerstand*, a.a.O., S. 89.
56 Ebd. Besonders kritisch stehen sie den Untersuchungen von Ulrich von
Hehl, *Priester unter Hitlers Terror. Eine biographische und statistische Erhebung*, Mainz 1984, und Heinz Hürten, *Deutsche Katholiken
1918–1945*, Paderborn 1992, gegenüber. Zu anderen Einschätzungen des
katholischen Widerstands vgl. Georg Denzler, *Widerstand oder Anpassung? Katholische Kirche und Drittes Reich*, München 1984, und Günter
van Norden, »Zwischen Kooperation und Teilwiderstand. Die Rolle der
Kirchen und Konfessionen – Ein Überblick über Forschungspositionen«,
in: Jürgen Schmädeke und Peter Steinbach (Hrsg.), *Der Widerstand gegen
den Nationalsozialismus. Die deutsche Gesellschaft und der Widerstand
gegen Hitler*, München 1985, S. 227–239.
57 Martin Broszat, »Resistenz und Widerstand. Eine Zwischenbilanz des

Forschungsprojektes«, in: Broszat et al. (Hrsg.), *Bayern in der NS-Zeit*, Bd. 4: *Herrschaft und Gesellschaft im Konflikt*, München 1981, S. 691 bis 709, hier: S. 697ff.

58 Paul und Mallmannn, *Milieus und Widerstand*, a.a.O., S. 90f.

59 Ebd., S. 144.

60 Ebd., S. 141f.

61 Vgl. zum Beispiel Lewy, *Die katholische Kirche und Nazideutschland*, a.a.O., S. 182f.

62 Vgl. Lewys wichtige Diskussion zu diesem Punkt ebd., S. 191–195. In Köln gab es nur einen einzigen katholischen Geistlichen, den Erzbischof und späteren Kardinal Josef Frings, von dem man weiß, dass er offen gegen die Ermordung der Juden aufgetreten ist. Vgl. Klein, *Köln im Dritten Reich*, a.a.O., S. 191.

63 Lewy, *Die katholische Kirche und Nazideutschland*, a.a.O., S. 291ff.

64 Hehl, *Priester unter Hitlers Terror*, a.a.O., S. LXXIV.

65 Doris L. Bergen, *Twisted Cross: The German Christian Movement in the Third Reich*, Chapel Hill, N.C., 1996, S.12; Kurt Meier, *Kreuz und Hakenkreuz. Die evangelische Kirche im Dritten Reich*, München 1992, S. 37–49.

66 Bernhard Schmidt und Fritz Burger, *Tatort Moers. Widerstand und Nationalsozialismus im südlichen Altkreis Moers*, Moers 1995, S. 286.

67 Vgl. Ernst Klee, *»Die SA Jesu Christi«. Die Kirche im Banne Hitlers*, Frankfurt a. M. 1989.

68 Zur Ablösung Hossenfelders durch Kinder vgl. Bergen, *Twisted Cross*, a.a.O., S. 18. Zu den Rängen in der Kirchenhierarchie vgl. Klein, *Köln im Dritten Reich*, a.a.O., S. 287.

69 Klein, *Köln im Dritten Reich*, a.a.O., S. 194; Schmidt und Burger, *Tatort Moers*, a.a.O., S. 287.

70 Vgl. beispielsweise die Einschätzung der Bekennenden Kirche durch Gerhard Besier, »Ansätze zum politischen Widerstand in der Bekennenden Kirche. Zur gegenwärtigen Forschungslage«; Eberhard Bethge, »Zwischen Bekenntnis und Widerstand. Erfahrungen in der Altpreußischen Union«, und Christoph Strohm, »Der Widerstandskreis um Dietrich Bonhoeffer und Hans von Dohnanyi. Seine Voraussetzungen zur Zeit der Machtergreifung«, in: Schmädeke und Steinbach, *Der Widerstand gegen den Nationalsozialismus*, a.a.O., S. 265–280, S. 281–294 und S. 295–313.

71 Bergen, *Twisted Cross*, a.a.O., S. 12.

72 »Von den 17000 Pastoren der evangelischen Kirche waren niemals mehr als 50 gleichzeitig zu höheren Gefängnisstrafen verurteilt«; Conway, *Die nationalsozialistische Kirchenpolitik 1933–1945*, a.a.O., S. 193. Vgl. auch Schmidt und Burger, *Tatort Moers*, a.a.O., S. 288–292.

73 Klein, *Köln im Dritten Reich*, a.a.O., S. 192.

74 Zu den Akten selbst selbst HStADK, Rep. 112. Die Computerdatei, die ich zu diesen Fällen angelegt habe, ist archiviert im Zentrum für historische Sozialforschung/Zentralarchiv für empirische Sozialforschung an der Universität Köln.

75 Nach von Hehl waren 1937 in der katholischen Kirche 19068 Priester registriert. Seine Untersuchung enthält statistische und biografische Daten über 8021 Priester, knapp 42 Prozent aller katholischen Priester im Dritten Reich, wenn man berücksichtigt, dass einige von ihnen erst nach 1937 ordiniert wurden; *Priester unter Hitlers Terror*, a.a.O., S. LXXIV. Zwar ist von Hehl bemüht, Fälle wie die von Suitbert G., in denen es um moralische Verfehlungen geht, auszuschließen, doch G. ist dennoch von ihm er-

fasst worden. In den biografischen Angaben zu seiner Person auf S. 10 findet sich der Hinweis, G. sei am 5. April 1937 »ohne Grundangabe« verhaftet worden.

76 Vgl. zum Beispiel HStADK, Rep. 112/6880. In diesem Fall wurden zwei katholische Nonnen, die als Erzieherinnen in einem Kindergarten in Köln-Bayenthal tätig waren, von einem Zellenleiter denunziert, sie hätten die Kinder dazu angehalten, am 3. März 1936 Wahlplakate abzureißen. Da es keine Zeugen gab, wurde das Verfahren gegen sie eingestellt. Über das Verhältnis zwischen Nationalsozialismus und katholischer Kirche in Köln allgemein vgl. Hehl, *Katholische Kirche und Nationalsozialismus im Erzbistum Köln 1933 – 1945*, a.a.O.

77 Im ersten dieser Fälle (HStADK, Rep. 112/8809) wurde ein junger Priester namens Friedrich H. von einem Ortsgruppenleiter in Köln-Bayenthal denunziert, er habe am 31. Dezember 1933 in einer Predigt in der Mehlemer Straße Nationalsozialisten mit Kommunisten verglichen und gesagt: »Alle diese sind nach meiner Überzeugung nichts anderes als Marionetten in der Hand des Teufels.« Als der Priester während der Vernehmung durch Karl Löffler von der Kölner Gestapo die Zusage machte, künftig solche Äußerungen zu unterlassen, wurden die Ermittlungen eingestellt. Der andere Fall (HStADK, Rep. 112/11724) betraf einen 56-jährigen Pfarrer aus Köln-Merheim namens Friedrich G., der anscheinend von der Gestapo selbst beschuldigt wurde, er habe einen Kredit zurückgezahlt, ohne die zuständigen Behörden über die Transaktion zu informieren. Das Verfahren gegen ihn wurde am 9. September 1939 eingestellt, da eine Amnestiebestimmung vorsah, alle Fälle zu den Akten zu legen, wenn das zu erwartende Strafmaß weniger als drei Monate Gefängnis betrug.

78 HStADK, Rep. 112/11381.

79 HStADK, Rep. 112/25040 und Rep. 112/15914.

80 Hehl, *Priester unter Hitlers Terror*, a.a.O., S. LXXIX.

81 Aurel Billstein, *Christliche Gegnerschaft am Niederrhein 1933 – 1945 im Bereich der ehemaligen Gestapo-Außendienststelle Krefeld*, Viersen 1987, S. 22 – 30.

82 Ebd., S. 79ff.

83 Vgl. zum Beispiel HStADK, Rep. 112/15914.

84 Zu Berichten, die von katholischen Geistlichen verfasst wurden, die sich als Gestapospitzel in der Region Köln-Aachen betätigten, vgl. HStAD, RW34/3 und RW35/8.

85 HStADK, Rep. 112/11381.

86 Ebd.

87 Ebd.

88 HStADK, Rep. 112/25040.

89 HStADK, Rep. 112/5169.

90 HStADK, Rep. 112/5632.

91 HStADK, Rep. 112/15969.

92 HStADK, Rep. 112/5574.

93 Ian Kershaw, *Popular Opinion and Political Dissent in the Third Reich: Bavaria 1933 – 1945*, Oxford 1983, S. 205ff.

94 Eine Verordnung der Gestapo vom 23. Juli 1935 untersagte den katholischen Jugendgruppen in ganz Preußen jede Betätigung, die nicht rein kirchlich-religiöser Art war; vgl. Barbara Schellenberger, »Katholischer Jugendwiderstand«, in: Schmädeke und Steinbach, *Der Widerstand gegen den Nationalsozialismus*, a.a.O., S. 314–320, hier: S. 322. Zu einem Fall-

575

beispiel für das Durchgreifen der Nationalsozialisten gegen katholische Jugendgruppen im Regierungsbezirk Köln bereits im März 1935 vgl. HStADK, Rep. 112/9225.

95 Die Akten des Kölner Sondergerichts enthalten über hundert Fälle, in denen Ermittlungen gegen Geistliche eingeleitet wurden, weil diese an den entsprechenden Feiertagen keine Hakenkreuzfahnen herausgehängt hatten. Zu einem Beispiel aus Bergheim vgl. HStADK, Rep. 112/2147. In diesem Fall wurde ein junger Pfarrer in der Ortschaft Thorr von einem Ortspolizisten vorgeladen, weil er es versäumt hatte, am Neujahrstag 1936 die katholische Kirche und das Pfarrhaus mit Hakenkreuzfahnen zu beflaggen. In seinem Bericht schrieb der Beamte, der Priester sei »nicht bejahend für die nationalsozialistische Regierung«. Zu seiner Rechtfertigung erklärte der Pfarrer, der Mann, den er damit beauftragt hatte, habe den Auftrag völlig vergessen. Als er ihn am Spätnachmittag des Neujahrstages angerufen und gebeten habe, das Versäumte nachzuholen, habe dieser erwidert, dafür sei es bereits zu dunkel. Obwohl der Polizeibeamte das für eine fadenscheinige Ausrede hielt, stellte die Staatsanwaltschaft Köln das Ermittlungsverfahren sehr bald ein.

96 Kershaw, *Popular Opinion and Political Dissent*, a.a.O., S. 206.

97 HStADK, Rep. 112/16219.

98 Einzelheiten über Kreisschulrat E. finden sich in einem anschließenden Fall, in dem es um eine verbotene Duellforderung im Dezember 1938 ging; HStADK, Rep. 112/8205.

99 Vgl. die Akte von Margareta D., HStADK, Rep. 112/16219.

100 1994 veröffentlichte Detlev Garbe das Standardwerk über die Verfolgung der Zeugen Jehovas im Dritten Reich: *Zwischen Widerstand und Martyrium. Die Zeugen Jehovas im »Dritten Reich«*, München 1994. Bis zum Erscheinen dieses Buchs wurden die Zeugen Jehovas weitgehend übersehen. Außer einigen kurzen Bemerkungen über ihre Leiden und ihren Heroismus von ehemaligen KZ-Insassen wie Eugen Kogon und Bruno Bettelheim sowie knappen Darstellungen in allgemeinen Untersuchungen über die Verfolgung religiöser Gruppen in Deutschland gibt es nur ganz wenige detaillierte Studien zu ihrer Verfolgung. Eugen Kogon, *Der SS-Staat. Das System der deutschen Konzentrationslager*, Frankfurt a. M. 1999, S. 49 und 264ff.; Bruno Bettelheim, *The Informed Heart: Autonomy in a Mass Age*, New York 1960, S. 122f., S. 182 und S. 190; Friedrich Zipfel, *Kirchenkampf in Deutschland 1933–1945. Religionsverfolgung und Selbstbehauptung der Kirchen in der nationalsozialistischen Zeit*, Berlin 1965, S. 174–203; Michael H. Kater, »Die Ernsten Bibelforscher im Dritten Reich«, in: *Vierteljahrshefte für Zeitgeschichte* 17 (1969), S. 181–218; Gerhard Hetzer, »Ernste Bibelforscher in Augsburg«, in: Broszat et al. (Hrsg.), *Bayern in der NS-Zeit*, Bd. 4: *Herrschaft und Gesellschaft im Konflikt*, a.a.O., S. 621–643; Christine Elizabeth King, *The Nazi State and the New Religions: Five Case Studies in Non-Conformity*, New York 1982; Conway, *Die nationalsozialistische Kirchenpolitik 1933–1945*, a.a.O., S. 212–215; Helmreich, *The German Churches under Hitler*, a.a.O., S. 392–397.

101 In seiner berüchtigten Schrift *Die Protokolle der Weisen von Zion und die jüdische Weltpolitik*, die 1923 erschien, behauptete Alfred Rosenberg, die Zeugen Jehovas bereiteten »seelisch die ›religiös‹-politische jüdische Weltherrschaft« vor; *Schriften und Reden*, Bd. 2, München 1943, S. 406f., zitiert in: Kater, »Die Ernsten Bibelforscher im Dritten Reich«, a.a.O., S. 185.

102 Vgl. zum Beispiel Conway, *Die nationalsozialistische Kirchenpolitik 1933–1945*, a.a.O., S. 215, und Kater, »Die Ernsten Bibelforscher im Dritten Reich«, a.a.O., S. 184. Eine andere religiöse Sekte, die den Terror stärker zu spüren bekam als die meisten anderen, war die Gemeinschaft der Siebenten-Tags-Adventisten. Obwohl sie nicht ganz so kompromisslos waren wie die Zeugen Jehovas und sich in der Regel materiell besser standen, wurden auch sie im Dritten Reich wegen ihrer religiösen Überzeugungen häufig hart bestraft. Ebenso wie die Zeugen Jehovas weigerten die Adventisten sich oft, ihren Militärdienst zu leisten, lehnten den Deutschen Gruß ab und setzten ihre Gottesdienste auch nach dem Verbot vom April 1936 fort. Das war dem Regime nicht geheuer, wie ein Brief Heydrichs vom 29. April 1936 deutlich macht, der sich in der Akte zu einem Fall gegen mehrere Siebenten-Tags-Adventisten im Regierungsbezirk Köln befindet (HStADK, Rep. 112/13060): »Die Siebenten-Tags-Adventisten-Reformbewegung verfolgt unter dem Deckmantel der religiösen Betätigung Ziele, die der Weltanschauung des Nationalsozialismus zuwiderlaufen. Die Anhänger dieser Sekte verweigern den Wehrdienst und lehnen es ab, den Deutschen Gruß anzuwenden. Sie erklären offen, daß sie kein Vaterland kennen, sondern international eingestellt seien und alle Menschen als Brüder betrachten. Da das Verhalten dieser Sekte geeignet ist, Verwirrung unter der Bevölkerung zu erregen, war ihre Auflösung zum Schutz von Volk und Staat erforderlich.« In der Akte findet sich auch ein Brief des Gestapa in Berlin vom November 1936, in dem alle Gestapostellen angewiesen wurden, die Wohnungen von Sektenmitgliedern zu durchsuchen und ihre Anführer in »Schutzhaft« zu nehmen oder ein Verfahren gegen sie einzuleiten, wenn die Beweise für eine Verurteilung ausreichten. In diesem speziellen Fall gegen die Anführer der Siebenten-Tags-Adventisten im Rheinland und über ein Dutzend Sektenmitglieder aus Bad Godesberg und Remagen wurden mindestens zwei Personen vor Gericht gestellt und zu Freiheitsstrafen verurteilt, zwei weitere verbrachten einige Zeit in »Schutzhaft«, und der Sektenführer, ein 61-jähriger Handelsvertreter namens Otto W., floh nach Holland.

103 Zipfel, *Kirchenkampf in Deutschland*, a.a.O., S. 176.

104 Kater, »Die Ernsten Bibelforscher im Dritten Reich«, a.a.O., S. 181.

105 Garbe, *Zwischen Widerstand und Martyrium*, a.a.O., S. 500.

106 Hitler hatte am 7. Oktober 1934 zu Innenminister Frick gesagt, die Zeugen Jehovas müssten »ausgerottet« werden; vgl. Garbe, *Zwischen Widerstand und Martyrium*, a.a.O., S. 189.

107 Ebd., S. 204.

108 HStADK, Rep. 8/10.

109 Kater, »Die Ernsten Bibelforscher im Dritten Reich«, a.a.O., S. 208–211; Zipfel, *Kirchenkampf in Deutschland*, a.a.O., S. 195.

110 Bettelheim, *The Informed Heart*, a.a.O., S. 122f.

111 Garbe, *Zwischen Widerstand und Martyrium*, a.a.O., S. 457f.; Kater, »Die Ernsten Bibelforscher im Dritten Reich«, a.a.O., S. 190f.

112 HStAD, RW58/3863 und RW58/4502. Der Brief befindet sich in der zweiten Akte, Bl. 151f.

113 HStAD, RW58/4502, Bl. 120.

114 HStADK, Rep. 8/10.

115 HStAD, RW58/3863.

116 HStAD, RW58/4502, Bl. 131.

Kapitel 7

1 Während des gesamten Dritten Reiches brachten die stark zensierten deutschen Zeitungen regelmäßig ausführliche Artikel über Gesetzesbrecher, sorgfältig ausgewählt, um die größtmögliche propagandistische Wirkung zu erzielen. Nicht selten wurden in diesen Artikeln auch Fälle erörtert, wo man Menschen in ein Konzentrationslager gesteckt hatte, obwohl natürlich kein einziger Bericht über Juden erschien, die man während des Krieges in Todeslager deportiert hatte. Zur Berichterstattung in den Zeitungen während der NS-Zeit allgemein vgl. Oran J. Hale, *The Captive Press in the Third Reich*, Princeton, N.J., 1964; Karl-Dietrich Abel, *Die Presselenkung im NS-Staat*, München 1968, und David Welch, *The Third Reich: Politics and Propaganda*, London 1993, S. 34–39.

2 Vgl. zum Beispiel Klaus-Michael Mallmann und Gerhard Paul,»Allwissend, allmächtig, allgegenwärtig? Gestapo, Gesellschaft und Widerstand«, in: *Zeitschrift für Geschichtswissenschaft* 41 (1993), S. 984–999; dies. (Hrsg.), *Die Gestapo – Mythos und Realität*, Darmstadt 1995; Robert Gellately,»Allwissend und allgegenwärtig? Entstehung, Funktion und Wandel des Gestapo-Mythos«, in: ebd., S. 47–70.

3 »Der entscheidende Faktor in der Routinearbeit der Gestapo war zweifellos der Zustrom von Informationen aus der breiten Bevölkerung in Form von Denunziationen«, schreibt Robert Gellately,»Denunciations and Nazi Germany: New Insights and Methodological Problems«, in: *Historical Social Research/Historische Sozialforschung* 22 (1997), S. 228–239, hier: S. 229. Zu ebenfalls kürzlich erschienenen Arbeiten, in denen die Rolle der Denunziationen im Dritten Reich hervorgehoben wird, vgl. Sheila Fitzpatrick und Robert Gellately (Hrsg.), *Accusatory Practices: Denunciation in Modern European History, 1789–1989*, Chicago 1997, und Gisela Diewald-Kerkmann, *Politische Denunziation im NS-Regime oder die kleine Macht des »Volksgenossen«*, Bonn 1995.

4 Vgl. z. B. Detlev Peukert, *Volksgenossen und Gemeinschaftsfremde. Anpassung, Ausmerze und Aufbegehren unter dem Nationalsozialismus*, Köln 1982.

5 Don Dillman, *Mail and Telephone Surveys: The Total Design Method*, New York 1978; Karl-Heinz Reuband,»Survey Methods as a Monitoring Instrument«, in: H.S.L. Garritsen et al. (Hrsg.), *Illegal Drug Use: Research Methods for Hidden Populations*, Utrecht 1993, S. 22–27.

6 Diese und alle weiteren Prozentzahlen wurden berechnet, nachdem von der Gesamtgruppe aller, die den Fragebogen ausgefüllt zurückgeschickt hatten, zunächst diejenigen abgezogen wurden, die diese Frage nicht beantwortet hatten. Von den insgesamt 188 Personen, die den Fragebogen ausgefüllt zurückgeschickt hatten, gaben zum Beispiel 82 Personen an, sie hätten an den Nationalsozialismus geglaubt, 66 gaben an, skeptisch gewesen zu sein, und 40 ließen die Frage unbeantwortet. Bislang haben wir unsere Befunde auf mehreren wissenschaftlichen Konferenzen und Symposien vorgelegt, jedoch nur einen Teil der Ergebnisse dieser Umfrage in einem Aufsatz veröffentlicht:»Die populäre Einschätzung der Gestapo. Wie allgegenwärtig war sie wirklich?«, in: Paul und Mallmann, *Die Gestapo – Mythos und Realität*, a.a.O., S. 417–436. Ein vollständiger Bericht über die Ergebnisse der Umfrage und Befunde der *Oral history* erscheint demnächst in New York: Eric A. Johnson und Karl-Heinz Reuband, *Life and Death in the Third Reich: Germans and Jews Remember*.

7 Wie die meisten Deutschen im Dritten Reich hatte auch die Mehrzahl der
   von uns Befragten nur Volksschulbildung (66 Prozent), immerhin 17 Prozent gaben Abitur oder einen akademischen Grad an, und der Rest hatte
   einen Mittel- oder Realschulabschluss. Zur Bildung im Nationalsozialismus vgl. Geoffrey J. Giles, *Students and National Socialism in Germany*, Princeton, N.J., 1985, und Richard Grunberger, *Das zwölfjährige
   Reich. Der Deutschen Alltag unter Hitler*, Wien, München und Zürich
   1972, S. 296–315.
8 Dieses Ergebnis deckt sich fast exakt mit dem einer Umfrage, die kurz
   nach dem Ende des Zweiten Weltkrieges von der US-Armee durchgeführt
   wurde. Zwischen April und Mai 1945 befragte die US-Armee 666 Personen in Marburg, Hersfeld und Eschwege im Alter von 18 bis 55 Jahren,
   ob sie während der NS-Zeit ausländische Radiosendungen gehört hatten.
   51 Prozent bejahten die Frage; lediglich 37 Prozent gaben an, sie hätten
   ausschließlich deutsche Sender gehört. Die meisten Befragten sagten aus,
   sie hätten die Auslandssendungen nur in den eigenen vier Wänden empfangen, doch viele waren dabei in Gesellschaft guter Freunde, und manchmal
   hörten sie die Sendungen auch in deren Wohnung. Fast die Hälfte derjenigen, die auf die Frage mit Ja geantwortet hatten, räumten auch ein, sie
   hätten sich über das Gehörte unterhalten, oder andere hätten ihnen Nachrichten weitergegeben, die diese wiederum über Auslandssender erfahren
   hatten. Vgl. hierzu Reinhard Mann, *Protest und Kontrolle im Dritten
   Reich. Nationalsozialistische Herrschaft im Alltag einer rheinischen Großstadt*, Frankfurt a. M. 1987, S. 262f.
9 Interview mit Alfred E., Köln, am 17. Juni 1995. Leider ist die Tonbandauf-
   nahme dieses Interviews verloren gegangen. Doch Michael Riesenkönig,
   der in unserem Projekt mitgearbeitet hat und vor kurzem im Fachbereich
   Psychologie an der Universität Köln promoviert wurde, hörte in einem
   Nachinterview mit Alfred E. am 8. Januar 1996 weitgehend dasselbe.
10 Interview mit Adam G., Krefeld, 14. Juni 1995.
11 HStAD, RW34/3, Bl. 27. Der Priester trat 1933 in die NSDAP ein und war
   seit Januar 1943 V-Mann der Gestapo.
12 Ralf Wiener, *Gefährliches Lachen. Schwarzer Humor im Dritten Reich*,
   Hamburg 1994, S. 9.
13 Arno Klönne,»Bündische Jugend, Nationalsozialismus und NS-Staat«,
   in: Jürgen Schmädeke und Peter Steinbach (Hrsg.), *Der Widerstand gegen
   den Nationalsozialismus. Die deutsche Gesellschaft und der Widerstand
   gegen Hitler*, München 1985, S. 188.
14 Adolf Hitler, *Mein Kampf*, München 1936, S. 457.
15 Michael Kater, *The Nazi Party: A Social Profile of Members and Leaders*,
   1919–1945, Oxford 1983, S. 139–148.
16 Michael Burleigh und Wolfgang Wippermann, *The Racial State. Germany 1933–1945*, Cambridge 1991, S. 204f.; Detlev Peukert,»Protest und
   Widerstand von Jugendlichen im Dritten Reich«, in: Richard Löwenthal
   und Patrik von zur Mühlen (Hrsg.), *Widerstand und Verweigerung in
   Deutschland 1933 bis 1945*, Berlin und Bonn 1984, S. 177–201, hier:
   S. 187ff.
17 Wolfgang Benz, Hermann Graml und Hermann Weiß (Hrsg.), *Enzyklopädie des Nationalsozialismus*, Stuttgart 1997, S. 513 (Stichwort»Hitler-Jugend«).
18 Adolf Klein, *Köln im Dritten Reich. Stadtgeschichte der Jahre 1933–1945*,
   Köln 1983, S. 168.

19 Detlev Peukert, »Youth in the Third Reich«, in: Richard Bessel (Hrsg.), *Life in the Third Reich*, Oxford 1987, S. 25 – 40, hier: S. 27.
20 Ute Frevert, *Frauen-Geschichte. Zwischen Bürgerlicher Verbesserung und Neuer Weiblichkeit*, Frankfurt a. M. 1993, S. 236.
21 Ebd., S. 234f.
22 Grunberger, *Das zwölfjährige Reich*, a.a.O., S. 284.
23 Ebd., S. 290.
24 Vgl. zum Beispiel Klein, *Köln im Dritten Reich*, a.a.O., S. 176, und Wilfried Breyvogel, »Resistenz, Widersinn und Opposition. Jugendwiderstand im Nationalsozialismus«, in: ders. (Hrsg.), *Piraten, Swings und Junge Garde. Jugendwiderstand im Nationalsozialismus*, Bonn 1991, S. 9 – 16, vor allem S. 10f.
25 SD-Bericht vom 7. März 1944, IfZ, Archiv Ma442/2, 1848 – 1503, zit. in: Grunberger, *Das zwölfjährige Reich*, a.a.O., S. 283f.
26 Zu Einschätzungen der öffentlichen Meinung im Dritten Reich vgl. Ian Kershaw, *Popular Opinion and Political Dissent in the Third Reich: Bavaria 1933 – 1945*, Oxford 1983; ders., *Der Hitler-Mythos. Führerkult und Volksmeinung im Dritten Reich*, Stuttgart 1999; Peukert, *Volksgenossen und Gemeinschaftsfremde*, a.a.O.; Marlis G. Steinert, *Hitlers Krieg und die Deutschen. Stimmen und Haltung der deutschen Bevölkerung im 2. Weltkrieg*, Düsseldorf und Wien 1970.
27 *Deutschlandberichte der Sopade 5* (1938), S. 1390ff., zit. in: Peukert, *Volksgenossen und Gemeinschaftsfremde*, a.a.O., S. 181.
28 Zu einer kritischen Einschätzung der Edelweißpiraten vgl. Bernd-A. Rusinek, *Gesellschaft in der Katastrophe. Terror, Illegalität, Widerstand – Köln 1944/45*, Essen 1989. Zu Einschätzungen der Jugendopposition in vielen anderen Städten vgl. Breyvogel, *Piraten, Swings und Junge Garde*, a.a.O., und Arno Klönne, »Jugendprotest und Jugendopposition. Von der HJ-Erziehung zum Cliquenwesen der Kriegszeit«, in: Martin Broszat et al. (Hrsg.), *Bayern in der NS-Zeit*, Bd. 4: *Herrschaft und Gesellschaft im Konflikt*, München 1981, S. 527 – 620.
29 Barbara Schellenberger, »Katholischer Jugendwiderstand«, in: Schmädeke und Steinbach, *Der Widerstand gegen den Nationalsozialismus*, a.a.O., S. 314. Vgl. auch dies., *Katholische Jugend und Drittes Reich. Eine Geschichte des katholischen Jungmännerverbandes 1933 – 1945 unter besonderer Berücksichtigung der Rheinprovinz*, Mainz 1975.
30 Klein, *Köln im Dritten Reich*, a.a.O., S. 171.
31 Zu Beispielen im Regierungsbezirk Köln vgl. ebd., S. 171f., und Schellenberger, »Katholischer Jugendwiderstand«, a.a.O., S. 315 – 318.
32 Schellenberger, »Katholischer Jugendwiderstand«, a.a.O., S. 320.
33 Klein, *Köln im Dritten Reich*, a.a.O., S. 171.
34 Ebd., S. 172.
35 Zit. in: Schellenberger, »Katholischer Jugendwiderstand«, a.a.O., S. 321.
36 Klein, *Köln im Dritten Reich*, a.a.O., S. 172.
37 HStADK, Rep. 112/9225.
38 Ebd.
39 Ebd.
40 Vgl. auch die ausgezeichnete Erörterung dieser Gruppen aus der Rhein-Ruhr-Region in: Alfons Kenkmann, »Navajos, Kittelbach- und Edelweißpiraten. Jugendliche Dissidenten im ›Dritten Reich‹«, in: Breyvogel, *Piraten, Swings und Junge Garde*, a.a.O., S. 138 – 158.
41 HStAD, RW58/29356.

42 In einem Interview vom 10. Februar 1993 beschrieb der Kölner Künstler Raffael B., der einer Kölner Jugendgruppe namens Navajos angehört hatte, ausführlich die Kleidung (weiße Kniestrümpfe, kurze Hosen mit Reißverschlüssen an den Hosentaschen etc.) und die Aktivitäten dieser Gruppe (Singen, auf Fahrt gehen usw.). Er schilderte auch, wie er und einige weitere Mitglieder seiner kleinen Bande während einer Fahrradtour im Sommer 1938 verhaftet worden waren und drei Tage in einer Kellerzelle in der Kölner Gestapostelle hatten verbringen müssen, bis man seinem Vater erlaubte, ihn nach Hause zu holen. Aus dem Interview wurde deutlich, dass B. sich selbst damals nicht als Gegner des Regimes verstanden hatte, auch wenn er nicht zu seinen fanatischen Anhängern zählte. So wie er sich während des Interviews darstellte, war er lediglich bis zu einem gewissen Grad nonkonformistisch. Während des Zweiten Weltkrieges diente er seinem Land ehrenhaft als Angehöriger eines Flakbataillons in Nordnorwegen und machte sich später als Kölner Künstler mit Darstellungen des Karnevals und anderer Seiten des Kölner Lebens einen Namen. Seit jeher ein eigener Kopf ohne radikale Neigungen, ist er heute überzeugt, die Kölner Edelweißpiraten seien »überwiegend Kriminelle« gewesen und dass »damals zu wenig Freiheit war, heute dagegen vielleicht zu viel«.

43 Kenkmann, »Navajos, Kittelbach- und Edelweißpiraten«, a.a.O., S. 142.

44 Ebd., S. 141. Vgl. auch Arno Klönne, *Jugend im Dritten Reich. Die Hitler-Jugend und ihre Gegner*, Düsseldorf 1982.

45 Peukert, »Youth in the Third Reich«, a.a.O., S. 16.

46 Kenkmann, »Navajos, Kittelbach- und Edelweißpiraten«, a.a.O., S. 138f.

47 Zu einer überwiegend positiven Einschätzung der Aktivitäten und Intentionen der Edelweißpiraten vgl. Matthias von Hellfeld, *Edelweißpiraten in Köln. Jugendrebellion gegen das 3. Reich. Das Beispiel Köln-Ehrenfeld*, Köln 1983; Detlev Peukert, *Die Edelweißpiraten. Protestbewegung jugendlicher Arbeiter im Dritten Reich. Eine Dokumentation*, Köln 1983; ders., *Volksgenossen und Gemeinschaftsfremde*, a.a.O., S. 183ff. Vgl. auch Anm. 28 in diesem Kapitel.

48 Kenkmann, »Navajos, Kittelbach- und Edelweißpiraten«, a.a.O., S. 154.

49 Michael Kater, *Gewagtes Spiel. Jazz im Nationalsozialismus*, Köln 1995, S. 203f. Vgl. auch Rainer Pohl, »›Schräge Vögel, mausert euch!‹ Von Renitenz, Übermut und Verfolgung. Hamburger Swings und Pariser Zazous«, in: Breyvogel, *Piraten, Swings und Junge Garde*, a.a.O., S. 241–270; Peukert, »Youth in the Third Reich«, a.a.O., S. 37–40, und ders., *Volksgenossen und Gemeinschaftsfremde*, a.a.O., S. 197–200.

50 Kater, *Gewagtes Spiel*, a.a.O., S. 203–214.

51 Ebd., S. 204.

52 Die erste große Aktion gegen die Swingjugend wurde in Hamburg im Oktober 1940 durchgeführt; Pohl, »›Schräge Vögel, mausert euch!‹«, a.a.O., S. 252.

53 Zitiert nach: ebd., S. 243.

54 Peukert, *Volksgenossen und Gemeinschaftsfremde*, a.a.O., S. 239f.

55 *Völkischer Beobachter*, 29.6.1944, zitiert in: Peukert, *Volksgenossen und Gemeinschaftsfremde*, a.a.O., S. 238.

56 Text des Interviews mit Helmut Goldschmidt in Barbara Becker-Jákli (Hrsg.), *Ich habe Köln doch so geliebt. Lebensgeschichten jüdischer Kölnerinnen und Kölner*, Köln 1993, S. 136. In einem Interview, das ich am 11. Juli 1997 in seiner Kölner Wohnung mit ihm geführt habe, erzählte er

mir noch ausführlicher über seine bis heute ungebrochene Begeisterung für Swingmusik.

57 Vgl. zum Beispiel Grunberger, *Das zwölfjährige Reich*, a.a.O., S. 121f.

58 Die Krefelder Gestapo verhaftete im September 1942 eine 22-jährige »Halbjüdin« namens Änne Hermes auf Grund der Denunziation eines fünfzehnjährigen Mädchens, weil sie angeblich ohne angehefteten gelben Stern auf die Straße gegangen war. In ihrer Akte befindet sich eine Mitteilung des Kommandanten des Konzentrationslagers Auschwitz, sie sei am 5. Mai 1943 verstorben; HStAD, RW58/21813 und RW58/29343.

59 *Kölnische Rundschau*, 7. Juli 1954.

60 Vgl. zum Beispiel George Mosse, *Nationalismus und Sexualität. Bürgerliche Moral und sexuelle Normen*, München 1985, S. 193–225, vor allem S. 198ff.

61 Vgl. etwa die Autobiografie von Pierre Seel, einem Elsässer Homosexuellen, der mehrere Monate in einem Konzentrationslager eingesperrt war und dann zur deutschen Wehrmacht ging: *Ich, Pierre Seel, deportiert und vergessen. Ein Bericht*, Köln 1996.

62 Nach den amtlichen statistischen Angaben im *Statistischen Jahrbuch für das Deutsche Reich*, Berlin 1937, S. 593, wurden 1934 nur vier und 1936 nur sechs Frauen wegen Vergehens gegen den Paragraphen 175 des deutschen Strafgesetzbuchs verurteilt. Zur Lage lesbischer Frauen in der NS-Zeit vgl. Claudia Schoppmann, »Zur Situation lesbischer Frauen in der NS-Zeit«, in: Günter Grau (Hrsg.), *Homosexualität in der NS-Zeit. Dokumente einer Diskriminierung und Verfolgung*, Frankfurt a. M. 1993, S. 35–42, und dies., *Nationalsozialistische Sexualpolitik und weibliche Homosexualität*, Pfaffenweiler 1991.

63 Burleigh und Wippermann, *The Racial State*, a.a.O., S. 190.

64 *Statistisches Jahrbuch für das Deutsche Reich*, Berlin 1937, S. 592; dass., Berlin 1938, S. 610.

65 Harry Oosterhuis, »Medicine, Male Bonding and Homosexuality in Nazi Germany«, in: *Journal of Contemporary History* 32 (1997), S. 187–205, hier: S. 189.

66 Zu Schätzungen, wie viele Homosexuelle in Konzentrationslagern interniert waren und wie viele dort umkamen, vgl. ebd., S. 188; Burleigh und Wippermann, *The Racial State*, a.a.O., S. 196f.; Richard Plant, *The Pink Triangle: The Nazi War Against Homosexuals*, New York 1986, S. 180; Rüdiger Lautmann (Hrsg.), *Seminar: Gesellschaft und Homosexualität*, Frankfurt a. M. 1977, S. 351.

67 Mosse, *Nationalismus und Sexualität*, a.a.O., S. 199.

68 Oosterhuis, »Medicine, Male Bonding and Homosexuality in Nazi Germany«, a.a.O., S. 189. Die Einschätzung Oosterhuis' wird bestätigt von Burkhard Jellonek, »Staatspolizeiliche Fahndungs- und Ermittlungsmethoden gegen Homosexuelle. Regionale Differenzen und Gemeinsamkeiten«, in: Paul und Mallmann, *Die Gestapo – Mythos und Realität*, a.a.O., S. 343–356.

69 Oosterhuis, »Medicine, Male Bonding and Homosexuality«, a.a.O., S.188.

70 Als herausragende Beispiele zitiert Oosterhuis Burleigh und Wippermann, *The Racial State*, a.a.O.; Robert N. Proctor, *Racial Hygiene: Medicine under the Nazis*, Cambridge, Mass., 1988, und Robert J. Lifton, *Ärzte im Dritten Reich*, Stuttgart 1988.

71 Oosterhuis, »Medicine, Male Bonding and Homosexuality«, a.a.O., S.191. Zu Himmlers Einstellung zur Homosexualität vgl. auch

Heinz Höhne, *Der Orden unter dem Totenkopf*, Gütersloh 1969, S. 129–141.

72 Zur Behandlung von Homosexuellen durch dieses Institut vgl. Geoffrey Cocks, *Psychotherapy in the Third Reich: The Göring Institute*, New York 1985, vor allem S. 202–216.

73 Vgl. zum Beispiel die Autobiografie von Pierre Seel, *Ich, Pierre Seel*, a.a.O.

74 Zum Fall des Zahntechnikers vgl. HStAD, RW58/62605 und RW58/36005. Zum Fall des Handelsvertreters vgl. HStAD, RW58/2448.

75 In der Zufallsstichprobe von sechzehn Fällen waren von jedem Fall durchschnittlich zwei Personen betroffen. Im umfangreichsten Verfahren wurde gegen sieben Personen ermittelt, die homosexueller Praktiken beschuldigt wurden, in einem weiteren Fall gab es drei Beschuldigte, die übrigen Fälle betrafen nur einzelne Personen.

76 Vgl. zum Beispiel HStAD, RW58/62752.

77 Vgl. zum Beispiel HStAD, RW58/62605.

78 HStAD, RW58/63516 und HStAD, RW58/35377.

79 Ebd.

80 HStAD, RW58/23922.

81 Ebd.

82 Ebd.

83 HStAD, RW58/24269.

84 HStADK, Rep. 112/10776. Die Behauptung, sie neige dazu, andere zu denunzieren, wurde von Josef P., dem Mann, den sie beschuldigt hatte, im Verlauf der darauf folgenden Ermittlungen aufgestellt.

85 Dass dies häufig geschah, wird aus vielen Fällen in den Akten deutlich. Zum Umgang der NSDAP mit Denunziationen vgl. Diewald-Kerkmann, *Politische Denunziation im NS-Regime*, a.a.O., und John Connelly, »The Uses of *Volksgemeinschaft*: Letters to the NSDAP Kreisleitung Eisenach, 1939–1940«, in: *The Journal of Modern History* 68 (1996), S. 899–930.

86 HStADK, Rep. 112/10739 und Rep. 112/15295.

87 HStADK, Rep. 112/11449.

88 Ebd.

89 Ebd.

90 Ebd.

91 Zur Verfolgung der »Asozialen« durch die Nationalsozialisten vgl. zum Beispiel Burleigh und Wippermann, *The Racial State*, a.a.O., S. 167–182; Wolfgang Ayaß, »*Asoziale« im Nationalsozialismus*, Stuttgart 1995. Zur Behandlung von so genannten Judenfreunden vgl. Sarah Gordon, *Hitler, Germans, and the »Jewish Question«*, Princeton, N.J., 1984, und Robert Gellately, *Die Gestapo und die deutsche Gesellschaft. Die Durchsetzung der Rassenpolitik 1933–1945*, Paderborn 1993, S. 182–210.

Kapitel 8

1 In den gängigen Darstellungen des Überfalls auf den Sender Gleiwitz wird SS-Sturmbannführer Naujocks als Anführer genannt. Nach dem Krieg wurde Naujocks Geschäftsmann in Hamburg und verkaufte der Presse die Geschichte, er habe den Zweiten Weltkrieg begonnen. Vgl. zum Beispiel William S. Shirer, *Aufstieg und Fall des Dritten Reiches*, Köln und Berlin 1961, S. 545f., und Louis L. Snyder, *Encyclopedia of the Third Reich*, New York 1976, S. 116 und S. 245. Doch während Schäfers Verneh-

mung wegen seiner Beteiligung an der Deportation und Ermordung Kölner Juden behauptete dieser, tatsächlich sei er derjenige gewesen, der den Überfall angeführt hatte; HStADK, Rep. 231/447, Bl. 14f. Auch Schäfers Behauptung stieß damals auf ein beträchtliches Presse-Echo. Vgl. hierzu »Kölner Schwurgericht: ›Aktion Auerhahn‹ eröffnete den Krieg 1939«, in: *Kölner Stadt-Anzeiger*, 7. Oktober 1951, und »6000 Frauen und Kinder vergast«, in: *Westdeutsche Neue Presse*, 7. Oktober 1952.

2 Zum Kriegsverlauf vgl. Gerhard L. Weinberg, *A World at Arms: A Global History of World War II*, Cambridge 1994. Zur Stimmung in der deutschen Bevölkerung zu Beginn des Krieges vgl. Ian Kershaw, *Der Hitler-Mythos. Führerkult und Volksmeinung im Dritten Reich*, Stuttgart 1999, S. 186f. und S. 201f.

3 Howard K. Smith, *Last Train From Berlin*, New York 1942, S. 116f.

4 Ebd., S. 118ff.

5 In seinem Buch *A World at Arms*, a.a.O., S. 470, behauptet Gerhard Weinberg, die deutschen Lebensmittelrationen seien bis in die letzten Monate des Krieges die besten aller bedeutenden kriegführenden Mächte gewesen. Zu den Verhältnissen in Köln vgl. Adolf Klein, *Köln im Dritten Reich. Stadtgeschichte der Jahre 1933–1945*, Köln 1983, S. 250.

6 Weinberg, *A World at Arms*, a.a.O., S. 473.

7 Ob es tatsächlich die Predigt Galens war, die Hitler dazu bewog, das »Euthanasie«-Programm am 24. August 1941 offiziell abzubrechen, ist noch umstritten. Michael Burleigh und Wolfgang Wippermann, *The Racial State: Germany 1933–1945*, Cambridge 1991, S. 153, behaupten zum Beispiel, das Programm sei wahrscheinlich deshalb gestoppt worden, weil es sein ursprüngliches zahlenmäßiges Ziel bereits erreicht hatte.

8 Klein, *Köln im Dritten Reich*, a.a.O., S. 256.

9 Kershaw, *Der Hitler-Mythos*, a.a.O., S. 230; ders., *Popular Opinion and Political Dissent in the Third Reich: Bavaria 1933–1945*, Oxford 1983, S. 309f.

10 Kershaw, *Der Hitler-Mythos*, a.a.O., S. 230 und S. 235.

11 Der Pedell der Universität München informierte am 18. Februar die Gestapo, er habe die Scholls dabei ertappt und festgehalten, als sie Flugblätter im Treppenhaus und in den Gängen des Hauptgebäudes der Universität München verteilten. Am 22. Februar wurde den Geschwistern Scholl und einem weiteren Mitglied ihres Kreises, Christian Probst, vor dem Volksgerichtshof unter dem eigens angereisten Roland Freisler als Vorsitzendem der Prozess gemacht. Alle drei wurden wenige Stunden nach dem Schuldspruch enthauptet. In einem zweiten Prozess gegen vierzehn weitere Mitglieder der »Weißen Rose«, der am 19. April 1943 begann, wurden Alexander Schmorell, Willi Graf und Professor Kurt Huber zum Tode verurteilt; alle übrigen Angeklagten erhielten mit einer einzigen Ausnahme Gefängnis- und Zuchthausstrafen zwischen sechs Monaten und zehn Jahren. Am 13. Juli 1943 begann ein dritter Prozess, in dem ein weiterer Verschwörer zu sechs Monaten Gefängnis verurteilt und drei Mitangeklagte freigesprochen wurden. Mit diesen Prozessen wurde der Kern der »Weißen Rose« in München zerschlagen, doch der Einfluss dieser Gruppe war damit nicht ausgeschaltet. Einige Studenten verteilten auch weiterhin Flugblätter der »Weißen Rose« in München und anderen Orten, die R.A.F. warf über Deutschland tausende von Flugblättern ab, Thomas Mann und andere sprachen im Juli 1943 in Sendungen der BBC über die »Weiße Rose«, und das Nationalkomitee »Freies Deutschland« ver-

teilte Flugblätter über diese Widerstandsgruppe an der Front. Zur »Weißen Rose« vgl. Inge Scholl, *Die Weiße Rose*, Frankfurt 1982; Christian Petry, *Studenten aufs Schafott. Die Weiße Rose und ihr Scheitern*, München 1968, und Michael Schneider und Winfried Süß, *Keine Volksgenossen*, München 1993.

12 Zu neueren Arbeiten über den 20. Juli vgl. zum Beispiel Peter Hoffmann, *Claus Schenk Graf von Stauffenberg und seine Brüder*, Stuttgart 1992; Joachim Fest, *Staatsstreich. Der lange Weg zum 20. Juli*, Berlin 1994.

13 Zu Freisler und zum Volksgerichtshof vgl. etwa Hannsjoachim W. Koch, *Volksgerichtshof. Politische Justiz im Dritten Reich*, München 1987; Klaus Marxen, *Das Volk und sein Gerichtshof. Eine Studie zum nationalsozialistischen Volksgerichtshof*, Frankfurt a. M. 1994; Edmund Lauf, *Der Volksgerichtshof und sein Beobachter. Bedingungen und Funktionen der Gerichtsberichterstattung im Nationalsozialismus*, Opladen 1994.

14 Vgl. hierzu die knappen Zusammenfassungen und nützlichen Literaturhinweise in: Wolfgang Benz und Walter H. Pehle (Hrsg.), *Lexikon des deutschen Widerstandes*, Frankfurt a. M. 1994.

15 Weinberg, *A World at Arms*, a.a.O., S. 483.

16 Zum alliierten Bombenkrieg vgl. zum Beispiel Alan J. Levine, *The Strategic Bombing of Germany, 1940–1945*, Westport, Conn., 1992, und Hans Rumpf, *Das war der Bombenkrieg. Deutsche Städte im Feuersturm*, Oldenburg und Hamburg 1961.

17 Reinhard Feinendegen und Dieter Pützhofen (Hrsg.), *22. Juni 1943, als Krefeld brannte. Augenzeugenberichte von der Bombennacht*, Krefeld 1993, S. 17. Vgl. auch die ähnliche Einschätzung von Bernhard Schmidt und Fritz Burger über die Wirkung der Bombardierungen in der Nachbarstadt Moers: *Tatort Moers. Widerstand und Nationalsozialismus im südlichen Altkreis Moers*, Moers 1995, S. 391. Diese Autoren sind der Meinung, dass auch die von der R.A.F. abgeworfenen Flugblätter, in denen die Bevölkerung aufgerufen wurde, sich gegen Hitler zu stellen, wenig bewirkt hätten.

18 Zu Augenzeugenberichten über die Bombardierungen Kölns vgl. zum Beispiel Heinz Decker et al. (Hrsg.), *Alltagsgeschichte im Agnesviertel. Die Kriegszeit 1939–1945*, Köln 1989.

19 Klein, *Köln im Dritten Reich*, a.a.O., S. 253ff.

20 Robert Frohn, *Köln 1945–1981. Vom Trümmerhaufen zur Millionenstadt*, Köln 1982, S. 25, zitiert in: Klein, *Köln im Dritten Reich*, a.a.O., S. 260.

21 Klein, *Köln im Dritten Reich*, a.a.O., S. 280.

22 Zu einem faszinierenden Vergleich der Art und Weise, wie Deutsche und Japaner sich an den Krieg erinnern, vgl. Ian Buruma, *Erbschaft der Schuld. Vergangenheitsbewältigung in Deutschland und Japan*, Reinbek 1996. Eine ausgezeichnete Untersuchung über die unterschiedliche Verarbeitung der NS-Vergangenheit in Ost- und Westdeutschland ist die Arbeit von Jeffrey Herf, *Zweierlei Erinnerung. Die NS-Vergangenheit im geteilten Deutschland*, Berlin 1998.

23 Über »Fremdarbeiter« im Nationalsozialismus vgl. Ulrich Herbert, *Fremdarbeiter im Dritten Reich. Politik und Praxis des »Ausländer-Einsatzes« in der deutschen Kriegswirtschaft*, Berlin 1985, und Edward L. Homze, *Foreign Labor in Nazi Germany*, Princeton, N. J., 1967.

24 Vgl. die Erörterung über die personelle Stärke der Gestapo in Köln und anderen deutschen Städten im 2. Kapitel.

25 Zur Beteiligung gewöhnlicher Deutscher am Massenmord an den Juden vgl. die bestürzenden Untersuchungen von Christopher R. Browning, *Ganz normale Männer. Das Reserve-Polizeibataillon 101 und die »Endlösung« in Polen*, Reinbek 1993; Daniel J. Goldhagen, *Hitlers willige Vollstrecker. Ganz gewöhnliche Deutsche und der Holocaust*, Berlin 1996; Raul Hilberg, *Täter-Opfer-Zuschauer. Die Vernichtung der Juden 1933–1945*, Frankfurt a. M. 1992.

26 Der *Westdeutsche Beobachter*, das führende NS-Propagandaorgan im Westen Deutschlands, walzte die Geschichte in aller Ausführlichkeit breit, doch auch die ehemals hoch angesehene und auch damals noch weniger parteiische *Kölnische Zeitung* brachte einen längeren Bericht über die Hinrichtung. Weitere Schilderungen des Falls finden sich in: Hans Wüllenweber, *Sondergerichte im Dritten Reich. Vergessene Verbrechen der Justiz*, Frankfurt a. M. 1990; Ralph Angermund, *Deutsche Richterschaft 1919–1945. Krisenerfahrung, Illusion, politische Rechtsprechung*, Frankfurt a. M. 1990, S. 213.

27 Angermund, *Deutsche Richterschaft*, a.a.O., S. 213.

28 Während des gesamten Monats Juni 1942 zum Beispiel brachte die Kölner Ausgabe des *Westdeutschen Beobachters* Artikel über insgesamt zwanzig Personen (fünfzehn Männer und fünf Frauen), die wegen Gesetzesverstößen verurteilt wurden. In sämtlichen Fällen lautete das Anklagedelikt Plünderung oder Diebstahl. Nur drei davon, darunter der Fall Paula W., endeten mit einem Todesurteil. In einem der Berichte ging es um eine 44-jährige verheiratete Frau namens Maria H. aus Köln-Ehrenfeld, die nach dem Bombenangriff vom 31. Mai 1942 ebenfalls beim Plündern erwischt wurde. Im Gegensatz zu Paula W. wurde sie jedoch lediglich zu vier Jahren Zuchthaus verurteilt.

29 Den »Klingelpütz Gefangenenbüchern«, HStADK, Rep. 300, Nr. 1–15, lässt sich außerdem entnehmen, dass zwei weitere Kölner Frauen »in ihrer Zelle erhängt aufgefunden« wurden, beide im März 1942. Außer den fünf Frauen aus Köln wurden Frauen aus Bonn, Krefeld, Duisburg, Düsseldorf, Essen, Arnsberg, Dortmund und anderen Städten im Klingelpütz hingerichtet. Es besteht keine absolute Gewissheit, dass in den Gefangenenbüchern des Klingelpütz alle Frauen verzeichnet sind, die in diesen Jahren hingerichtet wurden. Man weiß von mindestens einer weiteren Frau, einer Jüdin, die in der Kölner Messehalle in Köln-Deutz, die zu einer Art Konzentrationslager umgewidmet worden war, mit einer Spritze hingerichtet wurde. Dennoch sind diese Gefangenenbücher anscheinend bis in die letzten Kriegsmonate weitgehend vollständig und mit Sicherheit verlässlicher als das »Verzeichnis über Hinrichtungen 1941–1944«, HStADK, Rep. 132/715, das insgesamt nur die Namen von dreizehn im Klingelpütz hingerichteten Frauen enthält.

30 Angermund, *Deutsche Richterschaft*, a.a.O., S. 213.

31 Zitiert in: Klein, *Köln im Dritten Reich*, a.a.O., S. 264.

32 Zu Beispielen für solche Beschwerden des Reichsjustizministeriums bei den Kölner Justizbehörden in den ersten Kriegsjahren vgl. HStADK, Rep. 11/1812, »Zu milde Urteile«, und HStADK, Rep. 11/1661, »Kriege gegen Deutschland«.

33 Angermund, *Deutsche Richterschaft*, a.a.O., S. 201.

34 HStADK, Rep. 11/1161, Bl. 83.

35 Ebd., Bl. 102.

36 Ebd., Bl. 109.

37 Ebd.
38 Angermund, *Deutsche Richterschaft*, a.a.O., S. 206f. und S. 228f.
39 Die Computeranalyse einer Zufallsstichprobe von 51 Fällen aus den Vor-
   kriegs- und 49 Fällen aus den Kriegsjahren vor dem Kölner Sondergericht,
   die mit einer Verurteilung endeten, hat ergeben, dass im Zeitraum 1933
   bis 1939 zwischen der Aufnahme der Ermittlungen und dem Tag der
   Urteilsverkündung durchschnittlich 3,4 Monate vergingen, während diese
   Spanne in der Zeit von 1940 bis 1945 bei durchschnittlich 6,2 Monaten
   lag. Die im Krieg gefällten Urteile waren allerdings nachweislich härter. In
   den Vorkriegsjahren lag der Mittelwert der vom Kölner Sondergericht
   verhängten Freiheitsstrafen bei sechs Monaten, in den Kriegsjahren dagegen bei achtzehn Monaten Zuchthaus.
40 Richard J. Evans, *Rituals of Retribution. Capital Punishment in Germany
   1600–1987*, Oxford 1996, S. 689.
41 Ebd., S. 689f.
42 Angermund, *Deutsche Richterschaft*, a.a.O., S. 206; Lothar Gruchmann,
   *Justiz im Dritten Reich. Anpassung und Unterwerfung in der Ära Gürt-
   ner*, München 1988, S. 252.
43 Wolfgang Idel, *Die Sondergerichte in politischen Strafsachen*, Schramberg
   1935, S. 36, zitiert in: Ingo Müller, *Furchtbare Juristen. Die unbewältigte
   Vergangenheit unserer Justiz*, München 1987, S. 147.
44 Müller, *Furchtbare Juristen*, a.a.O., S. 148f.
45 Evans, *Rituals of Retribution*, a.a.O., S. 693.
46 Ebd., S. 729.
47 Angermund, *Deutsche Richterschaft*, a.a.O., S. 216f.
48 Vgl. Heinz Wagner, »Die Polizei im Faschismus«, in: Udo Reifner und
   Bernd-Rüdiger Sonnen (Hrsg.), *Strafjustiz im Dritten Reich*, Frankfurt a. M. 1984, S. 161–172, vor allem S. 167ff.
49 HStADK, Rep. 11/1661, Bl. 102.
50 Ebd.
51 Aus einer Zufallsstichprobe von 368 nichtjüdischen Angeklagten ohne
   Vorstrafe wurden zwischen 1933 und 1945 nur 40 vom Kölner Sondergericht verurteilt. Von den Verurteilten erhielten 60 Prozent eine Gefängnisstrafe von zumeist unter einem Jahr, 20 Prozent eine Zuchthausstrafe
   (von mindestens einem Jahr), und 18 Prozent wurden mit einer Geldbuße
   belegt. Ein weiterer Angeklagter wurde in eine so genannte Irrenanstalt
   eingewiesen.
52 In einer Zufallsstichprobe aus jeder achten Krefelder Gestapoakte betrug
   der Anteil der nichtjüdischen vorbestraften Beschuldigten in den Vorkriegsjahren 22 Prozent und stieg in den Kriegsjahren auf 30 Prozent an.
   Obwohl aus den Akten nicht immer hervorgeht, was mit den Beschuldigten geschah, deren Fall einem Gericht übergeben wurde, erhielten die Vorbestraften anscheinend Haftstrafen mit einer durchschnittlichen Dauer
   von einem Jahr, während die bislang unbescholtenen Angeklagten zu Freiheitsstrafen zwischen einigen Wochen und einigen Monaten verurteilt
   wurden.
53 Angermund, *Deutsche Richterschaft*, a.a.O., S. 212.
54 Vgl. zum Beispiel Reinhard Mann, *Protest und Kontrolle im Dritten
   Reich. Nationalsozialistische Herrschaft im Alltag einer rheinischen Großstadt*, Frankfurt a. M. 1987, S. 261–266; Klaus-Michael Mallmann und
   Gerhard Paul, *Herrschaft und Alltag. Ein Industrierevier im Dritten
   Reich*, Bonn 1991, S. 346–352; Ana Perez Belmonte, »›Schwarzhören‹«

im II. Weltkrieg. Die Ahndung von ›Rundfunkverbrechen‹ im Sondergerichtsbezirk Essen 1939–1945«, unveröffentl. Magisterarbeit an der Universität Köln 1997.

55 Der Durchschnittsverdienst eines Arbeiters betrug zwischen 100 und 200 Reichsmark im Monat. Ein großer Volksempfänger kostete in Köln 70 RM, ein kleines Gerät 35 RM, vgl. Klein, *Köln im Dritten Reich*, a.a.O., S. 247. Die Preise waren im ganzen Reich mehr oder weniger dieselben. Allerdings konnten sich die meisten deutschen Haushalte bessere Geräte leisten als die billigen Volksempfänger. Von den insgesamt 18,2 Millionen Rundfunkgeräten in deutschen Haushalten im Jahr 1943 waren lediglich 39 Prozent Volksempfänger. Hierzu und zu weiteren Einzelheiten des Volksempfängers vgl. Ansgar Dillar, »Der Volksempfänger. Propagandaund Wirtschaftsfaktor«, in: *Studienkreis Rundfunk und Geschichte* 9 (1983), S. 140–157.

56 Zur Natur und zum Inhalt dieser Sendungen vgl. Konrad Pütter, *Rundfunk gegen das »Dritte Reich«. Ein Handbuch*, München 1986, und BBC (Hrsg.), »*Hier ist England*« – »*Live aus London*«. *Das Deutsche Programm der British Broadcasting Corporation 1938–1988*, London 1988.

57 Konrad Adenauer, *Erinnerungen 1945–1953*, Frankfurt a. M. 1967, S. 13.

58 Smith, *Last Train from Berlin* (Anm. 3), S. 109.

59 Ebd., S. 110.

60 BBC, »*Hier ist England*«, a.a.O., S. 7 und S. 10.

61 Wie im vorhergehenden Kapitel dargelegt, erklärten 53 Prozent derjenigen, die unseren Fragebogen an ältere Einwohner Kölns ausgefüllt zurückgeschickt hatten, sie hätten während des Krieges Sendungen der BBC gehört. In der Umfrage der US-Armee gaben ebenfalls 51 Prozent der Befragten an, solche Sendungen gehört zu haben. Wenn demnach rund die Hälfte der Deutschen während des Krieges diese Sendungen gehört hatten, musste die BBC 20 bis 30 Millionen deutsche Hörer erreicht haben.

62 HStADK, Rep. 112/6215. Nach einer amtlichen Statistik lebten im Januar 1941 in Köln-Bayenthal 13173 Einwohner, im Januar 1942 waren es 13 002. Zu diesen Zahlen vgl. HStADK, Rep. 23/272.

63 In meiner Zufallsstichprobe aus jeder achten Krefelder Gestapoakte fanden sich insgesamt vier Fälle mit dieser Anschuldigung, die in den Karteikarten nicht unter dem Stichwort »Rundfunkverbrechen« eingeordnet waren. Multipliziert man diese Zahl mit acht und addiert das Ergebnis zu den 16 bereits unter dem Stichwort »Rundfunkverbrechen« einsortierten Fällen, so ergeben sich 48 Fälle, in denen Krefelder Bürger eines solchen Vergehens beschuldigt wurden.

64 Unter den 310 Fällen des Kölner Sondergerichts, in denen es um diese Anschuldigung ging, waren 70 Prozent der Beschuldigten Männer und 30 Prozent Frauen.

65 In den Jahren von 1942 bis 1945 betrug die jährliche Anzahl der Fälle 46, 30, 35 und 4.

66 Interview am 14. Juni 1995 in Krefeld mit Adam G., einem ehemaligen Wehrmachtssoldaten, der an der Ostfront häufig die Sendungen der BBC gehört hatte. Interview am 17. Juni 1995 in Köln mit Alfred E., einem früheren Polizisten aus Eberswalde und Wachmann im Konzentrationslager Dachau, der bei sich zu Hause regelmäßig die BBC-Sendungen hörte.

67 In ihrer Untersuchung über 64 Personen, gegen die von der Essener Gestapo wegen »Rundfunkverbrechen« ermittelt wurde, fand Ana Perez Belmonte heraus, dass die Gestapo nur zwei Personen, gegen die sie ermittelt

hatte, in ein Konzentrationslager schickte. Beide waren vorbestraft, und einer gehörte früher der KPD an; Perez Belmonte, »›Schwarzhören‹ im II. Weltkrieg«, a.a.O., S. 49.

68 HStAD, RW58/11707.

69 Zwei Fälle stammen aus den Krefelder Gestapoakten: HStAD, RW58/48526 und RW58/4257 sowie RW58/2018 und RW58/59973. Der dritte stammt aus den Akten des Kölner Sondergerichts: HStADK, Rep. 112/18332.

70 HStADK, Rep. 112/18332.

71 Ebd.

72 Ebd.

73 HStADK, Rep. 112/13663.

74 HStADK, Rep. 112/12215.

75 HStADK, Rep. 112/12214.

76 Ebd.

77 Zur Behandlung der Fälle wegen Wehrkraftzersetzung durch den Volksgerichtshof vgl. beispielsweise Koch, *Volksgerichtshof*, a.a.O., vor allem S. 223. Zu den Militärgerichten vgl. Manfred Messerschmidt und Fritz Wüllner, *Die Wehrmachtsjustiz im Dienste des Nationalsozialismus*, Baden-Baden 1987. Vgl. auch Mallmann und Paul, *Herrschaft und Alltag*, a.a.O., S. 381–383.

78 Zitiert in: Müller, *Furchtbare Juristen*, a.a.O., S. 151.

79 Ebd., S. 152.

80 Koch, *Volksgerichtshof*, a.a.O., S. 224.

81 Müller, *Furchtbare Juristen*, a.a.O., S. 151.

82 Nach Messerschmidt und Wüllner wurden im letzten Vierteljahr 1944 monatlich etwa 700 Wehrmachtssoldaten wegen dieses Vergehens hingerichtet, vgl. dies., *Die Wehrmachtsjustiz im Dienste des Nationalsozialismus*, a.a.O., S. 132.

83 HStAD, RW58/6323.

84 HStAD, RW58/26359.

85 Ebd. Nach der Niederlage Polens wurden fast 11 000 polnische Soldaten, darunter 8300 Offiziere, vermisst und schienen auf rätselhafte Weise verschwunden zu sein. Im Februar 1943 entdeckte ein deutsches Nachrichtenregiment im Wald von Katyn bei Smolensk die Gräber von 4800 erschossenen polnischen Offizieren. Die deutsche Regierung behauptete, die Morde seien im Frühjahr 1940 von den Sowjets verübt worden. In den Nürnberger Prozessen wurde diese Behauptung von russischer Seite zurückgewiesen. Das Gericht schloss sich jedoch der Auffassung der Deutschen an, da die polnischen Offiziere seit April 1940, als das Territorium noch von den Sowjets kontrolliert wurde, keine Briefe mehr an ihre Angehörigen geschrieben hatten. Vgl. Joseph Persico, *Nuremberg: Infamy on Trial*, New York 1994, S. 359.

86 Es war das Gericht der Feldkommandantur (V) 244. Der Fall erhielt das Aktenzeichen St.L.Nr. 73/44.

87 Vgl. zum Beispiel Kershaw, *Popular Opinion and Political Dissent in the Third Reich*, a.a.O., S. 224–277.

88 Zu einer Diskussion einiger unserer Umfrageergebnisse im Zusammenhang mit der Kenntnis der deutschen Bevölkerung vom Massenmord an den Juden vgl. Eric A. Johnson und Karl-Heinz Reuband, »Die populäre Einschätzung der Gestapo. Wie allgegenwärtig war sie wirklich?«, in: Gerhard Paul und Klaus-Michael Mallmann (Hrsg.), *Die Gestapo – Mythos und Realität*, Darmstadt 1995, S. 428–430.

89 Vgl. zum Beispiel HStAD, RW58/29078 und RW58/62370.

90 HStAD, RW58/65449.

91 Bernward Dörner, der ebenfalls die Behandlung der Fälle von Verstößen gegen das Heimtückegesetz durch die Krefelder Gestapo untersucht hat, erinnert jedoch daran, dass für die Beschuldigten selbst mit einer Einstellung der Ermittlungen die Angelegenheit noch nicht erledigt war: »Die Einstellung der Ermittlungen bedeutete nicht das Ende des Terrors. Die Beschuldigten hatten eine Erklärung zu unterschreiben, die ihnen für den Fall einer erneuten Anzeige mit ›staatspolizeilichen Maßnahmen‹ drohte [...] In zahlreichen Fällen verloren die Beschuldigten ihren Arbeitsplatz oder mußten ihren Betrieb aufgeben.« Bernward Dörner, »Gestapo und ›Heimtücke‹. Zur Praxis der Geheimen Staatspolizei bei der Verfolgung von Verstößen gegen das ›Heimtücke-Gesetz‹«, in: Paul und Mallmann, *Die Gestapo – Mythos und Realität*, a.a.O., S. 341f.

92 HStADK, Rep. 112/8237.

93 Ebd.

94 Zur inneren Lage in Deutschland gegen Kriegsende vgl. zum Beispiel Rolf-Dieter Müller und Gerd R. Ueberschär, *Kriegsende 1945. Die Zerstörung des Deutschen Reiches*, Frankfurt a. M. 1994.

95 Zu einer bewegenden Schilderung der furchtbaren Erlebnisse eines Mannes, der im letzten Kriegsjahr der Kölner Gestapo in die Hände fiel, vgl. Leo Schwering, *In den Klauen der Gestapo. Tagebuchaufzeichnungen der Jahre 1944–1945*, Köln 1988.

96 Tausende wurden in »Schutzhaft« genommen, außerdem zahlreiche »Fremdarbeiter« inhaftiert. Leider sind nur für einige Jahre des Dritten Reiches Gefängnisstatistiken von Köln verfügbar. Doch aus den vorhandenen Unterlagen ergibt sich beispielsweise, dass allein im Jahr 1934 18 203 Personen (15 740 Männer und 2463 Frauen) im Klingelpütz einsaßen. »Gefängnisstatistik Köln«, HStADK, Rep. 321/190–191. Es lässt sich auch nicht exakt feststellen, wie viele Menschen im Klingelpütz hingerichtet wurden. Die Schätzung von 1000 bis 1500 Hinrichtungen stammt aus dem Begleitkatalog zu einer Ausstellung des Historischen Archivs der Stadt Köln von 1974: *Widerstand und Verfolgung in Köln 1933–1945*, Köln 1981 (Nachdruck), S. 367. Zu einer Untersuchung der männlichen und weiblichen Insassen des Klingelpütz vgl. Eric A. Johnson, »German Women and Nazi Justice: Their Role in the Process from Denunciation to Death«, in: *Historical Social Research/Historische Sozialforschung* 20 (1995), S. 33 – 69, hier: S. 59 – 62.

97 Der Kölner Klingelpütz diente als Hinrichtungsstätte für die von den Sondergerichten in Köln, Düsseldorf, Dortmund, Essen, Hagen, Duisburg, Wuppertal, Koblenz und Münster zum Tode Verurteilten. Es existieren noch Unterlagen über die Zeit vom Februar 1941 bis März 1944, aus denen hervorgeht, dass während dieser Zeit – in die mit Ausnahme des letzten Kriegsjahres mit Sicherheit die meisten vollstreckten Todesurteile fielen – mindestens 529 Männer und 22 Frauen hingerichtet wurden; HStADK, Rep. 132/715, »Verzeichnis über Hinrichtungen 1941–1944«. Zu den hingerichteten Frauen siehe oben. Von den Männern, die zwischen Februar 1941 und März 1944 im Klingelpütz hingerichtet wurden, waren 38 in Köln geboren, 5 in Aachen, 2 in Bonn, 4 in Düren, 2 in Brühl; aus Bergheim stammte keiner der Hingerichteten. Viele von ihnen waren Ausländer: 23 waren in Paris geboren, 4 in Brüssel und zahlreiche weitere in der Ukraine und in Russland.

590

98 Barbara Becker-Jákli (Hrsg.), *Ich habe Köln doch so geliebt. Lebensgeschichten jüdischer Kölnerinnen und Kölner*, Köln 1983, S. 141f. Goldschmidt hatte im Klingelpütz Ähnliches erlebt wie ein anderer junger Jude namens Heinrich Becker, der ebenfalls 1943, allerdings sechs Monate später, hier inhaftiert war. Ebd., S. 223f.

99 Es gibt mehrere umfangreiche Aktenordner zu diesem Prozess. Leider war es nur möglich, in drei davon Einblick zu nehmen, da die übrigen sich anscheinend im Bundeskriminalamt befanden, wo sie für eine noch nicht abgeschlossene Untersuchung benötigt wurden. Die Aktenordner, die mir zugänglich waren, trugen die Bezeichnungen »Rechtswidrige Tötung von Stapo-Häftlingen im Klingelpütz«, HStADK, Rep. 248/265–266, und »Gestapoflügel im Klingelpütz«, HStADK, Rep. 231/95. Die im Bundeskriminalamt befindlichen Ordner tragen die Nummern Rep. 248/334–344.

100 Als Begründung für die Einstellung der Verfahren gab die Staatsanwaltschaft an, die beiden Hauptverdächtigen, die man wegen Mordes hätte anklagen können (für Mord gab es keine Verjährung), seien inzwischen verstorben, und die Anklagen gegen die übrigen in dem Verfahren Genannten hätten sich auf Verbrechen bezogen, die inzwischen verjährt seien; HStAD, Rep. 248/266, Bl. 351–364.

101 HStAD, Rep. 248/265, Bl. 21.

102 HStADK, Rep. 231/95, Bl. 67.

103 HStADK, Rep. 248/265, Bl. 21 und Bl. 166, sowie HStADK, Rep. 231/95, Bl. 52.

104 HStADK, Rep. 231/95, Bl. 68.

105 HStADK, Rep. 248/266, Bl. 287ff.

106 HStADK, Rep. 248/266, Bl. 230.

107 HStADK, Rep. 248/265, Bl. 24.

108 HStADK, Rep. 248/265, Bl. 170e.

Kapitel 9

1 So hat zum Beispiel Robert Gellately, der vermutlich mehr als jeder andere auf die Bedeutung von politischen Denunziationen im Dritten Reich hingewiesen hat, in jüngster Zeit in Frage gestellt, dass der NS-Staat überhaupt ein Polizeistaat war: »Diese Befunde über die Rolle von Denunziationen für die alltäglichen Operationen der Polizei und meine Kennzeichnung der nationalsozialistischen Polizei als im allgemeinen reaktiv und weitgehend auf die Unterstützung von außen angewiesen stellen mindestens einen Teil unserer Vorstellungen von einem ›Polizeistaat‹ und dem, was sich mit diesem Begriff verbindet, zusätzlich in Frage.« Gellately, »Denunciations in Twentieth Century Germany: Aspects of Self-Policing in the Third Reich and the German Democratic Republic«, in: *Journal of Modern History* 68 (1996), S. 931–967, hier: S. 942. An anderer Stelle hat Gellately unlängst NS-Deutschland als »eine radikale Version einer sich selbst kontrollierenden Gesellschaft« bezeichnet, vgl. »Denunciations and Nazi Germany: New Insights and Methodological Problems«, in: *Historical Social Research/Historische Sozialforschung* 22 (1997), S. 228–239, hier: S. 230. Andere Historiker behaupten inzwischen ebenfalls, die Gestapo sei in erster Linie eine »reaktive« Institution gewesen. Vgl. zum Beispiel Gisela Diewald-Kerkmann, *Politische Denunziation im NS-Regime oder die kleine Macht des »Volksgenossen«*, Bonn

1995, und Klaus-Michael Mallmann und Gerhard Paul, »Allwissend, allmächtig, allgegenwärtig? Gestapo, Gesellschaft und Widerstand«, in: *Zeitschrift für Geschichtswissenschaft* 41 (1993), S. 984–999, hier: S. 992.

2 Zu diesen Fragen vgl. zum Beispiel Michael Burleigh, *Death and Deliverance: Euthanasia in Nazi Germany c. 1900–1945*, New York 1994 (eine deutsche Übersetzung erscheint 2001 im Pendo Verlag in Zürich); Henry Friedlander, *Der Weg zum NS-Genozid. Von der Euthanasie zur Endlösung*, Berlin 1997; Gisela Bock, *Zwangssterilisation im Nationalsozialismus. Studien zur Rassenpolitik und Frauenpolitik*, Opladen 1986; Claudia Koonz, *Mütter im Vaterland*, Freiburg 1991; Atina Grossman, *Reforming Sex: The German Movement for Birth Control and Abortion Reform*, New York 1995; Michael Burleigh und Wolfgang Wippermann, *The Racial State: Germany 1933–1945*, Cambridge 1991; Eric A. Johnson, »German Women and Nazi Justice: Their Role in the Process from Denunciation to Death«, in: *Historical Social Research/Historische Sozialforschung* 20 (1995), S. 33–69; ders., »Gender, Race and the Gestapo«, in: *Historical Social Research/Historische Sozialforschung* 22 (1997), S. 240–253.

3 Wie bereits in der Erörterung unserer Umfrage unter älteren Einwohnern Kölns im 8. Kapitel erwähnt, gaben 65 Prozent der Protestanten gegenüber lediglich 51 Prozent der Katholiken an, sie hätten damals an den Nationalsozialismus geglaubt.

4 Gellatelys erste wichtige Arbeit zu diesem Thema war sein Buch *Die Gestapo und die deutsche Gesellschaft. Die Durchsetzung der Rassenpolitik 1933–1945*, Paderborn 1993. Zu seinen weiteren Veröffentlichungen über Denunziationen und zu Diewald-Kerkmanns jüngstem Buch zum selben Thema vgl. Anm. 1. Zu einer komparativen Studie über Denunziationen vgl. Sheila Fitzpatrick und Robert Gellately (Hrsg.), *Accusatory Practices: Denunciation in Modern European History, 1789–1989*, Chicago 1997.

5 Diewald-Kerkmann, *Politische Denunziation im NS-Regime*, a.a.O., S. 9.

6 Bis heute hat meines Wissens noch niemand die Denunziationen gegen Angehörige der von der Gestapo primär verfolgten Gruppen systematisch untersucht. Robert Gellately konzentrierte sich in seiner bahnbrechenden Untersuchung *Die Gestapo und die deutsche Gesellschaft*, a.a.O., auf Fälle von »Rassenschande« und »Freundschaft mit Juden«. In jüngerer Zeit hat er sich darüber hinaus mit Denunziationen befasst, die sich gegen polnische Zwangsarbeiter und Personen richteten, die Auslandssender gehört hatten. Zu einigen seiner neueren Ergebnisse vgl. ders., »Denunciations in Twentieth Century Germany«, a.a.O., vor allem S. 935–939. Ein weiterer Spezialist auf dem Gebiet der Gestapo, Gerhard Paul, hat in seinem 1996 in Hamburg erschienenen Buch *Die Gestapo in Schleswig-Holstein* ebenfalls Denunziationen gegen Personen untersucht, die »Feindsender« gehört hatten. Reinhard Mann, der wohl als erster eine systematische Studie über Denunziationen im Dritten Reich vorgelegt und die Akten der Düsseldorfer Gestapo ausgewertet hat, ist dabei nicht gesondert auf Denunziationen gegen Kommunistem, Juden oder Religionsgemeinschaften eingegangen: *Protest und Kontrolle im Dritten Reich. Nationalsozialistische Herrschaft im Alltag einer rheinischen Großstadt*, Frankfurt a. M. 1987. Die wichtige Untersuchung von Diewald-Kerkmann, *Politische Denunziation im NS-Regime*, a.a.O., bezieht ebenfalls die Gruppen, die von der Gestapo gezielt verfolgt wurden, nicht direkt mit ein.

7 Lässt man in der Zufallsstichprobe aus den Krefelder Gestapoakten die

Fälle unberücksichtigt, von denen Juden und Ausländer betroffen waren, stellt man fest, dass die Ermittlungen 97-mal durch eine Denunziation aus der Bevölkerung und 211-mal auf Grund von Informationen aus anderen Quellen ausgelöst wurden. Bei einem Vergleich der beiden Gruppen ergeben sich eindeutige Hinweise darauf, dass bei den von Denunzianten angezeigten Delikten die Konsequenzen für die Beschuldigten weitaus weniger gravierend waren. Die Personen der zweiten Gruppe wurden wesentlich häufiger in »Schutzhaft« genommen (33 gegenüber 14 Prozent), in ein Konzentrationslager überstellt (4 gegenüber 2 Prozent) oder sofort verhaftet, ohne eine Vorladung zu bekommen (71 gegenüber 26 Prozent). Und schließlich wurden in der ersten Gruppe 29, in der zweiten dagegen nur 4 Prozent relativ geringfügiger Delikte nach dem Heimtückegesetz beschuldigt, auch wenn diese Bewertung der Schwere des Delikts durchaus subjektiv war.

8 Das wird durch die Ergebnisse der Umfrage unter älteren Kölner Bürgern bestätigt, die Karl-Heinz Reuband und ich durchgeführt haben. In dieser Umfrage gab nur ein ähnlich kleiner Bruchteil der Befragten an, sie seien mindestens einmal das Opfer einer Denunziation im Dritten Reich geworden. Vgl. hierzu auch die Bestätigung in Milton Mayer, *They Thought They Were Free: The Germans 1933–45*, Chicago 1955, S. 188. Ein deutscher Lehrer in einer hessischen Stadt hatte zu Beginn der fünfziger Jahre Mayer gegenüber erklärt, im Dritten Reich seien an seiner Schule 35 Lehrer gewesen, und bis auf fünf seien alle in die NSDAP eingetreten. Doch von den 35 Lehrern seien nur vier, höchstens fünf überzeugte Nationalsozialisten gewesen. Und von diesen »war nur ein einziger wirklich so fanatisch, dass er im Stande gewesen wäre, einen Kollegen bei den Behörden zu denunzieren«.

9 Timothy Garton Ash, »The Romeo File«, in: *The New Yorker*, 28. April 1997, S. 165. Einige Schätzungen über die Zahl der Inoffiziellen Mitarbeiter der Stasi liegen wesentlich höher. In einem neueren Aufsatz zitiert Gellately einen ehemaligen Mitarbeiter der Stasi, nach dessen Angaben in den achtziger Jahren jeder achte Erwachsene in der DDR und während des gesamten DDR-Regimes ein Drittel der Bevölkerung irgendwann einmal für die Stasi gearbeitet hatte; Gellately, »Denunciations in Twentieth Century Germany«, a.a.O., S. 955. Zu einer ausführlichen Untersuchung über die Inoffiziellen Mitarbeiter der Stasi vgl. Hansjörg Geiger, *Die Inoffiziellen Mitarbeiter. Stand der gegenwärtigen Erkenntnisse*, Berlin 1993.

10 Peter Wyden, *Stella*, Göttingen 1995.

11 Richard Grunberger, *Das zwölfjährige Reich. Der Deutschen Alltag unter Hitler*, Wien, München und Zürich 1972, S. 122. Zu weiteren Untersuchungen über Denunziantinnen, die ebenfalls auf Einzelfallstudien beruhen, vgl. Inge Marßolek, *Die Denunziantin. Helene Schwärzel 1944–1947*, Bremen 1993, und Helga Schubert, *Judasfrauen. Zehn Fallgeschichten weiblicher Denunziation im Dritten Reich*, Frankfurt a. M. 1990.

12 Diewald-Kerkmann, *Politische Denunziation im NS-Regime*, a.a.O., S. 131–136; Klaus Marxen, *Das Volk und sein Gerichtshof. Eine Studie zum nationalsozialistischen Volksgerichtshof*, Frankfurt a. M. 1994, S. 71.

13 Mehrere Beispiele für deutsche Jugendliche, die ihre Eltern und Lehrer denunzierten, nachdem sie innerhalb der Hitler-Jugend dazu angehalten worden waren, finden sich in Grunberger, *Das zwölfjährige Reich*, a.a.O., S. 122.

14 In den 1132 zufällig ausgewählten Akten, die für diese Untersuchung aus-

gewertet wurden, fanden sich lediglich sechs Fälle, in denen Lehrer beschuldigt wurden, gegen das Gesetz verstoßen zu haben: zwei Akten der Krefelder Gestapo, die jüdische Lehrer, sowie vier Akten des Sondergerichts Kölns, die nichtjüdische Lehrer betrafen. Der einzige dieser sechs Fälle, in dem ein Lehrer von einem Schüler denunziert worden war, wurde bereits im Kapitel über den nationalsozialistischen Terror und die christlichen Kirchen erörtert; HStADK, Rep. 112/11381. Der Betroffene war ein katholischer Priester und Lehrer in einem Priesterseminar in Bad Godesberg, den ein ehemaliger Schüler 1934 denunziert hatte, er habe versucht, die Seminaristen gegen das Regime aufzuwiegeln. Der Fall wurde vier Jahre später eingestellt, als der Denunziant seine Anschuldigung zurücknahm. Der Priester hatte zu diesem Zeitpunkt das Land bereits verlassen. Die drei übrigen Anklagen gegen nichtjüdische Lehrer endeten ebenso wie die vorgenannte mit einer Einstellung des Verfahrens. Vgl. HStADK, Rep. 112/14520, Rep. 112/4078 und Rep. 112/6232. Die beiden jüdischen Lehrer aus Krefeld traf es allerdings härter. Der erste Fall begann am 11. April 1933, als der Schulrat in Krefeld bei dem 28-jährigen Walter K., der im Verdacht stand, Kommunist zu sein, eine Personalüberprüfung anordnete. K. floh nach Paris, bevor man ihn verhaften konnte; vgl. HStAD, RW58/54038. Der andere Fall begann im Juli 1941, als ein städtischer Inspektor einen 47-jährigen Lehrer namens Josef D., der an der jüdischen Volkshochschule in Krefeld unterrichtete, wegen Verstoßes gegen das Heimtückegesetz anzeigte. Obwohl die Gestapo damals beschloss, den Lehrer lediglich zu verwarnen, wurden er und seine Frau am 21. April 1942 »in den Osten evakuiert«. Vgl. HStAD, RW58/59311.

15 Zu den Wählern der NSDAP vgl. vor allem Thomas Childers, *The Nazi Voter: The Social Foundations of Fascism in Germany, 1919–1933*, Chapel Hill, N.C., 1983; Richard Hamilton, *Who Voted for Hitler?*, Princeton, N.J., 1982; Jürgen W. Falter, *Hitlers Wähler*, München 1991. Zur sozialen Struktur der NSDAP vgl. Michael H. Kater, *The Nazi Party: A Social Profile of Members and Leaders, 1919–1945*, Oxford 1983, und William Brustein, *The Logic of Evil: The Social Origins of the Nazi Party, 1925–1933*, New Haven, Conn., 1996.

Kapitel 10

1 Vgl. zum Beispiel Bernard Wasserstein, *Britain and the Jews of Europe, 1939–1945*, Oxford 1979; David S. Wyman, *The Abandonment of the Jews: America and the Holocaust, 1941–1945*, New York 1984; ders., »Why Auschwitz Wasn't Bombed«, in: Yisrael Gutman und Michael Berenbaum (Hrsg.), *Anatomy of the Auschwitz Death Camp*, Bloomington, Ind., 1994, S. 569–587; Deborah E. Lipstadt, *Beyond Belief. The American Press and the Coming of the Holocaust 1933–1945*, New York 1986.

2 Christopher R. Browning, *Ganz normale Männer. Das Reserve-Polizeibataillon 101 und die »Endlösung« in Polen*, Reinbek 1993; Daniel Jonah Goldhagen, *Hitlers willige Vollstrecker. Ganz gewöhnliche Deutsche und der Holocaust*, Berlin 1996.

3 Browning, *Ganz normale Männer*, a.a.O., S. 222f.

4 Ebd., S. 241.

5 Goldhagen, *Hitlers willige Vollstrecker*, a.a.O., S. 28 und S. 533.

6 Walter Laqueur, *Was niemand wissen wollte. Die Unterdrückung der Nachrichten über Hitlers »Endlösung«,* Frankfurt a. M., Berlin und Wien 1981.

7 Interview mit Helene S. und ihrem Mann, Köln, 3. Februar 1994. Während Helene S. auf einem im Herbst 1993 ausgefüllten Fragebogen angegeben hatte, sie habe noch vor Kriegsende vom Massenmord an den Juden gehört, hatte sie keine Möglichkeit, diese Angabe zu bestätigen, als ich sie persönlich interviewte, da ihr Ehemann unser Gespräch mit der im Text wiedergegebenen Äußerung unterbrach.

8 Marion A. Kaplan, *Between Dignity and Despair: Jewish Life in the Third Reich,* New York 1998, S. 15.

9 Adolf Klein, *Köln im Dritten Reich. Stadtgeschichte der Jahre 1933–1945,* Köln 1983, S. 242.

10 Noch immer streiten sich die Fachleute, wann die Entscheidung für den Massenmord an den Juden genau getroffen wurde. Zu dieser Debatte vgl. etwa Christopher R. Browning, »Beyond ›Intentionalism‹ and ›Functionalism‹: The Decision for the Final Solution Reconsidered«, in: ders., *The Path to Genocide: Essays on Launching of Final Solution,* New York 1992, S. 86–121.

11 Max Domarus (Hrsg.), *Hitler – Reden und Proklamationen 1932–1945,* Neustadt und Wied 1962, Bd. 2.1, S. 1058.

12 Kaplan, *Between Dignity and Despair,* a.a.O., S. 150, hat festgestellt, dass zwischen dem Novemberpogrom vom November 1938 und dem 1. September 1939 von »verschiedenen staatlichen Organen« 229 antijüdische Verordnungen erlassen wurden; danach folgten bis zur »Endlösung« 525 weitere Verordnungen. Vgl. auch Konrad Kwiet, »Nach dem Pogrom: Stufen der Ausgrenzung«, in: Wolfgang Benz (Hrsg.), *Die Juden in Deutschland 1933–1945. Leben unter nationalsozialistischer Herrschaft,* München 1988, S. 545–659.

13 Wolfgang Benz, »Jüdische Bevölkerungsstatistik«, in: ders. (Hrsg.), *Die Juden in Deutschland 1933–1945,* a.a.O., S. 738.

14 Ebd., S. 733. Kaplan, *Between Dignity and Despair,* a.a.O., S. 193, zitiert eine Schätzung, der zufolge 1944 in Deutschland nur noch 14 500 Juden lebten; dennoch gingen die Deportationen und Tötungen bis zum Frühjahr 1945 weiter.

15 Lebensgeschichte der Lore M., geb. Schottländer, in: Barbara Becker-Jákli (Hrsg.), *Ich habe Köln doch so geliebt. Lebensgeschichten jüdischer Kölnerinnen und Kölner,* Köln 1983, S. 111ff.

16 Bernhard Schmidt und Fritz Burger, *Tatort Moers. Widerstand und Nationalsozialismus im südlichen Altkreis Moers,* Moers 1995, S. 356.

17 Kaplan, *Between Dignity and Despair,* a.a.O., S. 146–163.

18 Zitiert in: ebd., S. 158. Zu weiteren Reaktionen und zu den Bestimmungen über das Tragen des »Judensterns« vgl. Kwiet, »Nach dem Pogrom«, a.a.O., S. 614–633.

19 Victor Klemperer, *Ich will Zeugnis ablegen bis zum letzten. Tagebücher,* Bd. 1: *1933–1941,* Berlin 1995, S. 669 und S. 671.

20 Becker-Jákli, *Ich habe Köln doch so geliebt,* a.a.O., S. 111.

21 HStADK, RW8/9.

22 Die meisten Einzelheiten dieses Falles finden sich auch in Dieter Hangebruch, »Emigriert – deportiert. Das Schicksal der Juden in Krefeld zwischen 1933 und 1945«, in: *Krefelder Studien* 2 (1980), S. 137–412, hier: S. 234. Zu einer Erörterung der Erlebnisse anderer Juden in den Bombennächten vgl. Kaplan, *Between Dignity and Despair,* a.a.O., S. 160f.

23 Während der Kriegsjahre wurden 66 Prozent der Ermittlungen der Krefelder Gestapo (19 von 29) wegen Gesetzesverstößen gegen »Volljuden« nicht durch Denunziationen aus der Zivilbevölkerung ausgelöst und gingen somit auf die Initiative der Gestapo selbst, der Ordnungspolizei oder der NSDAP und ihren Gliederungen zurück.

24 HStAD, RW58/35173.

25 HStAD, RW58/35180.

26 Im Anhang zu seiner Untersuchung »Emigriert – deportiert«, a.a.O., über das Schicksal der Krefelder Juden vermerkt Dieter Hangebruch, dass Frau P. 1939 verstarb. Man sollte hinzufügen, dass sie den Angaben in ihrer Akte zufolge zum Zeitpunkt ihrer Vernehmung »krank« war, ohne dass darüber Näheres ausgesagt wird.

27 HStAD, RW58/42306.

28 Nach einer Schätzung von Dieter Hangebruch hatten 48 Prozent der Krefelder Juden bis Ende 1941 die Stadt verlassen. Die Auswanderer waren »in der Regel die jüngeren und mittleren Jahrgänge«, und es waren eher die begüterten als die weniger gut betuchten Juden; Hangebruch, »Emigriert – deportiert«, a.a.O., S. 197.

29 HStAD, RW58/4439.

30 Michael Zimmermann, »Die Gestapo und die regionale Organisation der Judendeportation. Das Beispiel der Stapo-Leitstelle Düsseldorf«, in: Gerhard Paul und Klaus-Michael Mallmann (Hrsg.), Die Gestapo – Mythos und Realität, Darmstadt 1995, S. 358.

31 HStAD, RW58/26125.

32 Vgl. beispielsweise HStAD, RW58/29938.

33 Hangebruch, »Emigriert – deportiert«, a.a.O., S. 244.

34 Zu den Deportationen in Köln vgl. Horst Matzerath, »Der Weg der Kölner Juden in den Holocaust. Versuch einer Rekonstruktion«, in: Die jüdischen Opfer des Nationalsozialismus aus Köln. Gedenkbuch, Köln 1995, S. 530–553.

35 Im Oktober 1941 lebten in Berlin etwa 73 000 Juden, das waren rund 40 Prozent aller Juden, die noch in Deutschland zurückgeblieben waren. Wolfgang Benz, »Überleben im Untergrund 1943–1945«, in: ders., Die Juden in Deutschland, a.a.O., S. 660–700, vor allem S. 684.

36 HStADK, Rep. 231/447–519.

37 Das Urteil in dem Prozess in: HStADK, Rep. 231/519, Bl. 4–33.

38 Raul Hilberg, Die Vernichtung der europäischen Juden, 3 Bde., Frankfurt a. M. 1990, S. 491. Hilberg zufolge waren 74 Prozent der Juden aus dem Altreich, aus Österreich und dem Protektorat bis Jahresende 1942 deportiert worden. Im Altreich selbst lag die Quote zu diesem Zeitpunkt bei 66 Prozent.

39 Die Anklage wurde am 11. Dezember 1952 erhoben; HStADK, Rep. 231/517, Bl. 31–102.

40 HStADK, Rep. 231/512. In seiner Aussage vom 13. Mai 1952 erklärte Löffler: »Ich persönlich habe mit den Evakuierungen als Sachbearbeiter nichts zu tun gehabt. Die jeweilige Evakuierung, und zwar die Stückzahl, wurde vom Reichssicherheitshauptamt durch Erlaß befohlen. Die Zusammenstellung der Transporte, d.h. diejenigen Personen namentlich zu benennen, oblag der Vereinigung der Juden in Deutschland. Für den Stadtbezirk Köln war hierfür die Synagogengemeinde Köln zuständig unter der Leitung des Gemeindesekretärs Bähr und später Bernhard. Der Gemeindesekretär machte denn auch den zu evakuierenden Juden bekannt, was sie

an Gepäck mitzunehmen hatten und wann und wo sie sich zu melden hatten. Der Geschäftsgang war nun folgender: das Reichssicherheitshauptamt Berlin übersandte einen Erlaß über die Stückzahl der zu evakuierenden Juden an die jeweils zuständige Gestapostelle und desgleichen einen Erlaß an die Vereinigung der Juden in Deutschland in Berlin. Letztere hat dann ihrerseits die in Frage kommende Synagogengemeinde über die Stückzahl und das Alter der zu evakuierenden Juden benachrichtigt. Die jeweiligen Evakuierungstermine waren in dem Erlaß des Reichssicherheitshauptamtes vorgeschrieben. Die Auswahl der zu evakuierenden Juden oblag also nicht der Gestapostelle, sondern den Synagogengemeinden. Weder der Sachbearbeiter noch der Dienststellenleiter hatten einen Einfluß auf die Persönlichkeit der zu evakuierenden Juden.«

41 Hangebruch,»Emigriert – deportiert«, a.a.O., S. 237. Das wird auch belegt durch den Brief eines Krefelder Juden namens Max S. vom 20. Juli 1954, den Schulenburg vorgelegt hatte, um wieder seine volle Pension zu erhalten. In diesem Brief bestätigte der Schreiber, Schulenburg habe seiner Tochter das Leben gerettet, indem er ihren Namen von der Liste der Krefelder Juden gestrichen habe, die im Herbst 1944 nach Theresienstadt deportiert werden sollten; HStAD, NW130/310, Bl. 13.

42 Zur Rolle beispielsweise der jüdischen Gemeinde in Budapest bei der Deportation der ungarischen Juden vgl. Tom Segev, *Die siebte Million. Der Holocaust und Israels Politik der Erinnerung*, Reinbek 1995, S. 341–424. In einem Interview, das ich mit einem Überlebenden des Holocaust namens Herbert K. geführt habe, dem Sohn des früheren Vorstehers der jüdischen Gemeinde in Nürnberg, erzählte mir dieser, sein Vater habe in regelmäßigem Kontakt mit dem Judenreferenten der Nürnberger Gestapo gestanden, als es um die Details der Deportation der Nürnberger Juden ging; Interview mit Herbert K. am 28. Juli 1995 in New Jersey.

43 HStADK, 231/517, Bl. 75.

44 Ebd., Bl. 78.

45 Zimmermann,»Die Gestapo und die regionale Organisation der Judendeportation«, a.a.O., S. 364.

46 HStADK, Rep. 231/517, Bl. 79.

47 Ebd., Bl. 80ff.

48 Ebd., Bl. 83.

49 Ebd., Bl. 83f.

50 Eine Kopie dieses Briefs wurde mir von Bernhard K.s Sohn Herbert K. übersandt, der ebenfalls ein Konzentrationslager überlebt hat.

51 Hangebruch,»Emigriert – deportiert«, a.a.O., S. 236–252; Zimmermann, »Die Gestapo und die regionale Organisation der Judendeportation«, a.a.O.

52 Hangebruch,»Emigriert – deportiert«, a.a.O., S. 249.

53 Schmidt und Burger, *Tatort Moers*, a.a.O., S. 363.

54 Offenbar war selbst für die Düsseldorfer Gestapo die Verbindung zwischen Schlachthof und Deportationen zu makaber, weshalb sie als Sammelplatz für die Düsseldorfer Juden nicht mehr den»Schlachthof in Düsseldorf-Derendorf« angab, sondern das»Gebäude in Düsseldorf-Derendorf, Rathausstr. 23–25«; Zimmermann,»Die Gestapo und die regionale Organisation der Judendeportation«, a.a.O., S. 366.

55 Hangebruch,»Emigriert – deportiert«, a.a.O., S. 244.

56 Ebd., S. 244–247.

57 Ebd., S. 248f.

58 Zimmermann, »Die Gestapo und die regionale Organisation der Juden-deportation«, a.a.O., S. 358 und S. 365.
59 Ebd., S. 371.
60 Ebd.

Kapitel 11

1 »Trotz aller Geheimhaltung, mit der die Tötungsoperationen umgeben wurden, verdichteten sich die Anzeichen und Hinweise auf ein gigantisches Verbrechen im Osten allmählich im ganzen Reich. Unzählige Male war die Abholung der Opfer in den Straßen zu beobachten gewesen. Blieb ihre Ergreifung unbemerkt, so standen doch ihre Wohnungen verdächtig leer. Wurde das Verschwinden der Mieter nicht bemerkt, so gab es doch die Gerüchte und Berichte über den mysteriösen ›Osten‹, die sich in jeder Stadt und in allen Bevölkerungsschichten ausbreiteten, bis sich die Gestapo des Geflüsters kaum noch erwehren konnte.« Raul Hilberg, *Die Vernichtung der europäischen Juden*, 3 Bde., Frankfurt a. M. 1990, S. 491.
2 Daniel Jonah Goldhagen, *Hitlers willige Vollstrecker. Ganz gewöhnliche Deutsche und der Holocaust*, Berlin 1996. Zu Beispielen für den Sturm der Entrüstung, den Goldhagens Buch ausgelöst hat, vgl. Norman G. Finkelstein und Ruth Bettina Birn, *A Nation on Trial: The Goldhagen Thesis and Historical Truth*, New York 1998, und Johannes Heil und Rainer Erb (Hrsg.), *Geschichtswissenschaft und Öffentlichkeit. Der Streit um Daniel J. Goldhagen*, Frankfurt a. M. 1998.
3 HStAD, RW58/869, RW58/53199, RW58/34515 und RW58/46518.
4 Vgl. die Akten der Krefelder und Düsseldorfer Gestapo zum Fall Oskar H., HStAD, RW58/58325 und RW58/62562.
5 Am Ende seiner eingehenden Untersuchung über die Krefelder Juden während der NS-Zeit vermerkt Dieter Hangebruch, dass Hedwig Mahler vermutlich 1943 verstarb und am 31. Dezember 1945 amtlich für tot erklärt wurde; Dieter Hangebruch, »Emigriert – deportiert. Das Schicksal der Juden in Krefeld zwischen 1933 und 1945«, in: *Krefelder Studien* 2 (1980), S. 137–412, hier: Anhang. Zu den Deportationen der Juden aus den Niederlanden vgl. Bob Moore, *Victims and Survivors: The Nazi Persecution of the Jews in the Netherlands 1940–1945*, London 1997, S. 91–115.
6 Joseph Goebbels, »Die Juden sind schuld«, in: *Das Reich*, 16. November 1941, zitiert in: Hans Dieter Müller, *Facsimile Querschnitt durch Das Reich*, München 1964, S. 98–101, Zitat S. 100.
7 Vgl. Marion A. Kaplan, *Between Dignity and Despair: Jewish Life in the Third Reich*, New York 1998, S. 214. Die Akten der Krefelder Gestapo stützen Pauckers Behauptung, vor allem im Hinblick auf den jüdischen Protest während des Krieges. Während nur 10 Prozent der gegen Nichtjuden eingeleiteten Ermittlungen einen Protest in dieser oder jener Form gegen das Regime und nur 2 Prozent einen massiven Protest betrafen, belaufen sich diese Zahlen in Bezug auf jüdischen Protest in den Kriegsjahren auf 18 beziehungsweise 10 Prozent.
8 Victor Klemperer, *Ich will Zeugnis ablegen bis zum letzten. Tagebücher 1933–1945*, 2 Bde., Berlin 1995.
9 Nach Schätzungen Marion Kaplans hielten sich in Deutschland bis Kriegsende 3000 bis 5000 Juden versteckt, vgl. *Between Dignity and De-*

spair, a.a.O., S. 288. Als Hannah Arendts Buch *Eichmann in Jerusalem. Ein Bericht von der Banalität des Bösen*, München 1964, veröffentlicht wurde, erregte es die Gemüter vor allem wegen seiner Aussagen über die Passivität und Kooperation der Juden während des Holocaust. Zu Kritiken an dem Buch vgl. Marie Syrkin, »Hannah Arendt: The Clothes of an Empress«, in: *Dissent* 10 (1963), S. 345–352; John Gross, »Arendt on Eichmann«, in: *Encounter*, November 1963, S. 65–74; Bruno Bettelheim, »Eichmann; the System; the Victims«, in: *The New Republic* (Juni 1963), S. 23–33; und Norman Podhoretz, »Hannah Arendt on Eichmann: A Study in the Perversity of Brilliance«, in: *Commentary* (September 1963), S. 201–208.

10 Nathan Stoltzfus, *Aufstand des Herzens. Der Aufstand der Frauen in der Rosenstraße 1943*, München 1999.

11 Kaplan, *Between Dignity and Despair*, a.a.O., S. 78.

12 Nach einem Bericht des SS-Sachverständigen für Statistik, Richard Koherr, befanden sich am 31. Dezember 1942 noch 51327 Juden im »Altreich«; Hilberg, *Die Vernichtung der europäischen Juden*, Bd. 1, a.a.O., S. 491.

13 Wolfgang Benz, »Überleben im Untergrund 1943–1945«, in: ders., *Die Juden in Deutschland 1933–1945. Leben unter nationalsozialistischer Herrschaft*, München 1988, S. 660 – 700, hier: S. 684 und S. 690. In dieser Zahl sind die etwa 5000 Juden, die sich versteckt hatten, nicht enthalten.

14 Zu diesen Kategorien und den damit jeweils verbundenen Einschränkungen vgl. Stoltzfus, *Aufstand des Herzens*, a.a.O., S. 94; Kaplan, *Between Dignity and Despair*, a.a.O., S. 77–93 und S. 148ff.; Benz, »Überleben im Untergrund«, a.a.O., S. 686f., und Raul Hilberg, *Täter-Opfer-Zuschauer. Die Vernichtung der Juden 1933–1945*, Frankfurt a. M. 1992, S. 149f. und S. 168f.

15 Stoltzfus, *Aufstand des Herzens*, a.a.O., S. 91ff.

16 Vgl. etwa Victor Klemperers Tagebucheintragung vom 27. Februar 1943, am Vorabend der »Schlußaktion Berliner Juden«. In dieser Eintragung geht Klemperer auf Gerüchte ein, dass alle Juden bald deportiert würden, und gibt seiner Befürchtung Ausdruck, dass auch die Juden, die wie er selbst in »Mischehen« lebten, nicht länger verschont würden; *Ich will Zeugnis ablegen*, Bd. 2, a.a.O., S. 334ff.

17 HStAD, RW58/26145 und RW58/65190.

18 HStAD, RW58/18674.

19 Stoltzfus, *Aufstand des Herzens*, a.a.O., S. 276ff.

20 Ebd.

21 Wie Kaplan schreibt, wurden die meisten nach Theresienstadt und nicht in Todeslager gebracht. Zu den Razzien in Berlin vgl. Stoltzfus, *Aufstand des Herzens*, a.a.O., S. 243ff.

22 HStAD, RW58/30180 und RW58/37672.

23 Vgl. zum Beispiel die Akten Änne H. der Krefelder und der Düsseldorfer Gestapo, HStAD, RW 58/21813 und RW58/29393.

24 HStAD, RW58/37672, Bl. 30.

25 Zu den 1938 erlassenen Verordnungen und Gesetzen, die eine Scheidung aus rassischen Gründen erlaubten und vor allem »arische« Frauen ermutigen sollten, ihre Ehemänner zu verlassen, vgl. Saul Friedländer, *Das Dritte Reich und die Juden*, Bd. 1: *Die Jahre der Verfolgung 1933–1939*, München 1998, S.313. Zu den entsprechenden Verhältnissen in den Kriegsjahren vgl. Ursula Büttner, *Die Not der Juden teilen. Christlich-jüdische Familien im Dritten Reich*, Hamburg 1988.

26 Kaplan, *Between Dignity and Despair*, a.a.O., S. 89; Büttner, *Die Not der Juden teilen*, a.a.O., S. 57.

27 Im September 1944 lebten nur 230 von 13217 gemeldeten Juden in Deutschland nicht in einer »Mischehe«; Stoltzfus, *Aufstand des Herzens*, a.a.O., S. 21.

28 Ebd., S. 447.

29 Ebd., S. 20f.

30 Ebd., S. 143. Klemperer geht in seinem Tagebuch während der Kriegsjahre fast täglich auf diese Fragen ein.

31 Vgl. zum Beispiel Klemperer, *Ich will Zeugnis ablegen*, Bd. 2, a.a.O., S. 23.

32 Stoltzfus, *Aufstand des Herzens*, a.a.O., S. 285–342; Gernot Jochheim, *Frauenprotest in der Rosenstraße: »Gebt uns unsere Männer wieder«*, Berlin 1993.

33 Die Razzia wurde auch in vielen anderen Städten durchgeführt, aber in Dresden zum Beispiel wurden keine Juden aus »Mischehen« deportiert, trotz zahlreicher anderslautender Gerüchte. Am 27. Februar 1943 schrieb Klemperer in sein Tagebuch: »Es ist jetzt sieben Uhr abends, ich scheine verschont geblieben.« Einen Tag später notierte er, alle Juden, die nicht in einer »Mischehe« lebten oder »Mischlinge« seien, würden »evakuiert«. Am 4. März schrieb er, in Dresden habe man 290 Juden deportiert, und es gebe in der Stadt nur noch drei Juden, die nicht als »Mischlinge« oder Ehepartner eines Nichtjuden geschützt seien. Juden aus Halle und Erfurt hätten die Dresdner Juden auf den Transporten nach Osten begleitet. In Köln oder Krefeld gab es jedoch zu jener Zeit anscheinend keine Razzien. Zu Köln vgl. Horst Matzerath, »Der Weg der Kölner Juden in den Holocaust: Versuch einer Rekonstruktion«, in: *Die jüdischen Opfer des Nationalsozialismus aus Köln. Gedenkbuch*, Köln 1995, S. 530–553, hier: S. 543. Zu Krefeld vgl. Hangebruch, »Emigriert – deportiert«, a.a.O., S. 244–248.

34 Stoltzfus, *Aufstand des Herzens*, a.a.O., S. 326.

35 Ebd., S. 328f.

36 HStAD, RW58/29393 und RW58/21813.

37 Einem Telegramm des Auschwitz-Kommandanten Höß an die Düsseldorfer Gestapo zufolge starb ein Krefelder »Geltungsjude« von Mitte dreißig namens Michael C. am 14. Februar 1943 um 9.40 Uhr in der Krankenstation des Konzentrationslagers Auschwitz an einem Magengeschwür. C. war im Juni 1939 wegen »Rassenschande« zu einer zweijährigen Gefängnisstrafe verurteilt worden. Nachdem er seine Strafe verbüßt hatte, empfahlen die Beamten Jung und Weber von der Krefelder Gestapo, ihn in ein Konzentrationslager zu überstellen. Im Frühjahr 1941 kam er nach Buchenwald. Anderthalb Jahre später wurde er nach Auschwitz verlegt, wo er vier Monate später starb; HStAD, RW58/54900. Vgl. auch HStAD, RW58/9233; hier wurde die »deutschblütige« Frau eines 48-jährigen Juden namens Leopold C. aus Duisburg benachrichtigt, dass ihr Mann am 4. Februar 1943 an einem Magen-Darm-Katarrh verstorben sei, nur fünf Tage, nachdem er in Auschwitz angekommen war. In dieser Akte wird außerdem eine vierzigjährige Jüdin namens Marta B. aus Krefeld erwähnt, die Leopold C. nach Auschwitz begleitet hatte, nachdem beide zusammen mit vier weiteren Juden im Gefängnis Anrath außerhalb Krefelds kurzerhand zu »Asozialen« erklärt und nach Auschwitz deportiert worden waren. Aus einer anderen Ermittlungsakte der Krefelder Gestapo (HStAD, RW58/15819) geht hervor, dass die siebzehnjährige »halbjüdi-

sche« Tochter (deren »arischer« Vater an der Front kämpfte) von der Krefelder Gestapo die Nachricht erhielt, ihre Mutter sei am 10. Februar 1943 in Auschwitz an einer »Herz- und Kreislaufschwäche« verstorben.
38 Eine Durchschrift des Briefes befindet sich in Schulenburgs Innenministerium-Akte; HStAD, NW130/130.
39 Stoltzfus, *Aufstand des Herzens*, a.a.O., S. 278.
40 Vgl. zum Beispiel den Fall eines jüdischen »Mischlings« aus Krefeld von Anfang zwanzig, der im Juni 1943 ins Konzentrationslager Theresienstadt deportiert wurde. Anscheinend hatte ihn sein nichtjüdischer Schwager nach einem Familienstreit bei der Gestapo denunziert, weil er in der Öffentlichkeit keinen »Judenstern« getragen hatte; HStAD, RW58/55235 und RW58/53206.
41 Max Israel L., ein 55-jähriger, mit einer Nichtjüdin verheirateter Jude, wurde im Juli 1944 von der Krefelder Kripo verhaftet, die ihn beim Pokerspiel in einer Kneipe erwischt hatte. Nach einer zweimonatigen »Schutzhaft« in Krefeld schickte ihn die Gestapo im September 1944 nach Auschwitz; HStAD, RW58/66092.
42 In einem Brief der Düsseldorfer Gestapoleitstelle vom 5. Januar 1943 an die Außendienststelle Krefeld wurde die Anweisung erteilt, alle Häftlinge des Gefängnisses Anrath in der Nähe Krefelds, die als »Asoziale« galten, in ein Konzentrationslager zu überstellen, die Juden nach Auschwitz und die Nichtjuden nach Mauthausen. Zwei der sieben für Auschwitz vorgesehenen jüdischen »Asozialen« stammten aus Krefeld, Marta B. und Siegfried A., die wegen geringfügiger Eigentumsdelikte eingesessen hatten. Marta B. starb zwei Wochen nach ihrer Ankunft in Auschwitz. Siegfried A. war dagegen bereits am 26. November im Anrather Gefängnis gestorben; HStAD, RW58/9233 und RW58/15819.
43 Bei den beschuldigten »Mischlingen« wurden in drei Fällen die Ermittlungen eindeutig und in einem Fall sehr wahrscheinlich durch Denunziationen aus der Zivilbevölkerung ausgelöst. In zwei weiteren Fällen wurde die Gestapo von sich aus tätig, und im letzten Fall erhielt die Gestapo einen Hinweis aus den Reihen der NSDAP. Bei den beschuldigten Juden, die in »Mischehen« lebten, wurden die Ermittlungen in zwei Fällen durch Denunziationen aus der Zivilbevölkerung (davon eine anonym) ausgelöst, in einem Fall durch die Polizei, in zwei Fällen durch NSDAP-Funktionäre, und in zwei Fällen wurde die Gestapo von sich aus aktiv.
44 HStAD, RW58/29938. Zu weiteren Einzelheiten vgl. Hangebruch, »Emigriert – deportiert«, a.a.O., S. 235f.

Kapitel 12

1 Hans Mommsen, »The Reaction of the German Population to the Anti-Jewish Persecution and the Holocaust«, in: Peter Hayes (Hrsg.), *Lessons and Legacies: The Meaning of the Holocaust in a Changing World*, Evanston, Ill., 1990, S. 141–154, hier: S. 142. Vgl. auch Jörg Wollenberg (Hrsg.), »*Niemand war dabei und keiner hat's gewußt*«. *Die deutsche Öffentlichkeit und die Judenverfolgung 1933–1945*, München 1989, und Hanno Loewy (Hrsg.), *Holocaust. Die Grenzen des Verstehens*, Hamburg 1992.
2 Walter Laqueur, *Was niemand wissen wollte. Die Unterdrückung der Nachrichten über Hitlers »Endlösung«*, Frankfurt a. M., Berlin und Wien

1981; David Bankier, *Die öffentliche Meinung im Hitler-Staat. Die »Endlösung« und die Deutschen, eine Berichtigung*, Berlin 1995. Ebenfalls sehr fundiert zu diesem Thema ist Volker Ullrich,»›Wir haben nichts gewußt‹. Ein deutsches Trauma«, in: *1999* 4 (1991), S. 11–46. Vgl. auch Michael R. Marrus, *The Holocaust in History*, London 1987, vor allem S. 157 bis 164; Lutz Niethammer, »Juden und Russen im Gedächtnis der Deutschen«, in: Walter H. Pehle (Hrsg.), *Der historische Ort des Nationalsozialismus*, Frankfurt a. M. 1990, S. 114–134; Hans Mommsen, »Was haben die Deutschen vom Völkermord an den Juden gewußt?«, in: Walter H. Pehle (Hrsg.), *Der Judenpogrom 1938. Von der »Reichskristallnacht« zum Völkermord*, Frankfurt a. M. 1988, S. 176–200; Walter Kempowski, *Haben Sie davon gewußt? Deutsche Antworten*, Hamburg 1979.

3 Bankier, *Die öffentliche Meinung im Hitler-Staat*, a.a.O., S. 141; Laqueur, *Was niemand wissen wollte*, a.a.O., S. 44.

4 Vgl. zum Beispiel Ortwin Buchbender und Reinhold Sterz (Hrsg.), *Das andere Gesicht des Krieges. Deutsche Feldpostbriefe 1939–1945*, München 1982, S. 168–173; Ullrich, »Wir haben nichts gewußt«, a.a.O., S. 22–24, S. 35–38; Klaus Latzel, *Deutsche Soldaten – nationalsozialistischer Krieg? Kriegserlebnis – Kriegserfahrung 1939–1945*, Paderborn 1998, S. 201–206.

5 Zur Zensur der Feldpostbriefe vgl. Latzel, *Deutsche Soldaten*, a.a.O., S. 25–31; Buchbender und Sterz, *Das andere Gesicht des Krieges*, a.a.O., S. 13–25.

6 Laqueur, *Was niemand wissen wollte*, a.a.O., S. 29.

7 Christopher R. Browning, *Ganz normale Männer. Das Reserve-Polizeibataillon 101 und die »Endlösung« in Polen*, Reinbek 1993; Daniel Jonah Goldhagen, *Hitlers willige Vollstrecker. Ganz gewöhnliche Deutsche und der Holocaust*, Berlin 1996.

8 Heiner Lichtenstein, *Himmlers grüne Helfer. Die Schutz- und Ordnungspolizei im »Dritten Reich«*, Köln 1990, vor allem S. 41–47.

9 Debórah Dwork und Robert Jan van Pelt, *Auschwitz: 1270 to the Present*, New York 1996; Schmuel Krakowski, »The Satellite Camps«, in: Yisrael Gutman und Michael Berenbaum (Hrsg.), *Anatomy of the Auschwitz Death Camp*, Bloomington, Ind., 1994, S. 50–60.

10 Laqueur, *Was niemand wissen wollte*, a.a.O., S. 34.

11 Krakowski, »The Satellite Camps«, a.a.O., S. 53. Zur I.G. Farben vgl. zum Beispiel Peter Hayes, *Industry and Ideology: IG Farben in the Nazi Era*, New York 1987; Joseph Borkin, *Die unheilige Allianz der I.G. Farben. Eine Interessengemeinschaft im Dritten Reich*, Frankfurt a. M. 1979.

12 Bankier, *Die öffentliche Meinung im Hitler-Staat*, a.a.O., S. 155f.; vgl. auch Laqueur, *Was niemand wissen wollte*, a.a.O., S. 39f.

13 Bankier, *Die öffentliche Meinung im Hitler-Staat*, a.a.O., S. 155.

14 In seiner eingehenden Analyse deutscher Feldpostbriefe behauptet Klaus Latzel, es sei unklar, wie viele Frontsoldaten Briefe über die Morde an den Juden in die Heimat geschickt haben. Seiner Meinung nach lässt sich diesen Briefen mit Gewissheit lediglich entnehmen, dass deutsche Soldaten von den Massenerschießungen von Juden wissen konnten, tatsächlich davon wussten und direkt daran beteiligt waren; *Deutsche Soldaten*, a.a.O., S. 204f.

15 Bankier, *Die öffentliche Meinung im Hitler-Staat*, a.a.O., S. 157.

16 Victor Klemperer, *Ich will Zeugnis ablegen bis zum letzten. Tagebücher*,

Bd. 1: *1933–1941*, Bd. 2: *1942–1945*, Berlin 1995. Vgl. auch die ausgezeichnete Rezension dieser Tagebücher von Gordon A. Craig, »Destiny in Any Case«, in: *New York Review of Books*, 3. Dezember 1998, S. 4ff.

17 Vgl. zum Beispiel die Eintragungen Klemperers im 2. Band vom 28. und 30. November 1941, 5. und 20. April 1942, 24. Juli, 8. September, 27. Oktober und 29. November 1942 sowie vom 28. Februar 1943.
18 Ebd., 2. November und 29. Dezember 1942.
19 Ebd., 16. März, 4. Juli, 29. August und 29. November 1942, 27. Februar 1943.
20 Ebd., 4. Juli, 8. und 21. September, 2. Oktober 1942, 27. Februar 1943.
21 Ebd., S. 224–227.
22 Ebd., S. 238.
23 Ebd., Bd. 1, S. 686.
24 Ebd., S. 689.
25 Ebd., Bd. 2, S. 47 (16. März 1942).
26 Ebd., S. 154 (5. Juli 1942).
27 Ebd., S. 284 (29. November 1942).
28 Ebd., S. 312 (14. Januar 1943).
29 Ebd., S. 335 (27. Februar 1943).
30 Bankier geht jedoch auf einige der BBC-Sendungen über den Holocaust ein, die in den Funk-Abhör-Berichten der Nationalsozialisten kommentiert wurden; *Die öffentliche Meinung im Hitler-Staat*, a.a.O., S. 155.
31 Bernard Wasserstein, *Britain and the Jews of Europe, 1939–1945*, Oxford 1979, S. 297.
32 BBC, Written Archives Centre, Reading, England (im Folgenden BBC/WAC), E2/131/8, European News Directive, File VIII, November/Dezember 1942. Hervorhebungen im Original.
33 Ebd., 27. Dezember 1942.
34 Zu den Zeiten und zur Dauer der Sendungen vgl. BBC External Services (Hrsg.), »*Hier ist England*« – »*Live aus London*«. *Das deutsche Programm der British Broadcasting Corporation 1938–1988*, London 1988, S. 7. Die European News Directives der BBC im Sommer und Herbst 1941 enthalten mehrere Verweise auf BBC-Berichte über Massaker an Juden. So schrieb der Leiter der BBC-Auslandssendungen Noel F. Newsome am 13. November 1941: »Es besteht offenbar kaum ein Zweifel, dass die Geschichte vom Massaker an den Juden in Odessa der Wahrheit entspricht, und man sollte sie allgemein als ein Beispiel für eine bestialische Barbarei unter deutscher Anleitung verbreiten, das in der neueren Geschichte ohne Beispiel ist.« BBC/WAC, E2/131/2. Vgl. auch die European News Directives vom 21. und 24. September 1941, E2/131/1.
35 Vgl. hierzu zum Beispiel Bruno Adler, *Frau Wernicke: Kommentare einer »Volksjenossin«*, hrsg. von Uwe Naumann, Mannheim 1990.
36 Vgl. Lindley Frasers Erörterung seiner eigenen Propagandabemühungen und der der BBC in seinem Buch *Propaganda*, London 1957, S. 87–106.
37 Am 18. Dezember 1943 brachte das Programm »England diese Woche« für seine deutschen Hörer beispielsweise die folgende Meldung über Massenmorde an polnischen Juden: »Die Ausrottung der Juden in jenem Land war eine beschlossene Sache und wird jetzt rücksichtslos durchgeführt. Männer, Frauen und Kinder werden getötet – durch einfache Hinschlachtung, durch Giftgas oder auf elektrischem Weg; im härtesten Winterwetter werden sie ohne Essen und Trinken nach unbekannten Bestimmungsorten verschickt, und auf der langen Fahrt werden tote Kinder aus den

offenen Waggons einfach auf die Strecke geworfen.« Zu den vielen Sondersendungen, die später im Krieg über die Vernichtung der Juden gebracht wurden, zählen das Frau-Wernicke-Programm vom 2. Oktober 1943, »Frau Wernicke über Evakuierung« und die Sendung von Lindley Fraser vom 19. Oktober 1944 unter dem Titel »Weitere Greuel aus Polen«. Zu einem Transkript der Wernicke-Sendung vgl. Adler, *Frau Wernicke*, a.a.O., S. 129–132. Zu Frasers Sendung vgl. BBC/WAC, Lindley Fraser: Talks and Features, Sonderbericht – Miscellaneous, 1944.

38 »Kurt und Willi über die Judenverfolgung«, BBC/WAC, German Features, 29. Dezember 1942.

39 BBC/WAC, German Features, 24. und 27. Dezember 1942.

40 Margaret Bourke-White, *Deutschland – April 1945: »Dear Fatherland Rest Quietly«*, München 1979, S. 90, zitiert in: Ullrich, »Wir haben nichts gewußt«, a.a.O., S. 12.

41 Zu einem Vergleich zwischen Ost- und Westdeutschland im Hinblick auf die Verarbeitung der NS-Vergangenheit vgl. Jeffrey Herf, *Zweierlei Erinnerung. Die NS-Vergangenheit im geteilten Deutschland*, Berlin 1998.

42 Zu einer ausführlicheren Erörterung der Ergebnisse dieser Umfrage vgl. Eric A. Johnson und Karl-Heinz Reuband, »Die populäre Einschätzung der Gestapo. Wie allgegenwärtig war sie wirklich?«, in: Gerhard Paul und Klaus-Michael Mallmann (Hrsg.), *Die Gestapo – Mythos und Realität*, Darmstadt 1995, S. 417–436.

43 43 Prozent derjenigen, die nicht an den Nationalsozialismus geglaubt hatten, aber nur 13 Prozent derjenigen, die daran geglaubt hatten, gaben an, bereits während des Krieges vom Genozid an den Juden erfahren zu haben.

44 31 Prozent derjenigen, die sich an der Umfrage beteiligt hatten und vor 1915 geboren waren, räumten ein, sie hätten von den Massenmorden gehört oder gewusst, während von denen, die nach 1923 geboren waren, nur 18 Prozent eine solche Kenntnis zugaben.

45 50 Prozent der an der Umfrage Beteiligten mit einem Hochschulabschluss, aber nur 19 Prozent der Volksschulabgänger gaben an, von den Morden gehört oder gewusst zu haben.

46 Wenn man diejenigen, die angaben, vom Völkermord an den Juden etwas »geahnt« zu haben, zu denen hinzurechnet, die davon »gehört« oder »gewusst« hatten, dann ergibt sich, dass 31 Prozent der Katholiken, 29 Prozent der Protestanten, 31 Prozent der Frauen und 31 Prozent der Männer schon während des Krieges vage oder sogar konkrete Kenntnis von den Massenmorden hatten.

47 29 Prozent derjenigen, die den Fragebogen ausgefüllt zurückschickten und schon während der NS-Zeit in Köln gelebt hatten, gaben an, von den Massenmorden eine Ahnung oder Kenntnis gehabt zu haben. Bei denjenigen, die erst nach dem Krieg nach Köln gezogen waren, waren es 34 Prozent.

48 Reuband und ich haben inzwischen unsere Fragebogen an über 5000 Einwohner von Köln, Krefeld und Dresden und außerdem an 1000 deutsche Juden verschickt, die im Dritten Reich aus Deutschland vertrieben wurden und heute verstreut auf der ganzen Welt leben. Die detaillierten Ergebnisse dieser Umfragen und eine Erörterung der persönlichen Interviews, die wir anschließend mit vielen der Befragten geführt haben, sollen in einem Buch mit dem Arbeitstitel »Leben und Tod im Dritten Reich. Deutsche und Juden erinnern sich« veröffentlicht werden.

49 Interview mit Helene S., Köln, 3. Februar 1994.
50 Interview mit Anna-Maria S., Köln, 20. Januar 1994.
51 Interview mit Dr. Hiltrud K., Köln, 24. Januar 1994.
52 August Hirt und seine Versuche werden erörtert in: Hilberg, *Die Vernichtung der europäischen Juden*, Bd. 2, a.a.O., S. 1012.
53 Interviews mit Dr. Winfried S., Köln, 14. Januar 1994, und mit Arthur V., Köln, 20. Januar 1994.
54 Interview mit E.W., Köln, 13. Oktober 1994.
55 Interviews mit Alfred E., Köln, 17. Juni 1995 und 8. Januar 1996.
56 Transkripte dieser und der übrigen Interviews, die von Karl-Heinz Reuband und mir geführt wurden, sowie weiteres Material aus unseren Umfragen befinden sich im Zentralarchiv für empirische Sozialforschung der Universität Köln.
57 Ullrich, »Wir haben nichts gewußt«, a.a.O., S. 18.
58 In einem kurzen und sehr persönlichen Aufsatz über die Frage, wie sich Erinnerungen und Enthüllungen über die Vergangenheit im Lauf der Zeit fortwährend ändern, schreibt der deutsche Historiker Reinhart Koselleck, dass sich die Nachricht von einem großen Massaker an Juden im September 1941 unter den Soldaten an der Front im Rücken Kiews, wo er selbst stationiert war, »wie ein Lauffeuer« verbreitet habe. Wie er mir in einem persönlichen Gespräch mitteilte, wusste er zu der Zeit, als er davon erfuhr, noch nicht, dass es das Massaker von Babij Jar war, bei dem etwa 35 000 Juden umkamen. Das erfuhr er erst nach dem Krieg. Wie er sich erinnerte, hatte er damals gehört, dass etwa 10 000 Juden in einem Steinbruch außerhalb von Kiew getötet worden waren. Obwohl er von diesem Massaker Kenntnis hatte, sollte er jedoch erst im Mai 1945 von den Vergasungen in Auschwitz hören. Als er dort zwei bis drei Monate lang von den Russen als Kriegsgefangener interniert war und diese ihm von den Vergasungen erzählten, hielt er das zuerst für eine sowjetische Propagandalüge; Reinhart Koselleck, »Vielerlei Abschied vom Krieg«, in: Brigitte Sauzay, Heinz Ludwig Arnold und Rudolf von Thadden (Hrsg.), *Vom Vergessen vom Gedenken: Erinnerungen und Erwartungen in Europa zum 8. Mai 1945*, Göttingen 1999, S. 19–25.

Kapitel 13

1 Zur Strafverfolgung von NS-Kriegsverbrechern vgl. Adalbert Rückerl, *Die Strafverfolgung von NS-Verbrechen 1945–1978. Eine Dokumentation*, Heidelberg 1979; ders., *NS-Verbrechen vor Gericht. Versuch einer Vergangenheitsbewältigung*, Heidelberg 1982; Jörg Friedrich, *Die kalte Amnestie. NS-Täter in der Bundesrepublik*, Frankfurt a. M. 1984; Jürgen Weber und Peter Steinbach (Hrsg.), *Vergangenheitsbewältigung durch Strafverfahren? NS-Prozesse in der Bundesrepublik Deutschland*, München 1984.
2 Bundesarchiv Koblenz, im Folgenden BAK, Z 42 II/2520, Bl. 7.
3 Ebd., Bl. 8; das geht aus einem Leumundszeugnis hervor, das Diefenbach am 11. Februar 1947 für Löffler ausstellte und das in dessen Akte »Spruchkammerverfahren« enthalten ist.
4 Ebd.
5 Ebd., Bl. 9. Encke stand in Köln nach dem Krieg in dem Ruf, einer der wenigen protestantischen Geistlichen in der Stadt gewesen zu sein, der sich

dem NS-Regime widersetzt hatte – wenn auch nach eigenem Bekunden nur mäßig –, und man wusste, dass er in enger Kooperation mit Konrad Adenauer den Wiederaufbau des Kölner Schulwesens in Angriff genommen hatte. Auch mit der jüdischen Gemeinde der Stadt arbeitete er nach dem Krieg auf vielen Gebieten zusammen. Während der NS-Zeit war er Pastor in Köln-Niehl und galt als ein führender Mittelsmann zwischen der Bekennenden Kirche und der jüdischen Gemeinde im Rheinland. Vgl. Konrad Adenauer, *Erinnerungen 1945–1953*, Frankfurt a. M. 1967, S. 24; Adolf Klein, *Köln im Dritten Reich. Stadtgeschichte der Jahre 1933–1945*, Köln 1983, S. 195; Willehard Paul Eckert, »Christen – Juden – Deutsche. Zum Dialog in Köln 1958–1978«, in: Günther B. Ginzel und Sonja Güntner (Hrsg.), »*Zuhause in Köln«. Jüdisches Leben 1945 bis heute*, Köln 1998, S. 180–197, hier: S. 181f.; Monika Grübel, »Nach der Katastrophe. Jüdisches Leben in Köln 1945 bis 1949«, in: ebd., S. 42–55, hier: S. 51; Hermann-Josef Arentz, »Die Anfänge der Christlich-Demokratischen Union in Köln«, in: Otto Dann (Hrsg.), *Köln nach dem Nationalsozialismus. Der Beginn des gesellschaftlichen und politischen Lebens in den Jahren 1945–1946*, Wuppertal 1981, S. 117–138, hier: S. 130.

6 BAK, Z 42 II/2520, Bl. 10.

7 Ebd., Bl. 11.

8 Ebd., Bl. 19.

9 HStADK, Personalakten Sammelbestand, BR PE/49505, Bl. 4.

10 Löwenstein, dessen Familie in Köln eine große Textilfabrik besaß, war der Sohn eines ehemaligen Vorstehers der jüdischen Gemeinde in Solingen. Bald nach dem Einmarsch der US-Armee in Köln im März 1945 ernannte die Amerikaner Löwenstein zum provisorischen Vorstand der jüdischen Gemeinde Köln. Günther B. Ginzel, »Phasen der Etablierung einer jüdischen Gemeinde in der Kölner Trümmerlandschaft 1945–1949«, in: Jutta Bohnke-Kollwitz et al. (Hrsg.), *Köln und das rheinische Judentum. Festschrift Germania Judaica 1959–1984*, Köln 1984, S. 445–461, vor allem S. 446ff.; Monika Grübel, »Nach der Katastrophe«, a.a.O., S. 43 und S. 46; Klaus Heugel, »Danach. Die Stadt Köln und die jüdische Bevölkerung seit 1945«, in: Ginzel und Güntner, »*Zuhause in Köln«*, a.a.O., S. 198.

11 BAK, Z 42 II/2520, Bl. 25–28.

12 Zur Tätigkeit dieser Spruchkammern in der britischen Besatzungszone vgl. Wolfgang Krüger, *Entnazifiziert! Zur Praxis der politischen Säuberung in Nordrhein-Westfalen*, Wuppertal 1982, S. 72–77; zu den Spruchkammern in der amerikanischen Zone vgl. Lutz Niethammer, *Die Mitläuferfabrik. Die Entnazifizierung am Beispiel Bayerns*, Berlin 1982, S. 538 bis 652. In der britischen Besatzungszone gab es sechs solcher Spruchkammern, die alle ihren Sitz in der Nähe großer Internierungslager hatten. Die von ihnen verhängten Strafen reichten von Geldbußen bis zu Freiheitsstrafen von zehn Jahren. Im Allgemeinen gab es drei Kategorien von Angeklagten vor diesen Gerichten: führende NSDAP-Mitglieder, Beamte der Gestapo und des SD sowie Mitglieder der SS.

13 BAK, Z 42 II/2520, Bl. 28.

14 Ebd., Bl. 26.

15 Ebd., Bl. 44.

16 Ebd., Bl. 26.

17 Ebd., Bl. 27.

18 Zu einer ähnlichen Darstellung der »Persilscheine« vgl. Mary Fulbrook,

The Divided Nation: A History of Germany 1918 – 1990, New York 1992,
S. 148. Ausführlicher über die »Persilscheine« schreiben Niethammer, *Die
Mitläuferfabrik*, a.a.O., S. 613–617, und Krüger, *Entnazifiziert!*, a.a.O.,
S. 108–114.

19 Vgl. zum Beispiel Krüger, *Entnazifiziert!*, a.a.O., S. 109.

20 Diese »Persilscheine« finden sich vor allem in den Akten von Prozessen
wegen Verbrechen gegen die Menschlichkeit, Entnazifizierungsverfahren
und in den Innenministeriums-Akten. Die Fälle dreier ehemaliger Krefelder Gestapobeamten mögen dies illustrieren: In seinem Prozess wegen
Verbrechen gegen die Menschlichkeit im Oktober 1949 (HStADK, Rep.
8/6) brachte Alfred Effenberg 21 Leumundszeugnisse bei. Zu den bedeu-
tenderen Persönlichkeiten, die sich für ihn verwendeten, gehören der
Oberhirte der katholischen Kirche in Krefeld, ein ehemaliger Bürgermeister von München-Gladbach, der Bürgermeister einer Kleinstadt bei Krefeld und zwei pensionierte Polizeibeamte. In den Entnazifizierungsakten
von Karl Schmitz (HStAD, NW1010/12909), dem stellvertretenden Leiter
der Krefelder Gestapo und Leiter der berüchtigten Abteilung »Sonderbehandlung«, finden sich unter anderem Leumundszeugnisse von zwei
Mitgliedern der SPD sowie von einem Mann, dessen Tochter mit einem
»Halbjuden« verheiratet war. In der Innenministeriums-Akte von Johann
Krülls (HStAD, NW130/243), der bei der aktiven Bekämpfung von Kommunisten und anderen linken Gegnern des NS-Regimes mitgewirkt hatte,
befinden sich Entlastungszeugnisse von einem katholischen Priester,
einem hohen Polizeibeamten, einem Arzt und vielen anderen.

21 Vgl. seine Innenministeriums-Akte, NW130/293.

22 Schulenburgs »Persilscheine« sind in zwei Entnazifizierungsakten
(HStAD, NW1037-BI 18164 und NW1023/6433) und in seiner Innenministeriums-Akte (HStAD, NW130/310) zu finden.

23 HStAD, NW1023/6433, Bl. 29f.

24 Ebd., Bl. 4. Man sollte hinzufügen, dass dies nicht der erste »Persilschein«
war, den Schulenburg von einem hochrangigen Mitglied der evangelischen Kirche in Krefeld erhielt. Am 1. März 1947 verwendete sich ein ehemaliger Kirchenältester des Presbyteriums in Krefeld für ihn mit den Worten: »Er ist mir dabei immer zuvorkommend begegnet und hat mir nie
irgendwelche Schwierigkeiten oder Unannehmlichkeiten in der Arbeit in
den Weg gelegt. Ich hatte den Eindruck, daß er die Arbeit der Kirche nicht
hemmen wollte.«

25 HStAD, NW1037-BI 18164, Bl. 67ff.

26 Ebd. Zu den »Persilscheinen« des Krefelder Bundestagsabgeordneten und
einiger anderer vgl. Schulenburgs Innenministeriums-Akte, HStAD,
NW130/310.

27 HStAD, NW130/310, Bl. 12f. Zu den relevanten Gestapoakten des Falls, in
dem eine junge Frau nach Auschwitz geschickt und die Mutter verschont
wurde, vgl. HStAD, NW58/21813 und NW58/29393.

28 HStAD, RW58/55235 und RW58/53206. Telefoninterview mit Werner H.,
5. Juni 1996.

29 Zur Kastner-Affäre vgl. insbesondere Tom Segev, *Die siebte Million. Der
Holocaust und Israels Politik der Erinnerung*, Reinbek 1995, S. 341–424.

30 Ebd., S. 344.

31 HStADK, Rep. 231/512.

32 In seiner eigenen Aussage vom 8. August 1948 über seinen Werdegang,
den er einem Gerichtsstenografen diktierte und im Beisein des Staatsan-

walts in seinem Entnazifizierungsverfahren unterzeichnete, hatte Löffler erklärt:»Im September (Ende) 1942 wurde ich zum BdS. Brüssel abkommandiert.«

33 HStADK, Rep. 231/512.

34 HStADK, Rep. 231/513, Bl. 208ff.

35 Dr. Hans Encke, Superintendent der evangelischen Kirche Köln nach dem Krieg, setzte sich nicht nur mit Briefen für Löffler ein, sondern gestand auch öffentlich seine eigene Schuld ein, dass er angesichts der Verfolgung der Juden und anderer durch das Regime geschwiegen hatte. Er war vielleicht kein Einzelfall. In einer Rede vor der Kreissynode der evangelischen Kirche Köln am 26. Januar 1946 sagte Encke:»Es ist mir bitter ernst, wenn ich hier an dieser Stelle es auch für mich ausspreche: mea culpa, mea maxima culpa! Denn ich weiß, daß ich geschwiegen habe, wo es mich drängte zu reden, angesichts des Unrechts, das unser Volk begangen hat, an Juden und Russen, an Polen und selbst an unseren eigenen Brüdern. Wir haben geschwiegen als bekennende Kirche, weil wir Kleingläubige waren ...« Vgl. Eckert,»Christen – Juden – Deutsche«, a.a.O., S. 181.

36 Neben der Tatsache, dass diese Geistlichen überhaupt solche Briefe schrieben, ist es doch etwas eigenartig, dass einige von ihnen sich für mehrere Gestapobeamte eingesetzt haben, so etwa das Oberhaupt der katholischen Kirche Krefeld, Dr. Schwamborn, der für Alfred Effenberg, Richard Schulenburg und möglicherweise auch für andere Gestapobeamte in Krefeld Leumundszeugnisse ausstellte. Ebenso merkwürdig mutet der Umstand an, dass die Geistlichen, die sich für Schulenburg und Effenberg einsetzten, bis weit in die fünfziger Jahre hinein und möglicherweise noch danach Briefe zu deren Entlastung schrieben. So schrieben der Dekan der katholischen Kirche Köln, Diefenbach, und der Superintendent der evangelischen Kirche Köln, Dr. Encke, Anfang 1947 Leumundszeugnisse für Löffler während seines Spruchkammerverfahrens und noch einmal im Oktober 1956, als er versuchte, wieder seine volle Pension zu erhalten. Diese Briefe sind in Löfflers Personalakte der Polizei enthalten (HStADK, BR PE/49505), in der Akte seines Spruchkammerverfahrens (BAK, Z 42 II/2520) und seiner Innenministeriums-Akte (HStAD, NW130/252). Desgleichen schrieben das Oberhaupt der katholischen Kirche Krefeld, Schwamborn, und der Superintendent der evangelischen Kirche Krefeld, Neuhaus, im Frühjahr 1947 Leumundszeugnisse für Schulenburg in seinem Spruchkammerverfahren und 1956, als er vor Gericht gegen die Reduzierung seiner Pensionsansprüche kämpfte. Ein weiterer Geistlicher, der nach dem Krieg an der Spitze der evangelischen Kirche Krefeld stand, ein Mann namens Engels, setzte sich bis in die Mitte der fünfziger Jahre ebenfalls schriftlich für Schulenburg ein. Diese Briefe befinden sich in Schulenburgs Entnazifizierungsakte (HStAD, NW1023/6433und NW1037-BI 18164) und in seiner Innenministeriums-Akte (HStAD, NW130/310.

37 Bernhard Schmitz und Fritz Burger kommen in ihrer Untersuchung *Tatort Moers. Widerstand und Nationalsozialismus im südlichen Altkreis Moers,* Moers 1995, S. 420, zu dem Schluss:»Der Mord an Zwangsarbeitern, Juden der Stadt, die Ermordung von Widerstandskämpfern – sie alle blieben ungesühnt.« Zur Verfolgung von NS-Kriegsverbrechern in Köln vgl. Heiner Lichtenstein,»Verdunkelungsgefahr? Die Kölner Justiz und die Verfolgung der NS-Verbrechen«, in: Horst Matzerath, Harald Buhlan und Barbara Becker-Jákli (Hrsg.), *Versteckte Vergangenheit. Über den Umgang mit der NS-Zeit in Köln,* Köln 1994, S. 233 – 241.

38 Eva Maria Martinsdorf, »Von den Schwierigkeiten, die Gegenwart von ihrer Vergangenheit zu ›säubern‹. Entnazifizierung in Köln«, in: Matzerath et al., *Versteckte Vergangenheit*, a.a.O., S. 125–162, vor allem S. 145.

39 Schmidt und Burger, *Tatort Moers*, a.a.O., S. 419. In Moers wurde kein einziger Einwohner einer dieser Kategorien zugeordnet. Lutz Niethammer hat gezeigt, dass die Verhältnisse in der amerikanischen Besatzungszone nicht wesentlich anders waren; *Die Mitläuferfabrik*, a.a.O., S. 540 bis 550.

40 Demnach bestand für Löffler wie für Schulenburg die einzige Strafe für ihre Verbrechen darin, dass sie eine Zeit lang auf einen Teil ihrer Pension verzichten mussten. Löffler verbrachte außerdem nach dem Krieg eine gewisse Zeit in einem britischen Internierungslager. Am 9. Dezember 1948 befand die Spruchkammer Benefeld Löffler für schuldig, während seiner Zeit bei der Gestapo gegen das Gesetz verstoßen zu haben, und verurteilte ihn zur Zahlung einer Geldbuße von 2500 Mark. Gleichzeitig verfügte die Kammer jedoch, Löffler diese Buße zu erlassen und sie gegen die zwei Jahre und zehn Monate Internierungshaft aufzurechnen. Eine Abschrift dieses Urteils befindet sich im BAK, Z 42 II/2520, Bl. 53–56. Zu den Bemühungen der beiden Männer, ihren Entnazifizierungsstatus revidieren zu lassen, um ihre volle Pension zu erhalten, vgl. ihre in Anm. 36 aufgeführten Akten.

41 Zum Schicksal der Gestapobeamten in der Nachkriegszeit vgl. Gerhard Paul, »Zwischen Selbstmord, Illegalität und neuer Karriere. Ehemalige Gestapo-Bedienstete im Nachkriegsdeutschland«, in: ders. und Klaus-Michael Mallmann (Hrsg.), *Die Gestapo – Mythos und Realität*, Darmstadt 1995, S. 529–555. In seinem Buch *Die Gestapo und die deutsche Gesellschaft. Die Durchsetzung der Rassenpolitik 1933–1945*, Paderborn 1993, S. 293, das sich hauptsächlich mit der Gestapo in Würzburg beschäftigt, behauptet Robert Gellately, »daß es den meisten [Angehörigen der Würzburger Gestapo] gelang, sich zu entlasten. Gestapobeamte, die der Beteiligung an Judendeportationen aus Deutschland angeklagt waren, wurden freigesprochen, weil man ihnen nicht nachweisen konnte, daß sie wußten, was in den Vernichtungslagern in Polen geschah.« Detaillierte Belege dafür, dass diese fragwürdige Rechtfertigung auch in den sechziger und frühen siebziger Jahren in Deutschland dazu diente, Ermittlungen gegen Gestapobeamte wegen Beteiligung an der Ermordung von Juden einzustellen, befinden sich in der Zentralen Stelle der Landesjustizverwaltungen in Ludwigsburg, 415 AR 846/64 (2 Bde.).

42 Hannah Arendt, *Eichmann in Jerusalem. Ein Bericht von der Banalität des Bösen*, München 1964.

43 Das heißt nicht, dass die meisten Gestapobeamten entweder soziale Außenseiter oder offensichtliche Psychopathen gewesen wären, und man muss im Gegenteil einräumen, dass die meisten von ihnen in vielerlei Hinsicht anscheinend ganz normal waren. Zu wichtigen Erörterungen über den Charakter und den Werdegang von Gestapobeamten und die Frage ihrer »Normalität« vgl. Gerhard Paul, »Ganz normale Akademiker: Eine Fallstudie zur regionalen staatspolizeilichen Funktionselite«, in: ders. und Mallmann, *Die Gestapo – Mythos und Realität*, a.a.O., S. 236–254, sowie George C. Browder, *Hitler's Enforcers: The Gestapo and the SS Security Service in the Nazi Revolution*, New York 1996.

44 Christopher R. Browning, *Ganz normale Männer. Das Reserve-Polizeibataillon 101 und die »Endlösung« in Polen*, Reinbek 1993; Daniel J. Gold-

hagen, *Hitlers willige Vollstrecker. Ganz gewöhnliche Deutsche und der Holocaust*, Berlin 1996.

45 Zu den bekanntesten Arbeiten über politische Denunziationen im Dritten Reich vgl. Gisela Diewald-Kerkmann, *Politische Denunziation im NS-Regime oder die kleine Macht der »Volksgenossen«*, Bonn 1995; Gellately, *Die Gestapo und die deutsche Gesellschaft*, a.a.O., und Reinhard Mann, *Protest und Kontrolle im Dritten Reich. Nationalsozialistische Herrschaft im Alltag einer rheinischen Großstadt*, Frankfurt a. M. 1987.

46 Victor Klemperer, *Ich will Zeugnis ablegen bis zum letzten. Tagebücher*, Bd. 1: *1933–1941*, Bd. 2: *1942–1945*, Berlin 1995.

47 Zu einer provokativen Abhandlung über die Hinterlassenschaft des Nationalsozialismus und über den Umgang der Deutschen und der deutschen Gesellschaft mit den Verbrechen der NS-Zeit vgl. Ralph Giordano, *Die zweite Schuld oder von der Last, Deutscher zu sein*, Hamburg 1987.

48 Interview mit Alfred E., Köln, 17. Juni 1995.

Bibliographie

Archive

Nur die wichtigsten Aktenbestände sind aufgeführt. Ausführliche Angaben finden sich in den Anmerkungen.

Leo Baeck Institute, New York
Berlin Document Center (BDC): Partei-Kanzlei-Korrespondenz (PKK), Rasse- und Siedlungs-Hauptamt-SS (RuSHA) und SS-Offizier-Personalakten (SSO)
British Broadcasting Corporation Written Archives Centre, Reading, England: BBC/WAC (German Features; Lindley Fraser: Talks and Features) und BBC/WAC, E2/131 (European news directives)
Bundesarchiv Koblenz (BAK): Z 42 IV (Spruchgericht Bielefeld) und Z 42 II (Spruchgericht Benefeld-Bomütz)
Evangelisches Gemeindearchiv Köln
Hessisches Hauptstaatsarchiv Wiesbaden
Historisches Archiv der Stadt Köln
Kölnisches Stadtmuseum
National Archives, Washington, D.C. (Mikrofilmkopien von ehemals im Berlin Document Center aufbewahrten Akten)
Norddeutsche Provinz SJ Archiv Köln: Nachlass Josef Spieker
Nordrhein-Westfälisches Hauptstaatsarchiv Düsseldorf-Kaiserswerth, Schloss Kalkum (HStADK): BR PE (Personalakten Sammelbestand), Rep. 8 (Verbrechen gegen die Menschlichkeit), Rep. 10 (Verbrechen gegen die Menschlichkeit), Rep. 11/1812 (Zu milde Urteile), Rep. 11/1661 (Kriege gegen Deutschland), Rep. 23 (Bevölkerungsstatistik), Rep. 112 (Sondergericht Köln), Rep. 132/715 (Verzeichnis der Hinrichtungen 1941–1944), Rep. 231/95 (Gestapoflügel im Klingelpütz), Rep. 231/447–519 (Prozess gegen Schäfer), Rep. 248/265–66 (Rechtswidrige Tötung von Stapo-Häftlingen im Klingelpütz), Rep. 300/1–15 (Klingelpütz Gefangenenbücher), und Rep. 321/190–191 (Gefängnisstatistik Köln).
Nordrhein-Westfälisches Hauptstaatsarchiv Düsseldorf-Mauerstraße (HStAD): NW130 (Innenministerium), NW1000 (Entnazifizierung), NW1010 (Entnazifizierung), NW1023 (Entnazifizierung), NW1037-BI (Entnazifizierung), NW1049 (Entnazifizierung), RW34 (Stapostelle Köln), RW36 (Stapostelle Düsseldorf, Außenstellen), RW58 (Gestapo-Personalakten).
NS-Dokumentationszentrum Köln
Rheinisches Amt für Denkmalpflege Köln
Rheinisches Bildarchiv Köln
R.K. Paters Jezuïeten Berchmanianum Nijmegen
Sächsisches Hauptstaatsarchiv Dresden
Stadtarchiv Köln: *Westdeutscher Beobachter, Kölnische Zeitung, Kölner Stadt-Anzeiger*
Stadtarchiv Krefeld (StAKr): Film B58; Mitglieder-Liste der NSDAP in Krefeld, Kartei Meldewesen, *Rheinische Post, Westdeutsche Neue Presse, Westdeutsche Zeitung*, Bildarchiv

Zentrale Stelle der Landesjustizverwaltungen zur Aufklärung von NS-Gewalt-verbrechen, Ludwigsburg (ZSL): 414 AR 345/71 (Angehörige der Stapoleit-stelle Düsseldorf), 415 AR 846/64 (Evakuierung v. Juden), 107 AR-Z 571/67

Interviews

Es sind nur Interviews aufgeführt, die im Text oder in den Anmerkungen er-wähnt werden.

Raffael B., Köln,
10. Februar 1993
Aurel Billstein, Krefeld,
30. Januar 1995
Wolf Bleiweiss, New York,
27. Juli 1995
Alfred E., Köln,
17. Juni 1995
Adam G., Krefeld,
14. Juni 1995
Helmut Goldschmidt, Köln,
11. Juli 1997
Werner H. (Chile),
5. Juni 1996 (telefonisch)
Herbert K., Saddlebrook, New Jersey,
28. Juli 1995
Hiltrud K., Köln,
24. Januar 1994
Lore M., Krefeld,
31. Januar 1995
Karl Muschkattblatt (Chicago),
12. April 1996 (telefonisch)
Anna-Maria S., Köln,
20. Januar 1994

Helene S., Köln,
3. Februar 1994
Max S., Köln,
März 1995
Winfried S., Köln,
14. Januar 1994
Artur V., Köln,
20. Januar 1994
E. W., Köln,
13. Oktober 1994

Privatsammlungen und Korrespondenz mit dem Autor

Otto B.
Kurt Gimnicher
Herbert K.
Max Rein
John Rosing
Helma T.

Zeitungen

Bonner Rundschau
Kölner Stadt-Anzeiger
Kölnische Rundschau
Kölnische Volkszeitung
Kölnische Zeitung

Rheinische Post
Völkischer Beobachter
Westdeutscher Beobachter
Westdeutsche Neue Presse
Westdeutsche Zeitung

Sekundärliteratur und gedruckte Quellen

Abel, Karl-Dietrich, *Die Presselenkung im NS-Staat*, München 1968.

Adam, Uwe, *Judenpolitik im Dritten Reich*, Düsseldorf 1972.

Adenauer, Konrad, *Erinnerungen 1945–1953*, Frankfurt a. M. 1967.

Adler, Bruno, *Frau Wernicke: Kommentare einer »Volksjenossin«*, hg. von Uwe Naumann, Mannheim 1990.

Adler, Hans G., *Der verwaltete Mensch. Studien zur Deportation der Juden aus Deutschland*, Tübingen 1974.

Angermund, Ralph, *Deutsche Richterschaft 1919-1945. Krisenerfahrung, Illusion, politische Rechtsprechung*, Frankfurt a. M. 1990.

Arendt, Hannah, *Elemente und Ursprünge totaler Herrschaft*, Frankfurt a. M. 1958.

dies., *Eichmann in Jerusalem. Ein Bericht von der Banalität des Bösen*, München 1964.

Arentz, Hermann-Josef, »Die Anfänge der Christlich-Demokratischen Union in Köln«, in: Otto Dann (Hrsg.), *Köln nach dem Nationalsozialismus*, S. 117–138.

Aronson, Schlomo, *Reinhard Heydrich und die Frühgeschichte von Gestapo und SD*, Stuttgart 1971.

Asaria, Zvi (Hrsg.), *Die Juden in Köln. Von den ältesten Zeiten bis zur Gegenwart*, Köln 1959.

Aschheim, Steven E., *Culture and Catastrophe: German and Jewish Confrontations with National Socialism and Other Crises*, New York 1996.

Ash, Timothy Garton, »The Romeo File«, in: *The New Yorker*, 28. April und 5. Mai 1997, S. 162–171.

Ayass, Wolfgang, »*Asoziale*« *im Nationalsozialismus*, Stuttgart 1995.

Bankier, David, *Die öffentliche Meinung im Hitler-Staat. Die »Endlösung« und die Deutschen, eine Berichtigung*, Berlin 1995.

Barkai, Avraham, *Vom Boykott zur »Entjudung«. Der wirtschaftliche Existenzkampf der Juden im Dritten Reich 1933–1945*, Frankfurt a. M. 1988.

Bartov, Omer, *Murder in Our Midst: The Holocaust, Industrial Killing, and Representation*, Oxford 1996.

ders., *Hitlers Wehrmacht. Soldaten, Fanatismus und die Brutalisierung des Krieges*, Reinbek 1999.

Bästlein, Klaus, Helge Grabitz und Wolfgang Scheffler (Hrsg.), »*Für Führer, Volk, und Vaterland …*« *Hamburger Justiz im Nationalsozialismus*, Hamburg 1992.

Bauer, Fritz, et al. (Hrsg.), *Justiz und NS-Verbrechen. Sammlung deutscher Strafurteile wegen nationalsozialistischer Tötungsverbrechen 1945–1966*, Bd. 22, Amsterdam 1981.

BBC External Services (Hrsg.), »*Hier ist England*« – »*Live aus London*«. *Das Deutsche Programm der British Broadcasting Corporation 1938–1988*, London 1988.

Becker-Jákli, Barbara (Hrsg.), *Ich habe Köln doch so geliebt. Lebensgeschichten jüdischer Kölnerinnen und Kölner*, Köln 1993.

Benz, Wolfgang (Hrsg.), *Die Juden in Deutschland 1933–1945. Leben unter nationalsozialistischer Herrschaft*, München 1988.

ders., »Überleben im Untergrund 1943–1945«, in: ders. (Hrsg.), *Die Juden in Deutschland 1933–1945*, S. 660–700.

ders., Hermann Graml und Hermann Weiß (Hrsg.), *Enzyklopädie des Nationalsozialismus*, Stuttgart 1997.

ders. und Walter H. Pehle (Hrsg.), *Lexikon des deutschen Widerstandes*, Frankfurt a. M. 1994.

Bergen, Doris L., *Twisted Cross: The German Christian Movement in the Third Reich*, Chapel Hill, N. C., 1996.

Besier, Gerhard, »Ansätze zum politischen Widerstand in der Bekennenden Kirche. Zur gegenwärtigen Forschungslage«, in: Jürgen Schmädeke und Peter Steinbach (Hrsg.), *Der Widerstand gegen den Nationalsozialismus*, S. 265–280.

Bessel, Richard, *Political Violence and the Rise of Nazism: The Storm Troopers in Eastern Germany, 1925–1934*, New Haven, Conn., 1984.

ders. (Hrsg.), *Life in the Third Reich*, Oxford 1987.

Best, Werner, *Die deutsche Polizei*, Darmstadt 1941.

Bethge, Eberhard, »Zwischen Bekenntnis und Widerstand. Erfahrungen in der Altpreussischen Union«, in: Jürgen Schmädeke und Peter Steinbach (Hrsg.), *Der Widerstand gegen den Nationalsozialismus*, S. 281–294.

Bettelheim, Bruno, *The Informed Heart: Autonomy in a Mass Age*, New York 1960.

ders., »Eichmann; the System; the Victims«, in: *The New Republic* (Juni 1963), S. 23–33.

Billstein, Aurel, *Geheime Staatspolizei Außendienststelle Krefeld. Alltägliche Wirklichkeit im Nationalsozialismus*, Krefeld o. J.

ders., *Fremdarbeiter in unserer Stadt 1939–1945. Kriegsgefangene und deportierte »fremdvölkische Arbeitskräfte« am Beispiel Krefeld*, Frankfurt a. M. 1980.

ders., *Christliche Gegnerschaft am Niederrhein 1933–1945 im Bereich der ehemaligen Gestapo-Außendienststelle Krefeld*, Viersen 1987.

Billstein, Reinhold (Hrsg.), *Das andere Köln. Demokratische Tradition seit der Französischen Revolution*, Köln 1979.

Bock, Gisela, *Zwangssterilisation im Nationalsozialismus. Studien zur Rassenpolitik und Frauenpolitik*, Opladen 1986.

Bohnke-Kollwitz, Jutta, et al. (Hrsg.), *Köln und das rheinische Judentum. Festschrift Germania Judaica 1959–1984*, Köln 1984.

Borkin, Joseph, *Die unheilige Allianz der I.G. Farben. Eine Interessengemeinschaft im Dritten Reich*, Frankfurt a. M. 1979.

Botz, Gerhard (Hrsg.), *Der Ort Mauthausen in der Geschichte*, Frankfurt a. M., erscheint demnächst.

Bourke-White, Margaret, »*Dear Fatherland Rest Quietly«: A Report on the Collapse of Hitler's »Thousand Years«*, New York 1946.

dies., *Deutschland – April 1945: »Dear Fatherland Rest Quietly«*, München 1979.

Bracher, Karl Dietrich, *Die deutsche Diktatur. Entstehung, Struktur, Folgen des Nationalsozialismus*, Köln und Berlin 1969.

Brather, Hans-Stephan, »Aktenvernichtungen durch deutsche Dienststellen beim Zusammenbruch des Faschismus«, in: *Archivmitteilungen* 8 (1958), S. 115ff.

Braun, Gerhard, »Köln in den Jahren 1945 und 1946. Die Rahmenbedingungen des gesellschaftlichen Lebens«, in: Otto Dann (Hrsg.), *Köln nach dem Nationalsozialismus*, S. 35–72.

Brenner, Michael, *Nach dem Holocaust*, München 1995.

Breyvogel, Wilfried (Hrsg.), *Piraten, Swings und junge Garde. Jugendwiderstand im Nationalsozialismus*, Bonn 1991.

ders., »Resistenz, Widersinn und Opposition. Jugendwiderstand im Nationalsozialismus«, in: ders. (Hrsg.), *Piraten, Swings, und Junge Garde*, S. 9–16.

Briggs, Asa, *The History of Broadcasting in the United Kingdom*, Bd. 3: *The War of Words*, London 1970.

Broszat, Martin, *Der Staat Hitlers. Grundlegung und Entwicklung seiner inneren Verfassung*, München 1965.

ders., »Resistenz und Widerstand. Eine Zwischenbilanz des Forschungsprojektes«, in: ders. et al. (Hrsg.), *Bayern in der NS-Zeit*, Bd. 4: *Herrschaft und Gesellschaft im Konflikt*, München 1981, S. 691–709.

ders. et al. (Hrsg.), *Bayern in der NS-Zeit*, 6 Bde., München 1977–1983.

ders. und Norbert Frei (Hrsg.), *Das Dritte Reich im Überblick. Chronik, Ereignisse, Zusammenhänge*, München und Zürich 1989.

Browder, George C., *Foundations of the Nazi Police State: The Formation of Sipo and SD*, Lexington, Ky., 1990.

ders., *Hitler's Enforcers: The Gestapo and the SS Security Service in the Nazi Revolution*, New York 1996.

Browning, Christopher R., *The Path to Genocide: Essays on the Launching of the Final Solution*, New York 1992.

ders., »Beyond ›Intentionalism‹ und ›Functionalism‹ The Decision for the Final Solution Reconsidered«, in: ders., *The Path to Genocide*, S. 86–121.

ders., *Ganz normale Männer. Das Reserve-Polizeibataillon 101 und die »Endlösung« in Polen*, Reinbek 1993.

Brustein, William, *The Logic of Evil: The Social Origins of the Nazi Party, 1925–1933*, New Haven, Conn., 1996.

Buchbender, Ortwin, und Reinhold Sterz (Hrsg.), *Das andere Gesicht des Krieges. Deutsche Feldpostbriefe 1939–1945*, München 1982.

Buchheim, Hans, »Die SS – das Herrschaftsinstrument«, in: ders. et al. *Anatomie des SS-Staates*, Bd. 1, Freiburg 1965, S. 15–212.

ders., »Befehl und Gehorsam«, in: ders. et al., *Anatomie des SS-Staates*, Bd. 1, S. 216–320.

Burleigh, Michael, *Death and Deliverance: Euthanasia in Nazi Germany c. 1900–1945*, New York 1994 (eine deutsche Übersetzung erscheint 2001 im Pendo Verlag Zürich.)

ders. und Wolfgang Wippermann, *The Racial State: Germany 1933–1945*, Cambridge 1991.

Buruma, Ian, *Erbschaft der Schuld. Vergangenheitsbewältigung in Deutschland und Japan*, Reinbek 1996.

Büttner, Ursula, *Die Not der Juden teilen. Christlich-jüdische Familien im Dritten Reich*, Hamburg 1988.

Calic, Edouard, *Reinhard Heydrich. Schlüsselfigur des Dritten Reiches*, Düsseldorf 1982.

Cassirer, Henry R., *Seeds in the Winds of Change: Through Education and Communication*, Norfolk, U.K., 1989.

Chernow, Ron, *Die Warburgs*, Berlin 1994.

Childers, Thomas, *The Nazi Voter: The Social Foundations of Fascism in Germany, 1919–1933*, Chapel Hill, N.C., 1983.

Cocks, Geoffrey, *Psychotherapy in the Third Reich: The Göring Institute*, New York 1985.

Connelly, John, »The Uses of *Volksgemeinschaft*: Letters to the NSDAP Kreisleitung Eisenach, 1939–1940«, in: *Journal of Modern History* 68 (1996), S. 899–930.

Conway, John Seymour, *Die nationalsozialistische Kirchenpolitik 1933–1945. Ihre Ziele, Widersprüche und Fehlschläge*, München 1969.

Craig, Gordon A., *The Germans*, New York 1982.

ders., »Destiny in Any Case«, in: *New York Review of Books*, 3. Dezember 1998, S. 4ff.

Crankshaw, Edward, *Die Gestapo*, Berlin 1959.

Dahrendorf, Ralf, *Gesellschaft und Demokratie in Deutschland*, München 1965.

Dann, Otto (Hrsg.), *Köln nach dem Nationalsozialismus. Der Beginn des gesellschaftlichen und politischen Lebens in den Jahren 1945-1946*, Wuppertal 1981.

Decker, Heinz, et al. (Hrsg.), *Alltagsgeschichte im Agnesviertel. Die Kriegszeit 1939–1945*, Köln 1989.

Delarue, Jacques, *Geschichte der Gestapo*, Düsseldorf 1964.

Denzler, Georg, *Widerstand oder Anpassung? Katholische Kirche und Drittes Reich*, München 1984.

Diels, Rudolf, *Lucifer ante portas*, Stuttgart 1950.

Diewald-Kerkmann, Gisela, »Denunziantentum und Gestapo. Die Freiwilligen ›Helfer‹ aus der Bevölkerung«, in: Gerhard Paul und Klaus-Michael Mallmann (Hrsg.), *Die Gestapo – Mythos und Realität*, S. 288–305.

dies., *Politische Denunziation im NS-Regime oder die kleine Macht der »Volksgenossen«*, Bonn 1995.

Dillar, Ansgar, »Der Volksempfänger. Propaganda- und Wirtschaftsfaktor«, in: *Studienkreis Rundfunk und Geschichte* 9 (1983), S. 140–157.

Dillman, Don, *Mail and Telephone Surveys: The Total Design Method*, New York 1978.

Domarus, Max (Hrsg.), *Hitler-Reden und Proklamationen 1932–1945*, Neustadt und Wied 1962.

Dördelmann, Katrin, *Die Macht der Worte. Denunziationen im nationalsozialistischen Köln*, Köln 1997.

Dörner, Bernward, »Gestapo und ›Heimtücke‹. Zur Praxis der Geheimen Staatspolizei bei der Verfolgung von Verstößen gegen das ›Heimtücke-Gesetz‹«, in: Gerhard Paul und Klaus-Michael Mallmann (Hrsg.), *Die Gestapo – Mythos und Realität*, S. 325–342.

Drobisch, Klaus, und Günther Wieland, »Die Judenreferate des Geheimen Staatspolizeiamtes und des Sicherheitsdienstes der SS 1933 bis 1939«, in: *Jahrbuch für Antisemitismusforschung* (1992), S. 230–254.

dies., *System der NS-Konzentrationslager 1933–1939*, Berlin 1993.

Duhnke, Horst, *Die KPD von 1933 bis 1945*, Köln 1972.

Dwork, Debórah, und Robert Jan van Pelt, *Auschwitz: 1270 to the Present*, New York 1996.

Eckert, Brita, *Die jüdische Emigration aus Deutschland 1933–1941. Die Geschichte einer Austreibung*, Frankfurt a. M. 1995.

Eckert, Willehard Paul, »Christen – Juden – Deutsche. Zum Dialog in Köln 1958–1978«, in: Günther B. Ginzel und Sonja Güntner (Hrsg.), »*Zuhause in Köln*«, S. 180–197.

Evans, Richard J., *In Hitler's Shadow: West German Historians and the Attempt to Escape from the Nazi Past*, London 1989.

ders., *Rituals of Retribution: Capital Punishment in Germany 1600–1987*, Oxford 1996.

Falter, Jürgen W., *Hitlers Wähler*, München 1991.

Faust, Anselm, *Die »Kristallnacht« im Rheinland. Dokumente zum Judenpogrom im November 1938*, Düsseldorf 1987.

Feinendegen, Reinhard, und Dieter Pützhofen (Hrsg.), *22. Juni 1943, als Krefeld brannte. Augenzeugenberichte von der Bombennacht*, Krefeld 1993.

Fest, Joachim C., *Das Gesicht des Dritten Reiches. Profile einer totalitären Herrschaft*, München 1963.

ders., *Staatsstreich. Der lange Weg zum 20. Juli*, Berlin 1994.

Finkelstein, Norman G., und Ruth Bettina Birn, *Eine Nation auf dem Prüfstand. Die Goldhagen-These und die historische Wahrheit*, Hildesheim 1998.

Fischer, Conan, *Stormtroopers: A Social, Economic, and Ideological Analysis, 1929–1935*, London 1983.

Fitzpatrick, Sheila, und Robert Gellately (Hrsg.), *Accusatory Practices: Denunciation in Modern European History, 1789–1989*, Chicago 1997.

Fraser, Lindley, *Propaganda*, London 1957.

Frevert, Ute, *Frauen-Geschichte. Zwischen Bürgerlicher Verbesserung und Neuer Weiblichkeit*, Frankfurt a. M. 1993.

Friedlander, Henry, *Der Weg zum NS-Genozid. Von der Euthanasie zur Endlösung*, Berlin 1997.

Friedländer, Saul (Hrsg.), *Probing the Limits of Representation: Nazism and the »Final Solution«*, Cambridge, Mass., 1992.

ders., *Das Dritte Reich und die Juden*, Bd. 1: *Die Jahre der Verfolgung 1933–1939*, München 1998.

Friedrich, Jörg, *Die kalte Amnestie. NS-Täter in der Bundesrepublik*, Frankfurt a. M. 1984.

Frohn, Robert, *Köln 1945–1981. Vom Trümmerhaufen zur Millionenstadt*, Köln 1982.

Fulbrook, Mary, *The Divided Nation: A History of Germany 1918-1990*, New York 1992.

Funk, Albrecht, *Polizei und Rechtsstaat. Die Entwicklung des staatlichen Gewaltmonopols in Preußen 1848–1914*, Frankfurt a. M. 1986.

Garbe, Detlef, *Zwischen Widerstand und Martyrium. Die Zeugen Jehovas im »Dritten Reich«*, München 1994.

Garritsen. H. S. L., et al. (Hrsg.), *Illegal Drug Use: Research Methods for Hidden Populations*, Utrecht 1993

Geiger, Hansjörg, *Die Inoffiziellen Mitarbeiter. Stand der gegenwärtigen Erkenntnisse*, Berlin 1993.

Gellately, Robert, »Situating the ›SS-State‹ in a Social-Historical Context: Recent Histories of the SS, the Police, and the Courts in the Third Reich«, in: *Journal of Modern History* 64 (1992), S. 338–365.

ders., *Die Gestapo und die deutsche Gesellschaft. Die Durchsetzung der Rassenpolitik 1933–1945*, Paderborn 1993.

ders., »Allwissend und allgegenwärtig? Entstehung, Funktion und Wandel des Gestapo-Mythos«, in: Gerhard Paul und Klaus-Michael Mallmann (Hrsg.), *Die Gestapo – Mythos und Realität*, S. 47–70.

ders., »Denunciations in Twentieth-Century Germany: Aspects of Self-Policing in the Third Reich and the German Democratic Republic«, in: *Journal of Modern History* 68 (1996), S. 931–967.

ders., »Denunciations and Nazi Germany: New Insights and Methodological Problems«, in: *Historical Social Research/Historische Sozialforschung* 22 (1997), S. 228–239.

Gilbert, Gustave Mark, *Nürnberger Tagebuch. Gespräche der Angeklagten mit dem Gerichtspsychologen*, Frankfurt a. M. 1962.

Giles, Geoffrey J., *Students and National Socialism in Germany*, Princeton, N. J., 1985.

Gimnicher, Kurt, »Prelude to Freedom: An Autobiography«, unveröff. Mskr.

Ginzel, Günther B., »Phasen der Etablierung einer jüdischen Gemeinde in der Kölner Trümmerlandschaft 1945–1949«, in: Jutta Bohnke-Kollwitz et al. (Hrsg.), *Köln und das rheinische Judentum*, S. 445–461.

ders. und Sonja Güntner (Hrsg.), »*Zuhause in Köln*«. *Jüdisches Leben 1945 bis heute*, Köln 1998.

Giordano, Ralph, *Die zweite Schuld oder von der Last, Deutscher zu sein*, Hamburg 1987.

Gisevius, Hans Bernd, *Bis zum bittern Ende*, 2 Bde., Hamburg 1947.

Goldhagen, Daniel Jonah, *Hitlers willige Vollstrecker. Ganz gewöhnliche Deutsche und der Holocaust*, Berlin 1996.

Gordon, Sarah, *Hitler, Germans, and the »Jewish Question«*, Princeton, N. J., 1984.

Graf, Christoph, *Politische Polizei zwischen Demokratie und Diktatur. Die Entwicklung der preußischen Politischen Polizei vom Staatsschutzorgan der Weimarer Republik zum Geheimen Staatspolizeiamt des Dritten Reiches*, Berlin 1983.

Grau, Günter (Hrsg.), *Homosexualität in der NS-Zeit. Dokumente einer Diskriminierung und Verfolgung*, Frankfurt a. M. 1993.

Gross, John, »Arendt on Eichmann«, in: *Encounter*, November 1963, S. 65 bis 74.

Grossmann, Atina, *Reforming Sex: The German Movement for Birth Control and Abortion Reform*, New York 1995.

Grübel, Monika, »Nach der Katastrophe. Jüdisches Leben in Köln 1945 bis 1949«, in: Günther B. Ginzel und Sonja Güntner (Hrsg.), »*Zuhause in Köln*, S. 42–55.

Gruchmann, Lothar, *Justiz im Dritten Reich. Anpassung und Unterwerfung in der Ära Gürtner*, München 1988.

Grunberger, Richard, *Das zwölfjährige Reich. Der Deutschen Alltag unter Hitler*, Wien, München und Zürich 1972.

Gutman, Yisrael, und Michael Berenbaum (Hrsg.), *Anatomy of the Auschwitz Death Camp*, Bloomington, Ind., 1994.

Hale, Oran J., *The Captive Press in the Third Reich*, Princeton, N. J., 1964.

Hamburger Institut für Sozialforschung, *Vernichtungskrieg. Verbrechen der Wehrmacht 1941 bis 1944*, Hamburg 1996.

Hamilton, Richard, *Who Voted for Hitler?*, Princeton, N. J., 1982.

Hangebruch, Dieter, »Emigriert – deportiert. Das Schicksal der Juden in Krefeld zwischen 1933 und 1945«, in: *Krefelder Studien* 2 (1980), S. 137–412.

Harris, James F., *The People Speak! Anti-Semitism and Emancipation in Nineteenth-Century Bavaria*, Ann Arbor, Mich., 1994.

Hayes, Peter, *Industry and Ideology: IG Farben in the Nazi Era*, New York 1987.

ders. (Hrsg.), *Lessons and Legacies: The Meaning of the Holocaust in a Changing World*, Evanston, Ill., 1990.

Hehl, Ulrich von, *Katholische Kirche und Nationalsozialismus im Erzbistum Köln 1933–1945*, Mainz 1977.

ders., *Priester unter Hitlers Terror. Eine biographische und statistische Erhebung*, Mainz 1984.

Heil, Johannes, und Rainer Erb (Hrsg.), *Geschichtswissenschaft und Öffentlichkeit. Der Streit um Daniel J. Goldhagen*, Frankfurt a. M. 1998.

Hellfeld, Matthias von, *Edelweißpiraten in Köln. Jugendrebellion gegen das 3. Reich. Das Beispiel Köln-Ehrenfeld*, Köln 1981.

Helmreich, Ernst Christian, *The German Churches Under Hitler: Background, Struggle, and Epilogue*, Detroit 1979.

Herbert, Ulrich, *Fremdarbeiter im Dritten Reich. Politik und Praxis des »Ausländer-Einsatzes« in der deutschen Kriegswirtschaft des Dritten Reiches*, Berlin 1985.

ders., *Best: Biographische Studien über Radikalismus, Weltanschauung und Vernunft 1903–1989*, Bonn 1996.

Herf, Jeffrey, *Zweierlei Erinnerung. Die NS-Vergangenheit im geteilten Deutschland*, Berlin 1998.

Hetzer, Gerhard, »Ernste Bibelforscher in Augsburg«, in: Martin Broszat et al. (Hrsg.), *Bayern in der NS-Zeit*, Bd. 4: *Herrschaft und Gesellschaft im Konflikt*, München 1981, S. 621–643.

Heugel, Klaus, »Danach. Die Stadt Köln und die jüdische Bevölkerung seit 1945«, in: Günther B. Ginzel und Sonja Güntner (Hrsg.), »*Zuhause in Köln*«, S. 198–203.

Hilberg, Raul, *Die Vernichtung der europäischen Juden*, 3 Bde., Frankfurt a. M. 1990.

ders., *Täter-Opfer-Zuschauer. Die Vernichtung der Juden 1933–1945*, Frankfurt a. M. 1992.

Hinze, Sibylle, »Vom Schutzmann zum Schreibtischmörder. Die Staatspolizeistelle Potsdam«, in: Gerhard Paul und Klaus-Michael Mallmann (Hrsg.), *Die Gestapo – Mythos und Realität*, S. 118–132.

Historisches Archiv der Stadt Köln, *Widerstand und Verfolgung in Köln 1933–1945*, Köln 1981 (1974).

Hitler, Adolf, *Mein Kampf*, 2 Bde., München 1936.

Hockerts, Hans Günter, *Die Sittlichkeitsprozesse gegen katholische Ordensangehörige und Priester 1936/37. Eine Studie zur nationalsozialistischen Herrschaftstechnik und zum Kirchenkampf*, Mainz 1971.

Hoegner, Wilhelm, *Der schwierige Außenseiter*, München 1963.

Hoffmann, Peter, *Widerstand, Staatsstreich, Attentat. Der Kampf der Opposition gegen Hitler*, München 1969.

ders., *Claus Schenk Graf von Stauffenberg und seine Brüder*, Stuttgart 1992.

Höhne, Heinz, *Der Orden unter dem Totenkopf*, Gütersloh 1969.

Homze, Edward L., *Foreign Labor in Nazi Germany*, Princeton, N. J., 1967.

Huiskes, Manfred, »Die Staatspolizeistelle Köln im EL-DE-Haus«, in: *Die Wandinschriften des Kölner Gestapo-Gefängnisses im EL-DE-Haus 1943–1945*, eingeleitet und bearbeitet von dems., Köln 1983, S. 9–69.

Hürten, Heinz, *Deutsche Katholiken 1918-1945*, Paderborn 1992.

Hüttenberger, Peter, »Heimtückefälle vor dem Sondergericht München 1933–1939«, in: Martin Broszat et al. (Hrsg.), *Bayern in der NS-Zeit*, Bd. 4: *Herrschaft und Gesellschaft im Konflikt*, München 1981, S. 435–526.

Idel, Wolfgang, *Die Sondergerichte in politischen Strafsachen*, Schramberg 1935.

Internationaler Militärgerichtshof Nürnberg (IMG), *Der Prozess gegen die Hauptkriegsverbrecher vor dem internationalen Militärgerichtshof. Nürnberg, 14. November 1945–1. Oktober 1946*, 23 Bde., München 1984–1989.

Jellonnek, Burkhard, »Staatspolizeiliche Fahndungs- und Ermittlungsmethoden gegen Homosexuelle. Regionale Differenzen und Gemeinsamkeiten«, in: Gerhard Paul und Klaus-Michael Mallmann (Hrsg.), *Die Gestapo – Mythos und Realität*, S. 343–356.

Jochheim, Gernot, *Frauenprotest in der Rosenstraße: »Gebt uns unsere Männer wieder«*, Berlin 1993.

Johnson, Eric A., »German Women and Nazi Justice: Their Role in the Process from Denunciation to Death«, in: *Historical Social Research/Historische Sozialforschung* 20 (1995), S. 33–69.

ders., *Urbanization and Crime: Germany 1871–1914*, New York 1995.

ders., »Gender, Race, and the Gestapo«, in: *Historical Social Research/Historische Sozialforschung* 22 (1997), S. 240–253.

ders. und Karl-Heinz Reuband, »Die populäre Einschätzung der Gestapo. Wie allgegenwärtig war sie wirklich?«, in: Gerhard Paul und Klaus-Michael Mallmann (Hrsg.), *Die Gestapo – Mythos und Realität*, S. 417–436.

Jung, Werner, »Von der Trümmerlandschaft zur modernen Metropole. Köln 1945 bis 1998«, in: Günther B. Ginzel und Sonja Güntner (Hrsg.), *»Zuhause in Köln«*, S. 17–39.

Kahler, Erich, »The Jews and the Germans«, in: Max Kreutzberger (Hrsg.), *Studies of the Leo Baeck Institute*, New York 1967, S. 17–43.

Kaplan, Marion A., *Between Dignity and Despair: Jewish Life in the Third Reich*, New York 1998.

Kater, Michael H., »Die Ernsten Bibelforscher im Dritten Reich«, in: *Vierteljahrshefte für Zeitgeschichte* 17 (1969), S. 181–218.

ders., *The Nazi Party: A Social Profile of Members and Leaders, 1919–1945*, Oxford 1983.

ders., *Gewagtes Spiel. Jazz im Nationalsozialismus*, Köln 1995.

Katz, Jacob, *From Prejudice to Destruction: Anti-Semitism, 1700–1933*, Cambridge, Mass., 1980.

Kempner, Benedicta Maria, *Priester vor Hitlers Tribunalen*, München 1966.

Kempowski, Walter, *Haben Sie davon gewußt? Deutsche Antworten*, Hamburg 1979.

Kenkmann, Alfons, »Navajos, Kittelbach- und Edelweißpiraten. Jugendliche Dissidenten im ›Dritten Reich‹«, in: Wilfried Breyvogel (Hrsg.), *Piraten, Swings, und Junge Garde*, S. 138–158.

Kershaw, Ian, *Popular Opinion and Political Dissent in the Third Reich: Bavaria 1933–1945*, Oxford 1983.

ders., *Der Hitler-Mythos. Führerkult und Volksmeinung im Dritten Reich*, Stuttgart 1999.

King, Christine Elizabeth, *The Nazi State and the New Religions: Five Case Studies in Non-Conformity*, New York 1982.

Klee, Ernst, »*Die SA Jesu Christi*«. *Die Kirche im Banne Hitlers*, Frankfurt a. M. 1989.

Klein, Adolf, »Hundert Jahre Akten - hundert Jahre Fakten. Das Landgericht Köln ab 1879«, in: ders. und Günter Rennen (Hrsg.), *Justitia Coloniensis*, S. 150ff.

ders., *Köln im Dritten Reich. Stadtgeschichte der Jahre 1933–1945*, Köln 1983.

Klein, Adolf, und Günter Rennen (Hrsg.), *Justitia Coloniensis. Amtsgericht und Landgericht Köln erzählen ihre Geschichte(n)*, Köln 1981.

Kleist-Schmenzin, Ewald von, »Die letzte Möglichkeit«, in: *Politische Studien* 10 (1959).

Klemperer, Victor, *Ich will Zeugnis ablegen bis zum letzten. Tagebücher*, Bd. 1: *1933–1941*, Bd. 2: *1942–1945*, Berlin 1995.

Klönne, Arno, »Jugendprotest und Jugendopposition. Von der HJ-Erziehung zum Cliquenwesen der Kriegszeit«, in: Martin Broszat et al. (Hrsg.), *Bayern in der NS-Zeit*, Bd. 4: *Herrschaft und Gesellschaft im Konflikt*, München 1981, S. 527–620.

ders., *Jugend im Dritten Reich. Die Hitler-Jugend und ihre Gegner,* Düsseldorf 1982.

ders., »Bündische Jugend, Nationalsozialismus und NS-Staat«, in: Jürgen Schmädeke und Peter Steinbach (Hrsg.), *Der Widerstand gegen den Nationalsozialismus,* S. 182–189.

Koch, Hannsjoachim W., *Volksgerichtshof. Politische Justiz im Dritten Reich,* München 1987.

Kogon, Eugen, *Der SS-Staat. Das System der deutschen Konzentrationslager,* München 1946.

Koonz, Claudia, *Mütter im Vaterland. Frauen im Dritten Reich,* Freiburg im Br. 1991.

Koselleck, Reinhart, »Vielerlei Abschied vom Krieg«, in: Brigitte Sauzay, Heinz Ludwig Arnold und Rudolf von Thadden (Hrsg.), *Vom Vergessen vom Gedenken,* S. 19–25.

ders., »Recollections of the Third Reich: An Interview with Reinhart Koselleck«, in: *NIAS Newsletter* 22 (1999), S. 5–16.

Krakowski, Schmuel, »The Satellite Camps«, in: Yisrael Gutman und Michael Berenbaum (Hrsg.), *Anatomy of the Auschwitz Death Camp,* S. 50–60.

Krausnick, Helmut, *Hitlers Einsatzgruppen. Die Truppe des Weltanschauungskrieges 1938–1942,* Frankfurt a. M. 1998 (1981).

Krüger, Wolfgang, *Entnazifiziert! Zur Praxis der politischen Säuberung in Nordrhein-Westfalen,* Wuppertal 1982.

Kwiet, Konrad, »Nach dem Pogrom: Stufen der Ausgrenzung«, in: Wolfgang Benz (Hrsg.), *Die Juden in Deutschland 1933–1945,* S. 545–659.

ders. und Helmut Eschwege, *Selbstbehauptung und Widerstand. Deutsche Juden im Kampf um Existenz und Menschenwürde 1933–1945,* Hamburg 1984.

Lapomarda, Vincent A., *The Jesuits and the Third Reich,* Lewiston, N. Y., 1989.

Laqueur, Walter, *Was niemand wissen wollte. Die Unterdrückung der Nachrichten über Hitlers »Endlösung«,* Frankfurt a. M., Berlin und Wien 1981.

Laska, Vera (Hrsg.), *Women in the Resistance and in the Holocaust: The Voices of Eyewitnesses,* Westport, Conn., 1983.

Lassen, Hans-Christian, »Der Kampf gegen Homosexualität, Abtreibung und ›Rassenschande‹. Sexualdelikte vor Gericht in Hamburg 1933–1939«, in: Klaus Bästlein, Helge Grabitz und Wolfgang Scheffler (Hrsg.), *»Für Führer, Volk und Vaterland ...«,* S. 216–289.

Latzel, Klaus, *Deutsche Soldaten – nationalsozialistischer Krieg? Kriegserlebnis – Kriegserfahrung 1939–1945,* Paderborn 1998.

Lauf, Edmund, *Der Volksgerichtshof und sein Beobachter. Bedingungen und Funktionen der Gerichtsberichterstattung im Nationalsozialismus,* Opladen 1994.

Lautmann, Rüdiger (Hrsg.), *Seminar: Gesellschaft und Homosexualität,* Frankfurt 1977.

Levine, Alan J., *The Strategic Bombing of Germany, 1940–1945,* Westport, Conn., 1992.

Lewy, Guenter, *Die katholische Kirche und Nazideutschland,* München 1965.

Lichtenstein, Heiner, *Himmlers grüne Helfer. Die Schutz- und Ordnungspolizei im »Dritten Reich«,* Köln 1990.

ders., »Verdunkelungsgefahr! Die Kölner Justiz und die Verfolgung der NS-Verbrechen«, in: Horst Matzerath, Harald Buhlan und Barbara Becker-Jákli (Hrsg.), *Versteckte Vergangenheit,* S. 233–241.

Lifton, Robert J., *Ärzte im Dritten Reich*, Stuttgart 1988.

Lipstadt, Deborah E., *Beyond Belief. The American Press and the Coming of the Holocaust 1933–1945*, New York 1986.

Löwenthal, Richard, und Patrik von zur Mühlen (Hrsg.), *Widerstand und Verweigerung in Deutschland 1933 bis 1945*, Berlin und Bonn 1984.

Loewy, Hanno (Hrsg.), *Holocaust. Die Grenzen des Verstehens*, Hamburg 1992.

Longerich, Peter, *Die braunen Bataillone. Geschichte der SA*, München 1989.

Lucassen, Leo, *Die Geschichte eines polizeilichen Ordnungsbegriffes in Deutschland 1700–1945*, Köln 1996.

Lukacs, John, *The Hitler of History*, New York 1997.

Maier, Charles S., *Die Gegenwart der Vergangenheit. Geschichte der nationalen Identität der Deutschen*, Frankfurt a. M. 1992.

Mallmann, Klaus-Michael, »Die V-Leute der Gestapo. Umrisse einer kollektiven Biographie«, in: ders. und Gerhard Paul (Hrsg.), *Die Gestapo – Mythos und Realität*, S. 268–287.

Mallmann, Klaus-Michael, und Gerhard Paul, »Allwissend, allmächtig, allgegenwärtig? Gestapo, Gesellschaft und Widerstand«, in: *Zeitschrift für Geschichtswissenschaft* 41 (1993), S. 984–999.

dies., *Herrschaft und Alltag. Ein Industrierevier im Dritten Reich*, Bonn 1991.

Mann, Reinhard, *Protest und Kontrolle im Dritten Reich. Nationalsozialistische Herrschaft im Alltag einer rheinischen Großstadt*, Frankfurt a. M. 1987.

Marrus, Michael R., *The Holocaust in History*, London 1987.

Marßolek, Inge, *Die Denunziantin. Helene Schwärzel 1944–1947*, Bremen 1993.

dies. und René Ott, *Bremen im Dritten Reich. Anpassung – Widerstand – Verfolgung*, Bremen 1986.

Martinsdorf, Eva Maria, »Von den Schwierigkeiten, die Gegenwart von ihrer Vergangenheit zu ›säubern‹. Entnazifizierung in Köln«, in: Horst Matzerath, Harald Buhlan und Barbara Becker-Jákli (Hrsg.), *Versteckte Vergangenheit*, S. 125–162.

Marxen, Klaus, *Das Volk und sein Gerichtshof. Eine Studie zum nationalsozialistischen Volksgerichtshof*, Frankfurt a. M. 1994.

Matzerath, Horst, »Der Weg der Kölner Juden in den Holocaust. Versuch einer Rekonstruktion«, in: *Die jüdischen Opfer des Nationalsozialismus aus Köln. Gedenkbuch*, Köln 1995, S. 530–553.

ders. et al. (Hrsg.), *Versteckte Vergangenheit. Über den Umgang mit der NS-Zeit in Köln*, Köln 1994.

Mayer, Milton, *They Thought They Were Free: The Germans 1933–1945*, Chicago 1955.

McKale, Donald M., *The Nazi Party Courts: Hitler's Management of Conflict in His Movement, 1921–1945*, Lawrence, Kan., 1974.

Meershoek, Guus, *Dienaren van hetgezag: De Amsterdamse politie tijdens de bezetting*, Amsterdam 1999.

Meier, Kurt, *Kreuz und Hakenkreuz. Die evangelische Kirche im Dritten Reich*, München 1992.

Merkl, Peter, *The Making of a Stormtrooper*, Princeton, N. J., 1980.

Messerschmidt, Manfred, und Fritz Wüllner, *Die Wehrmachtsjustiz im Dienste des Nationalsozialismus*, Baden-Baden 1987.

Mommsen, Hans, »Was haben die Deutschen vom Völkermord an den Juden gewußt?«, in: Walter H. Pehle (Hrsg.), *Der Judenpogrom 1938*, S. 176–200.

ders., »The Reaction of the German Population to the Anti-Jewish Persecution and the Holocaust«, in: Peter Hayes (Hrsg.), *Lessons and Legacies*, S. 141–154.

Moore, Bob, *Victims and Survivors: The Nazi Persecution of the Jews in the Netherlands 1940–1945*, London 1997.

Mosse, George L., *Germans and Jews: The Right, the Left, and the Search for a »Third Force« in Pre-Nazi Germany*, New York 1970.

ders., *Nationalismus und Sexualität. Bürgerliche Moral und sexuelle Normen*, München 1985.

Mühlen, Patrik von zur, »Die SPD zwischen Anpassung und Widerstand«, in: Jürgen Schmädeke und Peter Steinbach (Hrsg.), *Der Widerstand gegen den Nationalsozialismus*, München 1985, S. 86–98.

Müller, Hans Dieter (Hrsg.), *Facsimile Querschnitt durch Das Reich*, München 1964.

Müller, Ingo, *Furchtbare Juristen. Die unbewältigte Vergangenheit unserer Justiz*, München 1987.

Müller, Rolf-Dieter, und Gerd R. Ueberschär, *Kriegsende 1945. Die Zerstörung des Deutschen Reiches*, Frankfurt a. M. 1994.

Niethammer, Lutz, *Entnazifizierung in Bayern. Säuberung und Rehabilitierung unter amerikanischer Besatzung*, Frankfurt a. M. 1972.

ders., *Die Mitläuferfabrik. Die Entnazifizierung am Beispiel Bayerns*, Berlin 1982.

ders., »Die Jahre weiß man nicht, wo man die heute hinsetzen soll«. *Faschismus-Erfahrungen im Ruhrgebiet*, Berlin 1983.

ders., »Juden und Russen im Gedächtnis der Deutschen«, in: Walter H. Pehle (Hrsg.), *Der historische Ort des Nationalsozialismus*, S. 114–134.

Noakes, Jeremy, und Geoffrey Pridham (Hrsg.), *Nazism 1919–1945: A Documentary Reader*, Bd. 1: *The Rise to Power 1919–1934*, Bd. 2: *State, Economy, and Society 1933–1939*, Exeter, U.K., 1983/84.

Norden, Günter van, »Zwischen Kooperation und Teilwiderstand. Die Rolle der Kirchen und Konfessionen – Ein Überblick über Forschungspositionen«, in: Jürgen Schmädeke und Peter Steinbach (Hrsg.), *Der Widerstand gegen den Nationalsozialismus*, S. 227–239.

Oosterhuis, Harry, »Medicine, Male Bonding, and Homosexuality in Nazi Germany«, in: *Journal of Contemporary History* 32 (1997), S. 187–205.

Padover, Saul K., *Lügendetektor. Vernehmungen im besiegten Deutschland 1944/45*, Frankfurt a. M. 1999.

Paucker, Arnold, *Standhalten und Widerstehen. Der Widerstand deutscher und österreichischer Juden gegen die Nationalsozialistische Diktatur*, Essen 1995.

Paul, Gerhard, »Kontinuität und Radikalisierung. Die Staatspolizeistelle Würzburg«, in: Gerhard Paul und Klaus-Michael Mallmann (Hrsg.), *Die Gestapo – Mythos und Realität*, S. 161–199.

ders., »Ganz normale Akademiker. Eine Fallstudie zur regionalen staatspolizeilichen Funktionselite«, in: Gerhard Paul und Klaus-Michael Mallmann (Hrsg.), *Die Gestapo – Mythos und Realität*, S. 236–254.

ders., »Zwischen Selbstmord, Illegalität und neuer Karriere. Ehemalige Gestapo-Bedienstete im Nachkriegsdeutschland«, in: ders. und Klaus-Michael Mallmann (Hrsg.), *Die Gestapo – Mythos und Realität*, S. 529–555.

ders., *Die Gestapo in Schleswig-Holstein*, Hamburg 1996.

ders. und Klaus-Michael Mallmann, *Milieus und Widerstand. Eine Verhaltensgeschichte der Gesellschaft im Nationalsozialismus*, Bonn 1995.

dies. (Hrsg.), *Die Gestapo – Mythos und Realität*, Darmstadt 1995.

Paul, Gerhard, und Alexander Primavesi, »Die Verfolgung der ›Fremdvölkischen‹. Das Beispiel der Staatspolizeistelle Dortmund«, in: Gerhard Paul und Klaus-Michael Mallmann (Hrsg.), *Die Gestapo – Mythos und Realität*, S. 388–401.

Pehle, Walter H. (Hrsg.), *Der Judenpogrom 1938. Von der »Reichskristallnacht« zum Völkermord*, Frankfurt a. M. 1988.

ders. (Hrsg.), *Der historische Ort des Nationalsozialismus*, Frankfurt a. M. 1990.

Perez Belmonte, Ana, »›Schwarzhören‹ im II. Weltkrieg. Die Ahndung von ›Rundfunkverbrechen‹ im Sondergerichtsbezirk Essen 1939–1945«, Magisterarbeit, Universität Köln 1997.

Persico, Joseph, *Nuremberg: Infamy on Trial*, New York 1994.

Peterson, Edward N., *The American Occupation of Germany: Retreat to Victory*, Detroit 1978.

Petry, Christian, *Studenten aufs Schafott. Die Weiße Rose und ihr Scheitern*, München 1968.

Peukert, Detlev, *Ruhrarbeiter gegen den Faschismus. Dokumentation über den Widerstand im Ruhrgebiet 1933–1945*, Frankfurt a. M. 1976.

ders., *Die Edelweißpiraten. Protestbewegungen jugendlicher Arbeiter im Dritten Reich. Eine Dokumentation*, Köln 1980.

ders., *Die KPD im Widerstand. Verfolgung und Untergrundarbeit an Rhein und Ruhr 1933 bis 1945*, Wuppertal 1980.

ders., *Volksgenossen und Gemeinschaftsfremde. Anpassung, Ausmerze und Aufbegehren unter dem Nationalsozialismus*, Köln 1982.

ders., »Protest und Widerstand von Jugendlichen im Dritten Reich«, in: Richard Löwenthal und Patrik von zur Mühlen (Hrsg.), *Widerstand und Verweigerung in Deutschland 1933 bis 1945*, S. 177–201.

ders., »Youth in the Third Reich«, in: Richard Bessel (Hrsg.), *Life in the Third Reich*, S. 25–40.

Plant, Richard, *The Pink Triangle: The Nazi War Against Homosexuals*, New York 1986.

Podhoretz, Norman, »Hannah Arendt on Eichmann: A Study in the Perversity of Brilliance«, in: *Commentary* (September 1963), S. 201–208.

Pohl, Rainer, »›Schräge Vögel, mausert euch!‹ Von Renitenz, Übermut und Verfolgung. Hamburger Swings und Pariser Zazous«, in: Wilfried Breyvogel (Hrsg.), *Piraten, Swings und junge Garde*, S. 241–270.

Proctor, Robert N., *Racial Hygiene: Medicine under the Nazis*, Cambridge, Mass., 1988.

Pütter, Conrad, *Rundfunk gegen das »Dritte Reich«. Ein Handbuch*, München 1986.

Rauschning, Hermann, *Gespräche mit Hitler*, Zürich und New York 1940.

Read, Anthony, und David Fischer, *Kristallnacht: The Nazi Night of Terror*, New York 1989.

Reichsamt für Statistik, *Statistisches Jahrbuch für das Deutsche Reich 1937*, o. O. o. J.

Reifner, Udo, und Bernd-Rüdiger Sonnen (Hrsg.), *Strafjustiz und Polizei im Dritten Reich*, Frankfurt a. M. und New York 1984.

Reinke, Herbert (Hrsg.), »... *nur für die Sicherheit da«? Zur Geschichte der Polizei im 19. und 20. Jahrhundert*, Frankfurt a. M. 1993.

Reitlinger, Gerald, *Die SS. Tragödie einer deutschen Epoche*, München 1957.

Remak, Joachim (Hrsg.), *The Nazi Years: A Documentary History*, Englewood Cliffs, N. J., 1969.

Resistance against the Third Reich, Chicago, Ill., 1992 (*The Journal of Modern History* 64: Supplement).

Reuband, Karl-Heinz, »Survey Methods as a Monitoring Instrument«, in: H. S. L. Garritsen et al. (Hrsg.), *Illegal Drug Use*, S. 22–27.

Robinsohn, Hans, *Justiz als politische Verfolgung. Die Rechtsprechung in »Rassenschandefällen« beim Landgericht Hamburg 1936–1943*, Stuttgart 1977.

Rückerl, Adalbert, *Die Strafverfolgung von NS-Verbrechen 1945–1978. Eine Dokumentation*, Heidelberg 1979.

ders., *NS-Verbrechen vor Gericht. Versuch einer Vergangenheitsbewältigung*, Heidelberg 1982.

Rumpf, Hans, *Das war der Bombenkrieg. Deutsche Städte im Feuersturm*, Oldenburg und Hamburg 1961.

Rusinek, Bernd-A., *Gesellschaft in der Katastrophe. Terror, Illegalität, Widerstand – Köln 1944/1945*, Essen 1989.

ders., »›Wat denkste, wat mir objerümt han‹. Massenmord und Spurenbeseitigung am Beispiel der Staatspolizeistelle Köln 1944–1945«, in: Gerhard Paul und Klaus-Michael Mallmann (Hrsg.) *Die Gestapo – Mythos und Realität*, S. 402–416.

Salomon, Ernst von, *Der Fragebogen*, Hamburg 1951.

Sauzay, Brigitte, Heinz Ludwig Arnold und Rudolf von Thadden (Hrsg.), *Vom Vergessen vom Gedenken. Erinnerungen und Erwartungen in Europa zum 8. Mai 1945*, Göttingen 1995.

Schellenberger, Barbara, *Katholische Jugend und Drittes Reich. Eine Geschichte des katholischen Jungmännerverbandes 1933–1939 unter besonderer Berücksichtigung der Rheinprovinz*, Mainz 1975.

dies., »Katholischer Jugendwiderstand«, in: Jürgen Schmädeke und Peter Steinbach (Hrsg.), *Der Widerstand gegen den Nationalsozialismus*, S. 314 bis 326.

Schmädeke, Jürgen und Peter Steinbach (Hrsg.), *Der Widerstand gegen den Nationalsozialismus. Die deutsche Gesellschaft und der Widerstand gegen Hitler*, München 1985.

Schmid, Hans-Dieter, »›Anständige Beamte‹ und ›üble Schläger‹. Die Staatspolizeistelle Hannover«, in: Gerhard Paul und Klaus-Michael Mallmann (Hrsg.), *Die Gestapo – Mythos und Realität*, S. 133–160.

ders., *Gestapo Leipzig. Politische Abteilung des Polizeipräsidiums und Staatspolizeistelle Leipzig 1933–1945*, Leipzig 1997.

Schmidt, Bernhard, und Fritz Burger, *Tatort Moers. Widerstand und Nationalsozialismus im südlichen Altkreis Moers*, Moers 1995.

Schnabel, Raimund, *Die Frommen in der Hölle. Geistliche in Dachau*, Frankfurt a. M. 1966.

Schneider, Michael, und Winfried Süß, *Keine Volksgenossen*, München 1993.

Scholl, Inge, *Die Weiße Rose*, Frankfurt a. M. 1982.

Schoppmann, Claudia, *Nationalsozialistische Sexualpolitik und weibliche Homosexualität*, Pfaffenweiler 1991.

dies., »Zur Situation lesbischer Frauen in der NS-Zeit«, in: Günter Grau (Hrsg.), *Homosexualität in der NS-Zeit*, S. 35–42.

Schubert, Helga, *Judasfrauen. Zehn Fallgeschichten weiblicher Denunziation im Dritten Reich*, Frankfurt a. M. 1990.

Schwering, Leo, *In den Klauen der Gestapo. Tagebuchaufzeichnungen der Jahre 1944–1945*, Köln 1988.

Seel, Pierre, *Ich, Pierre Seel, deportiert und vergessen. Ein Bericht*, Köln 1996.

Segev, Tom, *Die siebte Million. Der Holocaust und Israels Politik der Erinnerung*, Reinbek 1995.

Shirer, William L., *Aufstieg und Fall des Dritten Reiches*, Köln und Berlin 1961.

Siedler Verlag (Hrsg.), *Briefe an Goldhagen*, Berlin 1998.

Smith, Howard K., *Last Train from Berlin*, New York 1942.

Snyder, Louis L., *Encyclopedia of the Third Reich*, New York 1989 (1976).

ders., *Hitler's Third Reich: A Documentary History*. Chicago 1981.

Speer, Albert, *Erinnerungen*, Frankfurt a. M., Berlin und Wien 1969.

Spieker, Josef, *Mein Kampf gegen Unrecht in Staat und Gesellschaft. Erinnerungen eines Kölner Jesuiten*, Köln 1971.

Spielvogel, Jackson, *Hitler and Nazi Germany: A History*, Englewood Cliffs, N. J., 1992.

Stadt Bergheim, *Kreisstadt Bergheim. Zahlen, Daten, Fakten*, Bergheim o. J.

Stadt Krefeld (Hrsg.), *Krefelder Juden in Amerika. Dokumentation eines Briefwechsels*, Krefeld 1984 (Bd. 1).

dies. (Hrsg.), *Vor dem Besuch in Krefeld – 29. Juni bis 7. Juli 1987. Briefe ehemaliger Krefelder Juden an Schüler des Gymnasiums am Moltkeplatz*, Krefeld o. J. (Bd. 2).

dies. (Hrsg.), *Ehemalige Krefelder Juden berichten über ihre Erlebnisse in der sogenannten Reichskristallnacht*, Krefeld 1988 (Bd. 3).

dies. (Hrsg.), *Ehemalige Krefelder Juden im Gespräch mit Krefelder Schülern 1987*, Krefeld 1988 (Bd. 4).

Statistisches Bundesamt, *Statistisches Jahrbuch deutscher Gemeinden 1972*, Wiesbaden 1973.

Steinbach, Peter, *Nationalsozialistische Gewaltverbrechen. Die Diskussion in der deutschen Öffentlichkeit nach 1945*, Berlin 1981.

Steinert, Marlis G., *Hitlers Krieg und die Deutschen. Stimmen und Haltung der deutschen Bevölkerung im 2. Weltkrieg*, Düsseldorf und Wien 1970.

Stephenson, Jill, *Women in Nazi Society*, London 1975.

dies., *The Nazi Organisation of Women*, London, 1981.

Stern, Frank, »Wolfsschanze versus Auschwitz. Widerstand als deutsches Alibi?«, in: *Zeitschrift für Geschichtswissenschaft* 42 (1994), S. 645–650.

Stolleis, Michael, *Geschichte des öffentlichen Rechts in Deutschland*, Bd. 3: *Staats- und Verwaltungsrechtswissenschaft in Republik und Diktatur 1914–1945*, München 1999.

Stoltzfus, Nathan, *Aufstand des Herzens. Der Aufstand der Frauen in der Rosenstraße 1943*, München 1999.

Strauss, Herbert A., »Jewish Emigration from Germany: Nazi Policies and Jewish Responses«, in: *Yearbook of the Leo Baeck Institute* 25/26 (1980/1981), S. 313–361 und S. 343–409.

Strohm, Christoph, »Der Widerstandskreis um Dietrich Bonhoeffer und Hans von Dohnanyi. Seine Voraussetzungen zur Zeit der Machtergreifung«, in: Jürgen Schmädeke und Peter Steinbach (Hrsg.), *Der Widerstand gegen den Nationalsozialismus*, S. 295–313.

Syrkin, Marie, »Hannah Arendt: The Clothes of an Empress«, in: *Dissent* 10 (1963), S. 345–352.

Szepansky, Gerda, *Frauen leisten Widerstand 1933–1945. Lebensgeschichten nach Interviews und Dokumenten*, Frankfurt a. M. 1983.

Tappe, Rudolf, und Manfred Tietz (Hrsg.), *Tatort Duisburg 1933–1945. Widerstand und Verfolgung im Nationalsozialismus*, 2 Bde., Essen 1989 und 1993.

Tenfelde, Klaus, »Proletarische Provinz. Radikalisierung und Widerstand in Penzberg/Oberbayern 1900 bis 1945«, in: Martin Broszat et al. (Hrsg.), *Bayern in der NS-Zeit*, Bd. 4, München 1981, S. 235ff.

Tent, James F., *Mission on the Rhine: Reeducation and Denazification in American-Occupied Germany*, Chicago 1982.

Thalmann, Rita, und Emmanuel Feinermann, *Die Kristallnacht*, Frankfurt a. M. 1988.

Tuchel, Johannes, und Reinold Schattenfroh, *Zentrale des Terrors: Prinz-Albrecht-Straße 8. Das Hauptquartier der Gestapo*, Berlin 1987.

Ullrich, Volker, »›Wir haben nichts gewußt.‹ Ein deutsches Trauma«, in: *1999* 4 (1991), S. 11–46.

Vogt, Hans, und Herbert Brenne, *Krefeld im Luftkrieg 1939–1945*, Bonn 1986.

Vollnhals, Clemens, *Evangelische Kirche und Entnazifizierung 1945–1949. Die Last der nationalsozialistischen Vergangenheit*, München 1989.

Wagner, Heinz, »Die Polizei im Faschismus«, in: Udo Reifner und Bernd-Rüdiger Sonnen (Hrsg.), *Strafjustiz und Polizei im Dritten Reich*, S. 161–172.

Walk, Joseph, *Sonderrecht für die Juden im NS-Staat. Eine Sammlung der gesetzlichen Maßnahmen und Richtlinien. Motive, Texte, Materialien*, Heidelberg 1981.

Wasserstein, Bernard, *Britain and the Jews of Europe, 1939–1945*, Oxford 1979.

Weber, Hermann, »Die Ambivalenz der kommunistischen Widerstandsstrategie bis zur ›Brüsseler‹ Parteikonferenz«, in: Jürgen Schmädeke und Peter Steinbach (Hrsg.), *Der Widerstand gegen den Nationalsozialismus*, S. 73–85.

Weber, Jürgen, und Peter Steinbach (Hrsg.), *Vergangenheitsbewältigung durch Strafverfahren? NS-Prozesse in der Bundesrepublik Deutschland*, München 1984.

Wehler, Hans-Ulrich, *Entsorgung der deutschen Vergangenheit. Ein polemischer Essay zum »Historikerstreit«*, München 1988.

Weinberg, Gerhard L., *A World at Arms: A Global History of World War II*, Cambridge 1994.

Welch, David, *The Third Reich: Politics and Propaganda*, London 1993.

Werle, Gerhard, und Thomas Wandres, *Auschwitz vor Gericht. Völkermord und bundesdeutsche Strafjustiz*, München 1995.

Wetzel, Juliane, »Auswanderung aus Deutschland«, in: Wolfgang Benz (Hrsg.), *Die Juden in Deutschland 1933–1945*, S. 413–498.

Weyrauch, Walter Otto, *Gestapo V-Leute. Tatsachen und Theorie des Geheimdienstes*, Frankfurt a. M. 1989.

Wiener, Ralph, *Gefährliches Lachen. Schwarzer Humor im Dritten Reich*, Hamburg 1994.

Wiesenthal, Simon, *Doch die Mörder leben*, hrsg. von Joseph Wechsberg, München und Zürich 1967.

Wollenberg, Jörg (Hrsg.), »Niemand war dabei und keiner hat's gewußt«. *Die deutsche Öffentlichkeit und die Judenverfolgung 1933–1945*, München 1989.

Wüllenweber, Hans, *Sondergerichte im Dritten Reich. Vergessene Verbrechen der Justiz*, Frankfurt a. M. 1990.

Wyden, Peter, *Stella*, Göttingen 1995.

Wyman, David S., *The Abandonment of the Jews: America and the Holocaust, 1941–1945*, New York 1984.

ders., »Why Auschwitz Wasn't Bombed«, in: Yisrael Gutman und Michael Berenbaum (Hrsg.), *Anatomy of the Auschwitz Death Camp*, S. 569–587.

Zillmer, Eric A., et al., *The Quest for the Nazi Personality: A Psychological Investigation of Nazi War Criminals,* Hillsdale, N. J., 1995.

Zimmermann, Michael, »Die Gestapo und die regionale Organisation der Judendeportation. Das Beispiel der Stapo-Leitstelle Düsseldorf«, in: Gerhard Paul und Klaus-Michael Mallmann (Hrsg.), *Die Gestapo – Mythos und Realität*, S. 357–372.

Zipfel, Friedrich, *Kirchenkampf in Deutschland. Religionsverfolgung und Selbstbehauptung der Kirchen in der nationalsozialistischen Zeit*, Berlin 1965.

Register

Die *kursiven* Ziffern verweisen auf Bildlegenden.

Achter, Viktor 220, 223, 228

Adenauer, Konrad 353f.

Adventisten 241, 393

Alliierte 59, 72, 327f., 354, 377, 473, 493

Angermund, Ralph 342, 344, 346

Angst vor Verhaftung
bei Juden 143f., 154f.
in der gewöhnlichen deutschen Bevölkerung 154f., 351

Antisemitismus 21, 23f., 28, 95, 99f., 105, 111, 113, 118, 123, 130, 143–146, 151, 153, 172, 191, 242, 409, 458

Antisemitische Partei 86
Ausschreitungen 100f., 121f.
Boykott vom 1. April 1933 101–104, 118
Der ewige Jude 413
Reaktionen der deutschen Bevölkerung 18, 38, 97, 101ff.
s.a. Juden, Judenpolitik

Archivquellen, lokale 24ff., 33–39

Arendt, Hannah
Eichmann in Jerusalem, Ein Bericht von der Banalität des Bösen 80f., 84, 91, 104, 494, 513
Elemente und Ursprünge totaler Herrschaft 21f.

Aschendorfermoor (Arbeitslager) 229

Ash, Timothy Garton 396

»Asoziale« 130f., 323

Auschwitz (Konzentrationslager) 67f., 95, 151, 301, 339, 378, 424, 432f., 452–460, 470, 472, 479, 486f., 492f., 504f.

Babij Jar 470

Bankier, David
Die öffentliche Meinung im Hitler-Staat 465–468, 473

Baptisten 241, 393

Barkai, Avraham 100, 103f.

BBC 27, 59, 278f., 352–361, 374, 466–469, 472–481, 486f., 517
Der Krieg gegen die Juden 478–481
Kurt und Willi 475–478, 481
Und Friede auf Erden 478f.

Becher, Kurt 506f., 509

Beck, Fritz 187

Behinderte 32, 190, 281, 326, 339, 516

Belzec (Konzentrationslager) 424, 432, 479

Bendorf-Sayn (Heil- und Pflegeanstalt) 422f., 430

Ben Gurion, David 506

Berg, Helmut 301

Bergheim a.d. Erft 33–37, 57ff., 76, 105, 114–117, 141, 156, 251–255, 318–321, 355f.

Berlin 55, 100f., 216, 228, 238, 425, 444
Gestapo 454f.
Juden 436, 442, 454f.

Bettelheim, Bruno 464

Billstein, Aurel 210ff., 248

Blitzkrieg 324

Bluhm, Julius 102

»Blutschutzgesetz« (Gesetz zum
Schutze des deutschen Blutes
und der deutschen Ehre),
s. Nürnberger Gesetze

Börgermoor (Konzentrationslager)
224f., 227, 229

Bolle (Kommissar) 54

Bombenangriffe 14, 21, 34, 97, 328,
337–342, 368, 375, 380, 415,
446, 453, 485

Plünderungen 341–345

R.A.F. 326, 328, 337f., 341

Bonhoeffer, Dietrich 231, 242f., 270

Bose, Herbert von 187

Braun, Eva 172

Braun, Herbert 54, 73, 111, 121, 418

Brenninkmeyer, Frau 229

Broszat, Martin 23

Bayern in der NS-Zeit 24, 240

Browning, Christopher R. 404ff.,
514

*Ganz gewöhnliche Männer.
Das Reserve-Polizeibataillon 101
und die »Endlösung« in Polen*
28f., 60, 408, 465f.

Brüning, Heinrich 179

Buchenwald (Konzentrationslager)
301, 380, 470

Bündische Jugend 284, 289,
294–298

Büthe (Kriminalassistent) 96, 121

Bund Deutscher Mädel (BDM)
285f., 303, 397

Burkert, Gustav 47, 51–55, 59, 73,
120, 128, 368, 420

Columbia-Haus (Konzentrationslager) 227

Dachau (Konzentrationslager)
105, 134, 142, 151, 163, 187, 205,
237, 243, 279, 487, 518

Dahmen, Josef 72, 378ff.

Dahrendorf, Ralf 22f.

Defätismus 36, 280, 341, 373

Denunziationen

aus der breiten Bevölkerung
19f., 26–32, 38, 45, 47, 54, 57,
59f., 96f., 106, 110–114, 123,
127, 143f., 165–171, 190, 192,
220, 246, 248f., 273, 275,
303–314, 320, 323, 358, 361f.,
367, 369–376, 383ff., 390,
392–403, 418, 443, 446, 458,
460ff., 464, 515

in Fällen von »Rassenschande«
123

durch Jugendliche 304, 399

untergeordnete Rolle bei der
Verfolgung von Zielgruppen
269

s.a. Gellately, Robert

Deportationen 13–19, 48f., 67, 72,
82, 87, 90, 97, 105, 112, 142, 144,
163, 168, 325, 372, 388, 407, 410,
412ff., 417, 420, 423–436, 443ff.,
450, 452f., 458, 464, 469–472,
508, 511f.

Altentransport 432

»Schlussaktion« 443, 455ff.

Deutsche Demokratische Partei
(DDP) 87

Deutsches Jungvolk (DJ) 285

Diefenbach, Rudolf 494f., 498, 511

Diels, Rudolf 177, 187

Diestelkamp, Erich 133, 137

Diewald-Kerkmann, Gisela 392,
397f., 514

Dihr, Otto 54, 73ff., 260, 265ff.,
269, 313f.

Düsseldorf

Gestapo 48, 50, 54f., 64, 73, 76,
125–129, 133, 171, 205, 207,
237, 297, 436–443, 450ff., 462

Edelweißpiraten 24, 71, 274, 296ff., 327

Effenberg, Alfred 40, 44–59, 73, 120, 313f., *331*, 419

Eichmann, Adolf 18, 80–84, 86, 89, 91, 120, 448, 452, 513

Einsatzgruppen, Einsatzkommandos 63, 67, 71f., 79, 90, 465f.

EL-DE-Haus s. Köln

Elfes, Wilhelm 47, 107

Emigration 48, 82, 103ff., 110, 120, 122, 129, 134f., 141–146, 150, 155, 159, 163, 174, 351, 372, 393, 395, 411, 438ff., 444

Encke, Hans 495f., 498, 511

»Endlösung der Judenfrage« 190, 351, 412, 423, 447, 456, 459, 461, 472

Entnazifizierung 39–57, 76–79, 86, 89, 496f., 499, 502f., 507–511

»Persilscheine« 42, 502, 509, 514

Ermächtigungsgesetz 183ff.

Euthanasie 389

Evans, Richard 344ff.

Fanfare 114f.

Faulhaber, Michael 239

Fleischer, Alfred 54, 73–76

Franco Bahamonde, Francisco 206

Frank, Kurt 134f.

Frankfurter Zeitung 169

Fraser, Lindley 474

Freikorps 46, 61, 65, 73

Freisler, Roland 27, 327, 345

»Fremdarbeiter«, Zwangsarbeiter 58, 71ff., 76, 190, 340–351, 381

Frevert, Ute 286

Fritzsche, Hans 493

Führungsakademie der Sicherheitspolizei, Berlin-Charlottenburg 61–64

Furschbach, Friedrich 367

Galen, Clemens August Graf von 231, 241, 326

Garbe, Detlef 259

Garde-Verein 1861 in Krefeld 86

Gellately, Robert 392, 514
    Die Gestapo und die deutsche Gesellschaft 132, 166f.

»Geltungsjuden« 445, 448–454, 459f., 504

Gerlich, Fritz 187

Gesetz zur Wiederherstellung des Berufsbeamtentums 103

Geschichtsschreibung 20–33, 124, 190, 240, 273f., 288, 310, 514

Gestapo 13, 16, 18–27, 30–33, 36–92, 99, 106, 112, 120, 143, 154, 160, 174, 187–194, 201, 205–208, 227–230, 232, 238, 243, 248, 252, 259f., 262, 273, 292, 298, 305f., 308, 312–315, 318f., 326, 339f., 342, 349, 351ff., 358f., 363, 377, 383f., 388ff., 399, 405ff., 415, 429f., 435, 443, 446, 448f., 452, 454, 458, 464, 488, 516f.

    Beamte, einfache 17, 40, 51, 60ff., 70–79, 89ff., 235f., 400, 427, 433, 436, 449f., 452

    Gestapa 62, 124, 220, 224, 237

    Leiter der Gestapostellen und -außendienststellen 14ff., 49, 60–70, 89f., 133, 425

    Leiter der »Judenreferate« 40, 61, 80–91, 118, 120f., 425f., 493, 509

    Nachkriegsprozesse und -ermittlungen 72, 88f., 91, 120f., 493–518

    »Vertrauensmann« (Gestapospitzel) 26f., 30, 38, 47, 280

Gewerkschaften 181, 185f., 212, 327

»Gewöhnliche Deutsche« 17ff., 23–29, 33, 55, 59ff., 92, 96, 155, 168, 174, 251, 257, 273–353, 369f., 381–388, 395, 402–407, 429, 443, 465, 512–518

631

Brutalität gegen Kriegsende
376–382
Einstellungen zum Holocaust
275, 515
Spielräume zur Äußerung von
Unmut 30f., 280, 409
s.a. Antisemitismus
»Gewohnheitsverbrecher« 32, 130,
157, 164, 343, 345–349, 376,
384, 387, 515f.
Gimnicher, Josef 432
Gimson, Kurt 131
Gleichschaltung 185
Gleiwitz 67f., 324
Goebbels, Joseph 132f., 137, 177,
232, 284, 354, 370, 440, 455f.,
477
Göring, Hermann 130, 137–140,
177, 189, 249, 284, 315f., 326,
328, 370, 477
Goldhagen, Daniel J. 407ff., 514
Hitlers willige Vollstrecker.
Ganz gewöhnliche Deutsche und
der Holocaust 28f., 60, 153, 409,
436, 465
Goldschmidt, Helmut 301f., 377
Goldschmidt, Moritz 13, 18, 497f.,
507ff.
Goodman, Benny 301
Gottgläubige 66, 78
Grohé, Josef 14, 180
Großbeeren (Arbeitslager) 455
Grünwald, Malchiel 506f.
Briefe an Freunde in der Mizrahi
506
Grunberger, Richard 397
Grynszpan, Herschel 132
Gürtner, Franz 187, 343

Hamburger Institut für Sozialforschung 29
Hangebruch, Dieter 44, 104, 134,
426, 429f.

Hansa-Haus s. Krefeld
Hehl, Ulrich von 247
Heimtückegesetz 45, 111ff., 215,
245, 319, 321, 364f., 369–372,
374f., 379, 421
Heß, Rudolf 117, 284
Heydrich, Reinhard 14, 61f., 66,
124, 284, 324
Hilberg, Raul 21, 138, 405
Himmler, Heinrich 67, 133, 262,
284, 310, 324, 346
Hindenburg, Paul von 98f.,
178–183, 187f., 201
Hirsch, Ernst 138
Hirschel, Rudolf 461ff.
Hirschfeld, Magnus 310
Historikerstreit 22, 28, 407
Hitler, Adolf 20–26, 30, 36, 64–67,
98, 117f., 121, 132, 137, 145,
147, 160, 172–195, 201, 208,
212–217, 220, 223, 228, 232,
237, 241ff., 249–252, 259, 269f.,
280, 284, 292, 308f., 315f., 319f.,
324–328, 344f., 360, 369ff., 377,
403, 407, 411, 439, 453, 464, 470,
477, 515
Mein Kampf 177, 283
Hitlergruß 122f., 160, 164f., 258, 292
Hitler-Jugend (HJ) 24, 100, 114f.,
171, 232, 274, 284–290,
293–297, 300, 303f., 308,
310–314, 397, 399
Hoegner, Wilhelm 184
Höß, Rudolf 457
Holocaust 20–30, 49, 60, 80, 85,
88, 95, 150f., 279, 302, 310, 325,
339ff., 353, 366, 369f., 384f.,
388, 392, 405–408, 411, 416f.,
435f., 442f., 448, 464–473,
488f., 493, 513
Schweigen über den Holocaust
241, 410, 464, 489
Homosexualität 32, 52, 125, 157,
190f., 227, 231f., 248, 303, 306,
308–315, 384, 387, 516

Horst-Wessel-Lied 242
Hossenfelder, Joachim 242
Hürter, Emil 47, 512
Humburg, Heinrich 74, 78

Ignatius-Kolleg der Jesuiten 229f.
Institut für Psychologische Forschung und Psychotherapie
311
Internierung, Internierungslager
40, 51
Isselhorst, Erich 63, 69f.

Joost, Kurt 54, 73, 206, 366
Judenpolitik 21, 23, 32–38, 52, 59,
80, 95–142, 153, 172f., 185f.,
190f., 321, 339, 346f., 349, 371,
384f., 403, 407, 409ff., 413–416,
453f., 515
»Judenhäuser« 412, 414, 445
»Judenstern« 131, 151, 414ff.,
421, 430, 432, 445f., 452, 455,
458ff., 463, 504f.
wirtschaftliche Verfolgung
85, 90, 97, 100, 121, 130, 138,
141f., 163, 173, 191
Jugendkleidung 283, 287, 296f.,
299
Jugendliche 24, 233f., 274, 278,
282–305
Jugendschutzgesetz vom
9. März 1940 287
Jung, Ludwig 39, 45–55, 63, 69,
73–76, 90, 206, *330*, 368f.,
422ff., 449–452
Jungmädel (JM) 285f.
Justiz 18f., 24–27, 33–39, 52, 62,
96, 98f., 105, 124, 155, 159, 196,
227, 237f., 246, 248, 260, 302f.,
318, 321f., 342–348, 352, 356,
360, 371, 375, 388, 392, 516
Justizbeamte 57, 104f., 195, 228,
343, 400
Reichsjustizministerium 124,
309, 323, 343f., 346ff., 351

Zugriff der Gestapo auf
Angeklagte nach dem Prozess
36, 50, 141
s.a. Sondergerichte, Volksgerichtshof

Kaltenbrunner, Ernst 62, 262
Kaplan, Marion 410, 444
Kapp-Putsch 182
Kastner, Rudolf 80, 506f., 509
Kater, Michael 259, 284
Katholizismus 33–35, 184–187,
213, 216ff., 222ff., 227, 231–235,
254ff., 278, 285, 289, 390, 407,
451, 483, 515
Diffamierung 232
Geistliche 25, 31, 38, 59, 157,
190, 213, 230f., 234–243, 248f.,
269, 294, 372, 384, 393, 515f.,
Jugendverbände 254, 284–292
Jungmännerverband (KJMV)
187, 289ff., 294
Katholische Aktion 187
Kirchen- und Ordensobere
213, 218f., 226, 229f., 238, 241,
270
Konfliktvermeidung 238–241
Konkordat 185, 223, 232, 241,
284
Mit brennender Sorge
(Enzyklika) 232, 239, 241
Katyn, Massenmord von 367
Kershaw, Ian 24f., 254f.
Der Hitler-Mythos 325f.
Kinder, Christian 242
Kittelbachpiraten 274, 296ff.
Klaholt, Dr. 47, 316
Klausener, Erich 187
Klein, Adolf 337, 411
Klemperer, Victor 415, 441, 515
Tagebücher 415, 468–472
Klingelpütz s. Köln

633

Knappen, van (SS-Sturmbannführer)
379

Koch, H.W. 364

Köln 33–37, 95, 100ff., 116, 122,
144f., 180, 188, 192, 195, 200f.,
216, 227f., 238, 275ff., 285, 318,
323, 351, 355, 365, 370, 400,
430f., 473, 482f.

EL-DE-Haus *329*, 378f., 381f.

Gestapo-Prozess 1954
13–17, 57, 70, 425, 427

Klingelpütz-Gefängnis 96, 189,
199, 220–224, 227, 230, 253,
322, 341f., 377–382, 499ff.

Gestapo, -akten 13–17, 36f.,
58f., 61, 64, 67–73, 80–92, 96,
105, 120f., 156f., 173, 189, 213ff.,
217–221, 224, 229, 249f., 253,
280, 293, 297, 328, 340, 362, 374,
378, 381, 383, 426ff., 493, 501

Juden 13–18, 70, 85–88, 114,
144–155, 162, 417–434,
497–512

Messehallen, Sammellager
180, 428, 430

Kommunistische Partei Deutschlands (KPD) 21, 25, 31f., 34–38,
59, 180f., 201, 220, 298, 327,
351, 393, 442, 515f.

Kommunistischer Jugendverband Deutschlands (KJVD) 284

Rote Hilfe 96, 202f., 206

Schießerei mit SA-Leuten in
Frechen 180, 195–201

Verfolgung 96ff., 106–113,
121f., 155, 160, 171, 177–197,
201, 206–211, 225, 345–348,
359, 376, 384–403, 515f.

Konzentrationslager 20, 36ff., 45ff.,
50, 55, 62f., 68, 92, 95, 103–106,
109, 124f., 128, 131, 134ff., 144,
151, 158ff., 174, 178, 192, 210,
213, 228, 230, 238, 241, 246ff.,
306, 377, 388, 412, 422–425,
430f., 435, 446f., 454, 457–462,
466–471

Krefeld 33ff., 48–51, 72f., 83, 95,
97, 102–115, 118, 132ff., 138,
144–147, 150f., 161, 166, 170f.,
180ff., 192, 207f., 235, 307,
312f., 355, 400, 512

Gestapo, -akten 18, 37, 40–61,
64, 71, 76–92, 96, 105, 120–129,
133, 140–144, 154–172, 190ff.,
195, 202–206, 234, 244–247,
260f., 294f., 302–307, 315–321,
328, 347–351, 353–358,
364–372, 385, 387–399,
416–423, 426, 431ff., 447, 451f.,
457–462

Hansa-Haus 47, 129, 139, 141,
329, 433, 462

Juden 48, 82, 87, 144, 153, 157,
159–172, 306, 349, 417–434,
438–448, 451–459, 504–512

»Kreisauer Kreis« 327

Kreyer (Ortsgruppenleiter)
447f.

Kriegsgefangene 53, 349, 351

Kriegsgerichte 364, 377

Kriegswirtschaft 343, 346, 351,
381

Kriminalisierung 421, 457–463

Kriminalpolizei (Kripo) 66, 90, 205,
363, 377, 430, 516

Krülls, Johann 73, 202, 207

Laqueur, Walter 410, 465–468

Lawall, Dr. 343

Ledochowski, Wladimir 230

Legalität, »legale Revolution«
57, 159, 162, 179–189, 238,
448

Lichtenburg (Konzentrationslager)
110, 127

Lichtenstein, Heiner 466

Linksopposition, linke Organisationen, Vernichtung der 52, 178,
186ff., 192, 201, 213, 351

Litzmannstadt (Lodz), Ghetto
88, 412f., 425, 431

Löffler, Karl 17f., 39, 58, 81–91, 219, 425f., 493–513
Löwenherz, Josef 80
Löwenstein, Friedrich und Familie 499–502, 505
Löwenstern, Emil 416
Lore M. 93, 95ff., 144, 450f.
Lubbe, Marinus van der 98
Lützeler, Helene 412

Mahler, Hedwig *336*, 437–442
Mahler, Josef *334*, 436–442, 451
Mallmann, Klaus-Michael 26, 31, 392
Mann, Reinhard 171f., 514
Marßolek, Inge 76
Marx, Karl 208
Marxen, Klaus 397f.
Matschke, Kurt 13, 15f., 72, *330*, 507
Majdanek (Konzentrationslager) 424, 432
Mayer, Kurt 381
Meuten 274
»Mischehen«, »Mischlinge« 97, 118ff., 150, 302, 377, 419f., 424f., 432, 436, 443–460, 469, 499, 504f.
Moringen (Konzentrationslager) 129
Mosse, George L. 309
Muschkattblatt, Karl 93, 95ff., 121ff., 144f., 154f., 173
Müller, Ingo 364

Nationalkomitee »Freies Deutschland« 327
Nationalsozialistische Deutsche Arbeiterpartei (NSDAP) 16, 33ff., 39, 52, 60, 63–66, 72f., 77f., 89f., 96, 99–105, 117, 142ff., 156, 165, 171, 178, 180, 183ff., 189–198, 213, 217, 233f., 242f., 248ff., 253f., 258ff., 274, 277, 284f., 300f., 310–315, 318, 320ff., 351, 357–363, 369–376, 383, 389f., 392f., 396, 399f., 407, 414, 418, 422, 430–436, 443, 452f., 464, 516
Nationalsozialistische Volkswohlfahrt (NSV) 87
Nationalsozialistischer Deutscher Studentenbund (NSDStB) 63, 217, 300
Naujocks, Alfred 324
Navajos 274, 296ff.
Nerother 274
Niederrheinische Volkszeitung 137, 413
Niemöller, Martin 231, 242f.
Normalität 57, 118
Novemberpogrom (»Reichskristallnacht«) 23, 96f., 103f., 130–142, 145, 151, 156, 158, 163, 241, 410f.
Nürnberg, Misshandlungen von Juden vor ihrer Deportation 429f.
Nürnberger Gesetze 14, 103, 105, 111, 117ff., 122, 165, 172f., 191, 444, 451
  »Blutschutzgesetz« 97, 117f., 123
  »Reichsbürgergesetz« 118ff., 444f.
  »Reichsflaggengesetz« 118, 254
Nürnberger Kriegsverbrecherprozesse 21, 30, 493, 506f.

Olympische Spiele 1936 121, 231
Oosterhuis, Harry 310, 313
Orwell, George 190
  1984 21f., 271, 402
Ossietzky, Carl von 225
Ott, René 76

635

Papen, Franz von 179, 187, 493

»Partisanenbekämpfung« 72, 340

Paul, Gerhard 26, 31, 72, 240f., 392

Peters, Josef 129

Peukert, Detlev 193f., 288

Pius XI. 228–231, 239

Plünderungen s. Bombenangriffe

Politische Polizei 73, 86, 117, 188

Polizeistaat 167, 183, 383f.

Preckel, Erich 71

Probst, Adalbert 187

Propaganda 117, 235, 355, 364

   alliierte 466f.

   antisemitische 104, 414

Propagandaministerium 354f.

Protestantismus 33, 41, 66, 213, 241f., 278, 390, 483

   Bekennende Kirche 242f.

   »Deutsche Christen« 87, 242

   Geistliche 25, 31, 38, 59, 157, 213, 230f., 242f., 248f., 269, 372, 384, 393

»Rassenschande« 36, 80, 95f., 118, 123f., 164–168, 389

Rath, Ernst vom 132f., 140

Rauschning, Hermann 186

Ravensbrück (Konzentrationslager) 45, 50, 470

Rebmann (Staatsanwalt) 222, 293

Reichsbund der Deutschen Beamten (RDB) 66, 87

»Reichsbürgergesetz« s. Nürnberger Gesetze

»Reichsflaggengesetz« s. Nürnberger Gesetze

Reichsgericht in Leipzig 98, 377

Reichskolonialbund 87

»Reichskristallnacht« s. Novemberpogrom

Reichslehrerbund 87

Reichssicherheitshauptamt (RSHA) 46–50, 62, 80, 83f., 89, 99, 112, 120, 425, 448, 452

Reichstag, Reichstagswahlen 98, 182–185, 277, 411

Reichstagsbrand s. Verordnung zum Schutz von Volk und Staat

Reichsvereinigung der Juden in Deutschland 412, 444, 447

Reikmann, Adolf 316

Rein, Max 131

Resistenz 31, 59, 240, 257

Reuband, Karl-Heinz 152f., 275, 481, 484

Rheinische Landeszeitung 235

Riefenstahl, Leni
   Triumph des Willens 283

Riga (Ghetto) 111, 142, 146, 151, 413, 425, 431

Röhm, Ernst 186f., 252, 259f., 308ff., 318, 320

Rosenberg, Alfred 258, 292f.
   Der Mythus des 20. Jahrhunderts 217

Rosenstraße, Protest in der 454–458

»Rote Kapelle« 327

Rundfunksendungen
   deutsche 179, 232
   ausländische in deutscher Sprache 36, 122, 164, 166ff., 275, 280, 282, 340f., 345, 350–362, 383, 410, 419, 466ff.
   s.a. BBC

Russell, Charles 257

SA (Sturmabteilung) 61–73, 100–104, 114, 116, 133, 155, 171, 173, 178–189, 193, 195f., 205ff., 249–254, 259, 308–313, 318, 397, 516

   »Nacht der langen Messer« 187, 191, 241, 251

Saarland 26, 113, 240

Sachsenhausen (Konzentrationslager) 206, 243, 418

Säuberungskommission 47

Schacht, Hjalmar 130, 493

Schäfer, Emanuel 11, 13−16, 18, 26,
39, 63−70, 305, 324, *330*, 502,
507

Schirach, Baldur von 284

Schleicher, Kurt von 179, 187

Schleiden, Gottfried 39, 77, 116,
256, 320

Schlesinger, Lore 412f., 415f.

»Schlussaktion« s. Deportationen

Schmitz, Karl 53ff., 73ff., 120, 194

Schmorell, Alexander 327

Scholl, Hans und Sophie 327

Schommer, Theodor 54, 73, 113f.,
120, 319

Schulenburg, Richard 11, 18,
39−55, 58, 61, 73ff., 81−91, 96,
111, 120f., 128f., 142, *336*, 426,
446ff., 452, 458, 462f., 493f.,
498, 502−505, 509−513

Schulte, Joseph 95, 232

»Schulungslager« 123, 128, 164f.

»Schutzhaft« 48, 55, 62, 97, 99,
106ff., 109f., 127f., 157, 160, 174,
190−194, 200, 210, 219f., 224,
237, 266, 306, 313, 386−389, 418,
422f., 437ff., 446, 451, 460ff.,
505

Schutzpolizei 58, 429f., 454

Schwamborn, Dr. 42, 47

SD (Sicherheitsdienst) 46, 53, 64,
66f., 69, 120, 231, 350, 465, 467,
516

Servos, Wilhelm 39, 77, 252, 256

sexuelle Verbote 125, 303, 314, 381

Sicherheitspolizei (Sipo) 204

Sinti und Roma 130, 190, 257, 310,
340, 346

Smith, Howard K. 324, 354f.

»Sonderbehandlung« 53, 71f., 79,
381

Sondergerichte, Sondergerichtsakten
19, 26, 36−39, 156−160, 174,
188, 248, 251, 260, 280, 313, 342,
349, 351f., 377, 386, 399, 516f.

Düsseldorf 45, 50, 267

Köln 35−37, 114, 116, 141, 144,
157, 162, 169−173, 190, 194f.,
206, 222, 244ff., 251, 292, 297,
302ff., 315, 319, 321, 341, 344,
347−350, 352f., 356f., 361,
364ff., 369−372, 375, 385f.,
388−391, 393f., 396, 399

Sonnenburg (Konzentrationslager)
210

Sowjetunion, Überfall auf die
134, 325, 343, 411, 418

Sozialdemokratische Partei Deutschlands (SPD) 31, 34, 129,
180−184, 194, 212, 359f., 386,
515

im Exil (Sopade) 24, 288

Sozialistische Arbeiterjugend
(SAJ) 284

Sozialistischer Jugendverband
Deutschlands (SJVD) 284

Verfolgung 96, 157, 177, 345,
384, 390, 393

Speer, Albert 23

Spieker, Josef 175, 213−231, 237ff.,
246f., 250, 257, 269f., *333*, 387,
496

Spielberg, Steven 146

Sprinz, Franz 13, 15f., 18, 39, 63,
69f., *330*, 507

SS (Schutzstaffel) 16, 39, 46, 52,
60−69, 91, 100, 104, 114, 133,
180−187, 225f., 254, 300, 310,
358, 361f., 397, 407, 427, 429f.,
435, 454

Stahlhelm − Bund der Frontsoldaten
65, 180

Stauffenberg, Claus Schenk Graf von
327

Steel, Johannes 112

Stoltzfus, Nathan 455−458

Stolze, Georg 427f.

Strafen 123ff., 158, 174, 193, 247f.

harte Bestrafung 188, 237f., 278, 339, 351, 386

milde Bestrafung 127, 237, 269, 318

Überstellung ins KZ 157f., 190, 193, 259ff., 269, 309, 312f., 318, 342, 358, 386, 388

s.a. Todesstrafe

Streicher, Julius 121, 146

Stürmer, Der 121, 146f.

Stutthof (Konzentrationslager) 146

Suitbert G. 233–239, 247ff., 309, 311f., 387

Swing-Clubs, -bewegung, -jugend 274, 281, 289, 299–302, 305, 517

Symbole, Symbolik 251–257, 296

Terpoorten, Hubertus 74, 78

Thälmann, Ernst 181

Theresienstadt (Konzentrations-lager) 83, 95, 97, 151, 416, 424f., 429, 432f., 447f., 452, 459, 470, 505

Thierack, Otto Georg 470

Todesstrafe, -urteile 27, 189f., 243, 278, 280, 327, 340f., 344ff., 366, 386

Todesmärsche 377

»Totaler Krieg« 456

Totalitarismus 21f.

Überwachung 163–166, 214, 384, 420, 516

Bespitzelung 66, 113, 362

Spitzel und Agenten 165–169, 190, 192, 194, 204, 306, 358, 384, 393, 417ff., 458, 460f.

Ullrich, Volker 488

»Wir haben nichts gewußt – ein deutsches Trauma« 481

Umfragen 39, 104, 151–154, 275–283, 307, 398, 409f., 473, 481–489, 517

Und Friede auf Erden s. BBC

US-Konsulat in Stuttgart 417

Vacano, Franz von 222ff., 249

Verbrechen gegen die Menschlichkeit 29, 33, 39, 44, 56, 71, 260, 383, 416, 509, 512

Verein Sachsen-Thüringen 87

Vereinigung der Verfolgten des Naziregimes (VVN) 211, 499–502

Verfolgung und Vernichtung 155, 157, 167, 172, 178, 277, 281, 471

»Vernichtungskrieg: Verbrechen der deutschen Wehrmacht 1941–1944« (Ausstellung) 29

Verordnung zum Schutz von Volk und Staat (Reichstagsbrand-verordnung) 98f., 106f., 177f., 183, 193, 201, 206, 259

Völkischer Beobachter 217

Vogt, Hans 328

Volksgenossen, Volksgemeinschaft 13, 99, 103, 106, 126, 319, 323, 346, 355

»Volksschädlinge« 343, 346ff.

Volksgerichtshof 27, 280, 327, 345, 364f., 375, 377, 399, 437, 440, 516

Wannseekonferenz 411, 431, 443

Wagner, K.H. 301

Weber, Hermann 191

Weber, Wilhelm 54, 72, 76, 127, 204, 418

Wehrkraftzersetzung 36, 280, 343, 345, 359, 363–366, 369f., 373, 375

Wehrmacht 29, 67, 180f., 300, 327, 340, 445, 456, 465

Weimarer Republik 34f., 43, 61, 66,
79, 90, 139, 144, 181f., 212, 277,
283, 296, 342, 360

Weinberg, Gerhard 327

Weinberg, M. 116

»Weiße Rose« 327

Weitz, Winand, 72, 378ff.

Westdeutscher Beobachter 140, 179,
189, 217, 223, 235

Westerbork (Konzentrationslager)
439, 442

Widerstand gegen das NS-Regime
24–38, 59, 243, 441

Wiener, Ralf 280

Wiesenthal, Simon 491

Witze, politische 59, 122, 274f.,
279–282, 319, 354, 370, 383, 517

Wyden, Peter
Stella 396

Zentrumspartei 34, 184f., 191, 216f.,
222, 281

Zeugen Jehovas 31, 38, 59, 154, 157,
190, 241, 257–270, 309, 347f.,
351, 376, 384f., 393, 403

»Zigeuner« s. Sinti und Roma

Zimmermann, Michael 429, 433,
435

Zipfel, Friedrich 259

20. Juli 1944 47, 205, 327

Die Originalausgabe erschien 2000
unter dem Titel »Nazi Terror: The Gestapo, Jews, and
Ordinary Germans«
bei Basic Books, New York.

© 2000 by Eric A. Johnson
© der deutschen Ausgabe 2001 by Siedler Verlag, Berlin
einem Unternehmen der Verlagsgruppe Random House GmbH

Alle Rechte vorbehalten,
auch das der fotomechanischen Wiedergabe.
Lektorat: Andrea Böltken
Register: Brigitte Speith-Kochmann, Berlin
Schutzumschlag: Rothfos + Gabler, Hamburg
Satz: Ditta Ahmadi, Berlin
Druck und Buchbinder: Spiegel Buch, Ulm
Printed in Germany 2001
ISBN 3-88680-619-7
Erste Auflage